Rubens Ricupero

memórias

Rubens Ricupero

memórias

Direitos de publicação reservados à:
Fundação Editora da Unesp (FEU)
Praça da Sé, 108
01001-900 – São Paulo – SP
Tel.: (0xx11) 3242-7171
Fax: (0xx11) 3242-7172
www.editoraunesp.com.br
www.livrariaunesp.com.br
feu@editora.unesp.br

Dados Internacionais de Catalogação na Publicação (CIP) de acordo com ISBD
Elaborado por Vagner Rodolfo da Silva – CRB-8/9410

R541m Ricupero, Rubens

Memórias / Rubens Ricupero. – São Paulo: Editora Unesp, 2024.
712 p.: il.; 15,5cm x 22cm.

Inclui bibliografia.
ISBN 978-65-5711-231-1

1. Autobiografia. 2. Memórias. 3. Rubens Ricupero. 4. Brasil. 5. Diplomacia. 6. Economia. 7. Plano Real. 8. Política brasileira. 9. História brasileira. 10. História da política brasileira. 11. Ditadura Militar. 12. Redemocratização. 13. Governo Itamar Franco. 14. Política brasileira no século XX. 15. Políticas econômicas brasileiras. I. Título.

2024-311 CDD 920
CDU 929

Editora afiliada:

À minha mãe, Assumpta Jovine.
Seu amor à vida e curiosidade pelos outros, o prazer com que contava e escrevia as histórias preservadas em sua prodigiosa memória, estão na origem deste livro que, comovidamente, dedico à sua lembrança.

Sumário

Pietro Jovine, avô materno de
Rubens Ricupero, no alto, canto direito
São Paulo, s/d (fim do século XIX, início
do XX), fotógrafo não identificado, acervo
do autor

A memória dos pobres

Anoitece no porto de Nápoles num dia de agosto de 1895. De partida para o Brasil, um passageiro da 3ª classe do vapor *Rio Grande* assobia da amurada a seu irmão, que lhe assobia de volta do cais. Cortando o ar, os assobios se buscam, se entrelaçam, como para amarrar o barco, impedir a separação. Intercalados aos apitos lancinantes da nave, os sons agudos dos assobios fazem os presentes esquecer das próprias despedidas.

Os tripulantes levantam a última escada, o navio se afasta lentamente, um a um se dispersam os passageiros e os que vieram se despedir. Sós, no cais deserto, na embarcação cada vez mais longe, os dois irmãos resistem, querendo se tocar através dos assobios que rasgam o ar fino da noite. Até que, cada vez mais tênues, à pena audíveis, os fios sonoros morrem abafados pelo ruído das vagas e a distância.

Essa é a história de imigração que ouvi de minha mãe, a imagem que trago em mim desde criança. É a história de meu avô Pietro, no instante em que partiu de Nápoles, separando-se do único irmão, que nunca mais haveria de rever. Não tem final feliz: no Brasil, só o esperavam a fatalidade, a pobreza, o sonho desfeito. Sempre que a ouvia, me perguntava: terá valido a pena para meu avô deixar para sempre a amada Nápoles, o irmão, a família?

Seu destino foi igual ao da maioria dos imigrantes: pobre chegou e pobre morreu. Em São Paulo, encontrou trabalho como carpinteiro na canadense Light and Power, na oficina dos bondes. Um dia, ajustava alguma coisa debaixo de um veículo quando um pesado eixo metálico se desprendeu e o atingiu na cabeça. Ficou cego e paralítico numa época de quase inexistente proteção contra acidentes de trabalho.

Seu irmão Antonio não teve melhor sorte. Não chegou a cumprir a promessa de vir juntar-se a Pietro, mais velho, para trabalharem juntos. Tragicamente perdeu um filho de dezoito anos e, ao mesmo tempo, a vontade de viver. Os dois irmãos jamais se reviram. Uma carta de Nápoles trouxe um dia a notícia de sua morte. As cartas foram escasseando até cessarem de todo.

Do fundo de velha caixa de papelão, embrulhada em papel de seda amassado, uma foto amarelecida já com dois cantos arrancados é tudo o que me resta do passageiro do *Rio Grande*. Dá a impressão de ser a fotografia oficial dos que trabalhavam na oficina de bondes da Light. É um grupo de 24 homens, dentre eles um menino, de pé, organizados numa pose em três filas superpostas, os de cima dentro de um bonde que leva a inscrição "Tiradentes". Alguns no estribo, intercalados para não cobrir quem está em cima e embaixo. A fila da frente reúne talvez os empregados de escritório, gerentes ou superintendentes, com ar de mando. Quase todos têm bigode, trajados com suas melhores roupas de domingo, alguns com correntes de relógio nos coletes, as posturas, o olhar refletindo a dignidade da classe operária italiana daquele tempo.

No canto direito da fileira de cima dos que estão dentro do bonde, inclinado e com a mão esquerda segurando a barra, um homem de ar sereno olha para o espectador há mais de cem anos. Dizem que herdei dele o azul dos olhos. Na foto em sépia, dá apenas para adivinhar o olhar doce de Pietro Jovine, meu avô materno. De temperamento alegre, sensível, cantava com voz de tenor, tocava bandolim. Soa como o protótipo convencional do napolitano, mas era assim que mamãe o descrevia. Gostava de contar histórias populares da vida local, com frequência milagres de santos que minha mãe guardava nos mínimos detalhes intrincados na sua prodigiosa memória até reproduzi-los num dos seus cadernos de lembranças.

Na época, Mário de Andrade descrevia numa poesia mesclada com gritos em italiano a presença dos imigrantes na vida da Pauliceia.

> Gingam os bondes como um fogo de artifício,
> Sapateando nos trilhos,
> Cuspindo um orifício na treva cor de cal...
> — *Batat'assat' ô furnn!...*[1]

Mamãe era o desmentido vivo à afirmação de que os pobres não têm memória, como sugeria Albert Camus em *Le premier homme*. Ocupados em sobreviver, esmagados pela dureza do cotidiano, não teriam tempo nem disposição para se comprazer no passado. Somente os ricos podiam dar-se ao luxo de buscar o tempo perdido. Os pobres contariam com poucas referências para ajudar a memória no espaço e no tempo.[2] No espaço porque raramente viajam, não se afastam do lugar onde nasceram; numa existência de pobreza monótona e

---

1 Mário de Andrade, "Noturno". In: *Poesias completas*, edição crítica de Diléa Zanotto Manfio. Belo Horizonte: Editora Itatiaia Limitada, 1987, p.95.

2 Albert Camus, *Le premier homme*, *Collection* NRF. *Cahiers Albert Camus*, n.7. Paris: Gallimard, 1994, p.79. [Ed. bras.: *O primeiro homem*. Rio de Janeiro: Record, 2022.]

uniforme, quase nada se destaca para lembrar. No tempo, porque, como na frase de Thoreau, "*The mass of men lead lives of quiet desperation*"[3] [a maioria dos homens leva vida de calado desespero].

Camus generalizava a partir de sua vida. Tinha menos de um ano ao perder o pai no início da Grande Guerra. Num canto modesto da Argélia, foi criado com enormes privações pela mãe resignada e a avó autoritária. Reconhecendo sua inteligência, o professor da escola primária convenceu a família a inscrevê-lo no concurso de bolsas para prosseguir os estudos no liceu, em vez de começar a trabalhar, como era a sina das crianças de sua classe. Quando ganhou o Prêmio Nobel de Literatura em 1957, dedicou o discurso a esse mestre-escola, símbolo do *instituteur*, a base da escola pública que a República francesa criou para formar bons cidadãos.

O estudo lhe permitiu morar na França. Já adulto, quis visitar num cemitério militar o túmulo do pai que não conhecera. Teve um choque ao perceber que, ao tombar na guerra, o pai era mais jovem do que ele naquele instante. Quis saber mais sobre esse desconhecido, interrogou a mãe, que, cada vez mais ausente, parcialmente surda, já quase não lembrava do marido morto.

Em casa, minha mãe jamais nos deixou esquecer. Graças a suas histórias, sempre soubemos que o gênero de pobreza descrita por Camus era diferente da nossa. A começar por uma diferença radical, definidora de tudo o mais: o deslocamento no espaço, a experiência de mudar de pátria, língua, cultura, de modo irreversível. A nossa era a pobreza da imigração, minúsculo capítulo familiar da saga de milhões de italianos obrigados a abandonar a Itália entre 1870 e 1910.

---

3 Henry David Thoreau, *Civil Disobedience and Other Essays*. Nova York: Dover Publications, 1993. [Ed. bras.: *A desobediência civil*, trad. José Geraldo Couto. São Paulo: Penguin Classics Companhia das Letras, 2012.]

As histórias da emigração são infinitas, tantas como os milhões de imigrantes que as viveram. A maioria morre com eles, não supera o círculo da família, cai no esquecimento das vidas obscuras. A nossa só não morreu porque mamãe a registrou por escrito nos seus cadernos de lembranças.

Assumpta, minha mãe, filha mais moça, pouco ajudou nos trabalhos de subsistência da casa, mas fazia companhia ao pai inválido e cego. Quem sustentava a família era sua mãe Cristina, magra, quase diáfana, encurvada, cabelos prematuramente brancos, torturada pela asma nos invernos brumosos de São Paulo. Ajudavam-na as filhas mais velhas, Concetta e Annunziata, nomes em homenagem à Nossa Senhora: a Imaculada Conceição, a Anunciação, a Assunção.

Lembro dela sempre debruçada sobre a máquina de costura, as pobres costas encurvadas em forma de permanente corcunda, tossindo muito, como em outro poema de Mário de Andrade:

> Lá para as bandas do Ipiranga as oficinas tossem...
> Todos os estiolados são muito brancos.
> Os invernos de Pauliceia são como enterros de virgem...
> *Italianinha, torna al tuo paese.*[4]

O filho mais velho, Francisco, em casa Francischiello ou Ciccillo, marceneiro de profissão, pescador de fim de semana, e o mais novo, Ignácio. Viviam de trabalho que se podia fazer em casa, o que hoje se chamaria de terceirização. No caso, era o serviço de pespontadora, ou seja, a costura das peças de couro de calçados em máquinas especiais. A cada semana era preciso ir à fábrica de sapatos para levar os pares prontos e trazer os novos a costurar. Menino de cinco ou seis anos, eu

---

4 Mário de Andrade, "Paisagem n.2". In: *Poesias completas*, op. cit., p.96.

costumava acompanhar minhas tias até a fábrica, pelos lados da rua Visconde de Parnaíba, na Mooca, em pleno tempo de guerra, primeiros anos da década de 1940. Ganhavam-se alguns tostões por várias dúzias, quase nada para família de sete pessoas.

Assim como pouco avançaram em fortuna, não se distanciaram muito no espaço da Estação do Brás, aonde chegaram de Santos pela ferrovia para se abrigarem por quinze dias na Hospedaria dos Imigrantes. Acabaram ficando por ali mesmo, no Brás ou na Mooca, morando de aluguel em casinhas modestas nas ruas da Alegria, Paraná, Carneiro Leão, todas ruas de fábricas e operários. A vantagem é que não se precisava andar muito para ir buscar serviço nas fábricas de calçados.

Muitos dos imigrantes italianos chegados nessa época eram camponeses que se destinaram às fazendas de café. Pietro e Cristina, em contraste, eram citadinos, de famílias presumivelmente estabelecidas há gerações numa cidade que foi a segunda mais populosa da Europa no século XVII. Com cerca de 650 mil habitantes, Nápoles possuía em 1900 mais do que o dobro da população de São Paulo. O que distinguia a capital paulista era o crescimento vertiginoso: 65 mil em 1890, saltando cinco anos depois para 130 mil, mais da metade (71 mil) estrangeiros, em grande maioria italianos, quase dobrando de novo para 240 mil em 1900.

O nome de família de Pietro era Jovine, pronunciado Ióvine, com acento na primeira sílaba. Sobrenome característico do sul da Itália, aparece também sob as formas modificadas de Iovine, Giovine, Giovini. O personagem mais ilustre a portar o nome foi o romancista Francesco Jovine, nascido na região do Molise, autor de *Le terre del Sacramento* (1950), romance de denúncia do latifúndio meridional, vencedor do Prêmio Viareggio. Em Nápoles, a história de Gennaro Iovine e sua família é a trama da comédia-drama *Napoli Milionaria* (1945) do grande autor do teatro dialetal napolitano Eduardo De Filippo. Não preciso dizer que nosso ramo da família não tem nada a ver com os Iovine de Casal di Principe e San Cipriano d'Aversa, integrantes do clã Casaresi, da Camorra, a máfia napolitana, que animaram até data recente as crônicas policiais do combate ao crime organizado.

Pietro Jovine foi contemporâneo da figura dominante da cultura napolitana do século XX, Benedetto Croce, nascido nos Abruzos em 1866, radicado em Nápoles, que exerceu, até na vida universitária brasileira, influência expressiva sobre os estudos históricos e literários da primeira metade do século passado.

Intelectual, de família de recursos, Croce dedicou-se a reviver a história e a cultura da *Napoli Nobilissima*, a revista "de topografia e arte napolitana" que dirigiu na transição de um século a outro. Habitava o Palácio Filomarino, onde também morou seu amado filósofo Giambattista Vico, um século e meio antes. Na atual Via Benedetto Croce, o palácio se ergue em Spaccanapoli, o coração antigo da Nápoles grega. Do balcão de seu escritório, Croce gostava de contemplar os vetustos edifícios que o cercavam: "Sinto-me bem, à sombra dos altos tetos e na estreiteza das velhas vias, de me refugiar à sombra mais vasta das memórias...".

Ambos testemunharam na infância e primeira juventude a profunda crise que se abateu sobre a cidade após sua incorporação ao Reino da Itália recém-unificado (1861).

Capital do Reino das Duas Sicílias e de todo o sul da Itália, sede da monarquia dos Bourbon, Nápoles foi, de acordo com Stendhal, uma das duas únicas grandes capitais da Europa, junto com Paris. De repente, via-se rebaixada à posição de cidade secundária de país dominado por gente do Norte, ignorante de sua cultura, preconceituosamente desdenhosa de suas tradições. As finanças, a nascente indústria, a economia meridional, passavam a instrumento das prioridades de um reino ávido de prestígio externo, inclinado a ruinosas aventuras coloniais tardias na Líbia, na Eritreia, na Etiópia e na Somália.

Antes da unificação italiana, a Sicília, Nápoles possuíam milhares de teares artesanais e caseiros, eram autossuficientes em vários setores industriais. Tudo isso desapareceria rapidamente sob o peso dos impostos, da concorrência comercial, do aumento do custo de vida posterior à integração no Reino da Itália.

Nos diários de minha mãe encontram-se vestígios desses temas. Ela recorda que o avô materno, Francesco Bua, que trabalhava com teares em casa, se arruinou quando os produtos importados do Norte ou da Inglaterra inviabilizaram a indústria artesanal que remontava à Idade Média. Francesco, apegado à independência do artesão, se recusou sempre a trabalhar como empregado. Atribuía aos reis da dinastia de Saboia a culpa pela sua desgraça. Marido e mulher viviam em brigas devido à acusação de que, por orgulho, ele condenava os filhos à pobreza. Saudosista da velha dinastia bourbônica, partidário até o fim do rei Francesco II, Francischiello, exaltava-se ao discutir política com o filho Pepino, leitor de jornais, mais "moderno" na adesão aos reis piemonteses da Casa de Saboia.

Bua, o sobrenome do pai de minha avó Cristina, aparentemente se originava da Calábria, embora o nome seja mais frequente na Sardenha e na Sicília, de origem greco-albanesa segundo alguns. São dessa procedência os dois únicos personagens desse nome que encontrei: o *condottiere* Mercurio Bua e o capitão Pietro Bua, da galera *Águia Ouro-Negra*, de Corfu, a única entregue pelos cristãos aos turcos na vitória naval de Lepanto.[5]

---

5 O incidente é mencionado em nota de pé de página por Fernand Braudel, em *O Mediterrâneo e o mundo mediterrâneo na época de Felipe II*, 2 vol. Coleção "Os fundadores da USP". São Paulo: Edusp, 2016, e com mais pormenores em

A busca das raízes desses nomes misteriosos não tinha nada a ver com a ilusão de uma suposta ascendência prestigiosa. Vínhamos de séculos de seres humanos sem história, camponeses, artesãos, o "vulgo vil sem nome" de que fala Camões, enterrados em vala comum, sem lápide, sem menção nas crônicas. Os nomes entretinham a imaginação e a fantasia, a fuga do cotidiano, o gosto da história, das línguas e lugares da Grécia, Albânia, Ístria, Dalmácia, Bizâncio, África do Norte, remetendo tudo invariavelmente ao universo do velho Mediterrâneo, berço comum de ambos os lados da família. Como escreveu Benedetto Croce em *Storie e Leggende Napoletane*, guia turístico-filosófico da alma culta e popular de Nápoles: "o vínculo sentimental com o passado prepara e ajuda a inteligência histórica".

A mãe de Cristina, Annunziata Roselli, filha de advogado, era sobrinha de Federico Roselli, maestro de música do teatro San Carlo, um dos mais prestigiosos teatros de ópera do mundo. Teria esse distante parente conhecido Gioacchino Rossini quando este exercia a função de diretor musical do San Carlo de 1815 a 1822 e compunha *O Barbeiro de Sevilha* e *La Cenerentola*? Como se situaria dentro da gloriosa tradição musical napolitana de Cimarosa, Scarlatti, Paisiello?

Outros de seus parentes seriam empregados públicos, jornalistas, intelectuais. Segundo a tradição oral recolhida por mamãe, a família teria sido completamente dizimada pela tuberculose, que poupou apenas minha avó, menina adolescente recolhida por família amiga.

Nesse período de acentuação da pobreza meridional, Nápoles se converteu na válvula de escape do excedente de trabalhadores das diversas regiões do Sul, o porto de onde embarcaram para a América

---

Crescent and the Cross: The Battle of Lepanto 1571, de Hugh Bicheno. Londres: Phoenix, 2004, p.232, 251, 298.

centenas de milhares de jovens napolitanos, calabreses, sicilianos, da Campânia, da Apúlia, do Molise, da Basilicata, dos Abruzos. No belo filme homônimo (1979) que Francesco Rosi, ele mesmo napolitano, dedicou ao romance autobiográfico de Carlo Levi, *Cristo si è fermato a Eboli*,[6] há uma cena que explica esse papel de Nápoles no coração do *Mezzogiorno*.

Carlo, personagem central do livro e do filme, médico e artista antifascista de Turim, é confinado em 1935 pelo regime de Mussolini na miserável aldeia de Aliano, na Basilicata, a Lucânia dos gregos. É um lugarejo perdido, que Levi descreve como uma "terra sem conforto e sem doçura, onde o camponês vive, na miséria e na lonjura, a sua imóvel civilização, num solo árido, na presença da morte". "Não somos cristãos", dizem, "Cristo parou em Eboli", a última estação ferroviária. Cristão, na linguagem deles, quer dizer ser humano. "Não somos cristãos, não somos homens, não somos considerados homens, mas bestas."

Uma noite, na taberna, os velhos camponeses, muitos ex-imigrantes retornados da América por fracasso ou "melancolia", cantam "Lacreme Napulitane", a canção do exílio dos imigrantes. Um emigrante na América, na véspera do Natal, escreve à mãe em Nápoles carta na qual evoca a festa natalina, o presépio, a gaita de fole, os fogos de bengala, a ceia de família. O coro entoa em napolitano:

> *E nce ne costa lacreme st'America*
> *A nuje Napulitane!...*
> *Pe' nuje ca ce chiagnimmo 'o cielo 'e Napule,*
> *Commè amaro stu ppane.*

---

6 Obra-prima de Carlo Levi, *Cristo parou em Eboli*. Rio de Janeiro: Nova Fronteira, 1986.

Em tradução literal:

E nos custa lágrimas esta América
A nós napolitanos!...
A nós que choramos o céu de Nápoles,
Como é amargo este pão.

No entusiasmo em que termina o canto, um dos presentes se dirige ao médico exilado: "Somos todos napolitanos porque Nápoles é o país da miséria!".

De fato, encruzilhada de todos os caminhos que levavam ao além-mar, a *nea polis*, a "Nova Cidade" dos atenienses, velha de 27 séculos, acolheu, sempre ameaçada pelo Vesúvio, gerações de refugiados da miséria e da violência. A mistura de esplendor e esqualidez impressionou Byron, que teria afirmado ser Nápoles a única grande cidade do Oriente que não possuía um bairro europeu...

Nessa capital da pobreza, no mesmo ano de 1895, outro casal jovem e pobre, desta vez forasteiros, celebrava seu casamento antes de embarcar para o Brasil no vapor *Maranhão*. Vinham da Apúlia, a região que forma o calcanhar da bota itálica ao longo do Adriático, fronteira à Albânia, à costa da Croácia, das ilhas gregas. Chamavam-se Pasquale Ricupero e Mariangela Gesini. Mas será que eram mesmo esses os nomes?

Um dos problemas de imigrantes de poucas letras é o de fazer compreender seus nomes de sonoridade estranha aos funcionários da imigração dos países de destino. Quem não lembra da cena de *The Godfather* [*O poderoso chefão*] (1972), de Francis F. Coppola, na qual o adolescente imigrante, ao desembarcar na Ellis Island, acaba rebatizado com o nome da cidade de origem pelo funcionário da alfândega incapaz de entender o que diz o menino?

Algo de parecido deve ter acontecido a Mariangela. Ela sempre acreditou que seu nome de família fosse Gesini e assim o escreviam todos seus parentes no Brasil. Em 1986, ao visitar pela primeira vez Barletta, sua cidade de nascimento, procurei em vão traços desse nome nos arquivos. Descobri que o verdadeiro sobrenome era Cisena, desse modo figurando nos atos de nascimento e casamento. Em italiano, a sílaba "ci" pronuncia-se "tchi", devendo pronunciar-se o nome como "Tchisena". Em português não existe notação ortográfica para o som "tchi". Seria natural a corruptela para "Ge" de "Gesini". Teimosa como era, fico a imaginar qual teria sido sua reação se alguém lhe tivesse revelado que vivera mais de meio século com nome trocado.

Também incerto se afigura o sobrenome do marido, que, no passaporte, aparece tanto como Recupito quanto Ricupero. Suponho que na época houvesse ainda alguma flutuação ortográfica na maneira de designar as categorias sociais inferiores. Maior insegurança reinava em relação a seu local de origem. Toda a vida ouvi dizer que a família paterna vinha de Barletta, porto no Adriático, na província de Andria, Barletta e Trani, a segunda província da Apúlia, descendo do Norte para o Sul, entre Foggia e Bari.

Qual não foi minha decepção ao descobrir que o sobrenome não constava dos registros civis da cidade! Aos poucos, como numa pesquisa histórica, foi-se revelando a explicação. Em 1837, cem anos antes de meu nascimento, viera à luz em Barletta, Anna Pinto, filha de Ruggiero Pinto. Para nós, Pinto pode soar como nome tipicamente português ou espanhol. Contudo, na Apúlia sobretudo, também em alguns outros lugares da Itália, não é sobrenome desconhecido, aparece de vez em quando, inclusive em famílias judias. Ruggiero, meu trisavô, exercia a profissão de cocheiro, ocupação urbana em período no qual a maioria da população vivia no campo.

Nos anos 1850, Anna Pinto casou-se com Antonio Ricupero, pedreiro, originário de Giovinazzo, Província de Bari. Aí se extingue a pista da proveniência da família paterna, pois não consegui saber se nesse pequeno porto de pescadores haveria outros registros mais antigos. O nome Ricupero ou, sob a forma ortográfica mais usual, Recupero, ocorre em diversos lugares do sul da Itália, com destaque talvez para a Sicília (Messina, Siracusa, Catania).

Na grande enciclopédia italiana Treccani, comparecem três personagens de nome Recupero, todos sicilianos de Catania, dois deles padres, dos séculos XVIII e XIX, e um Recupito, teólogo jesuíta nascido em Nápoles. De um deles, o mais famoso, Giuseppe, naturalista, autor de várias obras, conta-se que, ao estudar as camadas geológicas produzidas pelas erupções vulcânicas da ilha, teria concluído não ser verdadeira a assertiva bíblica de que a Terra tinha somente pouco mais de 4 mil anos. Em resposta, a censura eclesiástica advertiu-o de que era melhor não insistir no argumento, já que o Santo Ofício também costumava ter suas erupções...

Depois do casamento, Anna Pinto acompanhou o marido, que, de acordo com a tradição familiar, dirigia pequena firma de empreiteiros de construção. Teria trabalhado na abertura da ferrovia ligando Foggia, na Apúlia setentrional, a Avellino, cidade da Campânia, a mesma região de Nápoles, por volta do final de 1860. Com aproximadamente quarenta anos, morreu de forma misteriosa, aparentemente assassinado por um empregado. Em casa, tratava-se o assunto como tabu, quase uma vergonha.

Deixou dois filhos pequenos, Maria, a mais velha, e Pasquale, nascido perto do canteiro de obras, em Savignano Irpino, na época Savignano di Puglia, Província de Avellino. A viúva voltou a Barletta, onde criou os filhos. Contava-se que Pasquale, ao tornar-se adulto, retornara ao lugarejo da tragédia à procura do assassino do pai. Numa taverna disseram-lhe que o procurado estivera ali, mas saíra poucos minutos antes, o que impediu o encontro e a planejada *vendetta*. O que haverá de verdade atrás dessas histórias familiares repetidas relutantemente em conversas sussurradas? Quem sabe se nos anais judiciários da província sobreviveu algum registro do drama?

Pasquale jamais regressou à cena do crime. Com 24 anos desembarcou em Santos com a jovem esposa Mariangela, onze dias antes da chegada do *Rio Grande* trazendo Pietro e Cristina Jovine. Os navios carregados de italianos se sucediam com intervalos de poucos dias. Aquele ano de 1895 marcou o apogeu do desembarque de imigrantes italianos ao Brasil. Pouco antes, o Governo do Estado de São Paulo decidira custear o valor integral da passagem marítima dos candidatos à imigração.

Em 1995, passados exatamente cem anos da chegada de Cristina e Pietro, de Mariangela e Pasquale, eu me tornava, graças à ascensão social permitida pela imigração, embaixador do Brasil no país de onde meus avós haviam partido como gente indesejada, imigrantes de 3ª classe.

Certa ocasião, eu participava em Veneza de um seminário sobre imigração com a presença de ministros de toda a Europa. A discussão era dominada pelo temor do que se percebia como ameaça crescente à União Europeia: as vagas de refugiados e imigrantes da Albânia, ex-Iugoslávia, Oriente Médio e África. Em mais de uma hora de debate, não ouvi uma só palavra sobre o saldo positivo da imigração, a renovação demográfica, a injeção de energia realizadora, o sopro de vida nova trazido pelo imigrante.

Não resisti, pedi a palavra, contei minha história, a experiência dos italianos no Brasil, o contraste com o que hoje vemos no tratamento a candidatos a uma vida melhor nos Estados Unidos, na Europa. Disse, ao terminar: "Essa pobre gente gasta as economias de uma vida toda para arriscar a vida em botes precários. Na maioria dos casos, quando não morrem afogados, são devolvidos ao ponto de partida. Um século atrás, quando a Itália não era capaz de dar trabalho a seus filhos, o Brasil não só os acolhia, mas promovia ativamente sua vinda, pagava-lhes a passagem marítima, a de trem de Santos a São Paulo, mais quinze dias de estada gratuita na Hospedaria dos Imigrantes. O que teria acontecido a pessoas como meus avós se o tratamento aos imigrantes naquela época fosse como o de agora?". Mencionei que, se não fosse isso, eu não estaria lá no meio deles porque meus quatro avós tinham feito parte da imensa multidão amparada por uma política de imigração generosa, que atendia, ao mesmo tempo, ao interesse do Brasil em receber gente corajosa e disposta a trabalhar. Será que realmente evoluímos nesse ponto?

Não sei se os europeus que me ouviram seriam capazes de entender a frase do escritor suíço Max Frisch: "Pensamos que estávamos importando braços, mas os que chegaram eram homens". Terminei de falar, fez-se um silêncio embaraçoso, ninguém me respondeu, passou-se a outro assunto.

Ao menos no caso de meu avô Pasquale, a história acabou bem. Narrava-se em casa, para realçar sua energia e capacidade de iniciativa, que, ao chegar a São Paulo, deixou a jovem esposa na Hospedaria dos Imigrantes. Saiu imediatamente a pé para explorar a cidade e foi caminhando até o velho centro. Na avenida São João, entrou numa loja de material de construção e viu que vendiam ladrilhos hidráulicos, desses utilizados em revestimentos de banheiros. Eram iguais aos que estava acostumado a produzir na Itália. O dono da loja, um compatriota, explicou-lhe que os ladrilhos eram importados e caros. Ali mesmo, propôs ao comerciante uma sociedade para fabricarem o produto localmente.

Foi a origem da conquista de uma limitada independência financeira que lhe permitiu adquirir um imóvel no Brás, comprar um terreno para construir o jazigo da família no cemitério do Araçá, símbolo da definitiva ancoragem na nova pátria, da mesma forma que fariam os personagens de *Brás, Bexiga e Barra Funda*, de Antônio de Alcântara Machado.[7] Por volta dos quarenta anos, passou a trabalhar menos, meta gloriosa para um imigrante. O final da história só não foi feliz porque a modesta prosperidade não sobreviveria ao impacto da Primeira Guerra Mundial na comunidade italiana de São Paulo.

---

7 Coletânea de contos, publicada pela primeira vez em 1927. Em 1944, sai uma segunda edição dos dois livros de contos do autor, intitulada *Brás, Bexiga e Barra Funda e Laranja da China*, com prefácio de Sérgio Milliet. Em 1971, *Brás, Bexiga e Barra Funda* foi incluída na coletânea *Novelas paulistanas*, organizada e prefaciada por Francisco de Assis Barbosa, que reuniu a obra completa de ficção do autor.

Cadernos com os diários de Assumpta Jovine,
escritos ao longo de sua vida
No diário à esquerda tem-se a data de 2.10.1985;
o da direita inicia-se em 20.4.1981
São Paulo, acervo do autor

Trabalhava naquela época na
(~~[illegible]~~) Light. Poucos dias
já comesou atrapalhar uma
das vistas, Comesou então
quasi todos os dias íam mamãe
e ele ao médico, que era da
própria ~~Light~~ Light ele era ~~[illegible]~~
mais acabou perdendo uma
vista, e depois de 3 anos, a
outra, a conclusão os medicos
disseram a mamãe, minha
Senhora a Scencia não
chegou a este ponto, não temos
mais nada que faser. Isto
escutei, muitas e muitas veses
a mamãe contar a outros, eu
era bem pequena, nunca
mais esqueci,

Nossa Santa mãesinha
arcou com tudo. 5 filhos
a mais velha tinha 15, o
Carmelo, 13, Anunciata 8, eu
5, Ignacio 1. Com o trabalho
da mamãe fomos crescendo. Nesta
mesma ocasião a mamãe teve
uma febre tifoide, que quasi a
levou. A Conchetta que sabe,
eu não me lembro, Ignacio era
bebê, teve que desmamá-lo
ele tambem quasi morria de fome
A Conchetta passava as noites
inteiras com ele, naquele tempo
não ezestia mamadeira, bem
se via, que já comesava a sua prova.
Papai viveu 64 anos, 10 sem en-
xergar, e 21 anos sem poder.

Manuscritos nos diários, Assumpta conta sobre
a família e a doença de seu pai, cego e paralítico
em consequência de acidente de trabalho
São Paulo, sem data, acervo do autor

estava enganada! tive muitos pretendente
mais só casei aos vinte sete anos e meio-
Casei-me por amor, Sempre procurei o
carater de um homem, encontrei como
eu queria. Só que o João era muito
fechado, não gostava de conversa, eu
sou um bocado conversadeira. No
inisio do nosso casamento foi difícil,
devido o meio de vida. Tinha-mos
uma Mercearia, uma bõa numero de
consumidores, até aos domingos permanecia
aberto. Eu que sempre fui caprichosa,
era jovem, queria passear, ficava
contrariada de não poder (passear) sair
então descutia-mos, E não era esse só o
motivo, falta de pratica, erros quando
ele não estava, me via muita atrapalhada
e ahí surgião as brigas. Isso só durou
pouco tempo, depois veio o nosso primeiro
filho, Rubens foi uma grande alegria
para nós, Mais a vida continuava naquela
correria, a Mercearia prã cá, e a nossa
moradia do outro lado da Rua,

Manuscritos nos diários, Assumpta relata
o nascimento do filho Rubens
São Paulo, sem data, acervo do autor

Antonio Ricupero (tio de Rubens Ricupero) em uniforme da Artilharia do Exército italiano
São Paulo, sem data, fotografia Nicola Rizzo, acervo do autor

Brás, Bexiga e Barra Funda

No centro do cemitério do Araçá, o mais representativo do período áureo da imigração em São Paulo, há uma capela votiva onde foram sepultados ex-combatentes de várias guerras peninsulares. Uma placa sempre me intrigou, pois sugeria, sem explicar os detalhes, a causa da homenagem:

> *Qui giacciono quattro generosi italiani che fatalmente morirono addi' 4 luglio 1915 mentre incitavano a la vittoria i riservisti partenti per la guerra d'Italia.*

Em tradução:

> Aqui jazem quatro generosos italianos que acidentalmente morreram no dia 4 de julho de 1915 enquanto incitavam à vitória os reservistas que partiam para a guerra da Itália.

Depois de anos, encontrei em *O Correio Paulistano* de 5 de julho de 1915, a explicação da morte dos cinco, não quatro, patriotas. Segundo relatava o jornal, desde a madrugada, milhares de populares, quinze mil talvez, se comprimiam na Estação da Luz da São Paulo Railway Company, a velha companhia Ingleza que assegurava a ligação com o porto de Santos. A multidão esperava ansiosa para se despedir de parentes e amigos que partiam para a guerra na Itália.

A descrição do repórter do *Correio* tem o sabor da época:

> Uma hora antes da partida do trem, a compacta massa de gente, enquanto aguardava que se lhe facultasse a entrada na estação, entretinha-se em cânticos patrióticos, vivando a Itália e os povos alliados. Diversas bandas de música tocavam os bellos hymnos italianos, o que mais contribuía para levar ao delírio as expansões de enthusiasmo de toda aquella multidão que ali, tão significativamente, homenageava a pátria adorada e ora em guerra!

Depois de pincelar cenas de velhinhas de cabeças "nevadas" abraçadas aos filhos "dilectos", de pais severamente encorajando-os a bem cumprir os deveres cívicos, de jovens "num doce enlevo" despedindo-se de suas noivas "levando no coração a pureza de seus affectos", o jornalista exclamava indignado: "Quinze minutos, apenas quinze minutos antes da partida do trem – e essa foi a causa única do horrível desastre – abriu-se o portão de acesso [...] toda aquella imensa onda de povo se precipitou para a entrada".

O pânico provocado pelo estouro da multidão, em meio a quedas e gritos, deixou mortos cinco patriotas pisoteados, quase todos de 13 a 26 anos, e mais de 150 feridos.

Não sei se meu tio Antonio Ricupero estava nesse contingente que partiu naquela jornada fatídica, o terceiro desde a declaração de guerra. Não é impossível, pois encontrei um cartão que enviou à mãe pouco tempo depois, de Barletta, onde aguardava seguir para o *front*. Ele pertencia à classe de 1897, a dos que completaram 18 anos em 1915, quando a Itália declarou guerra à Alemanha e à Áustria (23 de maio), dez meses depois do início da Primeira Guerra Mundial.

Seu pai viajara à Itália antes do começo do conflito, deixando a pequena empresa aos cuidados do filho mais velho. Este, que nascera no Brasil, teoricamente poderia ter ignorado o chamado da velha pátria, como a maioria dos que se encontravam nas mesmas condições. Calcula o professor Emilio Franzina, da Universidade de Verona, que dos 150 mil italianos em idade militar (de um total de 1 milhão e meio vivendo à época no Brasil), somente uns 12 mil efetivamente se incorporaram às forças armadas italianas.

Por entusiasmo patriótico, fantasia juvenil, senso do dever, talvez mescla de tudo isso, Antonio Ricupero esteve entre as exceções dos que partiram. Ferido no fim da guerra, sobreviveu à campanha, só retornando ao Brasil no início dos anos 1920. Meu avô, desgostoso com o abandono, vendeu a empresa e tomou a infeliz decisão, partilhada por muitos então, de investir boa parte do que possuía em títulos ou marcos alemães. Com a derrota dos Impérios Centrais, pouco lhe sobrou do modesto patrimônio, além do túmulo no qual foi enterrado no Araçá em 1926.

Por esse e muitos outros aspectos, ele poderia ter servido de inspiração a um dos personagens dos contos de *Brás, Bexiga e Barra Funda*, de Antônio de Alcântara Machado, para o qual escrevi a introdução da única tradução publicada em italiano. Em 1980, era embaixador em Roma o ex-ministro das Relações Exteriores Mario Gibson Barboza. Seu ministro-conselheiro, Alberto da Costa e Silva, que estimulou a tradução da obra pela editora Scheiwiller, de Milão, lembrou-se de minha ligação umbilical com o Brás. Convidou-me a escrever a introdução, o que fiz na Semana Santa de 1980, aparecendo o livro no ano seguinte sob o título de *Notizie di San Paolo*.

Sem nenhum conhecimento especial da obra de Alcântara Machado ou competência crítica, minha exclusiva qualificação para redigir a introdução era ter vivido toda a vida no seio de uma família italiana no bairro do Brás. Publicado em 1927, dez anos antes do meu nascimento, o livro retratava o instante de maior intensidade da presença italiana em São Paulo, as duas primeiras décadas do século XX, a época da infância e juventude de meus pais, da primeira geração dos filhos de imigrantes.

Nesse período, a cidade, em particular os bairros de concentração de imigrantes – Brás, Mooca, Bexiga, Barra Funda, Bom Retiro, Pari, Belém, Ipiranga, Cambuci – criavam a ilusão de uma pequena Itália, evocada de modo sugestivo pelo grande conhecedor da imigração italiana no Brasil, o professor Angelo Trento, da Universidade de Nápoles, em seu livro *Do outro lado do Atlântico: um século de imigração italiana no Brasil*:[1]

> Com efeito, a cidade de São Paulo manteve por muitíssimos anos aquela característica de italianidade que tanto surpreendeu e entusiasmou Gina Lombroso Ferrero e outros observadores da época. Houve épocas em que, nas ruas, se ouvia falar mais italiano (ou antes, mais os vários dialetos) do que português; os membros da banda de música Fieramosca desfilavam fardados de *bersaglieri* [...]. Certo dia, o próprio governador do Estado confessou que, se no telhado de cada casa fosse desfraldada a bandeira do país de origem de seu proprietário, São Paulo, vista do alto, pareceria uma cidade italiana.

Transcreve a impressão de um cronista que, em 1910, ao retornar à cidade depois de ausência de vinte anos, exclamava: "Então São Paulo era uma cidade genuinamente paulista, hoje é uma cidade italiana!".

---

1 Angelo Trento, *Do outro lado do Atlântico: um século de imigração italiana no Brasil*. São Paulo: Editora Unesp, 2022, p.122-3.

O professor Trento salientava que a italianidade se percebia imediatamente "na comida, nos anúncios (mesmo os avisos municipais para pagamento de impostos eram escritos em italiano e português), no próprio estilo das moradias, tanto naquelas modestas erguidas com sacrifício nos feriados quanto nas mansões residenciais dos bairros nobres".

A explosiva expansão de São Paulo, de 23.243 habitantes em 1872 para 579.033 em 1920, deveu-se em grande parte aos imigrantes. Nessa data, quando meus pais tinham 12 ou 13 anos, quase dois terços dos habitantes eram estrangeiros ou descendentes, os italianos representando mais da metade da população masculina adulta. Foi nesse mundo maciçamente italiano que minha mãe e meu pai nasceram e cresceram no bairro do Brás, a poucos quarteirões de distância um do outro.

Essa primeira geração nascida no Brasil falava em casa um dos dialetos italianos e ia aprender o português na escola pública. Nos costumes, na maneira de ser, nos pratos da cozinha diária, nos valores, tradições, histórias ouvidas em família, predominava de início o velho país, aos poucos suplantado pelas influências do novo meio.

Muitos anos depois, as coisas ainda não tinham mudado tanto. Quando eu era menino, na década de 1940, sempre que em casa se comentava alguma coisa de pessoas que não entendíamos bem, hábitos, roupas, comidas, as diferenças se explicavam pelo mesmo comentário: "É que eles são brasileiros!". Não que também não nos sentíssemos brasileiros. Sabíamos, porém, que éramos brasileiros à nossa moda, diversa dos outros, diferença que entendíamos sem precisar de explicações.

Mamãe nasceu em 1907, perto da linha do trem e da Hospedaria dos Imigrantes, na rua da Alegria, nome que não a salvou de sofrer na maturidade e velhice de "*malinconia*", depressão crônica e severa. Escreveu no seu diário que, aos dezessete anos, decidiu só se casar com o homem perfeito. Teve de esperar dez anos, mas encontrou o que queria. Casou por amor, preferindo no noivo o caráter acima de tudo.

Caráter, no sentido de força, estoicismo avesso a lamúrias e queixas, franqueza, ausência de qualquer duplicidade, era o que mais sobressaía em João, meu pai. Seu maior defeito, aos olhos de minha mãe, era ser homem de poucas palavras, caladão, enquanto ela adorava conversar horas e horas sobre tudo e todos, com uma ponta de ligeireza e malícia.

Mamãe morava na rua da Alegria e passava sempre pela rua Piratininga, no Brás, a caminho ou voltando do trabalho. Passava em frente da loja de peças de automóvel da qual meu pai era sócio. Foi assim que se conheceram. Como ela era um ano mais velha que João, defeito grave na época, não contou a verdade sobre sua idade. Quando um dia revelou quantos anos realmente tinha, João teria ficado muito zangado...

João, nascido em 1908, foi registrado em português, mas batizado Giovanni em memória de um tio-avô falecido pouco antes, em Nova York, se não me engano. Era assim nossa família de imigrantes, com parentes em Buenos Aires, nos Estados Unidos, na Itália. Os dois irmãos mais velhos de meu pai estudaram contabilidade e se tornaram guarda-livros, o primeiro e humilde degrau na ascensão educacional dos imigrantes. Insubmisso, vontade forte, João insistiu em trabalhar com as mãos, aprendendo o ofício de serralheiro.

Depois de casado, teve um armazém de secos e molhados, uma "venda", como se dizia, durante a década de 1930 e os anos da Segunda Guerra Mundial. Mamãe gostava da mercearia por causa da fartura de ter todos os produtos em casa. Confessava que essa era a única vantagem. Dinheiro vivo não sobrava porque meu pai vendia muito a fiado e o lucro se perdia no prejuízo dos que não pagavam.

João valorizava acima de tudo o *éthos* do empreendedorismo, sem possuir verdadeiramente as qualidades, nem sempre positivas, que abrem caminho ao enriquecimento. Admirava o arrojo, a iniciativa, a independência dos empresários. Tentou várias maneiras de ganhar dinheiro, teve caminhões de aterro durante a guerra, abriu uma oficina de serralheiro, comprou e vendeu carros usados, teve até uma loja de automóveis, viajava a Nova York para ver os parentes e de lá trazia produtos, *gadgets* que, esperava, lhe fariam a fortuna, mas nada dava certo.

Homem de bravura física, era capaz de reagir com violência se provocado. Apesar da admiração pelos empresários de sucesso, portava-se, em contraste com eles, mais como aventureiro, pronto a arriscar demais, a ajudar, sem ter recursos, amigos audaciosos e de pouco juízo como ele. Concedia avais a maus devedores, era obrigado toda a hora a cobrir dívidas alheias. Jogador, amigo do risco, gastava muito e perdia mais do que ganhava. Ao morrer, não precisou de inventário, pois não tinha bens e deixou apenas dívidas.

Embora só tivessem completado o curso primário, meus pais queriam para os filhos a melhor educação possível. Assumpta gostava de ler, tinha facilidade para escrever cartas e diários, adorava ouvir no rádio as novelas semanais de Manuel Durães, de prosódia e sabor lusitanos. João foi sempre leitor insaciável, lia de tudo, romances de capa e espada, novelas e contos policiais dentre os quais sabia discriminar os de melhor qualidade. Admirava mais que tudo Pirandello, Dostoiévski, os russos em geral (apreciava as novelas de Leônidas Andreief).

Nunca falava disso explicitamente, mas se empenhava em nos expor a tudo que nos facilitasse o acesso à cultura. Lembro, por exemplo, que, muito pequeno, ele me levou assistir a uma peça de teatro em italiano, suponho que fosse de Pirandello, no velho cine Olímpia, na avenida Rangel Pestana.

Nasci no dia 1º de março de 1937, nove meses antes da decretação do Estado Novo, dois anos e meio antes da eclosão da Segunda

Guerra Mundial, num Brasil que tinha 39 milhões de habitantes. Essas coordenadas de espaço e tempo, as circunstâncias históricas de país e mundo em convulsão permanente, forneceram o quadro de minha existência. Cinco anos depois, em 1942, nasceu meu irmão Romeu, e três anos mais tarde, em 1945, Renê, o último dos três.

Morávamos numa rua curta, insignificante, a Claudino Pinto, traço de união entre a Carneiro Leão e a Capitão Faustino de Lima, onde a companhia de gás encanado, extraído do carvão importado, mantinha um gigantesco depósito a balão em que se guardava o gás. Nesses tempos no Brasil, tudo, portos, ferrovias, empresas de gás, de eletricidade, de telefone, de transporte coletivo pelos bondes elétricos, tudo era privado e estrangeiro, o que hoje pode parecer novidade a muita gente. Na rua Capitão Faustino, por exemplo, viviam muitos inglesinhos, filhos dos funcionários da empresa de gás, que nunca se misturavam aos outros meninos e contra os quais às vezes declarávamos guerras de pedradas e de estilingue.

O Brás dos anos da guerra e da década de 1940 continuava um bairro de fábricas, de armazéns enormes ao longo da linha férrea da Central do Brasil e da Estrada São Paulo-Santos. Já não era mais aquela área de homogênea concentração italiana da época da infância de meus pais. Descendo a avenida Rangel Pestana a partir da praça Clóvis Beviláqua, o lado direito mudara de mãos. Ruas como a Caetano Pinto, a Carneiro Leão, passaram a ser dominadas por famílias de imigrantes espanhóis, andaluzes em sua maioria, gente de Cádiz, Sevilha, Almería, gitanos alguns, chegados à cidade depois de breve passagem por fazendas do interior.

O dinamismo urbano de São Paulo, seu vertiginoso crescimento, não deixava tempo para que se consolidassem paisagens de bairro homogêneas além de alguns poucos anos. Em contraste com os bairros italianos, as *Little Italy* da América do Norte, que resistem durante décadas a fio em cidades como Nova York ou Toronto, na capital paulista dificilmente uma zona de relativa homogeneidade étnica sobrevivia mais que uma geração.

Nas ruas em que cresci, os italianos já eram minoria, quase todos tinham se mudado para vizinhanças de classe média, mesmo meus tios, irmãos de meu pai, não moravam mais no bairro. Essa primeira transformação estava praticamente completa quando nasci. Todos meus companheiros de meninice e adolescência, creio que sem exceção, eram filhos de andaluzes e portavam sobrenomes como Zapata, López, Barranco, Garcia.

Éramos todos pobres, uns mais que outros. O conceito de pobreza é relativo. Suponho até que estávamos melhor que muitos num país como o nosso, onde existem abismos de abjeção e miséria, pessoas que passam fome diariamente e vivem em absoluta precariedade. No tempo em que eu era menino, não me julgava pobre comparado aos colegas de brinquedos de rua. Não precisava trabalhar quando criança, frequentava o ginásio, meu pai não pagava aluguel. Sua mãe, minha *nonna*, herdara do marido o sobrado com as iniciais de Pasquale, no frontispício. Nos fundos, ficava a casinha em que morei até completar 21 anos e me mudar para o Rio de Janeiro. Jamais tive coragem de convidar qualquer colega de ginásio a me visitar em casa.

João, meu pai, havia deixado de trabalhar com as mãos, embora tivesse conservado o gosto pelas belas obras de ferro em grades e ornatos que admirava como conhecedor. Seus irmãos guarda-livros mantinham distância daquele mundo, pertenciam a uma classe média de gerentes de fábricas e funcionários. Uma de suas irmãs casou com um português rico e se mudou para o Rio. Às vezes, vinham nos visitar num Buick último modelo, a caminho das estações de água em que passavam temporadas longas. Um dos tios possuía casa de férias, na verdade apartamento, em Santos. Outro comprara uma casa que me parecia uma mansão e, na verdade, não passava de residência de classe média. Passavam férias na praia, em fazendas. Nós raramente conseguíamos ir uns dias a uma pensão em Santos, acho que não mais que duas vezes, se tanto, durante toda minha infância.

Convidavam a mim e meus irmãos para um fim de semana na praia, para alguns dias no Rio de Janeiro, faziam-nos sentir, talvez sem querer, como os menos afortunados, merecedores da compaixão e de alguma ajuda dos parentes. Apesar disso, o pequeno capital herdado por meu pai lhe permitira ser dono de venda de secos e molhados, não ter patrão nem trabalhar em fábrica, e possibilitar que os três filhos estudassem em escola particular modesta, cujas mensalidades atrasava por um ou dois meses, com a humilhação de receber chamados da diretoria do colégio. Essas vantagens, mínimas em aparência, bastaram para fazer a diferença em nossas vidas. Meus irmãos e eu fomos os únicos da rua a fazer o ginásio, a entrar na universidade, embora o mais novo tenha sido já obrigado a trabalhar antes de completar o secundário e a estudar numa escola pública.

Cheguei a embaixador, Romeu e Renê a desembargadores do Tribunal de Justiça, ascensão social inegável naquele meio acanhado do Brás. Nossos companheiros de rua lutaram muito, alguns tinham inteligência acima da média, liam, se esforçavam em melhorar, mas não conseguiram chegar muito longe. A maioria tinha perdido o pai cedo, foram criados por mães pobres, tiveram de começar a trabalhar logo ao concluir o curso primário. Se as condições fossem diversas, estou certo de que alguns teriam avançado e se distinguido na universidade. Sem um empurrão inicial, o jogo estava decidido contra eles.

No começo dos anos 1950, quando eu tinha catorze, quinze anos, fui testemunha de outra metamorfose, a chegada dos primeiros nordestinos, que logo mudariam a paisagem humana do largo da Concórdia, nas imediações da estação do Norte, da Central do Brasil. Descrevi a primeira feira nordestina do Brás numa redação escolar que chamou a atenção, pelo ineditismo do fenômeno, do meu professor de português de então. Eram os sinais anunciadores das levas sucessivas das décadas de 1960 a 1990, que mudariam a fisionomia da cidade, dando nascimento à transformação urbanística mais característica do Brasil contemporâneo, o surgimento das gigantescas periferias das cidades grandes e médias.

Mas estou me adiantando muito. Ainda conheci os imensos cortiços do Brás, os "quintalões" como eram chamados, construções de dois andares separadas por uma via central, onde as pessoas viviam apinhadas em quartos sem ar, sem luz, insalubres, com cozinhas improvisadas com fogões de querosene ou de carvão na frente e banheiros coletivos. Pequeno, com quatro ou cinco anos, recordo do enterro saído de um desses cortiços de uma jovem recém-casada, napolitana, a violenta emoção das mulheres da família que amaldiçoavam os santos que não a quiseram salvar, arremessando e despedaçando ao solo as imagens de barro.

Do nosso lado da Rangel Pestana, sobravam alguns enclaves peninsulares, a capelinha na rua Caetano Pinto da Madonna de Casaluce, ícone bizantino de devoção da gente de Caserta, nas faldas do Vesúvio, a paróquia de San Gennaro, dos napolitanos, na rua da Mooca.

Mas a mais organizada das comunidades meridionais era, no lado de lá da avenida, perto do Gasômetro e do Mercado Central, a dos chamados *bareses*, na verdade *pugliesi*, isto é, originários da região da Apúlia, da pequena e belíssima cidade de Polignano a Mare. Gente do mar e da pesca na terra natal, converteram-se no Brasil em atacadistas de cereal, muitos instalados na rua Santa Rosa, ou dedicaram-se à distribuição e venda de jornais, ramo dominado no Rio de Janeiro também por meridionais, mas da Calábria.

Os *bareses* de Polignano inauguraram uma das mais antigas quermesses e festas de igreja de São Paulo, a de São Vito Mártir, complementada por outra celebração de dois santos de sua localidade, Cosme e Damião, também mártires. Edificaram a igreja de São Vito Mártir, desgraciosa, mais parecendo um edifício. Em torno da igreja organizava-se todos os anos a grande festa do santo (de 15 de maio a 15 de junho) e a quermesse de São Cosme e São Damião, com fogos de artifício, competição de pau de sebo, comidas e bebidas regionais.

Ainda nos anos 1940, meu pai sempre me levava às duas festas, pois também éramos *bareses*, embora de cidade distinta, o que faz toda diferença em país conhecido pelo particularismo. Minha *nonna* paterna, Mariangela, considerava os *polignanesi* como estrangeiros porque falavam um dialeto diferente e incompreensível. O porte imponente de Mariangela, grande, forte, de cabelos loiros, olhos de um azul claríssimo, aguado, como apenas se encontram nos escandinavos, denunciavam talvez a longínqua origem normanda. Só muito mais tarde aprendi que, no momento da divisão do Império Romano, a Apúlia, depois de muitas vicissitudes, acabara por ficar do lado do Oriente, de Constantinopla, como seria natural devido à sua localização geográfica de porta do Oriente.

Assim permaneceu por séculos. Os vestígios da longa ligação com Bizâncio se podem ver ainda hoje na península do Salento, na província de Lecce (Apúlia), onde em nove comunas se fala *grico* ou *griko*, um dialeto da língua grega. Na década de 1060, mais ou menos a época da conquista da Inglaterra pelos normandos do rei Guilherme, os mesmos barões normandos empreenderam a conquista da Sicília e da Apúlia, sob a chefia de Robert de Hauteville, conhecido como *Guiscard*, isto é, manhoso ou ardiloso, o futuro rei Roberto Guiscardo. No Norte da Apúlia, cidades como Bari e Barletta se converteram em praças fortes dos normandos e ostentam até hoje fortificações e castelos denominados *Svevi* ou Suábios, do título posterior da dinastia. Um dos nomes trazidos pelos normandos é *Roger* ou *Ruggiero*, nome de meu trisavô e do santo bispo patrono de Barletta.

Em torno da forte personalidade de Mariangela perpetuou-se, enquanto ela viveu, a tradição identitária das festas de Natal e Páscoa, únicas ocasiões em que os ramos da família, um punhado de pessoas na verdade, se reuniam no sobrado construído no Brás pelo avô Pasquale. Memoráveis pela variedade e riqueza das comidas, os almoços se preparavam com semanas de antecedência. O prato central era sempre o cabrito jovem, de leite, imolado pelo tio Natale Pelosi, açougueiro de profissão, exímio manejador de facas cortantes, machados, serras, com o avental empapado de sangue, ao mesmo tempo, a doçura feita homem.

Nos fundos do sobrado, um vasto terraço no qual reinava o forno a lenha onde se assava lentamente, horas a fio, o cabrito macerado um dia inteiro numa vinha d'alho, afogado em azeite puríssimo, batatas douradas, tomates escarlates, temperos mediterrâneos, orégano, cebolas, alhos. O cabrito era somente o ponto alto, a que se chegava depois de horas à mesa, principiando pela fartura dos *antipasti*, anchovas ou *alici*, o polvo que em geral se comia na véspera de Natal, as enormes travessas de berinjelas, pimentões rubros e amarelos, abobrinhas assadas e imersas por dias em azeite corado.

Vinham depois as massas, todas, não é preciso dizer, feitas em casa, com riqueza de farinhas, ovos, horas de abrandamento da pasta. Dentre a variedade de macarrões se destacava o tipo característico da Apúlia, os *orecchiette* ("orelhinhas", devido à forma), em dialeto *ricchitelle,* a que velozmente se dava forma com o dedão. Os molhos, suntuosos, de um vermelho intenso, preparados com tomates maduros, azeite, ao qual se adicionava as *braciole*, as *polpette,* esparzidas com parmesão ralado, ou com *ricotta* defumada, apimentada, para os de paladar mais forte. Tudo, é óbvio, regado a vinho tinto.

Depois de horas, chegava afinal o momento das frutas e, sobretudo, dos doces, elaborados somente duas vezes ao ano, no Natal e na Páscoa, pois eram trabalhosíssimos. Além dos *taralli*, biscoitos salgados ou outros biscoitos ovais cobertos com calda de açúcar e casca de limão, o prato de resistência era uma sobremesa cuja origem se perdia nas brumas do tempo. Não consegui encontrar o nome até que relembrei que se chamava em dialeto de "*carteddate*" ou "*cartellate*" ao ler uma publicação sobre o pintor Giuseppe De Nittis e a gastronomia.[2]

O maior dos impressionistas italianos, falecido em Paris com apenas 36 anos, amigo de Degas e de Édouard Manet, De Nittis era apegado a Barletta, onde nascera. Gostava de escrever sobre os costumes e tradições de sua cidade. Um desses textos possui tamanha força evocativa que não resisto em transcrever, pois se aplica palavra a palavra ao que eu próprio vivi e senti com algumas décadas de distância, na mesma experiência da mágica do Natal da infância:

> Dez dias antes do Natal se preparam os doces, que não são outra coisa que os doces de mel da Antiguidade. Toda a família se põe à obra e a casa toda se enche deles por maiores que sejam os quartos. O fato é que são produzidos em grande quantidade porque, exageradamente, são preparados para uma dezena de dias. [...] Os doces de mel são folheados de massa fina como papel, retalhados com forminha nas mais variadas formas e às vezes em pequenas rodelas enxugadas em dois panos estendidos no chão. Após um ou dois dias, são fritos no óleo e postos para secar em folhas de papel desenroladas sobre lençóis.

---

2 Nino Vinella, *A Tavola Con De Nittis (e i suoi amici)*, publicado em Barletta em 1984, centenário da morte do pintor.

Quando esfriados, são mergulhados em mel fervendo, pulverizados com açúcar e canela e são dispostos nos pratos.

Seguia-se o café com *sambuca*, um licor de anis mediterrâneo, prelúdio do jogo de *Sette e mezzo* pontuado por intermináveis conversas nas quais se rememoravam implacavelmente todas as rixas, todos os ressentimentos, todas as recriminações de décadas de convívio e decepções mútuas. Era o oposto do filme *A festa de Babette*,[3] baseado no conto de Karen Blixen. No filme, os pratos requintados, os vinhos escolhidos, operavam o milagre de inspirar o amor recíproco entre os rancorosos seguidores do velho pastor.

Em casa da *nonna*, o banquete esquentava ânimos, derrubava inibições, reacendia inimizades. Terminava sempre igual, jurava-se que era a última vez, ia-se embora sem se despedir, apenas para, passados uns meses, tudo se repetir na próxima Páscoa, no Natal seguinte, até que, morta a matriarca, tudo se acabou para sempre.

---

3 *Babettes gaestebud*, filme dinamarquês de 1987, drama dirigido por Gabriel Axel.

Barletta 17.9.1915

Sogg. Depos. — Riproduz. vietata.

Déposé

BARLETTA
17.9.15.21
BARI

A Signora
Maria Ricupero
Rua Claudino Pinto N.7
S. Paulo
(Brasile)

Postal enviado por Antonio Ricupero, de Barletta, em 17.9.1915 | ilustrado com a família real de Savoia
São Paulo, sem data, fotografia Nicola Rizzo, acervo do autor

Assumpta Jovine, em foto de estúdio
São Paulo, 1931, fotógrafo não identificado,
acervo do autor

João Ricupero, pai de Rubens Ricupero
São Paulo, final dos anos 1960, fotografia Marisa Ricupero, acervo do autor

as liberta do [illegible]ndo tragico que a
rodeia. Ali, s[illegible] a inspiração de u
alevantado [illegible] de civilização, ell
aprendem o [illegible]do da vida, não p
cupidez dos [illegible] materiaes ou
mesquinhez [illegible] egois
mas pelo am[illegible]
to do traba[illegible] disciplina
bretudo pelo [illegible]timento de so
dade humana [illegible] inspira
seus jogos infantis.

Basta vêr o [illegible]teresse co
nas e dezena[illegible] de cria
nham os jogos de ma
pam dos exercicios
orientação de [illegible]
dos, para que
de que nã
infancia d
fantis.

O APPA[illegible]

Photographias tiradas no Parque Infantil Pedro II

Na entrevista que nos concedeu, sabbado, o sr. Nicanor de Miranda, chefe da Divisão de Educação e Recreio da Prefeitura expoz os principaes objectivos dos parques infant[illegible] educar, assistir [illegible] agora ma[illegible]

Rubens Ricupero, imagem central, embaixo,
Parque Infantil D. Pedro II
Jornal e fotógrafo não identificados, início de 1938,
acervo do autor
[Esse parque fez parte do projeto de Mário de
Andrade, quando à frente do Departamento de
Cultura e Recreação da Municipalidade]

Rubens Ricupero com 7 anos e meio
São Paulo, 1944, fotógrafo não
identificado, acervo do autor

Livros de minha infância

Nas manhãs geladas dos invernos paulistanos no início dos anos 1940, o crocante do churro acompanhado do café com leite era o melhor do dia que começava. Fazia frio naquela época, quando a cidade continuava cercada de matas, adormecida no nevoeiro. Mário de Andrade podia escrever em *Pauliceia desvairada*:

> Minha Londres das neblinas finas!
> [...]
> Faz frio, muito frio
> [...]
> O vento é como uma navalha
> nas mãos dum espanhol. [...][1]

Ao sair de casa de manhã cedinho para ir à escola, a gente soltava no ar a respiração só para ver como ela se condensava numa fumacinha

---

1 Mário de Andrade, "Paisagem n.1". In: *Poesias completas*, edição crítica de Diléa Zanotto Manfio. Belo Horizonte: Editora Itatiaia Limitada, 1987, p.87.

A minha vovó
bondoza e madrinha
ofereço como recordação
dos meus 7 annos e meio
Rubens Ricupero
20-10-944

Dedicatória do menino Rubens, aos 7 anos e meio, à sua avó (nonna) e madrinha
São Paulo, 1944, fotógrafo não identificado, acervo do autor

branca. Os churros daquele tempo não tinham nada a ver com a atual contrafação, de canudinhos de estrias recheados de enjoativo doce de leite. Feitos por espanhóis, eram churros autênticos, iguais aos que se saboreiam em Granada, sorvendo um chocolate fumegante, espesso como massa de veludo.

Dourados por fora, de gosto ligeiramente salgado para compensar o doce do chocolate ou do café com leite, nodosos como galhinhos de árvore cujas gotas de gordura sobrenadavam no líquido em que eram mergulhados. Fritava-se em tinas enormes de óleo borbulhante a massa que escorria de um fole em círculos concêntricos como numa espiral que ia formando belas tortas cor de ouro. Uma vez meu pai ganhou de presente uma torta inteira do dono da churreria ao qual fornecia óleo de cozinha em dose maior que a cota de racionamento permitida.

Época de guerra, faltava tudo, a farinha de trigo, o óleo de cozinha, a gasolina, às vezes outros produtos eram racionados. Preparado com fubá de milho, centeio, misturas que lhe davam cor estranha, o pão se disputava desde a madrugada nas filas das padarias. A vantagem de papai ser dono de mercearia é que tínhamos um pouco mais de algumas mercadorias que os outros – farinha, por exemplo. Minha mãe chegou até a assar o que se tornara então um privilégio raro: um pão de miolo branco sem mistura. Saído fresquinho do forno, o cheiro de pão quente que se espalhava pela casa nos fazia entender a metáfora comum na Itália e na França, "bom como o pão branco".

A churreria ficava na rua Carneiro Leão, quase em frente ao ponto em que começava a rua Claudino Pinto, em que morávamos. Bem ao lado, a seção local do Partido Comunista que acabara de ser autorizado no ocaso da ditadura de Getúlio Vargas. Os espanhóis do bairro, quase todos operários, alguns ex-combatentes da Guerra Civil recém-terminada em 1939, forneciam reserva generosa de recrutamento aos partidos de esquerda. Na rua Caetano Pinto, o vermelho, o amarelo e o roxo, cores da bandeira republicana, indicavam a sede dos Onze Milicianos, clube de futebol que homenageava as milícias anarquistas de Aragão e da Catalunha.

Naqueles dias do final da guerra, do recrudescimento da agitação política que culminaria em outubro de 1945 com a derrubada de Vargas pelos militares e a campanha para as eleições de dezembro, o bairro fervilhava de reuniões, de passeatas nas ruas, de comícios comunistas. Dois operários, Antonio Donoso e José Maria Crispim, seriam eleitos no Brás pelo PCB. Até no Grupo Escolar Romão Puiggari, onde me matricularam ao completar sete anos, os comunistas organizavam manifestações queremistas nas quais os alunos gritavam: "Nós queremos Getúlio!". O que não impediu que em dezembro o general Dutra se elegesse presidente da República numa eleição na qual o Partidão surpreendeu pela votação maciça nas zonas industriais.

A primeira página dos jornais trazia mapas nos quais bandeirinhas assinalavam o avanço dos exércitos aliados no território da Alemanha. Idolatrava-se o Exército Vermelho que se aproximava de Berlim, pregava-se na parede a foto recortada do jornal de seu comandante, o marechal Zhukov, o peito coberto de medalhas. Em tempos de guerra e fim do Estado Novo, as conversas dos adultos, o ar que se respirava, geravam naturalmente a politização precoce das crianças. A maioria das lembranças mais antigas que guardo da infância provém dos grandes acontecimentos históricos de 1944, 1945 e anos seguintes.

Hoje seria difícil imaginar uma coisa assim, mas logo depois da libertação de Paris da ocupação nazista em agosto de 1944, nós, crianças de escola pública primária, ouvimos de nossas professoras a descrição do feito. Explicaram-nos como era Paris e tivemos de fazer desenhos coloridos nos quais sobressaía o Arco do Triunfo com a bandeira tricolor.

Fascinado, ouvi em casa o relato das últimas batalhas, a ocupação de Berlim, o suicídio de Hitler, a execução de Mussolini. Um pouco mais tarde, em 1946, já sabendo ler, acompanhei a descrição do julgamento dos criminosos de guerra nazistas em Nuremberg. Jamais esqueci um detalhe que me impressionou na narrativa das execuções, em outubro daquele ano, do general Jodl ou do general Keitel, ou de ambos, que na manhã do enforcamento fizeram questão de lustrar esmeradamente as botas que calçavam. Ambos reclamaram como soldados o direito ao fuzilamento; recusado o pedido, foram enforcados junto aos demais.

Nunca a História foi tão tragédia como naqueles anos em que recebi essas primeiras impressões. Tendo sofrido tamanho impacto desde meus seis anos, é impossível que não tivesse desenvolvido uma paixão persistente e devoradora por História, política, pelo misterioso mundo dos países estrangeiros de onde nos chegavam choques tão terríveis. Nesse despertar do interesse político, coube também papel central a meu tio Ignácio Giovine, irmão mais novo de mamãe.

O físico de tio Ignácio não deixava adivinhar sua alma de herói. Um defeito de nascença inutilizara seu braço esquerdo; a perna igualmente defeituosa o obrigava a mancar. Caçula de família pobre, conseguiu não sei como estudar contabilidade e ser o primeiro em sua casa a passar de operário a pequeno empregado de escritório. Trabalhou como guarda-livros para firmas do comércio, tornou-se bancário. Sindicalista ativo, dirigente comunista no auge da política insurrecional pregada pelo Komintern, a (Terceira) Internacional Comunista, participou da frustrada tentativa revolucionária de 1935.

Com relutância quase invencível, nascida de anos de uma vida dupla na clandestinidade, contou-me como lhe haviam confiado o comando de um "aparelho", uma casa no centro de São Paulo de onde deveria partir a patrulha armada incumbida de ocupar o edifício-sede dos Correios e Telégrafos na avenida São João. Precipitada a revolta em Natal e no Recife, os militantes concentrados há dias no aparelho tiveram de se dispersar. Dias depois, foi preso. Escapou por pouco de ser executado no presídio Maria Zélia no massacre disfarçado em tentativa de fuga, um dos antecedentes do Carandiru que a omissão das anistias brasileiras sepultou no esquecimento.[2]

Nas opiniões políticas, refletia fielmente a linha do partido, na época o monolitismo estalinista. Nenhuma criatura lhe parecia tão desprezível como um trotskista, não reservando muito melhor juízo para os sociais-democratas, vilipendiados como "social-traidores". O rigor ideológico contrastava, no entanto, com sua natureza generosa, tolerante, emotiva. Percebia-se que, nele, o materialismo dialético não passava de verniz, ferramenta intelectual para transformar o mundo, sem raízes profundas na sensibilidade.

Minha mãe e minhas tias me falavam de suas prisões, das angústias da família, das visitas ao DOPS, ao presídio. Vida de abnegação e desprendimento, de renúncia a todos os interesses legítimos, fazia pensar nos primeiros cristãos das catacumbas, determinados a viver a virtude em grau de heroísmo. Foi esse lado profundamente humano que o obrigou a se afastar da militância.

Não suportou na prisão assistir ao tratamento ditado pelo partido a um companheiro intelectual que traíra sob tortura (como bom estalinista, acrescentava: "os intelectuais sempre traem..."). Reduzido a um trapo após a tortura, o pobre "traidor" via-se condenado ao

---

2 Em 1937, alguns presos foram fuzilados no episódio conhecido como "Massacre do Maria Zélia". Em 1939, o local voltou a ser fábrica, mas ficou marcado na história da resistência à ditadura. Disponível em: <memoria.bn.br/pdf/107670/per107670_1937_00588.pdf>. Acesso em: 30 jul. 2023.

silêncio, à hostilidade, às agressões dos camaradas. Ignácio se rebelava contra a sentença, que considerava justa, merecida e, ao mesmo tempo, desumana.

Em atitude análoga à dos velhos bolchevistas nos processos de Moscou, condenou-se a si próprio, não ao partido, que não podia errar. Percebeu naquela hora que não possuía a têmpera de aço do revolucionário puro e rígido, o tipo humano que mais admirava. Sem romper com o comunismo, afastou-se da militância ativa, continuando a ser indicado pelo partido como presidente de mesa eleitoral após a democratização. Reconciliou-se com sua autêntica índole, convertendo-se à não violência, ao pacifismo, mais tarde ao espiritismo kardecista, no fundo, penso, por não conceber a possibilidade de condenações eternas.

Além da influência que exerceu no despertar de meu interesse político, foi a primeira pessoa que encarnou a meus olhos o ideal da busca da cultura por meio do estudo como autodidata, da autossuperação a fim de atingir o aprimoramento moral. Em nosso meio acanhado de filhos de imigrantes, era o único que "falava bem", com as palavras certas, a gramática correta, pronunciando os "esses" do plural, pausadamente, sem afetação ou esnobismo. Lera muito, estudara italiano, inglês, reunira em algumas estantes uma coleção de livros básicos, não tanto os marxistas, que, temia, pudessem comprometê-lo, mas obras de história mundial, de cultura geral, de literatura, divulgação científica, obras completas de grandes escritores brasileiros e portugueses, os clássicos italianos, dentre os quais avultava uma edição de *A divina comédia* com gravuras de Gustave Doré.

Não sei se foi o exemplo de meu tio ou uma imaginação romântica que me acendeu o entusiasmo pelas aventuras dos que viviam nas sombras da clandestinidade. Li com arrebatamento a narrativa da legendária defesa do comunista búlgaro Dimítrov, acusado pelos nazistas do incêndio do Reichstag. Da mesma forma que os românticos do século XIX sofriam pela opressão da Polônia, sofri com a história da derrota das Brigadas Internacionais na Guerra Civil da Espanha, o heroísmo do Batalhão Abraham Lincoln, formado por americanos, ou da Brigada Garibaldi, chefiada por Pietro Nenni e integrada por italianos.

A tradição carbonária dos conspiradores do início do século XIX revivia para mim nas páginas de um dos clássicos da clandestinidade, *Do fundo da noite*, de Jan Valtin, pseudônimo do agente do serviço secreto soviético Richard Krebs.[3] O que me curou da tentação do comunismo foi a revelação da crueldade dos processos de Moscou, dos sangrentos expurgos dos anos 1930, do horror da fome na Ucrânia, do Gulag. O golpe definitivo veio da leitura da mais devastadora crítica feita ao estalinismo, *O zero e o infinito*, de Arthur Koestler.[4]

Apesar de afastado há anos da militância, tio Ignácio seguia fiel à ortodoxia moscovita na interpretação dos acontecimentos da história contemporânea. Discutíamos acaloradamente o papel de Stálin no desencadeamento da Segunda Guerra Mundial, o cinismo da partilha da Polônia no Pacto Molotov-Ribbentrop, a anexação posterior dos países bálticos pelos soviéticos. Para tio Ignácio, tudo se explicava e se justificava pela necessidade de proteger por um colchão de segurança a União Soviética, pátria do socialismo, única esperança do proletariado mundial.

---

3 Jan Valtin, *Do fundo da noite: memórias de um famoso espião e agitador alemão*, trad. R. Magalhães Júnior e A. C. Callado. Col. "O romance da vida". Rio de Janeiro: Livraria José Olympio, 1942.

4 Arthur Koestler, *O zero e o infinito*. 2.ed. São Paulo: Instituto Progresso Editorial, 1948.

Recusando a lógica estalinista, sempre preferi o socialismo não totalitário, que reconciliasse a mudança da estrutura social com a democracia e a liberdade. Acho que, em parte devido à fé religiosa, em parte como resultado dessa prematura exposição à rigidez da abordagem estalinista, cheguei à universidade vacinado contra a atração do marxismo revolucionário, ao contrário de muitos de meus contemporâneos. De certa forma, já tinha deixado essa fase para trás.

Nessa época, eu convivia diariamente com meu tio, pois a família de mamãe – a avó Cristina, sua filha mais velha Concetta, tio Ignácio, ainda solteiro –, tinha-se mudado para a nossa rua, para o andar de cima de um pequeno sobrado em frente de casa. Nós, que já estávamos ao lado da família paterna, passamos a formar uma espécie de triângulo dentro do qual nos situávamos a poucos metros tanto dos parentes paternos como dos maternos.

Meus pais ocupavam uma pequena casa térrea nos fundos de uma espécie de vila, um cortiço, na verdade, formado, de um lado, pelo sobrado herdado do avô Pasquale, e do outro, por um barracão onde funcionou por algum tempo a oficina de serralheria de meu pai. Mariangela, a *nonna* paterna, habitava o andar superior do sobrado em companhia de tia Anna, quase cega, e de seu marido, o açougueiro Natale Pelosi. Vivia dos aluguéis dos quatro ou cinco quartos do andar inferior, onde se apertavam como podiam famílias espanholas, quase todas chefiadas por viúvas pobres.

Tia Concetta, Concettina, como a chamava minha mãe, nascera na rua Carneiro Leão em 1896, nunca havia casado, devotara sua vida à mãe, às irmãs e irmãos, mais tarde aos sobrinhos, quase todos homens, exceto minha prima Aida. Desconfiava das meninas, para ela maliciosas, "*furbe*" (astutas, espertas), em contraste com os pobres meninos. Miúda, talvez com menos de um metro e cinquenta, enrugadinha, trabalhava sem cessar, como uma formiga. Vivia boa parte do dia em casa para ajudar mamãe, estava sempre pronta a fazer um refresco, um café, para servir aos sobrinhos. Em sua própria casa, havia sempre um prato de comida pronto para dar ao primeiro pobre que lhe batesse à porta a qualquer hora.

Tinha sido bela na juventude, como se podia ver num velho retrato. Jamais se queixava de nada, não demonstrava consciência de se ter sacrificado pelos outros, de, aparentemente, não ter uma vida própria. Alegre, se divertia com os programas de Chacrinha, de Sílvio Santos, que considerava "um santo homem". Não falava mal de ninguém, gostava de todos, passou pela vida como sombra dos parentes. É quase impensável associar tia Concetta ao mal, à malícia, ao pecado. Sem demonstrações externas de religiosidade, tinha a santidade espontânea dos que não se sabem santos ou especiais, dos que se ignoram, das crianças do Evangelho às quais pertence o Reino de Deus.

A essa altura, julgando fraco o ensino público do grupo escolar, meus pais me transferiram para o terceiro ano primário do Colégio Nossa Senhora do Carmo, onde haviam estudado meus primos. O colégio não existe mais, foi demolido para dar lugar à construção do metrô. Ficava perto da praça Clóvis Beviláqua, atrás da velha igrejinha da Ordem Terceira do Carmo, edificada nos tempos do Império. Pertencia aos irmãos maristas e lá estudaram, entre outros, Mário de Andrade e Paulo Setúbal.

Eu já havia aprendido a ler, anos antes, com dona Guilhermina, de quem guardo até hoje os ensinamentos sobre higiene pessoal, a primeira de muitas mestras que me ensinaram a viver. Minhas leituras não seguiam nenhum critério, a não ser o interesse que me despertavam. Devorava as histórias em quadrinhos que naquele tempo circulavam duas ou três vezes por semana em seriados no *Gibi*, no *Globo Juvenil*, as aventuras já então dos super-heróis, *Flash Gordon*, o *Fantasma*, o *Príncipe Submarino*, *Super-Homem*. O melhor eram os álbuns completos coloridos, os almanaques de fim do ano que a gente esperava com ansiedade e tentava ler devagar, com pena de que o prazer logo acabasse.

Papai queria que eu lesse livros de verdade e me trouxe alguns da coleção *Os melhores contos russos* (franceses, ingleses, e assim por diante). Não me interessaram muito, da mesma forma que não me atraíram as histórias de fadas, as mitologias. Só gostava das histórias falsamente "reais", com personagens de carne e osso, de preferência meninos como eu. O estalo veio quando ganhei de meu pai *A chave do tamanho*, de Monteiro Lobato. A princípio não entendi bem a trama, pois o livro faz parte da série do *Sítio do Picapau Amarelo*. Sua leitura pressupõe algum conhecimento prévio das obras anteriores, cujos personagens e episódios reaparecem constantemente.

Depois que tomei pé no mundo do *Sítio*, não queria mais sair, li de enfiada todos os livros da série. O que mais me entusiasmou foi *O poço do Visconde*, que continha a combinação perfeita da fantasia do sábio Visconde de Sabugosa com o realismo das lições didáticas de dona Benta sobre a geologia do petróleo e sua importância no desenvolvimento de um país. A história fez nascer em mim ilusão de que me custei a livrar, a de querer ser engenheiro de minas.

A pequena biblioteca de meu tio continha a coleção completa das obras infantis e para adultos de Monteiro Lobato, as quais li quase todas. Foi o primeiro escritor que admirei, a quem tive vontade de enviar uma carta para agradecer pelo prazer que me dava. Por timidez ou medo de não saber bem o que escrever, fui adiando a carta até que, um dia, no início de julho de 1948, vi no jornal que ele havia morrido. Era um desses dias de inverno fechado como não existem mais. Sozinho, fui ao velório na Biblioteca Mário de Andrade e de lá segui a pé o cortejo até o cemitério da Consolação. Eu tinha onze anos e devo ser um dos únicos sobreviventes que esteve nesse enterro, se é que ainda sobra algum.

Pouco antes, Lobato passara um ano em Buenos Aires, onde dera uma entrevista à *Folha da Noite*, publicada em 22 de abril de 1947. Sentia falta da língua portuguesa, dizia, como o bicho da goiaba sente falta da goiaba. Pressentia a proximidade da morte (tinha apenas 66 anos quando morreu) e confessava a curiosidade de "verificar pessoalmente se a morte é vírgula, ponto e vírgula ou ponto-final".

Esse bem-humorado agnosticismo do escritor durante muito tempo me disputou a alma com o cristianismo fervoroso da catequese que recebi dos irmãos maristas. Depois do Concílio do Vaticano II, passou a ser moda criticar as escolas religiosas. Muitas congregações destinadas a esse objetivo mudaram de propósito ou assistiram ao abandono em massa de seus membros.

Sei que muita gente teve experiências ruins com escolas de padres e freiras. Não é o meu caso. Sou gratíssimo aos maristas, pela educação que me deram durante seis anos (de 1946 a 1951, duas séries do primário e todo o ginásio). Grato, acima de tudo, pela semente do Evangelho, pelo conhecimento de Jesus Cristo, que me implantaram para sempre.

Tive depois fases de dúvida e de angústia provocadas por leituras ou dissabores da vida. Cheguei, na adolescência, a interromper a prática religiosa. Em todas as situações, encontrei o sentido de viver na oração, na vida interior, na fé na Palavra de Deus, alimentada pela doutrina aprendida na escola. Tenho pena de pensar que a maioria das crianças já não terá essa extraordinária bênção de uma educação religiosa.

Voltando às leituras, elas continuaram nesses anos a não seguir nenhum programa, salvo o prazer pessoal. O gosto me inclinava às aventuras de crianças, como *A ilha do tesouro*, de Robert Louis Stevenson, o maravilhoso *Kim*, de Rudyard Kipling, na tradução de Monteiro Lobato, *As aventuras de Tom Sawyer* e as saborosas *Aventuras de Huckleberry*

Finn, de Mark Twain. Gostaria de poder sentir de novo a alegria que tive ao ler cada um desses livros pela primeira vez!

Não muito menor foi o prazer que encontrei em *Robinson Crusoé*, *A família do Robinson suíço*, nos livros de Jules Verne, de capa dura vermelha, ortografia antiga, especialmente *Os filhos do Capitão Grant* e *Dois anos de férias*, a série inteira de *Tarzan*, de Edgar Rice Burroughs, *As minas do rei Salomão*, de H. Rider Haggard. No final do ginásio, li fascinado o livro que mais me marcou, *David Copperfield*, de Charles Dickens. Lembro como se fosse ontem que, ao terminar a leitura da última página, senti tal alegria que desejava dar pulos!

Quase todas essas obras foram emprestadas de bibliotecas circulantes, sobretudo a municipal, da rua São Luís, inaugurando um hábito que conservei, o de ler em bibliotecas públicas. Só comecei muito tarde a tentar formar minha própria coleção, e isso de modo irregular e sem método. A leitura era meu mundo exclusivo, no qual os estudos, os deveres de casa, a preparação para as provas, insistiam em querer penetrar como intrusos. Professores irritados às vezes me confiscavam os livros que eu insistia em ler durante as aulas. Fui assim um estudante bastante mediano, sem destaque especial.

Só melhorei um pouco na quarta série ginasial, graças ao irmão Caetano José, o melhor professor que tive no Colégio do Carmo. Ele gostava de literatura, criou nas aulas de português um Centro Literário que organizava debates, uma espécie de tribunal do júri onde se discutia e julgava o mérito comparativo de escritores, por exemplo Machado de Assis *versus* Eça de Queiroz. Fui o defensor deste último num debate em que os jurados me deram razão.

Por meio de anotações em tinta vermelha à margem das redações, estimulava-me a comentar escritores que eu não conhecia, a ler os poetas. Devo-lhe o primeiro impulso para querer escrever. Soube por colegas do Colégio Nossa Senhora do Carmo que o irmão Caetano deixou os Maristas e teve vida ativa, secular, como professor e autor de livros didáticos de ensino de português sob o nome civil de Domingos Paschoal Cegalla, falecendo no Rio de Janeiro em 2003 aos 93 anos.[5]

Passei a dar mais atenção aos clássicos que a gente lia nas admiráveis antologias da FTD, em particular os portugueses, antigos e modernos. Uma revelação fulgurante foi Eça de Queiroz, principalmente em *Os Maias*, *A cidade e as serras*, *A ilustre casa de Ramires*, as obras satíricas e polêmicas de que sabia trechos inteiros de cor. Por essa época, reatei o projeto de ler os grandes livros, inspirado pela *Autobiografia de Benjamin Franklin* muito tempo antes.

---

5 Cegalla estudou no Seminário dos Irmãos Maristas, onde aprendeu grego, latim, francês e italiano. Formou-se em Letras Clássicas. Lecionou língua portuguesa, literatura e latim, em Curitiba, São Paulo e Rio de Janeiro, onde morou por sessenta anos. Publicou: *Dicionário de dificuldades da língua portuguesa*, *Novíssima gramática da língua portuguesa*, além de *Canção de Eurídice*, *Um brado no deserto* (poesia) e *Triângulo amoroso* (romance). Traduziu diretamente do grego as peças *Antígona*, *Electra* e *Édipo Rei*, esta última ganhadora do Prêmio Jabuti.

A Marisa,
Rubens, Cristina,
Isabel, e Bernardo
uma recordação, da
mamãe, e nonna Assumpta,
e das titias Concheta e
Annunciata, e do tio Ignacio
São Paulo 15 de Março 1975
.E

Assumpta, tio Ignácio, tias Concetta e Annunciata
Foto dedicada por Assumpta a Marisa, Rubens,
Cristina, Isabel e Bernardo (netos)
São Paulo, 15.3.1975, fotógrafo não identificado,
acervo do autor

Um verão de descobertas

Descobrir a *Autobiografia de Benjamin Franklin* com olhos de infância é como ler *Robinson Crusoé* ou *As aventuras de Tom Sawyer* na idade certa. A gente se deixa embalar pela aventura e vive na pele do herói, com mais naturalidade quando a idade do leitor coincide com a dos personagens crianças ou adolescentes.

Foi assim que a *Autobiografia* entrou em minha vida no distante verão de 1947. Com dez anos bem cumpridos, eu me preparava para começar o ginásio. Meus pais me haviam despachado para passar as longas férias daquele tempo com minha tia Ida, que morava num Grajaú ainda idílico, sombreado de árvores, perto da praça Malvino Reis, no Rio de Janeiro. Nessa época era raro alguém viajar de avião, sobretudo criança desacompanhada. Imagino que meus pais tenham achado essa forma de viajar sozinho menos perigosa que por trem ou ônibus, as outras alternativas. Embarquei em Congonhas e a única coisa de que me lembro da viagem eram os chicletes Adams de hortelã distribuídos nas suas caixinhas amarelas pelas aeromoças.

Meus tios não tinham filhos, eu passava os dias folheando no escritório as revistas ilustradas de propaganda americana sobre a guerra recém-terminada. Conheci razoavelmente o Rio daquele tempo, a Quinta da Boa Vista e o Zoológico, mais ou menos perto; tomava o bonde para ir ver o carnaval no largo da Carioca, para assistir às matinês de domingo nos cinemas da praça Saenz Peña, na Tijuca. Depois de duas semanas, não tinha o que fazer e minha tia me acompanhou de trem até Petrópolis, para passar uma semana com parentes de meu pai.

Tudo era novo para mim naquela véspera de começo do curso ginasial. Primeira vez que tinha viajado sozinho, primeiro voo de minha vida, a exploração de cidades desconhecidas, o Rio de Janeiro, Petrópolis. As descobertas continuaram por meio de dois de meus primos, mais velhos do que eu, já na universidade. Minha prima cursava letras inglesas e meu primo, arquitetura. Ambos me deslumbraram pela revelação de grandes livros, dos discos de música clássica que íamos ouvir na discoteca municipal de uma Petrópolis bucólica e sonolenta, com charretes nas ruas e hortênsias beirando o rio.

Quando terminaram esses poucos dias, que marcaram minha vida, eles me deram dois livrinhos de presente. Um folheei e não cheguei a ler, o *Ideário de Simon Bolívar*. O outro, de título estranho, *Breviário de um homem de bem*, continha uma síntese extensa e representativa da *Autobiografia*.

Sempre me perguntei o porquê dessa escolha. Na época, meu gosto por livros se devia, sobretudo, a Monteiro Lobato, às aventuras vividas no Sítio do Picapau Amarelo. Meus primos, que já discutiam os poetas românticos ingleses, devem ter me achado pouco sofisticado para a literatura. Em compensação, eu dava a impressão de mais politizado do que eles, precocidade nascida do impacto da Segunda Guerra Mundial, terminada dois anos antes e cujos desdobramentos – os julgamentos de Nuremberg, as fotos e os documentários sobre a destruição de cidades, os campos de concentração, os refugiados – enchiam as páginas dos jornais e antecediam nos cinejornais os filmes das matinês de domingo.

Terá sido talvez por esse viés político que me presentearam com essas obras, uma delas sobre um dos líderes da independência dos Estados Unidos; a outra, sobre o libertador latino-americano por excelência. Se foi esse o cálculo, devo dizer que não funcionou. O que me atraiu em Benjamin Franklin, naquele momento, teve pouco a ver com a Revolução Americana – parte dos trinta últimos anos da vida do autor, que não chegaram a ser cobertos pelas memórias inacabadas.

O relato me fisgou por dois aspectos: a aventura de um adolescente que foge de casa aos dezessete anos e os conselhos para reproduzir a história maravilhosa do menino pobre que termina como sábio reverenciado em seu país e no mundo.

Desde então, li alguns estudos biográficos ou de crítica literária sobre a *Autobiografia*, com os quais aprendi muito em termos de erudição informativa e analítica. Porém, não encontrei nesses trabalhos escritos com olhar de fora para dentro aquele frescor e excitação que brotaram de minha primeira leitura com olhos de criança. Falta neles o humor, o encantamento, a falsa ingenuidade da sabedoria popular do *Poor Richard's Almanack*, o malicioso piscar de olhos dos pseudônimos de Franklin, especialmente os femininos: Silence Dogood, Polly Baker, Alice Addertongue, Celia Single.

O livro me encantou de início pela história de um menino-adolescente, um pouco como eu, de família modesta, desejoso de aprender e sair da obscuridade das origens. As primeiras páginas narram sua meninice às margens do Charles River, quando Boston tinha apenas setenta e seis anos e a população ultrapassava de pouco as sete mil almas.

O pequeno Benjamin era o décimo quinto dos dezessete filhos de Josiah Franklin, fabricante de velas, um dos puritanos emigrados da Inglaterra; seus dez últimos descendentes com a segunda mulher, Abiah Folger, mãe de Ben, oriunda de uma das famílias da ilha de Nantucket que produziram gerações de homens do mar e baleeiros como os personagens de *Moby Dick*. O menino não demorou em revelar duas das qualidades que o distinguiriam: a capacidade de persuadir outras pessoas a participar de empreendimentos coletivos sob sua liderança e o dom de inventar aparelhos e métodos práticos para aperfeiçoar técnicas tradicionais.

Crescido à beira-mar, Benjamin domina em pouco tempo os segredos da natação, que aperfeiçoa com a invenção de nadadeiras e uma espécie de pás manuais. Antecipando o uso inovador que faria dos papagaios de papel para estudar os raios, descobre a maneira de boiar e se fazer transportar puxado por um fio amarrado a um desses brinquedos voadores!

As brincadeiras de menino abrem caminho para episódios reais que antecipam os folhetins picarescos do *Tom Jones*, de Fielding. Começam com a aventura bem-sucedida da fuga da tirania do irmão e de Boston como passageiro incógnito num veleiro para Nova York. Segue-se a travessia cheia de peripécias no barco que o conduz à Filadélfia, seu desembarque num domingo, mastigando um pão doce comprado com seus últimos tostões.

A literatura inglesa e a americana, desse século e do seguinte, se singularizam justamente pela qualidade dos livros que apresentam meninos como protagonistas: *David Copperfield*, *Oliver Twist*, *Grandes esperanças*, de Charles Dickens, *A ilha do tesouro*, *As aventuras de David Balfour*, de Robert Louis Stevenson, *As aventuras de Tom Sawyer*, *Huckleberry Finn*, de Mark Twain. Grandes obras que escapam ao reducionismo da classificação como literatura infanto-juvenil, essas histórias de meninos soltos no mundo respiram liberdade, humor, iniciativa, não se assemelhando a nada do que se encontra em literaturas de outros idiomas.

A originalidade da literatura anglo-americana no tratamento da infância como a idade da aventura talvez se origine de um fato: a possibilidade que existia já então nas sociedades inglesa e americana de reproduzir tais aventuras na realidade. Como o prova a própria história do jovem Benjamin, o grau mais avançado de liberdade nas sociedades da Grã-Bretanha e dos Estados Unidos tornava plausível esse tipo de ficção.

Esse não seria o caso, por exemplo, da sociedade colonial brasileira, retratada em seu final no único livro de nossa literatura em torno de um personagem que poderia muito longinquamente se aproximar do modelo do jovem principiante na vida, *As memórias de um sargento de milícias*, de Manuel Antônio de Almeida.

De qualquer forma, Franklin não tinha nada de personagem de ficção; o fascínio que o cerca provém da realidade sólida e consistente de uma vida longa, quase sempre em linha ascendente. Como narrativa feliz, lembra o comentário de Ribeiro Couto, ao defender o final de *Cabocla* contra críticos que o tinham considerado pueril. Havia querido apenas, dizia, atender ao desejo de uma menina meiga que escrevia a um rapaz: "Peço-lhe que me empreste um romance, às escondidas de vovó. Quero um romance que acabe bem".

"De resto", continua o poeta, "para que acabar mal o que tantas vezes na vida acaba tão bem?". De fato, acaba bem a história do pequeno Benjamin, assim como acaba bem a história de George Washington, que depois de assegurar a vitória na Guerra da Independência e de governar o país, se apaga bucolicamente em sua herdade de Mount Vernon, respeitado como os varões romanos de Plutarco. Ou a de Thomas Jefferson, terceiro presidente norte-americano, que escreveu a Declaração de Independência e ainda teve tempo de fundar a Universidade da Virgínia, da qual desenhou até o projeto arquitetônico.

O historiador Mariano Picón Salas, que foi embaixador da Venezuela no Rio de Janeiro, observou que os *Founding Fathers* quase todos morreram em seus leitos, cercados da família e da veneração dos conterrâneos. A comparação com a maneira como terminaram os próceres da América espanhola não poderia ser mais desfavorável para este lado do continente.

Alguns, como Francisco de Miranda, agonizaram em masmorras sinistras, atraiçoados pelos próprios compatriotas; outros foram enforcados como Morelos, assassinados em emboscadas como o jovem Sucre, condenados a morrer no exílio como San Martin e O'Higgins, desencorajados e mortos de exaustão a caminho do exílio como Bolívar. É como se, desde o princípio, a violência política se implantasse na América espanhola, em contraste com o regime de democracia constitucional estabelecido na América do Norte.

Quem sabe tenha sido também por querer ler uma história que acabasse bem que preferi Franklin a Bolívar. Desse ponto de vista, o leitor não terá do que se queixar. O relato do velho Benjamin se assemelha, desde as primeiras linhas, às páginas deliciosas de Charles Dickens, que fluem como água fresca de fonte e deixam uma alegria persistente por horas e dias. Começa sob a forma de uma carta a seu filho ilegítimo William, na época governador de Nova Jersey nomeado pelo rei e já denotando as pretensões aristocráticas que o levariam a escolher o lado legalista na Guerra da Independência, afastando-o para sempre do pai.

Para combater esses ares aristocráticos, as *Memórias* (o título *Autobiografia* só seria dado posteriormente) se iniciam com a reconstituição orgulhosa da linha da qual descendia, uma longa sucessão de artesãos livres – ferreiros e mecânicos inventivos em maioria – adeptos da doutrina calvinista dos puritanos, precisamente o meio social e religioso que daria início ao povoamento da Nova Inglaterra.

Com 65 anos, Franklin representava a colônia da Pensilvânia e outras colônias na Grã-Bretanha e se hospedara na mansão de Jonathan Shipley, seu amigo, bispo anglicano. Durante um par de semanas, escreveu a primeira parte do livro, lendo à noite em voz alta à família do anfitrião as páginas que havia acabado de compor. O formato imaginário de uma carta e o processo de composição imprimiram ao escrito um estilo casual, de conversa ao pé do fogo, envolvente na simplicidade, repleto de pequenas anedotas e exemplos vividos de situações repassadas de humor autoirônico.

As *Memórias* foram escritas ao longo de um quarto de século, com grandes interrupções entre os quatro períodos de composição. Não existiam praticamente modelos para o tipo de livro que ele desejava escrever. As *Confissões*, obra de santo Agostinho, de natureza profundamente religiosa e introspectiva, nada possuía em comum com as inclinações de Franklin. Da mesma forma, *As confissões*, livro de Jean-Jacques Rousseau, ainda não publicado na época, representou uma antecipação do romantismo subjetivista e emotivo, quase às antípodas da inspiração frankliniana. Os poucos livros do gênero existentes se referiam a aristocratas, prelados da Igreja, grandes personagens. Um de seus biógrafos, o poeta e ensaísta Carl Van Doren, observou que o livro, escrito a partir de uma perspectiva de classe média, foi "a primeira obra-prima autobiográfica redigida por um *self-made man*".

Os dramáticos acontecimentos que levariam à Guerra de Independência dos Estados Unidos afastaram Franklin do projeto narrativo por mais de uma década. O esforço seria retomado no final de sua atuação diplomática na França. Na ocasião, rompido definitivamente com o filho, passa a escrever com a intenção de contribuir para o autoaperfeiçoamento moral e intelectual de jovens de pequena classe média como ele havia sido.

As doze páginas que redige então se tornariam a parte mais célebre e influente de todo o livro. Elas descrevem o projeto que concebeu muito moço, com vistas a atingir a perfeição moral por meio de uma espécie de "contabilidade das virtudes" em que anotava o progresso conquistado. Com 79 anos, idolatrado pelos amigos franceses, o autor evoca com uma ponta de ironia autodepreciativa o "projeto audacioso e árduo de chegar à perfeição moral" que imaginara, com sinceridade ingênua, na sua juventude.

Para isso, havia selecionado doze virtudes, às quais acrescentou, devido à "bondosa" advertência de um amigo *quaker*, a humildade, esquecida na seleção original... Antecedidas por breve descrição, eram: temperança, silêncio, ordem, resolução, frugalidade, diligência, sinceridade, justiça, moderação, limpeza, tranquilidade, castidade, humildade. Tendo constatado a dificuldade de dominar todas ao mesmo tempo, decidiu fazer como quem, ao limpar um jardim de ervas daninhas, se dedica a uma seção de cada vez. Tomou uma folha de agenda, traçou sete colunas em vermelho para os dias da semana e treze horizontais para as virtudes, passando a assinalar com uma bolinha negra a violação de cada uma delas.

Ordem e humildade se revelariam os obstáculos mais inconquistáveis. A respeito da última, escreveu que não poderia vangloriar-se de êxito em dominar a *realidade* dessa virtude, não indo além da *aparência*. Mesmo que um dia conseguisse dominar o orgulho, comentou, provavelmente se orgulharia de sua humildade...

A história que vai aos poucos emergindo da *Autobiografia* é a revelação fascinante, peça a peça, da construção deliberada, planejada racionalmente, de uma *persona* pública, com atenção meticulosa não só à substância real, mas à aparência exterior das qualidades. Mesmo o projeto da perfeição moral, ridicularizado como ingênuo e simplório por alguns críticos, possui em seu favor a força de demonstração do prodigioso e incontestável sucesso final do plano. Franklin sai vencedor porque sua vida dá certo. Que melhor prova se poderia desejar do acerto do caminho que se traçou desde jovem?

Mereceu ser chamado de "o primeiro americano" não apenas por direito de antiguidade, mas também porque a nenhum outro se deve tanto quanto a ele a criação da identidade norte-americana, o conceito do que se converteria no "sonho americano": a crença de que a América abria o caminho da prosperidade, da felicidade e do êxito a todos os capazes de se fazerem por si mesmos.

Outro dos componentes da sua legenda, talvez o mais importante, é que, de todos os fundadores da pátria, foi ele quem melhor se identificou ao norte-americano médio. Sem qualquer privilégio de nascimento ou de herança, se assemelhava à maioria dos colonos pela origem familiar humilde e obscura, pela profissão de artesão orgulhoso da habilidade em manejar ferramentas e de inventar coisas novas. Também se assimilava a essa maioria pela classe média a que sempre fez questão de pertencer, classe modesta, diligente, frugal, ao mesmo tempo astuta e ambiciosa nos negócios.

Os grandes homens da Virgínia – George Washington, Thomas Jefferson, James Madison, James Monroe, Edmund Randolph, George Marshall – eram fazendeiros importantes, senhores de escravos, herdeiros de propriedades, advogados ilustres. John Adams, o segundo presidente dos Estados Unidos, frequentemente invejoso de Franklin, estudara em Harvard antes de se tornar advogado famoso.

O caso de Franklin é único dentre os *Founding Fathers*: com somente dois anos de educação primária formal, sobre essa base diminuta edificou uma das mais impressionantes culturas de autodidata de que se tem notícia em qualquer país e qualquer tempo. Como em nosso Machado de Assis e em Mark Twain, a profissão de tipógrafo lhe serviu de entrada ao jornalismo e à literatura. Graças aos escassos minutos que conseguia roubar ao horário de refeição, acumulou competências em línguas, literatura, história, matemática, filosofia e nas mais variadas ciências.

Percebeu, ao solicitar apoio e contribuições para suas iniciativas práticas, que não convinha criar a impressão de que sua reputação se tornaria superior à dos vizinhos. Começou então a se colocar fora de evidência, apresentando suas propostas em nome de "um grupo de amigos". Desse modo, qualquer "pequeno sacrifício da vaidade no primeiro momento será depois amplamente recompensado"...

Muitas das realizações de Franklin só foram possíveis graças às vantagens que, mesmo naqueles tempos iniciais, favoreciam a sociedade colonial norte-americana em relação a suas congêneres nas Américas espanhola e portuguesa. Até um simples fabricante de velas como Josiah tocava violino e possuía uma biblioteca que continha nada menos que a coleção *As vidas dos homens ilustres*, de Plutarco, que Ben leria "abundantemente" aos doze anos!

Sua paixão pela leitura data da infância: o pouco dinheiro que lhe tombava nas mãos servia para comprar livros, em seguida vendidos para a aquisição de outros. Passava as noites lendo os volumes que tomava emprestados de aprendizes de livreiros com a obrigação de devolvê-los na manhã seguinte. O amor aos livros é que o levou a fundar a biblioteca por subscrição, onde lia uma ou duas horas por dia a fim de compensar o que lhe faltara em educação formal.

Seu pai foi também quem lhe abriu os olhos para os defeitos de seu estilo de escrever. Sempre movido pela ânsia de se aperfeiçoar pelo esforço próprio, passou a ler várias vezes uma ou outra página de ensaios de escritores que admirava. Tentava depois reproduzir de memória o que lera, comparando o resultado com o original. Dessa maneira, lançando mão de meios simples, ao alcance de qualquer um, não demorou em sobressair como o jornalista e escritor popular de maior celebridade na América colonial.

Sistematizou e divulgou esses métodos para inspirar outros jovens como ele; possivelmente seria esse o mérito mais alto e perdurável da *Autobiografia*.

Serviu confessadamente de modelo para o célebre Dale Carnegie ao escrever seu *Como fazer amigos e influenciar pessoas*, de 1937, primeiro de série infindável de obras para ensinar a ter sucesso na vida e nos negócios.[1]

A *Autobiografia*, que conheceu mais de uma centena de edições, estimulou incontáveis jovens a superar a falta de conhecimento, de estudo formal e a pobreza de origem. Poucas outras obras de natureza não religiosa se comparam a ela na capacidade de modificar de forma decisiva a vida das pessoas, geração após geração.

Isso explica o efeito profundamente transformador que o livro exerceu sobre o menino que se preparava para ingressar no ginásio em 1947. Gostei, é claro, das peripécias e aventuras pitorescas do jovem Ben, do sucesso que acumulou nos negócios e na política. Não era com esses aspectos, contudo, que eu me identificava. Franklin possuía personalidade e talentos muito diferentes dos meus. Homem de extraordinário senso prático para resolver problemas concretos, de astúcia para ganhar dinheiro, dotado de espírito científico excepcional, seu caráter, suas inclinações apresentavam raros pontos de afinidade com minha maneira de ser ou com minhas limitadas qualidades.

O que me sugestionou não foi o Benjamin Franklin histórico, nem a figura privada que emerge das memórias no seu implacável e cru pragmatismo. Admirei, acima de tudo, o método para recriar a própria *persona*, o programa de vida, o guia para se reconstruir. Eu já havia sido contagiado pelo vírus da leitura desde antes. Mas lia desordenadamente, sem método, por evasão ou prazer, misturando coisas de qualidade destoante, que nada tinham a ver umas com as outras. O exemplo de meu tio Ignácio me havia atraído para algo mais elevado, para o ideal do autodidata que se constrói a si mesmo por meio do estudo solitário.

---

1 Dale Carnegie, *Como fazer amigos e influenciar pessoas*. 52.ed. São Paulo: Companhia Editora Nacional, 2012.

De minha parte, sentia confusamente que, deixado às próprias forças, não seria capaz de superar aquele estágio de desordem na leitura e na vida. Não queria me limitar apenas ao domínio do estudo e do conhecimento. Desejava ir mais além, a aprender a me construir do ponto de vista moral e emocional. Anos mais tarde, encontrei no prólogo da autobiografia de Bertrand Russell, que li no Equador, uma frase que condensava esse ideal de vida: "*Three passions, simple but overwhelmingly strong, have governed my life: the longing for love, the search for knowledge, and unbearable pity for the suffering of mankind*".[2]

O livro de Franklin, ao qual voltei diversas vezes, deu corpo ao que antes era confuso. Mais de duzentos e vinte anos depois, a mágica da obra não se dissipou. Posso atestar isso pelo conhecimento íntimo que conservo do menino de dez anos que em Petrópolis organizou seu próprio caderninho de virtudes. Do garoto que anotava as infidelidades cotidianas, que se esforçava em aprender a escrever, modelando-se nos autores de linguagem simples e límpida.

O sonho de uma vida que se identificasse com um aperfeiçoamento espiritual e moral cada vez mais exigente, com uma vida dedicada à conquista do conhecimento, da cultura, da capacidade de perceber a beleza da pintura, da música, das artes. O programa de ler todos os grandes livros, executado apenas em ínfima parte, interrompido com frequência, quase abandonado durante anos, sempre incansavelmente reiniciado, ainda hoje em meus 87 anos...

---

2 "Três paixões, simples, mas arrebatadoramente fortes, governaram minha vida: a ânsia de amor, a procura do conhecimento e a insuportável compaixão pelo sofrimento da humanidade." [Trad. livre do autor.]

A curva perigosa dos vinte

"Eu tinha vinte anos. Não deixarei ninguém dizer que é a mais bela idade da vida." A abertura de *Aden, Arabie*, em 1931,[1] se tornaria uma das inspirações dos estudantes em maio de 1968. Seu autor, Paul Nizan, explicava que, para o jovem, tudo é ameaçador: o amor, as ideias, a perda da família, o ingresso entre as pessoas adultas. E rematava: "É duro aprender seu papel na vida".

Jovem pequeno-burguês, melhor amigo de Sartre no liceu, Nizan partiu para Aden, no Iêmen, seguindo as pegadas de Rimbaud, décadas antes. Convertido ao comunismo, influente intelectual do Partido Comunista Francês nos anos 1930, rompeu com o partido por ocasião do Pacto Molotov-Ribbentrop em 1939. No começo da Segunda Guerra Mundial, morreria em combate, aos 35 anos, nos primeiros dias da batalha de Dunquerque.

---

1 Paul Nizan, *Aden, Arabie*. Col. "Cahiers libres", n.8, *préface* J.-P. Sartre. Paris: Éditions Maspero, 1960. [Ed. bras.: *Áden, Arábia*, pref. Jean-Paul Sartre. São Paulo: Estação Liberdade, 2003.]

Mesmo morto, os comunistas não o perdoaram. Estigmatizado no melhor estilo estalinista como policial, vendido, traidor, teria de esperar até 1960 pela reabilitação. Ela viria finalmente no prefácio que Sartre dedicou à segunda edição do romance de seu antigo companheiro. Nele, o filósofo dizia que para os comunistas não bastava a morte do adversário. Era preciso aniquilar sua memória, apagar a lembrança de que jamais tivesse existido. E concluía: os comunistas são homens injustos que lutam pela Justiça!

Evoco tudo isso porque histórias como essas é que nos apaixonavam, a nós que tínhamos vinte anos em 1957. Para mim a derrapagem aconteceu antes até, na curva dos meus dezessete anos, no último ano do curso científico. A fim de ter uma experiência diferente da escola religiosa, eu me havia transferido, ao terminar o ginásio (1951), ao curso científico do Mackenzie, onde tive professores memoráveis. Muitos eram jovens egressos da Faculdade de Filosofia da USP e dois me marcaram para o resto da vida.

Dante Moreira Leite, desaparecido prematuramente aos 48 anos, se distinguiria como um dos fundadores da área de Psicologia Social no Brasil. Era nosso professor de filosofia, mas ensinava de fato antropologia. Introduziu-nos à antropologia cultural, ao estudo das culturas humanas, do sistema de crenças, valores, ideias religiosas, mitológicas, da organização da vida política, da economia, da tecnologia material. Passados quase setenta anos, recordo o fascínio com que acompanhava suas aulas sobre as contribuições de Ralph Linton, Ruth Benedict, Margaret Mead.

Dante, creio, terminara de preparar na época sua grande tese sobre o caráter nacional brasileiro à luz das ideologias e dos lugares-comuns, mais tarde convertida em livro.[2] Falava-nos dos estereótipos sobre

---

2 Dante Moreira Leite, *O caráter nacional brasileiro*. 8.ed. São Paulo: Editora Unesp, 2017.

povos, dos estudos interpretativos dos padrões de cultura dos japoneses, o livro de Ruth Benedict, *O crisântemo e a espada*,[3] encomendado pelo governo norte-americano durante a guerra contra o Japão, assim como estudos similares sobre os alemães.

Lendo Ralph Linton, lembro do choque que foi para mim compreender pela primeira vez como variavam os valores centrais de acordo com cada cultura. Um exemplo me impressionou, o de certas culturas de ilhas do Pacífico nas quais dançar bem constituía a chave para o indivíduo conquistar prestígio na sociedade. Em comparação com a dança, a riqueza material não representava nada.

A revelação da diversidade das culturas humanas, da variedade infinita de seus valores e crenças, mudou para sempre meu modo de pensar. Passei a olhar os valores ocidentais como escolhas sociais, compreendi que a organização capitalista da economia, a desigualdade a ela inerente, obedecem a opções políticas. Não é algo dado, como o sistema planetário. Pode e deve ser alterado quando necessário.

Outro professor que me marcou foi Nilo Scalzo, meu inesquecível mestre de português e literatura. Pessoalmente, tornei-me mais próximo de Nilo, que voltei a ver quando era diretor do Suplemento Cultural de *O Estado de S. Paulo* e o visitei em sua casa no Brooklin, repleta de livros. De bigodes bastos, com uma seriedade bem-humorada, contava-nos histórias de seus colegas mais chegados da Faculdade de Filosofia. De uma delas, lembro pela curiosidade bizarra, da mania de um grupo aficionado aos *westerns* americanos de série B ou C. Chegavam a alugar carros para levá-los aos arrabaldes distantes quando descobriam um cinema em que passava um filme com uma variedade de Apaches raros, os Mescaleros, por exemplo!

---

3 Ruth Benedict, *O crisântemo e a espada*. São Paulo: Perspectiva, 1994.

Com ele aprendi muito do que sei sobre escritores e livros, não apenas brasileiros, também os clássicos portugueses, que na época estudávamos ainda no Brasil em igualdade de condições com os nossos. Suas análises de texto iluminavam os recantos mais obscuros das obras, destrinchavam versos herméticos, traziam à luz belezas escondidas. Algumas de suas aulas sobre os clássicos me ficaram até hoje na memória. O padre Manuel Bernardes, por exemplo, que ninguém mais lê, seu "poder de fixação de títulos", demonstrado na escolha de nomes de livros como *Pão partido em pequeninos*, *Luz e calor*, *Os últimos fins do homem*, *Nova floresta*.

Durante a leitura de textos clássicos comentados por Nilo tive a primeira revelação do vínculo inseparável entre língua e pátria, que Fernando Pessoa exprimiu ao escrever "minha pátria é a língua portuguesa". A frase fecha o trecho no qual o poeta descreve a descoberta que também fiz naqueles dias. Vale a pena lembrar essa evocação da primeira leitura que Pessoa fez do padre Antônio Vieira:

> Fui lendo, até o fim, trêmulo, confuso: depois rompi em lágrimas, felizes [...]. Aquele movimento hierático da nossa clara língua majestosa, aquele exprimir das ideias nas palavras inevitáveis, correr de água porque há declive, aquele assombro vocálico em que os sons são cores ideais – tudo isso me toldou de instinto como grande emoção política [...] chorei [...]. Não é a saudade da infância de que não tenho saudades: é a saudade da emoção daquele momento, a mágoa de não poder já ler pela primeira vez aquela grande certeza sinfônica.

A saudade do primeiro momento, o pesar de não poder mais ler pela primeira vez um poema, de ouvir pela primeira vez "O cravo bem temperado", de pisar pela primeira vez o interior luminoso da

Catedral de Chartres. A adolescência, o começo da juventude, é a idade das primeiras impressões que nos hão de acompanhar a vida inteira, a força das descobertas que nunca mais se consegue reviver com igual intensidade.

Mas é, ao mesmo tempo, a idade da incerteza, da insegurança, da dúvida. Aos dezoito, vinte, vinte e poucos anos, ninguém sabe se vai ser feliz, se encontrará amor, se será capaz de escolher o trabalho que lhe dará sustento e alegria. Em nenhum outro momento da vida é tão palpável, quase físico, o perigo de fazer opções erradas, talvez irreparáveis.

Esse instante da verdade em que a escolha se torna inadiável chegou para mim aos dezessete anos, à medida que inexoravelmente, mês após mês, se aproximava o fim do curso médio. Impunha-se decidir que vestibular eu prestaria (naquele tempo, cada faculdade exigia um exame de ingresso diferente, não existindo ainda o vestibular unificado de nossos dias).

Até então, as aulas de filosofia, literatura, geografia, história, compensavam a aridez das matérias de ciências exatas exigidas no vestibular de engenharia. Eu percebia a diferença da atração que sentia pelas humanidades, em detrimento das exatas. Tentava enganar-me a mim mesmo, esforçava-me em acreditar que tudo mudaria uma vez chegado à universidade.

O jogo de autoengano esgotou-se quando comecei o cursinho do Grêmio Politécnico, no velho prédio da Escola Politécnica na avenida Tiradentes. Quatro ou cinco horas maciças de física, matemática, química, sem interrupção, sem o refrigério de um poema a ler, de uma página de antologia, de um relato histórico ou sociológico, representavam tortura intolerável. Na hora em que tínhamos alguns minutos livres para tomar um cafezinho, eu queria falar de política, de outra coisa. Meus colegas, porém, insistiam em discutir o último problema de matemática ou de física. Senti que não tinha muito em comum com eles. Logo entreguei os pontos, abandonei o cursinho, foi a primeira de muitas derrotas.

Fiz na antiga sede do IDORT (Instituto de Orientação Racional do Trabalho), na praça Dom José Gaspar, ao lado da Biblioteca Municipal, um teste vocacional aplicado pela dra. Aniela Ginsberg, nascida em Varsóvia, uma das pioneiras da psicologia experimental no Brasil em suas atividades de pesquisadora e professora na PUC de São Paulo. Longo, com duração de mais ou menos um mês, o processo seguia um protocolo rigoroso: testes de personalidade, entre eles o de Rorschach, avaliação da inteligência espacial, abstrata, inteligência verbal, autobiografia escrita, entrevistas orais.

O resultado final não chegou a me surpreender. Não indicava de modo explícito, como eu havia esperado, qual seria minha vocação autêntica, a profissão que devia escolher. Mas deixava claro que a engenharia, a tecnologia, as ciências exatas certamente não correspondiam aos meus interesses espontâneos, às minhas verdadeiras inclinações. O teste confirmava com o prestígio científico da dra. Aniela o que eu não queria admitir para mim mesmo, que a história, a literatura, a política, as humanidades, me atraíam muito mais que as ciências e as técnicas.

À distância de tantos anos, não consigo compreender por quê, apesar de não me surpreender, o golpe foi tão devastador. Na época, imaturo, superficial, imbuído de positivismo ingênuo, valorizando apenas as ciências, o desenvolvimento material, senti-me irremediavelmente desorientado. O que fazer para ganhar a vida? A situação de meu pai era cada vez mais difícil, eu precisava encontrar logo um emprego, mas qual, onde?

A angústia da escolha me mergulhou em depressão profunda, a primeira de várias que me afligiram ao longo da vida. Faltava às aulas, não prestava atenção ao que diziam os professores, perambulava pelas ruas do centro velho. Às vezes, para tentar não pensar, entrava num cinema; nem isso adiantava, não me concentrava, olhava as cenas sem entender o que se passava na tela, fechava os olhos e a angústia voltava com força. Nem sei como pude terminar o terceiro ano, fiz os exames finais com displicência.

Durante muito tempo fui perseguido pelo pesadelo de que por alguma razão inexplicável eu havia perdido o dia e a hora de um exame de fim de ano, que tinha sido reprovado por desleixo. O que me salvou é que a crise se tornou mais aguda apenas no segundo semestre de 1954. Coincidiu com o desfecho da campanha de Carlos Lacerda e o suicídio de Getúlio Vargas, que me afastaram por algum tempo do pequeno drama individual.

Antes, as celebrações do IV Centenário da fundação de São Paulo tinham sido ocasião de memoráveis descobertas culturais, as semanas de filmes do expressionismo alemão, a exibição no cine Marrocos de *Greed*, de Erich von Stroheim, a mostra retrospectiva de Portinari no Museu de Arte de São Paulo, ainda na rua Sete de Abril. Isso e as notas razoáveis acumuladas antes criaram condições mínimas para terminar o curso científico.

Não sabendo o que fazer, sem convicção, mais para ganhar tempo, resolvi na última hora prestar o vestibular da Faculdade de Direito do largo de São Francisco. Estudei algumas semanas num cursinho intensivo, o que bastou para passar numa classificação sofrível. Em segunda chamada, fiz também o vestibular do curso noturno de Letras Neolatinas da Faculdade de Filosofia. No começo do ano seguinte, 1956, pensei que poderia ganhar uma ocupação remunerada estudando Ciências Contábeis e Atuariais na USP. Até hoje não entendo como fui levado a tal escolha. Curiosamente, descobri ao remexer velhos papéis, que fui até o representante do curso junto à direção da faculdade!

Comecei e larguei todos esses cursos, de letras, de ciências contábeis e mais o de ciências econômicas, na antiga Faculdade de Economia e Administração da USP, na rua Dr. Vilanova. Em nenhum deles encontrei o prazer das aulas de antropologia ou de literatura dos tempos do colégio secundário. Maçantes, as matérias introdutórias possuíam conteúdo meramente adjetivo, instrumental, não transmitiam ao aluno iniciante o atrativo da parte substancial dos cursos.

Muitas décadas mais tarde, quando me tornara secretário-geral da UNCTAD,[4] o professor Jacques Marcovitch, reitor da Universidade de São Paulo, me outorgou uma medalha dessa instituição. Talvez fosse, eu disse ao agradecer, porque poucos teriam passado por tantos cursos da USP sem conseguir terminar nenhum... Na verdade, concluí só um, o de Direito, aos trancos e barrancos, anos depois da formatura de minha turma. Os outros três abandonei em poucos meses, o que reforçou meu estado depressivo.

Na época, culpei minha falta de perseverança e vontade fraca. Atribuí a sucessão de fracassos a um defeito de caráter, a uma falha moral. Hoje não me arrependo de ter desistido dos cursos logo no princípio, fiz bem em não perder tempo com opções erradas, não insistir em caminhos que não me levariam a lugar nenhum.

A universidade me decepcionou. Imaginava alguma coisa de essência muito superior à da experiência no colégio, cursos com

---

4 United Nations Conference on Trade and Development | Conferência das Nações Unidas sobre Comércio e Desenvolvimento | Estabelecida em 1964, em Genebra, Suíça, no contexto das discussões para que a liberalização do comércio do Acordo Geral de Tarifas e Comércio (GATT) concedesse um tratamento especial em favor dos países em desenvolvimento.

rigor intelectual, culturalmente inovadores, professores brilhantes que transmitissem entusiasmo pelo conhecimento. Um pouco como em nossa fantasia adolescente idealizávamos ou víamos nos filmes Oxford, Cambridge, Sorbonne, Harvard e os *campi* verdejantes, verdadeiros parques, das universidades americanas.

A realidade era melancólica. Currículos medíocres, professores em tempo parcial, faltando com frequência, mais interessados na advocacia de seus escritórios particulares do que na pesquisa ou nos cursos. A atmosfera do largo de São Francisco respirava o ranço da escolástica coimbrã da qual descendia. Nem era preciso assistir às preleções rotineiras, bastava na véspera das provas memorizar as apostilas taquigrafadas, transcritas de maneira repetitiva, que não deveriam ser muito diferentes das "sebentas" mencionadas nos livros de Eça.

Para quem se acostumara a ler os moderníssimos antropólogos e sociólogos norte-americanos, dava a impressão de uma viagem no tempo. Um mergulho na época em que Guerra Junqueiro exclamava sobre Coimbra: "Esta universidade, para dar um pouco de luz, só mesmo se lhe atearmos fogo!".

Nada refletia tanto o anacronismo do ensino jurídico do que o estilo "castigado", macaqueando os clássicos lusitanos de 1600, como se a língua se tivesse para sempre enrijecido no *rigor mortis* do gongorismo. Trinta anos passados da Semana de Arte Moderna, a poucos passos do Theatro Municipal que abrigara a revolução estilística de 1922, como era possível que ainda se escrevesse uma frase como "o aríete do apedeuta chofra incessantemente contra os muros do Lácio"!

A repugnância pelo estilo gongórico, o mau gosto estético visível na preferência acadêmica por uma poesia sentimentaloide, pré-parnasiana, a exaltação de valores da burguesia paulistana como a revolução de 1932, tudo me afastava do espírito predominante na Faculdade. O direito que se ensinava tinha o gosto de velharia empoeirada das Ordenações do Reino, separado por abismos das estruturas dinâmicas da sociedade contemporânea.

Haverá, quem sabe, algum desequilíbrio nesse quadro pouco lisonjeiro que descrevo. Não que sejam falsos os traços gerais, objetos mais ou menos consensuais das críticas dos estudantes da época. Nem tudo, entretanto, se resumia às deficiências e limitações. Tive alguns professores notáveis como Goffredo da Silva Telles Júnior, em Introdução ao Direito; Basileu Garcia, Direito Penal; Miguel Reale, Filosofia do Direito; figuras que sobressaíam em meio à mediania dominante sem alterar o quadro geral. Embora também insatisfeitos com a qualidade do ensino jurídico, alguns de meus colegas tiraram mais proveito que eu das aulas por necessidade ou convicção.

Os que se destinavam ao exercício da advocacia começavam cedo a estagiar em escritórios. Pensei nisso várias vezes, sem nunca me decidir. Outros se preparavam para os concursos de ingresso na magistratura ou, como fizeram meus dois irmãos, no Ministério Público. Não tinham escolha, a não ser extrair o conhecimento que podiam dos cursos, suprindo com livros o que faltasse ao ensino. Eu estava longe de haver ultrapassado a crise depressiva nascida das hesitações sobre a escolha do caminho profissional. Sentia-me fora do lugar naquele meio interessado em processos, contratos, litígios, questões de interpretações de códigos e textos. Buscava ainda alguma coisa que não sabia bem o que fosse. É possível assim que meu estado subjetivo tingisse com cores sombrias o que muitos julgavam satisfatório.

Tampouco saberia dizer se hoje a velha Faculdade de Direito ainda corresponde à recordação que me ficou. Nos anos e décadas que se seguiram, tornaram-se professores titulares vários dos amigos e colegas que admiro pela cultura e personalidade moral, destacando-se entre eles Fábio Konder Comparato e Celso Lafer. Ambos, ao lado de outros igualmente admiráveis, formaram gerações de assistentes e professores inovadores em métodos de ensino, rigorosos na qualidade da docência, de espírito atualizado e aberto ao mundo. Faço aqui esta ressalva para não ser acusado de haver carregado nas tintas por motivos que têm mais a ver com meus problemas e angústias do que com a realidade objetiva.

Em compensação ao que me parecia a mediocridade da vida acadêmica, até como consequência dela desfrutava-se da sensação de liberdade, da ilusão de dispor para si próprio de todo o tempo do mundo. Sem a cobrança de provas semanais ou mensais como no colégio, sem trabalhos escritos nem seminários, dedicávamos horas às conversas intermináveis sobre a angústia existencial, o sentido da vida, ou a folhear na biblioteca da Faculdade as revistas culturais francesas, *Esprit*, sobretudo.

Impressionava-nos a reflexão de Camus em *O mito de Sísifo*: "Não há senão um problema filosófico sério: o suicídio. Julgar se a vida vale ou não a pena de ser vivida é responder à questão fundamental da filosofia". Somente um punhado de anos nos separava da geração francesa do pós-guerra, de Sartre, Camus, Simone de Beauvoir, de Jacques Prévert, Boris Vian, Juliette Gréco.

Mesmo os menos inclinados à especulação filosófica respiravam os ares do existencialismo nos romances, na poesia, no teatro, nas canções. Talvez poucos chegassem a ler diretamente Kierkegaard, referência maior para todos nós. O que contava, mais que a discussão de ideias abstratas, era viver as ideias, recusar todos os sistemas explicativos fechados, transformar a própria existência na matéria-prima da filosofia.

Aspirávamos à autenticidade, a uma ideia pela qual pudéssemos viver, que permeasse a existência, lhe desse unidade e sentido. Profeta de nossas angústias, Kierkegaard nos exortava: "Atrever-se, assumir riscos, é perder pé momentaneamente. Não arriscar-se é perder-se a si próprio para sempre".

Eu falava sobre essas coisas com os colegas que partilhavam o mesmo desassossego, Raduan Nassar, que se tornou nosso grande romancista, e dois que morreram muito jovens, Cândido Bueno de Azevedo e Mário Argentini, professor de curso secundário, meu introdutor ao teatro. Com Mário aprendi a frequentar os exames de fim de ano da Escola de Arte Dramática de São Paulo, onde assistimos a montagens inesquecíveis de *Diálogo das carmelitas*, de Georges Bernanos, e *Ubu Rei*, de Alfred Jarry.

Alguns de meus companheiros de geração fizeram de Sartre o mestre de vida na opção pela militância política radical, na devoção ao teatro, à literatura. Foi o caso de José Celso Martinez Corrêa, que conheci ainda no cursinho preparatório à Faculdade de Direito. Ele e seu conterrâneo de Araraquara, Plínio Pimenta Bueno, moravam numa pensão do bairro da Liberdade. Pertenciam ao movimento da juventude da Ação Integralista Brasileira, um deles até tinha o título de Águia Branca, uma distinção de liderança.

Escandalizados com meu socialismo cristão, tentaram atrair-me ao bom caminho, emprestando-me livros de Plínio Salgado, de Gustavo Barroso, de Tasso da Silveira. Abri um dos livros deste último e havia uma dedicatória ao líder do movimento, toda em maiúsculas: Ao Guia Supremo, o Grande Líder, o Condutor Admirável. Fechei o livro e devolvi sem ler. Perdi de vista José Celso, que se matriculara no curso noturno. Soube que tinha acompanhado Sartre e Simone de Beauvoir na célebre visita a Araraquara, transformou-se de modo irreconhecível, sua vida confundiu-se com as experiências mais audaciosas de renovação do teatro brasileiro.

Acompanhei de longe a trajetória intelectual e artística de José Celso, que, de forma inesperada, confirmou a primeira impressão que recebi de sua capacidade de liderar e criar caminhos novos. Quando o conheci, ele falava muito do plano de organizar em Araraquara, a partir do colégio de seu pai, uma universidade diferente de tudo o que existia. Queria que eu fosse um dos participantes desse projeto.

Anos mais tarde, no início da década de 1970, ele me procurou para pedir que eu intercedesse pela libertação dos integrantes do Living Theatre, de Nova York, que haviam sido presos em Ouro Preto, acusados de posse de drogas. Eu dirigia então a Divisão Cultural do Itamaraty e tentei sensibilizar as autoridades de segurança para o desgaste no exterior decorrente da prisão. Não sei se minhas gestões tiveram alguma influência na decisão adotada de expulsar o grupo do país. Recordo que por acaso eu me encontrava em São Paulo quando ele me telefonou. Fui ao seu encontro na casa do Bexiga, onde ele morava numa espécie de "república" de gente do teatro. Em pleno dia, três ou quatro da tarde, os corredores escuros, pessoas dormindo ou absortos num mundo interior, fumaça espessa de cheiro acre, davam a impressão de uma das cenas do *Blow-Up*, o filme de Antonioni, de meados da década anterior (1966).

Sofri menos a atração de Sartre, da militância revolucionária, pelas razões que expus antes. Meu existencialismo, próximo da inspiração religiosa de Kierkegaard, ansiava por valores absolutos, não se resignava a buscar sentido somente na arte ou na responsabilidade política. Sem Deus, a existência parecia vazia de sentido. Reconciliei-me com o catolicismo da infância, do qual nunca cheguei a me afastar por completo, ao menos intelectualmente, se não na prática.

Pesou muito nessa volta à casa paterna a influência do progressismo católico francês daqueles anos.

O personalismo de Emmanuel Mounier, de Albert Béguin, de outros colaboradores de *Esprit*, a experiência dos padres operários na França daqueles dias, o movimento *Economia e Humanismo* do padre Lebret, o espírito aberto dos dominicanos franceses, sintonizados com a vida moderna, a esquerda da democracia-cristã na Europa, no Chile, me fizeram compreender que o catolicismo podia coexistir com o ideal de uma existência voltada para mudar o mundo, para lutar contra a injustiça e a desigualdade.

Impregnado de existencialismo, não consegui me entusiasmar com o neotomismo de Jacques Maritain. Dele, o que me ficou foram o testemunho de apego à democracia, a condenação ao franquismo na Guerra Civil espanhola, a resistência ao nazifascismo, o papel de destaque na fundamentação filosófica da Declaração dos Direitos Humanos adotada pelas Nações Unidas depois da Segunda Guerra Mundial. *As grandes amizades*, de Raïssa Maritain,[5] sua mulher, marcou profundamente minha juventude. Permanece até hoje como um dos livros que me fizeram o que sou.

Ao ler a trajetória espiritual de Jacques e Raïssa, nos primeiros anos dos 1900, tinha a impressão de reviver minha própria história. Numa tarde de verão no *Jardin des Plantes*, os dois jovens estudantes fizeram um pacto que me impressionou pela radicalidade da busca do sentido da vida:

> Decidimos durante ainda algum tempo confiar no desconhecido, acreditar na existência como uma experiência a fazer, na esperança

5 Raïssa Maritain, *As grandes amizades*. Rio de Janeiro: Livraria Editora Agir, 1964.

de que [...] o sentido da vida nos fosse desvendado, que novos valores se revelassem de maneira tão clara que induzissem nossa adesão total, libertando-nos do pesadelo de um mundo sinistro e inútil. Se essa experiência fracassasse, a solução seria o suicídio, antes que a poeira dos anos se acumulasse [...]. Desejávamos morrer por uma recusa livre se não fosse possível viver segundo a verdade.

Almoço com colegas da Faculdade de Direito USP,
após os exames de ingresso ao Instituto Rio Branco
Em pé, a partir da esquerda: Rubens Ricupero,
Paulo S. Frontini, Estevam De Andrea
Sentados, a partir da esquerda: Fábio Konder
Comparato, não identificado, Luiz Eduardo Wanderley,
José Mário Cardinale, José Carlos Arouca
São Paulo, 3.10.1959, fotografia Jayro Marcondes,
acervo do autor

Adeus à disponibilidade

Em 1929, um ano depois de converter-se ao catolicismo, Tristão de Ataíde anunciava em carta a Sérgio Buarque de Holanda que tinha escolhido seu lado na vida e no mundo das ideias. Crítico literário mais influente de sua geração, Tristão, pseudônimo de Alceu Amoroso Lima, dava adeus à "disponibilidade gideana" que atribuía ao destinatário.

Tristão de Ataíde retomaria a frase num ensaio publicado em seu livro *Estudos*. Explicava então: "na literatura a noção de disponibilidade, que especialmente o grupo de Gide pôs em voga, isto é, a conservação do espírito sempre livre de toda ligação para estar pronto a receber qualquer ideia nova que chegue, essa noção criou uma literatura de artifício e de diletantismo...".[1]

O próprio Gide definira a atitude em *Les Nourritures terrestres* (*Os frutos da terra*): "A necessidade de opção me foi sempre intolerável:

---

1 Tristão de Ataíde, *Estudos*. Rio de Janeiro: Edição A Ordem, 1929, p.121-2.

escolher me parecia não tanto eleger, mas rejeitar aquilo que eu não elegia".[2]

Para mim, o "adeus à disponibilidade" correspondeu ao período de 1955 a 1958. Não se tratou, como no caso de Alceu, da proclamação do início de uma militância. Dei adeus à disponibilidade de duas maneiras. Primeiro, porque nesses anos tomaram forma e consistência as crenças e convicções que haveriam de nortear minha vida até hoje. De modo mais trivial, por haver finalmente encontrado, depois de várias tentativas frustradas, um meio de ganhar a vida, um caminho profissional que se revelaria definitivo. Vou narrar mais adiante o ponto-final dessa penosa fase de vacilações: o exame de ingresso no Itamaraty. Falta contar como cheguei lá.

Mais de sessenta anos se passaram. Descobri coisas novas, aprendi com as experiências e os fracassos, tive dúvidas e hesitações. No essencial, permaneci aquilo que me tornara entre os dezoito e os 22 anos de idade. Esses poucos anos, não mais que seis, evocam uma breve idade de ouro entre dois períodos ameaçadores, tanto no Brasil quanto no mundo. A evolução da grande história universal que nos envolvia modulava de perto a atmosfera da cultura nacional, dos debates sobre ideias filosóficas e políticas, sobre os problemas humanos e brasileiros.

Esse período se iniciara com a morte de Stálin em 1953 e a fase de degelo que se seguiu à ascensão ao poder de Nikita Kruschev. Em dois ou três anos, assistiu-se ao fim da Guerra da Coreia, ao choque causado pelo relatório de denúncia dos crimes estalinistas (1956), à esperança

---

2 André Gide, *Les Nourritures terrestres*. Col. "Bibl. de la Pléiade". Paris: Gallimard, 1993, p.73. [Ed. bras.: *Os frutos da terra*. Rio de Janeiro: Difusão Europeia do Livro, 1966.]

despertada de início pela revolução húngara, logo seguida de indignação, quando ela foi reprimida com os tanques e a violência soviética. Apesar de decepções desse tipo, a sensação geral se traduzia no alívio de ver o jogo bruto da Guerra Fria amaciado pela chamada coexistência ou competição pacífica entre os blocos.

No mundo das ideias, ganhava corpo a desilusão com o "ópio dos intelectuais" do marxismo-leninismo soviético, iniciada com os processos de Moscou, o Pacto Molotov-Ribbentrop dos anos 1930 e 1940, acentuada pelo relatório sobre os crimes de Stálin e a repressão na Hungria e na Alemanha do Leste. Essa fase se estenderia até princípios da década de 1960, quando o mundo mergulharia de novo no medo do apocalipse atômico pela construção do Muro de Berlim (1961), a crise dos mísseis em Cuba (1962), o crescente atolamento dos americanos na Guerra do Vietnã (1959-1975).

Por volta da mesma época, o vento de renovação começava também a soprar na Igreja Católica, depois da morte em 1958 do papa Pio XII, último remanescente simbólico da vida religiosa-política dos anos 1930 e da Segunda Guerra Mundial. Para nós, jovens católicos, a morte de um papa intelectual, com alguma tímida abertura à modernidade, soava como desastre irreparável. No começo, a surpreendente eleição de João XXIII parecia confirmar os temores de que a Cúria Romana, por meio de um núncio obscuro e idoso, voltava a ditar os rumos do poder. Na verdade, para espanto geral, o novo e desconhecido pontífice daria início ao *aggiornamento*, ao esforço de abrir a Igreja ao mundo, de colocar em dia seus métodos, sua ação, sua própria vida interior. O rejuvenescimento do catolicismo culminaria com a inauguração do Concílio Ecumênico Vaticano II, em 1962.

No Brasil, sentia-se o influxo auspicioso do que sucedia lá fora. Após a tragédia do suicídio de Getúlio em 1954 e da eleição de Juscelino no ano seguinte, começava-se a experimentar, a partir de sua contestada posse em 1956, uma fase benigna de estabilidade. Sonhava-se alto com a ilusão de progredir "cinquenta anos em cinco", de construir Brasília sem olhar os meios inflacionários.

Parte importante do dinamismo da sociedade provinha da explosão da população, que saltava de aproximadamente 60 milhões em 1955 para cerca de 70 milhões em 1960, dez milhões a mais em cinco anos! O crescimento demográfico beirava 3% ao ano, a economia se expandia a taxas ainda mais altas. Uma nação de gente moça e de crianças, um presidente de otimismo contagiante, um país em movimento onde, para um estudante universitário, o único desafio parecia ser o de escolher entre muitos empregos atrativos. Em fase de formação, para um brasileiro de dezoito anos, talvez não tenha havido conjunção tão favorável de circunstâncias nem antes nem depois. Pertencíamos a uma geração privilegiada.

Foi nessa atmosfera estimulante que passei da disponibilidade ao engajamento, em meu caso, mais religioso do que político ou ideológico. A convite de um colega de ginásio, comecei a frequentar as reuniões de sextas-feiras à noite da Congregação Mariana de ex-alunos do Colégio do Carmo, que se realizavam no Castelinho da rua Conde de Sarzedas, hoje incorporado ao moderno prédio do Tribunal de Justiça de São Paulo, ao lado da praça João Mendes. Os participantes eram na maioria ex-estudantes dos colégios maristas da capital ou do interior, quase todos se preparando para o vestibular ou no primeiro ano de engenharia, alguns de medicina, não lembro de nenhum que estudasse direito como eu.

Ali encontrei um sacerdote que teria grande influência em minha vida, o padre Luigi Gargione, pertencente à congregação do Pontifício Instituto para as Missões Estrangeiras (PIME). Padre Luís, como o chamávamos, não lembrava em nada a apatia de certo tipo de religioso tradicional que havíamos conhecido no colégio. Médico de profissão, ex-prisioneiro de guerra na África do Norte, de cavanhaque, rosto afogueado, devia beirar seus cinquenta anos. Trazia de suas origens na Ação Católica italiana o fervor da militância e do engajamento social. Admirador dos padres operários franceses, desejava uma Igreja sempre em missão, aberta ao mundo, como o papa Francisco pregaria meio século depois.

Sob sua direção, a Congregação Mariana, antes dedicada apenas à piedade e à oração, transformou-se num foco vivo de espiritualidade voltada à ação social e ao diálogo com a sociedade moderna. Naquela era pré-conciliar, tanto as escolas como as instituições católicas seguiam uma estrita separação de sexos. Uma das inovações trazidas da Europa por padre Luís consistiu em integrar no trabalho de assistência aos favelados moças e rapazes dos colégios nos quais fornecia orientação religiosa.

Graças a ele é que vi pela primeira vez Marisa, adolescente, aluna do Colégio Assunção, cujo sobrenome eu nem sabia, que se tornaria o centro da relação de amor que nasceu entre nós não naquele momento, mas tempos depois, não cessando de crescer a cada dia de uma união que dura há quase 63 anos.

Ela morava nos Jardins, perto do colégio, num bairro pelo qual eu raramente passava, frequentava um meio social diferente do meu. Depois do colégio, estudaria pedagogia na Faculdade Sedes Sapientiae.

Não fosse padre Luís, dificilmente nos teríamos cruzado numa cidade já então de dois milhões de pessoas, pois não existia nada, nenhum terreno comum onde nos pudéssemos conhecer. Padre Luís teve papel fundamental na transformação de nossas vidas, e celebrou nosso casamento em 1961.

Lutou até o fim pela justiça do Evangelho. Na década de 1970, pediu-me ajuda para jovens militantes católicos perseguidos pela repressão militar. Perdeu a vida em estúpido acidente de atropelamento perto da casa em que morava no bairro paulistano do Brooklin, em meados daqueles anos.

Mas estou me adiantando no tempo. Estivemos, Marisa e eu, entre os pioneiros no trabalho em favelas, fenômeno urbano que começava a se expandir na São Paulo de meados dos anos 1950, princípio das migrações nordestinas que se avolumariam em futuro próximo. A favela do Oratório, no Alto da Mooca, cenário de nosso esforço, era das mais antigas da capital paulista.

Naquele ano de 1955, dom Hélder Câmara lançara a Cruzada São Sebastião, visando abrigar os moradores da favela da Praia do Pinto, que seria removida devido a novas obras urbanas. A fim de conhecer essa experiência, um pequeno grupo de nossa congregação, do qual fiz parte, viajou ao Rio de Janeiro, onde nos encontramos com dom Hélder, então arcebispo-auxiliar. Logo nos demos conta de que a envergadura do projeto carioca ultrapassava nossas forças. O conceito da Cruzada consistia em proporcionar aos moradores removidos habitação decente construída perto da velha favela para não destruir as relações de trabalho e convívio consolidadas durante anos.

Era o oposto da lamentável tendência de desterrar os favelados para periferias longínquas, desprovidas de todos os serviços, a horas de transporte dos locais de trabalho, como se passou a fazer com o Banco Nacional da Habitação no regime militar ou o programa Minha Casa, Minha Vida dos governos recentes. Um projeto de tal ambição, reunindo arquitetos, urbanistas, administradores, advogados, economistas, requerendo altíssimo investimento financeiro, só se tornara possível – e por breve tempo – graças ao incomparável prestígio e poder de persuasão de dom Hélder junto aos governos e ao público.

Não passávamos de um punhado de jovens no começo da vida, alguns ainda adolescentes, sem relações, sem conhecimentos, sem meios para tais ambições. Com poucos recursos, resignamo-nos a um trabalho de assistência, de tratamento médico superficial, de ajuda na obtenção de documentos, busca de empregos, doação de alimentos, agasalhos, orientação na solução dos pequenos problemas da vida diária. Não nos preocupávamos com proselitismo religioso.

O que fazíamos era muito pouco, quase nada à luz das utopias ideológicas da moda, da necessidade, como se dizia então, de "não enfraquecer a preparação da revolução radical das estruturas" pregada pelos engajados na política universitária. Os mais politizados tachariam nosso trabalho de assistencialismo inútil, de mero lenitivo, talvez até contraproducente. Para os beneficiados terá servido de algum alívio temporário. Não mudamos a sociedade, mas a nós mesmos. Os que passaram por essa experiência, nunca mais voltaram a ser o que haviam sido.

Até para mim, acostumado à pobreza do Brás dos imigrantes, a miséria da favela chocava como alguma coisa de natureza incomparavelmente pior. Não só pelas condições materiais, os barracos precários de madeirite reaproveitada, cobertos de lata enferrujada, o esgoto fétido a céu aberto, o mau cheiro de metano que se impregnava na roupa, nos objetos, a lama pegajosa dos caminhos. Havia algo a mais, o receio de que tudo aquilo fosse insuperável, de que não houvesse esperança de melhora.

No Brás, os companheiros de rua com os quais convivia vinham de famílias pobres, mas sonhavam com ascensão social mediante estudos noturnos nos cursos de Madureza,[3] telegrafia, contabilidade. Trabalhavam em oficinas de joalheria, escritórios de administração, interessavam-se por cinema. Era a época do grande cinema mexicano da dupla Fernández-Figueroa, de María Félix, do neorrealismo italiano, a que íamos assistir nos cinemas de bairro onde as sessões incluíam dois filmes separados por um intervalo.

---

3 Hoje substituídos pelo curso Supletivo, solução adotada para pessoas que não concluíram seus estudos no período regular.

Um dos amigos de infância e adolescência, Antonio López, me transmitiu a paixão pela música popular brasileira. Naquele princípio dos anos 1950, a música de raiz estava começando a sair de longo período de descaso e esquecimento graças, sobretudo, ao esforço de Almirante e do programa *O pessoal da Velha Guarda*, que manteve desde 1947 até 1952 na Rádio Tupi. Aprendi a gostar das interpretações de Pixinguinha, da flauta de Benedito Lacerda, do bandolim de Jacob, todos então vivos e atuantes nos programas de rádio. Junto com Tonico, assisti à inesquecível *Noite da Velha Guarda*, no Teatro Colombo, do largo da Concórdia, famoso pela melhor acústica da cidade, com capacidade para cerca de 2 mil pessoas.[4]

O Teatro Colombo,[5] velho teatro dos italianos, onde Pietro Mascagni regera uma de suas óperas, transfigurou-se num resgate do Brasil do passado com Pixinguinha, Donga, João da Baiana, Bide, Almirante, entre outros, e deslumbrou o público com ritmos buliçosos, apresentação de sambistas e dançarinos de maxixe e de jongo. Pode-se fazer uma pálida ideia do que foi aquela noite ao assistir ao filmezinho de nove minutos que Thomaz Farkas realizou da apresentação da Velha

---

4 "O conjunto Velha Guarda se apresentou em abril de 1954 no Teatro Colombo, no Clubinho dos Artistas, e ao ar livre no Ibirapuera. [...] Em 1955, por iniciativa de Almirante, repetiu-se em São Paulo, o II Festival da Velha Guarda, com participação de artistas populares de décadas anteriores como Paraguassu, Bororó, Paulo Tapajós, Gilberto Alves, Radamés Gnattali, Carolina de Menezes, entre outros." [Fonte: *Enciclopédia da Música Brasileira*, 2.ed. São Paulo: Art Editora; Publifolha, 1998.]

5 A decadência do largo da Concórdia envolveu o velho teatro. Interditado por "falta de segurança" em 1957, pensaram transformá-lo em mercado distrital. A Prefeitura Municipal de São Paulo, em 1962, anunciou sua demolição, que tardou e o teatro foi destruído totalmente por um incêndio em 1966.

Guarda no Ibirapuera, no IV Centenário de São Paulo (1954), hoje disponível na internet.[6]

A experiência do trabalho na favela me levou a buscar um grupo parecido que combinasse espiritualidade e ação social na Faculdade de Direito. Por isso, em lugar de aderir à Juventude Universitária Católica (JUC), muito voltada à política universitária, preferi juntar-me à Sociedade Vicentina de São Basílio Magno, um ramo estudantil da organização fundada na França na primeira metade do século XIX pelo grande intelectual católico Frédéric Ozanam. Éramos cinco ou seis estudantes que nos reuníamos numa sala do vizinho Convento dos Franciscanos, sob a assistência espiritual de frei Calixto Fruet, um frade que respirava bonomia e simplicidade.

Nas reuniões noturnas quinzenais, discutíamos os grandes problemas da Igreja e do mundo, relatávamos as visitas semanais que cada um devia fazer a uma família pobre sob sua responsabilidade. A alma do grupo era meu colega de turma Fábio Konder Comparato. Fábio se projetava desde o início do curso como a promessa que se confirmaria depois: a maior, mais brilhante vocação jurídica da nossa geração, a personalidade de maior integridade moral e intelectual entre todos nós. Logo nos tornamos amigos próximos e comecei a frequentar sua casa na Bela Vista, na rua Artur Prado, vizinha à residência oficial do cardeal Vasconcellos Mota.

Sua família resultava da união inesperada entre os sicilianos Comparato do pai, "seu" Antoninho, sempre recatado, de apurada elegância, e a mãe divertida, espirituosa, dona Sulamita ou dona Sula, da influente família alemã dos Konder de Santa Catarina, de onde se originaram ministros ilustres desde a República Velha. Pela primeira

---

6 Ver: <www.thomazfarkas.com/filmes/pixinguinha-e-a-velha-guarda-do-samba/> e <vimeo.com/229136047>.

vez vim a conhecer a casa de uma família de classe média alta, com jardim, automóvel na garagem, piano na sala, onde Fábio, excelente pianista, me fez descobrir os prelúdios de Debussy, "Jardin sous la pluie", "La cathédrale engloutie". Tudo me surpreendia naquele ambiente de nível cultural e social para mim inabituais, no qual o humor, a ironia de dona Sula contrastavam com a seriedade e o formalismo de "seu" Antoninho.

Fábio e eu passávamos horas discutindo livros ou ideias para tornar mais justa a organização da sociedade. Com sua aguda sensibilidade jurídica, ele estudava então a experiência iugoslava com a copropriedade e cogestão das empresas pelos próprios trabalhadores. Apoiada pelos frades dominicanos, uma empresa desse tipo, de marcenaria, chegou a existir durante algum tempo em São Paulo.[7] Fábio haveria de escrever mais tarde um pequeno livro sobre os princípios que deveriam orientar a cogestão da empresa. Ainda se acreditava então na factibilidade de criar uma economia sem as taras do capitalismo nem a centralização sufocante do comunismo.

Outro amigo que fiz no primeiro ano da Faculdade revelou-se

---

7 "A fábrica de móveis Unilabor funcionou na cidade de São Paulo de 1954 a 1967, na Vila Brasílio Machado, e foi um ícone da relação entre a atividade comunitária religiosa, a partir da humanização do trabalho e a partilha de gestão da empresa. [...] Fundada pelo frei dominicano João Baptista Pereira dos Santos (1913-1985), pelo ferramenteiro Antônio Thereza (1923-2001), e pelo artista plástico Geraldo de Barros (1923-1998) [...] fabricou e comercializou móveis modernos projetados por este último, com o auxílio de operários capacitados em serralheria e marcenaria." [Fonte: Osvaldo Bruno Meca Santos da Silva; Fernando Atique, "Morar Anunciado: a veiculação publicitária da Unilabor na mídia paulistana", *Risco*: revista de pesquisa em arquitetura e urbanismo IAU-USP, v.19, 2021. Disponível em: <www.revistas.usp.br/risco/article/view/171972/173490>. Acesso em: 16 jan. 2024].

decisivo para meu futuro profissional. Ele me chamou a atenção pelos dotes linguísticos. Traduzia os mais intrincados textos latinos nas aulas de Direito Romano com a facilidade de quem estivesse lendo uma página em espanhol ou inglês. Uns anos mais velho do que a média da classe, magro, pálido, cabelos ondulados, óculos de lentes espessas, Arrhenius Fábio Machado de Freitas vinha de Jaraguá, interior de Goiás. Seu pai, Clotário, farmacêutico de formação, lhe havia dado o estranho prenome em homenagem ao químico sueco Svante Arrhenius.

O pai, na realidade, fazia política, havia sido presidente da Assembleia Legislativa do Estado, pertencia à poderosa facção do PSD chefiada por Pedro Ludovico Teixeira, inimiga dos Caiado, da UDN, a oligarquia que dominara Goiás na Primeira República. Ex-aluno dos salesianos, Arrhenius passara anos no seminário deles em Goiás Velho, onde chegara a professor de latim e grego. Pouco antes da ordenação, deixou o seminário ao perceber que não tinha vocação sacerdotal. Morava em casa de uma irmã em São Paulo, tencionando transferir-se ao Rio de Janeiro para prestar o concurso do Itamaraty. Bem informado sobre a carreira diplomática, contagiou-me com seu entusiasmo.

Creio que sua transferência ocorreu logo depois do segundo ano. Do Rio continuou a escrever-me; em 1957, após sua aprovação no exame de ingresso no Instituto Rio Branco, enviou-me os programas completos, a bibliografia para a preparação e cópias mimeografadas das provas. Ao tomar conhecimento das questões propostas nos exames, animei-me a também tentar a sorte. Sem isso, não sei se teria tido coragem de romper a inércia. Até então pensava às vezes no Itamaraty, mas hesitava em deixar a família, a cidade, imaginava que acabaria por fazer concurso para promotor público em São Paulo.

O gesto generoso do amigo, seu encorajamento, a constatação de que os exames, apesar de difíceis, não eram um bicho de sete cabeças, constituíram os fatores determinantes da decisão. Reuni os documentos necessários e inscrevi-me para o exame que teria início em setembro de 1958. Com pouquíssimo dinheiro para livros ou aulas particulares, sem ambiente para estudar em casa na qual dividia um pequeno quarto de dormir com meus dois irmãos, refugiei-me na Biblioteca Mário de Andrade, minha velha conhecida.

À exceção das aulas obrigatórias da Faculdade, onde cursava o quarto ano, passava as tardes e as noites na biblioteca até a hora do fechamento, em teoria à meia-noite, na prática um pouco depois das 23 horas, devido à pressão dos funcionários ansiosos em voltar para casa. Autodidata por necessidade, lancei mão de estratagemas para compensar a falta de orientadores.

Lembrei como, na autobiografia, Benjamin Franklin descrevia seu método de ler várias vezes seguidas uma página de algum autor que desejava imitar para, depois, fechado o livro, tentar reproduzir o texto de memória. Fiz o mesmo com escritores dos quais admirava a limpidez, a elegância, a ausência de artifícios, Machado de Assis de *Dom Casmurro*, Joaquim Nabuco de *Minha formação*, as crônicas de Rubem Braga.

Embora ainda não tivesse ouvido falar da frase romana – *Nulla dies sine linea*, "Nenhum dia sem (uma) linha" –, adotei instintivamente seu espírito. Convencido de que escrever requer prática constante como tocar violino, impus-me a disciplina de todo dia redigir um texto, mesmo breve, de pouca extensão. Meu maior receio consistia nos exames de idiomas. O vestibular do Instituto Rio Branco exigia, a título eliminatório, provas escritas e orais de francês e inglês. No escrito, era preciso fazer uma redação e uma versão do português para cada uma dessas línguas.

Graças aos maristas do Colégio do Carmo, alguns dos quais nascidos na França, eu me tornara capaz de ler (com alguma dificuldade) em francês, ao passo que meu inglês era extremamente precário.

Depois de algumas poucas aulas particulares para tentar acertar a pronúncia, dediquei-me a aumentar o vocabulário com um método inspirado num conto de Somerset Maugham. Escolhia romances policiais de linguagem menos complexa que as grandes obras literárias. O interesse do enredo compensava a necessidade de recorrer toda a hora ao dicionário. Se não entendesse alguma coisa, não perdia nada de importante.

Para o diálogo oral, recorri às peças de teatro, Bernard Shaw, algumas de Eugene O'Neill. A fim de treinar redação e versão nas línguas estrangeiras, segui o mesmo procedimento que na redação em português. Tomava emprestados da biblioteca um livro traduzido e seu original; a partir do texto traduzido, tentava reproduzir como seria em inglês ou francês, conferindo depois no original. Assim como fazia com o português, elaborava listas de palavras desconhecidas, separava as preposições, as expressões de ligação ou de contraste, anotava as peculiaridades idiomáticas.

A parte do programa que me deu mais prazer preparar foi a de História Internacional, graças, sobretudo, aos maravilhosos manuais didáticos em francês da dupla Malet e Isaac.[8] Além da clareza e do poder de síntese, os livros forneciam da história um panorama integrado, entrelaçando os acontecimentos políticos com a evolução da cultura e da economia. As ilustrações, geralmente em branco e preto, ajudavam a captar o espírito das épocas por meio da explicação das obras de arte nelas originadas. Até certas manias dos autores eram

---

8 *Malet et Isaac* é uma célebre coleção de manuais históricos franceses, da primeira metade do séc. XX, cujos autores eram Albert Malet e Jules Isaac. As lembranças desses manuais são evocadas também por Georges Perec em *Je me souviens de Malet & Isaac*, publicado em *Penser/Classer*. Paris: Hachette, 1985. Disponível em: <fr.wikipedia.org/wiki/Malet_et_Isaac>. Acesso em: 26 jan. 2024.

divertidas, como a de pretender deduzir o caráter dos personagens pela simbologia dos traços faciais.

Com esse tipo de preparação autodidata, enfrentei os exames, sem grande esperança de passar. Muita gente em São Paulo me dizia que, sem conhecer ninguém no Itamaraty, com um nome de família obscuro, ainda por cima italiano, não havia nenhuma chance de que eu fosse aprovado. Nesse tempo, ainda se dava crédito aos relatos de discriminação contra os representantes da primeira geração de filhos de italianos aspirantes a carreiras como a magistratura ou as cátedras da Faculdade de Direito de São Paulo, supostamente reservadas aos paulistas de quatrocentos anos.

Fiz bem em não levar nada disso a sério. Como percebi já na primeira eliminatória, a prova escrita de português, o concurso do Instituto Rio Branco se distinguia por lisura exemplar. Tomava-se cuidado para que não fosse possível identificar o autor de cada prova. Além disso, prática avançada para a época, os candidatos tinham acesso à correção e o direito a recorrer das notas, o que fiz com êxito ao menos duas vezes. As bondosas secretárias do Instituto, os jovens diplomatas encarregados de vigiar os exames, encorajavam os candidatos, faziam tudo para que se sentissem à vontade.

A série de exames começou logo depois da data nacional de setembro com a prova escrita de português. De São Paulo, éramos um punhado de estudantes de que recordo Tarcísio Meira, o futuro ator, e Álvaro Pinto de Aguiar Júnior. No francês escrito, tivemos de fazer uma versão para o francês de nada menos do que o famoso trecho de Euclides da Cunha: "O sertanejo é antes de tudo um forte...". Para facilitar a vida dos alunos, dizia-se: "*On s'abstiendra de traduire le mot* 'sertanejo'".[9] Uma das pequenas redações continha uma armadilha:

---

9 Não é preciso traduzir a palavra "sertanejo".

comentar a frase do moralista Vauvenargues: "*Le défaut d'ambition est la cause de beaucoup de vices*" ou, em vernáculo: "A falta (não o defeito) de ambição é a causa de muitos vícios".

O historiador Hélio Viana nos preparou uma emboscada ao propor como tema principal o da Guerra contra as Províncias Unidas do Prata, sem esclarecer de que conflito se tratava. Como a Argentina mudou várias vezes de nome, muitos não atinaram que se deveria falar da Guerra da Cisplatina de 1825 a 1828. Eu não estava muito certo, mas falei de todos os antecedentes desde a época colonial, a fim de disfarçar a falta de firmeza. Passei, mas a maioria foi reprovada num primeiro momento, o que obrigou a modificar o critério de correção de maneira mais branda.

Fora uma ou outra peripécia como essas, meu exame não teve nem de longe os lances vistosos e pitorescos do concurso de Guimarães Rosa que vou narrar no próximo capítulo. O resultado é que foi parecido. O êxito inesperado, além de minha expectativa, contribuiu para me dar confiança naquela instituição prestigiosa que me acolhia de modo tão generoso. A primeira impressão se confirmou com os anos. O Itamaraty me abriu os caminhos fascinantes do mundo, criou as condições de uma vida sempre renovada pela descoberta da infinita diversidade dos seres humanos e de suas culturas.

Conferência Vicentina São Basílio Magno, Faculdade de Direito USP
A partir da esquerda, 1ª fila: Dante Nese, Waldemar Roberto, frei Calixto Fruet OFM, Benedito P. Olival, Paulo S. Frontini; 2ª fila: Fábio Konder Comparato, não identificado, Joaquim (porteiro da faculdade), Rubens Ricupero, João Batista Lima de Figueiredo
São Paulo, 1957, fotógrafo não identificado, acervo do autor

Arrhenius Fábio Machado de Freitas e Rubens Ricupero, colegas das Arcadas
São Paulo, dezembro de 1956, fotógrafo não identificado, acervo do autor

Guimarães Rosa, examinador de cultura

Quando minha mãe morreu, meus irmãos encontraram entre seus papéis todas as cartas que eu lhe havia escrito desde que deixei São Paulo para fazer o exame de ingresso no Itamaraty. Estavam cuidadosamente guardadas dentro de uma pasta de couro verde, presente de um de meus irmãos, na qual ela havia feito gravar em letras douradas "Meu filho diplomata". A primeira das cartas, que eu tinha esquecido totalmente, era do Rio de Janeiro, datada de 9 de setembro de 1958.

Nela, eu relatava a primeira prova eliminatória, de português, cujos resultados não eram conhecidos ainda, mas que dizimaria os candidatos, reduzindo-os de 116 a punhado de pouco mais de vinte. Na carta, eu também registrava, deslumbrado, minha descoberta do mundo fascinante do Itamaraty e da diplomacia. Com inexperientes 21 anos, crescido num dos cantos mais pobres do bairro operário do Brás dos anos 1930 e 1940, eu nunca havia sido exposto a um cenário tão majestoso e imponente.

O exame havia sido num sábado, começando às dez horas da manhã, no salão nobre da Biblioteca neoclássica, com todas as portas de vidro abertas ao espelho d'água onde deslizavam os cisnes. Ao fundo da aleia de palmeiras imperiais, um estudante pensativo se inspirava na suavidade do casarão cor-de-rosa do velho palácio dos Condes de Itamaraty que ficava em frente. A manhã era plácida, luminosa, mas não muito quente, pois soprava leve brisa.

Esse cenário físico externo ideal era harmoniosamente completado pelos cuidados atenciosos de que éramos objeto no magnífico interior da Biblioteca edificada ao tempo de Otávio Mangabeira. Acostumado à massificação, já naquele início de expansão da universidade pública, do vestibular à Faculdade de Direito de São Paulo, à impessoalidade e distância burocrática dos contatos com o secretariado das Arcadas ou da Faculdade de Filosofia na rua Maria Antonia, não esperava que os jovens diplomatas incumbidos de supervisionar as provas nos tratassem como quase colegas, de igual a igual, como se o exame não passasse de formalidade sem importância e estivéssemos já assegurados do ingresso.

Meu encantamento chegou ao auge quando, em certo momento, contínuos de luvas e uniformes brancos com botões dourados nos serviram café em elegantes taças com as armas da República. Foi amor à primeira vista, jamais desmentido ao longo dos 36 anos que eu haveria de passar no aconchego do Itamaraty, que o chanceler Azeredo da Silveira dizia ser, na verdade, um orfanato, pelo carinho familiar com que tratava os funcionários.

Se me demorei em evocar meu exame foi, primeiro, para comentar o início de nervosa sequência de provas ao longo de quase dois meses, que se encerrariam com nosso encontro com João Guimarães Rosa. Tive também para isso outro motivo. É que, ao ler o belo e sugestivo ensaio de meu colega Felipe Fortuna, "Guimarães Rosa, viajante", publicado na coletânea *O Itamaraty na Cultura Brasileira*,[1]

---

1 Felipe Fortuna, "Guimarães Rosa, viajante". Em: Alberto da Costa e Silva (org.), *O Itamaraty na Cultura Brasileira*. Rio de Janeiro: Instituto Rio Branco, 2001, p.270-85.

fiquei impressionado com a semelhança da situação e sensações que eu mesmo vivera com as de outro jovem que me precedera um quarto de século antes, um médico de 26 anos, vindo como eu de outro estado, aprovado em 1934 naquele concurso de ingresso (com a diferença de não existir, na época, o Instituto Rio Branco no qual estávamos entrando em 1958).

Ao escrever à mãe, em carta de 7 de julho de 1934, que tirara o segundo e não o primeiro lugar devido a ter perdido a calma nas provas escritas iniciais, Guimarães Rosa explicava que ficara "estonteado com o ambiente barulhento do Rio de Janeiro, e com o luxo magnificente do Itamaraty". Em carta datada de um dia antes, descrevia a dificuldade dos exames em termos muito parecidos aos que vim a encontrar em meus próprios relatos a meus pais:

> De 57 (candidatos), só 10 foram habilitados [...]. Desses 10, talvez seja eu o único que não esteve ainda na Europa; além disso, posso garantir que esse Concurso é o mais difícil que se processa no Brasil [...]. Assim, estou satisfeitíssimo, adquiri mais confiança em mim mesmo, e espanei os brasões...

Comenta Felipe Fortuna que a atitude de Rosa não estaria isenta de uma ponta de ressentimento social (a comparação com os demais candidatos que já haviam estado na Europa, a referência a espanar os brasões). Há algo disso, mas caberia talvez interpretação mais indulgente: a da aquisição da autoconfiança, a justificável satisfação pela ascensão social. Ao menos, foi assim que me identifiquei ao sucesso do jovem mineiro, pois lembro de minha reação similar ao ver, nos orais de línguas, que os concorrentes de impecável pronúncia tinham todos estudado em Londres e Paris, alguns, filhos de diplomatas, tendo sido mesmo educados nesses idiomas.

O concurso de ingresso de Guimarães Rosa no Itamaraty vem narrado de forma saborosa no livro de seu tio Vicente Guimarães, *Joãozito: a infância de João Guimarães Rosa.*[2] Tendo chegado ao Rio pelo trem noturno sem prevenir ninguém, o futuro diplomata metera-se num hotel de políticos mineiros, onde trancou-se no quarto para estudar por vinte horas seguidas. De manhã, queria descansar, mas o cérebro continuava à toda. Pede socorro ao tio, que corre ao hotel e, ao entrar no quarto, descreve cena memorável: "Encontrei meu sobrinho nu, deitado, coberto por um lençol, comendo ostras e na mão tendo um livro policial".

Testemunha ocular, Vicente relata do exame oral episódios que levaram o próprio candidato a confessar na mesma carta à mãe, acima citada: "banquei um pouco o cabotino, para impressionar" (carta de 7 de julho de 1934).[3] Em matéria de cabotinismo, veja-se, por exemplo, a prova de francês: "'Que o senhor conhece da Literatura Clássica Francesa?' Resposta: 'Toda'... 'Desde quando o senhor lê Francês?' 'Os clássicos, comecei a ler aos nove anos'".

Indagado sobre o que havia de notável na principal obra de certo autor, o examinando "(e)xcedeu... (r)eproduziu de cor a página mais bonita do livro, aquela que o celebrizara". No curioso estilo contagiado pelas inversões e inovações roseanas, o parente coruja salienta o "entusiasmo dos examinadores. Chegaram a levantar-se de seus lugares e aproximar-se do examinando, perdendo nenhuma de suas respostas e exposições... Ao terminar a última prova, a plateia iniciou palmas, imediatamente interrompidas por psius, para não

---

2 Vicente Guimarães, *Joãozito: a infância de João Guimarães Rosa.* São Paulo: Panda Books, 2006, p.96-9.

3 Vilma Guimarães Rosa (org.), *Relembramentos: João Guimarães Rosa, meu pai.* Rio de Janeiro: Nova Fronteira, 1983, p.281.

prejudicar o candidato com a invalidação do exame".[4] O triunfo final ganha mais realce pelo contraste com o ponto de partida de Joãozito, "desconhecido, modesto, sem nenhum influimento político ou outro qualquer".

Felipe Fortuna destaca também a consagração antecipatória de Rosa por essa via da erudição ostentada no exame. Aos sentimentos que lhe desperta o sucesso, aplica adjetivos como orgulhoso, vencedor, envaidecido: "Sozinho no Rio de Janeiro, pressionado pelos examinadores, o êxito no concurso revelou uma face imodesta do filho de dona Chiquitinha e seu Florduardo".

Conclui que o aprovado encontrara profissão na qual as qualidades intelectuais, longe de constituírem estorvo, passavam a ajudar suas ambições.[5]

Em países nos quais a autonomia do campo intelectual era incipiente e subordinada ao político, os políticos eram quase sempre poetas, romancistas, ensaístas, historiadores, como boa parte das figuras centrais do romantismo no Brasil, na Argentina, no Chile.

É o que afirmava Antonio Candido:

> [...] a literatura foi frequentemente uma atividade devoradora. Quero dizer que durante a formação nacional dos nossos países quase tudo devia passar por ela, e por isso ela foi uma espécie de veículo que parecia dar legitimidade ao conhecimento da realidade local.[6]

---

4 Vicente Guimarães, op. cit., p.97, 99.

5 Felipe Fortuna, op. cit., p.272.

6 Antonio Candido, seminário sobre Richard Morse, Washington, 1993. Em: "Literatura, espelho da América?". *Remate de Males: Revista do Departamento de Teoria Literária*, Campinas, v.19, n. esp., 1993.

No Brasil, os literatos que não se sentiam com vocação para a política, também "atividade devoradora", tinham uma opção: o emprego público, como Machado de Assis, Lima Barreto e legiões de outros, ou o Itamaraty, mais atrativo para alguns, entre outras razões, o apelo da outra margem do mar, a possibilidade de viajar, de viver em outras terras e ser pago para isso.

Era o caso de Rosa, que, lembra Fortuna, havia escolhido em concurso literário o pseudônimo de Viator, "o viajante, o que vai pelas vias e veredas, o andarilho". O médico provinciano de Itaguara e Barbacena, cujas roupas certamente deveriam já distingui-lo dos demais candidatos viajados pela Europa e habituados ao cenário "estonteante" do Rio de Janeiro, encontra no concurso o meio de revelar, pela superioridade da erudição e da cultura, que fazia jus ao mandarinato do Itamaraty.

Na carreira, poderia dizer como o Conselheiro Aires: "[...] não fiz tratados de comércio nem de limites, não celebrei alianças de guerra". Os colegas diplomatas que lhe dedicaram estudos – o ensaio de interpretação psicológico-filosófica de Heloisa Vilhena de Araújo, a penetrante análise literária da viagem como elemento do destino humano de Felipe Fortuna – esforçaram-se em valorizar, na medida do possível, a contribuição propriamente diplomática de Guimarães Rosa.

É claro, contudo, que não se deve forçar essa nota além da conta. Magra, de fato, é a colheita de textos burocráticos que se destacam pelo valor estritamente profissional. A rigor, o único grande texto diplomático roseano é o minucioso estudo e refutação das queixas limítrofes paraguaias consubstanciado na Nota n.92, de 25 de março de 1966, da Embaixada do Brasil em Assunção, copiosa e exaustiva nota-*fleuve* de 155 parágrafos na qual o então Chefe da Divisão de Fronteiras do Itamaraty demonstra sua competência como diplomata.

Apesar de haver realizado a tarefa com impecável consciência de funcionário, no fundo a considerou um estorvo ao seu trabalho de escritor. O sentimento aflora com clareza na carta que escreveu a seu tradutor italiano, Edoardo Bizzarri, transcrita no trabalho de Heloisa Vilhena:

> Pois, Você sabe que sou aqui o Chefe do Serviço de Demarcação de Fronteiras; e deve ter acompanhado nos jornais o palpitante caso de divergência com o Paraguai, o assunto de Sete Quedas. Imagine, pois, o que comigo sucedeu, de junho do ano passado, até julho deste. Foi uma absurda e terrível época, de trabalho sem parar, de discussões, de reuniões, de responsabilidades. Várias vezes, tive de trabalhar aqui no Itamaraty até as 5 horas da manhã... e comparecer no outro dia já às 9, para reuniões que duravam o dia inteiro. Tudo isso, sob a circunstância de ser, entre os 80 milhões de brasileiros, o que é pago para cuidar do assunto, debaixo do peso dele. E com a saúde – como Você sabe. E com o visceral "medo de errar", a necessidade compulsiva de cuidar de todos os detalhes, a lentidão meticulosa do mineiro da roça, de terra onde os galos cantam de dia. Assim, fiquei fora e longe de tudo o mais, nem me lembrava que eu era Guimarães Rosa, não respondi às cartas das editoras estrangeiras, perdi dinheiro, sacrifiquei interessantes oportunidades, adoeci mais, soterrei-me.[7]

Não é segredo para ninguém no Itamaraty que a velha Divisão ou Serviço de Demarcação de Fronteiras era considerada, em circunstâncias normais, um remanso apropriado para quem tem coisas mais

---

7 Heloisa Vilhena de Araújo, *Guimarães Rosa: diplomata*. Brasília: FUNAG, 1987, p.21-2.

interessantes ou prementes a fazer. Tanto assim que chegou, em certos momentos, a desaparecer do organograma do ministério. Não que falte trabalho em fronteiras, mas o essencial do serviço era e é feito pelas duas Comissões Brasileiras Demarcadoras de Limites, a Primeira, sediada em Belém, responsável pela fronteira Norte, e a Segunda, com sede no Rio de Janeiro, com jurisdição sobre a linha limítrofe da Bolívia ao Chuí. Ambas confiadas a coronéis reformados do Exército, especialistas em topografia, medições, aposição ou reposição de marcos etc. Sei do que falo porque fui um dos sucessores de Rosa, chefiando a Divisão, interinamente, durante mais de um ano, quando meu principal trabalho era a direção da Divisão da América Meridional-II e o titular de Fronteiras se encontrava em prolongado serviço provisório na Nicarágua.

Por conseguinte, quem escolhia chefiar a Divisão durante onze anos, conforme aconteceu com o escritor, era como se abrisse mão de fazer carreira por ter algo muito mais importante a que dedicar o fugidio tempo. Foi falta de sorte que, em meio a essa sossegada década, de repente rebentasse uma das raras, raríssimas disputas limítrofes brasileiras desde que o barão do Rio Branco deixou definidas em negociações ou arbitragens praticamente todas as fronteiras (aliás, a do Paraguai foi das poucas que estavam já resolvidas antes dele).[8]

A imensa maioria dos escritores que tiveram na diplomacia uma base garantida de segurança material, a partir da qual puderam

---

8 Em 1962, o governo paraguaio desencadeou uma disputa limítrofe com o Brasil ao alegar direitos a uma região chamada Salto do Guairá, próxima a Sete Quedas. O governo brasileiro nunca admitiu os argumentos paraguaios, mas preferiu negociar solução de conciliação consubstanciada no Tratado de Itaipu (1973) e no compromisso de construir no local a atual usina hidrelétrica binacional de mesmo nome.

construir obra literária, sabiam da impossibilidade de devotar igual tempo e esforço ao serviço e à criação. Rosa, como João Cabral e outros, escolheu certamente a melhor parte, que não lhes será tirada. Quem lembra ainda, por exemplo, os nomes dos ministros ou embaixadores que gozaram dos "quinze minutos de notoriedade" dessa época?

O caso do autor de *Sagarana* é notável, pois ele ocupou, por duas vezes, a chefia de gabinete do ministro João Neves da Fontoura, lugar cobiçadíssimo pelos carreiristas por ser o caminho mais seguro para promoções rápidas e carreira curta. Para os profissionais, carreira breve é chegar logo a embaixador. Paradoxalmente, à medida que se aproxima dessa meta, Rosa perde interesse nela, não sai mais do Brasil após apenas oito anos de vida no estrangeiro e morrerá embaixador sem nunca ter tido embaixada.

Foi a sorte da nossa turma de candidatos ao Itamaraty que ele tivesse tomado a decisão de permanecer na Divisão de Fronteiras, a partir de 1956 até sua morte, em 1967. Um ou dois anos antes do nosso exame, em 1958, a prova de cultura geral havia suscitado controvérsia na imprensa. Várias das questões pareciam perguntas de almanaque ou dessas ciladas que se armam contra candidatos a prêmios milionários na televisão. Uma delas era a famigerada indagação: para que lado, o direito ou o esquerdo, está virado o bico do pelicano que ornamenta a capa da edição *princeps* de *Os Lusíadas*? Era prato cheio para as colunas dos jornais.

Diante do escândalo, o Instituto Rio Branco convidou João Guimarães Rosa a incumbir-se, junto com o folclorista e historiador Renato de Almeida, da prova de cultura geral, a última e não eliminatória, apenas classificatória, da longa série que durava quase dois meses. Não sabíamos àquela altura que, anos antes, em 1952, o autor de *Grande Sertão* havia apresentado ao diretor do Instituto Rio Branco sugestões para o programa do concurso, com ênfase na parte relativa justamente à cultura geral.

Nas notas que encaminhou ao diretor, reproduzidas no estudo de Heloisa Vilhena, partia-se do objetivo da prova, que era o de "apreciar... também os conhecimentos – científicos, artísticos, eruditos, ilustrativos etc. – adquiridos seja mediante aprofundamento extraordinário nas matérias dos Cursos Ginasial e Colegial, seja em cursos outros, seja extracurricular e autodidaticamente, através de leituras e outros meios de informação e enriquecimento do espírito". Tais conhecimentos, especificava-se, deveriam ser "suplementares ou complementares, transcendentes da rotina escolar, bem assimilados e sedimentados". O resultado esperado é que tivessem contribuído para "a formação do candidato e (fossem) resultantes de curiosidade intelectual e capacidade mental, do gosto pela indagação objetiva ou especulativa, de vocação cultural e consciência humanística".

Insistia-se em que o objetivo do exame era a aferição do "saber gratuito e da cultura de informação, básica, variada e pragmaticamente utilizável", evitando-se tudo que induzisse ao "estudo utilitário, para exame, as leituras apressadas, adrede feitas, a memorização artificial interessada".[9]

Tendo assim fixado a teoria do exame de cultura geral, vejamos como se saiu Guimarães Rosa ao ter de convertê-la em prática. Foi há mais de sessenta anos, mas recordo bem das circunstâncias. Estávamos exaustos após a sequência infindável de provas escritas, dos dificílimos orais de línguas, do nervosismo de esperar as notas, de apresentar pedidos de revisão das correções. Os que tínhamos sobrado das eliminações formávamos um grupinho rarefeito de treze ou catorze,

---

9 Heloisa Vilhena de Araújo, op. cit., p.29.

já com incipiente solidariedade de grupo nascida da ansiedade e do sofrimento em comum.

À medida que avançava o ano, aumentava o calor e nós, imersos em livros, mal podíamos acompanhar de relance nas manchetes dos jornais tudo o que nos oferecia de surpresas a história, o retorno ao poder de De Gaulle, o grande "salto para a frente" na China, já naqueles distantes dias o Iraque, onde o rei Faisal e sua família haviam sido massacrados, no mesmo mês que assistira à intervenção militar norte-americana no Líbano. Nada de novo sobre a face da Terra...

Foi Rosa, já escritor consagrado, chefe de divisão com autoridade na Casa, que comandou nosso exame. Renato de Almeida estava presente, pequeno, roliço, sorridente, mas não me lembro de que tivesse tido algum papel. Guimarães Rosa apresentou-se como o vemos nas fotografias, de gravata borboleta de bolinhas, paletó bege, óculos de lentes grossas. Indicou-nos no quadro-negro os dois temas escolhidos. O primeiro eram os versos de Tomás Antônio Gonzaga (a Lira VI de *Marília de Dirceu*):

O sábio Galileu toma o compasso,
E sem voar ao céu, calcula, e mede
Das Estrelas, e Sol o imenso espaço.

O segundo era uma frase do católico Gustavo Corção, de quem hoje ninguém mais fala, mas que escrevera na época livros notáveis, *Lições de abismo*, *A descoberta do outro*:

Como explicar a desordem do mundo?

Recusou dar explicações ou conselhos. O desafio de cultura consistia justamente na maneira de enfrentar e resolver o enigma dos dois textos. Só agora, ao preparar esta evocação daquela jornada, vim a tomar conhecimento, pelo livro de Heloisa Vilhena, de que, nas notas de 1952 ao diretor do Instituto Rio Branco, se achava decifrada a chave do exame:

> [...] o exame de Cultura Geral deverá permitir sejam levadas em conta as afirmações de erudição em quaisquer ramos do saber humano, prestando-se além disso a medir, de cada examinando, não só o cabedal de informações, mas também, tanto quanto possível, a coordenação das mesmas e sua dinâmica capacidade associativa [...]

E, mais significativamente: "convém que as dissertações se deem sobre temas de caráter geral, que permitam, pela variedade de seus aspectos, o máximo de ilações, associações e ilustrações, num tratamento revelador da pluralidade de conhecimento do candidato".[10]

Não sei mais o que escrevi, nem se essas provas sobrevivem ainda nos arquivos do Rio Branco. O exame, exclusivamente escrito, foi comprido. "A prova deverá ser de duração suficientemente longa, num mínimo de tempo de 5 horas", rezavam as notas, porque "à Cultura inerem as condições de meditação e calma". Guardo lembrança vaga de que não esgotei o tempo, mas cheguei perto.

Quando penso hoje no exame, o único de que conservo melhor memória de todas aquelas provas, vejo que a intenção do examinador provavelmente seria a de contrastar a ordem física do universo, na era em que sobreviviam as certezas da astronomia newtoniana, com a desordem do universo moral. Terei percebido o vínculo naquele momento? Quem sabe?

---

10 Heloisa Vilhena de Araújo, op. cit., p.30.

Apenas lembro que meu texto respirava as influências católicas francesas que me formaram, Bernanos, Mauriac, Maritain, Teilhard de Chardin, os grandes mestres da espiritualidade beneditina; no Brasil, a marca preponderante de Alceu Amoroso Lima. Diversas vezes citei Camões, as redondilhas "Sôbolos rios que vão", por exemplo:

Não basta minha fraqueza
Para me dar defensão,
Se vós, santo Capitão,
Nesta minha fortaleza
Não puzerdes guarnição.

O que mais chamou a atenção do examinador foi o verso também de Camões com que terminei a dissertação:

Mas o melhor de tudo é crer em Cristo.

Não era das redondilhas citadas nem de poema conhecido. Tanto que Rosa veio falar comigo – ele havia tido tempo de olhar o começo e o fim da redação – para questionar onde havia eu pescado aquela pérola. Hoje não saberia o que responder, mas naquele momento, o conhecimento pronto e aguçado de quem há meses queimava as pestanas no estudo ditou-me a resposta na ponta da língua.

Teria ele lembrado do cabotinismo do seu próprio exame, da vaidade ingênua com que enfrentara os examinadores? Tenho boas razões para suspeitar de que fluiu entre nós corrente de simpatia e afinidade, seja pela recordação de outro provinciano deslocado no cenário de luxo da Biblioteca, seja devido às referências religiosas e místicas de texto com algum apelo para quem vivia sempre em busca da "terceira margem do rio".

No Itamaraty, avistava-o às vezes de longe, ouvia as histórias que dele se contavam, o famoso caderninho no qual anotava as palavras e expressões pouco usuais em meio à reunião dos países amazônicos em Manaus, o gosto de escrever de pé naquelas escrivaninhas inglesas dos contadores de antigamente. Os caminhos da carreira nos separaram; logo após a conclusão do curso do Rio Branco, voluntariei-me para trabalhar em Brasília. Servia no exterior, em Buenos Aires, quando ele morreu.

Essas circunstâncias não nos ofereceram a oportunidade de transformar em amizade pessoal aquele primeiro contato promissor, apesar da admiração que sentia pela sua literatura. De Rosa, o que afinal me ficou foi aquele encontro fugaz de algumas horas, na Biblioteca do Itamaraty, o diálogo do examinador curioso pela citação que não conhecia e o candidato que reproduzia, sem saber, a ponta de desafio do provinciano, médico de Barbacena, que parte à conquista do mundo armado apenas de leituras, erudição, conhecimento, esboço de cultura.

Na procura da sempre fugidia terceira margem do rio, o viajante descobriu, como lembra Felipe Fortuna, que viajar pelo sertão é o mesmo que viajar pelo mundo. Deixou-se ficar no país profundo do qual na verdade não tinha jamais saído. Descobriu também que fazer carreira breve valia pouco diante do mundo que podia criar com a palavra. E soube dar a resposta certa à pergunta do Evangelho: "De que vale ao homem ganhar o mundo inteiro se vier a perder sua alma?".

Sérgio Carneiro Lacerda, Álvaro Pinto de Aguiar, Rubens Ricupero, em frente ao Palácio do Itamaraty, Rio de Janeiro, por ocasião dos exames de ingresso ao Instituto Rio Branco Setembro, 1958, fotógrafo não identificado, acervo do autor

Rio de Janeiro, 9 de Setembro de 1958.

Queridos pais:

Fez o exame de Português, sábado, e creio que me saí bastante bem. Havia 128 candidatos, mas 12 desistiram. Lá no Itamarati, todos são muito gentis. Durante o exame, que foi muito bem organizado, um funcionário servia café, trazia água para os candidatos, nada faltou enfim. A (~~foi~~) prova foi muito longa: tendo começado às 10 horas, só saímos às [3] 2 da tarde. Há vários candidatos de São Paulo, alguns da Faculdade de Direito. Almocei com êles, após o exame, e, mais tarde, fui visitar o Arrhênico, em Copacabana. No dia anterior ao exame, sexta-feira, tinha havido uma grande festa no Itamarati, em homenagem ao presidente Gronchi. Pude ver ainda o estrado de cetim, armado sôbre o lago, e as 4 poltro-

nas douradas onde estiveram os presidentes. O Arrhenius esteve presente,
pois todos os alunos do Instituto Rio
Branco foram convidados. Êle teve
que alugar um fraque por Cr$ 700,00,
mas disse-me que valeu a pena, pois
a festa foi realmente maravilhosa.
Quanto ao resultado do exame,
só o conheceremos na próxima 2ª feira,
dia 15. Como os outros candidatos de
São Paulo não puderam permanecer no Rio,
eu telefonarei a um dêles após o almoço, para comunicar-lhes as notas. Pedi-
rei a um dos colegas, o Alvaro, que
telefone aí para casa, para dizer a vocês a minha nota. Esperem, portanto, segunda-feira à tarde.
Na quarta-feira seguinte, farei o
exame de Francês (dia 17 escrito, 19 oral).
Isso se eu passar em Português, é claro.
É possível que eu volte a São Paulo no
dia das eleições.
Estou passando bem de saúde. As
tias mandam lembranças a todos e o
mesmo faço eu. Mando anexo um re-

corte do "Jornal do Brasil", dando
notícia do exame. No dia da prova
havia repórteres e fotógrafos por todo
o lado, mas creio que eu não apare-
ço em nenhuma fotografia porque
meu lugar ficava no canto da sala.
Sem mais,
abraços do
Rubens

Carta de Rubens Ricupero aos pais, por ocasião do exame de ingresso ao Instituto Rio Branco Rio de Janeiro, 9.9.1958, acervo do autor

Envelope com uma das centenas de cartas escritas a Marisa Parolari, sempre que Rubens Ricupero dela se distanciava. Ao se casarem, tornou-se Marisa Ricupero
Os envelopes foram posteriormente datados por fora,organizados sequencialmente e agrupados por Marisa, acervo do autor

Todas as cartas de amor são ridículas

Da mesma forma que Álvaro de Campos [Fernando Pessoa], "também escrevi em meu tempo cartas de amor, como as outras, ridículas". Ao preparar este capítulo, tomei coragem para abrir uma velha mala cinzenta repleta dessas cartas. A maioria ainda dentro de envelopes de mais de sessenta anos atrás, com os feios selos daquele tempo, algumas linhas apagadas por água, não sei se de lágrimas ou algum acidente.

Marisa não queria que fossem relidas, preferia queimá-las, pois hoje, suas memórias delas, como no poema, são ridículas. Usei os argumentos do poeta: "As cartas de amor, se há amor,/ Têm de ser/ Ridículas".". Acrescentei que ""[...] Só as criaturas que nunca escreveram/ Carta de amor/ É que são ridículas". Chegamos a um compromisso: eu buscaria apenas nas minhas os traços de vida apagados da lembrança, deixando as dela intocadas por olhos humanos.

Sobretudo não falaria do nosso amor. Bastaria dizer que nos encontramos pela primeira vez em 1955-1956 no trabalho na favela, ela ainda colegial de dezessete anos, de uniforme e meias soquete. Algum tempo depois, ela deixou de frequentar o Castelinho da Federação das Congregações Marianas. Eu tentava encontrar oportunidade para nos

Verso do envelope, Rubens Ricupero vivendo no Rio, cursando o Instituto Rio Branco, acervo do autor

revermos. Cheguei às vezes a tomar o ônibus, ir até as vizinhanças de sua casa na rua Oscar Freire, com a esperança de que ela passaria por ali e nos encontraríamos. Fiz o mesmo em relação à Aliança Francesa, perto do Centro. Em duas ocasiões, nos encontramos por acaso, perto da Aliança e no viaduto do Chá. Falamos alguns minutos, nos despedimos e foi só.

Éramos tímidos, inexperientes, não tínhamos coragem de pedir o número de telefone. Foi minha primeira e única namorada e fui também o primeiro e único para ela. Pelos critérios do tempo atual e mesmo daquele, éramos pessoas pré-históricas. Fora essas breves exceções, por três anos nos perdemos de vista. Quem promoveu nossa aproximação foi uma amiga comum do grupo de assistência aos favelados, Mirthes, que cumpriu o papel de mensageira bem-vinda e não solicitada. Nosso reencontro ocorreu no Mosteiro de São Bento, depois da missa da Quinta-Feira Santa, 26 de março de 1959. Naquela tarde, tomando chá com torradas na Confeitaria Vienense da rua Barão de Itapetininga, ao som de violinos da Europa Central, nos declaramos timidamente, não tivemos coragem de falar de amor, de namoro, apenas dissemos que queríamos nos conhecer melhor, mais de perto.

Na época eu já morava no Rio de Janeiro. Nosso namoro, depois noivado, foi quase todo à distância, entrecortado pelas férias ou por breves finais de semana. Uma ou duas vezes por mês eu viajava de ônibus a São Paulo, às sextas-feiras, retornando no domingo à noite pelo Santa Cruz, o trem noturno com leito da Central do Brasil. No intervalo das viagens nos escrevíamos, às vezes diariamente. Como nas novelas epistolares do século XVIII ou do XIX, as cartas registraram em minúcias mais de dois anos de romance. Quantas não contei, certamente muitas, algumas gordas, de dez páginas ou mais.

Talvez hoje pareçam ridículas porque nos trazem de volta os sonhos infinitos que sonhávamos para nós mesmos e para os outros.

Nas memórias de Raïssa Maritain, há um trecho que descreve com perfeição o que sonhávamos:

> Precisávamos repensar juntos o universo inteiro! O sentido da vida, o destino dos homens, a justiça e a injustiça das sociedades. Tínhamos de ler os poetas e os romancistas contemporâneos, frequentar os concertos clássicos, visitar os museus de pintura... O tempo passava depressa demais e não podíamos perdê-lo com as banalidades da vida. [...] Pela primeira vez encontrava alguém que me inspirava, desde o primeiro contato, uma confiança absoluta: alguém que, eu o sabia desde então, não me decepcionaria nunca.[1]

Sem as cartas, não seríamos capazes de imaginar o fervor com que sentíamos e pensávamos aos vinte anos. Já quase não se escrevem mais cartas de amor, ou cartas simplesmente, e é pena. Aceitamos esse empobrecimento como preço da instantaneidade das comunicações por telefone, e-mails, mensagens fugazes de WhatsApp, destinadas a desaparecer em poucas horas. O que se ganha em rapidez, perde-se em intensidade. É como na passagem de *A peste*, de Camus, em que o dr. Rieux, isolado pela quarentena, proibidas as cartas, só pode se comunicar com a mulher por curtos telegramas nos quais é impossível expressar mais que banalidades: "Estou bem. Penso em ti".[2]

As cartas me restituíram o deslumbramento com a vida no Rio de Janeiro de 1959-1960, o cume dos anos JK, a inauguração de Brasília, a bossa nova de Tom Jobim e João Gilberto, a doçura de viver em plena beleza, antes do medo da violência e do crime. Cada manhã, ao sair

---

1 Raïssa Maritain, *As grandes amizades*. Rio de Janeiro: Livraria Editora Agir, 1964.

2 Albert Camus, *A peste*. Rio de Janeiro: Record, 2017.

do apartamento na rua Paissandu, eu me sentia feliz apenas por estar vivo ao olhar as palmeiras imperiais, o mar do Flamengo antes das obras do Aterro.

O bonde da Light me fazia passar pelo Catete, à sombra da igrejinha do outeiro da Glória, até a Mesbla, na Cinelândia, onde almoçava na lanchonete com os parcos cruzeiros da bolsa do Instituto Rio Branco. Depois, quando tinha tempo, caminhava pela rua do Ouvidor, rua da Quitanda, descia à Livraria Leonardo da Vinci, na avenida Rio Branco, contemplava as fachadas barrocas das igrejas, os velhos sobrados onde poderiam ter morado Quincas Borba, Brás Cubas, Dom Casmurro, até chegar ao róseo casarão do Itamaraty na rua Larga (de São Joaquim).

O Rio daquela era dourada oferecia a um jovem de 22 anos o estímulo de uma imprensa vibrante, na qual se destacava o *Jornal do Brasil* renovado por Odylo Costa, filho. Os últimos dias da capital, antes da mudança para Brasília, brilhavam com o apogeu da luz de uma estrela prestes a se apagar. Depois da tragédia do suicídio de Getúlio, dos golpes e quarteladas da metade dos anos 1950, a disputa política se reavivava nos discursos dos grandes oradores parlamentares da banda de música da UDN,[3] Afonso Arinos, Carlos Lacerda, que repercutiam

---

3 A banda de música da União Democrática Nacional (UDN) foi um grupo de oradores parlamentares à época da constituição brasileira de 1946 até 1964, conhecidos por fustigarem os sucessivos governos do Partido Social Democrático e do Partido Trabalhista Brasileiro. Seus nomes mais notáveis foram Carlos Lacerda, Afonso Arinos de Melo Franco, Adauto Lúcio Cardoso, Olavo Bilac Pinto, José Bonifácio Lafayette de Andrada, Aliomar Baleeiro e Prado Kelly. Disponível em: <pt.wikipedia.org/wiki/Banda_de_m%C3%BAsica_da_UDN#:~:text=A%20banda%20de%20mC3%BAsica%20da,e%20do%20Partido%20Trabalhista%20Brasileiro>. Acesso em: 6 ago. 2023.

no dia seguinte nas colunas de Carlos Castelo Branco, Prudente de Morais Neto, Pompeu de Sousa. À tarde saíam os vespertinos, a *Última Hora* de Samuel Wainer, ofuscando, com a verve de Nelson Rodrigues, a panfletária *Tribuna da Imprensa* de Lacerda.

O ISEB, Instituto Superior de Estudos Brasileiros, atraía os jovens divididos entre o grupo de Hélio Jaguaribe e os radicais de Roland Corbisier e Guerreiro Ramos. Para a crônica cotidiana, o leitor não sabia o que escolher entre Rubem Braga, Carlos Drummond, Manuel Bandeira ou o jovem José Carlos de Oliveira, no *Jornal do Brasil*. Até na frivolidade da crônica social, a elegância cosmopolita de Jacinto de Thormes[4] contrastava com o arrivismo de Ibrahim Sued nas colunas do *Globo*, suas invenções verbais como "champanhota", ironizadas nos sambas de breque de Jorge Veiga, consagrados e popularizados por Moreira da Silva.

Tudo isso, podem crer, é verdade. Só que não toda a verdade. Coexistia com a miséria de sempre, a corrupção, a falta de água, a seca do Nordeste, a velha e brasileiríssima insensibilidade social. Apesar das descobertas intelectuais, do deslumbramento com a beleza do Rio de Janeiro, minhas cartas falam o tempo todo de cansaço, de duas ou três provas por semana, das queixas de que o Instituto Rio Branco nos massacrava com a infindável repetição dos idênticos programas para o exame de ingresso.

As senhoras do secretariado do Instituto nos amenizavam o sofrimento com cuidados quase maternais. A atmosfera de família ganhava um toque pitoresco graças a um contínuo de espírito empreendedor que nos vendia tigelas de mingau gelado nos intervalos das aulas. O professor de francês, Georges Raillard, sofisticado autor

---

4 Pseudônimo de Manoel Antonio Bernardez Müller, Maneco Müller. Escrevia para o *Diário Carioca*.

de ensaios sobre os surrealistas, se espantava com esses acepipes da tradição lusitana que lhe causavam mal disfarçada repugnância!

Dos professores, quase todos competentes, mas convencionais, poucos, talvez não mais que três, me ensinaram coisas novas. Quase tudo que sei de macroeconomia e de contas nacionais aprendi de Julian Chacel, professor da Fundação Getúlio Vargas.

Alfredo Lamy Filho foi o único professor em meus estudos na Faculdade e no Rio Branco que me fez compreender o direito como organismo vivo, parte integrante da dinâmica das sociedades. Por influência de Lamy, li, fascinado, *Sete lições sobre o direito comercial*, pequena joia de Tullio Ascarelli, um dos sábios italianos refugiados das leis raciais do fascismo que enriqueceram a cultura brasileira, ao lado de Tullio Liebman, no direito processual, além de Giorgio Mortara, no estabelecimento da estatística moderna e na organização do que viria a ser o IBGE, os grandes fundadores da Universidade de São Paulo, Giuseppe Ungaretti, Gleb Wataghin, Luigi Fantappiè e tantos outros.

Nas páginas de Ascarelli, as principais inovações jurídicas – a letra de câmbio, o seguro marítimo, as sociedades por ações – reviviam como impulsionadoras do progresso da riqueza material e da civilização ao mesmo título que as invenções mecânicas, o motor a vapor, as máquinas de tecer, as locomotivas, o motor a explosão, a eletricidade.

Mas, entre todos, o professor que mais influência exerceu em minha formação, de quem me tornei pessoalmente próximo e me acolhia em casa para jantar junto com a família foi Fábio de Macedo Soares Guimarães.

Um dos pioneiros responsáveis pela seção de geografia do IBGE, Fábio teve papel central na definição da primeira divisão regional do Brasil e nos estudos da comissão incumbida de escolher o sítio da nova capital no Planalto Central. Ensinava no Instituto Rio Branco geografia humana e política de maneira renovadora, repercutindo os trabalhos de Leo Waibel sobre geografia dos trópicos, as pesquisas sobre colonização nos estados meridionais, as grandes obras de geógrafos norte-americanos.

Uma dessas obras que descobri por orientação dele, *A Geography of Man*, de Preston E. James, complementou o que eu aprendera sobre a diversidade das culturas humanas em antropologia cultural. Mostrou-me como essa diversidade reflete o leque de possibilidades adaptativas fornecido pela diferença dos *habitats* geográficos, das limitações extremas das regiões polares, passando pelas circunstâncias mais propícias dos meios temperados até chegar às condições pouco conhecidas das florestas equatoriais.

Anos mais tarde, as observações de Preston E. James a respeito do déficit de conhecimento científico sobre as florestas equatoriais, do pouco que se havia realizado para desenvolver tecnologias de produção adaptadas a essas condições, iria inspirar muito do trabalho que levei avante na formulação e estruturação do Tratado de Cooperação Amazônica ou Pacto Amazônico.[5]

Fora do ambiente protetor do Rio Branco, penei muito na solidão, não me acostumei a viver longe da família, a ter de resolver problemas que nunca havia enfrentado: encontrar moradia, cuidar da alimentação, da roupa, com o pouco dinheiro da bolsa. O isolamento me pesava

---

5 As origens da organização remontam a 1978, quando, por iniciativa brasileira, os oito países amazônicos assinaram, em Brasília, o Tratado de Cooperação Amazônica (TCA), com o objetivo de promover o desenvolvimento integral da região e o bem-estar de suas populações, além de reforçar a soberania dos países sobre seus territórios amazônicos. O fortalecimento da cooperação regional é o principal meio para alcançar esses objetivos. Disponível em: <www.gov.br/mre/pt-br/assuntos/mecanismos-internacionais/mecanismos-de-integracao-regional>. Acesso em: 16 jan. 2024.

nos fins de semana em que não podia viajar a São Paulo. Refugiava-me nessas horas na casa de minha tia Ida e tio Trajano numa ilha do Governador ainda bucólica, com pouca gente, onde aos domingos assistia à missa vespertina na igrejinha da Freguesia, sentindo no rosto a brisa do mar, embalado pelo ruído das ondas.

A falta da companhia dos colegas da Congregação Mariana, da Conferência Vicentina da Faculdade de Direito, criara um vazio que tentei preencher procurando algo de semelhante no Rio. Um dia, animei-me de coragem e bati à porta do Centro Dom Vital, na época aureolado pelo prestígio do dr. Alceu Amoroso Lima, de Gustavo Corção e de outros grandes nomes.

Foi assim que entraram em minha vida Antonio Carlos Villaça e Rui Octavio Domingues, dois escritores natos, dois homens de fé, dois queridos companheiros de intermináveis conversas noturnas em busca do absoluto, que ambos haveriam de encontrar antes de mim. Villaça relatou nosso primeiro encontro em *Os saltimbancos da Porciúncula*:

> Uma tarde, em 1959, estava eu no Centro Dom Vital [...], quando apareceu um rapaz muito claro, cara de anjo, e me disse que desejava frequentar o Dom Vital. Chamava-se Rubens Ricupero.
>
> Parecia uma figura de Giotto ou de Fra Angelico. Tão puro. Tão inteligente. Vinha conversar, conviver. Fazia o curso Rio Branco e sentia-se muito só no Rio.

Ficam por conta do autor a "cara de anjo", a "figura de Giotto" e outras fantasias. Villaça está todo aí, as frases curtas, a intuição, o exagero das comparações. Prossegue dizendo que comecei a frequentar diariamente o Centro, que me apresentou a Tristão, com quem conversei demoradamente. E comenta:

> Que grande conversador era o nosso Ricupero. Luminoso. Saíamos para jantar por ali, em restaurantes simples. Não admitia que se pagasse para ele. E ele vivia com a sua bolsa. Leitor voraz, estava a par de tudo. Ouvia religiosamente as conferências, Hamilton Nogueira sobre os manuscritos do Mar Morto, José Artur Rios sobre questões de sociologia, o próprio Alceu, divagante.[6]

Pondo de lado a exuberância, o texto registra de fato a curiosidade que me animava a querer ler, conhecer mais, ouvir as grandes personalidades.

Villaça se encontrava talvez no ápice de sua influência. Conquistara no *Jornal do Brasil* uma coluna diária que inaugurou um gênero original, que só ele foi capaz de praticar, o da crônica mais que religiosa, de espiritualidade, filosofia, letras, tudo que tivesse relação com Deus e as coisas do espírito. Feita sob medida para alguém dotado de prodigioso tesouro de informações sobre santos e artistas, não cheirava a mofo de sacristia, a beatice devocional, palpitava de questões da atualidade.

Sem a barba dos seus últimos anos, já balançava o peso do corpanzil imenso, que convivia com a agudeza da percepção dos mínimos gestos, olhares, movimentos de alma ao seu redor. Com pouco mais de trinta anos, ainda morava na longínqua Jacarepaguá, com os pais idosos que conheci uma vez quando o acompanhei até sua casa.

Gostava de falar de gente, mais até de escritores que de religiosos. Gilberto Amado lhe fornecia fonte inesgotável de episódios, tiradas ferinas contra as fraquezas brasileiras. Como o contraste entre a fauna majestosa, gigantesca, da África com os mamíferos medíocres dos nossos trópicos. Exceto no domínio das aranhas, serpentes, jacarés-açus,

---

6 Antonio Carlos Villaça, *Os saltimbancos da Porciúncula*. Rio de Janeiro: Record, 1996.

bichos peçonhentos, para arrematar: "No Brasil só é grande o que se arrasta!". E a confissão, para se desculpar: "Sou um detrator público, mas um adorador secreto do Brasil".

Não sei de onde tirava histórias fabulosas como a do personagem da República Velha, nome de avenida no Leblon, que chegara a presidente do Supremo Tribunal, membro da Academia Brasileira de Letras, graças a arguta estratégia carreirista. Todo dia, saía de casa de luto rigoroso. No bonde, percorria no jornal a página de óbitos, a fim de não perder velórios, funerais, missas de sétimo dia. Sabia que, mais do que nas celebrações de alegria, as pessoas nunca esqueciam quem lhes tinha trazido conforto no instante de maior vulnerabilidade emotiva...

Por trás da jovialidade, das gargalhadas gostosas que soltava, escondia-se em Villaça uma alma inquieta, torturada pela ânsia de paz interior, que contrastava com sede insaciável de reconhecimento e afeto. Procurou sem sucesso a paz de espírito no Mosteiro de São Bento do Rio, no Convento dos Dominicanos de São Paulo, no seminário de Rio Comprido. No fim, teve de se resignar ao destino de uma espécie de giróvago, o monge leigo, errante, sem raízes, estigmatizado na Regra beneditina. Em relação ao cordial, mas distante, dr. Alceu, oscilava entre a adoração e o ressentimento por não ter conseguido despertar nele o sentimento de paternidade afetuosa que inconscientemente procurava.

Foi pela mão de Villaça que conheci Rui Octavio Domingues, seu amigo e integrante do que chamava ironicamente "a geração de 1928". Difícil imaginar tipos humanos mais antípodas: um gordíssimo, espalhafatoso, voltado para fora, o outro fino, delgado, de bigode, tez olivácea, parecendo um príncipe indiano, sutil, introspectivo. O melhor perfil de Rui Octavio nos foi deixado pelo próprio Villaça em *O nariz do morto*:

> Rui era tímido, calado, inteligentíssimo, profundo, tinha muito mais experiência do que eu, lera mais, sobretudo vivera mais [...] O intimismo é seu domínio. Com que prazer mergulhou nos volumes de Julien Green, pura subjetividade, pura interioridade [...] Seu longo Diário inédito, trinta e tantos cadernos ocupados por sua letrinha miúda, isso deve um dia aparecer, para que possamos acompanhar uma das experiências estranhamente ricas de uma geração [...].[7]

Mais ou menos a mesma coisa disse Alceu num discurso na Academia – que a estreia de Rui nas letras seria uma revelação algum dia. Esse dia nunca chegou, ou por recato e recolhimento do autor, ou porque o intimismo dos diários não tivesse maior apelo na exuberância dos trópicos. Só muito tarde, lá por 1983, 1985, publicou dois livros de textos selecionados, *Escritos subjetivos* e *Amor e aparência*. Editados de modo amadorístico, de capa feia, eivados de erros de impressão, não ajudaram a que fosse reconhecido como "um escritor completo, estilo [...] profundeza, agilidade, despojamento", nas palavras de Villaça.

Contrastava também em tudo com o estilo de vida deste último, boêmio, esbanjador em almoços que pagava aos companheiros, distribuindo gorjetas generosas, vivendo em hotéis de segunda classe para morrer pobre num pequeno quarto do Pen Club, no Flamengo, sustentado por doações de amigos. Exceto na riqueza de sua profunda vida interior, Rui aparentava levar a mais burguesa e regrada das existências. Feliz no casamento, com duas filhas, advogado da Nestlé quando o conheci, mais tarde juiz, desembargador, um dos fundadores da Faculdade de Direito Estácio de Sá.

---

7 Antonio Carlos Villaça, *O nariz do morto*. Rio de Janeiro: Editora JMC, 1970.

Comecei a frequentar o escritório de Rui no centro da cidade e sua casa no Botafogo, onde conversávamos até madrugada avançada. Deixou em seus escritos várias referências à nossa amizade. Transcrevo aqui alguns trechos que evocam a percepção que ele teve de mim e que revivem com pungente fidelidade aquele tempo perdido. Não preciso dizer que a amizade transfigura o objeto e lhe empresta virtudes imaginárias. Feita a ressalva, aí vão os textos:

> Entre as amizades mais preciosas que fiz, na época em que frequentava o Centro Dom Vital, estava um rapaz paulista, o Rubens Ricupero, que me impressionava não só pela inteligência, pela conversação repleta de informações de uma grande variedade [...].

[segue-se longa enumeração de assuntos de que eu supostamente falava, enchendo metade da página, que poupo à paciência dos leitores]

> mas sobretudo porque era de uma grande e bela e comovente pureza de alma, e me edificava a mim, que era mais velho, ver o seu exemplo de católico de comunhão diária [...].

Mais adiante, Rui estranhamente repete a mesma expressão usada por Villaça, de que eu lhe evocava uma figura angelical. O que me leva a concluir que os dois amigos tomavam por sublime o que não passava de algo muito mais banal: a inexperiência, a ignorância do mundo, das pessoas, a ingenuidade de quem só então principiava a descobrir a vida, seus deslumbramentos e suas misérias.

Seja como for, o que ele escreve vale não pela realidade objetiva, mas pelo projeto de vida sonhado, pelo que poderia ter sido e que não foi. Continua:

> Não só eu, mas outras pessoas também, víamos em Rubens Ricupero alguma coisa de angélico, de alado, capaz de viver no mundo, dentro das lutas do mundo, sem jamais se manchar…

Gostaria, é claro, que fosse verdade. Sei, no entanto, melhor que qualquer outro, que tudo isso era percepção de literato e olhos iludidos de amigo. Rui assim descreve essas noitadas intermináveis, a reação sensata de Sylvia:

> minha mulher ficava admirada de como podíamos falar tanto, horas seguidas, sendo que o Rubens gostava de falar andando, e não podia deixar de gesticular, mostrando sua origem italiana, sobretudo quando tocava em certos temas […]. Sylvia […] perguntava discretamente: amanhã você não vai ter que acordar cedo, ou melhor, daqui a pouco?[8]

Minhas cartas contêm páginas e páginas sobre essas conversas, refletem a admiração com que eu olhava aquele amigo mais velho que tinha lido, compreendido e anotado todos os filósofos, todos os escritores da literatura mundial. Com ele agucei a sensibilidade para a língua, superei os preconceitos, tornei-me capaz de perceber, debaixo da casca do estilo gongórico, o poder expressivo de um dos momentos sinfônicos da língua portuguesa, o *Adeus a Machado de Assis*, de Rui Barbosa.

Seus intrincados escrúpulos de consciência reforçados por uma sensibilidade paralisante do mistério divino muitas vezes o obrigavam a voltar atrás quando se aproximava da mesa de comunhão. Próximo

---

8 Rui Octavio Domingues, "Rubens Ricupero". In: *Amor e aparência*. Rio de Janeiro: Revista Continente Editorial Ltda., 1985, p.114-5.

de Pascal, admirador do jansenismo, atormentava-se pelos dilemas do moralismo rígido daquela época em matéria sexual.

Ao organizar o material deste capítulo, encontrei no meio das páginas de um dos livros de Rui Octavio dois esboços de carta que lhe dirigi, mas não sei se cheguei a mandar. Num deles, a propósito do artigo que me havia dedicado, eu dizia sentir culpa e remorso por haver traído em minha mediocridade a imagem e o sonho de trinta anos atrás (hoje seriam mais de sessenta). As evocações dos livros tinham mexido fundo comigo, revolvendo cinzas quase apagadas. Sentia-me perturbado e confuso, não sabia como falar com honestidade de coisas tão íntimas.

No fim da carta, escrevi que lhe devia muito, mais do que poderia expressar. Que ao longo de toda a vida, passei a me nutrir do capital acumulado em nossas conversas, que o acervo das frases, opiniões, os juízos literários e filosóficos de Rui haviam recheado de riquezas o baú do qual, como no Evangelho, constantemente vou sacando coisas velhas e novas.

O contraste de dois discursos

Nosso curso no Instituto Rio Branco chegava ao fim ao mesmo tempo que terminava o mandato de cinco anos de Juscelino. No discurso que pronunciou na noite de 31 de dezembro de 1960, JK congratulava-se pela consolidação do regime democrático, "graças às qualidades cívicas do povo brasileiro e, em particular, de nossas Forças Armadas, conscientes do mal que representa para uma nação o não se manterem dentro da ordem aqueles que foram convocados exatamente para esse fim".

Afirmava com prematura satisfação:

> são outros os tempos [...] baniu-se de todos os espíritos a ideia da ilegalidade. Ninguém ousa mais atentar contra a estabilidade institucional do país [...]. Já não somos uma aparência democrática, mas uma democracia em pleno desenvolvimento.

Não se teria de esperar muito para assistir ao desmentido do que era expressão de um desejo piedoso, mais que realidade.

Em meio ao tom celebratório da mensagem de ano-novo, afloravam, aqui e ali, sinais de inquietação. O presidente confessava "apreensão sobre o futuro", admitia o temor de que "se alastrem pelo Continente as perturbações da guerra fria, que, infelizmente já está exercendo sua ação maléfica em certas áreas deste Hemisfério".

Essa "ação maléfica da guerra fria" tinha chegado ao Brasil e se manifestara na campanha sucessória recém-concluída. Em fins de março, inícios de abril de 1960, a disputa nem sequer começara quando Jânio Quadros, ainda aspirante a candidato, aceitara visitar Cuba. O candidato oficialista, marechal Henrique Teixeira Lott, ex-ministro da Guerra, recusara o convite. Pela primeira vez na história republicana, a política externa se convertia em tema de campanha.

Para nós, jovens quase diplomatas, os sinais de mudança nos faziam esperar que em breve não fosse mais necessário "conspirar para fazer política externa" como dizia Ítalo Zappa. Ele se referia ao clima sufocante que reinava ainda no Itamaraty, em contraste com os ventos de renovação que sopravam na cultura, na música, nas áreas responsáveis pelas metas de desenvolvimento material.

O espírito de mudança de Juscelino mal tocara a instituição diplomática, prisioneira da mais estrita observância dos cânones da Guerra Fria. Filtrava-se pela lente deformante da disputa ideológica tudo o que sucedia no mundo distante: descolonização, surgimento de dezenas de países novos na Ásia, na África, no Caribe, revoluções de libertação na Argélia, na Indochina, nas colônias portuguesas. A mudança ajudaria ou não o comunismo, seria mais uma expansão do movimento comunista internacional?

Se um movimento de libertação nacional recebia apoio de Moscou, até por falta de alternativa, dada a hostilidade do Ocidente, passava automaticamente a ser catalogado como reforço ao campo comunista. Temeroso de ofender suscetibilidades das potências colonialistas ou de enfraquecer a "causa ocidental", o governo recusava-se a receber até emissários de movimentos praticamente vitoriosos como a Frente de Libertação Nacional da Argélia.

Inconformados com o imobilismo e a rotina – gente como Araújo Castro, Carlos Alfredo Bernardes, Celso Souza e Silva, Mozart Gurgel Valente, Paulo Nogueira Batista, Ovídio Melo, Ítalo Zappa –, os melhores diplomatas viam-se obrigados a "conspirar". Isto é, a fim de influir na formulação da política, tinham de agir de maneira mais ou menos clandestina, sub-reptícia, fora e à revelia da própria instituição. A permeabilidade do governo JK permitia que dessem assessoria informal a personalidades influentes, com acesso pessoal ao presidente, caso do poeta Augusto Frederico Schmidt.

Graças a estratagemas do tipo conseguiu-se dar forma à mais criativa de todas as iniciativas externas de Kubitschek, a Operação Pan-Americana (OPA), intento de atualizar o decrépito pan-americanismo. Aproveitou-se o temor causado nos Estados Unidos e no continente pela vitória da Revolução Cubana para tentar converter o projeto pan-americano em instrumento de desenvolvimento industrial e da infraestrutura da América Latina com financiamento norte-americano diretamente aos governos, numa espécie de Plano Marshall reatualizado.

Por uns tempos, a operação mobilizou os latino-americanos, proporcionando a Juscelino ocasião de projetar seus dotes de visionário e comunicador. Os resultados finais ficaram muito aquém da expectativa, confirmando o que já se suspeitava: os limites insuperáveis de uma política que apostava na improvável conversão do governo conservador de Eisenhower a uma estratégia desenvolvimentista liderada pelos governos.

Fora disso, não se tocara na essência da diplomacia de alinhamento à "Causa Ocidental" na Guerra Fria, grafada assim mesmo, com maiúsculas, até no discurso de despedida de JK. Ansiava-se por algo mais, com impacto dramático, que mexesse com as emoções das pessoas, o que veio a acontecer finalmente com a Revolução Cubana. Uma revolução de guerrilheiros barbudos contra um governo podre, sócio de gângsteres que haviam feito de Havana o prostíbulo dos americanos, tinha tudo para acender a imaginação romântica dos latino-americanos.

Nem faltava o toque melodramático do colapso da ditadura na festa do ano-novo de 1959, revivida em *O poderoso chefão: parte II*,[1] a fuga precipitada de Fulgencio Batista, o *réveillon* caoticamente interrompido pela entrada na capital da coluna avançada dos revolucionários vitoriosos. As notícias de Cuba reviviam na memória coletiva a lembrança da epopeia de Bolívar, Sucre, San Martín, os feitos de heróis destemidos como Garibaldi.

Nos primeiros tempos, a Revolução Cubana unificou o continente numa aprovação virtualmente unânime. Acreditava-se ou se queria acreditar que Fidel Castro lograria o impossível: transformar em profundidade as estruturas de injustiça de Cuba de forma livre, democrática, tolerante, sem repressão, sem descontentar a não ser meia dúzia de odiados opressores. Só aos poucos, o uso ou abuso do *paredón*, os expurgos e rupturas de alguns líderes legendários da guerrilha, os sinais de que a revolução levava a sério seu nome, começaram a dividir a opinião pública na ilha e no continente.

Arrastou-se por três anos o processo de radicalização que converteria Fidel Castro e seus seguidores de românticos *freedom fighters* em comunistas perigosos aos olhos de norte-americanos e conservadores latinos. Somente em dezembro de 1961 Fidel se declararia marxista-leninista, dissipando as ambiguidades sobre o caráter real do movimento. Durante a campanha eleitoral brasileira de 1960,

---

1 *The Godfather: Part II*, filme de Francis Ford Coppola, 1974.

as divergências que subsistiam sobre a natureza da ideologia castrista anteciparam o efeito de divisor de águas que a Revolução Cubana exerceria na América Latina nos anos seguintes.

Desafiando os críticos da UDN, partido que o apoiaria na eleição, Jânio Quadros visitou Cuba com uma comitiva de mais de quarenta pessoas, entre elas seu futuro chanceler, o senador udenista Afonso Arinos de Melo Franco, conservador moderado que lhe serviu de fiador. A controvérsia em torno da jogada rendeu dividendos em publicidade, contribuindo para a conquista de votos independentes, de esquerdistas moderados e eleitores progressistas.

Jânio foi também o primeiro político brasileiro a intuir a novidade das grandes transformações que se desenrolavam no panorama internacional. Percebeu a importância da busca de uma terceira opção entre Estados Unidos e União Soviética pelos que tentavam esboçar o que viria a ser o Movimento Não-Alinhado: Nehru na Índia, Tito na Iugoslávia, Nasser no Egito, Sukarno na Indonésia.

Pequena, treze integrantes apenas, nossa turma de futuros diplomatas era coesa e homogênea, talvez mais unida que a média. Como todas as turmas do Curso de Preparação à Carreira Diplomática, nome oficial, a importância da classificação final na designação e futuro dos estudantes estimulava o espírito de competição. Inevitável, como em toda carreira baseada no mérito, a emulação não chegava a provocar rachaduras na camaradagem e na convivência cordial, ao contrário do que se contava de outras turmas.

Havia somente duas moças entre nós naquele tempo em que a presença feminina começava a se afirmar. Uma delas, destinada a fazer brilhante carreira, Thereza Maria Machado, das pessoas mais inteligentes da turma, namorava Ary Quintella, futuro escritor, com quem se casaria. Sentindo minha solidão no Rio de Janeiro, os dois praticamente me adotaram, ajudando-me a sair, a me relacionar com outros. Thereza Quintella lutou contra a discriminação, enfrentou dificuldades, tornando-se a primeira egressa do Instituto Rio Branco a chegar ao posto de Embaixadora, que exerceu em Viena, Moscou, na direção do Instituto Rio Branco, na presidência da Fundação Alexandre de Gusmão (Funag).

Rosita Gulikers de Aguiar se casou cedo com um colega de turma anterior. Teve sua carreira interrompida pela injusta legislação que disfarçava a discriminação multiplicando obstáculos para as diplomatas com família. Foi também querida amiga minha, convidando-me frequentemente à sua casa.

Entre os demais colegas já falecidos, destacavam-se Jayme Villa-Lobos, pianista talentoso, casado com Lucy, pintora original, além e acima das correntes de moda, que se tornariam amigos de toda a vida. Em minhas cartas a Marisa, encontrei páginas e páginas descrevendo o deslumbramento que sentia ao visitar o apartamento deles, recheado de móveis antigos reconstituídos por eles mesmos. Compensavam a falta de dinheiro com bom gosto, visão para peças cuja beleza outros não percebiam, sensibilidade para, quando não podiam comprar, criar cores e formas a partir dos pincéis de Lucy.

Um dos mais idosos da turma, já casado com filhos, Orlando Soares Carbonar vinha do Paraná, onde havia sido jornalista, integrante do gabinete do governador do Estado. Escritor finíssimo, tinha genuína vocação para a literatura. Havia sido bolsista na Itália e dele guardo até hoje as histórias que me contava sobre a cultura, os pintores, os escritores italianos, com ênfase na Idade Média, no Renascimento. Conhecia de cor cantos e cantos da *Divina comédia*, que me recitava em conversas intermináveis. Suas qualidades de equilíbrio, sua vocação para harmonizar opiniões discordantes, fizeram com que logo atingisse postos de realce, tendo sido chefe de gabinete e homem de confiança do chanceler Ramiro Saraiva Guerreiro. Chefiou postos importantes como o Paraguai e a Itália.

Apesar das diferenças de gostos e personalidades, todos nós tínhamos em comum a mesma aspiração por um Itamaraty modernizado, uma diplomacia aberta e sensível às correntes que renovavam então as relações internacionais.

Nada mais natural, portanto, que a nossa turma de formandos do Instituto Rio Branco escolhesse como paraninfo o candidato que parecia encarnar o *aggiornamento* da política externa brasileira. O gesto de garotos que nem sequer tinham sido nomeados causou consternação na cúpula do Itamaraty. Sem demora, fomos convocados pelo diretor do Instituto, embaixador Antonio Camillo de Oliveira, diplomata da velha escola, que nos tentou demover da ousadia.

Severamente nos advertiu que começávamos mal, que nunca se havia politizado a formatura, que deveríamos ser razoáveis, voltar ao hábito de escolher um professor. Ou, acrescentou desastradamente, algum diplomata eminente como o embaixador Roberto Campos, símbolo do alinhamento com os americanos que abominávamos. Batemos o pé, resistimos firmemente. O velho embaixador não podia exagerar demais na pressão, pois àquela altura Jânio tinha sido triunfalmente eleito. Insistiu, mas teve de ceder.

Isso ocorreu em novembro ou dezembro de 1960, pouco depois da apertada vitória de John Kennedy sobre Richard Nixon, cujos debates na campanha acompanhamos em filmes documentários. Confirmado o paraninfo, faltava marcar a data da formatura. A posse do novo governo, a primeira em Brasília, se dera em 31 de janeiro de 1961. Passaram-se meses, o primeiro semestre inteiro, até que finalmente a cerimônia foi marcada para coincidir com a estada do presidente no Rio de Janeiro para uma reunião que realizaria com os governadores da região Sudeste.

Os colegas indicaram-me como orador da turma, o que me tornava especialmente interessado na definição da data da formatura.

O ano de 1961 começava com maus presságios. Em janeiro, pouco antes de concluir o governo, Eisenhower rompia formalmente as relações dos Estados Unidos com Cuba. Já sob o governo Kennedy, a CIA desfechava a operação clandestina conhecida como invasão de Baía dos Porcos ou Praia Girón, preparada pela administração anterior.

É a primeira lembrança forte que guardo dos meus começos como diplomata em ação. Já em Brasília havia algumas semanas, encontrava-me de plantão na noite de 17 de abril e na madrugada de 18, em que teve início o desembarque. Passei horas e horas decifrando nos grossos volumes dos antiquados códigos da época os telegramas secretos a serem enviados imediatamente a Jânio. Sentia orgulho profissional ao decifrar o relato preciso, bem informado, de nossa embaixada na Guatemala, com a descrição minuciosa das embarcações que conduziam os exilados cubanos (o outro ponto de partida tinha sido a Nicarágua).

A operação durou apenas 72 horas. Kennedy, que encontrara os preparativos avançados e a aprovara com relutância, decidiu contra o fornecimento de cobertura aérea, o que selou a sorte dos invasores. O fiasco produziria consequências graves, ao estreitar a dependência cubana da proteção militar soviética. Lançou as sementes da instalação dos mísseis que dariam origem à crise de outubro do ano seguinte, momento em que o mundo chegou mais perto da guerra nuclear.

Outros sinais inquietantes apontavam para a exacerbação da Guerra Fria. De 1945 a 1961, nada menos de 2,7 milhões de alemães se tinham valido da permeabilidade da fronteira entre Berlim Leste e Oeste para desertar. Dizia-se que os refugiados estavam "votando com os pés". Os líderes da Alemanha Oriental pressionavam os soviéticos a fechar a fronteira. Kruschev afirmava que Berlim era "os testículos do Ocidente, que ele apertava" sempre que queria alguma coisa. Dera por isso um ultimato aos ocidentais para evacuarem a cidade, ameaçando assinar um acordo de paz unilateral com os comunistas alemães.

Em junho, o encontro de cúpula de Viena, no qual um Kennedy despreparado e inseguro se sentira "demolido" (*savaged*) pelo experiente líder soviético deixara em Kruschev a perigosa impressão de que poderia intimidar ou manipular o jovem presidente norte-americano. Desse erro de avaliação decorreriam atos temerários ou de provocação da URSS como a luz verde para o erguimento do muro de Berlim em 13 de agosto de 1961 e a instalação dos mísseis em terra cubana.

A cerimônia de conclusão do curso se realizaria entre o fiasco da Baía dos Porcos e a construção do muro de Berlim, em atmosfera carregada de pressentimentos angustiantes de que nos equilibrávamos na beira do abismo nuclear. Comecei a redigir o discurso sob a influência de um livro de Emmanuel Mounier, *La petite peur du XXᵉ siècle*,[2] que havia lido numa tradução da Editora Agir. O primeiro dos três textos coletados no livrinho de pouco mais de cem páginas, uma conferência na Unesco em 1946 sob o título "Para um tempo de Apocalipse", aludia ao "Grande Medo" do ano 1000 e o comparava ao temor provocado pela arma atômica.

A epígrafe da palestra me causou forte impressão. Lado a lado figuravam uma citação do livro do Apocalipse e da descrição do teste de uma bomba nuclear numa ilha do Pacífico:

> E o segundo anjo tocou a trombeta
> E como uma grande montanha pegando fogo foi arremessada ao mar
> E a terceira parte do mar virou sangue
> E um terço das criaturas que viviam no mar morreram
> E o terço dos navios foi destruído.[3]

---

2 Emmanuel Mounier, *La petite peur du XXᵉ siècle*. Neuchâtel: La Baconnière; Paris: Les Éditions du Seuil, 1959. [Ed. bras.: *Sombras de medo sobre o século* XX. Rio de Janeiro: Agir, 1948.]

3 Apocalipse VIII, 8-12.

> Apenas explodiu a bomba, espalhou-se pelo céu acima do mar uma luz ofuscante como o sol. Logo se ergueu uma espessa coluna de fumaça atingindo proporções de uma alta montanha, abrindo-se como um cogumelo no topo. O mar mudou de cor. Calcula-se que a explosão aniquilou as espécies submarinas aos milhares. Vários navios grandes afundaram, outros ficaram danificados.[4]

O filósofo lembrava que, de tempos em tempos, a humanidade era abalada pela angústia do seu fim coletivo. Uma ou outra geração podia ter a sensação de que vivia os últimos dias de uma época, de um império. Tratava-se nesses casos do fim "de" um mundo, "de" uma civilização, não do fim "do" mundo. Com a bomba atômica, o suicídio mudara de natureza, passara de fenômeno puramente individual para uma possibilidade coletiva.

Antes, a humanidade não era mestra do seu destino. Condenada ao futuro, ela não podia, como qualquer homem, decidir meter uma bala na cabeça. Agora, pela primeira vez, ela teria de escolher destruir ou não o mundo, não só o humano, mas o natural. O que havia sido um apanágio de Deus – conservar ou liquidar o mundo – passara ao alcance dos homens com a arma nuclear (hoje, acrescentaríamos, também com o aquecimento global).

Meu discurso partia da frase de Antonio Candido que servira de epígrafe a um poema de Carlos Drummond de Andrade, "Porque há para todos nós um problema sério.../ Este problema é o do medo". Era então a geração da Segunda Guerra Mundial. Agora que uma nova geração tomava o lugar daquela, reconhecíamos que o maior e primeiro de nossos problemas continuava a ser o medo, agravado em terror atômico. Vivíamos mergulhados em contradições. De um lado,

---

4 *La Presse*, juin. 1946.

progressos científicos assombrosos, alguns até hoje ainda promessas, como a fusão do átomo do hidrogênio, a síntese da clorofila, a eliminação da servidão do trabalho embrutecedor pelos cérebros eletrônicos, a automação da indústria, as viagens espaciais.

Ao mesmo tempo, éramos os criadores da guerra bacteriológica, dos foguetes balísticos, do contágio atômico, éramos também crianças quando as crianças judias foram massacradas, inventamos os fornos crematórios, os campos de extermínio, fomos o próximo de Einstein e de Eichmann, de Gandhi e de Hitler.

E prosseguia:

> Somos nós, essa geração que se tenta separar de seu futuro. Nós, os que hoje temos vinte anos e não sabemos se nos será dado o tempo de ler os grandes livros, ouvir a música dos mestres, o tempo de explorar a multiforme beleza do mundo, de repensar a vida e surpreender-lhe algum segredo [...]. Num mundo enlouquecido, como conservar a alegria de viver? Cada três meses, novos incidentes internacionais vêm renovar a série fatigante de insultos e ameaças que nos fazem bordejar o abismo. Cada dia, sentimos o mesmo desconforto do poeta ao dizermos "até amanhã" pois não sabemos se haverá.[5]

A segunda metade do discurso tocava em nota mais esperançosa, manifestava confiança no futuro do país, nas qualidades do povo brasileiro. Apesar disso, acho que os presentes se impressionaram mais com o tom sombrio do começo. Era de todo inesperado para discurso de formatura, não falava nos professores, nos pais, nas

---

5 Antonio Candido, *Plataforma de uma geração*. In: Carlos Drummond de Andrade, "O medo", *A rosa do povo*, org. Afrânio Coutinho. Rio de Janeiro: Companhia Editora Aguilar, 1964, p.143-4.

famílias, nas banalidades do gênero. O choque deve ter sido grande, embora não intencional.

Antonio Carlos Villaça estava presente no dia da cerimônia. Narrou o episódio no artigo a meu respeito em *Os saltimbancos da Porciúncula*:

> Assisti à sua formatura no Itamarati, julho de 1961. O paraninfo era Jânio Quadros, então presidente. Fez um discurso raso, de improviso, banal, indigno da circunstância. Ricupero foi o orador de sua turma. Levou um discurso escrito, filosófico, maduro. Soube lê-lo com modéstia e vivacidade.[6]

Villaça inverteu a ordem. Como sucede em todas as formaturas, falei primeiro em nome da turma e o presidente encerrou a cerimônia. Jânio visivelmente não esperava ouvir mais que as palavras habituais nesse gênero de ocasião. Colhido de surpresa, desconcertado, reagiu em tom de reprimenda: "O orador da turma foi muito pessimista, exagerou nas tintas". Esforçou-se em recuperar o domínio da agenda. Carregou nos argumentos de esperança sobre o Brasil e o mundo, mas soava falso, não convenceu. Mostrou-se, como convém a um presidente, otimista sobre o futuro que nos aguardava. Estávamos no dia 1º de julho. Menos de dois meses depois, renunciava...

---

6 Antonio Carlos Villaça, op. cit.

Aprendendo o ofício

Cheguei a Brasília em 10 de março de 1961, cerca de quarenta dias depois da posse de Jânio Quadros. Já tinha visitado a cidade em obras, mas vinha agora para ficar. Terminado o curso do Rio Branco, começara a trabalhar na antiga Divisão Política (DPO). Os diplomatas da DPO se orgulhavam de pertencer ao "cérebro pensante do Itamaraty", como ouvi de um deles a sério, sem sombra de ironia. Chamados com frequência para consultas pelo Ministro de Estado, formavam o seleto grupo de formuladores e redatores dos documentos relevantes de política exterior, os discursos na ONU, as mensagens presidenciais. Fazer parte da DPO dava prestígio, equivalia a um privilégio quase.

Chefiava a Divisão o então ministro Carlos Silvestre de Ouro Preto, nome pomposo que contrastava com o apelido de Bubu recebido em criança de babá alemã. Em meio ao grupo de funcionários brilhantes, cônscios da própria importância, o melhor era o mais despretensioso, o então conselheiro Ramiro Saraiva Guerreiro, futuro chanceler sob cujas ordens, duas décadas depois, eu viveria a fase mais marcante de minha carreira. Passei pelas etapas obrigatórias de aprender as coisas práticas que o curso do Rio Branco se esquecera de nos ensinar: utilizar o arquivo, redigir documentos oficiais, entender os meandros da burocracia.

Deslumbrava-me com tudo que descobria: as histórias sobre a vida diária de um diplomata nos misteriosos postos da Cortina de Ferro, as primeiras missões de acompanhar visitantes ilustres, de pôr os pés em hotéis luxuosos do Rio de Janeiro que só conhecia de passar em frente. Lia como se fossem romances os longos memorandos analíticos dos problemas diplomáticos da atualidade. Um dos que me despertaram mais admiração foi um estudo primoroso em que o conselheiro Guerreiro destrinchava com erudição linguística e histórica os prós e contras de apoiar a adoção do árabe como idioma oficial das Nações Unidas.

Coexistiam no Itamaraty da época dois estilos opostos de diplomacia e análise política, ambos de alta qualidade intelectual e profissional, um do passado, outro voltado ao futuro. O primeiro, bilateral, remontava à tradição do Império, incluía diplomatas que tinham servido boa parte da carreira nas capitais do Prata, Buenos Aires, Montevidéu, Assunção. Conhecedores dos detalhes complicados das negociações e tratados do passado, dos antecedentes das missões e guerras platinas, da rivalidade com a Argentina, carregavam nos ombros a história do Brasil como se fosse um adereço pessoal.

Faziam parte do *décor* do velho palácio, ao lado dos móveis coloniais de jacarandá, das efígies dos imperadores, do rei d. João VI, dos retratos a óleo de fidalgos diplomatas como o romântico quadro do visconde da Pedra Branca tendo ao fundo uma paisagem parisiense. O conjunto formava um cenário decididamente monárquico que dava ao Itamaraty um charme incongruente e obsoleto de corte tropical extraviada na vulgaridade decadente do comércio popular da rua Larga. Esses diplomatas escreviam com elegância, decoro, avessos a afirmações categóricas, a juízos de valor incisivos, encarnavam nos gestos, nas roupas, nas palavras, as virtudes da prudência, do comedimento, do senso de proporções.

Uma vez deliciei-me ao encontrar um memorando redigido por um dos nomes representativos da escola, o futuro embaixador Expedito de Freitas Rezende. Ao examinar uma questão de atualidade da relação com os vizinhos meridionais, se não me engano sobre navegação dos rios, começava como se tratasse de coisa corriqueira, acontecida ontem: "Já dizia Dom Romualdo Antônio de Seixas, em memorável discurso pronunciado na Assembleia Geral da primeira legislatura do Império em 1826", e por aí seguia até chegar aos nossos tempos.

Nada contrastava mais com essa atmosfera nostálgica do passado do que o grupo rival dos diplomatas cosmopolitas que circulavam exclusivamente na órbita da ONU e das grandes organizações multilaterais. Privilegiados, saltavam da Missão do Brasil em Nova York à de Genebra, frequentavam o célebre "circuito Elizabeth Arden" – Nova York, Genebra, Paris, Londres –, as negociações intermináveis sobre Direito do Mar, da Comissão de Direito Internacional, da Conferência de Desarmamento.

O inglês servia-lhes como meio preferido de expressão, o único apropriado à modernidade dos textos das resoluções da Assembleia Geral ou do Conselho de Segurança. Acostumados a tratar com sofisticados diplomatas americanos, britânicos, europeus, a absorver o melhor da cultura política anglo-saxônica, não suportavam o ranço provinciano que dominava o governo, a imprensa, até a diplomacia.

Dessas fileiras de diplomatas treinados nos foros multilaterais se originaram muitos dos "conspiradores" empenhados em atualizar uma política externa que se atolara na mediocridade e na rotina. João Augusto de Araújo Castro, o mais criativo entre nós dos formuladores de política externa, pertencia ao grupo, da mesma forma que Carlos Alfredo Bernardes, Carlos Calero Rodrigues, Guerreiro, Sérgio Frazão, Mario Gibson Barboza, Celso Souza e Silva e outros.

Também do trabalho multilateral, desta vez nos órgãos econômicos e técnicos como o ECOSOC,[1] o GATT,[2] surgia a primeira grande geração de diplomatas especializados em economia. Roberto Campos, que fez parte da delegação brasileira à Conferência de Bretton Woods em 1944, Edmundo Barbosa da Silva, Octávio Augusto Dias Carneiro, Georges Álvares Maciel, Miguel Ozorio de Almeida, todos se projetariam às vezes fora do Itamaraty, no esforço nacional de desenvolvimento econômico.

Essa atmosfera intelectual tornava a aprendizagem diplomática um rito de formação apaixonante, desses que gostaríamos que demorasse para chegar ao fim. Apesar disso, menos de três meses depois, eu já havia dado as costas à DPO e ao fascínio do Rio de Janeiro. Deixando para trás o cosmopolitismo da velha capital aberta aos ventos civilizados do Atlântico, iniciava em Brasília experiência diferente, em cenário de cultura sertaneja que parecia brotar das páginas de *Grande sertão: veredas*.

Menos que escolha livre, a mudança resultara da imposição de contingências materiais. Ganhava-se uma miséria naquele tempo, pouco mais que a bolsa de estudante. A minha situação era das piores. Os que tinham servido no exterior, onde se recebia salário em dólares bem superior aos pagos no Brasil, regressavam em geral com economias suficientes para os dois anos de vacas magras antes de fazer jus a novo posto. Os colegas de minha turma e das anteriores, que ainda não se haviam beneficiado de alguns anos fora, desfrutavam quase todos de

---

1 The Economic and Social Council | Conselho Econômico e Social das Nações Unidas, um dos seis órgãos das Nações Unidas.

2 General Agreement on Tariffs and Trade | Acordo Geral de Tarifas e Comércio | acordo internacional estabelecido em 1947, visando promover o comércio internacional e remover ou reduzir barreiras comerciais.

moradia e facilidades por pertencerem a famílias originárias do Rio ou lá estabelecidas há tempos.

Não gozando de nenhuma dessas prerrogativas, partilhando com um colega apartamento minúsculo de quarto e sala, sem dinheiro para nada além da subsistência, eu teria de esperar ao menos dois anos para ter um posto e poder casar. A saída consistiu em me apresentar como voluntário para trabalhar em Brasília, destino que ninguém queria. Havia necessidade premente de reforçar o fraco contingente diplomático na capital em função do provável aumento da pressão por informações e assessoria de parte de Jânio Quadros, muito mais interessado em política externa.

A fim de dispor no Planalto de funcionários da área política, prontos a responder imediatamente em situação de crise, Mario Gibson Barboza, chefe de gabinete do ministro Afonso Arinos, decidiu criar, perto da presidência da República, uma subchefia do gabinete, para a qual fui convidado. Meus chefes e mentores na Divisão Política tentaram dissuadir-me de aceitar, argumentando que eu corria o risco de enterrar minha carreira ao desaparecer da visibilidade do circuito principal, de me tornar esquecido antes de ser conhecido.

Parti assim mesmo, pois não havia outra solução que permitisse realizar os planos de vida que Marisa e eu sonhávamos. A ida para Brasília mais que dobrava meu salário. Passaria a receber, como todos os funcionários na capital, a "dobradinha", uma espécie de compensação financeira para as privações do pioneirismo da cidade. Havia ademais uma gratificação modesta de gabinete, além de apartamento com aluguel baixo e móveis emprestados pelo grupo de trabalho da mudança.

Morei algum tempo numa das pequenas casas da avenida W-3 construídas pela Caixa Econômica Federal, como hóspede de meu chefe e responsável pelo gabinete em Brasília, o então conselheiro

Maury Gurgel Valente, até me transferir para um apartamento funcional. Os edifícios ainda eram mais conhecidos pelo nome dos institutos de previdência ou empresas públicas que os haviam financiado do que pelo número das superquadras: IAPC, IAPI, IAPB, Banco do Brasil. O meu era do IAPFESP, dos ferroviários, e correspondia à Superquadra Sul 304.

Inaugurada havia menos de um ano, Brasília daquele início de 1961 dava a impressão de um gigantesco canteiro de obras, povoada de candangos moradores dos acampamentos das empreiteiras ou dos barracões de madeira da Cidade Livre, cujo aspecto de aglomeração do faroeste se tentava camuflar com o nome oficial de Núcleo Bandeirantes. Fora o esqueleto essencial – grandes eixos vazios, esplanadas, a praça dos Três Poderes, os ministérios, alguns edifícios residenciais esparsos perdidos no terreno baldio de superquadras inacabadas – todo o resto lembrava um interminável terraço de terraplanagem de solo vermelho, de onde se tinha arrancado toda a vegetação do cerrado.

Sem sombra de uma árvore, sem refrigério de um palmo de erva verde, a poeira rubra se erguia subitamente e rodopiava em redemoinhos violentos chamados de "lacerdinhas" porque levantavam muita sujeira e não davam em nada. Na hora do almoço, a camisa estava com o colarinho vermelho e tinha de ser trocada. Sempre me volta à lembrança a emoção visual que senti ao assistir, da janela do Ministério da Saúde, à minha primeira chuva em Brasília. Depois de meses de secura de deserto, de calor causticante, o ar abrasador amortecera a cor da terra num vermelho queimado de ferrugem. Quando as gotas gordas do tamanho de tostões de antigamente golpearam com força o chão, o pó se liquefez em torrentes de um escarlate intenso, foi como se a terra, sob nossos olhos, se cobrisse de sangue escorrendo em aguaceiro.

Eram bem reais as privações da vida cotidiana nos meses iniciais da nova capital. Sucediam-se ondas de carência, ora faltava açúcar, ora óleo de cozinha, até arroz. As prateleiras dos supermercados inaugurados às pressas permaneciam semivazias por muito tempo. Não havia vitrinas iluminadas para olhar à noite, o centro comercial, em contraste com os espaçosos eixos desérticos, espremia-se por vielas acanhadas e cheias de lixo. Uma vez, em meio a uma enxurrada que desencadeara o caos no tráfico, um chofer do Itamaraty comentou comigo: "Veja só, doutor, demoramos quatrocentos anos para fazer uma nova capital e copiamos de novo a rua da Quitanda, a rua do Ouvidor, tudo estreitinho, tudo igualzinho...".

A vantagem é que, por breve tempo, a cidade esteve prestes a realizar o sonho igualitário dos urbanistas. Não que tivesse abolido a distância social entre altos funcionários e humildes contínuos. O que até certo ponto deixara de existir era a hierarquia dentro da mesma classe. Tirando o exército de operários da construção, os demais, os funcionários, não passavam de pequena porcentagem, quase apenas uma amostra da grande burocracia federal que continuava no Rio. Em Brasília, funcionavam somente e de modo limitado a Presidência, o Supremo Tribunal, o Congresso em dois dias da semana, o núcleo dos ministérios. O nosso contingente de diplomatas, dos mais minguados, cinco ou seis, não chegava a ocupar metade do segundo andar do prédio do Ministério da Saúde.

Todos se conheciam, todos frequentavam os mesmos dois cinemas, na verdade um, o cine Brasília, que passava quase só filmes nacionais porque os candangos não sabiam ler. O outro, o cine Cultura, servia com frequência para congressos e cerimônias sociais. Todos também se encontravam nos mesmos dois ou três restaurantes, um deles oficial, o do GTB, Grupo de Trabalho de Brasília.

Por algum tempo, houve um sentimento de que vivíamos uma aventura histórica, a ilusão coletiva de que estávamos criando uma cidade diferente das outras, onde a vida seria um espaço urbano de fraternidade. A mesma experiência pioneira misturava engenheiros, advogados, jornalistas, deputados, juízes, aventureiros do mundo inteiro, gente de origem duvidosa, dissolvendo num conjunto único grupos profissionais que pouco se relacionariam entre si em cidades maiores.

Jovem terceiro secretário, raramente teria no Rio oportunidade de avistar os diplomatas da cúpula do Itamaraty. Em Brasília, passei a conviver de perto com personalidades ilustres cujos nomes saíam todos os dias nos jornais, senadores, deputados, ministros, colunistas famosos. Quando Afonso Arinos vinha a Brasília, Maury encorajava os principiantes a participar de reuniões de trabalho, na mesma mesa com o ministro. Arinos, que no começo me intimidava pela aura de personagem da história, de orador parlamentar que todos ouviam em silêncio, revelou-se figura humana empenhada em resgatar suas longínquas origens familiares nos sertões mineiros de Paracatu, vizinhos da rusticidade goiana no espaço e na cultura.

Um dia em que o ministro estava em veia de contar anedotas da vida política mineira, tive a surpresa até de ouvi-lo soltar palavrões indispensáveis à narrativa. Ele narrava a história da briga de dois célebres políticos de Minas cujos nomes não guardei, que se acusavam mutuamente de traição numa eleição. Numa época sem telefones, os desaforos e recriminações tinham de conformar-se às normas respeitosas de tratamento da correspondência e ao ritmo vagaroso dos correios. Carta vai, carta vem, a briga foi esquentando, até que um deles não aguentou e passou um telegrama feroz: "Puta que o pariu! Abraços".

Quem imaginaria que eu, último dos terceiros secretários, estivesse, em meio a cigarros e cafezinhos, ouvindo o respeitável chanceler dizer um palavrão! Todo o contrário da marginalização que me tinham vaticinado ao deixar a Divisão Política.

Uma das funcionárias do gabinete, Clara Botelho, pertencia a família dominante em Paracatu e nos sertões de Goiás e Minas. Prima distante de Afonso Arinos, sua família havia sempre combatido politicamente os Melo Franco, ao tempo em que estes ainda faziam política em Minas Gerais. Tendo varrido os vestígios de influência dos antigos rivais por meio do hegemônico PSD, que controlavam, resolveram com magnanimidade convidar o ministro Arinos para um banho regenerador na velha terra ancestral. Não acompanhei a visita, soube que havia sido um sucesso pois os Botelho não descuraram nenhum detalhe, até cevaram, dias a fio, os peixes que Arinos pescaria por milagre nas águas então puras e claras do rio Paracatu...

Esses Botelho formavam uma dinastia que reservava descobertas inesperadas a quem esperasse encontrar apenas insensibilidade e primitivismo naquelas lonjuras perdidas de Deus. O patriarca morrera há muito, a família era dominada por matriarca formidável, Donana, que passara a mocidade no Rio de Janeiro e se refugiara em suas terras cercada de livros. Ela às vezes remexia as panelas com um livro de Sartre numa das mãos, a outra segurando um filho pequeno e a colher de pau... Os filhos carregavam nomes como Pero, Mem, Egas, que evocavam os godos lusitanos da Idade Média, um deles era filósofo com alguns pequenos livros publicados.

Passamos um fim de semana numa das fazendas da família, prodígio do conforto rústico que se podia criar no meio do sertão. À noite, os morcegos faziam voos rasantes dentro dos quartos, de dia, porém, no calor abrasivo do cerrado, que delícia tomar banho no riacho cristalino! Tinham improvisado um banheiro com quatro muros, sem teto, coberto de arvoredo, com uma tábua que permitia regular à vontade as cascatas refrescantes do rego que desaguava no Paracatu envolto em nuvens de borboletas azuis.

Donos de sesmarias intermináveis que se estendiam de Minas por Goiás afora, os Botelho levavam vida modesta. O cerrado naquela época não tinha nenhum valor, precisava-se de dois ou três alqueires goianos para sustentar uma cabeça de magro gado zebu. Chegaram a me oferecer terras quase de graça, mas não tinha dinheiro para comprar nem saberia o que fazer delas se tivesse recursos. Respirava-se o ar das vaquejadas, aprendia-se que a linguagem, as tramas, as plantas e os bichos de Manuelzão, de Miguilim, das figuras de Guimarães Rosa brotavam daquele solo.

Uma vez, na Câmara dos Deputados, ouvi na chamada para votação nominal o nome de um deputado mineiro ou goiano do PSD, que se chamava Clarimundo Chapadeiro! Parecia haver saído das páginas de *Grande sertão*. Quem diria então que em nossos dias aquele cerradão viraria a grande zona produtora de soja e cereais de Unaí, Paracatu, terras valorizadas, solo encharcado de adubos e defensivos, rios de água minguante devido aos métodos de irrigação.

Retornando a Brasília, lá conheci gente que estava mudando a história do Brasil, os arquitetos e urbanistas com Oscar Niemeyer à frente, os sertanistas, Orlando Villas Bôas e seu irmão Claudio (Leonardo morreu naquele ano de 1961), que, junto com o sanitarista Noel Nutels, criaram no governo Jânio o Parque Indígena do Xingu. Passei com eles um fim de semana viajando pelo rio Araguaia, na ilha do Bananal, à época quase intocada, domínio dos Carajás e dos Tapirapés. A ligação com indígenas e sertanistas me valeu o envolvimento com uma tragédia.

O representante da embaixada britânica em Brasília solicitara ao Itamaraty que ajudasse nos contatos com autoridades brasileiras os membros de uma expedição apoiada pela Royal Geographical Society. Designado para a função, acompanhei dois jovens ex-estudantes de Oxford na entrevista com Orlando Villas Bôas no Serviço de Proteção aos Índios. O líder da expedição era Richard Mason, que tivera antes alguma experiência de viagens no interior da América do Sul. Servi um pouco de intérprete e intermediário na entrevista.

Foi uma conversa difícil. Seduzidos pelos exemplos das famosas expedições do passado, como as de Livingstone no coração da África, os jovens ingleses queriam mapear o rio Iriri, afluente do Xingu. Orlando, com seu jeito caboclo, tentava dissuadi-los, apontando no mapa os perigos do vale do Iriri. Fincava o dedo num ponto e dizia, sempre no singular: "Aqui tem um índio brabo, o Kreen-Akrore", "Do outro lado do rio, tem outro índio brabo, o Mekranotire" e assim por diante. Propunha alternativas: "Por que vocês não exploram tal ou tal região?".

Mason não se deixava convencer, e a cada proposta respondia: "Mas essa área já foi documentada; o que nós queremos é mapear o Iriri, que ninguém jamais explorou!". De fato, na época, acreditava-se que, com seus 1.300 km, o Iriri era o mais longo e importante rio do mundo ainda não mapeado. A discussão não chegava a lugar algum e, a certa altura, os dois ingleses desistiram e fomos embora. Na saída, percebi pela conversa entre eles que não iam renunciar facilmente ao projeto.

Semanas depois, soubemos da sequência. Tinham viajado ao Rio e lá persuadiram a Aeronáutica a transportá-los até a Serra do Cachimbo. Embrenharam-se na mata, levando víveres insuficientes. Ao faltar comida, cometeram o erro fatídico de dividir a expedição para que um dos grupos voltasse para buscar provisões. Os Kreen-Akrores ou Panarás, quando viram Mason sozinho, o atacaram, matando-o a flechadas e golpes de bordunas, deixando, como de costume, as armas ao redor do corpo. Mason, que tinha menos de 30 anos, foi enterrado no Cemitério dos Ingleses, na Gamboa, Rio de Janeiro.

Muito mais tarde descobri que um dos membros da expedição tinha sido John Hemming, que sobreviveria para tornar-se o grande historiador dos povos indígenas sul-americanos, autor de *The Conquest of the Incas*, e da trilogia sobre os índios brasileiros, *Red Gold: The Conquest of the Brazilian Indians*,[3] *Amazon Frontier: The Defeat of the Brazilian Indian* e *Die If You Must: Brazilian Indians in the Twentieth Century*.

Nem todos os que conheci na época me conduziram por caminhos tão exóticos. Uma das pessoas de que me aproximei então foi o embaixador Vasco Leitão da Cunha, secretário-geral do Itamaraty na gestão Arinos. Dele se narravam histórias antológicas, uma delas a briga com Filinto Müller, temível chefe da polícia torturadora do Estado Novo.

Chefe de gabinete de Francisco Campos, ministro da Justiça redator da "Polaca", a Carta Magna outorgada por Vargas em 1937, Vasco ocupava a interinidade do ministério quando deu ordem de prisão a Müller devido a um desentendimento sobre manifestação em prol da causa aliada na guerra que o chefe de polícia queria proibir (1942). Em consequência dessa audácia inconcebível naquele momento, instalado o conflito no ministério, demitiram-se Filinto, Vasco, o ministro Campos e Lourival Fontes, diretor do Departamento de Imprensa e Propaganda, desencadeando a primeira crise do Estado Novo, fortalecendo-se a base política do Governo para o envolvimento na guerra.

Essas atitudes em defesa de um exigente conceito de honra contrastavam com o encanto pessoal do embaixador ao qual ninguém resistia. Ator de teatro na juventude, dizia que diplomacia, no fundo, era representar. Mas a impressão que transmitia evocava o autêntico, o genuíno, a ausência de afetação. Saía-se da conversa com a convicção de que, para ele, você era a pessoa mais importante da sala, que sua opinião contava acima de qualquer outra.

Anticomunista, partidário da "causa ocidental", assistiu, como embaixador em Havana, ao triunfo da revolução e, a princípio, entusiasmou-se com Fidel, desencantando-se à medida que o regime se

---

3 O primeiro volume, *Red Gold: The Conquest of the Brazilian Indians*, foi publicado no Brasil pela Edusp como *Ouro vermelho: a conquista dos índios brasileiros*, em 2007.

radicalizava. Testemunhei de perto o incidente que motivou sua renúncia ao cargo de secretário-geral. O motivo se relacionou com a missão de João Dantas aos países comunistas europeus, um dos amadores de que Quadros gostava de lançar mão, confirmando a frase de Arinos de que sua política externa acertava no atacado e errava no varejo.

Diretor do *Diário de Notícias*, Dantas se comportou como quem buscava o estrelismo das manchetes, anunciando em cada etapa resultados mirabolantes de suas tratativas preliminares. Um dos protocolos de conversação que assinou foi com o governo da Alemanha Oriental, país que tinha sido expressamente excluído de seu roteiro. A Alemanha Ocidental protestou imediatamente, de acordo com a chamada Doutrina Hallstein, pela qual ameaçava romper relações diplomáticas com qualquer país que reconhecesse a Alemanha comunista. Interpelado pelo Itamaraty, Dantas revelou que havia sido pessoalmente autorizado pelo presidente a visitar a Alemanha do Leste. Sentindo-se publicamente desautorizado, Vasco apresentou sua demissão.

O episódio agravava o conflito de Jânio com os diplomatas de carreira, escalados sempre como bodes expiatórios preferidos de todos os demagogos. Já no início do governo, Quadros mandara cortar os salários dos diplomatas no exterior e não disfarçava o desapreço pelos profissionais. Usava e abusava da prerrogativa de indicar gente de fora para postos de embaixador (um deles, o industrial José Ermírio de Moraes, designado para Bonn, acabou sendo um dos raríssimos nomes rejeitados pelo Senado; tempos depois, desforrou-se, ganhando a eleição de senador por Pernambuco...).

Vasco tinha vindo a Brasília no auge da crise. Ao voltar para o Rio, já demissionário, fui dos que o acompanharam ao aeroporto. Chegavam notícias de que se preparava grande manifestação de desagravo ao ex-secretário-geral, com o comparecimento maciço ao Galeão de todos os funcionários lotados no Rio de Janeiro. Ao tomar conhecimento do gesto, que seria visto como desafio ao presidente, Vasco deu sua última ordem: que ninguém fosse ao aeroporto.

Eu gostava de ouvir as histórias de seu repertório interminável sobre os governos de Getúlio. Uma delas me voltou agora à lembrança em razão de um dos últimos romances de Mario Vargas Llosa, *Tiempos Recios* (*Tempos ásperos*, em português),[4] sobre a sinistra conspiração da CIA para derrubar o governo progressista da Guatemala em 1954. Por vários anos havia sido embaixador do Brasil na Guatemala uma figura raríssima nesses dias de furibundo anticomunismo visceral do Itamaraty: Carlos da Silveira Martins Ramos.

Hoje esquecido, suas posições políticas e a coragem com que as defendia publicamente destoam do conformismo "filofascista" ou oportunismo carreirista predominante no período que vai do Estado Novo até o princípio dos anos 1960. Havia sido encarregado de negócios junto ao governo republicano espanhol transferido para Barcelona durante a última fase da Guerra Civil em 1938, sendo praticamente o único diplomata brasileiro a expressar simpatia pelo governo legal da Espanha. Em Barcelona, instituiu com a esposa um lar para alimentar crianças vítimas do conflito e tentou convencer o governo brasileiro a oficializar e ampliar essa obra.

Décadas mais tarde na Guatemala, onde ficou muitos anos, identificou-se de tal modo com a reforma agrária do presidente Jacopo Árbenz que chegava a participar nos fins de semana das brigadas de voluntários que partiam para cortar cana. O entusiasmo revolucionário não caiu bem no reacionário Itamaraty de então, que o transferiu como embaixador para Quito. Lá estava em 1954, quando, com apoio da CIA, o coronel Castillo Armas invadiu a Guatemala, derrubou o

---

4 Mario Vargas Llosa, *Tiempos Recios*. Madri: Alfaguara, 2019. [Ed. bras.: *Tempos ásperos*. São Paulo: Alfaguara, 2020.]

governo legal e anulou a reforma agrária. Seguiu-se guerra civil que duraria décadas e deixaria mais de 100 mil mortos. Indignado, Silveira Martins expediu a Árbenz telegrama de solidariedade publicado pela imprensa guatemalteca para embaraço do chanceler Vicente Rao, apoiador do golpe norte-americano.

Repreendido pelo Itamaraty, o embaixador não se conformou. Valendo-se de amizade pessoal com Vargas, enviou-lhe longa carta na qual detalhava, país por país, a tragédia da América Central e o papel das intervenções norte-americanas. Ao chegar à Nicarágua, confessava que, a fim de descrever a degradação em que tinha mergulhado o país do herói Augusto Sandino e do poeta Rubén Dario, *el Divino*, o melhor seria dar a palavra a uma copla popular na região, que dizia:

Así es el destino de las cosas,
Así son las cosas del destino,
Después de Augusto Sandino
Y de Rubén, el Divino,
Los Anastasio Somoza.

Getúlio teria rido e mandado perdoar o embaixador. Dias depois se suicidaria. Deixou carta na qual denunciava conspiração de grupos internacionais aliados a nacionais, real ou imaginária, que não seria muito diferente da que acabou com Árbenz.

Episódios como esses, concernindo ao embaixador Vasco Leitão da Cunha e a outros diplomatas de carreira, oriundos do comportamento errático de Jânio, acabariam por concorrer de modo decisivo para o drama da renúncia chocante do presidente, de que fui testemunha.

Manchete do jornal *Última Hora*,
renúncia de Jânio Quadros
Acervo Arquivo Público do Estado
de São Paulo

A renúncia de Jânio e suas peripécias

Graças ao envolvimento na vida política da capital, assisti como testemunha pessoal a muitos dos acontecimentos traumáticos que marcariam a história do Brasil no seu fatídico encaminhamento para o Golpe de 1964, a principiar pela renúncia de Jânio Quadros.

O ciclo funesto, um dos mais dramáticos de nossa história, teve início naquele mês de agosto de 1961, escaldante auge da estiagem que deixava em Brasília as pessoas com nervos à flor da pele. Em vez do entusiasmo que costuma acompanhar um governo novo, já se sentia no ar, antes de seis meses, um cansaço indefinido, uma vaga irritação, um cheiro de fracasso.

Nada havia ainda acontecido de decisivo, mas a economia custava a mostrar sinais de melhorar com as medidas duras contra a inflação e o déficit. O presidente impacientava-se, vacilava em adotar os passos seguintes do receituário econômico liberal. De vereador a presidente em treze anos, Jânio transitara pela política brasileira como um meteoro. Seu passado não o preparara para as longas e incertas esperas da terapêutica econômica liberal.

Um estranho no ninho da política tradicional, não gozava da confiança ou simpatia nem da UDN que o elegera. O Congresso era ainda o que havia sido escolhido em 1958, refletia não o momento da eleição de Jânio em 1960, e sim o apogeu da era Juscelino e de sua coligação PSD-PTB, dois anos antes. Na campanha, as audácias em política externa tinham valido ao candidato de centro-direita o suplemento de votos progressistas que sempre fizeram falta aos udenistas. No governo, essas mesmas ousadias lhe alienavam o apoio dos conservadores e centristas, sem lhe aportar ganhos entre os partidários da volta de JK em 1965.

Desde a Independência, a chefia do Estado no Brasil nunca conhecera personalidade tão bizarra. Com meio século de antecedência, Jânio precedeu Trump na manipulação do público, nos truques estrambóticos que lhe garantiam publicidade grátis. Na tecnologia da época, os bilhetinhos com que se comunicava correspondem aos *tweets* do presidente americano. A proibição de brigas de galo, do uso de biquínis em concursos de beleza, de lança-perfume em bailes, a regulamentação do carteado por decreto, suscitavam risos sem gerar admiração e respeito.

Afonso Arinos inventou duas frases divertidas que revelavam muito sobre o jogo do presidente. A primeira é que Jânio era a UDN de porre, a outra que a política externa janista acertava no atacado e errava no varejo. De fato, as mudanças diplomáticas desses menos de sete meses transformaram para sempre a política externa brasileira, fazendo jus ao qualificativo que a batizou: independente. O problema residia na inevitável exacerbação da oposição dos conservadores.

Independência é sempre em relação a alguém, a um país ou a alguma coisa. Em nosso caso, em relação aos Estados Unidos. Na América Latina daquele momento, a independência se traduzia, na prática, em contrariar a orientação norte-americana sobre Cuba.

Nascido em Campo Grande, o presidente gostava de citar um provérbio do Pantanal: "Não se deve chuçar onça com vara curta". Exatamente o que fez ao deleitar-se em provocar os ianques, humilhando em público o embaixador dos Estados Unidos, tratando com descortesia o enviado pessoal de Kennedy, o respeitado ex-embaixador no Brasil Adolf Berle, excedendo-se nos gestos de apreço aos cubanos. Em outras palavras, acertava no atacado, mas, no esforço de manter diálogo aberto com Havana, errava no varejo, ao tratar Washington de maneira gratuitamente desafiadora.

Acabou por exagerar na dose ao condecorar, com a Grã-Cruz da Ordem Nacional do Cruzeiro do Sul, Ernesto Guevara, convidado para fazer escala em Brasília na volta de Punta del Este, onde havia desancado a Aliança para o Progresso do governo Kennedy. O então ministro cubano de Indústria e Comércio recebeu a condecoração na manhã de 19 de agosto de 1961, em cerimônia que quase degenerou em incidente grave. Na véspera, a oficialidade do Batalhão de Guarda ameaçara recusar prestar as honras militares ao comandante guerrilheiro. Só a intervenção dos superiores demoveu os oficiais da insubordinação.

Estive presente à condecoração, acompanhando em seguida o visitante à residência oficial de Águas Claras do prefeito de Brasília, o deputado da ala jovem de esquerda do PDC, Paulo de Tarso Santos, que eu ajudara na campanha eleitoral (e que havia sido um dos articuladores da visita a Cuba do então candidato Jânio Quadros). No trajeto, surpreendi-me com a acessibilidade de Guevara, sua conversa amena, sempre reservada e discreta, não lembrando em nada a imagem de revolucionário vingativo. Fiquei surpreso em ver que não falava com o forte sotaque portenho de Buenos Aires (ele, na verdade, era da província de Córdoba), não usando na conversa, ao menos comigo, a expressão "Che" que lhe atribuíram de apelido. Participei do almoço restrito, após o qual o visitante partiu para Cuba, deixando o Brasil mergulhado na crise desencadeada pela sua passagem.

Para entender a comoção criada é preciso lembrar que, dias antes, na madrugada de 13 de agosto, os comunistas tinham erguido o Muro de Berlim, que ficaria como símbolo da divisão trazida pela Guerra Fria. Recrudescia no Brasil a paixão anticomunista, atiçada pelo projeto de reatamento das relações com a União Soviética em vias de conclusão. Em represália à condecoração de Guevara, o governador da Guanabara, Carlos Lacerda, entregava as chaves da cidade do Rio de Janeiro a um líder da oposição cubana. Fervilhavam os boatos e a tensão crescia.

Na noite de 24 de agosto, Lacerda denunciava no rádio e na TV ter sido convidado pelo ministro da Justiça Oscar Pedroso Horta a aderir a um golpe preparado pelo governo. Tramava-se, segundo ele, decretar estado de emergência para reformar a Constituição de 1946, reforçando os poderes do Executivo sobre o Congresso. Horas depois, na madrugada, deputados da oposição pediam a convocação do ministro da Justiça para prestar esclarecimentos.

No dia 25 de agosto, eu almoçava em casa de Armando Braga Ruy Barbosa, veterano diplomata encarregado da administração do Itamaraty no Distrito Federal, quando me chamam ao telefone. Devia ser pouco mais de 13 horas. Do outro lado, meu velho amigo, Arrhenius, também lotado em Brasília, me pergunta: "Você está sentado? Não? Então senta, porque a notícia é de derrubar qualquer um! O presidente renunciou, os ministros militares formaram uma junta de governo, há rumores de grupos que se armam para resistir".

Interrompido o almoço, saímos para a residência do chefe da Casa Militar, general Pedro Geraldo Costa, amigo de Armando Braga, que confirmou as linhas gerais do relato. De lá, rumamos para o ministério, de onde telefonamos a Afonso Arinos, que, no Rio de Janeiro, continuava a cumprir sua agenda de encontros. Do gabinete, me dirigi ao Congresso, onde principiava o pequeno expediente da Câmara (eu era então assessor para as relações com o Congresso e dispunha até de um gabinete no edifício anexo da Câmara dos Deputados).

Encontrei um grupo enorme de jornalistas atraídos pela crise, sem saber o que tinha se passado nas últimas horas. Narrei a alguns, à parte, o que ouvira, como se fosse rumor ainda não confirmado. A maioria não acreditou, menos D'Alembert Jaccoud, correspondente de *Prensa Latina*, um dos que deram o furo internacional da notícia.

Presidia a sessão o 1º vice-presidente Sérgio Magalhães, e vários deputados se sucediam ao microfone para homenagear o Duque de Caxias, na data do Dia do Soldado. De repente, ouve-se no plenário tumulto de vozes confusas, e o deputado Dirceu Cardoso (PSD, Espírito Santo) pede a palavra para fazer um comunicado. Agitado, começa: "Sr. Presidente, vou ler um documento que vai deixar perplexa a Câmara e a Nação" e começa a ler: "Fui vencido pela reação e assim deixo o governo". Antes que pudesse ler a frase seguinte, Almino Affonso, meu contemporâneo do largo São Francisco, líder do PTB, salta sobre o microfone e grita: "É golpe! É golpe!". Enorme confusão, vozes, gritos, a campainha do presidente pedindo silêncio, até que o orador consegue terminar a leitura da carta de renúncia.

Pouco antes das 15 horas, o ministro da Justiça se dirige ao gabinete do senador Auro de Moura Andrade, presidente do Senado e do Congresso Nacional, para entregar-lhe as duas mensagens de Jânio, uma breve, manuscrita, comunicando a renúncia, outra mais extensa, tentando explicá-la. Uma sessão extraordinária do Congresso, Câmara e Senado, é convocada para as 16h30min. Do Itamaraty avisam-me que Afonso Arinos estava enviando mensagem pessoal que eu deveria entregar aos líderes do Governo, da oposição e dos partidos antes do início da sessão do Congresso.

O telex, forma mais rápida de comunicação escrita daquele tempo, tinha de ser multiplicado em cópias datilografadas com papel carbono, endereçadas em envelopes a cada um dos líderes. O processo de preparação levava uma eternidade. No Congresso, angustiado, eu assistia impotente aos deputados e senadores que se dirigiam ao plenário. Finalmente, entra esbaforido meu colega Flávio de Oliveira Castro, trazendo uma pilha de envelopes, que começamos a distribuir nos gabinetes das presidências e aos líderes que atalhávamos no caminho, explicando do que se tratava.

Um deputado, ao qual pedimos ajuda para fazer chegar as mensagens a alguns líderes no interior do plenário, desconfiou e nos denunciou à polícia do Congresso como agitadores. Por alguns instantes, nos vimos detidos em meio à balbúrdia de fotógrafos, radialistas, curiosos, querendo saber o que estava acontecendo. Em São Paulo, Marisa soube de minha "prisão" por uma edição especial do *Repórter Esso*. Logo expliquei a situação ao chefe de gabinete da Câmara, meu conhecido Floriano Ramos, e fomos "liberados".

A mensagem de Arinos soava dramática. Sem circunlóquios, dizia mais ou menos o seguinte: "Não é competência dos chefes militares decidir sobre a renúncia do presidente. Essa atribuição pertence ao Congresso Nacional, que deve rejeitá-la. Do contrário, será o caos, a guerra civil".[1]

---

1 Não conservei o texto, que reproduzo de memória. Não estou certo das primeiras palavras, apenas do sentido. Lembro bem, no entanto, que o final da mensagem falava em "caos e guerra civil". Procurei nas memórias de Arinos, *A alma do tempo* (Topbooks, 2018), nas quais ele também afirma que não havia guardado o texto original. Menciona que seu emissário "teve as maiores dificuldades em cumprir as instruções, chegando, em certo momento, a ficar virtualmente detido no palácio do Congresso" (p.1288). Adiante, narra que Maury Gurgel Valente, do gabinete em Brasília, telefonara para "dizer que o Cônsul Ricupero informa do Congresso que o Congresso tomou conhecimento da renúncia presidencial e o ministro Macedo Soares já foi a palácio para a transferência da faixa presidencial. Não obstante, estamos remetendo sua mensagem aos líderes de bancada e já transmitimos seu recado aos ministros militares" (p.1290).

Tentativa desesperada de evitar o pior (e também de conservar o poder para a UDN), o gesto de Arinos chegou demasiado tarde. Jânio estava já em São Paulo. A súbita reversão da sorte parecia caída do céu para não ser aproveitada pelos vencidos nas eleições do ano anterior. Até então resignados a amargar cinco intermináveis anos de oposição antes que chegasse, em 1965, a possibilidade de desforra com JK, os chefes da aliança PSD-PTB se viam de modo inesperado escancarar a chance de volta ao poder com o vice João Goulart. Seria milagre se não agarrassem sem hesitar o presente que a loucura de Quadros lhes oferecia de mão beijada.

A sessão do Congresso Nacional durou apenas o tempo de tomar nota da renúncia como ato livre de vontade, declarando vaga a presidência. Na ausência do vice-presidente João Goulart, em visita oficial à China Popular, restava dar posse ao presidente da Câmara, Ranieri Mazzilli. Corri para o palácio do Planalto, cheguei em tempo para assistir à breve cerimônia.

Ansioso para juntar-se em São Paulo aos demais membros da Casa Civil, o então ministro, mais tarde embaixador José Augusto de Macedo Soares, chefe do Cerimonial da Presidência, pediu a Arrhenius e a mim que tomássemos conta do setor. O palácio oferecia cenário desolador. Os auxiliares mais próximos tinham partido com Jânio, esperando voltar com ele nos braços do povo. Os menos íntimos, retardatários, não viam a hora de pular do barco. O mais sincero, Juracy Magalhães Júnior, que se suicidaria dois anos depois, chorava desconsolado enquanto esvaziava as gavetas do seu gabinete de subchefe da Casa Civil.

Em meio a tamanha convulsão, a história do bilhete de Arinos não mereceria mais que insignificante nota ao pé da página da história, se tanto. Inexplicavelmente, o assunto ressurgiu de forma ameaçadora na sessão extraordinária do Senado do fim da tarde de 27 de agosto. Companheiro histórico de Jânio Quadros, bestificado como os demais pela renúncia, o senador Lino de Mattos, do Partido Trabalhista Nacional (PTN), de São Paulo, mencionara da tribuna a mensagem de Arinos como um boato entre tantos.

Aparteado pelo "coronel" maranhense Vitorino Freire, que sustentava a veracidade do documento e criticava Arinos pelo intento de pressionar o Congresso, o orador declarava enfaticamente: "[...] não aceito, não acredito, não admito que o nosso nobre colega [...] tomasse tal atitude. Falo com conhecimento de causa porque já obtive as informações de que S. Exa. absolutamente não tomou semelhante providência".

"Então", reage Freire, "temos que mandar processar dois funcionários do gabinete do Senhor Ministro". Prossegue a discussão até que ambos concordam em interpelar Arinos, tão pronto reassumisse sua cadeira de senador. Vitorino resume a conclusão: "[...] vamos para um inquérito porque ou o telex é verdadeiro e foi entregue aqui, [...] ao Presidente do Senado, ou o Senhor Afonso Arinos estava cercado de criminosos e o seu gabinete era muito zurrapa, este é o termo (risos)".

Preocupados com os rumos que tomavam os acontecimentos, Flávio de Oliveira Castro e eu fomos ao aeroporto para receber Afonso Arinos no começo da noite e dar-lhe ciência do que sucedera naquela tarde. Pouco depois, começava às 22 horas nova sessão extraordinária do Senado. Reassumido o mandato de senador, Arinos explicará que não tivera intenção de pressionar o Congresso. Não dispondo de outro meio de se comunicar com as lideranças políticas, desejara tão somente partilhar a apreensão de que, consumada a renúncia, o país afundaria no caos, na anarquia e, possivelmente, na guerra civil.

Começa então um duelo em que os novos donos do poder tentam insinuar inspiração golpista na mensagem do ex-chanceler. O representante do PTB, Paulo Fender, que Arinos, com olímpico desdém, chama de "jovem senador", lança a armadilha: teria Arinos alguma informação sobre dificuldades para cumprir a Constituição e dar posse ao vice-presidente João Goulart? Do alto de seus catorze anos de experiência parlamentar, o orador responde de modo condescendente:

> Meu caro colega, eu não estava informado por nenhum dado ou fato concreto e recente; estava informado por dados e fatos que estão capitulados na História da República há mais de sessenta anos. O que eu pressentia [...] pela experiência que tenho de situações análogas que atravessei, desgraçadamente, a contragosto, em 1954 e 1955, é que [...] aquele raio que se despenhava subitamente sobre o meio político brasileiro não poderia ter uma solução razoável, uma solução normal, uma solução pacífica.

Como o "jovem senador" reitera que "nós do PTB [...] achávamos que o cumprimento da Constituição era medida absolutamente normal", Afonso Arinos perde a paciência e retorque:

> Eu é que fico surpreso que, hoje, um ilustre líder do Partido Trabalhista Brasileiro não manifestou a menor apreensão em face das circunstâncias que se denunciavam, [...] com os precedentes trabalhistas, por ocasião da votação dos impedimentos de 1955.

E continua:

> Foi então que eu aprendi com a votação majoritária que estava engrossada pelos votos do Partido Trabalhista, que essas coisas no Brasil não se realizam em paz. Nós então defendemos a paz, defendemos a legalidade, e nós nos batemos então pela Constituição: e tivemos então pela frente o rolo compressor da maioria pessedista e petebista, fazendo aquilo que eu previa que agora se iria fazer. Foi essa a experiência que me levou a conclamar a atenção de meus pares.

Fender volta à carga, descreve o movimento de 1955 como destinado a prevenir o "que se chamava de golpe tramado nos arsenais da política de V. Exa.", o que motiva no velho lutador da UDN memorável tirada retórica, digna dos manuais de retórica de outrora:

> Sr. Presidente, débil, frágil, volúvel é a memória dos homens; pertinaz, reiterada, constante, a sua paixão. Neste debate entre a memória que claudica e a paixão que crepita, entre a memória que ameniza os fatos e a paixão que os deturpa, eu não vou entrar. [...], mas, não volto atrás, Sr. Presidente, volto-me para a frente. Não quero discutir aquelas passagens de que fomos protagonistas, às vezes involuntários. Seria enredar-nos em um dédalo de explicações que nada explicam.

Não obstante a ressalva, o debate continua incansavelmente a remexer os fantasmas da política brasileira, a implacável luta entre os herdeiros de Vargas e seus opositores, as mútuas (e justificadas) acusações de golpismo, conforme as circunstâncias. Pressente-se que o combate entrava apenas em nova fase, que, cedo ou tarde, se encaminharia ao desenlace definitivo no golpe duradouro que viria em 1964.

Uma última troca de estocadas registra a trégua entre Arinos, que se refere aos "senadores contemporâneos, por mais jovens que sejam" e a repartida de Fender, de que "não se é jovem perante a História, nem quando se tem interesse por ela". Não falta mesmo, no final, uma referência do velho Afonso ao corrupião, "dos melhores" que havia recebido de presente de Vitorino, e o aparte deste, lembrando que dera ao pássaro, com aprovação do destinatário, o nome de Juscelino Kubitschek "porque canta bem e voa melhor".

Esse edificante debate parlamentar no velho Senado, não no velhíssimo de Machado de Assis, mas no que agonizaria antes do golpe de misericórdia de 1964, se espraia por páginas e páginas (p.67 a 95) dos anais do Senado, 2ª quinzena de agosto de 1961, sessões 133 a 145, volume II, nas quais copiei *ipsis litteris* os debates acima transcritos. Quem imaginaria que um mero telex iria gerar tanta controvérsia!

Por alguns poucos dias me dividi entre o Itamaraty e a presidência, onde, graças à camaradagem com os militares do gabinete chefiado pelo general Ernesto Geisel, podíamos ler as mensagens interceptadas entre Jango, no exterior, e seus partidários no Brasil. Havia telexes longuíssimos, de rolos e rolos de papel, que transcreviam os telefonemas de Leonel Brizola, governador do Rio Grande do Sul, com as instruções que dava na Campanha da Legalidade.

Aprendi que, mesmo naqueles tempos de tecnologia incipiente, não se devia subestimar a capacidade de espionagem dos nossos arapongas. Em meio à confusão de boatos e *fake news*, quando o país dava a impressão de se encaminhar inexoravelmente à guerra civil prevista por Arinos, estar no palácio do Planalto transmitia a ilusão de que se sabia mais do que fora dali. Fiquei fascinado e ao mesmo tempo horrorizado com a atmosfera, não queria arredar pé do palácio.

O problema era que cada dia me aproximava mais da data do casamento em São Paulo, que Marisa e eu tínhamos marcado para a noitinha de 1º de setembro, no civil, e a manhã do dia 2, no religioso. Tive até a tresloucada ideia de convencer Marisa a adiarmos o casamento, apesar de convites distribuídos, preparativos avançados, padrinhos apalavrados! Racionalizei invocando o argumento da incerteza: e se houvesse guerra civil e não pudéssemos viajar a Brasília? Que garantias eu teria de guardar meu posto no gabinete, de continuar a dispor do apartamento funcional?

Tudo em vão. Na primeira, mas de nenhum modo última das incontáveis vezes em que me salvou de uma loucura, ela me deu um ultimato: agora ou nunca! Deixei Brasília por volta das 11 horas da manhã no dia do casamento. Creio que meu voo foi o último ou penúltimo antes que a Aeronáutica interditasse as pistas com barris de metal a fim de evitar algum desembarque inimigo. Meu avião fez escala em Belo Horizonte, onde oficiais da FAB de metralhadora em punho inspecionaram os passageiros.

Cheguei horas antes da cerimônia, tinha de provar o terno feito pelo alfaiate, sair com Marisa para comprar uma gravata à altura do ato solene, que se cumpriu sem novidades à noite, em casa dos pais dela. Na manhã seguinte, o casamento foi na Igreja de Nossa Senhora da Paz, na várzea do Glicério, relativamente perto de minha casa no Brás. Tínhamos escolhido a igreja pela beleza de sua arquitetura de tijolinhos vermelhos inspirada na basílica de San Zeno, em Verona, e nas primitivas basílicas dos primeiros séculos do cristianismo.

Na época, essa igreja ainda era uma espécie de templo da comunidade italiana. Seu interior, todo afrescado pelo toscano Fulvio Pennacchi, lembrava a humilde simplicidade, o profundo recolhimento dos grandes pintores do fim da Idade Média: Giotto, Fra Angelico, Duccio di Buoninsegna. Sintonizava com o espírito de nossa fé, com a missa de matrimônio celebrada pelo padre Luigi Gargione. Naquele mesmo dia, o Congresso aprovava a emenda parlamentarista como saída para a crise.

Casamento de Marisa e Rubens
Ricupero, cerimônia civil e religiosa
São Paulo, dias 1 e 2 de setembro, 1961,
fotografia de Hajo, acervo do autor

Ao centro, o chanceler San Tiago Dantas; à sua esquerda, o futuro embaixador Rubens Ricupero. Os demais, não identificados. Visita oficial de preparação da reunião de Punta del Este, prevista para o início de 1962. Procurava-se articular com a Argentina, posição comum contra a expulsão de Cuba da OEA. Buenos Aires, nov. 1961, fotógrafo não identificado, acervo do autor

San Tiago Dantas: a razão contra o caos

Em qualquer botequim de norte ao sul do continente, na cidade do México ou em Buenos Aires, em Caracas ou Santiago, em Lima ou no Rio de Janeiro, seria possível reproduzir, mudando apenas o nome do país, a mesma pergunta do início à *Conversación en la Catedral*, de Mario Vargas Llosa: "En qué momento se había jodido el Perú?".[1]

No capítulo sobre Benjamin Franklin, lembrei que o historiador Mariano Picón Salas, embaixador da Venezuela no Brasil na época de Juscelino, achava que os latino-americanos tinham começado mal desde a independência. Contrastava o destino trágico de quase todos os próceres hispânicos – fuzilados, enforcados, mortos na prisão ou no exílio – com o dos *Founding Fathers* norte-americanos, pacificamente expirando em seus leitos, cercados da veneração da pátria.

Desde o princípio, a sensação de fracasso, de que tínhamos queimado a partida, vinha do primeiro e maior dos latino-americanos.

---

1 Mario Vargas Llosa, *Conversación en la Catedral*. Barcelona: Seix Barral, 1969. [Ed. bras.: *Conversa na Catedral*. Rio de Janeiro: Francisco Alves, 1969.]

Pouco mais de um mês antes de morrer em Santa Marta, Simón Bolívar concluía na carta que escreveu ao general venezuelano Juan José Flores, primeiro presidente do Equador:

> [...] exerci o comando por vinte anos e deles não deduzi mais que poucas conclusões seguras: 1º A América é ingovernável [...]. 2º Aquele que serve a uma revolução ara no mar. 3º A única coisa que se pode fazer na América é emigrar. 4º Este país cairá infalivelmente em mãos da multidão desenfreada, para depois passar a tiranetes [...] de todas as cores e raças. 5º Devorados por todos os crimes [...], os europeus não se dignarão conquistar-nos. 6º Se fosse possível que uma parte do mundo voltasse ao caos primitivo, este seria o último período da América. (Barranquilla, 9.11.1830).

Não era a primeira vez que o Libertador expressava essa opinião. Na véspera de morrer, as circunstâncias lhe pesavam no ânimo: politicamente derrotado, chocado pelos atentados contra sua vida, deprimido, minado pela tuberculose, tudo isso agravou-lhe o julgamento. Não obstante, o libelo se tornaria o padrão para comparar o atraso latino com o progresso dos Estados Unidos, as tiranias degradantes sucedendo-se umas às outras, os degolamentos e atrocidades das guerras civis, as torturas, os desaparecimentos, as ditaduras militares.

De vez em quando, vive-se a ilusão, mais ou menos fugaz, do sucesso. A Argentina teve sua brilhante "era das vacas e do trigo", foi a 6ª maior economia do mundo; o México, a gloriosa Revolução de 1910, de Emiliano Zapata e Pancho Villa; o Uruguai chegou a ser a "Suíça da América do Sul"; o petróleo criou por um tempo a "Venezuela saudita", o país de maior poder de compra do continente;

o Brasil conheceu, nos anos 1970, o "milagre brasileiro" e na primeira década do século XXI, o Cristo do Corcovado elevando-se aos céus como foguete foi a capa da revista *The Economist*. O último mito a desmoronar foi o do Chile, "país desenvolvido, uma espécie de Nova Zelândia descolada do resto da América Latina".

Esse destino ciclotímico do continente não tem nada a ver com o sono eterno das civilizações mortas, ou, no outro extremo, com o dinamismo de chineses e de outras nações asiáticas, imperturbáveis no êxito ininterrompido de crescimento ao longo de quatro ou cinco décadas seguidas. A imagem que melhor nos define é a de uma espécie de montanha russa na qual a euforia embriagante dos pináculos se alterna com vertiginosos mergulhos no vácuo. No máximo se diria que ultimamente as subidas duram cada vez menos, enquanto a travessia dos vales se parece mais à estagnação dos cemitérios.

É por isso que não faz muito sentido indagar qual foi o ponto de inflexão, o momento em que nos perdemos. Simplesmente porque não cessamos de nos perder e de nos reencontrar de tempos em tempos. Cada geração passa incessantemente por vários extravios, uns mais longos que outros.

Para os nascidos no Brasil em fins dos anos 1930, não faltaram sobressaltos e rupturas: o autogolpe do Estado Novo em 1937 seguido de longa e repressiva tirania; o golpe militar contra a ditadura Vargas em 1945; o suicídio de Getúlio em 1954; a ameaça de golpe e contragolpe de 1955; a renúncia de Jânio em 1961; o golpe militar de 1964; o "golpe dentro do golpe" do AI-5 em 1968; a inesperada morte de Tancredo em 1985; o *impeachment* de Collor em 1992; o de Dilma em 2016, coincidente com a profunda crise moral da Lava Jato, a recessão econômica e o esboroamento da hegemonia de Lula e do PT.

A experiência de história institucional em que a instabilidade é o "normal" deveria ter-nos imunizado contra o impacto de quedas e retrocessos. O problema é que, a cada vez que a estabilidade se prolonga um pouco mais ou que o crescimento vem com mais força, nos deixamos embalar pelo autoengano, cremos que dessa vez é para valer, nos preparamos mal para o inevitável choque da recaída. Foi o que sucedeu com a renúncia de Jânio, despertar brutal do sonho dos "cinquenta anos em cinco", do discurso de despedida em que Juscelino se gabava de que "a estrutura do regime de liberdade de que nos beneficiamos está consolidada".

No começo, demorou-se para perceber as implicações de longo prazo do que à primeira vista não passava de um "tresloucado gesto", como escreviam os jornais daquele tempo sempre que alguém ateava fogo às vestes ou bebia formicida. Superadas as ameaças de guerra civil, a fórmula do parlamentarismo dava a impressão de expediente sábio, capaz de permitir que as coisas voltassem ao eixo anterior.

Só aos poucos, muito gradualmente, nos demos conta de que a renúncia de Jânio Quadros não se encerrava com o episódio farsesco em si mesmo, abrindo espaço para um dos mais nefastos ciclos da história moderna brasileira. Duraria perto de um quarto do século XX, somando a fase de dois anos e meio de agitação e conspiração que antecedeu o golpe militar aos quase vinte e um anos do mais interminável regime de arbítrio e sacrifício da liberdade em duzentos anos de história independente.

Para mim, a revelação ocorreu na noite em que pela primeira vez encontrei e ouvi San Tiago Dantas. Deve ter sido em meados ou fins de setembro de 1961. No dia da data nacional, sete de setembro, tomara posse o gabinete parlamentarista chefiado por Tancredo Neves, no qual o então deputado pelo PTB de Minas

Gerais, Francisco Clementino de San Tiago Dantas, ocupou a pasta das Relações Exteriores.

Confirmado em meu posto, eu voltara a Brasília após o casamento. Aproveitando ocasião em que o ministro pernoitou na capital, Maury Gurgel Valente organizou um jantar para que ele encontrasse os membros, já bem rarefeitos, de nosso pequeno grupo. Estava presente também o irmão de Otto Lara Resende, Fernando, que cobria o Senado para *O Estado de S. Paulo*.

Foi a impressão mais forte que recebi em toda a minha vida do poder da palavra como pensamento vivo e concreto, da força do verbo que organiza e explica o mundo e a história por meio da luz da razão e da inteligência. San Tiago sabia ouvir, não deixava passar afirmação sem questionar e provar sua veracidade. Falava de maneira pausada, com a pronúncia culta do mais expressivo português que se poderia esperar da língua falada no Brasil.

Apaixonado pela linguagem, senti-me cativado pela capacidade que ele possuía de falar sem esforço aparente, as palavras se sucedendo límpidas e cristalinas como água de fonte. Transmitia a sensação de que nele inexistia hiato entre a ideia e a forma impecável que assumia sua expressão. Jamais encontrei, antes ou depois, alguém que se comparasse a San Tiago na formulação imediata, irretocável na espontaneidade, como se tivesse sido retrabalhada até à perfeição e não, como contemplávamos deslumbrados, fruto da reação daquele instante.

Depois que comecei a trabalhar com ele, tive várias oportunidades de acompanhá-lo ao Congresso, sempre que o convocavam a falar numa das comissões ou no plenário da Câmara ou do Senado. Terminada a exposição, o ministro gostava de descer à sala da taquigrafia a fim de rever as notas. Distribuíamos as pilhas de notas taquigráficas entre nós. Após alguns minutos, a conclusão se repetia:

"É perda de tempo continuar o trabalho de revisão, até as vírgulas estão no lugar certo!".

Tempos depois houve no Rio cena que me contaram. Sob a presidência do ministro, um grupo de assessores se reunira para planejar a visita que ele deveria fazer a Genebra e a alguns países europeus (nessa época as viagens do chanceler eram bem mais raras que em nossos dias). Alguém sugeriu que o ministro enviasse mensagem ao papa João XXIII, a propósito da encíclica *Mater et Magistra* (maio de 1961), que atualizava o pensamento social da Igreja com reflexões importantes sobre as mudanças internacionais.

Normalmente, esse tipo de ideia costuma ser encaminhada para a área competente do Itamaraty, incumbida de preparar uma primeira minuta, destinada a passar por inúmeras revisões e instâncias burocráticas até atingir a escrivaninha do ministro dentro de dias ou semanas. Nessa oportunidade, surpreendendo a todos, San Tiago exclamou: "Excelente ideia! Tomem nota!". E, começando pelo invocatório "Santidade", ditou, da primeira à última palavra, carta irretocável no fundo e na forma.

Todas essas qualidades legendárias se manifestaram naquela noite de setembro, em casa de Maury. De início, o ministro fez questão de ouvir com deferência a opinião de cada um sobre o que acabara de suceder. Lara Resende foi quem mais falou. Depois, sem sombra de ar professoral, de modo despretensioso, passou a dar sentido às peças do quebra-cabeça.

> Não se iludam, a fórmula parlamentarista apenas adiou a prova de forças, nenhum dos lados abrindo mão de impor o controle total. A Constituição sofreu abalo provavelmente irreparável, a não ser que todos se disponham a jogar sinceramente o jogo parlamentarista.

Não pretendo, mais de sessenta anos depois, lembrar literalmente suas palavras. Tantas vezes, porém, rememorei aqueles instantes que não creio trair ou distorcer o essencial do que ouvi. Enquanto San Tiago falava, sentíamos fascínio e angústia. Assombrava tamanho poder de antecipar o que nos aguardava. Não por intuição, pressentimento, algo de irracional. A clarividência resultava do poder de uma inteligência de terrível lucidez, que examinava as variáveis possíveis metodicamente, extraindo de cada uma todos os desdobramentos, todas as implicações que poderiam conter ao longo do tempo.

O encadeamento dos argumentos ia tecendo teia da qual não se conseguia escapar. Gerava sensação aflitiva de que se aproximava de nós catástrofe política que seríamos incapazes de evitar. Uma a uma, a implacável lógica do raciocínio descartava as minguadas chances de escapar do desastre, impondo-se, como num teorema, a conclusão inapelável:

> Sem reconciliação em torno de um programa mínimo para fazer o parlamentarismo funcionar e preservar o que sobrou da Constituição fragilizada, sem controle da inflação para impedir a exacerbação dos conflitos distributivos, a sociedade vai se fragmentar em grupos polarizados e violentos. Nessa hora, os militares intervirão. Não será como no passado, uma pausa para convocar eleições. Desta vez, as Forças Armadas se prepararam para permanecer no poder por muito, muito tempo! Será uma experiência inédita, que o Brasil jamais conheceu até agora.

Esta última era a profecia que mais nos sobressaltava. A golpes militares, estávamos acostumados. Fazia parte do "normal" que o desempate de conflitos dentro do sistema coubesse ao falso Poder

Moderador. No Império, correspondia a d. Pedro II alternar conservadores e liberais no poder. Na República de 1946, passara às Forças Armadas o papel de árbitros entre PSD/PTB e UDN. O que San Tiago percebeu antes dos demais é que agora o conflito ideológico de vida e morte da Guerra Fria modificara os elementos da equação. A noção nova consistia em que o Exército não se julgava mero árbitro, mas dono do jogo político, com direito a governar de maneira permanente ou por tanto tempo quanto necessário para imunizar o corpo social contra o que considerava o perigo da subversão.

Saí do jantar perturbado por profundo desassossego. Sentia a angústia difusa de que minha geração, e outras talvez que se seguissem, não desfrutariam de um futuro de democracia. Na hora em que chegava a nossa vez, a história nos pregava uma peça, privando-nos das condições de liberdade para viver uma vida de cidadãos com plenitude. Esses sentimentos nunca mais me deixaram, converteram-se numa espécie de pano de fundo permanente, como os coros lúgubres que pressagiam na tragédia grega a inexorável aproximação da desgraça.

Na marcha rumo à ditadura, os atores principais davam a impressão de sonâmbulos, como os estadistas que conduziram a Europa à Primeira Guerra Mundial, sem consciência clara das consequências do que faziam. No verão de 1914, ninguém desejava de fato a guerra, mas ninguém tampouco estava disposto a moderar as ambições nacionais como preço para evitá-la.

No Brasil de 1961 a 1964 igualmente, os participantes da vida política não agiam como se a democracia e a liberdade fossem valores absolutos, não devendo ser subordinados ou sacrificados a outros valores desejáveis. A esquerda revolucionária, que dominava o campo progressista, não escondia o desprezo pela democracia "burguesa", preferindo a democracia "popular", supostamente mais legítima.

Os demais, direita, conservadores, advogavam uma democracia "relativa", vigiada, restrita, fora do alcance dos "ainda não preparados para votar e governar".

Talvez outros tivessem tido igual lucidez de percepção, mas nenhum como San Tiago dedicou todas as energias a tentar evitar o desastre. Como ministro das Relações Exteriores, em menos de dez meses levou a política externa independente a expressão inigualável. Ao mesmo tempo, respeitou escrupulosamente, até nos menores ritos formais, o espírito do parlamentarismo. Para irritação da Presidência da República, reservava apenas ao primeiro-ministro as exposições de motivos substanciais, limitando-se a informar o presidente por um documento mais resumido.

A fim de funcionar, o parlamentarismo dependia, mais que de qualquer outro, da pessoa que tinha interesse maior em sua abolição, o presidente Goulart. Seria um prodígio se o alvo principal da medida colaborasse para sua estabilização. No seu primeiro discurso ao Congresso, o presidente anunciou que se empenharia pela volta do sistema anterior. Sem esperar pela antecipação do plebiscito previsto para 1965, tomava medidas das quais informava o Gabinete *a posteriori*, participava de reuniões ministeriais, opinava sobre assuntos polêmicos.

O primeiro gabinete parlamentarista reunia o que de melhor existia em talentos políticos na vida pública de então, com representação de todos os principais partidos, PSD, PTB, UDN, PDC. Provavelmente, seria impossível hoje em dia reconstituir um grupo de qualidade equivalente. Presidido por Tancredo Neves, jovem ainda, que havia sido o último ministro da Justiça de Getúlio antes do suicídio, o ministério era integrado por Walther Moreira Salles, na Fazenda; San Tiago Dantas, como vimos, no Itamaraty; Ulysses Guimarães em Indústria e Comércio; André Franco Montoro, no Trabalho; outros menos lembrados hoje, mas políticos de relevo na época, como Virgílio Távora, em Viação; Gabriel Passos, Minas e Energia; Oliveira Brito, Educação; Armando Monteiro, Agricultura; Hermes Lima, chefia da Casa Civil.

O Congresso, que deveria ser o bastião do novo regime, jamais se portou como se o Gabinete emanasse de seu próprio seio. Sem o menor constrangimento, derrotava iniciativas do Governo, aprovava outras contrárias à política oficial. Também trabalhavam contra o novo sistema, além do presidente Goulart, todos os grandes líderes políticos aspirantes à presidência, Juscelino, o renunciante arrependido Jânio, Lacerda, Brizola. Nesse quadro de forças uniformemente adverso, é provável que o regime parlamentar nunca tenha tido uma chance real de dar certo.

Se alguém tivesse sido capaz de realizar o milagre de tornar viável o parlamentarismo, teria sido San Tiago Dantas. Só ele possuía inteligência e capacidade para elaborar um programa efetivo de governo e, ao mesmo tempo, a vontade de se sacrificar na tarefa quase impossível de executá-lo. Quando o gabinete Tancredo se demitiu em junho de 1962, o ex-chanceler buscou ativamente e obteve do presidente a indicação para organizar e chefiar o novo ministério.

O breve sonho de ter como chefe do governo o homem mais preparado do país terminou com sua rejeição pelo mesmo Congresso que, dias depois, aprovaria por larga maioria o insignificante Brochado da Rocha, pobre figura de político provinciano do Rio Grande do Sul. San Tiago foi derrotado por suas qualidades, não pelos defeitos. Dentre as qualidades que lhe custaram caro, a desconfiança lá no íntimo de alguns, quem sabe do próprio Jango, de que a experiência poderia consolidar um sistema de governo que todos queriam desmoralizar.

Marisa e eu acompanhamos San Tiago Dantas naquela noite triste. Saímos do Congresso no meio do pequeno grupo que permaneceu com ele até o fim da votação. Naquela hora me vieram à lembrança os dois primeiros versos do "Soneto da perdida esperança", de Drummond: "Perdi o bonde e a esperança./ Volto pálido para casa".[2] Esperança não foi a única coisa que perdi. Esfumou-se também meu interesse apaixonado pelo jogo político. Passei a olhar aquilo tudo como uma dança à beira do abismo por gente mesquinha e irresponsável.

A vida em Brasília perdeu a graça. Maury tinha regressado ao Rio para tornar-se subsecretário de Assuntos Europeus, os colegas que tinham vindo comigo haviam todos partido para postos no exterior. Do grupo original, só sobrara eu. O gabinete dava sensação de abandono, reduzido a funções burocráticas e protocolares de encaminhar papéis e receber visitantes. O Itamaraty também se apagou depois de San Tiago. Dois dos sucessores, Afonso Arinos, de imediato, e Evandro Lins e Silva, mais tarde, duraram poucas semanas, dois meses no máximo. Entre os dois, Hermes Lima, o último primeiro-ministro, acumulou no início a pasta do Exterior, à qual dedicava atenção esporádica.

A fim de pressionar o Congresso a antecipar o plebiscito, Jango recorreu à fórmula que vinha dos tempos varguistas: mobilizar ampla frente de esquerda, com papel central aos sindicatos, em campanhas que, além da mudança do sistema, propugnavam por reformas radicais de espírito nacionalista e revolucionário. O país vivia em ebulição permanente, com greves e ameaças de greves de doqueiros, marítimos, ferroviários, os caminhoneiros de então.

---

2 Carlos Drummond de Andrade, "Brejo das almas". In: *Obra completa*. Org. Afrânio Coutinho. Rio de Janeiro: Companhia Nova Aguilar Editora, 1964, p.84.

A inflação se acelerava, o custo de vida disparava, multiplicavam--se os conflitos e reivindicações, envolvendo inclusive sargentos, cabos, subalternos das Forças Armadas. Crescia a inquietação e a desorganização tomava conta da sociedade.

Eu tinha a impressão de assistir ao cumprimento, passo a passo, do roteiro descrito com riqueza de detalhes no jantar em casa de Maury. A única dúvida residia no tempo ainda disponível antes do inevitável desenlace, o confronto decisivo, seguido provavelmente da ditadura militar. A essa altura, San Tiago Dantas já sofrera a primeira operação contra o câncer que provocaria sua morte, meses mais tarde. Como foi que, apesar de tanta adversidade, teve a fortaleza de espírito para batalhar até o fim, ele que enxergava tudo com maior nitidez que os outros?

Diziam alguns que seu defeito era ser radical demais, racional em excesso. Mesmo seu amigo Arinos escreveu nas memórias que San Tiago acreditava em coisas que só existiam na inteligência dele. Seja como for, continuou a agir para impedir que sua profecia se consumasse. Realizado o plebiscito em janeiro de 1963, restabelecido o presidencialismo, converteu-se em ministro da Fazenda, empenhado, ao lado de Celso Furtado, no Planejamento, em salvar a economia do colapso. Durou cinco meses no posto, menos que os dez meses como chanceler, derrotado pela impaciência por resultados do programa de estabilização e pela oposição de Brizola, líder do que chamava de "esquerda negativa".

A queda de San Tiago em junho de 1963 coincidiu com o princípio da radicalização do governo. Sinalizou a opção final de Jango pela "esquerda negativa" e pela influência brizolista. Já não se tratava de recuperar os poderes perdidos pelo parlamentarismo, mas de como utilizá-los. Goulart apostou que esses poderes lhe davam cacife para mudar o jogo e obter as reformas "na lei ou na marra". Sua leitura da correlação de forças contrastava com a de seu ex-chanceler. Não se precisaria esperar muito para ver quem tinha razão.

De minha parte, a saída do ministro do Governo destruiu as últimas ilusões, fazendo-me aceitar o convite de Mario Gibson Barboza para servir sob suas ordens na embaixada em Viena. Desde a derrota da indicação de San Tiago como primeiro-ministro, acompanhava apenas de longe sua passagem pela Fazenda. Tinha notícias de vez em quando da recidiva da doença, do seu curso implacável. Sabendo que o fim se aproximava, ele quis fazer uma última viagem à Europa para se despedir dos lugares que amava: Veneza, a catedral de Chartres, os sítios de sua memória literária e afetiva.

Esticou a viagem a Viena para rever Gibson. Foi a última vez que o vi. Estivemos juntos na visita à Peterskirche, a igreja de São Pedro, esplendor do barroco vienense. Na conversa da embaixada, Marisa observou que tínhamos pena que nossa primeira filha ia nascer longe do Brasil e da família. Para consolá-la, comentou: "Nascer em Viena d'Áustria não faz mal à biografia de ninguém".

Sua vida chegava ao termo. Ainda nos deixaria um dos seus mais notáveis discursos, ao agradecer a escolha como "Homem de Visão" de 1963 pela revista *Visão*. Apologia de vida, projeto de construção do Brasil até hoje não realizado, o discurso é expressão do nível mais elevado a que alcançou a consciência moral e intelectual da nação no período da Constituição de 1946. Fecha de modo perfeito o ciclo da história brasileira inaugurado pela redemocratização de 1945 e brutalmente interrompido pelo golpe militar de 1964.

Golpe que ele tentou até o fim evitar com as poucas forças que lhe restavam. Empenhou-se junto a Jango para contrabalançar a influência nefasta dos radicais. Aconselhou-o a acalmar as paixões, desencorajando iniciativas que seriam vistas como uma escalada de provocações: o comício de 13 de março na Central do Brasil, a reunião de marinheiros e fuzileiros navais na sede do Sindicato dos Metalúrgicos no Rio de Janeiro, o comparecimento de Goulart ao encontro no Automóvel Clube da Associação dos Sargentos e Suboficiais da Polícia Militar em 30 de março.

Consumado o golpe, não desanimou. Recordou-se talvez do papel que tivera em outubro de 1945, ao sugerir aos militares dar posse ao presidente do Supremo Tribunal Federal para substituir o deposto Getúlio, evitando a formação de uma Junta Militar. Sendo outras as circunstâncias, propôs que o Congresso elegesse como presidente transitório o marechal Eurico Gaspar Dutra, ex-presidente, militar de mais alta hierarquia, portanto impossível de recusar. A devoção de Dutra à Constituição de 1946, que ele mesmo promulgara, poderia garantir um retorno rápido à democracia. Enquanto se processavam as articulações, Juscelino, impaciente em assegurar sua candidatura nas eleições de 1965, teria se precipitado, prometendo ao general Humberto Castelo Branco, chefe do Estado-Maior do Exército e da conspiração, que o PSD, o maior partido no Congresso, o apoiaria na escolha indireta para presidente.

Dizem que, ao ouvir a notícia, San Tiago teria exclamado: "Juscelino acaba de entregar o poder aos militares por vinte anos!".

Escrevo por ouvir dizer, pois estava longe do Brasil havia vários meses. Seja ou não verdadeiro, o episódio soa verossímil em razão da extraordinária clarividência do ex-chanceler. Sua cassação estava prevista na primeira vaga de medidas do AI-1,[3] tendo sido poupado

---

3 O Ato Institucional n.1 foi assinado em 9 de abril de 1964 pela junta militar, composta pelo general do exército Artur da Costa e Silva, tenente-brigadeiro Francisco de Assis Correia de Melo e vice-almirante Augusto Hamann Rademaker Grünewald. Foi redigido por Francisco Campos. Seu objetivo era afastar qualquer forma de oposição e legitimar o regime.

porque se sabia que estava perto da morte. Esta sobreveio, de fato, poucos meses depois, em Petrópolis, no dia 6 de setembro, antes de completar 53 anos. Morreu junto com a democracia em nossa terra, não tendo tido o desgosto de ver como se cumpriram seus mais terríveis vaticínios.

Próximo de Alceu Amoroso Lima, nutrido pelas mesmas influências filosóficas e literárias do movimento de renascimento intelectual católico na França, San Tiago Dantas não chegava a ser praticante, mas não estava longe da Igreja. Antes de morrer, contaram-me que quis receber os últimos sacramentos de um padre comum, que não fosse um intelectual. Quem sabe tenha lembrado nessa hora do jovem e frágil padre do *Journal d'un curé de campagne* (*Diário de um pároco de aldeia*), de Georges Bernanos,[4] que viveu tantos anos em Barbacena e que ele admirava. Ao contrário dos que o julgavam excessivamente racional, sabia muito bem que a bondade, a sabedoria do coração, valem mais que todas as realizações da inteligência.

San Tiago Dantas encarnou no mais alto grau entre nós a formulação que Antonio Gramsci deu ao programa de vida de Romain Rolland: "pessimista na inteligência, otimista na vontade". Na carta da prisão em que censura o irmão, Carlo, por haver contado à mãe o lastimável estado em que o encontrara, descreve seu ideal:

> [...] o homem deveria alcançar um grau máximo de serenidade estoica, e adquirir a convicção profunda de que possui em si mesmo a fonte das próprias forças morais, de que tudo depende dele, de sua energia, de sua vontade, [...] – a ponto de jamais desesperar e não

4 Edição francesa de 1936, Paris: Plon, tendo recebido nesse ano o *Grand prix du roman de l'Académie française*. [Ed. bras.: *Diário de um pároco de aldeia*. Rio de Janeiro: Agir, 1951.]

cair nunca mais naqueles estados de espírito – vulgares e banais – a que se chamam pessimismo e otimismo. Meu estado de espírito sintetiza esses dois sentimentos e os supera: sou pessimista com a inteligência, mas um otimista com a vontade.[5]

---

5 Antonio Gramsci, *Quaderni del carcere. Edizione critica dell'Istituto Gramsci*, a cura di Valentino Gerratana. 4v. Torino: Einaudi, 1975. [Ed. bras.: *Cadernos do Cárcere*, org. e trad. Luiz Sérgio Henriques, Marco Aurélio Nogueira e Carlos Nelson Coutinho. 6v. Rio de Janeiro: Civilização Brasileira, 2022. Edição que celebra os 20 anos de publicação da obra no Brasil.]

Amizades inesquecíveis: Maria Werneck, João Cabral, Clarice Lispector, padre Júlio Vitte

Nem só de crises se vivia na Brasília daqueles tempos pioneiros. A cidade e seus arredores serviam de ponto de partida ideal para explorar o cerrado com sua beleza escondida, suas flores e frutas que nunca tínhamos visto. O rio Urucuia, tão misterioso nas páginas de Guimarães Rosa, de repente se aprendia que nascia ali mesmo, perto da capital, na lagoa dos Morões, divisa entre Formosa e Buritis.

A pobreza, a distância, tinham preservado por dois séculos os arraiais e vilas fundados durante a fugaz era do ouro: Santo Antonio do Descoberto, que o professor George Agostinho da Silva afirmava, maravilhado, ser uma aldeia portuguesa transportada intacta do século XVII, Goiás Velho, a fazenda Babilônia, a Pensão do Padre Rosa, ambas em Pirenópolis, antiga Meia Ponte, antes da vulgarização do turismo, na época quase inacessíveis.

Não foi por nós mesmos que descobrimos esse lado oculto da lua. Quem nos tomou pela mão, quase nos adotando como os filhos que nunca teve, foi Maria Werneck de Castro, que conhecemos em nosso primeiro ano na nova capital. Pioneira dos tempos heroicos de Brasília, representante principal da Caixa Econômica Federal durante a construção, morou na Cidade Livre, mudando-se mais tarde para uma das casas da Caixa perto da avenida W-3, onde a encontramos, recém-casados.

Não obstante os trinta e três anos que nos separavam, ela foi para nós mãe, irmã mais velha, amiga, conselheira e, acima de tudo, mestra de vida, até de receitas tradicionais, de pequenos conselhos práticos que se incorporaram ao nosso cotidiano. Jovem de espírito, transbordando energia apesar do corpo miúdo, da delicadeza natural dos gestos, arrastava-nos aos cursos de introdução à música e ao cinema da recém-criada Universidade de Brasília, aos concertos, às projeções de filmes clássicos, às exposições de arte que uma ou outra vez alcançavam aquelas lonjuras.

Apresentou-nos a gente que vivia como ela para a cultura e a arte, os melhores entre os que se transferiram ao Planalto Central para construir uma utopia, uma cidade diferente de todas as outras, humana, fraterna, bela na simplicidade e pureza. Por meio dela é que viemos a conhecer Alcides da Rocha Miranda, "o mais sensível e puro dos nossos arquitetos", segundo Lucio Costa; Athos Bulcão, a encarnação da suavidade, da sutileza como estilo de arte e de vida; Zezé, artista secreta, professora de arte, a discrição em pessoa, que criava pequenas obras-primas com cola e *papier mâché*. Também contava entre seus amigos os arquitetos da equipe de Niemeyer, psicanalistas, visionários responsáveis pelo projeto de criação do que sonhavam como uma universidade original e única.

Era no seu jipe robusto que afrontávamos as estradas de terra quase impassáveis que nos conduziam ao coração de Goiás setecentista. Conhecia tudo o que valia a pena ver nas fazendas sobreviventes da época do ouro, os povoados mais preservados. Seu olhar sensível valorizava os móveis sertanejos, os panos rústicos tecidos no sertão. Revelou-nos o esplendor da paisagem torturada e espinhosa do cerrado, cujas plantas começava a perenizar em belíssimas aquarelas. Mas, o principal, o que tornou aqueles anos experiência inesquecível, é que em Brasília aprendemos a descobrir o Brasil. Nessa descoberta, Maria foi nossa guia e mestra.

Pode soar estranho dizer isso, quando eu já era diplomata aprendiz e intensamente ligado à vida política. A verdade, porém, é que tínhamos tido pouquíssimo contato pessoal com o país fora de São Paulo. Sem contar, em meu caso, o breve interlúdio dos estudos no Instituto Rio Branco, no Rio de Janeiro, Marisa e eu tínhamos vivido numa espécie de gueto italiano, no máximo misturado a outros estrangeiros, alguns chegados depois da Segunda Guerra Mundial, como vários primos e parentes de meu pai que fomos receber no porto de Santos.

No Brás de minha infância e adolescência, não me lembro de nenhum colega que fosse brasileiro de várias gerações. No Colégio do Carmo, a situação não mudara muito, pois os alunos quase todos vinham de famílias italianas, ao passo que no Mackenzie estudantes de origem judaica compunham metade de minha classe. Nesses anos, nunca frequentei a casa de uma família brasileira.

Marisa pertencia a uma classe social mais alta, seu pai era médico, moravam no Jardim Paulista, no início da rua Oscar Freire. Quando entrávamos em sua casa, sentíamos que deixávamos um mundo para ingressar em outro. Os móveis florentinos austeros, de cor sombria, feitos no Liceu de Artes e Ofícios, o piano, os quadros impressionistas cobrindo as paredes, as revistas italianas nas mesas, evocavam a atmosfera de uma vida parada no tempo. Não sendo uma casa brasileira, tampouco lembrava a Itália contemporânea e sim uma Itália que não existia mais, dos anos 1920 e 1930.

Sua mãe, Laura Prada, nascera em Trento e viera já adulta para o Brasil. Falava só italiano com as três filhas e não escondia a saudade de suas montanhas. O pai, dr. Menotti José Parolari, natural de Cajuru, no interior de São Paulo, ainda adolescente acompanhara de volta à Itália o pai, também da província de Trento, à comuna de Arco, no belo lago de Garda. Estudou medicina em Turim, praticou algum tempo como médico do serviço público em Roveretto, só retornando ao Brasil no fim dos 1920. Os amigos da casa, italianos invariavelmente, alguns exilados antifascistas como o professor Dino Vannucci, o general Arturo Bozzini, padrinho do nosso casamento civil, conversavam em italiano sobre a guerra, a política da Península, assuntos de outras latitudes.

Saídos há pouco dessa atmosfera, Maria Werneck representou para nós a revelação do Brasil no que tinha de melhor. Não só no elo de continuidade com um passado prestigioso, mas na retidão de caráter, na finura de espírito, na elegância do estilo de vida de simplicidade e refinamento despojado. Com o coração do lado certo, o dos movimentos de emancipação social, de rigoroso espírito científico, que se exprimiria na carreira tardia de desenhista botânica de espécies da flora ameaçadas de extinção, tinha a paixão do conhecimento e da beleza que nos inoculou.

Maria Werneck de Castro foi uma das influências mais transformadoras e perduráveis de nossa vida, das que mais nos ajudaram a dar-lhe sentido, a recriar-nos a nós mesmos. Durou quatro décadas nossa amizade, entrecortada pela distância quando estávamos em postos no exterior. Mais tarde, depois que regressou ao Rio de Janeiro, continuávamos a nos escrever, íamos às vezes ao Rio para revê-la, até que ela nos deixou em definitivo no começo de 2000.

Três anos após sua morte, o irmão, o escritor e jornalista Moacir Werneck de Castro organizou e publicou os fragmentos autobiográficos que ela escreveu. Publicados sob o título de *No tempo dos barões:*

histórias do apogeu e decadência de uma família fluminense no ciclo do café,[1] é uma obra-prima em miniatura, como o diário de Helena Morley, com o qual foi comparado. O que faz dessas lembranças de menina um grande pequeno livro, não apenas beleza pungente, é que essas menos de cem páginas contêm tanta intensidade de vida, mágoa tão machucada e sem indulgência diante do naufrágio humano do efêmero capítulo fluminense do Império que nos fornecem chave essencial para a compreensão da experiência brasileira.

Eduardo Silva, o historiador de *Barões e escravidão*,[2] realçou, em prefácio penetrante, que se trata de documento histórico sem par sobre a vida privada de período pouco estudado da decadência fluminense no pós-abolição. Maria Werneck nasceu poucos anos depois do fim da escravatura, na fazenda Abahyba, como se escrevia em 1905, perto de Vassouras. Seus primeiros dez anos, vividos na fazenda, fornecem o ângulo de visão de baixo para cima, a partir do qual as crianças enxergam o mundo dos adultos, resultando, segundo o prefácio, em autêntica etnografia da vida familiar numa fazenda de café, o espaço secreto do cotidiano íntimo.

Tudo isso é verdade e muito mais. Por exemplo, o prefaciador valoriza acertadamente como o livro retrata com exatidão a agonia e morte de uma estrutura econômico-social de dominação e privilégio. Nesse contexto funesto, Maria destaca a coragem, o sacrifício feminino, o papel central de mulheres fortes que não se deixam abater e se afirmam na hora da crise, o nível admirável dos estudos que elas foram capazes de organizar nas próprias casas, à falta de escolas adequadas.

---

1 Maria Werneck de Castro, Editora Bem-te-vi, 2004.

2 Eduardo Silva, *Barões e escravidão: três gerações de fazendeiros e a crise da estrutura escravista*. Rio de Janeiro: Nova Fronteira, 1984.

Nota a argúcia com que a autora desmascara o preconceito contra o trabalho, um dos motivos principais da incapacidade dos homens dessa classe decaída de suplantar o destino fatídico. Em relação a esse aspecto, ouvi uma vez história que ilustra a força desse preconceito. Após a ruina financeira da abolição, um dos filhos do comendador Breves, que havia sido dono de milhares de escravos e inúmeras fazendas, propôs ao pai que passassem a vender leite à população de Vassouras. Repelindo energicamente a sugestão, o velho comendador teria exclamado com aristocrático orgulho: "Os Breves vendem café; leite, eles dão de graça!".

Era essa sobrevivência tenaz da escravidão que, tal um ar de pestilência, condenava a todos, ex-senhores e antigos escravos, a análogo destino de existências truncadas.

Indiscutíveis, as qualidades históricas e sociológicas transparecem como consequências indiretas da narrativa, cujo objetivo é despretensioso. O que desejava a autora era simplesmente relatar o que sabia da vida dos pais. A tarefa fora, de início, confiada à irmã mais velha, Elsa, que conhecera mais gente e ouvira mais histórias. Um dia, Elsa confessou: "Não posso. É tanta tristeza, que começo a chorar. Não aguento esse sofrimento, não só o nosso, mas o dos parentes".

O *páthos* do episódio, um dos primeiros do livro, reaparece em muitas páginas. Veja-se o trecho em que Maria descreve o "enterro de pobre" de sua avó, a viscondessa de Arcozelo, obrigada a vender a fazenda principal e morar numa casa de colono: "Nunca esqueci a cena, eu, sozinha de luto, [...] vendo passar o caixãozinho carregado pelos ex-escravos maltrapilhos, descalços, de chapéu na mão, um a um".

A compaixão abraça a todos, parentes desafortunados, mas igualmente e sobretudo as vítimas da estrutura de injustiça e exploração. Não há esnobismo na reconstituição genealógica, indispensável à narrativa. Muito menos deformação mistificadora e nostálgica de passado indefensável. Aos poucos, os herdeiros tomam consciência de onde vinha a chorada riqueza que se perdeu. Elsa diz que não consegue usar as joias da família porque os brilhantes eram "lágrimas de escravos".

A lucidez do juízo não permite absolver os antepassados. Esses, aliás, deixaram confissão escrita. O bisavô, barão de Pati do Alferes, escreveu obra prática, *Memória sobre a fundação de uma fazenda na província do Rio de Janeiro* (1847),[3] em que lamenta a destruição da Mata Atlântica para plantar café: "Ela mete dó e faz cair o coração aos pés daqueles que estendem suas vistas à posteridade e olham para o futuro que espera seus sucessores".

Comenta, em outro ponto, que a escravidão é "o germe roedor do Império do Brasil", que, apressa-se em acrescentar, "só o tempo poderá curar". Sendo os escravos o "nosso melhor capital", deveria o senhor deixar-lhes um bocado de terra para plantar, pois:

> Estas suas roças e o produto que delas tiram fazem-lhes adquirir certo amor ao país, distraí-los um pouco da escravidão e entreter o seu pequeno direito de propriedade [...] O extremo aperreamento desseca-lhes o coração, endurece-os e inclina-os para o mal.

À luz de tal crueza no realismo, conclui a bisneta:

> Um dia a festa acabou. Não foi só a Abolição: já antes [...] o ciclo do café estava condenado pelo esgotamento das lavouras, que haviam

---

3 Francisco Peixoto de Lacerda Werneck (Barão de Pati de Alferes), *Memória sobre a fundação de uma fazenda na província do Rio de Janeiro*. Rio de Janeiro: Casa de Rui Barbosa-MEC, 1985.

ocupado o espaço de florestas seculares destruídas. Nós, os descendentes, [...] pagamos o preço do atentado cometido contra a natureza, à custa da exploração do braço escravo.

Elegia a um Brasil defunto, testemunho de amor filial, tributo comovente ao amor conjugal dos pais, o relato evoca um tempo e mundo caducos com emoção contida, pudor e concisão. Coerente com a intenção original, detém-se na morte do pai, em 1926, quando a autora tinha pouco mais de vinte anos. Teria de viver ainda setenta e quatro e só principiou a rabiscar esses pedaços de vida após os noventa anos.

Ler essas páginas foi ouvir de novo sua voz cristalina, sua pronúncia precisa, seus juízos perspicazes. Moacir termina a apresentação dizendo: "Estão todos mortos". Não para nós, que só os conhecemos graças a essa voz querida. E, menos que todos, Maria, de quem beijamos de novo as mãos, como da última vez, comovidamente abraçando a silhueta fragilizada pela dor física, certos em Deus de que nada poderá jamais aniquilar a consciência pessoal e imortal que nos espera na terceira margem do rio do tempo.

Tempo era justamente o que não faltava em Brasília nos longos períodos de calmaria intercalados por fases de atividade frenética. Quando a ociosidade se tornou excessiva, tentei combatê-la com um projeto maratônico: ler *La comédie humaine*,[4] de Balzac, de cabo a rabo, siste-

---

4 Planejada por Honoré de Balzac (1799-1850) em inúmeros volumes para organizar a quase totalidade de sua obra escrita, *A comédia humana* teve 95 livros publicados (sendo quatro póstumos). No Brasil, foi editada integralmente em dezessete volumes (entre 1945 e 1953). Coordenação e notas de Paulo Rónai, Livraria do Globo de Porto Alegre, RS. É publicada atualmente pelo selo Biblioteca Azul, Globo Livros.

maticamente, na ordem dos romances, que fazia vir da Biblioteca do Itamaraty no Rio em velhas edições francesas.

O que me consolou por algumas semanas foram as intermináveis conversas com João Cabral de Melo Neto. Muitos anos mais tarde, numa fria noite de outono em Genebra, ao receber a notícia de que João tinha morrido, meu primeiro impulso foi escutar de novo aquela voz pernambucana rascante a que me tinha acostumado, tão inesperada para quem só o conheceu por ouvir dizer e o associa a palavras como cerebral, lógico, asséptico.

Logo me dei conta de que era impossível. Eu lhe dera de presente meu único exemplar do velho 78 rotações da editora Festa, no qual ele dividia o vinil com Murilo Mendes. A renúncia de Jânio deixara João Cabral sem funções. Ele viera do exterior para ser chefe de gabinete de seu primo, o usineiro Romero Cabral Costa, ministro da Agricultura, e de repente não tinha mais o que fazer. Eu tampouco tinha muito, pois o gabinete do ministro San Tiago Dantas ficara às moscas depois que a renúncia parecia ter provocado a volta da capital para o Rio de Janeiro.

Passávamos horas em conversas na sede provisória do Itamaraty em Brasília, até que finalmente criou-se um Consulado em Sevilha para que ele pudesse identificar e fotocopiar o acervo relativo ao Brasil no Arquivo das Índias. Ao menos essa foi uma das justificativas oficiais para a abertura da repartição. No longo período de espera, ouvi muitas de suas histórias sobre a vida diplomática. Pois o que não se diz na maioria dos estudos que lhe foram dedicados é que ele foi sempre funcionário exemplar, tão rigoroso e preciso na profissão como na poesia.

Em função da poesia, preferia, como um dia me explicou, postos menores, muitas vezes de consulados, que não exigissem a absorção total, a vida social intensa, os horários excessivos usuais em embaixadas mais importantes. Quem o reprovaria por isso? Quando ninguém mais lembrar dos nomes eminentemente descartáveis de embaixadores e ministros, seus poemas continuarão a ser lidos desde os bancos escolares.

Nos livros e ensaios sobre a poesia cabralina, também pouco se fala sobre seu humor e a coragem com que suportou a dura perseguição do macarthismo da época da Guerra Fria. A história que dele ouvi numa tarde de Brasília diz muito sobre a força de suas convicções e o humor com que desafiou a estupidez da repressão.

Em 1952, empenhado em derrubar Vargas a todo custo, Lacerda lançou na *Tribuna da Imprensa* campanha sensacionalista contra uma famigerada célula comunista Bolívar (já então os bolivarianos!) que teria sido descoberta no Itamaraty, graças à violação de correspondência particular (como se vê, os grampos telefônicos de hoje têm brilhantes antecedentes na tradição inquisitorial deste povo cordial por excelência). João Cabral é acusado junto com outros e sabe-se condenado de antemão, pois o governo, enfraquecido, se dispõe a lançar às feras alguns cordeiros expiatórios.

No inquérito *pro forma* para tentar legitimar a farsa, um dos inquisidores, o então coronel Amaury Kruel, lhe faz a inevitável e estúpida questão que se havia feito a Prestes, quando senador: "Em caso de guerra entre o Brasil e a União Soviética, que lado o senhor escolheria?".

Sem hesitar, João responde: "O Brasil".

Mas, ao invés de parar por aí, não se conteve e acrescentou:

> O senhor não deve tirar nenhuma conclusão indevida de minha resposta, coronel. Se houver guerra entre o Brasil, de um lado, e a Rússia e o resto do mundo, eu escolho o Brasil. Mas, se tiver guerra entre Pernambuco e o resto do Brasil, fico com Pernambuco. Ou,

> se a guerra for entre o Recife e o resto de Pernambuco, escolho o Recife. Em caso de conflito entre meu bairro e o resto do Recife, brigo pelo meu bairro. É questão de filosofia: prefiro o particular ao geral...

Abro aqui um parêntese para comentar a dificuldade de conciliar memória e verdade histórica. Eu já havia escrito este relato quando um jovem colega do Itamaraty me enviou o texto do inquérito a que João Cabral tinha sido submetido em 1952, tornado acessível por decisão de seus herdeiros. Pude então tomar conhecimento do que realmente se passou ou ficou registrado na ata burocrática do interrogatório. A pergunta sobre a guerra entre o Brasil e a Rússia de fato existiu. Eis o diálogo:

> Pergunta: Quer dizer, no caso de um conflito entre o Brasil e a Rússia, o senhor estaria do lado do Brasil?
> Resposta: Cousa de que nunca hesitei é que eu pudesse estar do outro lado. A realidade Brasil é real e muito mais tangível. Todo o resto é abstrato.

Nada mais, nem Pernambuco, nem Recife, nem preferência do particular em relação ao geral. Somente o final a respeito da realidade do Brasil e o abstrato do resto evoca, longinquamente, a alusão à questão filosófica do particular *versus* o geral.

Qual é a explicação da discrepância? Sinceramente, não sei. Estou certo de que não inventei a história. Nem seria capaz de imaginar o que transcrevi. Só esqueci o nome do bairro do Recife, mas lembro bem do restante. Será que ele mesmo se enganou ou quis fantasiar sua resposta? Apesar da aparente secura, da racionalidade de sua poesia, João gostava de pregar peças nos outros. Como no caso inacreditável da "blague de mau gosto" da carta que causou tantos dissabores a ele e a vários de seus colegas e amigos.

As respostas que deu no interrogatório não convenceram. Ele acabou condenado junto a vários que comprometera por "brincadeira" de consequências sérias. Expulso do Itamaraty, sofreu muito, ficou sem dinheiro para pagar médicos e dentistas, acabou voltando, pois existia ainda o Estado de Direito.

Logo depois do Golpe de 1964, encontrei-me com ele em Genebra, onde servia como ministro-conselheiro junto à Missão do Brasil. Estava muito preocupado, temendo que o regime o perseguiria de novo, devido ao sucesso, para ele inoportuno, de *Morte e vida severina* no festival de Nancy. Por sorte, a vaidade do marechal-presidente Castelo Branco, que gostava de se passar por intelectual, o salvou de ser importunado.

Nessa ocasião, ele se queixava do chefe, um embaixador minucioso, com fama de hesitante. Contou-me incidentes enroladíssimos em que essas manias teriam envolvido a embaixada com outras missões. Agora que descobri mais sobre o inquérito, desconfio que continuava a inventar blagues do tipo que me tinha contado anos antes. Acho que a última vez em que estive com ele foi em Dacar, quando era embaixador no Senegal. Perguntei se havia feito algum safári no continente africano. Respondeu: "Rubens, à medida que envelheço, cada vez gosto mais de ler a descrição de uma visita a uma catedral gótica do que eu mesmo fazer a visita!".

Apesar de tudo que lhe aconteceu, João nunca abandonou a luta pela justiça.

Sua única arma nesse combate era a poesia. Lembre-se, por exemplo, do *Auto do frade*, de 1984,[5] sobre o dia da execução de frei Joaquim

---

5 João Cabral de Melo Neto, *Auto do frade*. São Paulo: Alfaguara, 2010.

do Amor Divino Caneca. Frei Caneca, "[...] tãojustas as coisas via,/ que uma cidade solar/ pensei que construiria". Dele dizia o povo: "– Na sua boca tudo é claro,/ como é claro o dois e dois quatro". E concluía: "– Crê no mundo, e quis consertá-lo./ – E ainda crê, já condenado?/ – Sabe que não o consertará./ – Mas que virão para imitá-lo".

Falei de João Cabral e, antes, contei o encontro com João Guimarães Rosa como meu examinador no exame de ingresso ao Instituto Rio Branco em 1958. Em algum momento, se não desanimar no meio do caminho, hei de evocar Vinicius e nossa colaboração truncada. Falta agora dizer alguma coisa sobre Clarice Lispector, a quarta grande escritora ligada ao Itamaraty que conheci nessa época.

Diversamente dos três primeiros, Clarice não era diplomata, mas foi muitos anos casada com um, Maury Gurgel Valente, acompanhando-o pelo mundo: Nápoles nos dias finais da guerra, Berna, Washington. Maury, homem estoico, íntegro, sem duplicidade ou malícia, encarnava as virtudes que um chefe formador de jovens deve ter, sempre pronto a empurrar para a frente os colegas iniciantes, de colocá-los em evidência, de valorizá-los junto a terceiros.

Vivia ainda as sequências penosas da dissolução de seu casamento, nada deixando transparecer no convívio diário. Nas festas do fim do ano de 1962, Clarice passou alguns dias em Brasília. Marisa a acompanhou nos passeios pelos arredores, na visita ao Catetinho, certa ocasião numa tentativa fracassada de conhecer Luziânia. Sinalização era coisa que não existia nas estradas precárias em torno da capital. Perdido em meio do caminho, o motorista parou para pedir ajuda à única pessoa que avistaram naquele descampado.

Era um desses capiaus de Guimarães Rosa, que se limitou a apontar com o queixo uma direção indefinida. O matuto carregava um tatu debaixo do braço. À vista do bicho pré-histórico, Clarice disparou um monólogo surrealista encadeando associações de ideias tão extraordinárias como seus textos de romances. Algo parecido lhe inspirou a descoberta daquela cidade estranha, "uma praia sem mar", "uma prisão ao ar livre", onde a alma "não faz sombra no chão", "paisagem da insônia. Nunca adormece".

Recolheu depois na crônica que publicou na revista *Senhor* muito do que nos disse como primeiras impressões. Comentou que, ao descer do avião, teve a sensação de que estava ainda em pleno voo, ao passear o olhar por aquele horizonte de 360 graus livre de qualquer entrave. Brasília havia sido construída "na linha do horizonte [...] artificial. Tão artificial como devia ter sido o mundo quando foi criado". Também nos disse que "nos primeiros dois dias fiquei sem fome. Tudo me parecia que ia ser comida de avião".

No jantar para o qual Maury nos convidou no recém-inaugurado Hotel Nacional aconteceu um incidente estranho que reemerge disfarçado na crônica. Inesperadamente naquele hotel novo em folha irrompe um rato de bom tamanho que fez Clarice subir apavorada numa mesa. Vejam como ela reflete o episódio na crônica:

> Foi construída sem lugar para ratos. Toda uma parte nossa, a pior, exatamente a que tem horror de ratos, essa parte não tem lugar em Brasília.

E, já em tom crescentemente inquietante:

> [...] os ratos, todos muito grandes, estão invadindo [...]. Aqui eu tenho medo.

Antes, havia escrito:

Esperei pela noite, como quem espera pelas sombras para poder se esgueirar. Quando a noite veio, percebi com horror que era inútil: onde eu estivesse, eu seria vista. O que me apavora é: vista por quem?

Mais adiante, quase no final, volta ao tema do medo:

Há alguma coisa aqui que me dá medo. Quando eu descobrir o que assusta, saberei também o que amo aqui. O medo sempre me guiou para o que eu quero; e, porque eu quero, temo. Muitas vezes foi o medo que me tomou pela mão e me levou. O medo me leva ao perigo. E tudo o que eu amo é arriscado.

Termina de forma magistral:

Em Brasília estão as crateras da Lua. A beleza de Brasília são suas estátuas invisíveis.

A crônica inteira é, para emprestar uma palavra dela, faiscante como ouro branco, fluxo do inconsciente com um fio subjacente percorrendo a trama. Merece que lhe sejam aplicadas as palavras que dedicou a Brasília:

Os dois arquitetos não pensaram em construir beleza, seria fácil; eles ergueram o espanto deles, e deixaram o espanto inexplicado.[6]

Quem se transferira para Brasília nos tempos do pioneirismo, ou tinha ido obrigado ou buscava oportunidades melhores que as

---

6 Clarice Lispector, "Brasília: cinco dias". Crônica publicada originalmente na coluna "Children's Corner", na revista *Senhor*, p.90-1, fev. 1963.

disponíveis no Rio e em São Paulo. Os que não se enquadravam nessas categorias corriam atrás da possibilidade de realizar o que não se conseguiria nem tentar nas cidades prontas e acabadas. Muitas das experimentações daqueles primeiros dias acabaram frustradas no choque com a realidade social e política. Os anos 1960 favoreciam utopias, a da revolução político-social para criar o homem novo, a construção de capital que encarnasse o país ideal, não o real.

Mas o real não cede facilmente ao sonho. Injustiça, corrupção, miséria, as mazelas do velho país vieram como micróbios contagiosos na bagagem dos construtores. Gradualmente, a capital ia se tornando uma cidade como as outras. Enquanto durou, o sonho valeu a pena. Ao menos quero acreditar que de tudo aquilo deve ter ficado alguma coisa.

Ansiava-se também pela renovação da vida religiosa e espiritual. Dom Basílio Penido sonhava com a fundação de um mosteiro beneditino que daria à sede de governo uma dimensão de oração, de espiritualidade, de luz. Conseguiu a doação do terreno, mas teria de esperar muitos anos pela construção.

O dominicano frei Mateus Rocha pregava o Evangelho como programa de vida radical, sonhava com o Instituto de Teologia, integrado na Universidade de Brasília, com apoio de Darcy Ribeiro, desenho de Oscar Niemeyer. A crise política, o golpe militar, deram cabo do projeto, a parte edificada virou repartição da Novacap.

Jovens cristãos, sonhávamos com um movimento que renovasse a vida política de acordo com princípios do Evangelho. Tínhamos entre 24 e 30 anos, casados havia pouco, um tinha sido quase dominicano, outros engenheiros, arquitetos da Prefeitura, militantes da Ação Católica, alguns do Partido Democrata Cristão trabalhavam com Paulo de Tarso Santos, o prefeito da cidade. Nosso inspirador era padre Júlio, Jules Vitte, sacerdote francês originário de Besançon, da estirpe dos padres operários, magro, ascético, alto, uns anos apenas mais velho que nós. Cuidava de duas paróquias afastadas no espaço e no meio social, a do Santo Cura d'Ars, na Quadra 914, e a outra em Brazlândia, uma das mais longínquas das cidades satélites.

Levava vida de privações, entregue a si mesmo sem recursos ou ajuda, tendo que pessoalmente cuidar dos trabalhos mais penosos, varrer, lavar o chão da igreja, socorrer paroquianos abandonados, acudindo o tempo todo do Plano Piloto até sua igrejinha a dezenas de quilômetros. Por coincidência sugestiva, o destino o colocara em situação que lembrava a de São João Batista Vianney, o Santo Cura d'Ars patrono da paróquia.

Bernanos buscou no cura d'Ars o modelo do seu pobre vigário de aldeia; os dois exemplos de sacerdotes, um real, outro de ficção, davam a impressão de reviver na figura do padre Júlio. Ninguém mais nos deu tanto a sensação do mistério da santidade, da presença da graça, da generosidade absoluta, do dom total de si mesmo. Ao entrar na pequenina igreja inacabada, de linhas arquitetônicas puras e simples, mergulhava-se na paz profunda da proximidade de Deus.

Como poucos, padre Júlio vivia o entusiasmo renovador da preparação do Concílio Vaticano II, anunciado pelo papa João XXIII sem consultar a ninguém, abalando as estruturas anquilosadas da burocracia romana da Cúria. Pediu-me um dia que falasse sobre os antecedentes do Concílio no lugar da homilia da missa de domingo. Oferecer a palavra a um leigo na celebração da eucaristia era gesto audacioso na fase pré-conciliar e continua audacioso até hoje. Baseei a apresentação num estudo que preparara para o Itamaraty com dados de revistas católicas francesas.

Quando Afonso Arinos, de volta ao ministério do Exterior, foi designado para chefiar a delegação do Brasil à abertura do Concílio, acabei incluído como acompanhante oficioso. A ida a Roma prolongou uns dias a viagem-prêmio que me havia sido concedida em função da classificação no Instituto Rio Branco. No meu caso, o destino era a assembleia-geral da Agência Internacional de Energia Atômica em Viena. Marisa e eu nunca tínhamos estado na Europa; eu mesmo só saíra uma vez do Brasil, meses antes, na comitiva do ministro San Tiago Dantas em visita a Buenos Aires.

Chovia o tempo todo na semana da inauguração do Concílio. Na manhã do 11 de outubro de 1962, Marisa e eu, espremidos no meio da multidão de capas e guarda-chuvas, avistamos o papa João XXIII carregado na *sedes gestatoria*, o trono vermelho e ouro em que palafreneiros transportavam o pontífice. Não pudemos ingressar na basílica devido à limitação de membros das delegações, mas de algum modo testemunhamos a abertura daquele evento histórico de consequências ainda palpáveis para a Igreja e o mundo.

No itinerário de retorno, passamos uns dias em Madri. Voltávamos uma tarde de excursão memorável a Toledo para conhecer a cidade e os quadros de El Greco. Todos no ônibus falavam sobre guerras, mortes, destruição, até o motorista, que se virava seguidamente para trás a fim de participar da conversa. Estranhando tamanha agitação, não nos animávamos a perguntar o motivo, intimidados pela atmosfera da ditadura de Franco. Desde a chegada ao país, com a imprensa censurada, os jornais estrangeiros difíceis de encontrar, ficáramos sem notícias do mundo exterior.

Assim que desembarcamos em Madri, corremos a uma banca de jornais. As manchetes garrafais anunciavam o bloqueio de Cuba em razão da instalação dos mísseis soviéticos, o perigo iminente de guerra mundial, o Armagedon, o fim do mundo. Parecia realizar-se o cenário da aniquilação atômica esboçado no meu discurso de formatura, que soara tão improvável a Jânio Quadros. Como confirmado por documentos secretos liberados depois, chegou-se perto, muito perto do irreparável. Evitou-se o pior apenas no último instante.

Sentimos alívio e, ao mesmo tempo, a precariedade da vida humana em tempos de apocalipse. Durara somente uns poucos dias nossa distração dos acontecimentos internacionais. Tanto bastara para, sem desconfiar de nada, mergulharmos no momento em que a humanidade chegou mais próxima de cometer suicídio coletivo. Se o mundo tivesse acabado, para nós não teria sido nem com estrondo, nem com gemido, pois sequer teríamos percebido o que se passava.

Maria Werneck, uma amizade que marcou a vida e a formação de Marisa e Rubens Ricupero, fotógrafo e data não identificados, acervo do autor

O poeta e diplomata João Cabral de
Melo Neto ao lado de Rubens Ricupero,
em recepção no Palácio do Planalto ao
presidente do Peru, Manuel Prado,
em visita ao Brasil, 1961, fotógrafo e data
não identificados, acervo do autor

A perseguição do Golpe de 1964

Fazia cerca de um ano que eu servia em Viena. Pouco depois da festa do Sete de Setembro de 1964, de manhã cedo, recebo, ainda em casa, um telefonema da funcionária encarregada das comunicações: "Acaba de chegar um telegrama secreto urgente, para seu conhecimento pessoal. Acho melhor vir logo à embaixada".

Tive medo do pior. Cinco meses antes acontecera o golpe militar. Nos jornais que nos chegavam pela Varig, líamos sobre o AI-1, as listas de cassações que se repetiam desde abril, as prisões e os expurgos. O que aquilo tinha a ver comigo, refugiado num canto remoto da Europa Central? À medida que avançava na leitura, os contornos da ameaça se precisavam. O telegrama encaminhava questionário dirigido a mim pelo embaixador Edmundo Penna Barbosa da Silva, membro da Comissão de Investigações do Ministério das Relações Exteriores.

Os primeiros itens eram perguntas rotineiras: preparação intelectual, cursos, classificação no Rio Branco, divisões ou setores em que trabalhou, nomes dos dois últimos chefes. O terceiro soava estranho num tempo em que praticamente nenhum diplomata da ativa militava em partidos: mencionar filiação partidária, se houvesse. Seguia-se instrução para apresentar lista de seis nomes de civis e militares que pudessem atestar sobre minha conduta funcional ou pessoal, de preferência pessoas conhecidas.

O quinto item inquietava pela aparência de manobra policial para que o investigado se incriminasse a si mesmo: "Ligações com movimentos esquerdistas. A que atribuir insinuações a esse respeito". Respondi:

> Considero as insinuações a que se refere o questionário a tal ponto destituídas de qualquer fundamento que não me ocorre nenhuma explicação sobre sua origem, autoria ou motivações. Nego categoricamente e sem temer prova em contrário ter jamais participado de quaisquer movimentos ou grupos de tendência esquerdista ou de ter tomado a menor parte em ações ou manifestações dessa índole. Agradeceria, por outro lado, que me fosse dado conhecimento das acusações contra mim formuladas, a fim de que me seja possível rebatê-las imediatamente.

Daí em diante, sucediam-se perguntas sobre questões de consciência ou opinião:

> [...] havia de fato perigo comunista no Brasil até 31 de março? O governo anterior poderia levar o país ao socialismo ou comunismo? Essa possibilidade subsiste?

Preparei as respostas que me pareciam possíveis na situação em que me encontrava. À indagação do quesito nº 8 ("Que opinião tem sobre o conflito ideológico no mundo moderno?"), comecei por apresentar uma síntese da militância que mantivera em movimentos religiosos e de assistência social, os cargos ocupados em tais grupos. Prossegui:

> Meu ideal de vida é encarnar o Cristo em minha família e atividades profissionais; é viver o Evangelho em todas as situações; é construir o Reino de Deus e servir sua Igreja. Como católico, minhas posições são as da Igreja, minha filosofia e concepção do mundo são espiritualistas. Não posso, por isso, senão rejeitar categoricamente o marxismo e o que ele significa – filosofia dialético-materialista, negação de Deus e dos valores do espírito, totalitarismo cultural e político, organização opressiva da vida social.

Passados sessenta anos, poderia repetir hoje as mesmas palavras e convicções, embora sem o mesmo entusiasmo e ingênuo fervor da juventude, antes das decepções e lições da experiência da vida.

Uma das indagações chocava pelo absurdo: "Acha o atual governo capaz de enfrentar os importantes problemas políticos, econômicos e sociais do país?".

Comentei que havia deixado o Brasil nove meses antes da formação do governo, que só dispunha de informações sobre alguns de seus integrantes mais conhecidos, que admirava: Milton Campos, Juarez Távora, Vasco Leitão da Cunha, Roberto Campos, Octavio Bulhões. Concluía por desejar, como patriota e democrata: "que o governo tenha êxito em seus propósitos por estar certo de que o Brasil possui capacidade e recursos para se desenvolver dentro da democracia e da liberdade".

O documento declarava que seria "interessante dispor de uma ou duas cartas de personalidades conhecidas do país sobre se o funcionário é ou não comprometido com ideologia hostil à democracia representativa". Davam-me prazo de cinco dias para expedir resposta secreta por via aérea.

No momento, o que passava adiante de qualquer preocupação residia em me defender contra acusações não de haver cometido algum ato concreto, mas de ser o que nunca havia sido. Redigi o melhor que pude as respostas, esforçando-me em reafirmar minhas convicções democráticas, o que não era difícil: bastava dizer a verdade. Custou mais esforço reunir em poucos dias as cartas-atestados de meus chefes imediatos, passados e presentes: o embaixador Gibson Barboza, o ministro-conselheiro da embaixada Carlos Duarte, Maury Gurgel Valente, que se tornara embaixador em Varsóvia, o professor Fábio de Macedo Soares Guimarães, no Rio de Janeiro.

Todos me apoiaram sem hesitação ou ambiguidade. Gibson se destacou pela coragem e veemência com que redigiu em minha defesa documento que soava como libelo contra o arbítrio. À luz do que sucedeu mais tarde, quando se tornou ministro das Relações Exteriores no auge da repressão do governo Médici, sinto a obrigação de divulgar trechos do depoimento em que revela dimensão menos conhecida de seu caráter.

Poderia ter-se limitado à carta oficial na qual me fez os maiores e melhores elogios. Foi além, ao dirigir ao presidente da Comissão de Investigações, embaixador Antonio Camillo de Oliveira, carta pessoal e secreta na qual questionava o próprio processo, atitude arriscada naquela atmosfera de macarthismo.

Afirmava ter ficado surpreso e chocado com o questionário, que lhe dava a impressão de "entrar no reino dos pesadelos, mover-se num mundo em que domina a lógica do absurdo". Confessava-se constrangido e chocado por algumas partes como as "perguntas que invadem os domínios sagrados da consciência e do pensamento". Exemplificava: "Não me parece razoável [...] que se pergunte a um funcionário se ele acredita na capacidade de seu governo para resolver os problemas [...] do país". Acrescentava: "Embora não seja a intenção da pergunta, converte-se ela, fatalmente, num incentivo à bajulação". E interpelava: "Não se diminui o governo ao solicitar o julgamento sobre si mesmo de um seu funcionário?".

Todas perguntas e críticas pertinentes que eu gostaria de ter podido externar e que ele expressou em meu lugar. Qual teria sido seu espanto se soubesse que o general Liberato da Cunha Friedrich, integrante da Comissão de Investigações, se rebaixara à indignidade de solicitar ao Conselho de Segurança gestões junto "aos órgãos de inteligência norte-americanos" para obter "os dados que possam ter a respeito das seguintes pessoas diplomatas" (*sic*)? Seguia-se lista de 39 nomes, na qual eu ocupava o 21º lugar.

Encabeçada por Antonio Houaiss, vinham depois novamente as vítimas do expurgo dos anos 1950, entre elas João Cabral de Melo Neto. Incluía Carlos Alfredo Bernardes, Henrique Valle, Dias Carneiro, Jaime de Azevedo Rodrigues, Miguel Ozório de Almeida, Ovídio de Andrade Melo, Jorio Dauster, Evaldo Cabral de Mello, José Guilherme Merquior, enfim quase um *who's who* do que o Itamaraty possuía de melhor em termos intelectuais.

Num trabalho da pesquisadora Gessica Fernando do Carmo,[1] topei com a informação de que, "da lista final de mais de trinta nomes, dezenove foram completamente exonerados". Imagino que tenha sido meu caso, embora ninguém se houvesse dado o trabalho de me dizer. Nunca recebi qualquer resposta ou satisfação pelas acusações do questionário. Não sei se Camillo de Oliveira respondeu a Gibson, o que duvido.

É possível que a explicação do silêncio se encontre nessa outra passagem do trabalho da pesquisadora:

---

1 Gessica Fernando do Carmo, *Identidade e repressão no Itamaraty durante os anos Castelo Branco (1964-1967) e Costa e Silva (1967-1969)*. São Paulo, 2017. Tese (Mestrado no Programa de Pós-Graduação em Relações Internacionais San Tiago Dantas) – Unesp; Unicamp; PUC-SP, p.2-3.

> O relatório final, conforme o volume 1 do relatório da Comissão Nacional da Verdade (2014, p.197), recomendou que "fossem guardadas certas precauções na designação dos referidos funcionários [...] para novos postos ou funções, pelo menos durante o decurso de um razoável tempo necessário ao seu completo ajustamento à realidade da vida funcional [...]".[2]

Em outras palavras, ninguém saía "completamente exonerado": sobre todos continuaria a pairar a suspeita policial.

Em bilhete manuscrito que me enviou acompanhando a carta oficial do depoimento, Maury aconselhava a não dramatizar; provavelmente eu teria sido incluído numa lista de suspeitos na base do mais vago diz-que-diz-que. Tudo não passava de pesadelo que se dissiparia com minha resposta. Mais ou menos o mesmo assegurava Fábio de Macedo Soares.

Os conselhos não me tranquilizaram. Longe do Brasil, sem saber direito o que se passava, sem conhecimentos ou amizades, como me dera conta ao buscar quem pudesse testemunhar em meu favor, assustava-me com as perspectivas do inquérito. Temia a exclusão da carreira, perseguições policiais, no mínimo a perda do emprego no pior momento possível. Cristina, nossa primeira filha, tinha nascido havia pouco, estava com quatro meses quando a investigação me atingiu.

Passavam-se semanas sem nenhum indício de como teria sido acolhida a resposta ao questionário. Finalmente um sinal: em 11 de outubro, o telégrafo austríaco entrega-me dois telegramas que guardo até hoje nas fórmulas originais. Um deles vinha do ministro Vasco Leitão da Cunha, outro do chefe da Administração, Azeredo da Silveira. Davam-me parabéns pela promoção a Segundo Secretário, que tinha sido por

---

2 Ibid., p.3.

antiguidade, não merecimento. Não sei se era hábito enviar felicitações aos promovidos por simples decurso do tempo. Com razão ou sem ela, interpretei as mensagens como uma espécie de exoneração indireta.

Tampouco sei se a recomendação do relatório para se adotarem precauções em relação aos investigados produziu alguma consequência negativa em minha carreira. Gostaria de ter voltado a trabalhar com temas políticos, como fizera na Divisão Política, logo após a formatura, graças à classificação no curso. Não o consegui em Viena, nem em meu segundo posto, Buenos Aires, onde fui, quase todo o tempo de minha permanência, relegado a um endereço separado, fisicamente distante da chancelaria da missão. Nada mudou nessa situação ao voltar ao Brasil em 1971. Tive de esperar até a relativa abertura do governo Geisel em 1977 para que o ministro Azeredo da Silveira me confiasse a chefia da Divisão da América Meridional II (DAM-II).

Em comparação com os que sofreram prisões, torturas, atrocidades, os que tiveram o heroísmo de lutar contra a ditadura, pagando às vezes com a própria vida, o que me aconteceu não passa de insignificante nota de pé de página, talvez nem isso, dos sinistros anais da repressão. Hesitei em contar a história; só o fiz porque para Marisa e para mim o episódio assumiu por algum tempo importância que não teve para ninguém mais. Quem sabe este relato sirva como um testemunho a mais para confirmar o que já sabemos sobre a irredutível estupidez das ditaduras, sua propensão a perder tempo para, sem justificativa racional, perseguir inimigos imaginários criados por teorias conspiratórias.

Nem naquela hora nem hoje, tantos anos depois, sou capaz de atinar com a resposta correta para o quesito nº 5: a que atribuir as insinuações contra mim, a suspeita de ter ideologia hostil à democracia representativa, no linguajar de então sinônimo de comunismo? A ironia da acusação consiste em ter sido justamente devido a minhas convicções democráticas que deixei de aderir a um dos movimentos de esquerda revolucionária que tomavam corpo naqueles dias. Com efeito, a convite de colega meu da Faculdade de Direito de São Paulo e dirigente nacional da Juventude Universitária Católica (JUC) fui convidado a participar das primeiras reuniões de organização da Ação Popular (AP) em Brasília.

No primeiro semestre de 1962, a radicalização aumentava na sociedade e no meio estudantil. Devo ter tomado parte em duas, talvez três reuniões, se tanto. Praticamente todos os presentes pertenciam à JUC ou grupos próximos, militavam na União Nacional de Estudantes (UNE), havia até alguns sacerdotes. Lia-se muito o padre Henrique de Lima Vaz S.J., filósofo jesuíta com ascendência sobre a mocidade católica da época, que vivia em Belo Horizonte. Admirava-se a Revolução Cubana, acreditava-se na possibilidade de reproduzir no Brasil algo semelhante ao processo revolucionário de Cuba, favorecido pela atmosfera de polarização ideológica do início dos anos 1960. Boa parte das reuniões era dominada por discussões teóricas utópicas sobre as reformas de base necessárias para o país.

As ideias sobre reforma agrária, por exemplo, eram de tal modo extremas que, com base em minha experiência diária como assessor do serviço de relações com o Congresso, observei que não existia a mais longínqua possibilidade de que prosperassem num meio parlamentar conservador e agrário como o de então (hoje é igual ou pior porque melhor organizado). A não ser, indaguei, que houvesse alguma estratégia eficaz para aumentar de modo substancial a bancada de representantes comprometidos com essa causa nas eleições parlamentares do segundo semestre. Responderam-me que essas eleições seriam as últimas, que ninguém cogitava a sério o caminho parlamentar, que a via ao socialismo era incompatível com a democracia burguesa e somente seria aberta por métodos revolucionários.

Fui, creio, a única voz a discordar de modo absoluto. Com argumentos idênticos aos que usara com meu tio Ignácio, defendi um socialismo democrático, no fundo talvez um liberalismo político de consciência social. Não concordei tampouco com a aliança ou aproximação com as entidades patrocinadas pelo Partido Comunista. Tive a surpresa de descobrir que até um dos sacerdotes presentes considerava mais importante uma ação comum com os comunistas do que assegurar a liberdade religiosa e de pregação do Evangelho.

Engalfinhei-me com ele em discussão desagradável da qual me arrependi. Eu costumava ler a revista francesa *Informations Catholiques Internationales*, conhecia e citei os episódios de prisões, torturas, execuções de padres e leigos católicos na URSS e países comunistas. Quando esse sacerdote pôs em dúvida as fontes das acusações, atribuindo-as à propaganda norte-americana, disse-lhe que, no fundo, ele já não pertencia mais à comunhão da Igreja, pois acreditava mais nos inimigos do que em seus próprios correligionários. A discussão azedou, resolvi não mais comparecer aos encontros, soube, muitos anos depois que esse padre de Minas com quem discuti teve fim trágico no regime militar.

Quem sabe se o informante que me denunciou estava também naquelas reuniões ou, vendo de fora o que se passava, julgou que minha posição não se distinguia muito dos demais participantes da Ação Popular. Pode ser que a explicação seja mais corriqueira, que naquele clima de ilusões revolucionárias pululassem agentes e delatores, que conversas inconsequentes, sonhos e utopias sobre revolução de jovens de vinte anos acabassem em relatórios de denúncias policiais como se fossem programa acabado e ameaçador, o que estavam longe de ser. É verdade que essas divagações povoavam todas as conversas, animavam meus amigos da esquerda democrata-cristã que trabalhavam na prefeitura de Brasília.

Ao revolver velhos papéis para me avivar a memória, encontrei surpreso dezenas e dezenas de páginas de que não me lembrava mais. Algumas eram cartas de amigos que estudavam na Europa; outros, trabalhos que escrevi para reuniões e seminários. Citavam os autores da época, analisavam as experiências democráticas, socialistas, a ânsia de descobrir um caminho entre o comunismo e a herança liberal. Senti saudades de mim mesmo, do jovem que fui e que meus amigos foram, do entusiasmo, da ingenuidade, da paixão pelas ideias, pela justiça, que nos davam sentido à vida. Uma delas é uma carta escrita a Fábio Konder Comparato, que preparava seu doutorado em Paris, morava na Cité Universitaire, e que eu planejava visitar logo depois, durante minha primeira ida à Europa.

Datada de Brasília, 11 de julho de 1962, a carta denotava a amargura que me causara a rejeição da indicação de San Tiago Dantas para primeiro-ministro alguns dias antes. Manifestava minha dúvida sobre a solução revolucionária por temer que, aceita essa opção, não me parecesse fácil escapar à tentação de facilidade do marxismo. Comentava, já refletindo as frustradas reuniões de que participara:

> O que tenho observado por aqui é que entre nós os que chegam a essa mesma conclusão têm-se aproximado a tal ponto do comunismo que se torna difícil distingui-los dos membros do Partido sem recorrer ao critério diferenciador da religião. É o que ocorre, por exemplo, com o grupo da Ação Popular de Belo Horizonte ou com os que fazem política estudantil.

"Não seria fácil", prosseguia, "improvisar ideologia, prática e organização revolucionária numa época histórica que estava longe de ter esgotado todas as potencialidades não só do marxismo, até do socialismo" (verdade então, não mais agora). Assim como sucedera com a herança da Revolução Francesa, o legado marxista no que oferecesse de positivo e definitivo só seria aceitável caso se separasse o que é libertação, organização social, de todo o resto: cultura totalitária, filosofia materialista, concepção da arte. Perguntava: "Será possível levar avante a obra transformadora da sociedade sem os instrumentos criados pelos comunistas, tais como o partido único, a ditadura repressiva, a orientação inflexível da opinião e da cultura com base numa ideologia?".

Já então me inclinava por movimento que superasse a filiação explicitamente cristã como tinha ocorrido em outra era histórica na Europa com o caso do Partido Democrata Cristão. O melhor seria abraçar o pluralismo do mundo contemporâneo, somando forças com todos empenhados em conciliar o melhor do marxismo com os valores autênticos de nossa cultura. Como ponto de partida, dizia que deveríamos marcar as fronteiras que nos separam, indicando o que podemos aceitar do marxismo e o que temos o dever de repelir. Imaginava esse movimento sonhado como o equivalente no plano político ao que Emmanuel Mounier tinha criado em torno da revista *Esprit*: um pluralismo leigo, aberto, de inspiração cristã.

Não é difícil imaginar que, se essas cartas e as ideias que continham caíssem em mãos da repressão do regime militar, acabariam confundidas com o marxismo que tentavam superar. Seja como for, passado um ano das reuniões e discussões do começo de 1962, não foi nada disso que me pôs em real perigo de fazer uma escolha fatal. O desencanto que sentia depois da dupla rejeição de San Tiago Dantas, primeiro como chefe do gabinete parlamentar, depois como ministro da Fazenda do governo presidencial de Jango, me fez decidir finalmente a pedir posto, aceitar a oferta de trabalhar em Viena que me fora feita por Gibson Barboza e deixar Brasília. Em meados de 1963, pressentia-se a aproximação da tempestade e eu não desejava estar lá quando chegasse.

O decreto de minha transferência havia sido publicado, estávamos em plena mudança, quando meu conhecido do PDC de São Paulo, Paulo de Tarso Santos, foi escolhido como ministro da Educação e me convidou para trabalhar em seu gabinete, ao lado de Herbert José de Souza, Betinho, e outros de meus colegas. Deixei-me envolver novamente pela ilusão de participar de uma experiência de transformação política. Quem me salvou como sempre foi Marisa, que me fez ver a loucura de voltar atrás no momento em que tínhamos até nos desembaraçado dos poucos móveis que possuíamos. Com relutância, abri mão do que se provaria uma aventura fugaz, que mal durou três meses e se concluiria com o longo exílio e a destruição das carreiras políticas de Paulo de Tarso, de Betinho e de outros.

Não tenho a menor dúvida de que, se tivesse permanecido em Brasília, acabaria envolvido com o que rejeitava, da mesma forma que San Tiago: a radicalização do regime e a marcha inelutável rumo ao golpe militar. Nessa hipótese, dificilmente escaparia da cassação, do exílio e sabe lá do que mais.

Tempos atrás, amigos que andaram fazendo pesquisas nos arquivos disseram-me que em minha pasta pessoal constariam os nomes dos autores das denúncias contra mim. Às vezes, sinto curiosidade de saber quais foram, mas a vontade logo passa. Saberei talvez no dia do Juízo Final, se é que, nesse dia, alguém – ou eu mesmo – ainda se importe com tais coisas.

A descoberta do mundo

Virada essa página, pudemos retomar a aventura de descobrir Viena e o mundo. Depois de dois anos e meio do pioneirismo sertanejo de Brasília, os prazeres mais simples nos encantavam. Caminhar em calçadas de verdade, admirar fachadas iluminadas de joalherias e lojas de antiguidade, contemplar vitrines com dezenas de variedades de pães e tortas de formatos e cores que nunca tínhamos visto. A cidade começava apenas a superar o trauma da guerra, da ocupação aliada, sobretudo da soviética, que se prolongara até 1955. Longe ainda do esplendor brilhante de nossos dias, deixara para trás as sombras e ruínas entre as quais se esgueirava Orson Welles em *O terceiro homem*.[1]

Aos poucos se consolidava uma prosperidade modesta, sem paralelo com a opulência já evidente da vizinha Munique e da Alemanha Ocidental. O preço que os russos cobraram para se retirar, após a morte de Stálin, tinha sido o tratado que neutralizava a Áustria. Como em Praga, ali ao lado, os comunistas tentaram um golpe para tomar o

1 *The Third Man*, direção Carol Reed, 1949; ao lado de Orson Welles, os atores Joseph Cotten, Alida Valli, Trevor Howard.

poder. Fracassaram porque os sindicatos do poderoso Partido Socialista resistiram nas ruas à greve geral de caráter insurrecional.

Cada vez que a Guerra Fria se agravava, como na crise dos mísseis de 1962, o temor da invasão soviética voltava a tomar conta da cidade, as mulheres e crianças eram evacuadas para as províncias do Oeste, os investimentos se paralisavam. Ainda se podiam ver, aqui e ali, fachadas com marcas de balas aguardando restauração.

Acostumados a identificar a Europa com Paris e Londres, Viena nos oferecia a face de outra Europa, colada à Cortina de Ferro, de fronteiras cercadas de torres e arame farpado, mais a oriente que Berlim e Praga. Metternich teria dito que na Rennweg, perto de onde se situava a residência da embaixada do Brasil, começavam os Bálcãs. Uma versão da mesma frase afirmava que na Rennweg começava a Ásia, a *puszta*, a interminável estepe húngara que se estendia até a Mongólia e a Ásia Central. Mesmo no auge do comunismo, o aeroporto alternativo mais próximo de Viena era o de Bratislava, chamada ainda de Pressburg pelos vienenses, a capital da Eslováquia. Praga e Budapeste ficavam a pouco mais de duas/três horas de automóvel.

Os colegas que serviam nas embaixadas da Cortina de Ferro – Varsóvia, Praga, Budapeste, Bucareste, Sófia – vinham periodicamente a Viena a fim de enviar a mala diplomática e receber a chegada do Brasil, pois não era confiável remeter malas confidenciais aos correios de países comunistas. Muitos, quase todos, aproveitavam para trocar, em moedas do Leste, dólares que rendiam no mercado negro duas, três, até quatro vezes mais que o câmbio oficial. Havia, nos cafés de atmosfera espessa de fumaça e mistério, pontos especializados para encontros de espiões, tráficos ilícitos, moedas, pratas antigas, quadros, gravuras, ícones de contrabando, papéis falsificados.

Para nós, em particular para Marisa, Viena não chegava a ser um choque cultural. A mãe dela nascera súdita do Império Austro-Húngaro, em Trento, parte do Südtirol, o Tirol do Sul incorporado à Itália depois da Primeira Guerra, transformado na Região Autônoma do Trentino e Alto Ádige. A terra natal da família paterna, Arco, junto a Riva di Garda, havia sido uma das estações de vilegiatura dos arquiduques austríacos. Todos seus avós tinham nacionalidade do Império, olhavam para Viena como sua capital. A culinária, os costumes não diferiam muito, ou melhor, misturavam, como na arquitetura, elementos peninsulares e germânicos. O prato nacional, o *sauerkraut*, o chucrute, era o mesmo de um lado e outro da fronteira; a diferença é que em Trento se substitui a batata pela polenta... Os trentinos enviavam os filhos estudar em Innsbruck, capital do Tirol, ou Viena, elegiam ao parlamento imperial deputados como Alcide De Gasperi, destinado a ser o fundador da Itália contemporânea.

A caminho do novo posto na Áustria, tínhamos passado algum tempo com os parentes em Trento. Viajamos às montanhas cor-de-rosa dos Alpes Dolomíticos no Tirol do Sul de língua alemã, ou romanche-ladina. Lá, pela primeira vez vimos a neve tombar em pleno agosto e colhemos flores de *edelweiss* no alto das montanhas geladas. Compreendemos por que, depois dos desvarios nazifascistas, dos sofrimentos de duas guerras mundiais, as pessoas dessa região de fronteira cultural passaram a sentir nostalgia do Império dos Habsburgos, uma espécie de ensaio precoce da União Europeia de hoje.

Em *Como aprendi o português e outras aventuras*,[2] Paulo Rónai fala do fascínio com que, menino em Budapeste, admirava as velhas notas de dinheiro imperiais com inscrições de letras latinas e cirílicas em alemão, húngaro, servo-croata, tcheco, eslovaco, esloveno, romeno, italiano, polonês, ucraniano. Os oficiais do Exército aprendiam a dar ordens

---

2 Paulo Rónai, *Como aprendi o português e outras aventuras*. Rio de Janeiro: Ministério da Educação e Cultura; Instituto Nacional do Livro, 1956.

de comando em onze línguas distintas, além do alemão! Convivendo em relativa harmonia, com altos e baixos, essas nacionalidades antecipavam a unidade que os europeus do Leste somente alcançariam de novo depois de terem sofrido, durante décadas, o jugo opressivo do nazismo alemão ou do comunismo estalinista.

Os nacionalistas italianos acusavam às vezes de *austriacantes* os nascidos em Trento ou Trieste, isto é, de propensão favorável à Áustria. Na verdade, o que estava por trás dessa atitude era a nostalgia da estabilidade, da moderação, da tolerância do venerando imperador Franz Joseph, a visão conservadora da vida, o apego à religião, aos costumes tradicionais. Mussolini atacava De Gasperi, chamando-o de "alemão que falava italiano".

Mas, sobre os escombros deixados por nazistas e fascistas, quem construiu a nova Europa unificada foram três estadistas nascidos antes da exacerbação do nacionalismo da Primeira Guerra: o alemão Konrad Adenauer, o francês Robert Schuman, nascido em Luxemburgo, e o trentino Alcide De Gasperi. Católicos, democrata-cristãos, o alemão era a única língua em que podiam se comunicar sem intérprete.

A Viena em que desembarcamos em 1963 perdera muito do brilho do seu apogeu entre 1870 e 1910, quando chegou a ser a terceira cidade europeia depois de Londres e Paris, a maior de língua alemã, à frente de Berlim. Encolhida a 1 milhão e 600 mil habitantes (hoje voltou a ter 1,9 milhão), não restava muito da variedade de populações dos quatro cantos do Império. Os vestígios da diversidade sobreviviam nos sobrenomes de família da lista telefônica, dois terços dos quais traíam a origem eslava, sobretudo tcheca, eslovaca, polaca, ucraniana, croata, mas também húngara, italiana, romena.

A efervescência cosmopolita esvaíra-se com o fim do Império, a mutilação de nove décimos do território, as privações dos trágicos anos 1920 e 1930, a anexação à Alemanha nazista, a guerra, a ocupação.

Uma catástrofe de efeitos irreversíveis tinha sido a destruição da comunidade judaica, com 200 mil pessoas, um décimo da população da cidade. Mais que proporcionalmente representados na vida cultural, científica, artística, os judeus foram, em sua maioria, obrigados a emigrar (cerca de 130 mil). Metade desse número, 65 mil seres humanos, foram deportados e exterminados em condições atrozes durante a Shoah.

Com o estancamento da atração dos talentos de todas as regiões do Império, de um lado, a eliminação dos judeus, do outro, desapareceram a criatividade, a vitalidade, a originalidade da cultura vienense e austríaca. Para ter ideia do que o mundo perdeu, uma lista muito incompleta teria de lembrar alguns dos nomes, nem todos judeus, que fizeram de Viena uma das capitais da inteligência mundial nessa época.

Freud e Adler, na psicanálise; Kafka, Rilke, Arthur Schnitzler, Joseph Roth, Robert Musil, Stefan Zweig, Karl Kraus, em literatura; Wittgenstein e o Círculo de Viena, em filosofia; Hans Kelsen, no direito; a Escola Austríaca de Economia, Mises, Hayek, Schumpeter, em economia e ciência política. A revolução artística da Secessão, do *Jugend Stil*, o estilo jovem ou Art Nouveau, com Joseph Hoffmann, Otto Wagner, Gustav Klimt, e mais tarde Egon Schiele; o pioneiro da arquitetura moderna Adolf Loos; os compositores, da música ligeira das valsas e operetas da família Strauss, de Franz Lehár, passando pelas sinfonias de Gustav Mahler, até chegar aos mestres da escola dodecafônica de Schoenberg, Anton Webern, Alban Berg.

Durante os anos de Brasília, eu havia estudado alemão como autodidata, seguindo os manuais e a magnífica antologia *Im Zeichen der Hoffnung* (*Em sinal de esperança*) que me foram presenteados por von Keudell, colega da embaixada da Alemanha que morreria anos depois na África em circunstâncias trágicas. Sem professores, não sabia falar uma só palavra, mas conseguia ler e compreender textos de complexidade inicial. Na Áustria, passei a ter aulas particulares e melhorei minha capacidade de ler e até de redigir textos simples, embora nunca tenha alcançado nível realmente satisfatório no idioma.

A leitura dos belos trechos selecionados pela antologia despertou em mim sensação de fascínio por aquela cultura tão distinta da nossa tradição de raiz francesa. Os quartetos de cordas de Beethoven, as canções de câmara de Schubert e Schumann, os poemas enigmáticos de Hölderlin, de Matthias Claudius, os romances de Thomas Mann com longas reflexões sobre a vida e a música, criavam em torno da cultura da *Mitteleuropa* uma aura mágica de elevação de espírito, de profundidade filosófica, de concentração nas questões perenes, acima da transitoriedade dos conflitos políticos e ideológicos.

Sentia atração por tudo que se banhava na luz outonal dos países danubianos da velha monarquia austro-húngara. Quem conhece a viagem literária-cultural *Danúbio*, de Claudio Magris,[3] compreenderá o que digo. Devo ter sido dos primeiros a ler a primeiríssima obra de Magris, a tese de doutorado convertida em livro *Il mito absburgico nella letteratura austríaca moderna*, apenas saído do prelo naqueles dias em que eu chegava a Viena.

Tanto ou mais que a literatura, seduzia-me a torturada história da Áustria na fase "entreguerras", a principiar pela tragédia da fome, da mortandade causada pela subnutrição e a gripe espanhola, que, entre muitos, levou aos vinte e oito anos o grande artista que foi Egon Schiele. Os títulos de livros sobre a história daquele período – *Der Staat, den keiner wollte* (*O Estado que ninguém queria*), *Der Staat wider Willen* (*O Estado contra a própria vontade*) – já sugeriam o que havia sido a sina do antigo núcleo do Império no momento em que os grupos étnico-nacionais escolheram seguir seu próprio caminho. Após a amputação

---

3 Claudio Magris, *Danúbio*. Rio de Janeiro: Rocco, 1992; São Paulo: Companhia de Bolso, 2008.

de todas essas áreas, ao se perguntar ao primeiro-ministro francês Clemenceau o que sobraria como território para os austríacos de língua alemã, ele respondeu: "*Le reste, c'est l'Autriche*" ("O resto é a Áustria"). Pelo tratado de Saint-Germain-en-Laye (10.9.1919), os aliados vencedores da Grande Guerra proibiam pelo artigo 88 qualquer união econômica ou política entre a Alemanha e a Áustria e impunham a esta última a independência contra a vontade.

Não é de surpreender, nessas condições, que uma sensação de inevitável catástrofe pairasse sobre a evolução austríaca desde esse árduo começo até o trágico desenlace do *Anschluss*, a anexação pela Alemanha nazista em 1938. No intervalo, floresceu o teatro de Max Reinhardt, o cinema de Fritz Lang e Otto Preminger, Karl Kraus publicava sua folha satírica *Die Fackel* (*A tocha*), Hans Kelsen escrevia a Constituição austríaca, Ludwig von Mises se tornava assessor econômico do chanceler Dollfuss.

Foi também a era do apogeu do austro-marxismo, corrente teórico-prática que primeiro se esforçou em traçar caminho próprio distante do estalinismo soviético e do capitalismo. Fonte de inspiração, décadas mais tarde, para o eurocomunismo e a chamada *New Left*, o austro-marxismo dava a base teórica para o poderoso Partido Social Democrático que governou a cidade de Viena de 1919 até a interrupção fascista de 1934 e voltou a ter maioria depois da Segunda Guerra Mundial.

Essa longa dominação transformou a capital *K. und K.* (*Kaiserliche und Königlich*, isto é, Imperial e Real) na *Rotes Wien*, Viena a Vermelha. A municipalidade foi pioneira na criação, muito antes do surgimento do Estado de bem-estar social na Europa, de programa ambicioso de habitação social que revolucionou as condições de moradia, mediante a taxação dos mais ricos a fim de possibilitar a construção de gigantescos conjuntos de apartamentos baratos não em subúrbios distantes, mas no coração da cidade, plenamente integrados no tecido social.

O mais emblemático foi o Karl-Marx-Hof, bombardeado com artilharia pelos fascistas de Dollfuss durante a guerra civil de 1934.

Vinte anos antes, na véspera da catástrofe da Grande Guerra, em certo momento de 1913, moravam a pequena distância um do outro e frequentavam às vezes o mesmo café Sigmund Freud, Leon Trotsky, Tito, Adolf Hitler e Joseph Stálin. Uma história dessa época é que, quando o socialista Viktor Adler advertiu o primeiro-ministro conde Berchtold de que a guerra levaria à revolução na Rússia e na Áustria, o ministro respondeu ironicamente: "E quem vai liderar essa revolução, talvez Herr Bronstein (Trotsky), sentado ali no Café Central?".

Quem chegasse a Viena em 1963 com a fantasia de encontrar o professor Freud abancado em sua mesa favorita no Café Landtmann, ou Stefan Zweig no Café Central, depararia com o cenário físico quase intacto, como se esses clientes ilustres tivessem acabado de sair minutos antes. Em sua inesquecível autobiografia *O mundo de ontem*, Zweig[4] definia o café vienense como instituição *sui generis*, uma "espécie de clube democrático aberto a qualquer um pelo baixo preço de uma xícara de café, onde o cliente pode ficar sentado por horas [...] conversar, escrever, jogar cartas, receber seu correio e, acima de tudo, consumir um número ilimitado de jornais e revistas".

A secretária que trabalhou comigo na embaixada, Herta Hawelka, era filha do dono do célebre Café Hawelka, ponto de encontro favorito de pintores. Seu pai acumulou coleção preciosa de quadros, sobretudo dos artistas da escola vienense do Realismo Fantástico, que pagavam a conta com obras que depois passaram a valer fortunas. Na grande retrospectiva da escola, notei que o nome do pai não figurava em nenhuma referência de empréstimo, embora soubesse que parte da

---

4 Stefan Zweig, *Autobiografia: o mundo de ontem, memórias de um europeu*. Rio de Janeiro: Zahar, 2014.

mostra se baseava na coleção dele. Perguntei a razão a Herta, que me disse: "Aqui, depois do que sucedeu no nazismo e na guerra, ninguém revela o que tem".

Ela havia aprendido português porque tinha feito parte do grupo de crianças evacuadas a Portugal logo no fim da Segunda Guerra, período de fome e miséria. A guerra continuava presente como pano de fundo que permeava o cotidiano, deixando vestígios por toda parte. Uma vez, num coquetel, indaguei a um amigo austríaco, filho de alto funcionário da polícia, onde seu pai tinha servido na guerra. Fez-se um silêncio constrangido e outro conhecido chamou-me de lado e sussurrou: "Em Viena, ninguém pergunta onde os outros estiveram entre 1940 e 1945".

Incidentes como esses me ensinaram aos poucos a decifrar os códigos não escritos que mascaravam a sutileza das relações sociais da complexa estrutura da sociedade vienense. Quase tudo que aprendi me veio pelas explicações benevolentes dos funcionários austríacos ou de alguns brasileiros mais experimentados nos mistérios vienenses. Como diplomata em início de carreira, passei pelos setores mais áridos e repetitivos: preparar prestações de contas, executar inventários, conferir faturas, carimbar passaportes, resolver problemas de mulheres abandonadas, cidadãos sem recursos, psicopatas. Fiz de tudo, até repatriar cadáveres.

Quem me ajudava eram os dois sustentáculos do serviço consular, Anton Kurfürst, velho empregado, acho que de nacionalidade alemã, e o jovem Dieter Friedl. Este me deu uma lição sobre a sedimentação irreversível das lealdades partidárias da cidade, derivadas da classe social. Na véspera de uma eleição, perguntei-lhe em que partido iria votar. Sinceramente surpreendido, ele respondeu: "O senhor não sabe? Sou empregado assalariado, por isso voto Rot". E, para reforçar o indissolúvel vínculo de classe, acrescentou: "Sua secretária, Herta, é burguesa, filha de burgueses. Certamente vota Schwartz". E assim era efetivamente, nem se podia cogitar outra coisa.

Depois de algum tempo, destinaram-me ao setor cultural, onde existia escopo para trabalho mais interessante. Lá me beneficiei da ajuda preciosa de José Menache Neistein, leitor de português e de literatura brasileira mantido pelo Itamaraty junto à Universidade de Viena.

Roliço de rosto e de corpo, olhar penetrante de inteligência, barbicha rabínica, largas entradas na cabeleira, José se graduara em filosofia na Universidade de São Paulo e viajara a Viena com uma bolsa para completar o doutorado em estética. Falava alemão, assim como vários outros idiomas, com perfeição e riqueza de vocabulário. Poucos anos mais velho do que eu, vinha de São Paulo, de meio de imigrantes parecido ao meu, só que no caso dele o Bom Retiro dos anos 1930 a 1950, ainda um sólido enclave de famílias judaicas da Europa Oriental. A de José tinha em parte raízes na Palestina antes da fundação do Estado de Israel. Descreveu num texto autobiográfico a infância e adolescência num meio judaico profundamente religioso.

José vivia para a cultura e a arte, para todas as manifestações do belo, possuía sensibilidade, intuição crítica, conhecimento vastíssimo, detalhado, de teatro, música, pintura. Anos luz à nossa frente em amadurecimento estético e conhecimento da tradição intelectual alemã e austríaca, guiou-nos com paciência em nossos primeiros passos no universo da ópera, dos concertos de música de câmara, nas visitas a galerias e museus, nas excursões a bibliotecas de mosteiros, a joias arquitetônicas escondidas na província.

Nessas áreas, poucas capitais se comparavam à Viena da primeira metade dos anos 1960. Herbert von Karajan era ainda o diretor artístico da *Staatsoper*, o teatro de ópera oficial, restaurado em todo o esplendor, de orçamento milionário sempre insuficiente. Os jornais queixavam-se de que o maestro abusava do prestígio para extorquir fortunas do governo, adotando o sistema mais caro da *stagione*, a montagem por poucas semanas de ópera para a qual importava tudo a peso de ouro: cantores, cenógrafos, diretores de cena. Até, em caso que provocou revolta de amor-próprio nacionalista, um *maestro suggeritore* italiano, um misto de *souffleur*, isto é, de "ponto" e repetidor incumbido de preparar os cantores.

Ganhava-se naquele tempo muito menos que os diplomatas de agora. Meu primeiro salário mensal não chegava a mil dólares. Morávamos no 18º distrito, num apartamento pequeno e *gemütlich* (mistura de encantador com aconchegante). Todo mobiliado ao estilo *Biedermeier*, magnífico aquecedor de cerâmica na sala, ficava no topo de 95 degraus de antiga mansão vienense. Conforto precário da Europa de antes da guerra, sem chuveiro, apenas banheira imensa, as janelas ainda dotadas de uma espécie de prateleira onde se deixava o leite do lado de fora durante a noite, pois geladeiras eram raras e minúsculas.

Descontado o aluguel, pouco sobrava para as demais despesas. Preferimos nos contentar com um modesto fusca em vez de uma Mercedes importada, marca dos diplomatas e dos taxistas. Desse modo, poupávamos alguns *schillings* para a ópera e concertos. Mesmo assim, alcançava apenas para comprar lugares mais baratos, no *paradiso* da *Staatsoper*, no cocuruto das escadarias, nos assentos menos disputados do *Musikverein*, da *Konzerthaus*.

Em compensação, não perdíamos nada que valesse a pena, a principiar pelo menu musical obrigatório, a representação do *Fledermaus* (*O morcego*), a opereta emblemática de Johann Strauss II, na última noite do ano, única vez em que o teatro nacional de ópera se dignava encenar música ligeira. Na manhã seguinte, corria-se ao *Musikverein* para assistir ao Concerto do Ano Novo no qual a Filarmônica de Viena interpretava na grande sala dourada as valsas e polcas do clã Strauss e outros compositores da era de ouro de Viena.

Completavam o elenco a *Paixão segundo São Mateus*, de Bach, na Semana Santa, e, na tarde do domingo de Páscoa, *Parsifal*, de Richard Wagner, seis horas contando intervalos, seguidas de religioso silêncio, com enérgicos *psius* chamando à ordem os ignaros que ousavam aplaudir. Saíamos após os espetáculos para comer alguma coisa em baratos restaurantes gregos ou chineses desencavados por José em becos escuros. Vivíamos quase vida de estudante, cercados de moças e rapazes vindos do Brasil para aperfeiçoar estudos de piano, canto, regência, mergulhados em música na cidade de Mozart, Haydn, Beethoven, Schubert, Brahms, Bruckner, Mahler, Schoenberg. Quando chegamos, o jovem Nelson Freire se preparava para partir; mais tarde, viria Johnny Neschling.

O inconveniente de tanta glória musical é que atraía também os principiantes desejosos de enriquecer o currículo com a prestigiosa inclusão de Viena. Com apoio financeiro do Departamento Cultural do Itamaraty, às vezes pistolões políticos, o setor cultural da Embaixada era pressionado a conseguir para pianistas, cantores, até corais, concertos que não seriam capazes de obter pelo meio normal de empresários. Mais uma vez, quem nos salvou nesse aperto foi José Neistein.

Ele descobriu uma preciosidade, um empresário que, mediante módica remuneração, preparava todo o necessário para uma apresentação. Oferecia tabela de preços com concertos de diversas categorias: aluguel de sala, inclusive as de maior prestígio, impressão de programas, até de um punhado de cartazes para serem colados somente nas cercanias do hotel dos músicos e no local da *performance*. Milagrosamente, produzia até o público, formado de aposentados moradores de bairros afastados para os quais uma noite de música em Viena constituía uma distração barata. O problema é que o último bonde desses espectadores partia cedo. Como nossos concertistas iniciantes não se faziam rogar para dar bis, o público, ao primeiro sinal de volta ao palco do artista, se precipitava ruidosamente para a saída...

Nem tudo era ridículo no trabalho que se fazia, mas, no fundo, Viena decepcionava do ponto de vista profissional devido à fraca densidade das relações bilaterais. Entretanto, o que faltava ao posto em importância diplomática sobrava em riqueza humana e cultural. Dando o tom à embaixada, Gibson e sua mulher, a poeta Yolanda Jordão, criaram em torno deles um círculo de pessoas de sensibilidade, de entusiasmo pelos livros, discos, concertos, exposições, viagens. A atmosfera despertava o melhor em cada um de nós. As amizades que fizemos duraram enquanto viveram esses nossos queridos amigos e amigas, hoje todos mortos.

Jamais voltamos a passar por experiência tão estimulante, talvez por ter sido a primeira vez que vivemos coisas que não se repetem: o nascimento de nossas duas primeiras filhas, Cristina e Isabel; o contato inaugural com uma grande civilização europeia; a revelação da ópera, da música, da inesgotável literatura da *Mitteleuropa*.

De tudo o que Viena nos deu, a dádiva mais preciosa foi a fada-madrinha que um dia atendeu anúncio em que pedíamos ajuda doméstica e se apresentou disfarçada de velhinha rechonchuda, rosto luminoso e sorridente como se imagina Dona Benta do Sítio do Picapau Amarelo. Chamava-se Theresie Nowak, 79 anos (que entendi como 69) e queria voltar a trabalhar. Sobrevivente dos velhos tempos, cumprimentava Marisa com a saudação: "*Küss die Hand gnädige Frau*" (Beijo-lhe a mão, distinta Senhora). Transmitiu-nos receitas das grandes casas, guiou-nos nos costumes locais, ensinou a pequena Cristina a balbuciar em alemão, deu-nos sobretudo tesouros de carinho. Queríamos bem à nossa vovozinha vienense, continuamos a lhe escrever anos a fio de Buenos Aires, Quito, até que um dia as respostas cessaram para nunca mais.

Entrega de credenciais do embaixador Manuel Pio Corrêa, ao centro; à sua esquerda, o ministro--conselheiro Carlos Veras, os secretários Carlos Bittencourt Bueno, Rubens Ricupero, Carlos Átila Alvares da Silva e Flávio Sapha. À direita de Pio Corrêa, o Chefe do Cerimonial argentino (em uniforme diplomático), não identificado, o comandante Palhares, adido naval, o coronel Plínio Pittaluga, adido do Exército, o adido aeronáutico e o futuro embaixador, então conselheiro João Hermes Pereira de Araújo
Buenos Aires, 1967, fotografia de Siqueira (do Corpo Diplomático), acervo do autor

Esperando a alma em Buenos Aires

Ser diplomata é viver muitas vidas. É como desencarnar e reencarnar sucessivas vezes numa mesma existência. Cada uma diferente da anterior, introduzindo costumes diversos, gostos e sabores inéditos, pessoas e amigos novos, revelações de que não se suspeitava.

Despir a velha alma para vestir outra não é coisa tão simples como mudar de roupa. Demora, custa esforço para arrancar raízes apenas nascidas, dói às vezes por uma vida inteira, como sabem os que participaram do sofrimento de filhos pequenos obrigados a abandonar amigos e escola.

Quando observava os nômades nambiquaras em 1938, Lévi-Strauss notou que, ao serem obrigados a mudar de território, a primeira coisa que faziam ao chegar ao novo local era armar as redes e se deitar por muito tempo sem fazer nada. Interrogados pelo antropólogo, explicavam: "Nosso corpo já chegou, mas a alma não, ela ficou na antiga aldeia. Estamos à espera de que a alma chegue".

Era assim que me sentia ao desembarcar em Buenos Aires em setembro de 1966. Depois de três anos sem vir ao Brasil uma vez sequer, minha alma ficara em Viena. Andava lendo na época os contos e as novelas de Arthur Schnitzler, e não há nada tão pungentemente

Viena *fin de siècle*. Entretinha a ilusão de traduzir para o português uma dessas obras-primas de frustração e desengano, *Die Toten Schweigen* (em português, *Os mortos calam*).[1]

Aos poucos, fui descobrindo as seduções de Buenos Aires, a majestade dos edifícios de estilo neoclássico, o violeta intenso dos jacarandás floridos da avenida Santa Fé, os gramados e *palos borrachos* que se prolongavam pelo parque de Palermo, subiam a colina em direção ao monumento de Mitre, à embaixada inglesa na *calle* Gelly y Obes, onde fomos morar num belo prédio francês de pedra e teto de ardósia, hoje substituído por edifício anódino e sem caráter.

Algum tempo depois que cheguei, me desterraram para longe da sede da embaixada, encarregando-me do setor cultural, que funcionava ao lado do de promoção comercial no centro da cidade, ao lado do porto. Ocupávamos parte de um andar do histórico edifício Lípsia, situado na avenida Corrientes, não no inexistente "*tres cuatro ocho,/ segundo piso ascensor*" do tango "A media luz", e sim no número 330. Com o tempo, acumulei os dois setores, permanecendo no local durante toda minha estada no posto.

Embora me aborrecesse estar excluído dos principais assuntos bilaterais, não tardei em descobrir as vantagens da autonomia quase completa, com liberdade de horários e iniciativa. Buenos Aires ficava perto do Brasil, recebíamos os jornais do dia, um fluxo permanente de visitantes brasileiros animava o cotidiano. Reencontrava o prazer de conversar com taxistas, vendedores de loja, um relativo ar de família permitia que nos reconhecêssemos nas pessoas e nas coisas.

De todos os postos que tive, foi aquele onde mais me relacionei com pessoas "normais", sem nenhum contato com assuntos diplomáticos.

---

1 Arthur Schnitzler, *Contos de amor e morte*. São Paulo: Companhia das Letras, 1987.

Marisa e eu nos juntamos a um grupo católico de leigos e um sacerdote que se reuniam periodicamente para discutir temas bíblicos. Tornaram-se também mais frequentes e baratas as viagens ao Brasil.

Nem por isso deixei de mergulhar na situação política do país, lendo sobre sua história, conversando com os grandes analistas políticos e econômicos, tornando-me amigo de alguns deles, como o historiador da economia Aldo Ferrer, Oscar Camilión, então redator-chefe de *El Clarín*, mais tarde embaixador no Brasil, ministro das Relações Exteriores, ministro da Defesa.

Minha permanência coincidiu quase por completo com a duração da ditadura do general Juan Carlos Onganía, alçado ao poder pelo golpe militar que derrubou o presidente Arturo Illia em fins de junho de 1966. Chegado à Argentina dois meses depois do golpe, fiquei até maio de 1969, uns quinze dias antes do *cordobazo*, a insurreição popular de fins de maio daquele ano que provocaria a queda do ditador alguns meses mais tarde.

Da mesma forma que no Brasil, os militares argentinos pretensiosamente chamavam seu governo de Revolução Argentina. Como me disse um oficial portenho que conheci na ocasião, queriam evitar "as meias medidas de seus confrades brasileiros". Por isso, dissolveram de saída a Corte Suprema, o Congresso, os partidos políticos, os governos e legislaturas provinciais, julgando que assim extirpariam o mal pela raiz.

Retrógrado em moral e costumes, intolerante em relação à liberdade universitária, aos meios culturais e intelectuais, o regime era mais autoritário do que sanguinariamente repressivo como a feroz ditadura que se implantaria dez anos depois. Falava-se até, no final, que se lograra uma espécie de "consenso tácito", graças a uma relativa estabilização econômica.

Nada mais falso, pois, debaixo da aparente normalização, fermentavam as sementes da espantosa violência que se manifestaria primeiro no terrorismo, para logo converter-se no terror do Estado durante a ditadura que duraria de 1976 a 1983. Até essas explosões súbitas, não se percebiam sinais da catástrofe que se preparava. Nos comentários que ouvia dos brilhantes analistas políticos do país, jamais pressenti qualquer leve sombra de inquietação sobre o futuro próximo. Serviu-me de lição de humildade quanto à incapacidade das inteligências mais agudas de captar a aproximação da tragédia na história.

Até hoje, confesso, não consigo entender como foi possível que uma tal orgia de sangue e crueldade gratuita brotasse do seio daquele povo que pensei conhecer bem. Desde o fim da ditadura, tenho lido várias tentativas de explicação, e nenhuma me satisfez. Não como explicação racional, que talvez não exista, o que se aproxima melhor do mistério se encontra na intuição perceptiva de algumas obras de arte.

A que mais me impressionou foi o filme dirigido por Hector Olivera, em 1983, baseado na novela do mesmo nome de Osvaldo Soriano, *No habrá más penas ni olvido*, escrita em 1974. Pouco antes, ocorrera o massacre de Ezeiza, banho de sangue que custou a vida de treze pessoas e mais de trezentos feridos na ocasião da volta de Perón de seu exílio. Para cúmulo do absurdo, todos os envolvidos na luta eram peronistas, divididos entre montoneros de esquerda e justicialistas de direita que se trucidavam uns aos outros com o mesmo grito de "Perón o muerte!".

O romance de Soriano se passa num lugarejo insignificante de província dilacerado por idêntica oposição entre peronistas. Começa como aparente farsa, dando a impressão de comédia grotesca repleta de situações ridículas. Pouco a pouco, a escalada de brutalidades degenera em paroxismo sangrento que contamina a população inteira, enlouquecida pelo gosto de matar. Terminada a matança, na última cena, um dos personagens olha para o céu ensolarado, sem nuvens, e exclama: "Un día peronista!".

O contraste não poderia ser mais chocante entre esse frenesi de destruição e o mundo cultural sofisticado que encontrei na Buenos Aires de fins de 1966 e anos seguintes. Antes que o obscurantismo reacionário de Onganía tivesse tempo de reduzir a efervescência criativa, testemunhei o auge da revolução artística trazida pelo Instituto Di Tella, que funcionava na *calle* Florida, no quarteirão chamado de *Manzana Loca* – porque concentrava as vanguardas em teatro, música, artes visuais.

Com o crítico Jorge Romero Brest na direção de artes plásticas e o compositor Alberto Ginastera na música, o Instituto serviu de incubadora para os grandes talentos que renovariam a cultura argentina nas décadas posteriores. Ali assisti, por exemplo, ao estonteante espetáculo *Crash*, do então jovem coreógrafo Oscar Aráiz, explosão inesquecível de cores, sons, luzes, dança psicodélica.

A atmosfera do Di Tella ecoava na América do Sul as experiências libertárias da geração *beatnik* nos Estados Unidos, de sua expressão pop no movimento hippie, da contracultura de meados dos anos 1960. Nada mais desafiadora e provocativamente contrária ao espírito tacanho do regime Onganía, cujo modelo cultural era a Espanha de Franco.

A caretice daqueles anos se expressava no dia a dia pela ridícula ação repressiva da polícia. A exemplo da polícia de costumes da Arábia Saudita, os inspetores passaram a vigiar hotéis de encontros clandestinos para prender casais homossexuais, perseguir moças de minissaias, cortar na delegacia as melenas dos jovens cabeludos imitadores dos ídolos do rock and roll... Em reação a isso tudo, o cotidiano argentino fervilhava de humor cáustico, do inconfundível cinismo portenho misto de desencanto e *viveza criolla*, expressão imperfeitamente traduzida por malandragem, malícia.

Esse espírito aparece de forma crua no *lunfardo*, mais do que gíria, língua do submundo de ladrões e estafadores que, desde os fins do século XIX, fervilhavam no primeiro grande centro urbano da

América do Sul, de Buenos Aires espalhando-se pelos países vizinhos. Boa parte do que passa entre nós por autêntica gíria nacional é na verdade produto de importação da Argentina: cana, tira, bacana, afanar, alcaguete, bronca, entregar (como delatar), fajuto, fulo, fulera, gatuno, gorila (como militar), lábia, mancada, milico, otário, pinta e quase todo o vocabulário dos vigaristas. (Este trecho deveria ser lido ouvindo no YouTube Edmundo Rivero cantar a "Milonga lunfarda" ou a milonga "La toalla mojada".)

A invenção verbal portenha não se esgotava no *lunfardo*, transparecia na obra de humoristas como Landrú, pseudônimo de Juan Carlos Colombres, na Argentina mais parecido que Quino ao nosso Millôr no humor como crítica social. Landrú criou todo um mundo de personagens de língua própria, palavras, expressões, que se incorporaram à linguagem comum. Retratou com o exagero cômico da caricatura a decadente aristocracia rural do Barrio Norte. Pontificavam em suas histórias as velhinhas de *apellidos de calle*, isto é, sobrenomes de rua, que dividiam a sociedade em *Gente como Uno*, as pessoas como nós e *Gente como Ellos*, reunindo os imigrantes *venidos a más*, arrivistas, emergentes, sem educação. Para as mocinhas do Bairro Norte, nada no mundo era mais desprezível do que o *cursi*, a pessoa com pretensões a elegante, que curtia Bienvenido Granda, "*el bigote que canta*", interpretando o bolero "Perfume de gardenia".

Chegamos a conhecer uma dessas famílias patrícias autênticas, sem o ridículo da caricatura, com um toque de destino trágico, os Muniz Barreto, de origem brasileira. O fundador do ramo argentino foi Jarbas Alves Muniz Barreto Magalhães, diplomata que acompanhou a Buenos Aires o poeta bissexto ("Quem passou pela vida em branca nuvem...") e político liberal Francisco Otaviano de Almeida Rosa na missão da assinatura do Tratado da Tríplice Aliança no início da Guerra do Paraguai.

Casou-se na Argentina e deu início a uma riquíssima dinastia de estancieiros, com terras que se estendiam ao Uruguai, donos até de ilhas no litoral de Santa Catarina. Quem nos introduziu ao seio da família foi Antoñito Muniz Barreto, que dera as costas ao nome e à fortuna para começar carreira universitária na Faculdade de Economia da USP, onde foi colega de meu irmão Romeu, ambos assistentes na cadeira de História Econômica do Brasil da professora Alice Piffer Canabrava.

Quando eu servia em Buenos Aires, Antoñito convidou meus irmãos Romeu e Renê, bem como a mim, para passarmos um fim de semana numa das estâncias dos Muniz Barreto em Azul, no sul da província de Buenos Aires, que, segundo constava, havia pertencido a Gervasio Ortiz de Rozas, irmão e opositor do ditador Juan Manuel. A sede, fechada havia meses, exalava um frio polar. Nas paredes, várias telas, que ninguém contemplava havia anos, do grande pintor argentino da primeira metade do século XIX, Prilidiano Pueyrredón.

A opulência das ricas famílias da era dourada das vacas e do trigo produziu em Buenos Aires mansões majestosas que escondiam no interior coleções de quadros impressionistas franceses, móveis e objetos Art Nouveau e Art Déco, joias, ovos Fabergé, tesouros de luxo e bom gosto adquiridos na Europa. Nada no Brasil, nem na época, nem depois, se compara de longe ao que foi a riqueza dessas famílias, acumulada durante gerações.

Delas se contavam histórias que parecem lendas, mas que se encontram bem documentadas. Por exemplo, a dos potentados que viajavam à Europa com toda a família e criadagem, sem esquecer a vaca para terem leite fresco no navio. Nas escalas no Rio de Janeiro, não se dignavam baixar à terra por medo da febre amarela ou por desprezo pelo atraso tropical.

Com vocação para colecionar, don Antonio, pai de Antoñito, trazia da Bolívia vagões ferroviários carregados de placas de prata de igrejas, que passaram a ornar de ambos os lados os corredores e salões da imponente mansão familiar em Belgrano, que visitamos uma vez.

Falecido o patriarca, a mãe, também rica herdeira da dinastia Bunge, resolveu trocar a imensa mansão vazia por um andar, não menos luxuoso, de edifício na mesma rua em que morávamos, só que bem defronte à embaixada do Reino Unido. Preocupado em saber se ela se adaptaria à mudança drástica de ambiente, Antoñito foi visitá-la e a encontrou radiante. Todas as manhãs, ao despertar, dizia, a primeira coisa que avistava ao abrir as cortinas era a *Union Jack*, a bandeira britânica. Por uns instantes, tinha a ilusão de que estava em Londres...

Antoñito se apagou muito jovem. Um irmão montonero, Diego, morreu assassinado pela ditadura de Videla; outro pereceu na queda do avião que usava para visitar as estâncias. Creio que toda aquela geração desapareceu antes de completar cinquenta anos.

O mundo argentino da cultura e das artes oferecia variedade de experiências pessoais que consolavam da pasmaceira da atividade diplomática. Em Viena, invejava os colegas italianos que frequentavam ministros do governo austríaco, dada a relevância para os dois lados do intenso relacionamento entre nações com fronteiras e inúmeros problemas em comum. Supunha que, ao chegar a Buenos Aires, desfrutaria da mesma condição de representante de país que contasse para a Argentina tanto como ela para nós.

Imaginava que os diplomatas de nossa missão gozassem de acesso a fontes privilegiadas de informação e não teriam de depender da imprensa para acompanhar o que acontecia. A decepção foi grande ao constatar que os relatórios políticos e econômicos também ali se elaboravam a partir de artigos de jornais. Uma das fontes principais era o jornal de língua inglesa *Buenos Aires Herald*, que, uma vez por semana, publicava resumo analítico da atualidade que bastava traduzir e transformar, convenientemente, no Mês Político e Econômico enviado pela embaixada ao Itamaraty.

Uma embaixada é um *piccolo mondo*, relativamente isolado da sociedade local e do país do qual depende. Sem efetivo controle exterior, o poder arbitrário do embaixador equivale quase ao de um monarca absoluto. Sua personalidade dá o tom, define o estilo, dita o comportamento de funcionários, inspira às vezes resultados de valor; em outros casos, gera ambiente de mesquinhez e mediocridade. Não tive sorte em Buenos Aires, onde em dois anos e meio, servi sob ordens contrastantes de três chefes: Décio de Moura, Pio Corrêa e Azeredo da Silveira.

O primeiro, ex-secretário-geral do Itamaraty, se celebrizara no Rio por ser dos últimos a usar monóculo. Como quase todo diplomata remanescente do tempo em que se tinha de ir aos correios para enviar telegramas à sede, escrevia bem e de modo a poupar palavras (e dinheiro), arte que se perdeu. Solteirão, colecionava prataria colonial, distraía-se pintando peças de porcelana, sozinho nos fins de semana, perdido naquela imensa embaixada.

Ao receber a visita protocolar de diplomata designado para a missão, repetia expressão que se tornou folclórica: "aqui na embaixada, eu sou a vaca e vocês o rabo, para onde for a vaca, vai o rabo, não quero saber de iniciativas". A partir daí, não é difícil imaginar o espírito reinante na embaixada. Apesar do esforço de não fazer ondas e evitar problemas, acabou por cair em desgraça durante a visita do presidente eleito Costa e Silva. Teve de contentar-se com embaixada secundária e morreu logo depois, solitário como tinha vivido.

Substituiu-o Manuel Pio Corrêa, que vinha de chefiar a Secretaria-Geral e exercera considerável poder durante a segunda metade do governo Castelo Branco, fase do apogeu da diplomacia ideológica alinhada às posições dos Estados Unidos na Guerra Fria. Dessa fase datavam medidas como a intervenção em Santo Domingo e a doutrina das "fronteiras ideológicas". Oposto a Castelo em quase tudo, Costa e Silva reequilibrou a política externa, afastando-a da exclusiva inspiração ideológica com a adição de pitadas de pragmatismo.

Precedido da fama de líder da repressão anticomunista, Pio Corrêa, imaginava-se, viria selar aliança estreita entre as duas ditaduras militares vizinhas. Não foi o que sucedeu, talvez porque o novo embaixador tivesse pouco apoio no Rio de Janeiro, já sintonizado em outra frequência de onda. Permaneceu no posto apenas cerca de um ano, ausentando-se sistematicamente a partir do momento em que resolveu deixar a carreira para tornar-se executivo de uma grande empresa multinacional alemã.

Para minha surpresa, tratou-me bem melhor do que se poderia esperar dados os antecedentes. Criou um setor de integração fronteiriça que passei a acumular com as funções que já exercia. Nesse trabalho, acompanhei-o em viagem pela fronteira. Partimos de Uruguaiana em avião da FAB e subimos por Itaqui, São Borja, cada etapa pontuada por encontros com representantes do lado brasileiro e das localidades correntinas do outro lado do rio Uruguai, Paso de los Libres, Alvear, Santo Tomé.

O percurso terminou em Santa Rosa, mas antes tivemos um churrasco de campanha preparado por autênticos gaúchos de traços guaranis na invernada da 1ª Divisão de Cavalaria, em Santiago do Boqueirão, perto de onde tombou em emboscada o chefe maragato Gumercindo Saraiva.

Até no estilo das recepções à comitiva do embaixador transparecia o contraste socioeconômico entre a campanha tradicional, estagnada numa pecuária extensiva de baixa produtividade, e as dinâmicas zonas de colonização italiana e alemã de Santa Rosa e entorno, já transformadas pela soja.

Nas cidades da campanha, ao longo da fronteira com o Uruguai e seguindo a divisa do rio com a Argentina, quem nos esperava eram os notáveis de praxe, um punhado de grandes estancieiros, o dono do cartório, o juiz, o promotor, o prefeito, meia dúzia de políticos; o cenário era o clube tradicional, a atmosfera marcada pela nostalgia das glórias passadas, do tempo em que navios animavam os portos fluviais. A vida dava a impressão de haver parado em 1914.

Na zona de colonização, tivemos um almoço de domingo no ginásio esportivo de Santa Rosa, com duzentas ou trezentas pessoas, pequenos e médios agricultores animados pelo galeto com polenta e o vinho, falando alto, cheios de entusiasmo. Dava para perceber como a pressão demográfica resultante da alta fecundidade das famílias, pressionada pelo minifúndio, extravasara para o outro lado da fronteira.

Já chegara à faixa fronteiriça no Paraguai, ocupara o Oeste de Santa Catarina, do Paraná, entrava pelo Sul de Mato Grosso adentro, atingira Rondônia. Com o tempo, os colonos riograndenses, formados no cooperativismo, iriam promover a revolução da agricultura brasileira, alcançando o Sul do Maranhão e Piauí, Tocantins e Oeste da Bahia.

Nossa missão era ajudar essas pessoas a canalizar sua energia por meio da construção de pontes, asfaltamento de rodovias, produção de energia hidroelétrica em usinas binacionais. Do nosso esforço brotou a decisão do governo federal de finalmente asfaltar o último trecho que faltava para unir Taim ao Chuí, na fronteira com o Uruguai, abrindo ao turismo e transporte a rota mais favorável para ligar Buenos Aires ao Sul do Brasil, mais prática que a longa ligação entre a capital argentina e Paso de los Libres-Uruguaiana.

A ideia da integração possuía na época o caráter excitante das novidades ainda não desgastadas por fracassos e decepções. Chegava com o prestígio do êxito crescente do Mercado Comum Europeu lançado pelo tratado de Roma de 1957. A Comissão Econômica para a América Latina e o Caribe (CEPAL) a justificava com o argumento da necessidade da integração de mercados nacionais acanhados a fim de atingir economias de escala.

Nos anos em que dirigi o setor de promoção comercial em Buenos Aires, o primeiro Tratado de Montevidéu, que deu origem à Associação Latino-Americana de Livre Comércio (ALALC, 1960), começava a transformar o intercâmbio bilateral, com as manufaturas se agregando aos produtos típicos do século XIX: café, bananas, madeira de pinho, erva-mate.

No Itamaraty não havia engajamento forte em favor da integração, com a possível exceção da área econômica, na época mais voltada para o GATT ou a negociação de acordos para estabilizar os preços do café e outros produtos de base. Os diplomatas incumbidos da formulação da política do Prata, veteranos do Departamento das Américas, encarnavam a herança diplomática que remontava, antes até do barão do Rio Branco, à linha do Partido Conservador do Império. Em relação à Argentina, a atitude predominante continuava a ser de desconfiança e viva rivalidade pelo predomínio no Uruguai, Paraguai e Bolívia.

Embora divergisse dos colegas, advogando posição mais construtiva e comprometida com a integração, não poderia acusá-los de preconceituosos ou injustos, pois da parte dos argentinos não faltava gente hostil a qualquer integração com o Brasil. Os primórdios da integração haviam coincidido com o recrudescimento de velhas querelas fronteiriças e o surgimento de novas modalidades de divergência de interesses.

A iniciativa de construir Itaipu com os paraguaios reacendera na Argentina campanha visando a frear o avanço dos projetos hidroelétricos brasileiros nos rios da bacia do Prata. Alguns, como o engenheiro Justiniano Allende Posse, invocavam a necessidade de consulta prévia, a fim de evitar prejuízos aos ribeirinhos a jusante dos rios internacionais de curso sucessivo como o Paraná, o Uruguai e o Paraguai.

Outros, sobretudo entre os estrategistas militares, temiam o agravamento do desequilíbrio geopolítico em detrimento da Argentina. Em certos casos, o sentimento de rejeição e hostilidade ao Brasil assumia tons francamente racistas como na expressão *China negra de Latinoamerica* aplicada a nosso país pelo almirante Isaac Rojas, que havia sido vice-presidente do governo militar que derrubou Perón em 1955.

Nessa atmosfera envenenada, seria demasiado esperar que o Itamaraty não recebesse com profunda desconfiança a proposta argentina de celebração de um Tratado da Bacia do Prata para desenvolvimento conjunto da região. Suspeitou-se de que a iniciativa escondesse a intenção de paralisar os projetos brasileiros por meio de mecanismo coletivo equivalente na prática à consulta prévia, inaceitável para o Brasil. Não podendo simplesmente dizer não, o governo brasileiro aceitou participar da 1ª Reunião de Chanceleres da Bacia realizada em Buenos Aires, em começos de 1967.

Trabalhou, no entanto, para neutralizar a ideia, condenando à impotência o Tratado da Bacia do Prata, finalmente assinado em Brasília dois anos depois. Fiz parte da delegação brasileira à primeira reunião, sem qualquer influência para evitar a adoção de desenho conceitual deliberadamente disfuncional, pois afastava a possibilidade de órgão executivo permanente, substituindo-o por secretariado que cada país assumiria por um ano apenas, de forma rotativa.

Foi pena que a falta de confiança mútua tivesse comprometido na origem uma ideia promissora como a de planejar racionalmente o desenvolvimento harmônico e integrado do território unificado pelos rios de uma mesma bacia hidrográfica. A atitude de cautela excessiva acabou por se converter em doutrina inalterável do governo brasileiro, prejudicando, dez anos mais tarde, outra iniciativa promissora na qual tive papel executor mais proeminente, a do Tratado de Cooperação Amazônica.

Por mais de uma década, a disputa sobre a consulta prévia contaminaria o conjunto da relação brasileiro-argentina, que teria de esperar até o acordo tripartite de outubro de 1979 para voltar a um esboço de normalidade. Além dos obstáculos suscitados pelos nacionalistas de direita, a integração se defrontava na Argentina com a oposição dos *desarrollistas* ou desenvolvimentistas, movimento que reunia partidários do ex-presidente Arturo Frondizi e seguiam orientação ideológica do economista Rogelio Frigerio.

Oscar Camilión, então redator-chefe de *El Clarín* e porta-voz mais influente da tendência, dirigia campanha de editoriais e artigos contra o que chamava de intercâmbio *Trigo versus Acero*, Trigo contra Aço. A expressão resumiria um tipo de integração destinada a condenar a Argentina a ser a *granja de Latinoamerica*, enquanto o Brasil se consolidaria como seu dinâmico polo industrial. Contra isso, pregava a integração do próprio território argentino, povoando e desenvolvendo a Patagônia, ameaçada pela pressão chilena, como preliminar a uma integração continental.

Nesse ambiente de franca deterioração do relacionamento ocorreu a terceira e última mudança na chefia da embaixada a que assisti em menos de três anos. No começo de 1969, o embaixador Azeredo da Silveira tinha sido chamado de Genebra para assumir a Secretaria-Geral do Itamaraty. Na última hora, ao chegar ao Rio de Janeiro, foi vetado pela ala dura do aparelho de segurança em episódio nunca elucidado publicamente. A fim de resolver o problema, Silveira foi despachado para Buenos Aires como embaixador, tudo resolvido às pressas em questões de dias.

Desembarcou na capital argentina em pleno verão, com a embaixada meio vazia devido às férias da maioria dos diplomatas.

Assessorei-o em suas primeiras gestões, concentradas no setor econômico, que eu acumulava no momento em substituição a um colega ausente. Desprovido do apoio dos dois ou três auxiliares que o seguiam mundo afora, passou a me solicitar o tempo todo, inclusive em domingos e feriados. Conversávamos por horas sobre o passado da Argentina, as vicissitudes de sua história, as características da economia e da política externa.

Silveira tinha personalidade nervosa e irrequieta, sem paciência para estudos e leituras prolongadas, o que compensava com prodigiosa inteligência e a intuição mais penetrante que encontrei em minha vida em relação à percepção de pessoas e atmosferas. Aprendia e tocava de ouvido, sem partitura, com incrível rapidez. À medida que chegavam ao fim as férias de verão e se normalizava o funcionamento da missão, aumentava para mim o constrangimento.

Pondo de lado colegas que reassumiam, insistia em me solicitar para assessorá-lo em temas de responsabilidade de outros. Nas reuniões, citava-me com frequência, o que começava a criar clima insustentável. Por essa razão e por desejar adiar o quanto possível o retorno ao Brasil, já sob o jugo sinistro do AI-5, resolvi sondar a administração no Rio sobre a possibilidade de ter um terceiro posto. Imaginava conseguir designação para uma das capitais menos demandadas do Leste europeu, Sofia ou Bucareste. O embaixador, a quem nada escapava do que sucedia na administração, logo soube das sondagens e me convidou para um almoço a dois na residência.

Mal sentamos à mesa, disparou: "Você não gosta de mim, não é, Ricupero?". Fiquei gelado pela interpelação inesperada. Tive de convocar todo meu sangue-frio para argumentar com motivos pessoais, a dificuldade de fazer economia em posto caro como Buenos Aires. Silveira fingiu acreditar, não insistiu. Numa saída generosa, característica do seu caráter passional, resolveu me ajudar. Telefonou para o chefe do Departamento de Administração e conseguiu que eu fosse removido para a embaixada em Quito.

Pensei que minha história com Silveira acabasse ali, mas, como narrarei adiante, o destino ainda nos preparava outras ciladas. Abri mão de fazer parte de sua corte particular. Em maio de 1969, deixei a Argentina, mas ela não me deixou, ficou-me colada à pele. Ao longo de todo o resto de minha carreira, retornei volta e meia ao país cujas venturas e desventuras permaneceram inseparáveis de minha vida.

O embaixador Rubens Ricupero no balcão de seu apartamento em Buenos Aires, com seus irmãos, futuros desembargadores do Tribunal de Justiça, Renê e Romeu
Buenos Aires, agosto, 1968, fotografia Marisa Ricupero, acervo do autor

Postal com o casal Rubens e Marisa Ricupero, em trânsito, para assumir a Embaixada do Brasil em Quito, Equador, 31.5.1969, fotógrafo não identificado, acervo do autor

Dezoito meses na Montanha Mágica

O tempo que vivi no Equador me ficou na lembrança como a história do personagem que chega ao sanatório da montanha para uma curta visita e perde a vontade de descer à planície. Em meados de 1969, aconchegada em meio a picos e vulcões nevados, Quito dava ao visitante a sensação de uma Shangri-La suspensa no ar, longe do tumulto do mundo. O petróleo, descoberto dois anos antes na região amazônica do Oriente, não tivera tempo para perturbar o ritmo vagaroso da Serra.

Chegar à capital equatoriana já era em si uma aventura. Raros se resignavam a trilhar a estrada tortuosa que, do tórrido porto de Guayaquil, penosamente escalava os 2.800 a 3.000 metros de altitude onde se aninhava Quito nas faldas do vulcão Pichincha. Nenhuma grande companhia aérea oferecia voos diretos, obrigando o viajante a pernoitar em Lima ou Bogotá. Só se podia aterrissar com relativa segurança num curto intervalo da manhã até duas horas depois do almoço, antes que as nuvens fechassem o aeroporto, tornando um perigo mortal a aproximação em meio ao estreito desfiladeiro entre montanhas.

A soma de isolamento, torpor econômico e índole conservadora da gente da montanha ajudou a preservar a joia arquitetônica do velho centro, o *casco colonial*, uma Ouro Preto toda em azul e branco, de vielas apertadas, encrustada de magníficos conventos, de igrejas banhadas em ouro. Abriam espaço no meio do emaranhado de ruas as duas grandes praças, a Plaza Grande, do palácio presidencial, e principalmente a imponente Plaza de San Francisco, sede da igreja e convento do mesmo nome, que constituem, em conjunto, a estrutura arquitetônica de maior dimensão entre todos os centros históricos da América.

O que nos espantou de saída foi justamente a envergadura impressionante de igrejas, conventos, palácios, em contraste com a esqualidez dos habitantes naqueles dias longínquos. As famílias tradicionais, as pessoas ricas, já haviam quase todas abandonado o *casco colonial* aos pobres e miseráveis, o que concorreu para proteger a herança do passado. No Equador, mais tarde no México, no Peru, na Colômbia, sempre nos surpreendeu como os vice-reinos, as intendências reais da Coroa espanhola deixaram obras de monumentalidade que fazem do nosso legado colonial português, sobretudo em Minas, uma espécie de barroco de câmara, de dimensão íntima, não desprovida do encanto da modéstia.

Chefiava a embaixada Beata Vettori, uma das primeiras mulheres a ingressar na carreira diplomática, em 1934, mesmo ano de Guimarães Rosa, a primeira a solicitar oficialmente o auxílio família pelo marido, que a acompanhou no primeiro posto, o Consulado Geral em Buenos Aires. O chefe do Departamento Administrativo do Serviço Público (DASP) mandou arquivar o pedido, sob a alegação de que a finalidade do adicional era "proporcionar auxílio à mantença da família, que, na forma da legislação, compete ao marido prover, como chefe que é da sociedade conjugal".

O mesmo machismo prejudicou sua carreira, quase toda confinada a consulados, exceto os dois últimos postos como embaixadora comissionada em Quito e Dacar. Sensível, cultíssima, dotada de apurado *don de gentes*, como se dizia no Equador, sabia tornar-se querida e estimada por todos, a começar pelo presidente Velasco Ibarra, intelectual austero e populista ao mesmo tempo, com quem Beata discutia os artigos de *Esprit* e outras revistas culturais francesas que enviava ao presidente. Superior à maioria de seus contemporâneos, viu-se preterida por indivíduos medíocres. Não foi promovida a ministro de 1ª classe, o posto mais alto da carreira, só chegando a embaixadora por comissionamento em postos indesejados na época.

Mais do que outra coisa qualquer, o afeto, a necessidade de amar e ser amada dominavam sua personalidade emotiva, transbordavam na capacidade de se doar na amizade. Acolheu-nos com generosidade, logo nos instalando na residência da embaixada, que deixou a nossos cuidados com seus preciosos discos e livros enquanto viajava de férias. Não demoramos em alugar, a dois quarteirões da missão, uma espaçosa casa de esquina em estilo de chalé suíço cercada de jardim, com um terraço banhado de sol de onde se avistavam os picos da cordilheira.

Vindo de duas embaixadas nas quais ocupei um dos últimos lugares em extensas filas de diplomatas, assumi, pouco depois da chegada a Quito, as funções de encarregado de Negócios nas ausências da embaixadora, por não haver outro funcionário diplomático. A responsabilidade de chefiar uma embaixada, de tratar às vezes com o ministro das Relações Exteriores, com os altos funcionários da chancelaria local, de assinar telegramas e ofícios com meu próprio nome, dissipou as últimas dúvidas que me afligiam sobre a autenticidade de minha vocação.

Pouco antes, tínhamos vivido intensamente o ano assombroso de 1968, da rebelião da juventude de Paris no mês de maio, a ofensiva vietnamita do Tet, os tumultos da convenção Democrata de Chicago, a Passeata dos Cem Mil no Rio. Respirava-se por todos os lados um ar de revolta, entusiasmo, ardor revolucionário. No fim de 1968, ao chegarmos de Buenos Aires em férias, assistimos em São Paulo à reapresentação de *Morte e vida severina*, pelo grupo do TUCA, que voltara havia pouco do êxito triunfal no Festival de Nancy. Superlotado de gente pelos corredores, o teatro explodia em manifestações eletrizantes que arrebatavam os espectadores. Dava vontade de sair de lá para atacar a Bastilha, para proclamar a revolução!

É fácil de imaginar assim o terrível choque de desespero que Marisa e eu sentimos no dia 13 de dezembro ao acompanharmos a leitura do AI-5 pela TV, no hotel do Rio de Janeiro onde nos hospedáramos.[1] No fim dessa sexta-feira de calor sufocante, combináramos visitar Gibson Barboza em seu apartamento no Leblon. Algum tempo antes, ele havia sido chamado de volta de Assunção para assumir a Subsecretaria-Geral, como transição para substituir Sérgio Corrêa da Costa na Secretaria-Geral, o que devia ocorrer naqueles dias. O apartamento fervilhava de diplomatas agitados com a possibilidade de que o próximo passo para o anfitrião seria a escolha como ministro de Estado.

Imaginei que todos partilhassem a mesma repulsa pelo golpe dentro do golpe que se desenvolvia naquele momento. Deixei cair a guarda, falei com veemência contra o retrocesso. Fez-se silêncio espantado, as pessoas me olhavam como se eu viesse de desembarcar de outro

---

1 O Ato Institucional n.5, AI-5, baixado em 13 de dezembro de 1968, durante o governo do general Costa e Silva, foi a expressão mais acabada da ditadura militar brasileira (1964-1985). Vigorou até dezembro de 1978 e produziu um elenco de ações arbitrárias de efeitos duradouros. Definiu o momento mais duro do regime, dando poder de exceção aos governantes para punir arbitrariamente os que fossem inimigos do regime ou como tal considerados. Disponível em: <cpdoc.fgv.br/producao/dossies/FatosImagens/AI5>. Acesso em: 12 ago. 2023.

planeta sem saber bem onde estava e em que solo pisava. Após uns instantes de constrangimento, passou-se depressa ao único assunto que interessava aos presentes: como dividir os espólios deixados pelo grupo que esvaziava os cargos de chefia, quem herdaria o quê na nova configuração de poder.

Discutia-se quem escolher como chefe do Departamento de Administração. Arrisquei sugerir Wladimir Murtinho como alguém determinado a efetivar a sempre adiada transferência do Itamaraty para Brasília. Recebida com comiseração, a ideia caiu no vazio. Um colega célebre pelo sarcasmo lembrou outro nome, o que seria efetivamente escolhido. Explicou por que se tratava da pessoa ideal para o cargo: "É o homem de que precisamos, duro com os de baixo e flexível com os de cima". Coisas desse tipo eram ditas em meio a risos gerais, a fim de tornar plausível o desmentido se alguém as levasse a sério.

Saí de lá desgostoso pelo que havia visto e ouvido. Recordando a cena em retrospectiva, ainda me espanta como gente que dividira com San Tiago Dantas a responsabilidade pela Política Externa Independente se dispunha agora a servir com igual zelo um governo torturador e uma diplomacia de signo oposto. Envolvidos na engrenagem do poder, chegara para eles a hora de mandar e colher os frutos do mando: promoções, postos invejados, envaidecimento, notoriedade. Teriam preferido colaborar com governo mais decente. Não tendo escolha, era pegar ou largar, pois talvez não se apresentasse nova oportunidade. Ninguém, que eu saiba, hesitou.

Voltei a Buenos Aires decidido a obter um terceiro posto para ficar afastado de tudo isso, do Brasil e da atmosfera do Itamaraty, pelo tempo que pudesse. O Equador veio a calhar como refúgio ideal, pois era perto e longe ao mesmo tempo. Perto geograficamente para permitir visitas de familiares, longe na tradição cultural e histórica, no comprimento de onda mental. Raros os brasileiros que passavam por lá, autoridades ou particulares. Quase nenhum turista ou homem de negócios se arriscava a subir a serra. Pouco familiarizados com nossa língua e cultura, os jornais, os cidadãos comuns, não se interessavam muito pelos acontecimentos brasileiros.

Antes e depois de mim, outros sentiram, por razões diferentes das minhas, o apelo quase monástico daquele deserto, a sensação que Fernando Pessoa descreveu como: "Montes, e a paz que há neles, pois são longe.../ Paisagens, isto é, ninguém...".[2]

Um deles foi a pessoa mais encantadoramente excêntrica que conheci, Pedro Carlos Neves da Rocha, que *on and off* só queria servir em Quito, desdenhando Paris e outras destinações cobiçadas. Apenas arredava o pé das alturas quando o Itamaraty lhe impunha limites na permanência no posto. Passado o intervalo mínimo, lá estava ele de novo. Partira pela enésima vez pouco antes de minha chegada, mas, anos depois, pude visitá-lo numa ida ao Equador a serviço.

Morava numa residência de muitos quartos, todos abarrotados de livros. No escritório, os livros escondiam completamente as mesas e outros móveis, esparramavam-se por todos os corredores, subiam as escadas, ocupavam todos os aposentos. Quando jovem, recém-saído da Faculdade de Direito, ganhara uma bolsa para escrever em Paris uma tese sobre o Código de Hamurabi e as origens do Direito Penal. Logo se dera conta de que não poderia levar avante o trabalho porque lhe faltava cultura geral. Começou então, sistematicamente, a encomendar enciclopédias e dicionários. Em seguida, viu que não tinha base filosófica, adicionando à lista histórias da filosofia, os gregos todos, Platão, Aristóteles, os estoicos, os nomes representativos de cada escola. Depois, foi a vez da sociologia, antropologia, ciência

---

2 Fernando Pessoa, "Montes, e a paz que há neles...". In: *Cancioneiro, Obra poética.* Rio de Janeiro: Companhia Aguilar Editora, 1965, p.177.

política, psicologia social, economia e assim por diante, sempre como precondição para poder algum dia redigir sua tese.

Aos poucos tomou gosto pela coisa e, deduzo eu, acabou por perder de vista a causa originária da compulsão de adquirir livros, que se converteu num fim em si mesmo. Os livreiros se aperceberam da oportunidade, começaram a enviar-lhe catálogos, inclusive de obras raras e caras. Pedro possuía conta permanente em grandes livrarias, em antiquários europeus e americanos. Devia gastar boa parte do salário em livros. Não creio que lesse muito. Parecia contentar-se em adquirir os volumes, seu prazer se resumia a desembalar os tomos, a folheá-los, a destiná-los a um dos quartos especializados por disciplina, a saber que estavam ali ao alcance da mão.

Mostrou-me com orgulho uma edição, a mais recente e prestigiosa, em não sei quantos volumes, das obras completas de Aristóteles no grego original e em alemão, com profusão de notas eruditas. Detalhe: não lia uma palavra de grego ou alemão. Casado, sem filhos, sua esposa não era menos excêntrica. Parente de um major ou coronel que lutara na Guerra do Paraguai, fotografias do antepassado em uniforme de gala, sempre a mesma, em formatos e molduras diferentes, ornavam as paredes, encimavam os aparadores. Ao lado, dezenas de chapéus de palha com fitas celestes que se dispersavam pela casa. O terceiro ser vivo da família era um cachorrinho que atendia pelo nome de Socrátes, pronunciado à francesa com o erre característico e o acento no a.

Pedro dava a impressão de ter fugido de uma novela de Borges. Fora as bizarrices, cumpria zelosamente os deveres de funcionário, seu trato ameno o tornava simpático e acessível. Só não podia viajar pelo mundo arrastando o peso de milhares de livros, que deixava encaixotados em depósitos a cada vez que precisava partir. Perdemo-nos de vista, ouvi vagamente que se aposentara, vivia de novo em outra serra, a fluminense, legara a biblioteca a uma universidade em Teresópolis ou Nova Friburgo. Na internet, encontrei menção de uma obra que lhe tinha pertencido, um quadro do pintor equatoriano Guayasamín, vendido em leilão após sua morte. Não me consta que tenha escrito a tese sobre Hamurabi.

Quito diferenciava-se de meus dois postos anteriores não só na relativa inacessibilidade da montanha, no ambiente de pequena cidade de província, em contraste com duas grandes capitais mundiais de arte e cultura. Apesar das diferenças entre classes sociais, em Viena e Buenos Aires a sociedade apresentava relativa homogeneidade. Na serra equatoriana, da mesma forma que depois constatei em Cusco e La Paz, a herança do passado andino criara uma sociedade mais fragmentada pela desigualdade social e uma integração cultural frustrada.

Já então os indígenas tinham deixado de constituir a maioria da população, ao menos considerando como tais somente os que ainda viviam em comunidades, trajavam hábitos tradicionais e usavam tranças. A mestiçagem e a aculturação tinham gerado o predomínio dos *cholos*, conceito que no Altiplano não indica necessariamente mestiçagem de sangue, e sim de cultura. Os diplomatas nos movíamos apenas entre a minoria de classe média ou alta, não muito diferente nos hábitos e atitudes de seus congêneres latino-americanos.

Reduzidos durante séculos a servos de *encomienda*, os índios sobreviveram à brutalidade da conquista espanhola pelo distanciamento interior, refugiando-se num mundo íntimo inacessível. Bastava, para sentir a força dessa irredutível alteridade, passar alguns minutos das sextas-feiras na igreja de São Francisco. Em frente à imagem de *Jesus del Gran Poder* desfilavam índios descidos das montanhas, cobertos de ponchos de cor vermelho ferrugem, arrastando-se de joelhos, conversando baixinho com Jesus e a Virgem, murmurando queixumes em quéchua.

Uma ocasião, durante a festa nacional do Equador, entusiasmei-me com o caleidoscópio de cores e formas dos trajes com que se exibiam as comitivas de índios do Altiplano na deslumbrante variedade da sua arte popular. Visivelmente incomodado, o ministro ao meu lado no palanque tentou convencer-me de que aquilo não passava de vestígio folclórico, uma espécie de show para turistas.

Em 1979, voltei na delegação brasileira à posse do presidente Jaime Roldós.[3] Como todos os presentes no Congresso Nacional, emocionei-me ao ouvi-lo pronunciar parte do discurso em quéchua. Como explicou:

> Hablo para los centenares de miles de indios, para mis hermanos indígenas ecuatorianos, recordados en los discursos, protagonistas de la novela, materias de poesía, objeto permanente de explotación social y preteridos en las obras. Para ellos, la historia se quedó en la colonia.

Algo começava lentamente a mudar, mas ainda tomaria muito tempo. Meio século atrás, ainda se convivia com sobrevivências feudais atualmente inimagináveis. Na festa da Ordem de Malta, por exemplo, seu representante, Jijón y Caamaño, herdeiro de título espanhol de conde, convidou os chefes de Missão com esposas para almoço em sua fazenda setecentista do Valle de Los Chillos, perto da capital. Éramos setenta ou oitenta pessoas sentadas em torno de mesa imensa. Atrás de cada conviva, postava-se um criado de libré como na Corte de Saint James. Jamais vi coisa parecida a não ser em grandes banquetes de

---

3 Jaime Roldós tornou-se referência na defesa dos direitos humanos, ampliando a luta pela democracia e pela soberania na América Latina. Em 1981, seu curto governo de um ano e nove meses – enquanto presidente civil, após longo período de regime militar –, terminou tragicamente. O tema foi tratado no documentário *La muerte de Jaime Roldós/The death of Jaime Roldós*, 2013 [N. E.]

gala de antigas monarquias europeias. Sinal dos tempos: hoje o local virou um hotel fazenda...

Foi só a partir dos anos 1990 que o movimento indígena assumiu influência política crescente, até desproporcional à porcentagem dos que se declaravam índios nos censos, não mais que 8%. A miséria indígena era apenas a expressão extrema da situação disseminada de pobreza e marginalidade da maioria mestiça da população da Costa e da Serra. Nas décadas de 1980-1990, mais de 15% da população equatoriana vivia como imigrante nos Estados Unidos, Espanha, Itália. Apesar de situação social semelhante à da Colômbia e Peru, o Equador nunca teve, pelo menos no tempo em vivi por lá, a tradição de violência política ou narcotráfico em grande escala desses vizinhos.

Em comum com os demais latino-americanos, esses países partilham a mesma instabilidade crônica da vida política e institucional. O símbolo vivo da volatilidade consistia no próprio presidente José María Velasco Ibarra, então no seu quinto e último período presidencial. Eleito pela primeira vez em 1934, só uma vez conseguiu terminar o mandato sem ser deposto. Costumava dizer: "Deem-me um balcão em cada cidade que vencerei qualquer eleição no Equador". Magro, ascético, a modéstia de sua vida pessoal contrastava com a corrupção que tolerava em seus governos como instrumento de controle político.

Num dos episódios autoritários de seu último mandato, decretou estado de sítio e mandou prender os líderes empresariais que se rebelaram contra a tentativa de impor o orçamento por decreto. Um desses grandes empresários, o presidente dos industriais da região de Quito, Pablo Ruiz Pérez, parente da família do embaixador Wladimir Murtinho, buscou asilo na embaixada, onde seu tio Oldemar, irmão de Wladi, era oficial de chancelaria.

Naquele momento, eu estava como encarregado de Negócios e tive de enfrentar o primeiro teste perigoso de minha vida funcional.

Não podia recusar o asilo, mas tinha consciência de que a concessão da medida criaria problemas com o governo local. Sentia que o regime de exceção não duraria, pois o governo não teria condições de manter na prisão as pessoas que comandavam a economia do país. O que fazer? Nessa hora, aprendi a importância de conhecer os precedentes.

Na época em que servia em Buenos Aires, durante as longas horas de plantão de fim de semana, me distraía lendo a correspondência secreta dos tempos agitados que precederam e seguiram o golpe militar que derrubara Perón em 1955. Semanas antes do golpe, por ocasião dos incidentes sangrentos da procissão de Corpus Christi e do incêndio de igrejas no centro de Buenos Aires, monsenhor Miguel de Andrea, um dos opositores de Perón, refugiou-se na embaixada do Brasil. O embaixador Orlando Leite Ribeiro decidiu considerá-lo seu hóspede pessoal, o que evitou um choque com o governo peronista.

Recordei o precedente e fiz o mesmo em relação a Pablo Ruiz, que hospedei na residência, comunicando o fato ao Itamaraty. A Secretaria de Estado julgou o procedimento pouco ortodoxo, mas me concedeu 24 horas de prazo para tentar solução definitiva, antes de ser obrigado a notificar oficialmente a concessão do asilo e solicitar o salvo-conduto para a saída do asilado do país. Entrei em contato com a Chancelaria local e em poucas horas o problema estava resolvido. O próprio ministro das Finanças se dirigiu pessoalmente à residência para escoltar o "hóspede" de volta à sua família. O governo equatoriano me expressou reconhecimento pela discrição com que conduzira o episódio.

Fora um ou outro acontecimento de conteúdo político, quase sempre ligado a questões interamericanas, as relações brasileiro-equatorianas sofriam de anemia pela ausência de densidade econômica--comercial. O comércio mal chegava a um milhão de dólares nos dois sentidos. Era difícil dar-lhe substância porque o egoísmo protecionista brasileiro barrava tudo o que o Equador exportava, até os chapéus-panamá, produto equatoriano apesar do nome, sem falar nos camarões e nas bananas, principais exportações do país. De todos os países sul-americanos, o Equador parecia o mais distante de nós. Todos os demais andinos tinham fronteiras com o Brasil, salvo Equador e Chile, mas este mantinha conosco relações incomparavelmente mais fortes desde o século XIX.

Justamente nesses anos, os chilenos (antes do golpe de Pinochet) lideravam o processo de formação do Grupo Andino, que rompeu a unidade do movimento de integração do Tratado de Montevidéu (1960) e da ALALC. O entusiasmo da fase inicial de ilusões fornecia aos andinos uma razão a mais para olharem com desconfiança e reprovação os países do Sul do continente, domínio preferencial das ditaduras militares.

A repressão do regime do general Médici, somada ao triunfalismo do "milagre econômico" e do "ninguém segura este país", não ajudava a tornar o Brasil simpático à imprensa e aos meios intelectuais equatorianos. Um dos temas que nos vinculava bilateralmente consistia no interesse do Equador em assegurar a presença na região amazônica, cenário do seu recorrente conflito com o Peru.

No começo da década de 1940, os choques militares na zona disputada por pouco não provocaram uma guerra aberta entre os dois andinos. Coincidiram com o ataque japonês a Pearl Harbour e a reunião interamericana de consulta no Rio de Janeiro (janeiro de 1942), convocada para expressar o apoio solidário do continente aos Estados Unidos. Graças aos esforços do chanceler Oswaldo Aranha, negociou-se um *modus vivendi* entre Equador e Peru, o Protocolo do Rio de Janeiro, garantido por quatro países (Brasil, Estados Unidos, Argentina e Chile). Embora posteriormente o governo equatoriano tivesse rejeitado o Protocolo, todos sabiam que, na condição de coordenador dos garantes, o Brasil estava fadado a desempenhar papel decisivo caso os atritos se renovassem no futuro.

De fato, uma década depois de deixar Quito, voltei a tratar do litígio quando os combates se repetiram em 1981 (eu era então chefe da Divisão da América Meridional II e, na época dos incidentes, chefe interino do Departamento das Américas). Choques ainda mais graves se renovariam em 1995, dessa vez abrindo oportunidade para que a diplomacia do presidente Fernando Henrique Cardoso, apoiada por outros países, conduzisse um árduo processo negociador que culminaria com a assinatura em Brasília (26.10.1998) do chamado "Acordo Global e Definitivo de Paz", na presença do secretário-geral da OEA e de vários chefes de Estado latino-americanos.

Nos meus dias de Equador, gozava-se de certa calmaria na disputa. A atmosfera de paz permitiu concentrar a atenção numa ideia construtiva, apesar de difícil concretização: a união entre o Atlântico e o Pacífico pela Via Transoceânica, projeto intermodal fluvial-ferro-rodoviário que vincularia os dois países na região amazônica.

Passei quase toda a segunda metade de 1970 como encarregado de Negócios, pois Vasco Mariz, sucessor de Beata, demorou muito para chegar. Nesse período, tivemos de nos mudar para a residência oficial quando foi vendida a casa que alugávamos. A contragosto, deixamos nosso chalé suíço mergulhado na verdura do jardim, onde passei horas de enlevo lendo o *Dom Quixote*. Jamais senti tédio ou tristeza em Quito por ter vivido em companhia de leituras exaltantes como essa. Hoje, transcorridos mais de cinquenta anos, não sei como será o ritmo da vida daquela cidade provinciana da Serra, intocada pelo frenesi das metrópoles, fazendo pensar no que deveria ter sido a existência brasileira nos anos 1920.

Havia então poucos edifícios altos, as pessoas moravam em casas com jardim, onde iam almoçar e faziam a sesta, com tempo para ler, escrever cartas, passear em ruas tranquilas. Sentia-se um pouco a altitude, mas não tanto como nas alturas de La Paz ou Cuzco. A combinação de quase 3 mil metros com a linha do Equador gerava clima de perene primavera, ar seco e fino, rosas e flores o ano inteiro, sol de montanha seguido por noites frias aquecidas pelo fogo das lareiras. Nas manhãs transparentes, avistava-se o pico nevado do vulcão Cotopaxi, ia-se no sábado a San Luís de Otavalo visitar a feira onde indígenas de saias multicores, com colares de contas douradas enroladas de alto a baixo no pescoço, vendiam tecidos, objetos, imagens de massa de pão esmaltadas pelos tons do arco-íris.

Em contraste com a aridez de outras zonas dos Andes, o verde musgo das terras altas do Equador lembra um presépio pontilhado pela sucessão de vulcões coroados pelo Chimborazo a 6.260 metros, balizas do Camino Real admirado por Humboldt. Não pudemos viajar tanto quanto queríamos porque em Quito nasceu nosso filho Bernardo. O que vimos nos maravilhou pela variedade infinita de paisagens, trajes ancestrais, grãos de milho, batatas andinas, cebolas de todos os formatos, tamanhos e cores.

Mais que tudo, o povo miúdo equatoriano nos cativou pela doçura e o carinho que transparecem na maneira de falar por meio de diminutivos, até para rezar nos momentos de dor àquele que chamam afetuosamente de Jesucito. Os empregados da residência, os prestadores de serviço, *cholos* ou indígenas, se esmeravam em tudo que faziam, Umberto, mordomo exemplar, mestre no arranjo de flores; Pedrito, Pedro Mozo, cozinheiro, índio de Otavalo a quem um embaixador cretino obrigara a cortar a trança da comunidade; Cumandá, a menina-moça que nos ajudou no começo, e mestre José, exímio artesão autor de móveis que nos acompanham até hoje. Quando pensamos naquele tempo, são esses rostos morenos que nos evocam o povo equatoriano na sua dignidade.

Despedida da embaixadora Beata Vettori (centro, 1ª fila), remanejada então para Dacar, Senegal
À sua direita, seu amigo, embaixador de Portugal; o segundo, à sua esquerda, Rubens Ricupero; na extremidade à direita, o chefe da Chancelaria da embaixada, Oldemar Murtinho
No centro, ao alto, o cozinheiro Pedrito Mozo, indígena, assim como os funcionários a seu lado, o mordomo Umberto e o motorista Ernesto. A insistência de Beata em reunir na foto embaixadores, adidos militares, funcionários, com o pessoal de serviço, mostra a pessoa excepcional que ela foi
Quito, fotógrafo e data não identificados, acervo do autor

O embaixador Wladimir Murtinho
e sua futura esposa Tuni
Rio de Janeiro, fotógrafo e data desconhecidos,
acervo Luiz Bernardo Murtinho Pericás

Tuni e Wladimir Murtinho: a vida como obra de arte

"Casa de gente bonita!" – com essa exclamação, que só ele faria, Wladimir Murtinho irrompeu em nossa vida, ao entrar pelo jardim da casa em Quito e deparar com Cristina e Isabel pequenas brincando com o coelhinho branco Rasputin. Já nos conhecíamos um pouco, eu o tinha acompanhado em Brasília numa entrevista ligada à frustrada construção do edifício do Itamaraty em 1961. Quem nos aproximara havia sido Alice Francesconi de Faria, a secretária perfeita que se tornara amiga nossa em Viena e, desde então, voltara a trabalhar com ele. Wladimir visitava os familiares e amigos em Quito, onde crescera.

Filho de diplomata, só veio a conhecer realmente sua terra quando jovem de vinte anos. Desde então, não deixou de deslumbrar-se com o Brasil e seu povo. O pai de Wladimir, legendário embaixador dos velhos tempos, pertencia à família matogrossense do ministro da Fazenda de Campos Salles, Joaquim Murtinho. Por parte de mãe, Wladi era neto de dom Mauro Fernández Acuña, autor da reforma educacional que transformou Costa Rica na nação mais evoluída da América Central.

Ouvi de familiares de Wladi que o amor entre o jovem diplomata brasileiro e a filha de dom Mauro teve lances de novela romântica. Ao chegar a San José como secretário da Legação do Brasil na Costa Rica, dom Antonio José do Amaral Murtinho ou Nhonhô, como era chamado pelos íntimos, estava noivo no Rio de Janeiro de contrato passado. Apaixonou-se perdidamente por Ada Fernández Le Cappellain, Adita para os íntimos, enviando à noiva abandonada no Rio telegrama lapidar: "Perdoa e esquece!".

Tive a sorte de servir no Equador no tempo em que um dos irmãos mais velhos de Wladimir, Oldemar, era Oficial e chefe da Chancelaria da Embaixada. Casado com a filha de um ex-presidente equatoriano, aristocrata integrado nas grandes famílias da oligarquia quitenha, Oldemar era fonte inesgotável de histórias que colecionei sobre a família Murtinho. Pude assim corrigir algumas versões mais descabeladas que corriam no Itamaraty sobre o chefe da estirpe, o velho Nhonhô. Uma delas é que, em meio a uma revolução em San José, ele teria enviado ao Rio de Janeiro telegrama no qual afirmava: "Assumi o governo. Rogo instruções".

A versão é engraçada, mas não tem pé nem cabeça. Indica, aliás, como é imensa a ignorância brasileira sobre as histórias dos demais latino-americanos, que nos pagam na mesma moeda. Presume que a Costa Rica fosse país de constantes revoluções quando a verdade é oposta. O que de fato se passou, segundo ouvi de Oldemar, é que em 1919 ocorreu o último golpe de Estado ou, para outros, revolução libertadora de êxito da história costa-ricense do século XX, dirigido contra Federico Tinoco, casado com a irmã de Adita, acusado de governar como ditador, auxiliado por seu irmão, ministro da Guerra.

O assassinato deste último, em agosto de 1919, abriu caminho para a deposição de Tinoco, que se refugiou em Paris acompanhado dos familiares, entre eles Nhonhô, que participara da defesa armada do presidente. Tinoco morreria em Paris em 1931, sem voltar à Costa Rica. Oldemar recordava que o trem conduzindo a família Tinoco ao porto e ao exílio atravessava, sem se deter, estações ferroviárias das quais revolucionários frustrados com a fuga do presidente crivavam de balas os vagões de luzes apagadas, com os passageiros aterrorizados deitados no chão. Wladimir, nascido em San José em 11 de junho de 1919, era um bebê de três meses.

A parcela de verdade que alimentava a legenda de Nhonhô provinha da facilidade exagerada com que ele se identificava com a sociedade e a política dos países onde servia, passando a comportar-se como cidadão local, com suas paixões e divisões. O fenômeno não era raro naqueles tempos em que um diplomata podia facilmente ficar mais de dez anos num só lugar. Quando o posto se encontrava na América Latina, a facilidade da língua, a semelhança de costumes e tradições políticas faziam o resto. Foi o que, anos mais tarde, voltou a suceder com o pai de Wladimir, ministro plenipotenciário na Legação do Brasil em Quito. Morava ele num casarão perto do Congresso, cujos membros costumavam frequentar-lhe o salão após as sessões legislativas a fim de prosseguir o debate das questões candentes do momento, regadas, no frio da montanha, pelo excelente conhaque que o diplomata importava da França em barris.

Pouco a pouco, começou de novo a sentir-se parte integrante do meio equatoriano, conforme lhe tinha sucedido antes na Costa Rica. Era costume na época que o Senado dedicasse uma sessão solene para homenagear a data nacional dos principais países latino-americanos. Estava-se nos anos 1930, época de exacerbação da disputa entre o Equador e o Peru por territórios amazônicos, que provocaria os choques armados do final da década e inícios dos 1940. No Sete de Setembro, desfilaram na tribuna oradores de todos os partidos em saudações ardentes ao Brasil, do qual esperavam proteção e apoio contra os peruanos.

Ao agradecer as manifestações, o ministro do Brasil deixou-se levar pela emoção. Confessou não se conformar a ver o Equador, com o qual o barão do Rio Branco havia assinado o tratado de limites Tovar-Rio Branco (1903), deixar de ser vizinho contíguo do Brasil. A declaração foi recebida em triunfo e as ovações se propagaram por longos minutos. Não passou muito tempo para que o diplomata recebesse do Itamaraty, em sequência a queixas oficiais do Peru, telegrama que o repreendia e lhe ordenava publicar um desmentido. O velho Murtinho não aceitou a repreensão, nem se dispôs a fazer penitência pública por entender que apenas dissera a verdade.

Seguiu-se silêncio. Tentativas de oferecer outro posto. Desavenças com a Secretaria de Estado no Rio de Janeiro complicadas pela personalidade pouco maleável de Nhonhô, homem de pundonor, capaz de rompantes de *panache*. De uma forma ou de outra, acabou por se impor a pior solução e o pai de Murtinho se viu fora da carreira, sem dispor de recursos financeiros para sustentar a numerosa família. Em gratidão, o Congresso equatoriano votou projeto pelo qual lhe doavam terras no Oriente, a parte amazônica do Equador. Não era essa a intenção, mas a doação revelou-se presente de grego. As terras se situavam em região quase inacessível e, na tentativa de cultivá-las, a família pagou um preço terrível. Vários dos irmãos, Antonio José, Danilo, perderam a vida por causa da fazenda, por doenças, esgotamento ou no acidente do pequeno avião que levou à morte por inanição, perdida na selva, de Zulay, a irmã de Wladi, cuja fama de legendária beleza persistia na Quito dos anos 1960.

Como se vê, a história de Wladimir é um romance de aventuras. Teve a infância errante de filho de diplomata. Aprendeu a velejar na Noruega, adquiriu em escola inglesa o hábito de fazer ginástica ritmada com balizas, falava francês e espanhol como línguas maternas. A adolescência, passou-a no Equador, onde foi colega dos aristocratas locais no prestigioso Liceu Mejía. Desejoso de preparar-se para o concurso do Itamaraty, aceitou o convite de político nomeado embaixador equatoriano em Cuba para acompanhá-lo a Havana como uma espécie de assessor social e mestre de boas maneiras. Já então desfrutava de fama de árbitro de elegância, um tanto esnobe, como ele mesmo admitia que havia sido na juventude.

Passados alguns meses, apresentou-se ao cônsul-geral em Nova York, pedindo para ser repatriado. Escandalizado, o velho cônsul, colega de seu pai, protestou que a repatriação seria uma nódoa para um nome ilustre como o dos Murtinho. Wladi retrucou que não tinha dinheiro para a passagem, mas aceitaria alguma alternativa melhor, se houvesse. Não me recordo bem se a repatriação formal foi evitada.

O fato é que lhe encontraram um lugar modesto num velho navio do Loide. Durante a viagem, em troca de lições de francês, estudou português com um dos oficiais, que lhe ensinou, como se fossem de uso corrente, expressões do tipo "fa-lo-ei, enviou-mo". Sem um centavo no bolso, o repatriado dava também lições de elegância, passeando no convés de bermudas, desconhecidas pelo comandante, que o proibiu de aparecer de cuecas!

Desembarcado no Rio, aprovado no concurso do Itamaraty, transformou-se quando encontrou Tuni. Disse à Marisa e a mim que Tuni o tinha salvado de uma vida de frivolidade. Juntos viveram, por quase sessenta anos, uma história de amor maravilhosa, no sentido de *mirabilia*, algo de inexplicável, milagre que se reinventa a cada manhã.

Belos, ricos, elegantes, cultos, talentosos, tinham tudo para dispersar-se na superficialidade de uma existência brilhante e vazia. Herdeira de duas aristocracias paulistas, os Silva Prado e os Álvares Penteado, Tuni cresceu com as avós, entre o casarão que foi depois sede da Faculdade de Arquitetura e Urbanismo da Universidade de São Paulo, na rua Maranhão, bairro de Higienópolis, e o da rua Caio Prado, no qual mais tarde se instalaria o colégio Des Oiseaux, hoje convertido em parque público. Educada em casa com governanta e preceptora alemã, nunca frequentou escola regular. Desenhista e gravadora, mais tarde restauradora, suas obras, feitas de encanto e sutileza, são raras, mas quem as vê não esquece.

Seria preciso falar deles apenas no plural, de tal modo estiveram confundidas suas vidas. É mais fácil, no entanto, escrever sobre Wladimir, pois Tuni era a face lunar, interior, recolhida, que não oferece rugosidade onde possam aderir as palavras. Wladi era homem de ação e mil projetos; realizou tanto que o perigo, em seu caso, é perder-se no inventário das coisas e esquecer o espírito que animava o movimento. Tinha confiança absoluta no gosto, no olhar de Tuni, no julgamento estético dela sempre que deparava com alguma escolha difícil.

Ao contrário da chama de Vinicius,[1] o amor deles é eterno, posto que, na sua perfeição, já não pode mais mudar, ficando para sempre "intacto, suspenso no ar".[2] Nem por isso é menos infinito, pois foi mais forte que tudo, mais que a perda devastadora de um filho pequeno e a enfermidade que gradualmente encerrou a companheira numa distância silenciosa, mas incapaz de fazer Wladi desistir de tratá-la como se ela tivesse despertado do sonho.

---

1 O autor refere-se à última estrofe do "Soneto da fidelidade", de Vinicius de Moraes: "Eu possa me dizer do amor (que tive):/ Que não seja imortal, posto que é chama/ Mas que seja infinito enquanto dure". Do livro *Poemas, sonetos e baladas*. In: *Obra poética*. Rio de Janeiro: Companhia José Aguilar Editora, 1968, p. 247. [N. E.]

2 O autor se refere ao último verso, 2ª estrofe, do poema de Manuel Bandeira, "Última canção do beco", do livro *Lira dos cinquent'anos*. In: *Estrela da vida inteira*. Rio de Janeiro: Livraria José Olympio Editora, 1966, p. 170. [N. E.]

Como todo amor verdadeiro, o deles foi aberto aos outros e atento ao trabalho e ao mundo. O casal tinha a vocação de construir casas e grandes amizades, estando sempre rodeado de arquitetos, mestres de obras, operários. Amigos de Lucio Costa e Niemeyer, de Olavo Redig de Campos e Alcides da Rocha Miranda, de Bruno Giorgi, Burle Marx, Mary Vieira, andavam constantemente às voltas com iniciativas que se sobrepunham.

Nos últimos setenta anos, não há muitas realizações de cultura brasileira, dentro ou fora do país, que não tragam sua marca decisiva. Do pavilhão do Brasil na Exposição Universal de Bruxelas de 1950 à organização das primeiras bienais; da promoção de conferências de Sérgio Buarque de Holanda na Europa ao apoio sistemático a artistas visuais, músicos, bolsistas, pesquisadores, cineastas; da direção do Instituto Nacional do Livro até a publicação em coedição da série "Intérpretes do Brasil" e outras obras raras, difíceis de encontrar.

Mas isso não passa de amostragem incompleta. Faltaria mencionar o que fez para que Brasília, a arquitetura, a gravura, se tornassem símbolos do Brasil no exterior; a construção de embaixadas; o cemitério militar dos brasileiros mortos na Segunda Guerra Mundial, em Pistoia; com Olavo Redig de Campos, seu companheiro e colaborador inigualável, a viabilização do monumento aos combatentes brasileiros na Batalha de Monte Castello, de autoria de Mary Vieira. Sem esquecer o vastíssimo capítulo de Brasília, a direção da Secretaria de Educação, o edifício do Itamaraty, que estava predestinado a construir.

Nos primeiros dias de Brasília, em 1961, governo de Jânio Quadros, acompanhei-o uma vez ao antigo DASP, para entrevista difícil com burocrata típico, em tudo o seu avesso, o diretor do órgão, Moacir Briggs, a fim de raspar do fundo do tacho do orçamento algum dinheiro para dar início às obras do Itamaraty. Foi a primeira revelação que tive de que nele o entusiasmo era servido por poderosa inteligência e sentido prático das realidades. Não obstante o formalismo, a frieza, a má vontade dos burocratas, Murtinho conseguiu fazer com que relutantemente admitissem o que, de saída, haviam negado: a legalidade e exequibilidade das fórmulas orçamentárias que ele havia encontrado para financiar a construção.

A renúncia de Jânio Quadros logo depois, a turbulência e descontinuidade político-administrativa que sobrevieram, obrigaram a abandonar o empreendimento. Wladi não se perturbou, foi fazer outra coisa. Creio que decidiu nessa época passar uns tempos fora e foi ministro conselheiro junto à embaixada brasileira no Japão, de onde ele e Tuni regressaram enriquecidos de experiências e coisas bonitas.

Não tardou muito e estava de volta ao ponto de partida. Corria, nessa ocasião, no Itamaraty, o comentário de que só lhe tinham confiado a responsabilidade pela construção do prédio devido à convicção geral de tratar-se de missão impossível. Mais uma vez, subestimou-se o único tipo de personalidade que realiza algo de valor em meio adverso como o nosso: o sonhador de olhos abertos, capaz de dar consistência ao sonho.

Graças à perfeita complementação com Oscar Niemeyer e a um grupo talentoso de colaboradores, levou à conclusão o que é, por fora e por dentro, a mais bela realização de Brasília, ajudando a completar a obra de sonhadores como Juscelino Kubitschek, Lucio Costa e tantos outros. Contribuiu, assim, para consolidar a nova capital, tornando inadiável a recalcitrante mudança das embaixadas estrangeiras e afastando, em definitivo, a tentação do retorno ao Rio de Janeiro, secreta aspiração de alguns que parecia viável no começo do regime militar.

Brasília foi, em certo sentido, o projeto síntese que deu unidade e sentido à sua existência e encarnou-lhe todos os sonhos. Foi lá que construiu sua casa definitiva, aquela que escolheu para viver e morrer. Interessou-se por tudo, pelo Festival de Cinema, pela Universidade, o projetado e esquecido Instituto de Teologia de frei Mateus Rocha, o Mosteiro de São Bento ao qual, aparentemente agnóstico, doou a bela cruz medieval que até hoje precede os cortejos litúrgicos. Suas impressões digitais encontram-se espalhadas por toda a parte, nos projetos das embaixadas estrangeiras, que se empenhava fossem confiados aos melhores arquitetos de cada país; na criação de bibliotecas no Plano Piloto e nas cidades satélites.

Quando secretário da Educação, mergulhou no dia a dia das professoras e de seus árduos problemas de remuneração e aperfeiçoamento. Era presença obrigatória em qualquer projeção de filme polonês, romeno, iraniano, em concertos da Escola de Música e da Orquestra, antes e depois do Teatro Nacional, na luta pelo Galpão, em vernissages de galerias ou da Fundação Cultural.

Sem perder a esperança, jamais se resignou a deixar inacabado o que faltava. De tempos em tempos, tentava fazer com que os militares, novos donos do poder, se interessassem em retomar a "construção interrompida", sobretudo a do complexo da Biblioteca e dos Museus da Terra e o do Homem Brasileiro, previstos para a Esplanada e por longo tempo esquecidos.

Enquanto demorava a encontrar o seu Pompidou ou Mitterrand, o homem público capaz de entender que as grandes realizações arquitetônicas e culturais é que imortalizam os governos, ia se ocupando de impulsionar o Museu de Arte de Brasília, de não deixar desalojar e morrer o Museu do Índio, de contribuir para melhorar a qualidade de nossos selos postais, para fazer sair do papel o Museu Aberto do Descobrimento no Sul da Bahia, uma das realizações mais importantes das celebrações do v Centenário da chegada dos europeus ao território brasileiro.

Tinha ideias claras sobre as grandes instituições da cultura e da memória brasileira, que separava em duas ordens representativas de distintos momentos históricos decisivos. Vinham, em primeiro lugar, as do nascimento do Brasil em transição para a Independência: Biblioteca Nacional, Museu Nacional de Belas Artes, Arquivo Histórico, Jardim Botânico, Instituto Histórico e Geográfico. Elementos constitutivos da fundação da nacionalidade, elas deveriam continuar inseparáveis do Rio de Janeiro de d. João VI e do Império, quando surgiram. Essas deveriam permanecer no Rio de Janeiro, onde nasceram.

Em lugar de transferi-las para a nova capital, seria preciso instalar em Brasília instituições originais, não cópias das do século XIX, mas que encarnassem o espírito renovador da mudança do centro de decisões, como foi o Centro Nacional de Referência Cultural,[3] semente do Pró-Memória e do Ministério da Cultura, que ajudou Aloísio Magalhães a criar. A essas entidades inspiradas em concepção contemporânea é que caberia cuidar da criação cultural a partir da data da transferência em 1960, sem descurar a memória dos primórdios, como ocorreu no Projeto Resgate e no sítio baiano do Descobrimento.

A palavra-chave desse plano é "contemporânea". Se, para Walter Benjamin, Paris era a capital do século XIX, para nós Brasília teria de ser a capital da transição do século XX ao XXI, ao menos em termos brasileiros. Capital testemunha do seu tempo, que é sua missão captar e exprimir, não só na arquitetura e no urbanismo, mas especialmente no espírito que deve habitar e animar as instituições e as pessoas. Muito, quase tudo ficou por fazer dessa última parte e quem sabe será essa a tarefa das gerações que já viram a luz no Planalto Central, na nossa Terra do Meio.

---

3 O CNRC, instalado em 1975, na Universidade de Brasília, teve caráter fundamental para a cultura brasileira.

Visual, acima de tudo – Wladimir Murtinho –, apaixonado pelas formas, cores, proporção, equilíbrio, movimento, era homem da arquitetura, da pintura, da escultura, do cinema, do teatro, das exposições, dos museus. Para ele, o conhecimento do mundo se fazia primeiro pelo olhar. Nada lhe daria tanta alegria como ver seu nome lembrado numa das instituições de arte visual que faltam à cidade à qual se deu por inteiro, até ser membro do governo e quixotesco candidato nas eleições a deputado regional, fadado a perder. Sobre Brasília, não admitia críticas nem descrença.

Desânimo com o Brasil é, aliás, sentimento que jamais penetrou a alma de Murtinho. Não gostava de falar mal de ninguém. No máximo, a propósito de alguém que acabava de praticar infâmia particularmente ignóbil, permitia-se murmurar: "É uma triste figura!". Não era homem para destruir ou desprezar, sobretudo quando se tratava do Brasil, do seu povo e da cultura brasileira, que amou profundamente, com paixão e deslumbramento.

Ao encerrar a carreira diplomática, Wladimir Murtinho quis continuar no Ministério da Cultura, do qual havia sido desde o primeiro momento um dos fundadores mais dedicados. Em terra onde não poucos se aposentam com algo mais de quarenta ou cinquenta anos, percebia-se que, para ele, trabalhar e viver eram uma e a mesma coisa, que seria quase capaz de pagar para continuar a servir. No mundo cultural onde excedem as vaidades e os egos, no qual muitos, até com talento ou gênio, servem-se da cultura e das artes como meio de promoção individual, não como o fim da criação, não se conhece dele uma só atitude, palavra ou intenção de natureza subalterna.

Era elevada sua resistência à frustração. No seu momento mais ingrato no Ministério da Cultura, tinha sido desterrado para cubículo longínquo, num fundo de corredor, paredes sujas, móveis e carpete em pedaços. Não se abalou, trouxe de casa quadros, tapetes e objetos e – como aquele velho tenor italiano aposentado, comensal do nosso Dom Casmurro – quando andava, ao chegar ao escritório, "parecia cortejar uma princesa de Babilônia".

Esse retrato pode soar excessivo. Quem o conheceu, diria, contudo, que o esboço peca não por exagero, mas por insuficiência em captar sua ilimitada e esclarecida confiança no potencial do Brasil e de seu povo, sua capacidade de sentir entusiasmo e de fazer partilhar aos demais a fé que sempre depositou no valor positivo do esforço humano.

Raïssa Maritain, em seu maravilhoso livro de memórias, *As grandes amizades*, que já mencionei no início deste livro, quis com esse título significar que somos, no fundo, o que de nós fizeram os grandes amigos. Para Marisa, para mim, para centenas de pessoas que passaram pela vida do casal, tenho a certeza de que a amizade de Tuni e Wladimir nos transformou naquilo que temos de melhor, que eles representam a nossos olhos a mais perfeita realização do ideal de Nietzsche, de fazer da própria vida uma obra de arte.

Em *Remate de Males*, Mário de Andrade dizia: "Eu sou trezentos, sou trezentos e cinquenta".[4] Antes dele, Walt Whitman, mais ambicioso, sentia conter um milhão dentro de si. Quantos estariam contidos em Wladimir Murtinho? Não no sentido habitual de que somos todos contraditórios e diversos, de que cada um é ele mesmo e o seu antípoda. Desse ponto de vista, Wladimir causava até a impressão oposta, pois parecia inteiro, personalidade feita de um só bloco, sem rachaduras nem inconsistências.

Essa linha de explícita coerência interior, sempre fiel a si mesma, coexistia com a infinidade de suas manifestações. Ao longo de seus

---

4 Mário de Andrade, "Eu sou trezentos", do livro *Remate de Males*. In: *Poesias completas*. São Paulo: Círculo do livro S. A., 1976, p.189.

83 anos bem vividos, Wladi foi homem de muitas vidas, de incontáveis iniciativas. Quando as pessoas hesitavam em começar alguma coisa por medo de que viesse a não dar certo, exclamava: "É preciso lançar dez, vinte projetos para poder terminar um ou dois!". Não afirmava isso por leviandade ou falta de critério, por achar que dava tudo na mesma. Indiferente à quantidade, rigoroso no gosto e no julgamento, não era fácil no elogio ou na admiração. Sabia, no entanto, que ser melhor, em termos de homens ou ideias, não é garantia de prevalecer, compreendendo que a *virtù* não bastava; também fazia falta a *fortuna*.

Afinal, Tuni e Wladimir Murtinho não terão estado longe um do outro mais que cinco meses. Tuni foi a primeira a partir, após doença que, durante mais de dez anos, a diminuiu de forma implacável e progressiva. Wladi apagou-se serenamente em Brasília, no dia 16 de dezembro de 2002, ao ler os jornais, antes do trabalho diário no Ministério da Cultura, único privilégio que se oferecia no ocaso da vida.

Com o olho seguro de arquitetos e jardineiros, Tuni e Wladi tinham criado à beira do lago "*la casa della vita*" por excelência. Nela, cada objeto tinha uma história, um sentido, um lugar único. Pintura ou escultura da Índia (onde foram embaixadores), imagens góticas, santos portugueses, máscaras africanas, obras contemporâneas de artistas brasileiros famosos – Franz Weissmann, Bruno Giorgi, Amilcar de Castro, Athos Bulcão – ou anônimos, harmonia na diversidade. O pequeno anexo da casa de hóspedes, a serviço da generosa, infinita hospitalidade do casal, foi todo concebido e decorado com painéis, gravuras, objetos trazidos do Japão.

A casa, o jardim que Tuni formou, com os beija-flores que alimentava, foram o ponto de encontro, para a fogueira de São João, a festa de fim de ano, os almoços de sábado, em algumas épocas do domingo, da gente mais bizarra e contrastante, atraída pelo gosto da beleza e a magia da amizade. Alguns tínhamos o privilégio de pertencer aos íntimos, ao pequeno círculo dos fiéis que não necessitavam de convite especial. Sentíamo-nos entre nós parte de categoria especial, sabedores de onde estavam as coisas, autorizados a entrar na cozinha, capazes de lembrar sem precisar dar explicações, da tradição da casa, das histórias que se haviam passado antes, dos episódios que formavam a trama mágica do passado.

Outros eram visitantes ocasionais, entre eles personalidades ilustres, grandes arquitetos internacionais, artistas, escritores, trazidos à casa dos Murtinho como o ponto culminante de qualquer visita a Brasília, a etapa obrigatória para conhecer como se podia viver naquela cidade incomum uma refinada vida de espírito e de beleza. Alguns abusavam da generosidade dos anfitriões e passavam meses intermináveis na casa de hóspedes. Wladi e Tuni pareciam não notar, ou talvez não se importassem, em sua genuína generosidade.

Em certa ocasião, antes que o casal Murtinho partisse para a Dinamarca (ele acabava de ser indicado embaixador em Copenhague), Tuni tinha decidido doar algumas plantas a amigas que frequentavam sua casa. Marisa e eu assistimos, estarrecidos, a como algumas dessas pessoas, brasileiras e estrangeiras, literalmente saquearam a casa, indo muito, muito além do que Tuni lhes oferecera, a ponto de ser necessário intervir para interromper o saque. Ao evocar essa cena, me veio à mente a imagem de aves de rapina, de urubus sobre a carniça. Os amigos tinham, muitas vezes, de proteger Tuni de pessoas desse tipo.

Na pracinha exclusiva em frente da casa, onde se armava a fogueira de São João, a porta colonial parecia portaria de mosteiro onde se sucediam os que vinham de longe receber as doações em dinheiro do "Coronel". Debalde Gladys, a leal escudeira e ama da casa, ou Valdir, motorista e factótum, tentavam proteger Wladimir desse excesso de visitas, de demandantes. Uma vez, em Salvador, no Mercado Modelo, uma moça se aproximou com ar de modesto desamparo. Wladi pôs a mão no bolso e, sem olhar, deu-lhe o maço de dinheiro que encontrou. Marisa perguntou: "Você viu quanto deu?". Ele respondeu: "Não tem importância. Ela vai ficar contente quando chegar em casa!".

Ao longo da enfermidade de Tuni, Wladi contou sempre com o amparo de Isabel, sua filha, com a alegria que lhe traziam os netos Patrícia e Luiz Bernardo. Em sua nova e definitiva casa na imortalidade, deve estar feliz de ver que ambos desenvolveriam com talento vidas produtivas de arte e cultura. Não era destinado à solidão. Seus últimos tempos foram adoçados pela companhia constante de amigos diletos, Gladys, Valdir, que morreu logo depois dele, Myrtes, secretária devotada e, acima de todos, os fiéis entre os fiéis, Rossini Perez e Hugo Rodas.

Nunca pensamos que essa maravilhosa história se acabasse, ou melhor, se transferisse a outra dimensão no tempo. Olhar como Tuni e Wladi viviam era reaprender a viver a própria vida, a recriar-se de novo, com valores melhores e alma limpa.

Wladimir não desanimava com os adiamentos e frustrações, sabia esperar, mas gostava de terminar o que começara. Quando Tuni finalmente partiu, em inícios de julho de 2002, os amigos temeram que o gosto pela ação o abandonasse. Professor de vida até na fase de despedida, foi o contrário que aconteceu. De modo sistemático, quase seguindo um plano secreto, foi completando tudo o que estava inacabado, inclusive a volta ao Equador de sua infância, que dizia às vezes não querer mais rever pois só encontraria as sombras do passado.

Como era típico nele, pôs-se literalmente à obra, com jardineiros e pedreiros, reformou o jardim, renovou pisos, reanimou as pinturas, colocou em ordem os livros, refez sobretudo, com sua generosidade característica, o apartamento de Gladys. Estava tudo pronto e consumado; ele podia enfim dizer, como em "Consoada",[5] seu poema predileto:

> O meu dia foi bom, pode a noite descer.
> (A noite com os seus sortilégios.)
> Encontrará lavrado o campo, a casa limpa,
> A mesa posta,
> Com cada coisa em seu lugar.

---

5 Manuel Bandeira, "Consoada". In: *Estrela da vida inteira.* Rio de Janeiro: Livraria José Olympio Editora, 1966, p.221.

Diplomacia da cultura em tempos de obscurantismo

Com dez anos de carreira e recém-promovido a primeiro-secretário, voltei a Brasília no início de 1971. Em Viena, Buenos Aires e um pouco menos em Quito, onde tinha de fazer qualquer serviço, me ocupara basicamente de assuntos culturais, comerciais e miscelânea, na periferia do eixo político e econômico da diplomacia. Estava cansado da repetição e ansiava para que me oferecessem um papel diferente. Começava a me sentir como o compositor Pestana, de *Um homem célebre*, de Machado de Assis, que sonhava em compor obra digna de Mozart ou Beethoven, mas cuja inspiração só alcançava para polcas buliçosas que faziam sucesso sob nomes jocosos: "Não bula comigo, Nhonhô"; "Candongas não fazem festa"; "Senhora Dona, guarde o seu balaio".[1]

Meu sonho, mais modesto, era substituir o admirado colega Luiz Orlando Gélio na Divisão da América Meridional II (DAM-II), que cobria os países sul-americanos andinos. Não era para ser dessa vez. Gibson disse que precisava de mim na Divisão de Difusão Cultural

---

1 Machado de Assis, "Um homem célebre". In: *Obra completa*, v.2. Rio de Janeiro: Nova Aguilar, 1994, p.497.

(DDC), setor artístico e cultural pouco desejável no Itamaraty por estar afastado da grande diplomacia política e ser olhado como marginal ao eixo da carreira. Juntamente com a Divisão de Cooperação Intelectual (bolsas, centros de estudo) e da Divisão de Cooperação Técnica, logo depois também da recém-criada Divisão de Ciência e Tecnologia, fazia parte do Departamento Cultural, dirigido pelo veterano e bondoso Fernando Simas Magalhães.

Tentei o tempo todo mudar de área, não me deixaram e tive de permanecer mais de três anos numa divisão em que era difícil obter a ajuda de outros diplomatas. Por sorte, depois de algum tempo, veio trabalhar comigo Romeo Zero, que havia ingressado tarde na carreira depois de anos como chefe de comissários de bordo da Panair do Brasil. De uma família pobre de São Paulo, donos de um açougue, descendentes de calabreses, Romeo possuía vocação artística para o desenho, a gravura, se dedicava na época a trabalhos admiráveis de esmalte. Na Biblioteca Infantojuvenil Monteiro Lobato, na Vila Buarque, se tornara amigo do futuro filósofo José Arthur Giannotti, do crítico teatral Sábato Magaldi, do arquiteto Ennes Silveira Mello. Modesto, de poucas palavras, subestimado no Itamaraty e de grande talento, tornou-se meu braço direito em tudo o que procurei fazer.

A DDC já havia perdido naquela época as verbas que permitiram a Mário Dias Costa organizar o famoso concerto da Bossa Nova no Carnegie Hall em 1962. A iniciativa virou lenda: hoje todo mundo festeja o empurrão que iria tornar conhecidos nos Estados Unidos Tom Jobim, João Gilberto, Sérgio Mendes, Oscar Castro Neves, Roberto Menescal. Na época, a coluna de Ibrahim Sued publicava no *Globo* notícia mal-intencionada sob o título "Fiasco do Concerto no Carnegie Hall", dizendo que, exceto Luiz Bonfá, o concerto decepcionara "inteiramente". Criticava também "o diplomata Mário Dias Costa" por haver permitido que um grupo argentino (pecado mortal!) se tivesse exibido, roubando a publicidade do evento (*O Globo*, 23.11.1962). Deixo esta nota apenas para sublinhar outro inconveniente da DDC: podia não dar prestígio diplomático, em compensação, os invejosos que infestam o meio estavam sempre prontos a armar intrigas contra os diplomatas da divisão.

Embora ainda se dispusesse de alguns recursos, bem mais do que sucederia depois, a pressão de interessados em patrocínios oficiais no exterior ameaçava atomizar o pouco que restava. De saída, percebi o perigo do arbítrio, de não haver planejamento e programa para dirigir os meios financeiros a atividades justificáveis. Tendo sido obrigado a me ausentar nas primeiras semanas sem dispor de um diplomata substituto de confiança, a repartição ficara aos cuidados de uma funcionária, casada com um pintor japonês, que havia sido contratada antes e permanecia por ali. Aproveitando minha ausência, essa senhora, riograndense e com paixão pelas tradições dos pampas, empenhou praticamente toda a verba destinada a livros numa compra de centenas de exemplares de um livro de poesia gauchesca intitulado *Tropilha crioula e Gado xucro*, de Vargas Neto, para meu desespero de não saber o que fazer com tantos muares e vacas!

Junto com Romeo nos esforçamos em executar um plano que utilizasse a maioria dos recursos na produção de material informativo de que as embaixadas e consulados careciam para divulgar o Brasil. Adotamos alguns modelos bem-sucedidos no exterior, como um excelente folheto ilustrado, na verdade um pequeno livro de introdução, elaborado pela embaixada em Londres sob a direção do embaixador Sergio Corrêa da Costa. Adaptamos o texto, traduzido nas línguas mais demandadas, encomendamos quantidades grandes para serem distribuídas ao lado de modelos mais simples de folhetos informativos de quatro páginas. Providenciamos coleções de negativos e fotos reveladas da série de Marcel Gautherot sobre tipos humanos e aspectos de paisagens, cidades, indústrias do Brasil.

Padronizamos uma Brasiliana, biblioteca básica de obras sobre o Brasil, que tomasse o lugar, nos armários das repartições, dos empoeirados volumes avulsos de anuários do Ministério da Agricultura de 1935 ou das coleções dos discursos de Getúlio Vargas em vários tomos, únicas publicações que costumavam estar ao alcance dos estrangeiros sequiosos de aprenderem alguma coisa sobre aquela distante nação tropical. Enviamos coleções de diapositivos, discos, filmes documentários como a série sobre poetas e escritores de David Neves, as gravações de poetas da Editora Festa. Não havia pedido de embaixada que deixássemos desatendido, inclusive um que nos deu uma trabalheira enorme, obrigando-nos a comprar em loja esportiva da avenida W-3 uma taça dourada imitando a Jules Rimet para torneio amador de futebol!

O pianista e professor da UnB, Paulo Affonso de Moura Ferreira, nos assessorou na montagem de programa para subsidiar a publicação e divulgação de partituras de compositores brasileiros de música contemporânea, antes praticamente só existentes sob a forma de manuscritos. Pagamos para que fossem gravadas e impressas em discos algumas dessas músicas. Aos poucos, conseguimos evitar que a parcela mais significativa das dotações oficiais se diluísse em eventos esporádicos que não deixavam rastros, substituindo-os por material cultural e informativo permanente.

Nessas áreas objetivas, menos controvertidas, ainda se podia fazer alguma coisa, mesmo no apogeu dos anos de chumbo da repressão do AI-5 e do governo do general Médici. Em outros setores mais expostos à censura e à publicidade, como a música popular e as artes visuais, a situação se complicava. Poucos anos antes de meu retorno, ocorrera em 1969 o escândalo da maravilhosa exposição de arte popular que Lina Bo Bardi montara no Museu de Arte de São Paulo (MASP) sob o título de *A mão do povo brasileiro*. Lina valorizava aquela que mereceria de verdade ser chamada de *arte povera*, a capacidade da gente do povo de criar beleza a partir dos objetos mais rústicos e humildes do cotidiano. Uma das obras era fantástica, uma lâmpada elétrica inservível no sertão sem eletricidade, cortada no topo e convertida numa lamparina de querosene pela mão popular!

Encerrada no museu e já sendo preparada para montagem no exterior, a mostra recebeu a visita de um oficial, adido militar, se não me engano, que ficou indignado. Além do espetáculo de pobreza e despojamento transfigurado em beleza, essência da exposição, algumas das peças suscitaram a indignação do militar: os miúdos caixões funerários para anjinhos feitos à mão e ilustrados em cores singelas do arco-íris por figuras que pareciam ter fugido dos quadros de Chagall. Bastou para cancelar a ida ao estrangeiro e empacotar as peças durante anos até que, em 2016, o MASP voltou a mostrá-las ao público. No mesmo ano de 1969, soldados de metralhadora fechavam, no Museu de Arte Moderna do Rio de Janeiro (MAM), a pré-mostra de jovens artistas brasileiros selecionados para a Bienal dos Jovens de Paris, incluindo os então moços Cildo Meireles e Antonio Manuel.

A violência provocou o boicote de artistas à Bienal de São Paulo e me trouxe sérias dores de cabeça. Na edição de 1971, o artista espanhol Rafael Canogar, um dos contemplados com prêmio de aquisição, quase provoca o fechamento do evento com obras de inspiração claramente revolucionária. A pedido de Ciccillo Matarazzo, presidente da Bienal, passei horas para convencer um coronel do 2º Exército, felizmente pintor amador, de que o artista desejava somente denunciar a violência no mundo em geral...

Não se teve a mesma sorte com a obra da representação italiana *Omaggio all'America Latina*, de Emilio Scavigno e Alik Cavaliere, um muro enorme contendo, de alto a baixo, carneiros de cemitério, cada um com o nome manchado de sangue de um guerrilheiro como Carlos Marighella, Che Guevara ou de um dos libertadores, Bolívar, Sucre.

A peça teve de ser devolvida à Itália para aflição do pobre Edoardo Bizzarri, adido cultural italiano e tradutor de Guimarães Rosa.

Descobri ao chegar de volta a Brasília que praticamente todos os artistas brasileiros, com raras exceções, haviam sido fichados como subversivos, constando de interminável lista negra. Não podiam receber nenhum tipo de patrocínio oficial, passagens aéreas, inclusão em exposições e concertos. Pouca gente sobrava para divulgar a cultura brasileira. Com apoio ativo de Gibson Barboza e Simas Magalhães, desenvolvemos estratagema para superar o obstáculo.

Na maioria dos casos, os motivos dos vetos não tinham consistência. Por exemplo, mesmo o menos político dos seres, o desenhista e gravador Marcello Grassmann, que vivia apartado da sociedade numa casinha lá pelas bandas do cemitério de Santo Amaro, havia assinado em 1946 um manifesto em favor da legalização do Partido Comunista. Perto do Dia do Diplomata, em 20 de abril, ocasião em que se concedia a condecoração da Ordem de Rio Branco, propúnhamos o nome de Marcello, entre outros. Por alguma razão, a investigação era perfunctória e quase sempre se outorgava a autorização. Uma vez condecorado, o artista ficava consagrado e podia ser apoiado...

Nem sempre as coisas eram tão simples. Certo dia, eu me encontrava como substituto do chefe do Departamento, quando recebo o telefonema angustiado do pai de professora do Centro de Estudos Brasileiros em Santiago do Chile. Imprudentemente, essa moça, ao viajar de férias ao Rio de Janeiro pelo avião do Correio Aéreo Nacional da FAB, aceitara ser portadora de cartas e encomendas de exilados para as famílias. Ao chegar, havia sido presa e o pai não conseguia obter notícias. Recorri a Gibson, que teve de apelar aos níveis mais altos para que a professora fosse posta em liberdade.

Suscetível à crítica do exterior, o regime lançara operação de enorme envergadura para "melhorar a imagem". A entidade criada para isso, a Assessoria Especial de Relações Públicas (AERP) da Presidência da República, passou a ser dirigida pelo general Otávio Costa, pessoa inteligente, que escrevia bem (atribuía-se a ele a redação dos enganadores discursos liberais de Médici como aquele que afirmava "em vez de jogar pedras no passado, vamos aproveitar todas as pedras disponíveis para construir o futuro"). A AERP dispunha de representações em todos os estados, contava com a colaboração do diplomata João Clemente Baena Soares, que me ajudou a obter recursos para material informativo.

Era o tempo da Operação Rondon, cujo slogan pregava "integrar para não entregar" a Amazônia, do Movimento Brasileiro de Alfabetização (MOBRAL), do "milagre" econômico, da conquista do tri, do "Brasil, ame-o ou deixe-o", das marchinhas triunfalistas, "90 milhões em ação", "Ninguém segura este país". Os militares não se conformavam que tanta euforia não encontrasse eco no estrangeiro. Movido pela ingenuidade, sugeri a Gibson que dissesse a Médici que de nada adiantava o esforço de propaganda se as notícias de tortura continuassem a desfazer a pretensão do regime.

Para minha surpresa, ele de fato abordou o assunto com o presidente. Contou-me depois que o general teve reação que o assustou. Formalizou-se e o advertiu de modo ameaçador que nunca mais suscitasse com ele temas internos de segurança e se limitasse estritamente às questões diplomáticas de sua competência. Fechou a cara e deu abruptamente por encerrado o despacho. Não sei se com exagero, Gibson me disse que se sentira sinistramente ameaçado pelo tom pessoal e malévolo. A conversa morreu ali, ficava claro que a tortura, os assassinatos, os desaparecimentos, estavam longe de constituir excessos ignorados de subordinados: encarnavam a própria essência deliberada e fria da política dos dirigentes no mais alto nível.

Em meio a tanta tribulação passageira, houve compensações duradouras. A maior consistiu na descoberta do mundo novo das artes e dos artistas. Entrei em contato com gente invariavelmente original, inventiva, imaginosa, às vezes generosa, sempre irrealista, interessante na riqueza humana de vida voltada à beleza e à criação. Visitei as casas, os ateliês de Fayga, Tomie Ohtake, Arcangelo Ianelli, o sítio de Burle Marx, Rossini Perez, Amélia Toledo, Mira Schendel, Nicola, Jacques Douchez, as fotógrafas Maureen Bisilliat e Claudia Andujar, compositores, cantores, músicos, críticos de arte, conversei com Volpi, incontáveis outros, viajei à Bahia, a Pernambuco, aprendi coisas que não suspeitava. A repressão, o medo, a frustração daquele tempo, tudo acabou por passar. O que me ficou para sempre foi a lembrança do muito que recebi desses extraordinários seres humanos.

Uma grande amizade que fiz na época foi a de João Frank da Costa, meu colega mais velho no Departamento Cultural, que implantou no organograma do Itamaraty a Divisão de Ciência e Tecnologia e conquistou enorme prestígio junto à comunidade científica brasileira.

João Frank foi um dos últimos de espécie em extinção: a dos diplomatas nascidos e criados no exterior, que ainda falavam arrastando os erres com ligeiro sotaque francês. Descendia de uma dessas velhas famílias portuguesas do Pará. Um de seus ilustres antepassados havia sido o fidalgo que comandou a defesa de Mazagão, a última fortaleza lusitana no Marrocos. Após heroica resistência, o comandante negociou com os marroquinos trégua que lhe permitiu evacuar em segurança todos os habitantes do local, por volta de 1768. O marquês de Pombal resolveu que a população seria transferida para a Amazônia, a fim de ajudar a povoar aquelas imensidões vazias.

O antepassado de João recebeu da Coroa extensas sesmarias que se revelaram mais tarde ricas em seringais e castanheiras, permitindo a gerações de sua família viverem na Europa. Recordo de ter ouvido em uma palestra no Centro Dom Vital, de Alceu Amoroso Lima, também de alguma maneira herdeiro de rica família portuguesa estabelecida no Brasil, que, na segunda metade do século XIX e começo do século XX, era mais em conta para famílias abastadas viver em Lisboa e Paris que no Rio de Janeiro, onde tudo, até a manteiga, era importada de fora. O custo de vida aqui para quem queria viver bem, longe da massa pobre, era bem mais alto que na Europa. A condição para isso era contar com alguma renda razoável em mil-réis, de seringais, do cacau ou do café. O câmbio estável fazia o resto.

Isso explica a legenda de tantos brasileiros ricos em Paris, dos quais o símbolo se tornou Eduardo Prado. Aliás, o destino de Prado comprovou os perigos a que estavam expostos os que viviam no Brasil. Ele morreu com apenas 39 anos, da febre amarela que pegou numa de suas visitas à fazenda Brejão, no interior de São Paulo. Quem podia, ficava longe disso.

No caso de João Frank, tenho a impressão de que não só o pai, mas também o avô, tinham sempre vivido em Londres ou Paris. Herdou casa no aristocrático bairro parisiense de Passy e passava férias numa propriedade da família, um antigo priorado do século XIII, no Périgord. Não era, porém, dos que se acomodam ao caminho de facilidades. Antes de completar dezoito anos na França ocupada, aderiu à Resistência, onde se contava que se distinguiu por ações arrojadas contra os nazistas na sabotagem de pontes e trens de transporte. Finda a guerra, destacou-se nos estudos de direito internacional, economia e literatura. Sua tese pioneira sobre o regime internacional da Antártida já revelava o pendor científico que o caracterizaria.

Após o concurso brilhante no Instituto Rio Branco, escreveu primeiro um longo ensaio, depois um livro sobre a diplomacia de Joaquim Nabuco, que, desde então, se tornaram obras de referência.

O livro teve, infelizmente, edição tão desleixada e cheia de erros de impressão que é de leitura penosa. O Itamaraty deveria um dia, antes cedo que tarde, promover uma nova edição decente, uma vez que a obra é uma raridade.

Melhor até se reunisse no novo livro os artigos e escritos esparsos. João Frank foi praticamente quem inventou no Brasil o tema da cooperação internacional para o desenvolvimento em matéria de ciência e tecnologia. O trabalho que realizou teve tamanha repercussão, dentro e fora do país, que as Nações Unidas o convidaram para ser o subsecretário-geral da ONU para o setor. Nessa condição, organizou a grande Conferência da ONU sobre Ciência e Tecnologia para o Desenvolvimento, em Viena, nos anos 1970, onde não foi fácil alcançar resultados razoáveis porque as nações ricas, líderes em pesquisa científica, já se haviam atrelado aos interesses mercantilistas das transnacionais detentoras da tecnologia farmacêutica.

João Frank foi um dos primeiros a perceber a primazia do conhecimento científico e da pesquisa. Os raros setores nos quais o Brasil seguiu essa política – a agricultura, com a Embrapa; a indústria aeronáutica, com a Embraer – são, não por acaso, os de maior dinamismo e êxito da economia brasileira. Os princípios cooperativos de Viena até hoje se contrapõem ao egoísmo privatizante da proteção excessiva das patentes na luta para dar acesso a todos ao patrimônio científico da humanidade.

Seria fácil imaginar que pessoa privilegiada pelo nascimento rico como João Frank se tornasse um parasita da riqueza herdada e um estrangeirado, divorciado em sentimento da terra de origem. Nada mais longe da realidade. Era um homem apaixonado pela autenticidade rústica do interior do Brasil, como continuava a ser na ocasião boa parte de Goiás. Todo feriado ou fim de semana saía em excursão para explorar o que a região oferecia em legado artístico do passado, Goiás

Velho, por exemplo. O único ponto em que se mostrava intransigente se referia à qualidade para a culinária de certos produtos brasileiros, ainda primitivos.

Uma ironia cruel fez com que esse homem, todo ação e energia, fosse aos poucos anulado por uma dessas misteriosas doenças degenerativas que de forma gradual e inexorável destroem os músculos. Não se abateu e, até o fim, continuou a inventar, cada vez mais mergulhado nas obras de *assemblage* que criava com materiais disparatados reunidos com humor e irreverência.

De vez em quando se internava por quinze dias no National Institutes of Health em Washington, onde servia como cobaia voluntária nas pesquisas para tentar encontrar tratamento para a doença. Hospedava-se em nossa casa no subúrbio da capital norte-americana na época em que eu era conselheiro da embaixada. Uma vez fui visitá-lo e ele não estava no quarto. Afinal o localizamos numa oficina do último andar do hospital, onde, com martelo e solda, João fabricava uma de suas montagens artísticas. Seu espírito era indomável.

Fazia bem, de modo claro e despretensioso, tudo que tocava; era, inclusive, requintado cozinheiro (auxiliado, no trabalho pesado de cozinha, por Fernanda, sua mulher) e gostava de receber com pratos que ele mesmo preparava. A essência de João Frank está no delicioso *La cuisine et la table dans l'oeuvre de Proust*, que escreveu quando convidado a dirigir a reencenação do jantar que a mãe do Narrador oferece "ao marquês de Norpois", imagem do diplomata sofisticado.

Guardo até hoje a pequena plaqueta retirada *in separata* do *Bulletin de la Société des Amis de Proust* ("Boletim da Sociedade dos Amigos de Proust), que me foi enviada, anos depois, pelo conde Robert de Billy, presidente da Sociedade, amigo de João e que conheci por meio dele. Pequena obra-prima de erudição, intuição crítica e humor sutil, comenta o texto que a fiel cozinheira Françoise deveria ter preparado sob protesto a extravagante salada de ananás com trufas, triunfo do exagero burguês, que figura no menu do banquete.

E completa com julgamento que poderia ter-lhe servido de lema em tudo o que fez. A cozinheira de gênio, afirma João Frank, sabe que a boa cozinha se reconhece "não no rebuscamento e na complicação, mas na simplicidade – signo de perfeição – e na capacidade de dar valor ao gosto que possuem as coisas".

Outra revelação notável que mudou profundamente o que sou e sinto teve a ver com a África, sua cultura, vitalidade, e, por meio delas, o povo negro do Brasil. As circunstâncias de trabalho e o acaso me fizeram descobrir essa realidade, que antes nunca me tocara, como a muitos outros. Alberto da Costa e Silva deu a um de seus livros o nome de *O vício da África e outros vícios*.[2] Não pretendo a tanto, mas me inoculei também com o vírus africano e da história, da cultura afro-brasileira.

Deve ter sido o próprio Alberto, assessor político no gabinete do ministro Gibson Barboza, a sugerir que estava na hora de o Brasil voltar à África, depois do abandono da tentativa inacabada de inaugurar a presença diplomática brasileira no governo Jânio Quadros, em 1961, da qual participara.

Talvez também para romper um pouco o isolamento do regime militar, imaginou-se uma visita que, a princípio, parece ter sido estimulada pela ilusão de que o Brasil teria condições teóricas de mediar entre Salazar e as colônias portuguesas, então em estado de guerra de libertação. Aparentemente, a ideia surgira do autor da *Negritude*, o presidente do Senegal, Léopold Senghor, conhecedor da cultura brasileira e da obra de Gilberto Freyre. Caso o projeto tenha realmente existido, logo se percebeu sua inviabilidade. Salazar acreditava na

---

2 Alberto da Costa e Silva, *O vício da África e outros vícios*. Lisboa: Edições João Sá da Costa, 1989.

vitória militar, não se dispunha a nenhuma mudança na situação das colônias. O poderoso *lobby* dos comendadores portugueses no Brasil, a grande imprensa, os militares, ninguém admitia que pudéssemos nos aproximar dos rebeldes na Guiné, em Angola, Moçambique, vistos como agentes de Moscou e Pequim.

Sobrou algo menos excitante, quem sabe a primeira etapa para tentar depois desígnio de maior ambição: uma viagem do ministro do Exterior aos países africanos independentes ao longo do Atlântico e no centro do continente, de antiga colonização francesa, inglesa, belga no caso do Congo, todos mais ou menos bem-comportados e seguros dentro da tradição do neocolonialismo europeu. Mesmo isso apresentava logística diplomática difícil, pois o país possuía poucas missões na África e essas quase sempre descuradas, sem capacidade de oferecer apoio.

Resolveu-se então montar, em maio de 1972, missão precursora para estabelecer o itinerário, as datas, preparar a visita, imprimir-lhe algum conteúdo concreto de atos e realizações. Confiou-se a direção ao chefe do Cerimonial, André Teixeira de Mesquita, com quem eu trabalhara em Viena, secundado por Paulo Tarso Flecha de Lima, chefe do Departamento de Promoção Comercial, representantes dos principais departamentos, cultural, comunicações, administração, dentre os quais fui incluído para preparar acordos de cooperação cultural e intelectual.

As principais etapas do itinerário impunham-se pela importância intrínseca dos países: Senegal, Costa do Marfim, Gana, Nigéria, Camarões, Congo, então rebatizado de Zaire. Adicionaram-se Togo e Daomé, posteriormente chamado de Benim, devido à importância de comunidades de descendentes de antigos escravos brasileiros e, no último momento, o Gabão. Da África Ocidental, ficavam de fora Guiné-Bissau e Angola, em plena guerra, e a África do Sul do *apartheid*.

Tratando-se de um retorno diplomático, de um recomeço, o critério predominante tinha caráter geral, não privilegiava uma dimensão particular como seria a perspectiva de negócios, de exportações, de atividades culturais. Seria um pouco de tudo, uma espécie de reapresentação do Brasil no seu conjunto.

Principiantes em África, viajantes de primeira viagem, tínhamos curiosidade e desejo de aprender. Encontrei caderneta na qual rabisquei o diário de bordo, que não transcrevo por conter muita coisa circunstancial, impressões superficiais de países, pessoas, cidades. A maioria dos trajetos se fez de avião, às vezes em condições precárias. Viajamos, contudo, por automóvel de Acra, em Gana, ao Togo, ao Daomé e de lá até Lagos, na Nigéria. Nossa impressão foi curiosa. Esperávamos um choque de exotismo, como se costuma ter nas estradas da Índia. Fora algumas pessoas de bubus coloridos e turbantes muçulmanos, o que sentimos foi estranha sensação de familiaridade, de que percorríamos o interior do Nordeste ou de Minas. O intenso vermelho do solo, os casebres, os agricultores na enxada, as palmeiras, o cheiro perfumado da terra tropical molhada pela chuva, o que um europeu acharia exótico nos restituía o nosso próprio país.

O que nos chocou de verdade foi o estado de descalabro e abandono da maioria de nossas missões diplomáticas, exceto uma ou outra relativamente arrumada, como a de Dacar. Quase todas se encontravam havia meses, anos, sem embaixador, entregues a diplomatas em serviço provisório, pobres figuras enviadas de consulados na Europa para serviço provisório de dois meses que acabavam esquecidos por oito, nove meses, sem perspectiva de substitutos. Os funcionários não diplomáticos não passavam de contratados locais, em alguns casos mulheres brasileiras divorciadas de diplomatas africanos que se agarravam a um emprego na embaixada. Sem instruções, sem material informativo comercial ou cultural, sem ter o que fazer, aquelas pobres almas vegetavam pelos aposentos de casas alugadas com carpetes cheirando a mofo causado pelo gotejar dos aparelhos de ar-condicionado enferrujados.

Ao olharmos de fora a casa residencial que servia de chancelaria em Acra, o pátio coberto de poeira vermelha, a bandeira no mastro cujo verde e amarelo tinha sido desbotado pela chuva, alguns cachorros vira-latas dormindo, lembro que Paulo Tarso exclamou: “É isso que é ser embaixador?!”. Espontânea, a reação dizia tudo: valeria a pena criar embaixadas apenas para mostrar a bandeira? Teria sentido nossa própria viagem, alguma coisa de sério, durável, brotaria de todo esse esforço? Ou tudo não passaria mais uma vez do fogo de artifício de que se alimenta a vaidade dos ministros e diplomatas, a autoilusão de visitas, festas, celebrações, que se esvaem em si mesmas?

Ao voltar, durante a reunião-relatório em que a missão precursora prestou contas ao secretário-geral, embaixador Jorge Carvalho e Silva, cometi a imprudência de deixar transparecer essas dúvidas. Indaguei se não seria melhor restringir os acordos a serem firmados aos países em que tínhamos intenção de abrir missões permanentes capazes de dar execução ao acordado. A sugestão tinha o inconveniente de trazer à luz a falta de substância da visita do ministro a países como Togo, Daomé, Camarões, Gabão. Recebi pito ríspido do secretário-geral na frente de todo o mundo e tive de me recolher à minha insignificância.

Temo que não andei errado no meu vaticínio. Tudo isso foi há mais de cinquenta anos e me pergunto se as coisas mudaram muito em substância. Um mês depois, refiz o périplo em missão bem menor, de três ou quatro membros, a fim de concluir a negociação começada dos acordos. Acompanhei igualmente o ministro Gibson na comitiva oficial da visita ministerial em outubro-novembro de 1972. Hoje seria inconcebível o chanceler se ausentar por um mês em viagem a nove países africanos. A visita foi um triunfo extraordinário, inesquecível para os participantes, inclusive jornalistas mais céticos.

Por necessidade de agenda, tivemos de deixar o Senegal para o fim, começando pela Costa do Marfim. Foi melhor assim, porque Houphouët-Boigny, ainda firmemente no poder antes da desagregação da vida política do país, converteu a visita de Gibson em apoteose, talvez até para realçar seu prestígio de misto de remanescente da classe dirigente do império colonial francês e potentado indiscutível do povo Baoulé. Fez questão de que a comitiva viajasse de avião até perto de sua cidade natal. As últimas dezenas de quilômetros foram percorridas em cortejo, aclamado por milhares de pessoas com bandeiras de ambos os lados. Ao chegarmos próximo ao palácio presidencial de Yamoussoukro, fomos recebidos por fileiras de dignatários em trajes tribais de cerimônia levando nas mãos objetos de ouro ou dourados para indicar a riqueza local.

Visitamos a catedral descomunal, que o presidente quis que superasse a basílica de São Pedro no Vaticano. À noite, depois de banquete no qual se serviram pratos e vinhos vindos de Paris, Mário Gibson, fazendo jus a seu apelido de marquês de Olinda, abriu com elegância o baile, tirando para dançar a bela esposa do presidente, numa cena que lembrava o príncipe de Salinas ao inaugurar a valsa com Claudia Cardinale no final de *Il Gattopardo*.[3]

A etapa marfiniana marcou o princípio e o ponto mais alto do périplo, embora as outras impressionassem igualmente pela exuberância, as danças de chefes locais cobertos do para-sol majestático,

---

3 O *Leopardo*, Luchino Visconti, Itália-França, 1963, adaptação do romance de Giuseppe Tomasi di Lampedusa. O príncipe de Salinas é interpretado por Burt Lancaster. Alain Delon também está no elenco.

a chegada de barco à aldeia lacustre no Benim cercados por dezenas de pirogas com guerreiros pintados e de lanças, ululando de modo a meter medo. Por todo o lado, a alegria contagiante do povo africano, tambores, xilofones, plumas e túnicas de mil cores, turbantes de formas surpreendentes. Sentia-se simpatia genuína de parte daquele povo tão próximo do povo brasileiro na vitalidade e alegria de viver. Quem esteve na viagem jamais haverá de esquecer a experiência, que foi muito além de simples acontecimento diplomático para transformar-se em emoção profunda.

A visita cumprira o objetivo de marcar a retomada da presença diplomática do Brasil na África. O mais difícil principiava agora: não deixar novamente morrer a boa intenção e dar sequência ao esforço. Não que politicamente se tivesse atingido objetivo digno de nota. Para isso, teria sido preciso mais audácia, dar o passo que o país nunca teve coragem de ousar em nenhum governo: enfrentar o decadente colonialismo português, apoiar sem disfarce a independência das colônias. Durante as negociações de comunicados conjuntos com diplomatas africanos, a timidez de nosso lado era tanta que as alusões à descolonização se diluíam em fórmulas insignificantes. Num almoço a dois com Gibson, disse a ele que, devido ao excesso de cautela, sua política externa corria o risco de se tornar anódina e irrelevante.

Fechada essa porta, que, aliás, escapava à minha competência funcional, o que restava senão tentar transformar em realidade as promessas de uma política cultural de verdade para a África? Praticamente seria necessário recomeçar do zero: a falta quase total de interesse pelas coisas africanas no Brasil daqueles dias. Hoje, meio século depois, o panorama é completamente outro e irreconhecível. Na época, seria difícil reunir um auditório de cinquenta pessoas para ouvir algum escritor africano que convidássemos ou organizar eventos sobre cultura e atualidades africanas.

A viagem tinha sido prejudicada pela aguda inferioridade brasileira em relação a todos os conteúdos das relações internacionais: comércio quase inexistente, comunicações precárias, ligações universitárias, influência intelectual, tudo passava pelas capitais do neocolonialismo, sobretudo Paris e Londres. Sem dinheiro para ajuda, sem organização para cooperação técnica significativa, o único vínculo a que nos agarrávamos eram os laços humanos e culturais, que sofriam de incurável ambivalência: a escravidão e o tráfico de escravos no passado, o persistente racismo e a desigualdade racial no presente.

Visita ao Museu Histórico de Uidá: ao centro, o ministro de Relações Exteriores, Mario Gibson Barboza, à sua direita, o embaixador Rubens Ricupero, acompanhados de um grupo de jornalistas brasileiros
Viagem ao Benim, outubro de 1972, fotógrafo e data não identificados, acervo do autor

Visita ao local projetado para o futuro Museu Afro-Brasileiro, a partir da esquerda, Marisa e Rubens Ricupero, embaixador Wladimir Murtinho, professor Vivaldo da Costa Lima
Salvador, 1973, fotógrafo não identificado, acervo do autor

Brasileiros da África. Africanos do Brasil

Os laços de afeto humano e de cultura entre o Brasil e a África eram obviamente limitados pela história, pela desigualdade racial e econômica que permanece até hoje e, no continente africano, pela influência do neocolonialismo das metrópoles europeias. Eram reais; forneciam alguma base inicial sobre a qual se poderia começar a construir. Através da erudição de Alberto da Costa e Silva, pela primeira vez entrei em contato com a saga dos antigos escravos retornados à costa da África.

Lá haviam estabelecido as diásporas brasileiras com sobrenomes, resquícios da língua, de músicas e festas populares, ao longo da velha costa da Guiné, no Benim e na Nigéria, mas também esparsos por Togo, Gana, Costa do Marfim e outros países. Alberto sabia tudo sobre essas histórias e as narrou em livros inesquecíveis como *Um rio chamado Atlântico: a África no Brasil e o Brasil na África*,[1] e *Francisco Félix de Souza, mercador de escravos*.[2]

---

1 Alberto da Costa e Silva, *Um rio chamado Atlântico: a África no Brasil e o Brasil na África*. 7.ed. Rio de Janeiro: Nova Fronteira, 2022.

2 Id., *Francisco Félix de Souza, mercador de escravos*. Rio de Janeiro: Nova Fronteira; EdUERJ, 2004.

Apesar dessas inerentes limitações, o ângulo das ligações humanas e culturais proporcionou a oportunidade para as primeiras realizações. Em maio, durante a visita à Nigéria da missão precursora, tínhamos encontrado o ministro da Informação, Chief Anthony Enahoro, líder da independência, que controlava os jornais e meios de comunicação. Presidia também o comitê preparatório do Second World Black and African Festival of Arts and Culture (FESTAC), em princípio previsto para 1974.

O ministro nos disse que considerava o Brasil como sede da principal diáspora africana e desejava integrar-nos na programação. Aproveitamos para convidá-lo oficialmente a visitar nosso país em inícios de setembro de 1972. Fui incumbido de organizar a viagem e de acompanhar a comitiva nigeriana, em particular na ida a Salvador, ponto alto da visita.

Enahoro provinha do grupo Edan, do Sul, mas falava ioruba, etnia à qual pertenciam seus três acompanhantes. Formavam conjunto impressionante, os três auxiliares africanos de estatura imponente, trajados com vestes tradicionais de cores vivas – dourado, azul, verde – envolvidas diafanamente por um véu transparente com lantejoulas, as cabeças com brilhantes barretes bordados. Ao entrarmos no mercado em Salvador, ao caminharmos pelas ruas e praças do Pelourinho, chamavam a atenção, as pessoas se aglomeravam, alguns populares iniciados no candomblé se dirigiam a eles com saudações rituais em língua ioruba, a que respondiam. Numa das noites, assistimos a uma festa em homenagem aos visitantes no terreiro de Olga do Alaketu, organizada graças à ajuda de Pierre Verger.

Foi uma noitada memorável, com danças vibrantes, atabaques das diversas áreas iorubas, rodas de danças religiosas às quais os visitantes se juntaram com os mesmos passos e gestos rituais familiares. Não faltou o transe de algumas filhas de santo, seu retorno com as máscaras dos orixás. Terminada a cerimônia, Olga e algumas outras conversaram na língua com os membros da comitiva. Perguntei depois ao ministro se elas de fato ainda falavam ioruba. Ele me respondeu que sim, apenas conservavam expressões que se haviam tornado obsoletas como café, hoje simplesmente *coffee*, mas que no terreiro era conhecido por expressão antiga correspondente a "água escura".

Em Brasília, os visitantes foram apresentados ao presidente da República, homenageados com almoços, deram entrevistas. Na audiência culminante no Itamaraty, aconteceu algo que não estava no programa e nos desestabilizou momentaneamente. Enahoro revelou-se impressionado com o que conhecera. De repente, vira-se para Gibson e lhe diz: "Ministro, nosso governo deseja muito que o Brasil figure como vice-presidente do Festival devido à importância da diáspora africana aqui. Estamos cientes do que vocês dizem sobre o caráter inter-racial da população, mas ninguém na Nigéria e na África entenderia se o representante oficial brasileiro fosse um branco". Gibson aceitou o convite, agradeceu e, depois que os visitantes tinham se retirado, me chamou de volta e perguntou: "E agora, o que fazemos?".

Conversei com Clarival do Prado Valladares, que apontou uma solução. Havia na Bahia um psiquiatra de recente origem nigeriana, em condições de representar o Brasil no festival. A história pessoal dele merecia por si uma novela. O dr. George de Assumpção Alakija (1921-2005), introdutor da hipnose na psiquiatria baiana, era filho de Porphyrio de Assumpção Alakija, nascido em Lagos, descendente de brasileiros, que mudou o nome para Maxwell, estudou direito em Salvador e se destacou como militante antirracista nos anos 1920. Alternando de uma geração a outra, ora se estabeleciam na Bahia, ora na Nigéria.

A família tinha voltado do Brasil para Lagos nos anos 1850 e se distinguira na política, na advocacia, nos negócios. Um dos parentes de George, sir Adeyemo Alakija, integrante do Conselho Executivo do Governador da Nigéria, presidente do Egbe Omo Oduduwa (Yoruba National Movement), instituído para unificar o povo ioruba, foi sogro de Kofi Annan. Entre os atuais membros eminentes da família conta-se a bilionária do petróleo Folorunsho Alakija. Não se poderia exigir credenciais mais impecáveis. O dr. Alakija foi nomeado e, ao viajar a Lagos para a primeira reunião do festival, foi recebido pelo presidente nigeriano com a exclamação: "*Welcome home, dr. Alakija!*".

O tempo todo tive de socorrer minha ignorância com o amparo de novos amigos que me guiaram nos mistérios da África e da Bahia. Havia primeiro o Centro de Estudos Afro-Orientais (CEAO), fundado na Universidade Federal da Bahia pelo visionário português Agostinho da Silva nos tempos inovadores do reitor Edgar Santos. Seus professores nos ajudaram a ensinar em países africanos, a receber bolsistas e intelectuais da África, a organizar eventos em ambos os continentes. O saudoso professor Vivaldo da Costa Lima e a linguista Ieda Pessoa de Castro estiveram entre os muitos que deram vida aos projetos de intercâmbio cultural e universitário com a África.

Ao lado de Alberto, os dois esteios principais que forneceram boa parte da orientação intelectual do programa cultural com a África foram Clarival do Prado Valladares e Pierre Verger, amigos generosos que me possibilitaram realizar alguma coisa num terreno que eu desconhecia por completo. O primeiro deles cumpriu o papel de meu introdutor em coisas da Bahia. Apresentou-me a intelectuais, mapeou as instituições que poderiam ser úteis, abriu-me portas insuspeitadas. Sua ação e influência, seus conselhos e trabalhos se estenderam muito além do campo de estudos afro-brasileiros. Interessado acima de tudo em artes e sociedade, dirigiu a preparação de catálogos, a organização e montagem da representação brasileira na Bienal de Veneza, assessorou-me de forma segura, equilibrada, impecável.

Clarival do Prado Valladares (1918-1983) se distinguiu pela assombrosa realização nos mais desencontrados setores, antes que a vida universitária e a especialização de estudos, às vezes estéril, pusesse fim a esse tipo de versatilidade intelectual. Autodidatas incursionando por áreas culturais distantes de suas profissões e formações acadêmicas, brasileiros como ele edificaram o essencial de nossa cultura no século XX no meio intelectual acanhado de então, sem bibliotecas, instituições de pesquisa, fundações de amparo. Filho de professor eminente da antiga Faculdade de Medicina da Bahia, irmão de José Valladares, médico que se projetou como um dos maiores críticos de arte de meados do século, Clarival passara parte da juventude em Recife, onde se tornou assistente de pesquisa de Gilberto Freyre e amigo do poeta Joaquim Cardozo. Conservou sempre o interesse de Freyre pelas manifestações artísticas da sociedade brasileira do passado e levou a bom termo o que ficara inacabado no projeto do mestre: a obra monumental *Arte e sociedade nos cemitérios brasileiros.*

Também estudou medicina, fez especialização e pesquisa em patologia na Universidade Harvard e conquistou a cátedra de Anatomia Patológica da Bahia. Alto de estatura, um tanto encurvado, de saúde combalida, dizia brincando que era pessoalmente a melhor amostra da variedade de manifestações morbosas da anatomia patológica... Fotógrafo como Verger, embora amador, diferenciava-se dele pelo olhar de cientista exato com que estudava as expressões da religião africana no Brasil, com simpatia e isenção clínica, um pouco como um médico forense, um Nina Rodrigues atualizado e de espírito muito mais universal e despreconceituado.

Como ninguém, sabia navegar nas sutilezas da complicada relação dos baianos de classe dirigente com a herança africana. Divertia-se em desvendar pelas máscaras funerárias de personalidades célebres do Brasil antigo os traços africanos cuidadosamente disfarçados em vida. "Na Bahia", me ensinava, "só há dois tipos de gente: os mulatos claros e os claramente mulatos".

Guardando os vínculos com Salvador, radicado no Rio de Janeiro, possuía pouco ou nada em comum com Pierre Verger (1918-1983), estrangeiro de origem, baiano de coração, que escolheu viver e morrer no meio do povo preto e pobre da Bahia, onde foi enterrado em humilde, quase anônima sepultura, no Cemitério da Ordem 3ª de São Francisco. Original e único em tudo, Pierre Verger é descrito como fotógrafo, etnólogo, antropólogo, historiador, especialista em cultura e religião africanas. Foi tudo isso e bem, mas nenhuma dessas etiquetas é capaz de captar plenamente uma vida e obra que não cabem em categorias convencionais.

Nascido em Paris de família de grandes burgueses, morreu em meio à pobreza escolhida e ao despojamento de modesta casa de madeira num bairro negro de Salvador. Sua biografia é dessas a que jamais se poderiam aplicar os versos de T. S. Eliot, "Em meu princípio está meu fim. [...] Em meu fim está o meu princípio".[3] Difícil, de fato, imaginar contraste mais radical do que o existente entre o nascimento e a morte desse homem que conscientemente se refez a si mesmo ao longo de vida que cobre quase todo o século. A melhor expressão dessa reconstrução do próprio ser se manifesta na mudança voluntária do nome, como para indicar a metamorfose da essência íntima. Batizado com os nomes de Pierre Édouard Léopold, foi enterrado como Pierre Fatumbi ("aquele que renasceu pela graça de Ifá"). Ele mesmo dizia: "Renascer com um novo nome é perder o antigo. Depois das iniciações que vivi, Pierre Verger morreu, Fatumbi nasceu. No meu caso, sou Fatumbi e permaneço Pierre Verger".

---

3 Respectivamente o primeiro e o último versos de "East Coker", de *Quatro quartetos* (1943). In: *Poemas,* org. trad. e posfácio Caetano W. Galindo. São Paulo: Companhia das Letras, 2018, p.239-55.

A riqueza da família lhe permitiu levar adolescência e mocidade dissipadas, expulso de dois colégios, incapaz de concluir o liceu, trafegando em alta velocidade ao volante de carros esportes de marca Lamborghini ou Maserati pelas vias de Paris ou Deauville. Após a morte da mãe, tinha trinta anos quando resolveu suicidar-se aos quarenta se antes não encontrasse o sentido da vida. Abandonou a herança, tornou-se fotógrafo, ajudou a fundar uma das primeiras agências de fotógrafos independentes, a Alliance Photo.

Com a câmera na mão, correu os quatro cantos do planeta, em busca de fotos e de si próprio. Mobilizado no começo da guerra, conheceu em Dacar, Théodore Monod, diretor do Institut Français d'Afrique Noire. Desmobilizado com o armistício francês, vai morar no Peru a partir de 1942, quando deixa passar, sem perceber, seu 40º aniversário, entretido em fotografar os índios do Altiplano: "Fracassei na minha morte" ("*J'avais raté ma mort*").

Chega ao Brasil em 1946, trabalha como fotógrafo para *O Cruzeiro*, tem a revelação do povo negro de Salvador: "Eu me sentia um deles, procurando as origens numa África que eu conhecia apenas, mas, ainda assim, um pouco mais do que eles, que não a conheciam de todo, embora perpetuassem sua cultura através de seus cultos".

A ialorixá Senhora, grã-sacerdote do terreiro Axé Apô Afonjá, o inicia no candomblé e o consagra a Xangô. Com uma bolsa de Monod, descobre em Uidá, Daomé (1949), a correspondência do negreiro Tibúrcio dos Santos sobre o tráfico de escravos entre o Golfo de Benim e a Bahia, percebendo a importância da influência no Daomé e na Nigéria dos antigos escravos retornados do Brasil. Encorajado por Fernand Braudel, que se interessava pela sua abordagem não acadêmica, lentamente empreende a pesquisa sobre esses temas durante dezessete anos.

O severo Théodore Monod, descendente de cinco gerações de pastores calvinistas, se impacientava com a demora, queixando-se:

"Pago-lhe bolsa para pesquisar e escrever, não para que você se converta ao paganismo!".

Em 1968, finalmente vem à luz a impressionante tese *Flux et reflux de la traite des nègres entre le golfe de Bénin et Bahia de todos os santos du dix-septième au dix-neuvième siècle*; no Brasil, *Fluxo e refluxo: do tráfico de escravos, entre o Golfo do Benim e a Bahia de Todos os Santos, dos séculos XVII a XIX*).[4]

Antiacadêmico por excelência, sem haver completado o bacharelado, recebe da Sorbonne o título de doutor aquele que chamava com ironia os intelectuais de "papagaios desbotados".

Interrogando e ouvindo Verger em demoradas conversas, fui-me instruindo do pouco que sei dessa amostra africana da ilimitada variedade das culturas humanas. Aprendi que os iorubas formam grupo étnico de muitos milhões, dividido artificialmente pelo colonialismo europeu em vários países da África Ocidental, concentrados principalmente na Nigéria (um dos três maiores grupos da população), Daomé ou Benim, Togo, mais esparsamente em Gana, Costa do Marfim, Serra Leoa. Antes da colonização, representavam o mais urbanizado dos povos africanos. Espalhavam-se em reinos, cada um concentrado em torno de uma capital e governado por um rei ou *oba*: Oió, o maior deles (do qual Xangô teria sido um dos reis míticos), Ifé, Ijexá, Ibadan, Ketu, no Benim, e muitos mais.

No Brasil, ficaram mais conhecidos como nagôs, nome derivado da palavra *anagôs* que os vizinhos lhes deram por derrisão (a palavra significaria "maltrapilho", designando o estado miserável de grupos forçados por uma seca excepcional a migrar ao Daomé). Minoritários

---

4 Pierre Verger, *Flux et reflux de la traite des negres entre le golfe de Bénin et Bahia de Todos os Santos*. Paris: Mouton, 1968. Ed. bras.: *Fluxo e refluxo: do tráfico de escravos, entre o Golfo do Benim e a Bahia de Todos os Santos, dos séculos XVII a XIX*. São Paulo: Companhia das Letras, 2021.

em comparação com a maioria dos cinco ou seis milhões de africanos chegados a nossos portos (metade do tráfico total), sobretudo bantos originários de Angola e Congo, eram mais numerosos na Bahia e outras províncias do Norte, como Pernambuco. Dizia Verger que os iorubas haviam exercido uma espécie de "imperialismo cultural" no Brasil devido a seu grau de urbanização e por haverem desembarcado relativamente tarde no século XIX na Bahia e em Cuba. Acabaram por impor a língua e alguns ritos até a religiões africanas de etnias diferentes e confrarias formadas na Bahia por escravos eves ou jejes, os fons do Daomé, os bantos de Angola e do Congo.

Talvez por não ser africano nem brasileiro, Verger reunia condições únicas para encarnar a vocação de mensageiro entre as duas culturas. Praticamente de mãos vazias, fez mais do que teriam feito ministérios e departamentos culturais, renovando e atualizando os laços entre ambos os lados do Atlântico. Após o fascínio inicial pelo registro fotográfico da diversidade dos tipos humanos, fixou-se no que viria a constituir a paixão de sua existência: a religião, a cultura, o modo de viver criados pelo encontro e a união do mundo da Bahia e o do Golfo de Benim.

Mesmo quando escrevia, continuava fotógrafo. Desconfiava da possibilidade de captar o porquê íntimo da realidade, preferia apresentar o como dessa realidade por meio de documentos fotográficos ou escritos. Trazia de suas viagens conhecimentos e objetos religiosos que renovaram o culto com o prestígio de tudo que vinha do solo ancestral. Chegou a reintroduzir no meio africano rituais desaparecidos da terra de origem, mas preservados na Bahia (e em Cuba), como fez com a renovação em Ketu do culto de Oxóssi.

Nada o irritava tanto como a perda das raízes ou da autenticidade. Lamentava que, por efeito dos colonizadores europeus e missionários, muitos iorubas modernos se envergonhassem da religião tradicional.

Em tom de brincadeira, afirmava que a Unesco deveria criar um programa para que burocratas africanos alienados reencontrassem na Bahia as origens perdidas. Não foi, como os que o precederam, um ocidental a mais a estudar o candomblé como objeto que se examina de longe, a partir de fora. Mergulhou até o fundo da realidade, transfigurando-se a si mesmo.

Atraído pelas pessoas simples do povo, nelas encontrava a humanidade sufocada nos intelectuais pela afetação e o artificialismo. Em contraste com muitos que simulam os mesmos sentimentos da boca para fora, adotou com coerência um projeto de vida radical, abraçando a vida dos negros da Bahia num despojamento que tinha algo da austeridade monástica.

Contou-me histórias infindáveis das gerações de antigos escravos regressados à África. O movimento começara com deportações forçadas de envolvidos nas rebeliões do começo do século XIX, entre eles Luiza Mahin, mãe de Luiz Gama – assim descrita pelo filho na carta autobiográfica a Lúcio de Mendonça: "Sou filho natural de uma negra, africana livre, da Costa Mina, Nagô de Nação, de nome Luiza Mahin, pagã, que sempre recusou o batismo e a doutrina cristã".

Ganhou corpo a partir de meados do século com retornos espontâneos ou estimulados pelos cônsules ingleses no Nordeste, interessados em atrair artesãos, profissionais, gente treinada para a colônia que começava a ser organizada. O refluxo tornou-se permanente, só se interrompendo com o bloqueio naval da Primeira Guerra Mundial. O último barco a empreender a travessia tinha sido o patacho *Esperança*, por volta de 1914. Eu mesmo cheguei a visitar em Lagos, em companhia de Alberto, a velhíssima, quase centenária dona Romana Conceição, que lembrava de canções do Bumba meu boi, de expressão que a avó ou mãe usava com ela carinhosamente e não sabia bem o que queria dizer: "Fia di puta"...

Muitos eram muçulmanos que se distinguiram nas revoltas, na dos malês, por exemplo, de 1835. Nas investigações e julgamentos se encontraram inúmeros amuletos e papéis grafados em árabe. Verger narrava visitas em que havia surpreendido em pleno coração de Salvador nos fins dos anos 1940 velhinhos que, às escondidas, com portas e janelas fechadas, desdobravam os tapetes para a oração em direção a Meca.

Outros foram mercadores de escravos que se estabeleceram na chamada "Costa dos Escravos" por conta própria ou de traficantes brasileiros. Um dos mais célebres, Francisco Félix de Souza, fincou raiz em Uidá, Daomé, junto da antiga fortaleza portuguesa de São João Baptista de Ajudá, recebendo do rei de Abomé o título de Chachá, transmitido a seus descendentes. Quando era secretário-geral da UNCTAD, pedi ao governo do Benim, numa visita oficial, que me levassem até Uidá. Lá passei horas com o oitavo detentor do título, a quem levei de presente o livro de Alberto sobre seu antepassado, recém-publicado na ocasião.

Diriam os portenhos que algumas das aventuras dos brasileiros de torna-viagem dariam filmes, eram histórias de película. Na tardia conquista do Daomé pelas tropas francesas do general Dodds, afirma-se que o rei Behanzin (o Tubarão das bandeiras de pano daomeanas) teria usado artilheiros veteranos da Guerra do Paraguai para manejar as metralhadoras e canhões Krupp que comprara. Seja lá como for, a verdade é que das comunidades brasileiras de agudás saíram jornalistas, profissionais, bispos, próceres da independência do Benim, da Nigéria, do Togo (Sylvanus Epiphanio Olympio, primeiro presidente togolês, pertencia a família brasileira). Ao longo daquela costa de nomes portugueses, espalham-se sobrados luso-brasileiros, mesquitas que mais parecem igrejas barrocas da Bahia, a Campos Square no Brazilian Quarter de Lagos, a Brazilian Descendants Association, vestígios que mantêm viva a lembrança dessa saga.

A mais íntima das permanências talvez tenha sido a sobrevida da religião dos orixás, o que Verger mostrou num documentário para a televisão oficial francesa, a ORTF, em 1975. *Africains du Brésil, Brésiliens d'Afrique* ("*Africanos do Brasil, Brasileiros da África*") começa com um marinheiro do Benim que aporta a Salvador num navio mercante. Sai a passear pelo Mercado, pelas ruas da Cidade Baixa, pelo Pelourinho, pensando que não vai entender nada, e compreende tudo: as saudações, o candomblé, as comidas, as pessoas. Anos antes, em 1952, Verger havia passado por mais de um mês de rigorosa iniciação em Ketu, no Benim, onde recebeu o nome de Fatumbi e o prestigioso título de babalaô (pai do segredo). Gilberto Gil refez a viagem e foi até lá, o que fiz igualmente, encontrando velhos que tinham ouvido falar da história.

De longe foi de Verger que recebi as influências mais importantes, os conhecimentos que permanecem. Outras pessoas também se destacaram nessa época e depois no esforço de fazer renascer a cultura africana entre nós. Uma das ideias de então foi a de criar, no antigo prédio vazio da Faculdade de Medicina, do Terreiro da Sé, um centro vivo de cultura, o Museu Afro-Brasileiro. Discutiu-se o projeto numa reunião em Salvador, com apoio do governador Antonio Carlos Magalhães, a vinda de representantes da Unesco, de Wladimir Murtinho, Aloísio Magalhães, Clarival, Verger. Anos mais tarde, Antonio Risério escreveu que esse encontro marcou um dos pontos iniciais da tomada de consciência do problema na Bahia e no Brasil.

O projeto custou a decolar e, quando tomou forma, nasceu esquálido, sombra do que se imaginara. Quem o converteu, bem mais tarde, em magnífica realização acabaria sendo Emanoel Araujo, que conheci naqueles dias ao levar a ele a Medalha de Ouro da 3ª Bienal Gráfica de Florença (1972). Emanoel vivia num belo sobrado cheio de coisas bonitas na ladeira do Desterro, em companhia do etnólogo Waldeloir Rego, autor de *Capoeira Angola*, um estudo de referência sobre capoeira. Além de gravador e escultor, Emanoel possuía enorme talento para fazer surgir realizações do nada. Em Salvador deixou marcas na modernização do Museu de Belas-Artes, na restauração de velhos engenhos. Em São Paulo, ajudou a ressuscitar, renovando-a, dando vida nova à esquecida Pinacoteca do Estado, e praticamente sozinho criou o extraordinário Museu Afro Brasil, no Parque Ibirapuera, formado quase todo com peças de suas coleções particulares.

Uma das manifestações que esperávamos poder levar ao festival de Lagos se obtivéssemos recursos para o transporte era o impressionante espetáculo *Porque Oxalá Usa Ekodidé*, montado pelo coreógrafo negro americano Clyde Morgan, diretor do Grupo de Dança Contemporânea da UFBA, com base em história de *Contos negros da Bahia*, de Deoscóredes dos Santos, Mestre Didi, filho de Mãe Senhora.

Na mesma linha nasceu o esboço de projeto que até hoje tenho pena de não haver sido levado avante: a colaboração de Vinicius de Moraes para o festival. O poeta construía então casa em Itapoã para sua mulher Gessy, creio que a sétima. Soube que eu preparava a visita a Salvador do ministro Gibson Barboza e mandou recado de que desejava falar comigo. No encontro, me disse que queria convidar o ministro para um almoço no terreno da obra da casa. Arranjei o almoço, ao qual não estive presente. Não sei do que falaram, suponho que tenha sido sobre a demissão do poeta do Itamaraty pelo AI-5 em 1968.

Desse ponto de partida surgiu camaradagem que me deu coragem de pedir a ele que preparasse alguma coisa para Lagos. Espontaneamente, na mesma hora, Vinicius me contou que tinha pronta a ideia de novo auto teatral, como havia sido o *Orfeu da Conceição*. Descreveu em pormenores a obra. O auto contaria a saga da imigração e transferência dos orixás da África à Bahia por meio de uma história: a de uma moça negra, que queria se tornar iaô, filha de santo, mas encontrava a resistência do noivo. As peripécias se concluiriam em tragédia: na cena final, o sangue da galinha do ritual se misturava ao da moça esfaqueada pelo parceiro. Tudo entremeado de músicas afro-brasileiras, de rituais, de danças.

De tempos em tempos, quando voltava a Salvador, me reunia com Vinicius, o acompanhava a teatros, conversávamos sobre a peça. Adiado o festival para 1977, fui transferido para Washington em 1974, os sucessores deixaram morrer o projeto. Um dia, em julho de 1980, entro num táxi em Montreal com o rádio ligado que transmitia o noticiário. Ouvi que Vinicius tinha morrido no Rio de Janeiro. Nunca soube se ele chegou a rabiscar algo do auto, se ficaram anotações, poemas, músicas desse sonho.

No final, coube mais uma vez a Clarival o trabalho de escrever o catálogo e organizar a representação brasileira ao chamado Segundo Festival em começos de 1977. No primeiro, em Dacar (1966), o escultor popular baiano Agnaldo Manoel dos Santos, prematuramente falecido, tinha ganho a Medalha de Ouro de escultura. Para Lagos, o crítico preparou painel iconográfico monumental com fotos de obras de Aleijadinho, Mestre Valentim, o pintor colonial Manuel da Costa Ataíde, evocação de Agnaldo e Heitor dos Prazeres, exibidos em Dacar, com obras novas de Rubem Valentim, de Emanoel Araujo. Não estive lá, não sei qual terá sido o impacto.

Tanta coisa a contar que a gente não sabe se vale a pena. Quem sabe se justifique para sublinhar dois pontos. O primeiro é que, mesmo na sinistra atmosfera da repressão do regime Médici, sobravam algumas brechas no Itamaraty, em outros órgãos, havia espaço para ousar. Chegamos até a pagar a passagem e a viagem à Nigéria e ao Benim de mães de santo, de dignatários do candomblé, claro que camufladas em intercâmbio cultural, o que no fundo não deixava de ser verdade. Acho que no governo Bolsonaro nada disso teria sido possível.

Nos anos 1970, o movimento negro ensaiava os primeiros passos. Os militares o tratavam com desconfiança, acusavam os americanos da Fundação Ford de querer importar o problema racial dos Estados Unidos, pondo em risco a unidade nacional. Propagava-se o mito da "democracia racial" de Gilberto Freyre. No extremo oposto, a esquerda revolucionária também não gostava, julgava que a raça, a cor, a cultura, jamais deveriam se sobrepor à luta de classes ou enfraquecer a solidariedade dos proletários.

No meio do tiroteio, lograva-se avançar aos poucos, sub-repticiamente, sem despertar suspeitas. Marisa, que se ocupava do movimento negro na Fundação Pró-Memória, conta uma história que permite medir a distância percorrida. Quando, em companhia de pessoas do movimento, viajaram pela primeira vez à Serra da Barriga, União dos Palmares, Alagoas, para planejar o futuro parque em memória do quilombo, já no aeroporto viaturas da polícia alagoana os esperavam para não perder de olho a empreitada subversiva. Pois agora, ao desembarcar, a primeira coisa que o viajante nota no terminal é que o aeroporto de Maceió se chama Zumbi de Palmares!

O segundo aspecto, de maior relevância, é pôr em evidência a base racional de nossa política cultural daquela época. Como indicado acima, tínhamos viva consciência de que os laços culturais, humanos, sentimentais, entre África e Brasil, embora válidos em si mesmos, estavam viciados pela escravidão no passado e o racismo no presente. A fim de superar tais vícios, era primeiro necessário que o Brasil mudasse na profundidade do seu ser, que reconhecesse a injustiça monstruosa feita aos africanos convertidos em escravos, composta pela injustificável demora de redimir a dívida e dar aos descendentes reparação e reconhecimento. Tratava-se de desafio gigantesco, o maior de todos, a superação da desigualdade racial e econômica. Só então o país estaria pronto a começar a pagar a dívida que tem com os africanos e os negros brasileiros. O primeiro passo nessa direção era no domínio da cultura, redescobrir a raiz africana, valorizá-la, promover institutos, centros de estudos, museus, aproximar os seres humanos das duas margens do Atlântico.

Foi a isso a que nos dedicamos, alguns mais, outros menos, ninguém tanto e tão bem como Pierre Verger, que, na sua pequena casa do morro do Corrupio, teimosa, laboriosamente, com mais de 90 anos, avançava na sua *opera della vita*, *Ewé* ("Folhas"), enciclopédia sobre a utilização medicinal e mágica das plantas na cultura ioruba. Teve de identificar 3.529 termos iorubas correspondentes a 1.086 nomes científicos. Reconstituiu 447 fórmulas que ensinam a tratar de fraturas, dores no seio, ganhar dinheiro fácil, escapar de processos, conquistar honrarias, conseguir favores do rei, pegar ladrão, sem esquecer de como se livrar do amante da mulher.

Um dia, quando pingou o ponto-final no último verbete, Nanã Buruku, a senhora da sabedoria que o esperava com paciência, o tomou afetuosamente no colo e o carregou até a terra do Órun, onde todas as mágoas se dissipam e se vive a vida em plenitude.

Sede da antiga Faculdade de Medicina, encontro para a fundação do Museu Afro-Brasileiro
A partir da esquerda: Aloísio Magalhães, Clarival do Prado Valadares, não identificado, professor doutor George Alakija, embaixador Fernando Simas de Magalhães (MRE), arquiteto Sílvio Robatto, professor Vivaldo da Costa Lima, embaixador Rubens Ricupero, professor não identificado do Centro de Estudos Afro-Orientais, arquiteto Alcides da Rocha Miranda
Salvador, 1973, fotógrafo não identificado, acervo do autor

Vietnã, Watergate e a crise do sonho americano

O sonho americano que tanto desejávamos ver de perto dava sinais de começar a se esfarelar em maio de 1974, na hora em que Marisa, as crianças e eu desembarcávamos em Washington. Os acordos de paz de Paris do ano anterior não haviam garantido o "intervalo decente" para disfarçar o fiasco da intervenção dos Estados Unidos no Vietnã. A retirada das tropas culminaria no ano seguinte na debacle dos helicópteros decolando do teto da embaixada em Saigon, com cachos de desesperados se dependurando nas ferragens. Filas de carros esperando para se abastecer nos postos denunciavam a permanência do efeito do choque do petróleo iniciado em outubro de 1973.

A inflação persistia, Nixon abandonara a convertibilidade do dólar em ouro, pondo fim ao pilar do sistema de Bretton Woods. A situação do presidente era cada vez mais precária, à medida que, de modo inexorável, avançavam as investigações sobre o escândalo de Watergate. Em abril de 1974, a Câmara dos Representantes dava começo ao *impeachment*, apontando para a destituição iminente ou a renúncia do presidente, como efetivamente ocorreria em agosto.

Eu insistira em querer ser um dos conselheiros em Washington e não em Londres, como a administração do Itamaraty me tinha oferecido, porque, com 37 anos, nunca havia posto os pés na América do Norte, nem para viagem de turismo. Não só diplomatas profissionais, pensava, qualquer contemporâneo precisava passar por uma temporada nos Estados Unidos para ser capaz de entender o mundo que eles tinham criado. Se não a realidade desse mundo, ao menos distinguir a realidade da aparência. Desde o começo do século XX, ninguém havia vendido ao resto do mundo tantos sonhos como os norte-americanos, por meio da "fábrica de sonhos" do cinema de Hollywood, das histórias em quadrinhos, do rádio, das séries de televisão, da música popular, da arte pop, das danças.

Quem nasceu depois de 1914 tinha crescido inevitavelmente sob a influência avassaladora da cultura americana, assistindo a filmes, bebendo Coca-Cola, ouvindo jazz, povoando sua vida interior com personagens, padrões, estilos de filmes, lembrando, como na música de Chico Buarque, que, até nas brincadeiras da infância "o meu cavalo só falava inglês". A atração da cultura popular americana era irresistível, até e sobretudo para a juventude dos países comunistas e do Terceiro Mundo. Se fosse limitada aos americanos, tudo bem. O problema era que, ao fabricarem a utopia do sonho americano, tinham criado uma ilusão para o mundo todo. O sonho pertencia a todos, quem sabe seu apelo hoje é maior para os estrangeiros que para os próprios nativos desiludidos. Até agora, não se passa semana sem que mulheres, crianças, homens se arrisquem, às vezes morram, na tentativa de atravessar desertos, cruzar rios e, de qualquer maneira, fazer parte do sonho.

Está na moda dizer que vamos ingressar na era da realidade virtual. Na verdade, Hollywood nos fez mergulhar nela há muito tempo. Há duas frases de astros do cinema que revelam o que quero dizer. Uma é de Cary Grant, o galã perfeito, impecável ao levantar-se da cama escanhoado, com robe de damasco e echarpe de seda no pescoço: "Todo mundo quer ser Cary Grant. Eu também gostaria de ser Cary Grant". A outra é da diva Rita Hayworth explicando as decepções amorosas: "Os homens de minha vida vão dormir com Gilda e acordam ao lado de Rita Hayworth".

As frases se referem à realidade virtual criada pelo cinema para atores e atrizes, os tipos ideais de amantes. Mas outras invenções recriam outras realidades, as pequenas cidades impecáveis de ruas arborizadas e gente feliz, as fazendas de estábulos vermelhos, vacas de presépio, os filmes *western* antes dos espaguetes, com personagens asseados, ninguém de bigode ou barba por fazer a não ser vilões mexicanos e, coroando tudo, o país dos sonhos, a América do homem decente, das fitas de Frank Capra com James Stewart ou Gary Cooper, de *It's a Wonderful Life* (*A felicidade não se compra*, 1946) ou similares. Esse sonho é que começava a fazer água.

Na superfície, a primeira impressão confirmava a ilusão. Washington aparecia esplendorosa na primavera, as cerejeiras em flor, o perfume forte das magnólias nas noites quentes. Graças à hospitalidade de José Antônio de Macedo Soares, ficamos uns dias em sua velha casa de madeira em meio ao verde em Chevy Chase, antes de passar a um hotel e logo cometer o erro de comprar uma casa em Millwood Park, no estado de Maryland. Erro porque, sem dinheiro, tivemos de acumular três empréstimos que nos pesaram no orçamento doméstico, além de eliminar a flexibilidade de poder deixar a cidade a breve prazo, o que acabaria por ter consequências, como se verá adiante em capítulo próximo.

O ritmo do processo de Watergate se acelerava na reta culminante, com revelações sensacionais, testemunhos inesperados. O que chamava a atenção pelo contraste com outros países era que a máquina investigativa do Congresso se movia sem drama nem excesso de emoção. Com uma ponta de exagero, o embaixador Araujo Castro observava que, todo dia, às 17 horas ou pouco mais, os congressistas e funcionários fechavam as mesas, voltavam para casa no subúrbio, aparavam os gramados "manicurados", jantavam antes das 19 horas. Na manhã seguinte, bem cedo, a máquina voltava impiedosamente a triturar os investigados.

Nos países da América Latina, um evento parecido provocaria sessões permanentes do Congresso, varando as noites, militares em prontidão, manifestações a favor e contra. Aqui não, tudo se desenrolava de modo imperturbável, disciplinado. No dia 8 de agosto, Nixon anunciava a renúncia, o primeiro presidente na história americana a tomar a decisão. Confesso que senti emoção ao ouvir o discurso. Formalizou a medida no dia seguinte. Gerard Ford, o vice, tomou posse tranquilamente, a transição se completou sem perturbações. Caía uma garoa fina, passei pela Casa Branca, não havia ninguém exceto três ou quatro gatos pingados que sempre desfilam em frente às grades com cartazes de diversas causas.

Não escrevi como funcionário sobre Watergate porque novamente me destinaram a dirigir o Setor Cultural e de Imprensa. Desta vez, não havia razão para frustração. Araujo Castro escrevia ele mesmo o que achava que valia a pena transmitir. O restante, fosse do setor político quanto dos demais, não oferecia maior interesse. Ficava sob a superintendência do ministro-conselheiro, o embaixador nem passava os olhos pelo que saía desses setores. Ele costumava dizer que, no fundo, a embaixada poderia funcionar só com ele e alguém para operar os aparelhos de transmissão de telegramas. Não se tratava de desapreço pelos colaboradores. Simplesmente expressava a verdade. Ninguém superava Castro como analista dos acontecimentos e redator de telegramas antológicos. Se alguém lembrasse de editar coleção de seus despachos, o resultado seriam livros apaixonantes. Todos sabiam dessa superioridade. Para que simular outra coisa?

Depois das cinco da tarde, no fim da jornada, o embaixador recebia no seu escritório quem não tinha muito o que fazer ou não precisava voltar logo para casa. As reuniões não aconteciam todos os dias, mas duravam horas. Castro gostava de auditório, lia em voz alta os telegramas que tinha escrito. Comentava as notícias brasileiras e internacionais, repercutia o que se passava no Itamaraty, em outros postos. Saía-se com tiradas brilhantes, comparações surpreendentes, contava histórias sobre os colegas aos quais aplicava apelidos perfeitos. Aguardava-se o fim da tarde na expectativa de que se ia ganhar o dia. Pena que ninguém tenha lembrado de tomar nota das conversas, de registrar aqueles momentos fulgurantes de humor e verve. O que ficou na recordação dos que o conheceram permite apenas ideia longínqua do que se perdeu.

Tinha se tornado ministro das Relações Exteriores na fase terminal do governo Goulart e permaneceu no cargo até o Golpe de 1964, pouco mais de nove meses. Fazia muito tempo que um diplomata de carreira não ocupava o posto de ministro de Estado. Apesar da turbulência de uma crise interna quase constante, logrou provar que era possível ter política externa de qualidade mesmo à beira do abismo. Evitou embarcar na radicalização dos últimos meses. Por ocasião do comício da Central de 13 de março, telefonou ao presidente para se desculpar por não comparecer. Jango, que o apreciava desde a visita à China no momento da renúncia de Jânio Quadros, não se importou e lhe disse, conforme ouvi do embaixador: "Não se preocupe, Araujo, sei que você não gosta de comícios".

Salvou-se da cassação dos militares, que o despacharam para o exílio de embaixador na Grécia. De família maranhense, Castro escrevia aos colegas: "Sinto-me em casa aqui em Atenas, só dá nome maranhense: Temístocles, Empédocles, Alcebíades...". Depois de passar brevemente pela chefia da Missão em Lima, a partir de 1968 tornou-se chefe da Missão junto à ONU, em Nova York, o assunto de que mais gostava. De 1971 a 1975, dirigiu a embaixada nos Estados Unidos. A prova cabal da diferença em relação ao governo Bolsonaro é que o regime militar tenha nomeado o último chanceler que encarnou a Política Externa Independente de João Goulart para comandar dois postos diplomáticos-chave. Não creio que se possa imaginar algo semelhante no pior dos desgovernos, o do pesadelo Bolsonaro-Ernesto Araújo.

Eu nunca havia estado antes com Araujo Castro. Com o tempo, tornei-me um dos próximos dele nos últimos meses de sua vida. O que nos unia era a paixão pela política, a norte-americana, a internacional, da brasileira, melhor não falar. Eu lia muito sobre história dos Estados Unidos, gosto que adquiri com o velho clássico *The Growth of the American Republic*, de Samuel Eliot Morison e Henry Steele Commager, em dois grossos tomos. O embaixador quase não saía de casa, a não ser para ir à chancelaria do outro lado do jardim. Passava os domingos devorando as intermináveis edições do *New York Times*, *Washington Post*, outros jornais, revistas, seguindo na televisão as entrevistas e debates que ocupavam as grandes redes de TV nas manhãs dominicais. De vez em quando me telefonava para comentar um ou outro lance.

Tentei duas vezes convencê-lo a ir ao cinema. A primeira para assistir *Nashville* (1975), de Robert Altman. Gostou tanto que dedicou uma série de telegramas penetrantes às referências daquela parábola da violência política americana à crise que o país vivia. Tive menos sorte com *Hearts and Minds* (1974), documentário sobre a guerra do Vietnã.[1] Impressionado com o filme, comentei com ele que os Estados Unidos talvez nunca mais se reerguessem daquela soma de fracassos esmagadores. Respondeu que eu estava enganado, não tardaria muito para que os vietnamitas viessem implorar para poder exportar ao país,

---

1 Dirigido por Peter Davis, lançado no Brasil, como *Corações e mentes*.

que tudo lhes seria perdoado. Os países, observou, são como as pessoas: todos dispõem no banco de um *overdraft*, um limite de poder sacar sem fundos. Para nós, era um limite exíguo, para os americanos, gigantesco. Cedo ou tarde, o país estaria de volta: seu poder era imenso, tudo lhes seria perdoado. Na época, não acreditei muito, vi depois que ele tinha razão. Até hoje reluto, por isso, em levar a sério as afirmações sobre a irresistível decadência dos Estados Unidos, embora admita a impressão de que desta vez pode ser verdade.

Castro foi um diplomata fora do figurino. Não gostava de coquetéis, de vida social, não circulava, não tinha caderninho de endereços, não se dava ao trabalho de relações públicas, de cultivar congressistas, gente importante. Apreciava uma boa conversa só entre amigos, de forma relaxada, com brincadeira. Em contatos formais se retraía, falava para dentro. Dava a sensação oposta à de Gibson Barboza, homem bonito, elegante nos gestos, mestre absoluto no desempenho e na graça social. Em compensação, ninguém no Itamaraty jamais chegou perto de Araujo Castro na capacidade poderosa de formular política exterior original. Esse talento de nada servia para os militares, que respeitavam sua estatura profissional, mas preferiam posições absurdas, votavam na ONU isolados ao lado dos EUA, Israel, Portugal, cultivavam o que o embaixador descrevia como "o complexo de Greta Garbo": "*I want to be alone*" ("Quero ficar sozinha").

Pressentia que seu tempo havia acabado. Pouco ou nada poderia fazer junto ao governo e à sociedade dos Estados Unidos em favor de um governo sem possibilidade de remissão como o de Brasília. Com apenas 44 anos, atingira o posto de ministro do Exterior de outro governo, o de Jango, que se autodestruiu, abreviando a experiência a menos de um ano. Nos dois postos supremos da diplomacia, o multilateral na ONU, o bilateral em Washington, deram-lhe a missão inviável de representar o irrepresentável.

O coração não aguentou. Lembro bem do último dia, 7 de dezembro de 1975, uma bela manhã de outono tardio, ensolarada, de ar crocante e fino. Acompanhei para apresentar ao embaixador o correspondente recém-chegado de *O Estado de S. Paulo*. De terno claro, Castro estava rosado, com boa aparência, notei, no entanto, que sua conversa, embotada, custava a fluir, soava pastosa, ao contrário do que costumava acontecer quando falava aos jornalistas. Pouco depois do almoço, estava em minha sala, quando ouço um barulho surdo, a secretária do embaixador me chama. Corri escada acima, ao chegar, o vi fulminado ao lado da mesa. A ambulância tentou reanimá-lo, o ataque fora maciço.

Tudo mudou com a morte prematura de Castro aos 56 anos. Passei a trabalhar no setor político, onde me juntei ao jovem e, já brilhante estrela em ascensão, secretário Gelson Fonseca, juntamente com José Vicente Pimentel, capixaba, que também escrevia muito bem. Seis meses depois, quando chegou o novo embaixador, em meados de 1976, tinha começado a temporada da sucessão presidencial, em campanha atípica, cheia de lances surpreendentes. Jimmy Carter, governador da Georgia por um só mandato, conquistou a indicação democrata contra o incumbente Gerald Ford. Deu largada com aparência de imbatível em razão do desprestígio acumulado pelos republicanos com Watergate, agravado pelo desgaste do perdão dado a Nixon por Ford. A situação logo se complicaria para nós, empurrando-me para o meio do tiroteio.

Governava o Brasil o general Geisel, da "distensão lenta, gradual e segura", e o Itamaraty ficara sob o comando do embaixador Antonio Francisco Azeredo da Silveira, pai do "pragmatismo responsável e ecumênico". Silveirinha desenvolvera relação ativa de consulta com o secretário de Estado Kissinger, que lhe enviava cartas sob o invocativo de "*Dear Antonio*", saudadas com entusiasmo pueril pelo provincianismo brasileiro. Nas reuniões de fim de tarde, Castro costumava contar que, na antessala de Kissinger, sentava-se um diplomata chamado Mr. Black, Mr. White ou nome similar (o embaixador gostava de dizer que todo funcionário do Departamento de Estado tinha nome de cor...). Sua função era consultar o fichário cada vez que o secretário de Estado queria enviar a trinta ou quarenta países uma de suas cartas circulares. Para lhes dar tom de exclusiva intimidade, escrevia no caso do México, "*Dear Lucho*", passava ao Peru, "*Dear Pepe*", chegava ao Brasil, "*Dear Antonio*".

Silveira preferia que nada mudasse, que se pudesse manter a relação pragmática com Kissinger, quem sabe a ilusão de que os Estados Unidos nos tratavam como potência. Ainda por cima, o candidato democrata anunciara na campanha que faria dos direitos humanos a pedra de toque da política exterior, criticara o desempenho brasileiro nessa matéria, expressara oposição ao Acordo de Cooperação Nuclear que o Brasil assinara com a Alemanha (1975). Constava que as autoridades em Brasília torciam o nariz para os relatórios da embaixada em Washington anunciando a provável derrota de Ford. O sucessor de Castro, João Baptista Pinheiro, amigo de Roberto Campos, economista, ex-diretor do Banco Nacional de Desenvolvimento Econômico (BNDE), manifestou, ao chegar, ceticismo sobre as análises do setor político.

Com efeito, à medida que se avançava, a corrida havia ficado mais apertada. Inaugurava-se padrão que muitas vezes se repetiria com Carter. Partia com enorme dianteira, cometia gafes de linguagem ou opiniões, ia perdendo apoio até os ventos se virarem contra ele. Jimmy Carter acabou sendo um dos presidentes mais injustamente subestimados dos Estados Unidos. O que realizou em política externa é admirável e permanente. A ênfase em direitos humanos obrigou à defensiva a União Soviética e as ditaduras militares. Adotou atitude de realismo diplomático que pregava a aceitação das mudanças históricas na América Central, ainda que desfavoráveis à primeira vista, como a derrubada da tirania dos Somoza na Nicarágua e a chegada ao poder dos sandinistas. Compare-se com o sucessor, Reagan, que promoveu os "contras" clandestinamente e enganou o Congresso, além de ter ajudado a desencadear onda de repressão e guerras civis que afogaram a Nicarágua, El Salvador, Guatemala, em anos de massacres de milhares de inocentes.

Carter fez o primeiro esforço sério de regularizar o relacionamento com Cuba, levou avante pessoalmente as negociações que culminaram nos acordos de Camp David, pondo fim à guerra entre Israel e Egito. Desmontou, antes que a tensão explodisse, o problema potencial do Canal do Panamá, assinando o tratado que possibilitou a transição pacífica da administração do canal aos panamenhos, finalizada no último dia de 1999. Devido ao precedente de Nasser com o Canal de Suez, a resistência nos Estados Unidos a transferir o controle ao governo Torrijos era generalizada e entrincheirada nos meios republicanos do Congresso. Se não tivesse sido Carter, esse problema poderia ter envenenado as relações com os latino-americanos durante décadas. Nada disso adiantou quando a revolução no Irã, a tomada dos reféns da embaixada em Teerã, o fiasco da operação de resgaste, se combinaram à inflação herdada do Vietnã para derrubar os índices de popularidade presidencial e levar Reagan à Casa Branca.

Mais talvez que fatos concretos, um discurso mal interpretado contribuiu para colar em Carter a imagem de derrotista, líder fraco, o discurso do *malaise*, curiosamente palavra que não aparece no texto. A causa imediata foi a crise de energia. O presidente fizera um retiro em Camp David, ouvira dezenas de americanos de todos os setores nas mais diversas regiões, para apresentar em rede nacional uma meditação sobre a profundidade da crise do país. A certa altura, ele dizia:

> Estávamos seguros de que a nossa era uma nação do voto, não da bala,[2] até os assassinatos de John Kennedy e de Robert Kennedy e Martin Luther King Jr. Tinham nos ensinado que nossos exércitos eram invencíveis e nossas causas sempre justas apenas para sofrer a agonia do Vietnã. Respeitávamos a presidência como um lugar de honra até o choque de Watergate.

Lamentava que a nação sofresse uma "crise do espírito", que em lugar dos antigos valores de trabalho duro, famílias fortes, comunidades unidas e fé em Deus, as pessoas adorassem o consumo e a autoindulgência. A identidade humana se definia não mais por aquilo que a pessoa era e sim pelo que possuía. O tom pouco usual do pronunciamento o fazia soar mais como um sermão espiritual e moral, o que tinha fundo de verdade, pois Carter, profundamente religioso, ensinava a Bíblia todo domingo na Igreja Batista.

Muitos analistas reconhecem que o texto se adiantou em quatro décadas ao seu tempo, descrevendo melhor o estado de espírito de hoje que o da época. Carter alertava em 1979 contra o perigo de que a nação escolhesse o caminho da fragmentação e do egoísmo, conduzindo à imobilidade política e a um constante conflito entre interesses estreitos. O discurso, agora lido e admirado, contribuiu então para o descrédito daquele político diferente, cultivador de amendoim, saído do Sul profundo sem a carga de preconceito da região. Somente mais tarde, depois da derrota, de décadas de trabalho em favor de eleições livres, da promoção de direitos humanos, do recebimento do Nobel da Paz de 2002, é que esse homem decente viria a ser considerado "o melhor ex-presidente que teve os EUA".

---

2 Jogo de palavras em inglês "*ballot*" (voto), *not* "*bullet*" (bala).

Mas nos adiantamos muito e temos de voltar para a campanha, que se aproximava da fase decisiva com nítida erosão da vantagem do democrata. O embaixador chegou a organizar uma reunião com os diplomatas e com a presença dos adidos militares para discutir a avaliação que mandávamos a Brasília. Defendemos nosso ponto de vista e ele não interferiu, embora se dissesse que nos canais pessoais diretos que mantinha com Silveira e Brasília, a visão dele contrastava com a nossa. Para nossa angústia e finalmente alívio, só nas altas horas da madrugada do dia 2 para 3 de novembro a apuração nos deu razão, definindo-se por margem estreita em favor de Carter. Nos dias seguintes, ganhava espaço na imprensa o artigo do jornalista Carlos Marchi revelando que a derrota de Ford tinha sido um choque para o governo brasileiro, apesar dos alertas da embaixada. Não sei como, ele havia sabido das divergências, que escancarava no jornal.

A posse de Carter viria efetivamente confirmar as previsões. Desde os primeiros momentos, o novo governo instituiu um relatório sobre a situação dos direitos humanos no mundo, que examinaria anualmente o desempenho de cada país. Toda a ajuda e colaboração norte-americana ficavam condicionadas a esse critério. Em reação imediata, Geisel denunciou o acordo militar de 1952, alegando que o Brasil não poderia aceitar a ingerência de um governo estrangeiro. Começaram também em princípio de 1977 as pressões norte-americanas contra o Acordo Nuclear. A relação bilateral azedou e, apesar dos esforços de conciliação, nunca mais seria a mesma.

Teria sido inútil, até contraproducente, como se afirmava entre nós, a campanha em favor dos direitos humanos no momento em que a política de distensão gradual tendia a reduzir os abusos? Pode ser, mas não creio. Recentemente, veio à luz nos Estados Unidos memorando secreto do diretor da CIA a Kissinger (1974), que narrava, com nomes e riqueza de detalhes, inclusive número de assassinados, o plano do

Centro de Informações do Exército para suprimir fisicamente subversivos perigosos. A continuação da execução do plano havia sido recomendada, no começo do governo, a Geisel, que deu sua aprovação formal, acompanhada apenas da ressalva de que se tomassem cuidados especiais na seleção das vítimas. Sinto repugnância de reproduzir aqui o documento, que pode ser consultado na internet por quem ainda duvide dos crimes aterrorizantes que sucediam na época.[3]

Mais ou menos na mesma ocasião das eleições americanas de 1976, estourara como bomba a revelação por Marcos Sá Corrêa no *Jornal do Brasil*, sobre a operação "*Brother Sam*". Um dos primeiros documentos de arquivo a serem divulgados na esteira de Watergate, os papéis denunciavam o plano de contingência dos governos Kennedy e Johnson para apoiar logisticamente os militares brasileiros caso tivesse havido luta prolongada em abril de 1964. Dias depois da publicação, recebi por iniciativa de meu colega Luís Felipe de Seixas Corrêa, então lotado na Divisão dos Estados Unidos em Brasília, instruções sigilosas para verificar na Biblioteca Lyndon Johnson, em Austin, Texas, o que mais continha de comprometedor o arquivo sigiloso do presidente Johnson. Passei horas queimando pestanas nos papéis, muito bem organizados, por sinal. Como a parte espetacular já havia sido divulgada, concentrei-me na preparação do golpe e, sobretudo, na colaboração que se seguiu. Despachei ao Itamaraty quilos de documentos. Até hoje não sei se alguém chegou a ler a maçaroca ou se os papéis se juntaram ao mar morto de arquivos nunca lidos.

---

3 Disponível em: <history.state.gov/historicaldocuments/frus1969-76ve11p2/d99>. Acesso em: 15 ago. 2023. Memorando da CIA no site dos documentos históricos do Departamento de Estado, redigido pelo ex-diretor William Colby, em 11 abr. 1974, relata como o ex-presidente Geisel tomou conhecimento do assassinato de 104 opositores políticos, autorizando as execuções como política de Estado. [N. E.]

Com a derrota de Ford, perdia-se a relação especial, suposta ou real, com Kissinger, mas Silveira e Geisel ganhavam, involuntariamente, mais um galardão: o de independência. Seja como for, ouvi, tempos depois, história sobre a dupla Silveira-Kissinger atribuída a Roberto Campos. Quando este era embaixador em Londres por volta de 1982-1983, o antigo secretário de Estado, de passagem pela Inglaterra, havia almoçado com Campos. Conversando sobre o passado recente, teria exclamado ao amigo brasileiro: "*In all my life, I only saw two clear cases of diplomatic megalomania: your former Foreign Minister Silveira and myself*" ("Em toda a minha vida, só conheci dois casos claros de megalomania diplomática: o do seu antigo ministro do Exterior Silveira e eu mesmo"). E, após breve pausa: "*With some difference in achievement*" ("Com alguma diferença em realizações"). É possível, provável até, que a história tenha sido mais uma das inventadas por Campos...

Passada a eleição, tive ainda poucos meses em Washington, onde a vida corria plácida para quem criava filhos pequenos. As espaçosas casas americanas, os gramados contínuos, sem grades divisórias, os parques ao longo do Potomac, deixavam as crianças à vontade. A beleza campestre de gramados e arvoredos tinha para os brasileiros o inconveniente de exigir no outono o trabalho insano de recolher dezenas de sacos de folhas secas e de cortar grama quase o tempo todo. Sob pena de despertar a comiseração e o disfarçado desprezo dos vizinhos. Estes só se viam raramente. Nos subúrbios de Maryland, Virginia, se sucedem por quilômetros belas casas escondidas por árvores magníficas, jardins, automóveis, de longe em longe um *mall* incomensurável, com supermercados e automóveis às centenas, estacionados a perder de vista. Não há calçadas. Se alguém se atreve a andar a pé, tem de caminhar no asfalto e corre o risco de ser parado pela polícia.

Fora do trabalho, da história americana, da ciência política que começara a estudar desde Buenos Aires seguindo lista de livros recomendada por Hélio Jaguaribe, tive minha temporada de fixação em Thomas Mann. Li também os americanos da primeira metade do século, os poetas que tentava traduzir desde a juventude, sobretudo meus preferidos, e. e. cummings e William Carlos Williams. Não se conseguia frequentar muito os americanos por não sobrar tempo da imensa comunidade de brasileiros, não só da embaixada, da missão junto à OEA, também do FMI, Banco Mundial e BID. Nossos grandes, queridos amigos, eram Hilda e Moyses Szklo, ela funcionária do BID, ele eminente epidemiologista professor da Universidade Johns Hopkins, redator-chefe da prestigiosa revista *American Journal of Epidemiology*. Muitos fins de semana nos refugiávamos na casa deles em Baltimore, uma das raras cidades americanas com cara encardida de século XIX, onde se imaginava pairasse o fantasma de Edgar Allan Poe, na época ainda com seu velho mercado onde se ia comer ostras e *crab cakes* da baía de Chesapeake, para visitar depois a coleção de mais de mil obras de Matisse no Baltimore Museum of Art.

Na periferia da embaixada, reencontramos José Neistein, que, após dirigir por algum tempo o Centro de Estudos Brasileiros de Assunção, era o diretor do Brazilian American Cultural Institute (BACI), mantido pelo Itamaraty, centro de excelência no ensino de português, dotado de auditório e sala de exposições animado o ano inteiro por mostras organizadas por ele. Em Washington, conhecemos também alguém que se converteu em amigo de toda a vida. O tradutor e intérprete João Moreira Coelho provinha de família de Minas de gerações de presbiterianos e havia estudado para pastor. Sua vocação autêntica, no entanto, era o duplo chamado da linguística e da música. Não sei quantas línguas conhecia com perfeição entre as antigas e as modernas. Não era menor sua paixão erudita pela música e a ópera, gastando boa parte do que ganhava em concertos, espetáculos e grandiosa coleção de discos.

Com esses dois amigos explorávamos museus, exposições, concertos, aprendíamos o pouco que sabemos sobre esse mundo inesgotável. Iniciamos um programa então para tentar conhecer um pouco da riqueza excessiva da National Gallery, de Dumbarton Oaks, da Phillips Collection, do Hirshhorn Museum. Deixando de lado o almoço, Marisa e eu dedicávamos uma hora a duas ou três salas no máximo, antes de voltar ao trabalho.

Já beirando o fim de nossa estada em Washington, nasceu Mariana, nossa filha mais jovem. O melhor que ficou desses anos foi esse nascimento. E as lembranças que nos acompanham das missas de domingo de manhã na Dahgren Chapel dos jesuítas cultíssimos da universidade Georgetown, onde Mariana foi batizada, as visitas de almoço aos museus, a Baltimore, as cores de outono dos bosques de Vermont.

Meus mestres na grande diplomacia: do Amazonas aos Andes

Minha história com Silveirinha começou mal, evoluiu pior e tinha tudo para acabar em desastre. Por milagre, terminou bem. Lá atrás nestas lembranças, contei como em Buenos Aires, logo após a chegada do embaixador, pedi novo posto e ele, num almoço a dois, me disparou à queima-roupa: "Ricupero, você não gosta de mim!". Passaram-se anos, minha remoção para Washington em 1974 demorou tanto que ao sair, havia-se completado a transmissão do cargo ao novo ministro, o próprio Silveira. Ao me despedir dele no gabinete, volta-se para mim e exclama: "Vejo que você realmente não quer trabalhar comigo, toda a vez que chego num lugar, você parte!".

Mal eu inteirava um ano de posto nos Estados Unidos quando o ministro me convida para chefiar a Divisão da América Meridional II (DAM-II), que Gibson não tinha querido me dar. Embora inoportuno devido ao pouco tempo no exterior, aceitei o convite, o ato foi assinado, mas não consegui vender a casa por motivo do acúmulo de hipotecas e da conjuntura desfavorável em 1975. As semanas se escoavam em telefonemas e cartas de explicação até que um dia me comunicam do gabinete que o ministro havia mandado rasgar a portaria e cancelar a remoção. Pensei que minha sorte estava selada. Pois não é que, dois anos depois, apesar do desagrado causado pelas nossas previsões sobre a vitória de Carter, Silveira voltava a me convidar para a mesma Divisão! Agora daria certo.

Pela terceira vez ia viver e trabalhar numa Brasília que pouco lembrava do pioneirismo de 1961. Cidade como as outras, tinha esquecido a utopia de urbanistas e arquitetos, substituindo-a pelas velhas mazelas da sociedade brasileira. A DAM-II era a parente pobre da DAM-I, a tradicional Divisão do Prata e Chile, cujos temas principais eram tratados não em nível da Divisão, mas diretamente pelo ministro e o chefe do Departamento das Américas, em razão da delicadeza dos assuntos. Incluindo o Brasil, a região do Cone Sul – Argentina, Uruguai, Paraguai, Chile – era monoliticamente dominada por ditaduras militares, entre elas as monstruosas de Videla e de Pinochet. À medida que se subia para o norte, as ditaduras militares, ainda prevalecentes na Bolívia e Peru, cediam espaço aos regimes democráticos no Equador e, principalmente, na Colômbia e Venezuela.

Em agosto de 1977, quando assumi a Divisão, tinha-se a impressão de que a diplomacia Geisel-Silveira, florescente no mundo, sentia-se isolada e relativamente acuada em seu próprio continente. A tensão com os Estados Unidos oriunda da ascensão de Carter se reforçava no extremo sul com o permanente desgaste da disputa com a Argentina acerca dos rios internacionais da Bacia do Prata de curso sucessivo. Contrapunham-se, a respeito do aproveitamento hidroelétrico, duas teses opostas: a da consulta prévia aos ribeirinhos de jusante, defendida por Buenos Aires, e a da mera obrigação de informação e responsabilidade de indenizar por danos eventuais, favorecida pelo Brasil. Os argentinos não perdiam ocasião de agitar a questão nas conferências da ONU, da OEA, onde quer que se apresentasse oportunidade. Ganhavam às vezes no voto vitórias diplomáticas que eram anuladas pelo fato consumado do acelerado avanço das obras de Itaipu.

A maioria dos países tendia a achar a posição argentina de consulta mais atrativa que a brasileira, aparentemente arrogante na recusa de oferecer satisfação razoável. A isso se acrescia a antipatia que o regime militar brasileiro despertava nos vizinhos, sobretudo depois que, durante a visita do general Médici a Washington, Nixon havia soltado a frase imprudente: "Para onde se inclinar o Brasil, também irá a América Latina". Surgiam teorias conspiratórias de que os norte-americanos teriam delegado ao Brasil o papel de "subimperialista" ou "imperialista por procuração", a fim de garantir governos obedientes no continente, tese amplamente divulgada em meios latinos por um ensaio de Oscar Camilión. Se tudo isso não bastasse, existia ainda o agastamento produzido pelo triunfalismo do "milagre brasileiro", do "ninguém segura este país", do crescimento a taxas acima de 10% ao ano.

Ao contrário do que pensavam observadores superficiais, a semelhança de regimes militares não facilitava a cooperação entre os dois países, a não ser na coordenação da "guerra suja" contra asilados e opositores como a operação Condor.[1] Na disputa por água no Prata, o feroz nacionalismo da direita militar argentina agravara o antagonismo. Silveirinha, dizia-se, havia sido escolhido para chanceler porque, vindo da chefia da embaixada em Buenos Aires, deveria ser particularmente

---

1 Operação Condor, formalizada em reunião secreta realizada em Santiago do Chile no final de outubro de 1975, é o nome que foi dado à aliança entre as ditaduras instaladas nos países do Cone Sul na década de 1970 – Argentina, Bolívia, Brasil, Chile, Paraguai e Uruguai – para a realização de atividades coordenadas, de forma clandestina e à margem da lei, com o objetivo de vigiar, sequestrar, torturar, assassinar e fazer desaparecer militantes políticos que faziam oposição, armada ou não, aos regimes militares da região. Disponível em: <cnv.memoriasreveladas.gov.br/index.php/2-uncategorised/417-operacao-condor-e-a-ditadura-no-brasil-analise-de-documentos-desclassificados>. Acesso em: 15 ago. 2023. [N. E.]

credenciado para resolver a pendência. Estava já em Brasília havia mais de três anos e as divergências sobre as teses em choque continuavam a envenenar não só as relações bilaterais, contagiavam igualmente o restante do continente. Enquanto não se atingisse acordo para eliminar o obstáculo, não existiria clima para melhorar o relacionamento com a Argentina e assegurar a retaguarda em nosso próprio quintal.

Como romper o isolamento? Recomendava a lógica olhar o mapa da América do Sul e indagar o que poderia compensar a vantagem argentina derivada da natural proximidade cultural-histórica entre países hispânicos, herdeiros da mesma cultura, tradição colonial e guerras de independência. Que fator poderia oferecer ao Brasil um gancho para imprimir conteúdo às relações com vizinhos relativamente negligenciados? Esses países da minha área de trabalho se diferenciavam de nós por serem andinos e terem litoral no oceano Pacífico.

Contudo, a gigantesca bacia do rio Amazonas nos fornecia traço comum com eles, com a vantagem de controlarmos a maior parcela da área. Ainda de lambujem, ela nos permitia um pé de entrada para as três Guianas e, por intermédio delas, ao mar do Caribe. Apesar dessa atração, a sondagem sobre a negociação de um tratado de cooperação na Amazônia não deslanchava, estagnada havia mais de seis meses. Entorpeciam as tratativas os litígios fronteiriços pendentes entre Peru e Equador, Venezuela e Guiana, situados na região amazônica. Caracas mostrava-se também reticente devido à deterioração de suas relações com Brasília.

Quem chora hoje a ruína em que se converteu o berço de Bolívar é incapaz de imaginar a pujança política e econômica que foi a Venezuela em fins da década de 1970. Favorecida pela explosão dos dois choques do petróleo, a "Venezuela saudita" esbanjava petrodólares em viadutos, museus, obras urbanas monumentais, usinas de aço e eletricidade na região da Guayana, tentando "*sembrar el petróleo*", semear o petróleo. Forneciam óleo quase de graça a Cuba, aos caribenhos. Orgulhavam-se da democracia ininterrupta desde a derrubada do último ditador em 1958, alternando-se no poder governos da social-democrata Acción Democrática (AP) ou dos democratas-cristãos do Copei. Suspendiam relações diplomáticas com governos nascidos de golpes de Estado em aplicação da Doutrina Betancourt, como tinham feito com o governo de Castelo Branco. Era provavelmente o país de maior prestígio político e econômico da América do Sul.

A sorte me favoreceu em lidar com os venezuelanos. Meses antes de minha volta à sede, o presidente Carlos Andrés Pérez tinha criticado a situação dos direitos humanos no Brasil e o Acordo Nuclear com a Alemanha. Coincidindo mais ou menos com a ofensiva de Carter, a medida causara sério estremecimento diplomático entre Brasília e Caracas. Em setembro de 1977, no momento em que, de regresso da Assembleia Geral da ONU, Silveira se preparava para visitar Trinidad e Tobago, Pérez telefona e o convida a fazer escala na capital venezuelana. Autorizada por Geisel, a escala abriu caminho para extraordinária reviravolta: o presidente Pérez quase se autoconvidou a vir ao Brasil semanas depois e resolveu priorizar as relações com nosso país, talvez porque pouco poderia fazer em termos de ativismo diplomático junto ao Chile de Pinochet, à Argentina de Videla ou ao rival tradicional, a Colômbia. Minha primeira tarefa consistiu em preparar a vinda dele a toque de caixa.

A visita de CAP, como o chamavam familiarmente, foi um triunfo. Lembrando o dinamismo e a simpatia de Juscelino, com jeito para as relações públicas, deixava de lado finuras protocolares para ir pessoalmente às redações dos grandes jornais do Rio e São Paulo, cultivava quem tinha influência. Teve cobertura consagradora da imprensa, cativou todo o mundo, prometeu ajudar uma empresa brasileira de engenharia a ganhar o contrato para a construção da segunda etapa do Guri, a maior hidroelétrica em construção no mundo depois de Itaipu. Passadas semanas, numa visita que fiz a Caracas, estive presente à festa noturna de celebração da outorga do contrato à Camargo Corrêa. Uma hora, de surpresa, o presidente apareceu na festa, sendo homenageado em serenata com a canção "Alma Tachirense" (Pérez, como boa parte dos grandes políticos venezuelanos do passado, havia nascido na província andina de Táchira, fronteira com a Colômbia). Pena que, devido a problemas de sindicatos e de outra natureza, a empresa brasileira tenha sido posteriormente obrigada a dividir a porção maior da obra com gigante norte-americano do setor de construção.

A Venezuela sempre tinha sido uma pedra em nosso caminho. O antecessor de CAP, o democrata-cristão Rafael Caldera, chegara a propor aos demais países uma rodovia bordejando de norte a sul toda a floresta amazônica sem nenhum vínculo lateral com o Brasil. Chamou-a de Carretera Marginal de la Selva, enquanto a encarávamos mais como marginal do Brasil. Por isso mesmo, a reviravolta era surpreendente, uma espécie de bilhete premiado de loteria. Uma das consequências diretas da guinada foi que Pérez indicou duas pessoas de confiança para ajudar a impulsionar o tratado sobre a Amazônia. Na primeira reunião de negociação em Brasília, aprovamos mais de 80% do texto. A Venezuela fez questão de sediar a segunda reunião, o presidente se empenhou a fundo, chegando a telefonar pessoalmente aos presidentes do Peru e do Equador para remover as últimas dificuldades. Em poucos meses, o tratado se encontrava pronto para assinatura.

Vou deixar para adiante falar da Amazônia em si mesma e do conteúdo do acordo, assim como do esforço de "vender" ao Congresso e aos militares novidade vista com certa desconfiança e reticência. A esta altura, me limitarei ao resumo acima a respeito das circunstâncias que cercaram a utilização da região como motivação de uma ousada iniciativa de política externa que deu certo.

A visita de CAP foi em novembro de 1977. Superado o bloqueio venezuelano, em menos de um ano assinava-se em Brasília o Tratado de Cooperação Amazônica (TCA), na presença dos presidentes da Bolívia, Brasil, Colômbia, Equador, Guiana, Peru, Suriname e Venezuela (3.7.1978). Ao catalisar em tão breve tempo a convergência, no mais alto nível, de nada menos que oito dos doze países da América do Sul, o Brasil dava demonstração inequívoca de capacidade de formulação e mobilização diplomática dentro de sua área de influência, esvaziando os temores de isolamento. O contraste passava a ser mais flagrante com a ausência de melhora no panorama no sul. Erguer obra nova em terreno virgem mostrava-se mais simples e rápido do que ultrapassar problema encruado que exigia o abandono da exigência principista da consulta prévia.

Isso finalmente aconteceu na mesma época das tratativas sobre a Amazônia, abrindo caminho para negociar com a chancelaria argentina compromisso de compatibilizar a usina de Itaipu com a de Corpus, projetada com o Paraguai pelos argentinos águas abaixo no rio Paraná. A negociação se concentrava agora na discussão técnica, pragmática, de ajustar as cotas da barreira de Itaipu de maneira a não inviabilizar a geração de energia a jusante. Praticamente pronto, o acordo naufragou devido à inesperada proposta de permitir duas turbinas adicionais para Itaipu, aliada à teimosa intransigência de Geisel sobre o ponto. Não havia mais tempo. Em março de 1979, o governo se encerrava com o dissídio em aberto, surripiando de Silveira, no último minuto, a vitória mais desejada, a que talvez lhe tivesse assegurado a permanência como chanceler do general Figueiredo.

O principal negociador do nosso lado havia sido meu chefe, o embaixador João Hermes Pereira de Araújo. Delegando-me a Amazônia, o norte da América do Sul e boa parte dos outros assuntos menos prementes, ele se havia dedicado a tornar viável solução que pusesse fim aos longos anos do conflito. Foi seguramente o último representante de uma tradição de excelência da diplomacia brasileira no Rio da Prata, que remontava em linha direta aos grandes diplomatas e estadistas da monarquia. Não que fosse anacrônico em qualquer sentido da palavra. A ele e a seu antecessor na chefia do Departamento das Américas do Itamaraty, embaixador Expedito de Freitas Rezende, se deve a formulação e paciente montagem do arcabouço político-jurídico que possibilitaria a construção e operação da usina bilateral de Itaipu com o Paraguai.

Haveria de lhe caber posteriormente o mérito de ser também o artífice da solução definitiva do contencioso com a Argentina, um dos maiores desafios da política externa brasileira desde que o barão do Rio Branco tinha equacionado os problemas de fronteira. Nada mais moderno que a criação de um mecanismo ainda plenamente em vigor, que já funciona há mais de quatro décadas e constitui peça insubstituível da matriz energética limpa e renovável do Brasil.

Uma das qualidades que honrava João de forma sensível é que, embora imerso até a raiz na tradição histórico-cultural da diplomacia brasileira na região, ele jamais partilhou a antipatia instintiva e o fundo de desconfiança em relação à Argentina que caracterizaram os adeptos do Partido Conservador no Império. Era a própria encarnação do equilíbrio, do sentido da medida e da proporção, da moderação, do predomínio da razão jurídica sobre as paixões políticas e os ressentimentos históricos.

Havia nele, além do lado platino, muito do diplomata treinado na Cúria romana, a outra de suas especialidades. Servira longos anos no Vaticano, conhecia como ninguém os meandros da antiga diplomacia da Igreja e adquiriu até certo ar cardinalício na maneira de ser e falar. Contou-me histórias que se tinham passado com ele e o cardeal Tisserand, decano do Colégio dos Cardeais. Recordo a descrição da ocasião em que o embaixador Souza Gomes o apresentou ao papa João XXIII em 1958 ou 1959, logo após o conclave. Ajoelhado aos pés do pontífice, este lhe colocou ambas as mãos na cabeça, dizendo: "Ah, como me lembro de cena igual a esta, do dia distante em que o bispo de Bergamo me apresentou como seu jovem secretário a São Pio X, que me abençoou com as palavras *Secretarius Prudens Servus et Fidelis*" ("Secretário, servo prudente e fiel").

Penso que João jamais partilhou o sentimento antiargentino de diplomatas brasileiros do passado justamente porque a experiência da diplomacia eclesiástica ensinou-lhe as virtudes da paciência, da benignidade, do realismo de longo prazo. Imprimiu-lhe, acima de tudo, qualidade na qual creio que ninguém o igualou: a extraordinária prudência, não no mau sentido da vacilação, da insegurança, mas como atributo que lhe permitia analisar e antecipar todas as possíveis implicações negativas de cada palavra, cada gesto, até das expressões do rosto. Nele, a prudência vinha acompanhada da delicadeza de expressão, do receio de ofender o interlocutor com a reticência ou a recusa de alguma sugestão arriscada.

Uma vez, o diretor do Arquivo Histórico do Itamaraty havia proposto uma exposição no saguão da Biblioteca sobre a década de 1870, para alguns o apogeu do Império de Pedro II. Acolhida com aplausos por todos, julgou-se bem ouvir João Hermes por desencargo de consciência, embora o assunto não fosse da alçada do Departamento das Américas. Em resposta, meu então chefe redigiu memorando de várias páginas que durante anos guardei como modelo de linguagem e estilo, com esperança de um dia reproduzi-lo. Em vão tentei encontrar o papel agora no poço sem fundo do que pretensiosamente chamo de arquivo. As linhas gerais do documento, no entanto, me ficaram na lembrança.

Começava com elogios à ideia, que se estendiam por parágrafos e acrescentavam argumentos favoráveis, desconhecidos provavelmente do próprio autor da sugestão. A certa altura, relutantemente, como pensando melhor, o memorando se permitia indagar se as circunstâncias propiciavam de fato mostra sobre o tema. Com infinito cuidado, lembrava que a década de 1870 coincidira com a célebre "questão argentina" sobre os limites de Buenos Aires com o Paraguai depois da Guerra da Tríplice Aliança. Podia parecer remoto, mas não haveria algum risco de que os argentinos vissem na exposição referência belicosa ao momento em que quase tínhamos ido à guerra? Um exagero, quem sabe, ninguém mais lembraria do episódio. E, se lembrassem, se, apesar de tudo, uma autoridade argentina qualquer achasse que se tratava de alusão velada ao problema das usinas na hora em que a negociação se encontrava malparada? Não chegava a nenhuma conclusão, apenas alinhava perguntas e dúvidas. Não preciso dizer que a ideia foi rapidamente devolvida ao arquivo de onde nunca deveria ter saído...

Com o risco de abusar das anedotas, não resisto a narrar outra da qual sou hoje o único dos protagonistas vivos e que tem mais a ver com o conteúdo deste capítulo. De 1977 a 1979, durante a negociação do contencioso com Buenos Aires, João Hermes era o assessor principal, na verdade exclusivo, com conhecimento jurídico e vivência pessoal do problema para assistir e auxiliar o ministro Azeredo da Silveira nas tratativas sobre Itaipu-Corpus. Elas se desenrolaram, no essencial, no Itamaraty de Brasília, tendo como negociador do lado argentino o embaixador Oscar Camilión, brilhante analista de política externa, futuro ministro das Relações Exteriores e ministro da Defesa da Argentina.

Meu velho amigo dos tempos em que servi como secretário na embaixada em Buenos Aires, havíamos conservado estreita ligação ao longo dos anos. Sentia-se às vezes um tanto desamparado por ter de lidar com Silveira, que não era propriamente um adepto da difícil arte de dialogar e ouvir o interlocutor, tendendo a monopolizar a conversa com suas opiniões categóricas. Em mais de uma ocasião, após nova frustração com o chanceler, Oscar Camilión me procurava para se queixar: "Tenho no Itamaraty somente dois interlocutores para apresentar as propostas do meu governo. Um é Silveira, que só fala e não escuta, o outro é João Hermes, que somente ouve e não fala! O que devo fazer?!".

Pondo de lado o humor, depois que a teimosia de Geisel torpedeou o acordo, João Hermes continuou a assessorar o novo ministro, o embaixador Ramiro Saraiva Guerreiro. É claro que o ministro deu a orientação geral, mas a negociação, passo a passo, foi conduzida pela mão firme de João, como posso atestar pois trabalhei a seu lado e, uma ou outra vez, o substituí nessa época. Em cerca de seis meses, o impasse, que se prolongara por anos, seria resolvido em outubro com a assinatura do Acordo de Compatibilização entre Itaipu e Corpus, solução definitiva que já desafiou o teste de mais de 44 anos de duração. Uma nota curiosa e um pouco melancólica é que tanto esforço não serviu para grande coisa, pois Corpus jamais saiu do papel...

Avesso à busca de autopromoção, João nunca recebeu o merecido reconhecimento pela contribuição à remoção da pedra que barrava o caminho da cooperação com a Argentina. Desde então, o relacionamento bilateral começaria a florescer em duas áreas fundamentais, a da integração, que levaria no devido tempo ao Mercosul e a da construção da confiança em matéria nuclear, a partir de Sarney-Alfonsín, justamente quando João Hermes era embaixador do Brasil em Buenos Aires. Vale a pena, assim, ressaltar seu papel crucial num dos exemplos mais indiscutíveis, na história diplomática das Américas, da solução de um grave conflito exclusivamente por meio da negociação e do espírito de compromisso. Em comparação com o abuso propagandístico de falsos "êxitos" diplomáticos que não passam de operações de "*public relations*" destinadas a duração fugaz, essas realizações palpáveis e duráveis constituem o que de mais próximo existe na diplomacia brasileira contemporânea das grandes contribuições de Rio Branco no começo do século XX.

Poucos dos que passaram pelo Itamaraty possuíram erudição comparável, conhecendo a História Diplomática do Brasil e a história brasileira em geral nos menores detalhes. *Gentleman* no comportamento pessoal, sua cortesia e lhaneza no trato, como se dizia antigamente, remetiam a uma era longínqua, talvez a do império da "*douceur de vivre*" de que falou Talleyrand. Fora da carreira, na esteira de seu tio, o embaixador Fonseca Hermes, tinha a paixão de colecionar. Em matéria de arte brasileira do passado, especialmente esculturas, pinturas, mobiliário e prataria da Colônia e do século XIX, pertencia ao grupo seleto, de três ou quatro pessoas, que poderiam ser peritos judiciais.

Acompanhei-o às vezes em suas incursões a antiquários na hora do almoço, quando viajávamos a capitais latino-americanas. Era espantoso seu olhar de colecionador, lançava os olhos a uma vitrine atulhada de bricabraque e no meio da confusão, exclamava: "Veja, um crucifixo de marfim de Goa, uma colcha adamascada da Companhia das Índias". E era verdade. Certa ocasião, passava férias em Palermo, na Sicília, e avistou num antiquário um retrato de dom Pedro I com a condecoração da Ordem da Rosa. Assim, como quem não quer nada, indaga ao dono:

— De quem é esse retrato?

— *Un generale napoletano.*

— Estou precisando de um par, homem e mulher, para decoração. Não teria acaso o outro retrato?

Infelizmente, o antiquário não possuía o da imperatriz. Sem saber o que era, acabou vendendo o do imperador por dois tostões...

Na segunda metade dos anos 1960, organizou quase sozinho no Museu de Arte Decorativa de Buenos Aires (Palácio Errázuriz), uma exposição notável que ficou durante semanas em primeiro lugar entre as mais visitadas na capital argentina: "*El Arte Luso-Brasileño en el Río de la Plata*", com móveis, esculturas, pratas e quadros quase todos de velhos conventos e residências senhoriais argentinas. Uma só peça foi emprestada pelo Itamaraty porque estava no Brasil, a *Divina Pastora*. Mostrou assim como era intenso, já na colônia remota, o relacionamento cultural entre o Brasil e o vice-reinado do Rio da Prata. Boa parte das imagens religiosas argentinas, inclusive as duas mais célebres, o Cristo da Catedral de Buenos Aires e a Virgem de Luján, Padroeira da Argentina, haviam sido realizadas por artesãos portugueses ou brasileiros, alguns até de origem cristã-nova.

Maria Amélia, companheira de João Hermes, falecida anos antes do marido, deixou a todos que a conheceram a recordação de uma pessoa que aliava a simplicidade e a fidalguia à fortaleza de caráter, à doçura de uma personalidade harmoniosa. Formavam juntos um casal que encarnava o melhor do Brasil antigo nos seus valores autênticos de retidão, cultura, equilíbrio, graça e beleza. Fique aqui, nesta evocação, o preito de amizade e comovida saudade dos que, como Marisa e eu, devem a Maria Amélia e a João Hermes um tributo de gratidão pelo privilégio de havê-los conhecido e incorporado suas lições de vida à própria vida.

Cerimônia de posse do embaixador
Rubens Ricupero na chefia do Departamento
das Américas, sendo cumprimentado pelo
ministro Saraiva Guerreiro
Brasília, 25.8.1981, fotógrafo não identificado,
acervo do autor

Afinal, o que fazem os diplomatas?

Respondendo a essa pergunta, relativa aos militares, o general Charles de Gaulle, que era oficial de carreira, afirmava taxativo: "Os militares não fazem nada, mas o fazem de manhã bem cedo!" (em francês soa melhor: "*Les militaires ne font rien, mais ils ne le font que de bonne heure!*"). A resposta é surpreendente no caso da França, pátria de Napoleão, país belicoso por excelência em que não passa semana sem que algum militar morra em combate no Mali, no Burkina Faso ou em algum outro sítio perdido do vasto continente do neocolonialismo francês.

Já no Brasil, há mais de 150 anos ininterruptos em paz com todos os dez vizinhos (graças aos diplomatas), os militares enfrentam maior dificuldade em convencer a opinião pública de que precisam de infinitos recursos para defender um país sem inimigos. A justificativa, tanto para os programas de armas quanto para as prebendas de aposentadoria, pensões ilimitadas para moças falsamente "solteiras", descendentes em enésima geração de veteranos da Guerra do Paraguai, é sempre a mesma: em teoria, o militar deve estar preparado a morrer pela pátria, ou melhor, a fazer com que o inimigo morra pela dele. Talvez porque nem eles acreditem na realidade ou na iminência desse perigo, é que tantos, recentemente, deixavam os quartéis para serem ministros da Saúde, chefes da Casa Civil, articuladores políticos do governo...

Os diplomatas sofrem da mesma falsa reputação dos militares: "punhos de renda", frívolos, passando o melhor do seu tempo em festas, dormindo tarde e acordando mais tarde ainda. São os perfeitos bodes expiatórios para todos os demagogos. Jânio Quadros, por exemplo, inaugurou seu breve reinado cortando-lhes de 20% a 30% dos vencimentos para "custear bolsas de estudo a africanos". Os jornalistas, políticos ou funcionários de outros ministérios não conseguem entender que ganhar em dólares não representa nenhum privilégio pecaminoso quando se tem de pagar despesas também em dólares!

Uma versão de cabeça para baixo da resposta do general de Gaulle sobre os militares é a de que os diplomatas não fazem nada, mas o fazem bem tarde. No folclore ou mitologia do Itamaraty, circulava a história de um ilustre brasileiro do Rio de Janeiro em viagem a Paris, que, tendo sofrido roubo de seus documentos, telefonou à embaixada às onze da manhã. Nessa época, meados dos anos 1960, antes do início da diáspora brasileira, porteiros e contínuos das missões do Brasil na Europa costumavam ser invariavelmente portugueses.

O brasileiro aflito começou então a perguntar ao porteiro português: "Está aí o dr. Vinicius de Moraes?". "Não está, não senhor". "E o dr. Rodolfo Souza Dantas?". "Também não está". E assim foi desfiando três ou quatro nomes de conhecidos que serviam na embaixada, sempre com a negativa do guardião. Não se contendo, exclama o cidadão: "Mas esse pessoal não trabalha de manhã?". E o porteiro, com implacável lógica lusitana: "Não, de manhã, eles não vêm, à tarde é que não trabalham!".

Tudo isso se destina a ilustrar porque é tão difícil explicar à maioria dos mortais em que consiste a misteriosa atividade das duas figuras humanas que, segundo o professor Raymond Aron, encarnam o

Estado na sua irredutível essência: o soldado e o diplomata. Dá a impressão de demasiado abstrato, nebuloso, indeterminado, como a própria substância do Estado, que não se confunde com nação, país ou governo.

Na prática, a gente sabe que não é bem assim, que não é tão difícil entender o que fazem esses personagens. O militar raramente morrerá pela pátria, mas em tese está se preparando todo o tempo para isso, se necessário. A principal finalidade do seu cotidiano, como a do escoteiro, é estar "sempre preparado ou alerta" para o que der e vier. Como na frase de Cícero: "Se queres a paz, prepara-te para a guerra", no fundo a definição de dissuasão.

De igual maneira, a maioria dos diplomatas não terá em geral oportunidade de pacificar um conflito, de negociar um tratado de paz, de ganhar o Prêmio Nobel por evitar massacres e calamidades bélicas, de morrer como herói para salvar um povo, como meu saudoso amigo de Genebra, Sérgio Vieira de Mello. Boa parte há de se reconhecer na frase sempre citada do Conselheiro Aires de que não havia feito tratados de comércio ou limites, não tinha celebrado alianças. Nem por isso é verdade o corolário que o velho conselheiro retirava por modéstia da afirmação: "A diplomacia que exerci em minha vida era antes função decorativa que outra coisa". A verdade é que os tratados de comércio ou de limites, a celebração de alianças, só se tornam possíveis como resultado visível de infinitos, pequenos, obscuros, momentos de diplomacia silenciosa e perseverante, aparentemente decorativa.

Eu, de minha parte, em inúmeros anos de carreira, só em três ou quatro vezes me envolvi de maneira direta e pessoal em episódios de guerra. Até esse número de vezes para a maioria é excessivo, pois, graças a Deus, os conflitos bélicos têm sido cada vez mais raros, ao menos em nossas redondezas.

O primeiro desses episódios em que me envolvi ocorreu após o mandato de Geisel. O presidente sucessor, ex-diretor do Serviço Nacional de Informações (SNI), general João Baptista de Figueiredo, teve a boa ideia de escolher para o Itamaraty meu velho conhecido da Divisão Política, embaixador Saraiva Guerreiro, que havia sido o secretário-geral havia pouco e tinha acabado de chegar a Paris. Dominava todos os dossiês devido a suas recentes funções, conhecia como poucos o direito internacional. O fato de ser concunhado do novo chefe do SNI, general Otávio Aguiar de Medeiros tampouco o prejudicava. Raros também o igualavam na precisão e justeza com que manejava por escrito palavras e fórmulas da técnica diplomática; sua competência no desempenho ia de par com uma forma reta de proceder, sem ambiguidade, sem duplicidade nas atitudes, sem desejo de esconder as dificuldades para agradar ou induzir os outros a equívocos. Seu temperamento lembrava o de um parente distante no tempo, o conselheiro Saraiva, do Império, classificado por Cotegipe como da rara espécie dos "baianos fleumáticos".

A oralidade, a retórica, a eloquência, não figuravam entre suas qualidades mais fortes e nisso se parecia com Araujo Castro, também homem da escrita. Castro, aliás, dizia que Guerreiro era o único orador que dormia nos próprios discursos... Costumava fechar os olhos ao ouvir e respirava fundo, talvez devido ao passado de fumante, o que transmitia a falsa impressão de desatenção e sonolência. Os interlocutores confundiam às vezes com ceticismo ou pessimismo o que constituía na verdade um sóbrio realismo no julgamento das situações. Essa qualidade serviu-lhe bem numa etapa da vida brasileira que requeria do chanceler equilíbrio e lucidez para evitar exageros de entusiasmo ou desesperança. O senso da realidade e do momento oportuno manifestou-se, desde o começo, na determinação com que atacou a prioridade imediata: retomar as negociações sobre a compatibilização entre

Itaipu e Corpus no ponto em que haviam sido interrompidas e levá-las rapidamente a uma feliz conclusão.

Apenas seis meses depois da posse do governo Figueiredo, assinava-se em Presidente Strossner (hoje Ciudad del Este) o Acordo de Cooperação Técnico-Operativa entre Argentina, Brasil e Paraguai (19.10.1979). Liquidava-se divergência que havia onze anos envenenava as relações com a Argentina e na Bacia do Prata como um todo. O ministro registraria em suas recordações que "sem a eliminação dessa controvérsia, não teria sido possível desenvolver as relações com a Argentina [...] sem a solução dessa última grande controvérsia do Brasil na região, teria sido impossível a política latino-americana do presidente".[1]

Mal se começava a recuperar as décadas perdidas, tentando imprimir conteúdo concreto de cooperação com os argentinos quando a temerária invasão das Malvinas (2.4.1982) pelo presidente Leopoldo Galtieri submeteu a teste perigoso a frágil reaproximação. A invasão, o discurso ameaçador com que o ditador anunciou sua façanha despertaram fantasmas adormecidos de antigas animosidades e desconfianças. Os grandes jornais condenaram a ação de modo unânime e setores militares, especialmente na Marinha, expressavam preocupação com as consequências para o *status* do Brasil no continente se o golpe de força tivesse êxito. Nessa hora delicada se comprovou como o conhecimento da história, até de pormenores aparentemente sem importância, pode revelar-se decisivo para a política exterior.

Alguns meses antes da ocupação, os argentinos tinham voltado a dar prioridade nos foros internacionais à questão das ilhas, tema também levantado em encontro reservado pelo chanceler Nicanor Costa

1 Ramiro Saraiva Guerreiro, *Lembranças de um empregado do Itamaraty*. São Paulo: Siciliano, 1992, p.91-2.

Méndez durante visita a Brasília no mês de março. Em preparação à visita, o Departamento das Américas, já então sob minha direção, apresentara ao ministro um estudo no qual, entre outros antecedentes, se mencionava que em 1833, pouco depois da invasão das ilhas pelos ingleses, o governo da Província de Buenos Aires, em nome das Províncias Unidas do Rio da Prata, enviara nota ao Brasil sobre a ocupação. Rapidamente para a época, Bento da Silva Lisboa, filho do visconde de Cairu e ministro de Negócios Estrangeiros da Regência Trina, assegurou, em resposta, que enviaria instruções ao representante do Brasil em Londres no sentido de coadjuvar as reclamações argentinas.

Jamais encontramos nos arquivos vestígios de tais instruções. A nota bastou, contudo, para que o ministro Guerreiro, surpreendido em Nova York pela invasão das Malvinas, declarasse à imprensa que o Brasil reconhecera desde o primeiro instante os direitos argentinos. Acrescentou que o governo brasileiro sempre esperara que o conflito se resolvesse por meios pacíficos. Guerreiro foi um "diplomata para diplomatas", mestre na arte do *fine tuning*, da sintonia fina, do senso dos matizes e do equilíbrio. Graças a essas qualidades, conseguiu navegar com segurança e maturidade durante os dois meses da crise.

A experiência quase bélica de que participei de maneira mais pessoal ocorreu logo nos primeiros dias da Guerra das Malvinas. Passados uns dias do início da invasão, na noite da Sexta-feira Santa, dia 9 de abril, recebo em casa telefonema pelo qual o ministro me pedia para ir à sua residência urgentemente. Lá chegando, disse-me que um avião russo da companhia Cubana de Aviación tinha sido detectado em violação do espaço aéreo brasileiro, após a negação da autorização de sobrevoo. O presidente Figueiredo dera ordens para interceptar o aparelho e obrigá-lo a pousar em Brasília, sob pena de ser abatido pela FAB. Guerreiro deu-me ordem para seguir imediatamente para a Base Aérea e tentar evitar uma tragédia.

A noite parecia de encomenda para um filme de terror: uma tempestade violentíssima se abatia sobre a cidade. Não havia tempo para pedir carro oficial. Saí dirigindo meu próprio carro, quase não enxergando o caminho em meio a relâmpagos e trovões, com a visibilidade perto de zero debaixo das cordas espessas de água do dilúvio que desabava sobre o planalto. Até hoje não sei como consegui chegar ao portão da Base Aérea.

Ao ingressar num gigantesco galpão, senti calafrios ao ouvir o oficial em comando dar ordens pelo rádio aos pilotos dos caças interceptadores. Cheguei perto, me apresentei, ouvi um dos pilotos: "Comandante, tentamos várias vezes contato pelo rádio, mas os cubanos não respondem. Devemos disparar uma rajada à frente do avião?". Homem de equilíbrio e bom senso, como a imensa maioria de nossos oficiais, o comandante guardou a calma, instruindo os pilotos a continuarem a insistir pelo rádio. Em seguida, um alívio: o avião começava a despejar excesso de combustível, preparando-se para pousar. Meia hora depois, já mais de dez da noite, aterrissava na pista o imenso Ilyushin da Cubana de Aviación.

A polícia da Aeronáutica em traje de combate, com metralhadoras engatilhadas, cerca o aparelho. Aproxima-se a escada. Especula-se: o que conterá o imenso avião de 180 lugares? Armas secretas soviéticas, quilos de urânio enriquecido para uma bomba atômica argentina, espiões da KGB? Após espera de intermináveis minutos, descem pela escada, visivelmente abalados, um senhor rechonchudo de seus cinquenta anos, sua simpática e pacata esposa e um netinho de oito ou nove anos. Era o embaixador de Cuba em Buenos Aires, Emilio Aragonés Navarro, chamado de volta a Havana meses antes em decorrência da deterioração das relações com a Argentina, que retornava ao posto portador de mensagem de solidariedade e ajuda de Fidel Castro!

Durante horas, a polícia militar da FAB, os agentes secretos chamados às pressas, vasculharam o avião para ver se havia escondido algo de sinistro. Pouco a pouco, a tensão se dissipava, a atmosfera se distendia, a fraternidade latino-americana unia a todos. No fim, os militares brasileiros ajudavam cordialmente os pilotos cubanos a traçar e aprovar o novo plano de voo. Passei boa parte da madrugada em conversa com o simpático embaixador, até que o aparelho decolou rumo a Buenos Aires. Imaginem se o Ilyushin tivesse sido abatido: além da tragédia, o ridículo, o embaraço de causar um incidente internacional de proporções dramáticas por conta de um apagado embaixador que retornava a seu cargo em companhia da esposa e do netinho!

Superado o parêntese jocoso e quase trágico, continuamos a enfrentar desafios como o da internação de um bombardeiro inglês obrigado a pouso forçado no Rio de Janeiro. Com lealdade, o país encontrou o ponto de equilíbrio entre o Chile, nitidamente hostil aos argentinos, o Peru e a Venezuela, exaltados no afã de querer invocar o Tratado Interamericano de Assistência Recíproca (TIAR). O governo brasileiro rejeitou publicamente as medidas de sanção aplicadas pelos europeus e norte-americanos, esforçando-se na OEA e na ONU para a adoção de resoluções construtivas.

Falharam as tentativas de mediação conduzidas pelo general Alexander Haig, secretário de Estado de Reagan e do secretário-geral da ONU, o peruano Javier Pérez de Cuéllar, apesar de algumas das fórmulas cogitadas favorecerem bastante a reivindicação argentina. O fracasso da mediação tornou inevitável o choque armado, que custaria as vidas de mais de setecentos jovens argentinos e mais de duzentos britânicos. Em meados de junho, as forças invasoras se rendiam aos ingleses em Porto Stanley. Durante os combates foram numerosas as ocasiões em que teria sido fácil errar por exagero de apoio irresponsável e emotivo à Argentina, como fizeram alguns, ou por atitude de hostilidade na hora do perigo, que nosso principal vizinho jamais esqueceria e perdoaria. Por isso, o Brasil fez jus a ser escolhido para representar em Londres os interesses argentinos, tarefa de que se desempenhou a embaixada sob a direção de Roberto Campos.

Dois anos depois da guerra, realizou-se em Berna, no verão de 1984, reunião para tentar restabelecer o contato direto entre os dois adversários. A iniciativa partiu do embaixador Edouard Brunner, secretário de Estado da Chancelaria da Suíça, país que defendia os interesses britânicos em Buenos Aires. Representei o Brasil juntamente com o então jovem diplomata Sérgio França Danese, meu auxiliar no Departamento das Américas. Brunner julgou haver chegado o momento de lançar processo de pequenos passos – relações consulares, comerciais, tópicos pendentes – até poder restabelecer o relacionamento direto. Não era fácil porque, do lado argentino, nenhum governo podia reatar com o país que lhe infligira derrota recente sem ao menos recolocar na agenda a discussão da soberania sobre as ilhas. Para o governo inglês, o ponto se mostrava inadmissível, dada a popularidade gerada pela vitória militar.

Era preciso, portanto, preparar o encontro com alguma fórmula miraculosa de acomodar posições inconciliáveis. A ilusão surgiu no momento em que a absorção da primeira-ministra Margaret Thatcher na greve dos mineiros criara algum espaço para os diplomatas do *Foreign Office*, de cuja firmeza a ministra duvidava. Aproveitando a brecha, os suíços tinham convencido os relutantes britânicos a aceitar uma abordagem construtiva. A ideia era combinar cenário pelo qual, tão logo começado o encontro, o delegado argentino reiteraria a necessidade de discutir a questão da soberania, ainda que não fosse no primeiro momento. Admitida a ideia em princípio, Buenos Aires se disporia a examinar outros aspectos práticos do relacionamento, aguardando a hora da negociação para valer.

A essa abertura, o delegado britânico responderia: "*We are not prepared to do so*", considerada a ambiguidade em inglês de "*prepared*" que em geral significa "disposto, decidido", embora possa também, em circunstâncias menos habituais, ser traduzida por "pronto", como em castelhano, português e outras línguas. A mesma palavra seria compreendida de uma forma pelos argentinos e de outra pelos ingleses. Salvava-se a honra e mantinha-se a aparência. O arranjo só funcionaria se cada um falasse em seu próprio idioma e não houvesse interpretação.

Tudo acertado, chegamos a Berna e nos hospedamos no velho hotel Schweizerhof, onde se realizaria o jantar e a sessão de abertura. Jantar magnífico, atmosfera jovial, após o café, o vinho do Porto, os charutos, ali mesmo se organizou a mesa de negociação. Abrindo a tratativa, o chefe da delegação argentina levantou a questão da discussão da soberania. O britânico contestou: "*We are not prepared to address the issue*" e, na mesma hora, um intérprete do lado dele traduziu em espanhol: "*No estamos dispuestos a discutir la cuestión*". Com presença de espírito, o delegado argentino disse que não tinha ouvido bem e solicitou aos ingleses repetirem a declaração. O representante do Reino Unido cortou o debate em sua língua: "*We are not willing, we do not want to discuss the matter*". A negociação acabava antes de começar, para desolação geral.

Na tentativa de resgatar alguma coisa de tanto esforço, marcou-se para a manhã seguinte uma reunião na Orangerie, belo anexo do palácio da chancelaria suíça que servia de residência oficial a Brunner. Cheguei mais cedo que os demais e assisti à descompostura que ele passou no chefe da delegação inglesa pela traição. A explicação foi de que a Dama de Ferro tomara conhecimento dos preparativos após o fim da greve, dias antes da reunião, exigindo que fosse tudo desfeito. Houve uma terceira sessão contra o pano de fundo de deslumbrante paisagem alpina numa casa emprestada por família abastada de Friburgo. Tudo em vão. Com a experiente ajuda do embaixador em Berna, Geraldo de Carvalho Silos, veterano das Nações Unidas, conseguimos evitar as armadilhas que se tentou contrabandear no comunicado conjunto às expensas dos argentinos.

Mal conhecido, o episódio deveria ser estudado nas academias diplomáticas para esclarecimento dos jovens diplomatas acerca do potencial sedutor, mas também dos perigos da chamada "ambiguidade criativa" como solução de impasses entre países. Não obstante os esforços da diplomacia brasileira em prol da causa argentina, ainda se teria de esperar alguns anos até que se renovassem os laços diretos entre a Argentina e o Reino Unido, o que somente viria a suceder bem mais tarde, em 1990.

Outro dos meus envolvimentos com o risco de guerra consistiu num incidente que permaneceu longo tempo em segredo. Hoje mesmo, raros são os que ouviram falar dessa ocasião em que por um triz o Brasil deixou de ser induzido a invadir território de país vizinho. Deu-se o caso quando o presidente Ronald Reagan, já revelando a propensão de retomar o antigo vício norte-americano de brandir o "*big stick*", o "*cacetão*", na pitoresca tradução de Oliveira Lima, ensaiava a política que o levaria a desfechar contra a minúscula Granada, nas palavras de um correspondente, "uma adorável guerrinha" ("*a lovely little war*"), que ainda assim faria mais de cem mortos, quase todos do lado dos invadidos.

Antecipando o padrão que se repetiria na Guatemala, El Salvador, Nicarágua, culminando, no governo George H. W. Bush, com a operação de invasão do Panamá e prisão de Noriega, Reagan enviou-nos emissário secreto que desembarcou em Brasília num fim de semana de abril de 1983. Tratava-se de William Clark, ou "Judge" Clark, amigo pessoal do presidente, que vinha com a missão de persuadir (e pressionar) os militares brasileiros a participar de operação de invasão do vizinho Suriname, da qual também fariam parte forças norte-americanas, da Holanda, antiga metrópole da ex-Guiana Holandesa e da França. O objetivo seria evitar que o Suriname, palco recente de sangrento golpe que levara ao poder o sargento Bouterse e vários suboficiais, acabasse dominado pelos cubanos, que multiplicavam as ofertas de ajuda militar e econômica ao país. Por sorte, o general Medeiros, chefe do SNI, deu conhecimento ao ministro do que se tramava. Assim, desde o início, o chanceler pôde esboçar estratégia da qual persuadiu o presidente.

O Brasil reconheceria, nas conversas com os americanos, a seriedade da ameaça à fronteira norte. Deixaria claro, ao mesmo tempo, que preferíamos atuar por nós mesmos e esgotar todas as possibilidades de saída pacífica. Em poucas horas, montou-se operação de emergência comandada pelo general Danilo Venturini, chefe do gabinete militar, conduzida na parte diplomática pelo Departamento das Américas. Em missão altamente secreta, o general Venturini viajou num jato militar, acompanhado do conselheiro Osmar V. Chohfi, chefe da Divisão da América Meridional II (DAM-II). A missão tinha por fim propor ao ditador do Suriname "oferta que ele não poderia recusar": aceitar da parte do Brasil uma alternativa a Cuba em termos de ajuda econômica e cooperação militar.

Houve momentos dramáticos quando o jato aterrissou no aeroporto de Paramaribo e os passageiros tiveram de esperar mais de uma hora para serem autorizados a desembarcar. Caso se registrasse alguma hostilidade à missão, forças brasileiras estavam preparadas para intervir a partir da fronteira e por via aérea. Depois desse começo difícil, felizmente a missão teve êxito. Gradualmente, em meio a enormes dificuldades, conseguiu-se mobilizar recursos para ajudar o vizinho, afastando-o da influência cubana.

Os norte-americanos jamais acreditaram que a abordagem brasileira daria certo. O fato, contudo, é que se passaram mais de quarenta anos e a história nos deu razão. O Suriname continua instável, sua política nada tem de exemplar; no entanto, o fantasma da "cubanização", se é que existiu, nunca se materializou. O episódio encerra lição que assim resumi no livro *A diplomacia na construção do Brasil: 1750-2016*: ao resistir à visão equivocada de país muito mais poderoso, a diplomacia brasileira não se limitou a dizer não. Ofereceu uma alternativa que poderia ou não funcionar, mas que ninguém poderia recusar *in limine*, sem lhe dar ao menos uma chance. Poupou-se a América do Sul de uma intervenção de efeitos traumáticos, o Brasil evitou a intromissão da política das grandes potências na sua área direta de influência.[2]

Mais importante ainda, num teste delicado no qual a postura norte-americana encontrava simpatias de militares brasileiros, demonstramos de modo efetivo nossa fidelidade a 150 anos de abstenção do uso da força contra qualquer vizinho. Se tivéssemos cedido, teríamos confirmado as absurdas acusações de que o Brasil praticava o "imperialismo por procuração" a serviço dos ianques. O dano à nossa reputação teria sido incomensurável. Compare-se com as atitudes recentes que o governo Bolsonaro teve em relação a outro vizinho, a Venezuela.

Haveria incontáveis situações como essas para mostrar que algo fazem os diplomatas: salvam vidas, aproximam povos, criam comércio e riqueza, atraem investimentos, difundem arte, música, poesia, contribuem não para aumentar o sofrimento, mas para tornar o mundo mais humano e mais nobre. Não obstante, persiste a dificuldade em entender qual é o conteúdo prático da diplomacia. Anos atrás, recebi, de jovem

---

2 Rubens Ricupero, *A diplomacia na construção do Brasil: 1750-2016*. 1.ed. Rio de Janeiro: Versal Editores, 2017, p.546-7.

de dezesseis anos com aspirações à carreira diplomática, mensagem em que me bombardeava de dúvidas: como é o dia a dia de um diplomata? Qual é a rotina da embaixada? Como é que ficam a família e a saudade de casa? Um diplomata consegue fazer verdadeiramente diferença no mundo? Acabar com as guerras, ajudar a melhorar o Brasil e a vida das pessoas? Ou fica à mercê do interesse dos governantes?

Fiz o melhor que pude para tentar responder a essas perguntas. Não sei se convenci alguém. Seguramente não a meu filho que, quando pequeno e indagado em Washington sobre o que fazia o pai dele, respondeu: "Não sei bem. Acho que fica lendo jornal o dia inteiro"...

Nova República: vida nova

Nunca entendi bem como, no melhor momento da carreira, sem haver planejado nada, nem mesmo ter tomado consciência clara do que sucedia comigo, deixei o Itamaraty para não mais voltar, ao menos em funções na Secretaria de Estado em Brasília. Em 1984, já promovido havia dois anos a ministro de primeira classe, chefe do Departamento das Américas, sentia pela primeira vez que meu trabalho era apreciado, depois de longo começo um tanto na sombra.

O próprio Figueiredo, segundo me contaram, gostava dos discursos que eu preparava para suas visitas a países vizinhos ou de presidentes dessas nações a Brasília. Era homem concreto, gostava de história militar, achava chatas as minutas que o gabinete do ministro do Exterior submetia à presidência. Nessa época, os presidentes não discursavam na ONU, não se interessavam muito pelas questões da agenda onusiana incluídas nos discursos. "Cada vez que vejo as palavras Namíbia ou Zimbabwe", comentara o presidente, "já sei, lá vem de novo o Itamaraty!". Preferia as referências que eu fazia em discursos do Departamento das Américas ao pernambucano José Ignácio de Abreu e Lima, que atingira a patente de general de brigada nas forças de Bolívar e se vangloriava de haver sido o primeiro a cruzar sob metralha a ponte de Boyacá, na libertação da Colômbia. Os discursos, recheados de evocações de heróis e batalhas, agradavam mais que as menções às disputas longínquas das Nações Unidas.

O horizonte para mim se limitava ao pequeno mundo do Itamaraty, de onde jamais havia saído. Ao fim do governo, imaginava que me destinariam a alguma embaixada para dar sequência à carreira. Certo dia, Francisco Dornelles me procurou a fim de transmitir convite de Tancredo Neves, seu tio, para que eu me tornasse assessor de política externa na campanha à presidência. Conhecera Tancredo e Dornelles do tempo em que tinha servido de elemento de ligação entre o chanceler San Tiago Dantas e o gabinete do primeiro-ministro, no governo parlamentarista de 1961. Conversei com o ministro Guerreiro, que me autorizou a prestar esse apoio em caráter pessoal. Até à eleição indireta pelo Colégio Eleitoral (15.1.1985), quase não tive nada a fazer, a não ser uma ou duas análises sobre temas da atualidade. Passada a eleição, fui incluído na pequena comitiva que acompanharia o presidente eleito em viagem pelo mundo.

Já contei como me veio a ideia de registrar numa agenda de capa vermelha, brinde da Editora Abril, o diário da viagem, publicado 25 anos mais tarde.[1] Não vou repetir o que saiu em livro de 450 páginas com o texto do diário, fotos e documentação. Apenas me limitarei ao contexto geral do périplo. Entre 24 de janeiro e 7 de fevereiro, em quinze apertados dias, teve-se de comprimir, além das constantes viagens, encontros com o papa João Paulo II, o primeiro-ministro italiano Craxi, o presidente Mitterrand, o primeiro-ministro Mário Soares, o presidente Ramalho Eanes, o primeiro-ministro Felipe González, o rei Juan Carlos, o presidente Reagan, o vice Bush, o secretário de Estado George Shultz, os presidentes mexicano De la Madrid, o peruano Belaúnde Terry,

---

1 Rubens Ricupero, *Diário de Bordo: a viagem presidencial de Tancredo Neves*. São Paulo: Imprensa Oficial, 2010.

o argentino Alfonsín. Sem contar uma infinidade de outras personalidades, cerimônia de Doutor *Honoris Causa* na Universidade de Coimbra, visita à OEA com sessão especial, discursos, entrevistas coletivas.

Sempre que à última hora se queria incluir compromisso adicional à agenda sobrecarregada, tentávamos impedir com o argumento de que o dr. Tancredo precisava descansar. Ele afastava a objeção, rindo: "Para descansar, teremos toda a eternidade". Quem imaginaria então que para ele, em véspera de completar 75 anos, a eternidade haveria de começar antes que passassem três meses? Havia se preparado a vida toda para ser presidente, sabia que nada estava garantido devido à precariedade da transição "lenta, gradual e segura". Os dois meses de espera entre eleição e posse eram compridos demais. Segundo rumores, a linha dura do regime conspirava, os elementos "sinceros, porém radicais" não julgavam a transição bastante lenta, nem principalmente segura. Não mencionando pressões por cargos, intrigas, manobras, tudo aconselhava a respirar outros ares, a sair por algum tempo daquela atmosfera envenenada.

Trinta anos antes, Juscelino, o último mineiro que o precedera na presidência, tinha feito o mesmo por idênticas razões. A vantagem adicional é que ser recebido pelo papa, os presidentes dos Estados Unidos, da França, o primeiro-ministro de Portugal, o rei da Espanha, era para o presidente eleito como uma sagração internacional, um seguro contra o risco de golpe.

Por austeridade republicana e maior contraste com os excessos do final do regime militar, tudo na viagem se planejou com extrema modéstia. À luz da triste realidade em que se converteu hoje a república, cada vez mais imperial, quase não se pode crer que os voos foram comerciais, os acompanhantes pouquíssimos, quase todos em classe econômica, só alguns em executiva. De nada adiantou o exemplo: passado algum tempo, voltou-se com juros ao exagero das mordomias de comitivas inúteis de centenas de pessoas.

O embaixador Paulo Tarso Flecha de Lima, ajudado pela esposa Lúcia, foi o acompanhante principal do dr. Tancredo e dona Risoleta. Agiu como um ministro das Relações Exteriores, dirigindo a organização, preparando as etapas, executando as providências necessárias. Álvaro de Alencar se ocupava das questões econômicas. Meu papel foi de assessor em política externa em geral, posição em que me sentia perfeitamente à vontade, pois, em novembro de 1984, Tancredo havia declarado: "Se há um ponto na política brasileira que encontrou o consenso em todas as correntes de pensamento, esse ponto é a política externa levada a efeito pelo Itamaraty".

A política a que se referia não era obviamente a do começo do regime militar, a do estrito alinhamento à Guerra Fria e intervenção na República Dominicana do governo Castelo Branco. O que tinha em mente consistia na profunda retificação, guinada mesmo, efetuada por Geisel, aplicada por Azeredo da Silveira, prosseguida e aperfeiçoada por Figueiredo e Guerreiro. A diplomacia retomava o espírito da Política Externa Independente de Jânio, San Tiago, Araujo Castro, correspondendo mais à visão de mundo da oposição que à do regime. Sua inspiração provinha da recusa da camisa de força do alinhamento ideológico, conduzia à reafirmação da independência em relação aos Estados Unidos e aos grandes, ao reconhecimento da China, da independência de Angola e Moçambique, à proximidade com a África, à equidistância no Oriente Médio.

Entendi que se esperava de mim alguma ajuda para atualizar e completar o conhecimento do presidente eleito, naturalmente defasado pela exclusão por vinte anos dos círculos de poder e a dedicação aos assuntos internos. A função se revestia um pouco do trabalho de professor incumbido de curso de madureza ou reciclagem. Era preciso esclarecer os meandros da linguagem e nomenclatura da diplomacia multilateral, que até profissionais da carreira nem sempre compreendiam, diferenciar o Grupo dos 77 do Movimento Não-Alinhado, o significado de siglas, as armadilhas a evitar. Tancredo se prestava de bom humor ao exercício, dizendo: "Vamos a esta aula, mestre!". Para facilitar, Sérgio Danese, com sua capacidade de trabalho prodigiosa, tomou a iniciativa de preparar um *vade-mécum* de perguntas e respostas que até hoje acho útil consultar.

Tancredo pertencia a um mundo e a um Brasil que começavam a desaparecer, cujo estilo já causava estranheza. O Brasil dele era o do interior das Minas Gerais, da mineração do ouro, de São João del Rei, a venerável Confraria de Nossa Senhora do Rosário, a Irmandade do Santíssimo Sacramento, da Igreja Católica imutável, perene sustentáculo da moral e da ordem. Os políticos desse Brasil sentiam nostalgia emocional pelo passado de Portugal, veneração comovida por Coimbra e Lisboa. Olhavam para os Estados Unidos como o protetor, o guia, a fonte de onde infalivelmente chegaria ajuda para alívio do crônico estrangulamento do câmbio e das finanças do país. Às vezes, esse vezo antigo na maneira de ver as coisas estrangeiras se expressava nos discursos ou entrevistas em escorregadelas retóricas sem consequências. De maneira geral, contudo, a viagem foi um triunfo e o presidente eleito cativou a todos. Como escreveu Celso Lafer de modo insuperável, foi o momento presidencial de Tancredo, o único, pois não haveria outro.

Ao voltar, me recolhi de novo a minhas funções no Itamaraty. Só uma vez o revi, ao acompanhar o presidente eleito do Peru, Alan García. Durante nossa viagem, não havia percebido nada de anormal em sua saúde. Dessa vez, notei que o dr. Tancredo não aparentava estar bem, apertava a barriga o tempo todo como se tivesse alguma dor. Segui de longe as notícias acerca da constituição do governo. Esperava que Paulo Tarso se tornasse, se não ministro das Relações Exteriores, ao menos o poderoso chefe da Casa Civil. Paulo terminou sendo o secretário-geral do Itamaraty, onde se desempenhou por vezes como o verdadeiro ministro.

Para a Casa Civil foi nomeado um mineiro redundantemente habilidoso, amigo velho da família, José Hugo Castelo Branco. Dizia-se que só ele controlava o acesso ao computador que escondia os compromissos de nomeações políticas de Tancredo. Sempre pensei que Paulo Tarso teria sido um grande ministro, então ou depois, ainda melhor talvez em posto que exigisse capacidade executiva como o da Indústria e Comércio ou similar. A montagem do governo tinha exigido engenharia política intrincada, não deixando possibilidade de desperdiçar um ministério de prestígio com alguém que não fosse político nem tivesse voto. Ou teriam pesado outras razões, a ligação de Paulo com Antonio Carlos Magalhães, a insegurança que criava no círculo íntimo pessoa de tanto talento e confiança em si própria.

Indicado para a subchefia especial da Casa Civil, participei com os demais da angústia daqueles intermináveis dias entre 15 de março e a morte de Tancredo no dia 21 de abril de 1985. Alternando entre estados de espírito de esperança e tristeza segundo as cirurgias e comunicados médicos, o período lembrava a fase estranha da "*drôle de guerre*" (a "guerra de mentirinha" ou "de araque"), indefinição de meses sem combates da Segunda Guerra Mundial a partir da declaração até seu início efetivo. Não sabendo se o verdadeiro presidente voltaria ou não, nada se iniciava ou se empreendia que fosse para valer. Sobravam horas ociosas para conversas, as pessoas vagavam aborrecidas pelos corredores em busca não sei do quê. Sem experiência anterior da administração pública fora do Itamaraty, havia fantasiado que a presidência da República deveria reunir o melhor do país: funcionários extraordinários, eficiência de primeiro mundo, informações privilegiadas sobre o que se passava no Brasil.

Se alguma vez foi assim, a própria memória se havia apagado, pois não existiam arquivos ou precedentes. Em toda a Casa Civil, restava somente um velho burocrata de carreira, único a conhecer os segredos de como se preparava um decreto ou uma portaria. Dessa experiência, guardei sentimento interior de apreensão sobre a precariedade do controle exercido pelo alto escalão do governo, a desconfiança de que a "*superioridad*", como diziam os bolivianos, não sabe muito mais do que o comum dos mortais.

Aconteceu finalmente o que tinha de suceder, o paciente não aguentou a série de erros e torturas a que foi submetido; morreu, deixando o país desamparado, perplexo. Passado o choque, as manifestações coletivas de dor, o enterro, a vida retomou o ritmo ditado pelos problemas. Quis aceitar o convite que me fez o ministro das Relações Exteriores Olavo Setúbal para voltar ao Itamaraty e assumir a subsecretaria política. Sarney, que eu começara a conhecer na partilha da incerteza daqueles dias, não deixou: "Se Tancredo o escolheu, também quero que trabalhe comigo".

Especula-se às vezes o que teria sido a história do Brasil se Tancredo não tivesse morrido. Jamais saberemos, mas tenho para mim que possivelmente não teria sido tão melhor no fundamental. As personalidades contam o essencial da história, no entanto, não se pode fugir da tirania dos problemas. Em matéria de problemas, os militares haviam deixado um mar deles, dentre os quais se destacavam o desafio de reconstruir a estrutura jurídica da democracia e dos direitos humanos num campo de ruínas e duas heranças econômicas particularmente malditas: a crise da dívida externa e o perigo iminente de hiperinflação. Custou quase uma década encaminhar solução definitiva para as duas questões econômicas, o que só ocorreu com o Plano Real e o acordo com os bancos credores. Não foi muito diferente na Argentina e demais países latino-americanos.

O processo de elaboração da Constituição e seu resultado talvez tivesse sido outro com Tancredo, que possuía ascendência bem superior junto ao PMDB, não despertava a desconfiança inspirada por Sarney na antiga oposição e tratava Ulysses Guimarães de igual para igual. Difícil antever se teria produzido grandes mudanças para melhor no texto final, que Sarney, com alguma razão, temia deixasse o país ingovernável. Conforme o vice-presidente escreveu no artigo para a *Foreign Affairs*, ele não se preparara psicologicamente para a remota eventualidade da presidência. Não participara dos segredos da composição do ministério que herdava, o presidente eleito não lhe confiara como tencionava encaminhar os problemas mais complicados: a forma de convocação da Assembleia Constituinte e a estratégia para controlar o processo de elaboração da Carta.

Também ninguém sabe se Tancredo teria conseguido controlar o processo, tarefa talvez além do poder de qualquer um. O próprio Ulysses teve de render-se à polimórfica heterogeneidade do PMDB. Em cerimônia na qual recebeu a Legião de Honra na embaixada da França em Brasília, lembro do discurso espirituoso em que o velho parlamentar prometia seguir o modelo de constituição ideal segundo Napoleão: que fosse curta e vaga! Não preciso dizer que acabou por sair texto interminável e detalhado.

Justamente a propósito da Constituinte, fui protagonista de episódio que antecipou o que viria a ser o penoso final do reino de Sarney. Faltavam poucos dias para o Natal de 1986, quando fui fazer uma visita a Carlos Castello Branco, o inigualável colunista político do *Jornal do Brasil*. Conversamos a sós; no momento em que me despedia, Castelinho me reteve e declarou:

> Não é meu costume dar conselhos a políticos, mas como gosto de Sarney, vou pedir que diga a ele que o melhor que tem a fazer no momento da promulgação da Constituição é convocar rede nacional de rádio e TV para anunciar que sua missão está concluída, devendo convocar-se eleições para escolher novo governo.

Fez uma pausa e acrescentou: "Sei que ele não vai fazer nada disso e é pena porque não teria nada a perder. A partir do final da Constituinte, o governo dele passará a ser um inferno!".

Na manhã seguinte, o presidente esperava sozinho em seu gabinete a hora de sair para a base aérea de Brasília, onde tomaria o avião que o conduziria a São Luís para as festas de Natal. Entrei, tomei coragem e transmiti-lhe o recado de Castello. Sarney não disse nada, ficou olhando vagamente para a vasta vidraça de onde se descortinava o panorama do lago Paranoá. "Será que tinha ouvido?", cheguei a me perguntar. Logo o acompanhei no carro, em silêncio, até o aeroporto. Meses mais tarde, por ocasião da visita ao Brasil do presidente português Mário Soares, na escala em Carajás, rumo ao Maranhão, Sarney me puxou para mesa solitária e me confiou:

> Lembra-se do conselho do Castello? Sei que ele é meu amigo e deseja o meu bem. Ele não sabe, no entanto, qual é a verdadeira razão que me impede de seguir o conselho. É que se houvesse eleições antecipadas, o vencedor seria Brizola, o que os militares não aceitariam de jeito nenhum. Tenho de continuar a fim de evitar o retrocesso.

Na época, tive dúvidas. Hoje, à luz de revelações do ministro do Exército, general Leônidas, publicadas não há muito, também depois da experiência recente de Bolsonaro, do general Villas Bôas, já não sei o que pensar.

Depois do difícil começo durante a longa agonia de Tancredo, aos poucos Sarney começou a me solicitar com frequência e não só para temas de política externa. Tornamo-nos próximos; quando Célio Borja foi indicado para o Supremo Tribunal Federal, fui nomeado em seu lugar de assessor especial do presidente da República, onde trabalhei de abril de 1986 até setembro de 1987. Mencionei acima que não conhecia antes o presidente e aprendi com o convívio a estimar e apreciar suas qualidades. Sarney provinha de um estado pobre do Nordeste, dependente de transferências do governo federal, sem peso no jogo interno de poder. Não era muito admirado pelos círculos influentes da vida econômica e empresarial.

Em sua família, descobri como podia ser diferente o relacionamento entre pessoas num contexto que evocava o Brasil tradicional, uma lembrança do passado no Rio e São Paulo. Os filhos, mesmo o deputado Zequinha, pediam-lhe a bênção, beijavam-lhe o rosto. No Natal, liam juntos na Bíblia o nascimento de Jesus. Quando me chamava ao Palácio da Alvorada, ao sítio próximo a Brasília, nunca o encontrei sem uma multidão de gente humilde do Maranhão a pedir-lhe ajuda para internação hospitalar ou outra dádiva. A todos atendia com infinita paciência. Eu voltava para casa me perguntando como aguentava essa vida sem um minuto de sossego.

Acima de outras dimensões estimáveis, o legado que distingue Sarney dos governos anteriores e sucessores consistiu na reconstrução da democracia, da liberdade, dos direitos humanos. Em meio a obstáculos de toda ordem, levou a bom termo o processo de dotar o país de instituições livres, democráticas, progressistas, afinadas com os avanços da consciência moral da humanidade. É óbvio que se tratou de edificação coletiva na qual desempenharam papéis maiores ou menores os grandes estadistas brasileiros da época, como Ulysses. Coube a José Sarney, porém, nas condições adversas geradas pela súbita e inesperada morte de Tancredo Neves, a tarefa mais difícil de garantir o quadro de normalidade e segurança dentro do qual se conduziu o reerguimento dos fundamentos da vida democrática destruídos pelos militares. Não é proeza qualquer, obra comparável a outras. A reconstrução, na verdade a primeira fundação entre nós de democracia participativa de massas, com conteúdo de direitos humanos, constitui a conquista por excelência, a condição da possibilidade de outras realizações.

Bastaria por si só à glória de qualquer governo. Houve, contudo, muito mais naqueles anos em que o país dava a impressão de redescobrir a alegria de experimentar caminhos inexplorados, que se perdera desde o fim do governo de Juscelino Kubitschek. Dentre as inúmeras realizações perduráveis do primeiro governo da democratização, é justo destacar a renovação da diplomacia, com ênfase no realinhamento da política externa no sentido de uma aproximação sem precedentes com a Argentina e a América Latina.

Impregnado de romances e poesia hispano-americanos, José Sarney foi o mais latino-americano de todos os chefes de Estado brasileiros. Completou o *aggiornamento* da diplomacia iniciada pelo general Geisel e Azeredo da Silveira ao promover o restabelecimento das relações com Cuba, último tabu remanescente do regime militar. Chegou muito mais longe do que qualquer dos seus predecessores ao estabelecer, a princípio com os presidentes Alfonsín, da Argentina, e Sanguinetti, do Uruguai, em seguida com os demais latino-americanos, relacionamento pessoal de colaboração sem nenhum ranço de formalismo e arrogância.

Deve-se a ele, mais que a qualquer outro, o impulso que transformaria qualitativamente a natureza das relações com a Argentina, nosso principal vizinho. A construção da confiança mútua no domínio nuclear e os projetos concretos de integração econômica permitiram ultrapassar em definitivo quase dois séculos de rivalidade e antagonismo. No devido tempo, frutificariam em duas das mais impressionantes conquistas da diplomacia brasileira: o Mercosul e a substituição dos projetos secretos de arma atômica pela cooperação no uso pacífico da energia nuclear.

Mostrou também sensibilidade e coragem política nas questões da Amazônia e do meio ambiente. Quando, em dezembro de 1988, o assassinato de Chico Mendes no Acre desencadeou contra o governo brasileiro campanha internacional de denúncias, soube agir de forma rápida e decisiva. Em vez de fechar-se na habitual reação defensiva de negação da realidade, mobilizou todo o potencial da presidência da República para combater o desmatamento. Paralelamente, em gesto de audácia, ofereceu o Brasil para sediar o que viria a ser, já sob o governo de Fernando Collor de Mello, a Rio-92, a maior conferência ambiental das Nações Unidas de todos os tempos pela repercussão e os resultados concretos alcançados.

Ao mesmo tempo, a longa vivência da política em meio instável e precário como o nacional lhe havia reforçado o realismo instintivo no julgamento dos homens e das coisas. Poucos anos depois de terminar seu governo, fui lhe fazer uma visita no sítio de São José do Pericumã, ao passar por Brasília em férias. Passeávamos ao redor do açude quando lhe manifestei a preocupação que sentia com o avanço do processo de *impeachment* de seu sucessor. "Presidente, o senhor não tem medo de que, como Getúlio, Collor se suicide?". "Não há perigo", redarguiu, "gente que gosta de dinheiro não se mata!".

Haveria muito a dizer em outros campos, mas me limito a lembrar, para concluir, a paixão pessoal de Sarney pelos temas da cultura, sua original decisão de escolher para chefiar o Ministério da Cultura a poderosa personalidade intelectual de Celso Furtado, o carinho com que sustentou e animou a criatividade nas artes, na ciência, na cultura.

O Brasil daqueles dias respirava tolerância, inventividade, ousadia cultural. Em tudo, no espírito de liberdade, de reforma social, na política exterior, na relação com a Argentina, no meio ambiente, na cultura, não se pode imaginar contraste mais chocante com os tempos de retrocesso democrático que vieram depois com Bolsonaro, a demolição da tradição diplomática, do prestígio internacional, dos avanços ambientais, a degradação da política cultural.

Passados mais de trinta anos do fim de seu governo e contraposto aos sete presidentes que o sucederam, Sarney aparecerá a olhos isentos como o que semeou muito do que outros haveriam de colher, como a fase inevitavelmente árdua de lançamento das bases sobre as quais deveria ser edificada a democracia de massas no Brasil.

Visita da comitiva do presidente eleito Tancredo Neves ao papa João Paulo II, da qual fez parte o embaixador Rubens Ricupero. A seu lado, a esposa do embaixador Carlos F. Gonçalves da Rocha, Roma, janeiro 1985
Foto L'Osservatore Romano Citta' Del Vaticano, Servizio Fotografico, Arturo Mari, acervo do autor

Embaixador Rubens Ricupero, então Presidente do Conselho de Representantes do GATT, durante a visita do presidente mexicano Salinas de Gortari, com o diretor-geral do GATT, Arthur Dunkel Genebra, 1990, fotógrafo não identificado, acervo do autor

Desafios e decepções do desconhecido: Genebra e o GATT

Em meados de 1987, fracassado o Plano Cruzado, passado o susto da moratória da dívida externa, com os trabalhos da Assembleia Constituinte avançados, pedi para sair do Brasil. Não há espaço aqui para rememorar as emoções desses episódios nos quais estive envolvido com maior ou menor intensidade. A motivação da decisão teve um pouco a ver com a apreensão de Castelinho sobre o inferno do pós-Constituição. O mais importante, contudo, era que eu já estava em Brasília havia dez anos, duração excessiva para diplomata de carreira com tempo limitado restante para chefiar missão no exterior.

Marisa e eu desejávamos um posto na Europa para estar perto de nossa filha mais velha, Cristina, que já vivia na França. Disponíveis, a embaixada em Paris e os organismos junto às Nações Unidas sediados em Genebra. Sonho de todo diplomata, na primeira, além das atrações evidentes, o trabalho seria mais fácil e agradável. Com frequência era ocupada por gente eminente de fora, caso do último embaixador, o acadêmico maranhense Josué Montello, ou reservada aos grandes diplomatas como coroamento da carreira. Preferi tentar Genebra, posto mundanamente menos brilhante, de trabalho intenso, que havia sido destinado como primeira chefia de missão no exterior a alguns dos mais recentes titulares, como Ramiro Saraiva Guerreiro e meu imediato antecessor, Paulo Nogueira Batista.

Para mim, o posto representava o duplo desafio do desconhecido: o trabalho multilateral e a concentração no GATT. Até então, minha experiência se limitava à diplomacia bilateral, às relações do Brasil com outros países do continente americano, quase sempre de natureza política. Nunca havia passado pelas Nações Unidas ou órgãos regionais como a OEA, não conhecia os métodos de trabalho da diplomacia parlamentar, que se assemelha ao trabalho de uma assembleia ou parlamento, exigindo atributos bastante diferentes dos necessários no trato de uma embaixada com o governo junto ao qual está acreditada.

Tampouco me ocupara de temas econômicos e muito menos daqueles ligados às negociações comerciais multilaterais como o GATT. No tempo em que fui chefe do Departamento das Américas, me esforçava em ler os telegramas selecionados de todos os demais setores do Itamaraty menos os do GATT, que descartava por me parecerem abstrusos na nomenclatura e incompreensíveis na linguagem.

Tentei me preparar o melhor que pude. Li dois ou três livros da Biblioteca do Itamaraty, estudei os discursos, memorandos e propostas do embaixador Paulo Nogueira Batista. Tomava nota das expressões, aprendia o que significavam as estranhas siglas que davam nome a acordos e grupos de negociação, palavras como TRIPS, TRIMS, *antidumping, countervailing duties*. Receava que meu inglês não fosse tão fluente como o requerido pela agilidade do debate, da improvisação e do bate-boca das discussões parlamentares. Tomei aulas para reciclar meu uso do inglês, sentia-me como um principiante inseguro. Não obstante o esforço, o começo seria bem árduo, mais do que eu temia.

Para Marisa e para mim, era a primeira vez que iríamos servir no exterior não como subordinados, e sim como os principais responsáveis pelo posto, cada um na sua esfera. Poucos ofícios possuem natureza tão bilateral, de casal, como a direção de uma missão diplomática na qual se exige harmoniosa partilha complementar de tarefas entre cônjuges. Empresa de dois sócios, se falhar um dos lados, não funciona, fica capenga.

Muitas vezes se inveja o brilho exterior da existência diplomática, morar, por exemplo, num palácio magnificente como o Pamphili, em Roma. O que não se vê por trás da fachada é a engrenagem complicada de ter de dirigir quinze, vinte empregados, como na série inglesa *Downton Abbey*, sem poder contar com a ajuda dos perfeitos mordomos britânicos. Tem de se enfrentar todo tipo de problemas, alguns de crônica policial.

Uma vez, em gelada madrugada de inverno em Genebra, a casa inteira foi despertada pela cozinheira portuguesa, de camisola leve, que vagava aos gritos pelo parque, tomada de um acesso de loucura ou histeria. Tratava-se a rigor da ajudante, que disputava o lugar principal com a titular, também lusitana; a disputa tinha sido a causa do desespero. Ninguém sabia o que fazer, senti-me paralisado. Já se pensava em chamar a polícia ou uma ambulância, quando Marisa, que herdou do pai o sangue-frio de cirurgião, com dois tabefes enérgicos despertou a moça do transe histérico em que mergulhara!

Adiantei um pouco a narrativa ao relatar esse episódio para indicar a imprevisibilidade que brota do convívio de dezenas de pessoas de nacionalidades diversas num espaço doméstico confinado. Pressentindo as dificuldades, Wladimir Murtinho deu-nos lições valiosas sobre os deveres que nos aguardavam. Falou-nos das coisas práticas da administração de uma embaixada, Tuni e ele nos carregaram de presentes úteis, serviços americanos para receber convidados, livros sobre o país, que conheciam bem por terem servido em Berna.

Nessa espécie de curso relâmpago, feito mais de exemplos que de conselhos explícitos, aprendemos o que jamais nos ensinariam numa academia diplomática. Alguns aspectos talvez fossem menos relevantes para os tempos atuais porque Wladi provinha ainda da escola da velha diplomacia, cujos hábitos e tradições herdara do pai. Deve ter sido dos últimos diplomatas a envergar o uniforme de embaixador para entregar credenciais, em seu caso, na corte da Dinamarca. Explicou-me as complicadas regras para ostentar condecorações, que raramente tive ocasião de pôr em prática devido à infrequência do uso de casacas e uniformes.

Wladimir era o repositório vivo da sabedoria dos antigos diplomatas, que se traduzia em frases lapidares, algumas de evidente bom senso como "posto ruim, casa boa", a fim de expressar que o agente diplomático em cidade de condições difíceis necessitava da compensação de uma casa com conforto. Outras vezes, as frases evocavam com humor e ironia as manias dos "monstros sagrados" da carreira, os embaixadores cuja opinião a respeito dos colegas se resumia na sentença peremptória "*mon prédécesseur, un crétin; mon successeur, un traître!*" ("meu predecessor, um cretino; meu sucessor, um traidor!").

Tendo crescido em meio diplomático em época na qual as pessoas de substância se acostumavam a viajar em grande estilo, disse-nos, paternalmente, que não podíamos chegar ao novo destino de mãos abanando. Com simpatia pela nossa inexperiência, deu-nos de presente dois preciosos baús Louis Vuitton dos anos 1920. Estavam cobertos de rótulos de prestigiosos hotéis londrinos e parisienses em que nunca havíamos estado. "É para que o mordomo da embaixada respeite vocês", nos disse Wladi...

Chegamos a Genebra em 15 de novembro de 1987. A residência da Missão e, principalmente, o parque que a cercava, nos deslumbraram. Pertencia ao governo do cantão de Genebra, que a alugara ao Brasil desde o tempo do embaixador Ramiro Saraiva Guerreiro. Do começo do século XIX, a residência era como uma casa de campo de família da burguesia abastada daquela época, confortável sem a suntuosidade aristocrática de algumas embaixadas brasileiras em outras cidades europeias, como Roma, por exemplo. O parque nos impactou pela majestade das árvores centenárias – cedros do Líbano, sequoias, pinheiros, uma araucária da Patagônia, espécies exóticas importadas de países remotos – forma de luxo a que se permitiam os austeros calvinistas genebrinos na competição para ver quem conseguia os espécimes mais raros.

Poucos dias depois da chegada, sem tempo de me adaptar, enfrentei o teste de iniciação: uma reunião do "*green room*" do GATT, grupo seleto de uns quinze embaixadores dos países de maior peso nas negociações, mais o diretor-geral. O nome se referia à sala reservada para esse propósito, em cujas paredes figuravam ainda caricaturas e gravuras representando a fundação da Liga das Nações em 1920. O chefe da delegação precisava entrar sozinho, não havia como confiar a outro nem contar com a assessoria de colegas mais experimentados. Ao ingressar na sala, me senti intimidado pela atmosfera de *country club* britânico. Não conhecia ninguém, quase todos ostentavam ar esportivo, trajados com paletós de *tweed*, chamando-se pelo primeiro nome, Bill, Jim, Dick. Não havendo lugares marcados, cometi a gafe de me sentar no lugar usualmente ocupado pelo chefe da delegação da Comissão Europeia, embaixador Paul Tran, miúdo vietnamita naturalizado francês de quem mais tarde me tornei amigo.

O diretor-geral era um suíço magro, Arthur Dunkel, fumante obsessivo, falando bem português pois crescera em Portugal, onde o pai havia estabelecido uma fábrica de tecido. A agenda do dia consistia no balanço daquele primeiro ano de negociações da Rodada Uruguai, com vistas à sessão de encerramento das Partes Contratantes do GATT no fim do ano. Apesar de ser ainda cedo, logo o ar se tornou espesso da fumaça de cigarros e cachimbos. Não compreendi nem metade, creio, do que discutiam, devido ao abuso de siglas, comentários sobre altos e baixos de discussões em que não havia tomado parte. Percebi que olhavam para mim com expectativa, perguntando-se talvez se eu seria como Nogueira Batista, veterano de mil batalhas, conhecido (e temido) pelas intervenções cortantes, o humor sardônico.

Não sabia como me comportar, o que dizer. Torturado de medo e insegurança, esperava alguma deixa para intervir, mas não achava ocasião. Cheguei a pensar em não falar nada. Logo me dei conta de que, se ficasse calado, nunca mais me poria de pé. Tinha de falar, custasse o que custasse. Certo momento, passou-se a comentar os efeitos da crise internacional da dívida externa da América Latina sobre as negociações de comércio. Era a chance esperada, assunto que conhecia razoavelmente do trabalho como assessor de Sarney. Preparei mentalmente algumas frases, pedi a palavra, fez-se silêncio. Disse um par de banalidades, mas o conteúdo não tinha importância: quebrara o gelo, houve um suspiro de alívio, passou pela sala a convicção de que eu não destoaria do conjunto. Fui aceito no clube.

Na segunda metade dos anos 1980, já se tornara nítido que os Estados Unidos e as nações avançadas tinham praticamente atingido o limite de liberalização de tarifas a que estavam dispostos. Voltavam-se então a temas novos como a inclusão no GATT dos serviços, a proteção da propriedade intelectual, a liberdade e a liberalização dos investimentos. É o que se chamava de integração profunda, indo além da rasa, de superfície, que seria a remoção de obstáculos tarifários ao intercâmbio. Buscavam-se cada vez mais a unificação e homogeneização de normas e padrões, questões até então de exclusiva esfera da soberania nacional.

O Brasil, a Índia e outros países em desenvolvimento enxergavam a realidade a partir de perspectiva diferente. Antes de sobrecarregar o sistema comercial com assuntos novos e complexos, parecia mais premente enfrentar finalmente problemas sistêmicos como a exclusão da agricultura e dos têxteis do processo liberalizador desde a década de 1950. Essas questões, julgadas sensíveis, vinham sendo sistematicamente adiadas em todas as rodadas de negociação do GATT, a última delas a Rodada Tóquio, encerrada em 1979. Por isso se dizia que o "*unfinished business*", a agenda inacabada de Tóquio, merecedora de prioridade de tratamento, consistia na agricultura, têxteis, picos tarifários (produtos com tarifas muito superiores à média), a escalada tarifária (taxação ascendente conforme o grau de elaboração, de zero para a matéria-prima e tarifa alta para o produto industrializado, exemplo do café e outros produtos tropicais), o abuso de direitos *antidumping* e compensatórios.

A abordagem se chocava frontalmente com os interesses dos Estados Unidos, principais defensores do lançamento de nova rodada no GATT para discutir os temas novos. Desde a primeira metade dos 1980, os americanos tropeçavam na resistência dos representantes brasileiros no GATT, o legendário embaixador George Álvares Maciel, respeitadíssimo nos círculos negociadores mundiais, seu sucessor, o aguerrido e brilhante embaixador Paulo Nogueira Batista (o mesmo que desempenhara papel primordial no Acordo Nuclear com a Alemanha e fora presidente da Nuclebrás). A divergência se convertera num dos principais pontos de discórdia da agenda bilateral e causava reações conflitantes nas áreas financeiras do governo, mais acomodatícias com Washington. Num dos momentos críticos da crise da dívida, houve até uma reunião em Genebra na qual o chanceler Guerreiro teve de aceitar a companhia vigilante do ministro da Fazenda Ernane Galvêas.

O impasse seria resolvido na reunião de Punta del Este (setembro de 1986), na qual se chegou a compromisso entre as posições antagônicas, que possibilitou o lançamento da que viria a ser a maior rodada da história do GATT, a Rodada Uruguai (do nome do país-sede da reunião do lançamento). A agenda incluiria tanto os temas novos quanto o "*unfinished business*". Para alcançar o resultado, a influência pragmática e moderadora de Sarney e de Olavo Setúbal foi decisiva. A flexibilidade demonstrada pela delegação brasileira não eliminou evidentemente o desejo norte-americano de atingir seus objetivos. Nesse sentido, dois grandes contenciosos comerciais entre o Brasil e os Estados Unidos, o da informática e o da proteção de patentes para produtos farmacêuticos, apesar de bilaterais, serviriam como uma espécie de casos demonstrativos do que estava em jogo na negociação multilateral.

A política e a lei de informática, herdadas do regime militar, representavam exemplo típico de reserva de mercado e contrariavam o interesse eventual de empresas norte-americanas ou de outras nacionalidades de investir no Brasil a fim de ganhar acesso ao mercado nacional. Traduziam o modelo de situação que as economias avançadas desejavam proibir na negociação de um dos setores da Rodada Uruguai, o de TRIMS (*Trade-Related Investment Measures*), ou Medidas de Investimento Relacionadas ao Comércio. Tratava-se, nesse caso, da exclusão ou limitação de investimento estrangeiro em determinada área, o que se chocava com a tese de que todos mercados nacionais deveriam poder, em princípio, ser "contestados" (daí o nome da tese de "contestabilidade dos mercados"), isto é, disputados por estrangeiros por meio da produção no local ou mediante importações.

Para compreender a importância da questão, vale lembrar exemplos como o do monopólio da Petrobrás em petróleo ou a proibição de que setores como a televisão sejam dominados por empresas estrangeiras. Em nenhum país existe total liberdade para os investimentos estrangeiros. O que os Estados Unidos pretendiam, no entanto, era ampliar ao máximo essa liberdade, restringindo as exceções. Isso naquela época. Hoje, como se sabe, Washington mudou inteiramente de orientação e passou a multiplicar as proibições de investimentos em setores-chave, sobretudo os vindos da China. Além das interdições de investimento estrangeiro em algumas áreas, existem gradações de limitação a esse investimento. Um exemplo generalizado e largamente utilizado pelo Brasil, no passado e no presente, é condicionar o investimento estrangeiro em certos setores à incorporação de determinada porcentagem de insumos nacionais, o denominado "*local content*" – "conteúdo local", no jargão internacional, e "índice de nacionalização", entre nós (casos da indústria automobilística ou de equipamentos petrolíferos).

O outro setor escolhido para ilustrar as metas norte-americanas na negociação residiu na ampliação da proteção da propriedade intelectual, objeto na Rodada Uruguai do grupo negociador de TRIPS (*Trade-Related Intellectual Property Measures*) ou Medidas de Propriedade Intelectual Relacionadas ao Comércio. Até então, as questões dessa natureza faziam parte de duas grandes convenções internacionais, a de Paris, sobre Propriedade Industrial (patentes de invenções, por exemplo), adotada em 1883 e revista ou emendada sete vezes, a última das quais em 1979, e a de Berna, sobre Proteção de Obras Literárias e Artísticas (*copyrights*, direitos autorais), assinada em 1886, modificada oito vezes, a última também em 1979. Para as nações desenvolvidas, detentoras da maioria das patentes e dos direitos autorais, esses textos deixavam a desejar por permitirem enorme latitude de ação aos signatários na escolha dos setores a proteger e na amplitude da proteção.

A fim de justificar a transferência do tema ao GATT, os propugnadores de TRIPS argumentavam que visavam apenas examinar as consequências comerciais dos dispositivos sobre propriedade intelectual e não sua substância.

Os opositores, dentre os quais o Brasil ocupou papel central, ao lado da Índia, declaravam-se dispostos, no máximo, a discutir as questões relativas à contrafação ou falsificação de marcas e produtos, tal como era (e é) habitual em certos países asiáticos, assunto indiscutivelmente de comércio. A concessão não satisfazia aos Estados Unidos, que insistiam na necessidade de discutir no GATT "*standards and norms*", "padrões e normas", desmascarando o argumento de que não se tratava da substância dos direitos de propriedade intelectual.

Em outubro de 1987, o governo norte-americano anunciou a imposição de tarifas proibitivas, de 100%, a alguns produtos brasileiros de exportação, em retaliação pela ausência de proteção de patentes para produtos e processos farmacêuticos no Brasil. Era difícil levar a sério o alegado argumento de que a falta de patentes gerava prejuízo grande a firmas ianques, porque naquele momento as empresas transnacionais, entre as quais as dos Estados Unidos detinham a porcentagem mais elevada, respondiam por cerca de 85% do mercado nacional de farmacêuticos. Ademais, a lei sobre a matéria datava de 1945, mais de quarenta anos antes das medidas, o que jamais impedira que tais empresas se estabelecessem no Brasil.

Essas circunstâncias levavam a crer que não era tanto a velha lei o que incomodava os norte-americanos, mas, sim, que o Brasil a utilizasse com o objetivo de justificar a rejeição das propostas de propriedade intelectual em Genebra. Ao obrigar o país a mudar de lei, os Estados Unidos obrigavam-no também a mudar de posição negociadora no GATT, muito mais importante do que eventuais ganhos no mercado brasileiro de remédios, onde o que sobrava aos farmacêuticos nacionais era o Biotônico Fontoura ou o Elixir Jurubeba.

Na reunião do Conselho de Representantes do GATT, em dezembro, um mês depois de minha chegada, solicitei, com apoio de 39 países-membros, a abertura de um processo (no linguajar da entidade, o "estabelecimento de um painel de juízes independentes") para julgar a legalidade da iniciativa. Tinha sido uma violação *prima facies* do Acordo Geral, uma vez que não existia nenhum dispositivo obrigando a concessão de patentes nem no GATT, nem na versão da

Convenção de Paris a que o Brasil aderira. Revelando a fragilidade legal da posição que haviam adotado, os norte-americanos bloquearam a abertura do julgamento, como ainda se podia fazer na época, de maneira indefinida.

Na reunião seguinte do Conselho, já em fevereiro de 1988, conseguimos reunir o número de apoios sem precedentes de 51 dos aproximadamente setenta países presentes. O debate ocorrido entrou para o folclore dos praticantes de comércio de Genebra. Abri a discussão com uma apresentação essencialmente jurídica, denunciando o caráter unilateral da ação dos Estados Unidos. O representante norte-americano, que tinha algo de troglodita, mudou o tom e destemperou, dizendo que "não se deveria dar ouvidos a proclamações altissonantes de multilateralismo pronunciadas por piratas". Pedi para rebater e declarei:

> Gostaria de lembrar a meu colega dos Estados Unidos que a única experiência que o Brasil e seus vizinhos jamais tiveram com a profissão da pirataria foi na condição de vítimas. E os perpetradores foram gente que atendia pelo nome de Drake, Cavendish, Kidd, Morgan e outros do mesmo naipe.

Uma gargalhada geral acolheu a réplica, e os americanos aceitaram o estabelecimento do painel (não por isso, provavelmente)...

Narro essas anedotas para pôr a nu o que as negociações mascaravam com argumentos econômicos e jurídicos: o poder dos grandes, sobretudo dos Estados Unidos, de impor o interesse de indústrias como a farmacêutica, não através do "poder suave" da persuasão, e sim do "poder duro" das sanções. As sanções consubstanciaram-se na vedação do mercado norte-americano aos produtos brasileiros, cujas exportações vinham crescendo mais rapidamente, mediante a imposição de tarifas proibitivas.

A punição mobilizou os setores exportadores afetados, que pressionaram o governo brasileiro a ceder, primeiro sob Sarney e, em seguida, sob Collor. O painel instalado perdeu objeto, e o Brasil flexibilizou a posição em Genebra, como fizeram os demais opositores, o que possibilitou a aprovação das propostas sobre TRIPS ao final da Rodada. Forças profundas como a "revolução da informática", a transformação das comunicações, o barateamento dos transportes, o fim do comunismo, impulsionavam, sem dúvida, o movimento da liberalização. Nem por isso, os Estados Unidos deixaram de ajudar a História utilizando o poder de que dispunham para fazer avançar interesses de setores e empresas norte-americanas.

Esses anos do final da década de 1980 anunciavam para a década seguinte o apogeu da globalização, quando o comércio mundial se expandiria a taxas muito mais altas que as do aumento do PIB, com frequência mais que o dobro. Foram os anos da "deslocalização" da produção, da exportação de fábricas e empregos aos locais de salários e custos mais baixos, do início da formação das cadeias globais de valor, das maquiladoras, em paralelo à assinatura de acordos bilaterais ou regionais de livre comércio à margem do GATT.

Na América Latina, os primeiros a captar os ventos da globalização foram o Chile dos últimos anos de Pinochet e o México da reconstrução econômica depois da crise da dívida, que logo em seguida se integraria ao mercado da América do Norte pelo acordo de livre-comércio da América do Norte, ou NAFTA (*North American Free Trade Agreement*, 1992). Brasil e Argentina constituem dois exemplos de experiências truncadas nos dois aspectos. Demoraram mais que os outros a superar a dupla crise, da hiperinflação e da dívida externa. Igualmente demonstraram muita dificuldade para aceitar e aplicar uma política econômica e comercial ortodoxa.

O Brasil da democratização, da Constituição de 1988, do nacionalismo do PMDB, do PT, da esquerda remanescente das lutas contra o regime militar, encontrava-se fora de sintonia com a nova onda que se propagava a partir dos Estados Unidos de Reagan e da Inglaterra de Thatcher. Aqui, ainda se pensava em termos de substituição de importações, reservas de mercado, voluntarismo da lei de informática, confiando-se nas altas tarifas, no Anexo C da CACEX (a lista de produtos cuja importação se dizia estar "temporariamente suspensa" – na verdade, proibida), as licenças de importação, a gaveta do diretor da CACEX, o exame para saber se a mercadoria de fora tinha ou não "similar nacional".

Quem liquidou com isso tudo foi Collor, que, de uma penada, acabou com o Anexo C e grande parte do arsenal protecionista da CACEX nos primeiros dias de governo em 1990. A definição de nova linha econômica, no entanto, sofreu o golpe do fiasco do confisco da poupança. O país teria de esperar até o Plano Real da metade da década para consolidar nova orientação econômica. A posição negociadora brasileira no GATT e em foros econômicos sofreu os solavancos desse percurso acidentado, evoluindo aos poucos até o consenso em torno da Ata Final de Marrakesh (1994), quando se concluiu a Rodada Uruguai e se estabeleceu a Organização Mundial do Comércio (OMC). A fase de transição, antes e depois do choque de liberalização de Collor, cobre quase exatamente o período em que servi no GATT (novembro de 1987 a agosto de 1991).

Meus predecessores tinham representado o Brasil da substituição de importações e da "gaveta" da CACEX no GATT de um mundo pré--globalização. Nele, os países avançados se interessavam somente em liberalizar o comércio de bens industrializados, o setor que desejávamos proteger. Nossos representantes sabiam o que queriam, ou melhor, o que não queriam: qualquer concessão industrial. Meus sucessores, até os atuais, falam por um país que se tornou grande exportador agrícola num mundo de globalização desequilibrada e declinante. Neste mundo complicado, de questionamento da OMC, as economias de maior poder econômico resistem à liberalização agrícola: União Europeia, Estados Unidos, China, Índia, Japão, Suíça, Noruega. O Brasil aparentemente sabe o que quer – liberalizar a agricultura, continuando a defender o que sobrou da indústria – enquanto os demais seguem interessados no resíduo da abertura da indústria e nos temas novos como serviços, propriedade intelectual, investimentos, para nós difíceis ou impossíveis. O impasse persiste, só que de outra forma.

Por motivo das contradições nacionais, o que a diplomacia ganhou em meu tempo viu-se malbaratado pela política interna. Conquistamos o painel contra os norte-americanos na questão dos remédios, teríamos vencido a contenda, mas de nada adiantou: Collor cedeu, mudou a lei e tivemos de entregar os pontos na negociação de TRIPS. Duas vezes conseguimos deter a Rodada Uruguai, na reunião de meio-percurso de Montreal (dezembro de 1988) e na prevista para concluir as negociações em Bruxelas (dezembro de 1990). Em ambas as ocasiões tive papel central do qual não me orgulho. Teria preferido solução menos traumática que contemplasse também os legítimos interesses brasileiros. Os países mais desenvolvidos, contudo, não nos deixaram outra solução: capitular ou bloquear.

Em Montreal, dois ou três dias após o início, convenci o chefe da delegação, o secretário-geral Paulo Tarso, de que se caminhava para avanços nos temas novos, e praticamente nada em agricultura. Bloquear o consenso, que seria a única e quase temerária saída, jamais se havia tentado numa rodada. Paulo autorizou-me a buscar apoios para o bloqueio. O chamado Grupo de Cairns, dos liberalizadores de agricultura, liderado pela Austrália, não quis nos acompanhar. Os latinos se recusaram devido à oposição dos "importadores líquidos de alimentos": México, Jamaica. Por falta de alternativa, sobrou ideia esfarrapada, "os cinco países latino-americanos do Grupo de Cairns": Brasil, Argentina, Chile, Colômbia, Uruguai, por ordem decrescente de determinação. Embora o mundo tenha vindo abaixo, Paulo Tarso se desempenhou de modo soberbo, bloqueando parcialmente a negociação em alguns dos temas novos juntamente com agricultura e *antidumping*.

Em Bruxelas, paradoxalmente foi mais fácil por haver sido a reprise de Montreal. Já se intuía que a Rodada não acabaria. O chefe da delegação, Marcos Azambuja, então secretário-geral do Itamaraty, não possuía prática das negociações comerciais. Poucos o igualavam, entretanto, nas negociações multilaterais da ONU. Até hoje me sinto orgulhoso quando lembro de sua intervenção num inglês magnífico na sessão decisiva, numa construção de argumentos irrecusável, amena, construtiva, de bom senso. A máquina das negociações parou por dois anos até que, já com novo diretor-geral, Peter Sutherland, ex-ministro irlandês, se pôs novamente em marcha o rolo compressor dos grandes, esmagando tudo à sua frente. Eu já tinha deixado Genebra em meados de 1991 e não assisti à capitulação final.

Representar no GATT esse Brasil inseguro de si próprio, oscilando entre posições opostas, obrigava a acrobacias arriscadas. Um dos problemas residia no principismo teórico de algumas de nossas posturas numa entidade de negociadores pedestres de secos e molhados. Ademais, muito do que postulávamos parecia correto em teoria, padecendo na prática de exagero, de extremismo. Nas semanas preparatórias do encontro de Montreal, as instruções do Departamento Econômico do Itamaraty me forçaram a ser o único delegado a travar a aprovação do orçamento do GATT do ano seguinte de 1989, ameaçando paralisar os trabalhos. O argumento se fixava na previsão incluída na proposta de recursos para a eventual realização do primeiro

Trade Policy Review Mechanism (Mecanismo de Exame de Políticas Comerciais), a ser decidida em Montreal.

A inovação teria caráter coletivo, conduzido em debate público, consistindo na obrigação de todos os países-membros passarem periodicamente pelo exame de suas políticas e práticas de comércio. A fim de preparar o exercício, o secretariado deveria elaborar um relatório sobre como o país em questão estava cumprindo seus compromissos, podendo até enviar missão de funcionários para avaliação *in loco*. Tanto bastou para que o Itamaraty enxergasse nisso o perigo de interferência das missões do Fundo Monetário Internacional, paralelo exagerado e descabido. Sofri dias debaixo de pressão fortíssima de todos os lados até conseguir flexibilizar a posição, aprovando o orçamento com a ressalva de que a aceitação se fazia *ad referendum* de Montreal. O mecanismo acabou aprovado, cabendo-me por ironia, na qualidade de presidente do Conselho dos Representantes do GATT em 1990, presidir o exame do primeiro país que se voluntariou, os Estados Unidos. A inovação se revelou útil, não tão maravilhosa como esperavam seus defensores, nem tão danosa como temia o Itamaraty.

Acumulavam-se de nossa parte posições principistas, quase ideológicas ou fundamentalistas. Não obstante se vangloriarem de serem especialistas em negociações comerciais, os colegas na Secretaria de Estado em Brasília não tinham aparentemente compreendido algo de elementar e óbvio: o GATT era, por natureza, um clube de liberalização comercial. Sua cultura organizacional consistia na liberalização do intercâmbio na base do contrato de troca de concessões. Os negociadores, gente terra a terra, partiam do princípio de que uma concessão deveria ser trocada por outra, se possível de valor potencial equivalente. Se não se obtivesse algo em troca, era legítimo não fazer concessões. O que não se entendia, nem se admitia, era um país dizer não a tudo sem se interessar por nenhuma concessão. Que fazia então ali a não ser atrapalhar?

Talvez por não ter trabalhado nunca antes nos setores competentes de Brasília, percebi isso com nitidez desde o primeiro momento. Ao me dar conta de que a posição do Itamaraty se mostraria, cedo ou tarde, insustentável, me empenhei em preparar situação que nos permitisse postura mais natural dentro da cultura da organização. Na linguagem do GATT, o Brasil tinha de ser demandante em alguma área. O ideal seria em agricultura. Por sorte, a transição em curso no governo tinha levado, pouco antes, à adesão do Brasil ao grupo de Cairns, de liberalização agrícola, contra a opinião de Paulo Nogueira Batista, que preferia tentar aliança com a Índia e a Comissão Europeia para se opor à propriedade intelectual, serviços e agricultura.

Providencial e oportuna, a adesão se inspirava mais no potencial do futuro do que no presente. A soja começava então apenas a despontar nas estatísticas de exportação, ninguém sonhava com o dia em que nos converteríamos em potência agrícola e ultrapassaríamos como líderes da liberalização agrícola tanto a Austrália quanto a Argentina. Enquanto esse dia não chegasse, a defesa da inclusão plena da agricultura na disciplina do GATT nos conferia legitimidade para negar consenso em avanços desequilibrados, desacompanhados de progressos equivalentes na liberalização do comércio agrícola. A revolução da agroindústria brasileira acabou por nos dar razão. Pena que nada de similar tivesse ocorrido em setores como o farmacêutico, o de química básica, de eletrônica.

Em farmacêuticos, por exemplo, aproveitaram o período sem proteção de patentes países que edificaram suas indústrias de medicamentos, como a Suíça, o Japão, a Itália, a China, a Índia. Durante décadas, não reconhecemos patentes para produtos nem para processos. De pouco serviu. Uma vez, eu era assessor de Sarney, recebi delegação do setor nacional da indústria. Aproveitei para indagar qual a importância para eles da ausência de proteção de patentes vigente ainda na época. A resposta me surpreendeu: era útil, porém insuficiente. A crônica tendência dos governos brasileiros de congelar os preços dos remédios a fim de combater a inflação, também crônica, devastava mais os laboratórios brasileiros do que o alívio de patentes os ajudava. Não podendo aguentar o tabelamento por falta de capital, terminavam forçados a vender as fábricas para as filiais das multinacionais, que contavam com injeções de capital das matrizes.

Nessa, como em outras áreas, a realidade nos obrigava à constatação melancólica de que lutamos bravamente para ganhar tempo no GATT e tivemos mais ganhos de causa do que esperávamos. Ganhar tempo, no entanto, só tem sentido se fizermos alguma coisa útil com o tempo conquistado. Não fomos capazes de fazer o que fizeram os outros e no fim aconteceu o inevitável: o tempo passou e nos engoliu.

O espírito de Genebra, sombras de amigos que se foram

A necessidade me obrigou a passar em pouco tempo por metamorfose completa. De *outsider* inseguro, que, à noite, antes de dormir, cogitava desistir de tudo, confessar a derrota e voltar a Brasília, eu me havia transformado em negociador à vontade na roupagem do GATT. O que prova não dotes pessoais insuspeitados e sim que os assuntos estavam longe de ser o bicho de sete cabeças de que o cercavam as descrições de "especialistas" para se valorizarem. Nada que um estudo sério não permitisse dominar, com certo esforço razoável. Até aspectos mais indigestos como o *antidumping* acabaram por me interessar, o que hoje, ao lembrar desse tempo, não deixa de me maravilhar. Aos poucos, aprendi a me manter de pé no terreno escorregadio das negociações e das infindáveis consultas informais em almoços e jantares de trabalho. Neles, em vez de degustarem tranquilos os pratos e os vinhos, os convidados mantinham ao lado um caderninho de notas para registrar o que diziam os demais.

Tive a sorte de contar com uma equipe de primeira ordem de diplomatas experimentados, que chegaram a dezesseis ou dezessete, o que possibilitou ao Brasil ter uma das raras delegações que podiam se fazer representar em cada um dos quinze grupos negociadores, vários reunidos às vezes no mesmo horário. Nossos representantes, entre eles algumas mulheres notáveis, se distinguiam pelo conhecimento e experiência que tinham acumulado em cada tema. Com alguma frequência, eram indicados pelo secretariado e por outras missões para compor grupos de trabalho sobre questões especiais. Foram esses colegas que me salvaram da inexperiência. No litígio sobre remédios, por exemplo, eu estava deixando escapar um momento propício no debate, devido à falta de prática parlamentar. Nessa hora, graças ao ministro-conselheiro, Gilberto Ferreira Martins, que percebeu a oportunidade, conseguiu-se estabelecer o painel contra os Estados Unidos numa oportuna intervenção de sua parte.

A chancelaria da Missão ocupava metade do segundo andar do velho hotel Carteret, num bairro sem charme, perto da estação ferroviária Genebra-Cornavin. A sala do embaixador ficava bem à entrada, seguida de um lado e outro do comprido corredor pelas salas dos funcionários. Contaram-me que George Álvares Maciel, nos seus longos anos de chefe da delegação, jamais havia visitado as outras salas, repetindo o adágio romano "*De minimis non curat praetor*" ("O pretor, isto é, o chefe, não se ocupa de miudezas")...

Nos primeiros meses, aprendi muito com meu admirado colega da Índia, o embaixador S. P. Shukla, indiscutível líder dos países em desenvolvimento na Rodada Uruguai, austero, de inteligência forte e poderosa. Lembro de um desses almoços de trabalho em restaurantes genebrinos no qual o delegado norte-americano, surpreso diante do vegetarianismo radical do colega indiano, perguntou se fazia tempo que ele aderira a esse hábito. "Na minha família, ninguém nunca comeu carne ao menos nos últimos três mil anos", respondeu o embaixador, que pertencia a uma das mais altas castas de brâmanes.

Ao ter de voltar a Nova Delhi, recomendou que eu fosse seu sucessor como coordenador e porta-voz do Grupo Informal de Países em Desenvolvimento no GATT. Correspondente ao Grupo dos 77 nas outras organizações, o nome rebarbativo prestava tributo à vaidade do GATT, que não queria ter nada a ver com a ONU, onde, diziam os gatteanos, se aprovavam declarações sem força aplicativa ao passo que ali se negociavam obrigações contratuais "*enforceable*", capazes de execução sob pena de sanções.

Nessa época, ainda faziam parte do grupo nações bem mais avançadas, como a Coreia do Sul, Cingapura, Hong Kong, que tendiam a ficar às vezes do lado dos países mais desenvolvidos. A partir desse posto, deslanchou-se minha carreira ascendente no GATT, quase de modo automático, por capilaridade de baixo para cima: presidente do Comitê de Comércio e Desenvolvimento (1989), presidente do Conselho de Representantes (1990), presidente das Partes Contratantes (1991). Coube-me até, nessa posição, assinar o contrato de renovação do diretor-geral, em nome do GATT, que, insistia-se bizantinamente, era um contrato, não uma organização. Naturalmente, passei a acumular tarefas que nada tinham a ver com a representação do Brasil, aumentando a carga de trabalho, operando ao lado do eficiente e preparado corpo de funcionários da entidade.

As novas funções vieram se adicionar ao serviço já intenso de ser o representante brasileiro nos organismos técnicos e especializados tais como a Organização Internacional do Trabalho (OIT), a Organização Mundial de Saúde (OMS), a Organização Mundial de Propriedade Intelectual (OMPI), a Organização Meteorológica Mundial (OMM), a União Internacional de Telecomunicações (UIT) e coisas menores. Algumas dessas entidades acarretavam o complicador adicional de ter de lidar, por ocasião das assembleias anuais, com delegações enormes chefiadas pelos ministros de cada área, com os problemas usuais de demandas irrazoáveis de quem queria apenas passear e fazer compras, esperando que a embaixada ajudasse nesses aspectos. Era preciso receber, preparar recepções, acompanhar os ministros às reuniões, organizar sessões com as delegações.

Não sobrava muito tempo para visitar a Suíça profunda das montanhas majestosas, dos lagos alpinos contra fundo de geleiras. Pouco pude também explorar da vida genebrina do dia a dia. Antoine Maurice, filho de ex-embaixador no Brasil, excelente escritor, me ensinou alguma coisa sobre a alma escondida da cidade, cuja identidade se devia ao calvinismo já então corroído pelo secularismo contemporâneo. Antoine escrevera pequena obra-prima sobre o espírito genebrino, que começava com citação de aristocrata francês do século XVII ou XVIII: "As pessoas de Genebra não carecem de espírito ou de dinheiro, mas não se servem nem de um, nem do outro". O decoroso caráter genebrino, contido, todo revirado para dentro, aparece em textos nos quais Jorge Luis Borges, que lá passara quatro anos da infância e estudara no Colégio Calvin, evocava o que amava na cidade:

> Diferentemente de outras cidades, Genebra não é enfática. Paris não ignora que é Paris, a decorosa Londres sabe que é Londres, Genebra quase não sabe que é Genebra. As grandes sombras de Calvino, de Rousseau, de Amiel [...] estão aqui, mas ninguém as evoca para o viajante.[1]

Borges quis morrer e ser enterrado na cidade sobre a qual deixou este depoimento:

---

1 Jorge Luis Borges; Maria Kodama, "Genebra". In: *Atlas*, trad. Heloisa Jahn. São Paulo: Companhia das Letras, 2010, p.49.

> De todas as cidades do planeta, das diversas e íntimas pátrias que um homem vai procurando e merecendo no decorrer das viagens, Genebra me parece a mais propícia à felicidade. Devo a ela, a partir de 1914, a revelação do francês, do latim, do alemão, do expressionismo, de Schopenhauer, da doutrina de Buda, do taoismo, de Conrad, de Lafcadio Hearn e da saudade de Buenos Aires. Também a do amor, a da amizade, a da humilhação e a da tentação do suicídio. Na memória, tudo é grato, até a desventura.[2]

Um amigo querido que nos ajudou também a participar um pouco da vida da cidade foi o mais antigo morador brasileiro de Genebra, José de Freitas Castro, paulistano, ex-aspirante à ordem dos dominicanos, que se deixara ficar por aquelas terras calvinistas depois do casamento com a filha de um antiquário. A esposa morreu cedo, Castro criou a filha e o filho pequenos, logrou que lhe dessem modesto emprego de administrador na missão, responsável pelos contatos com as autoridades como sabedor dos meandros da burocracia e costumes locais. Nem sempre os embaixadores que se sucederam e, sobretudo, as esposas de vocação tirânica, souberam apreciar seus dotes, todos em surdina, delicadeza, sensibilidade para os matizes e mistérios da música, da arte, da cultura. Sem atenção especial a coisas desimportantes como a precisão de horários ou detalhes de agenda.

Pobre, sobrevivendo com pouco ou nada, possuía talento pasmoso para obter por meio de incontáveis amigos em todos os meios sociais apartamentos com aluguéis antediluvianos onde morava com requinte de gosto na decoração com objetos inesperados que encontrava nas feiras de brocantes. A última de suas moradias foi no coração da cidade, na *rue* Rousseau, ao lado de fachada onde antigamente se reproduzira

---

2 Ibid.

frase em que o pai dos tempos modernos evocava o momento em que seu próprio pai, profundamente comovido, o abraçara dizendo: "*Jean-Jacques, aime ton pays!*" ("Jean-Jacques, ame teu país!").

Sabia enormemente sobre ópera, concertos, gostava de livros, ia às exposições, cozinhava às maravilhas. Sua máxima vocação, porém, foi a amizade, a dedicação aos amigos, gratos ou ingratos, com generosidade que jamais encontramos em ninguém, antes ou depois. Sempre disposto, ele que tinha pouco dinheiro, a hospedar, meses sem fim, náufragos da vida ou simplesmente gente que batia à sua porta em busca de mão amiga. Assim, após a insurreição dos estudantes de maio de 1968, acolhera o jovem estudante de filosofia Sérgio Vieira de Mello, espancado e preso pela polícia de Paris, depois de solto, refugiado em Genebra, onde faria a carreira que se sabe na Agência das Nações Unidas para os Refugiados.

Castro encarnava a crônica viva dos brasileiros que haviam passado por lá durante décadas, conhecera Greta, amante de Sérgio Milliet, no tempo em que o crítico paulista era ainda poeta genebrino, dona do bar do Rabelais, imortalizado no poema em que Vinicius falava do tédio constante de Genebra:

Tédio bom, tédio conselheiro, tédio
Da vida que não é
E para o qual há sempre bom remédio
No bar do "Rabelais"[3]

Eu teria ainda poucos meses em Genebra em razão de acontecimentos que atropelaram a expectativa de permanecer na chefia da

---

3 Vinicius de Moraes, "Genebra em dezembro". In: *Novos poemas* (II) *1949-1956*. Rio de Janeiro: Livraria São José, 1959, p.43-4.

missão ao menos até o fim de 1991, limite natural de quatro anos no posto e término do mandato como presidente das Partes Contratantes do GATT. Antes disso, saltei na narrativa episódio ocorrido quase um ano antes, em meados de março de 1990. No momento da posse de Fernando Collor de Mello na presidência, seu escolhido para o Itamaraty, José Francisco Rezek, me convidou para ser o secretário-geral do ministério. Em razão da natureza normalmente irrecusável de tal convite, me precipitei em aceitar de imediato.

Ao falar com Marisa, a veemência de sua reação me desconcertou. Devido a episódios obscuros que haviam povoado a crônica sinistra do grupo de jovens dissipados a que pertencera Collor na Brasília do início dos anos 1970, ela sentia horror pela ideia de que eu fosse trabalhar na proximidade dele. Inabalável, disse que não me acompanharia, se eu insistisse, nosso casamento sofreria um abalo grande. Tive de telefonar já madrugada em Genebra, a fim de voltar atrás, explicando que complicações familiares não me permitiam retornar naquele instante. Para o lugar, foi convidado Marcos Azambuja, amigo e colega que dirigia a outra missão brasileira existente na cidade.

Marcos se ocupava da parte estritamente política dos temas das Nações Unidas: Comissão dos Direitos Humanos, Alto Comissariado para os Refugiados, Conferência do Desarmamento. Tomou-se a decisão de fundir as duas missões e herdei os assuntos da repartição extinta. No período de pouco mais de ano em que chefiei a missão unificada, gostei particularmente das questões de direitos humanos nas quais me coube o esforço, nem sempre recompensado pelo êxito, de tentar descongelar a tradicional atitude do Itamaraty de se abster nas votações sobre violações de direitos em países como o Irã, a Indonésia e muitos outros.

O acréscimo de tarefas não constituiu problema porque, na esteira do insucesso da reunião de Bruxelas da Rodada Uruguai em princípios de dezembro de 1990, as negociações se encontravam paralisadas e assim permaneceriam por mais de um ano. Nesse ínterim, tive apenas, na qualidade de presidente das Partes Contratantes, de conduzir as consultas não controvertidas com o objetivo de reduzir os quinze grupos negociadores para número mais manejável.

Entretanto, em 10 de maio de 1991, vinha abaixo a ministra da Economia, Zélia Cardoso de Mello, destruída pelo terrível fracasso do "confisco da poupança". O sucessor seria Marcílio Marques Moreira, que me indicou para a embaixada nos Estados Unidos, que chefiara desde 1986, no governo José Sarney. De forma totalmente inesperada, eu voltava a Washington para enfrentar desafios novos em terreno velho.

Washington: o desafio de representar um país em crise

Se tivesse continuado em Genebra, meu trabalho diplomático não teria sofrido tanto o efeito dos acontecimentos internos brasileiros. Num posto multilateral, sobretudo na hora de negociações como as da Rodada Uruguai, as posições negociadoras, o desempenho diplomático individual, contam mais que a situação do país. Em meu tempo de GATT, por exemplo, a Jamaica participava sempre do pequeno grupo seleto do "*green room*". Não pela importância comercial, quase nula, mas porque seu embaixador, temível debatedor formado na escola das velhas universidades inglesas, era capaz, pelo domínio das minúcias dos regulamentos, de desfazer em plenário o acertado no pequeno grupo. Melhor tê-lo dentro que fora da sala.

Na diplomacia bilateral, ainda mais no centro da hegemonia mundial, só se respeita o país estrangeiro se tem poder, se é aliado seguro com que se pode contar ou se os norte-americanos estão especialmente interessados nele por alguma razão. Se, ao contrário, o país vai mal, não correspondeu às expectativas ou não apresenta atrativos, seu representante passa a ser tratado com polido desinteresse. Infelizmente, minha missão coincidiu com o começo do fim do governo Collor, depois do naufrágio de dois planos econômicos e da acumulação de sinais que antecipavam a abertura do processo de *impeachment*.

No plano estritamente pessoal, teria sido para mim mais cômodo permanecer no terreno multilateral a que me havia habituado em Genebra do que enfrentar o mais difícil dos postos bilaterais. A mudança se revestia também de complicações emotivas devido à reação de Mariana, única das filhas que ainda morava conosco, profundamente ligada ao meio em que havia crescido, às amigas, à equitação que praticava com paixão, ao cavalo que teria de deixar atrás. Nada disso, contudo, podia se sobrepor ao interesse do governo, cuja escolha me destinava ao posto diplomático mais importante para o Brasil.

Uma vez em Washington, assisti pela TV em tempo real à cena histórica no Kremlin em que se arriava pela última vez a bandeira vermelha da finada União Soviética, hasteando-se no lugar a da Federação Russa, na noite do Natal de 1991. Chegava ao fim a Guerra Fria, desaparecia o sistema bipolar, suprimia-se a única alternativa ao capitalismo ocidental que existia, desde 1917, para a organização política e econômica das sociedades humanas. Um vazio imenso instalava-se à esquerda do espectro das ideologias e dos partidos, acarretando um desequilíbrio irremediável que atingiria até formas reformistas do marxismo como a social-democracia. Estava em curso uma das mais radicais reviravoltas estruturais da história contemporânea, a década de 1990, que concentraria dose excepcional de mudanças fundamentais.

Abria-se fase nova de virtual unipolarismo dos Estados Unidos, sem rivais políticos no horizonte. No início, os americanos, guiados pelo experiente presidente George H. R. Bush e seu assessor de segurança, general Brent Scowcroft, souberam utilizar esse poder com moderação. A primeira Guerra do Golfo, provocada pela invasão iraquiana do Kuwait, foi conduzida em duas fulminantes operações, de agosto de 1990 a fevereiro de 1991, por coalizão de países sob liderança dos ianques. Inaugurava-se o método das chamadas "*coalitions of the willing*" (coalizões de vontades), alianças de geometria variável formadas e lideradas por Washington, a fim de não ter de financiar ou lidar sozinho com os desafios mundiais.

O formidável tsunâmi político iria propulsar, ao mesmo tempo, as forças que atuavam para criar nova realidade econômica. A unificação em escala planetária dos mercados para o comércio – os investimentos, os fluxos financeiros –, que recebeu o nome de globalização, deveu muito tanto ao fenômeno político do naufrágio do comunismo quanto a fatores tecnológicos: a revolução da informação, das telecomunicações, do transporte marítimo por contêineres. A década de 1990 despontava como a idade de ouro da intensificação do comércio mundial, crescendo o dobro do aumento do produto, abrindo caminho ao desenvolvimento por meio da exportação de manufaturas de valor agregado.

Perdemos essa oportunidade por culpa do fim tardio do regime militar e da conturbada transição durante os governos Sarney e Collor. Entre nós, a "década perdida" dos 1980 se prolongaria até o Plano Real, que ainda se encontrava no futuro distante. Outros países latino-americanos haviam aproveitado para tentar se adaptar às transformações em curso no mundo. O México, depois de liquidar o problema da dívida externa e adotar programa de profunda reorientação econômica, se preparava para vir a ser o parceiro privilegiado dos Estados Unidos e do Canadá no Acordo de Livre-Comércio da América do Norte (NAFTA). O Chile multiplicava acordos de livre-comércio, despontando como a grande vitrine do sucesso da economia liberal no continente, uma espécie de Nova Zelândia latino-americana, como se dizia. A Argentina de Menem e Cavallo, de inflação perto de zero, vinha logo atrás. Comparado a tais bons exemplos, o Brasil do descalabro econômico e da corrupção desenfreada do esquema de Paulo Cesar Farias fazia triste figura.

Chegamos a Washington, Marisa e eu, no sufocante agosto de 1991 pelo voo inaugural da então TAM. Havíamos deixado a cidade no verão de 1977, catorze anos antes. A entrega de credenciais previa troca de discursos escritos, que não seriam lidos. No texto que preparei, fazia alusão discreta ao clima de *malaise* reinante por ocasião de minha primeira experiência na capital americana na era de Watergate, do fiasco do Vietnã, da renúncia de Nixon, contrastando esse ambiente com o apogeu da recuperação dos Estados Unidos naquele instante. Dava destaque a dois campos de possível colaboração entre nossos países: a Rio-92, conferência sobre Meio Ambiente e Desenvolvimento da ONU no Rio de Janeiro, que se realizaria dentro de um ano, e as negociações a concluir da Rodada Uruguai do GATT.

O que primeiro nos cativou foi o inesperado acolhimento reservado aos novos embaixadores pelo governo da nação mais poderosa do mundo, que se dava ao trabalho de organizar verdadeiro ciclo de homenagens, com duração de vários dias, para que os recém-chegados se sentissem em casa. Não sei se é ainda assim ou inovação daquele particular chefe de cerimonial da Casa Branca, homem de fora da carreira. A entrega de credenciais constituía apenas um dos componentes de semana de eventos que incluía igualmente recepção na Blair House, visita guiada à histórica mansão de George Washington em Mount Vernon, nos arredores da capital. A cerimônia das credenciais impressionava pela segurança; as limusines eram fornecidas pelo governo, sendo, ainda assim, inspecionadas várias vezes antes de ingressar na Casa Branca.

Tudo era planejado para incluir também a esposa do embaixador, recebida por Barbara Bush com sua cachorrinha Millie no colo, em igualdade de condições de tratamento ao marido. Entreguei credenciais na manhã do dia 5 de setembro, conversando afavelmente com o presidente Bush e, em separado, com o general Brent Scowcroft. Naquele mesmo dia, foram acolhidos creio que quatro outros embaixadores, entre eles o do Reino Unido, meu futuro vizinho na Massachusetts Avenue. Nós, brasileiros, gostaríamos de crer no nosso superior *savoir faire* internacional, em nossa tradição diplomática. Mas, mesmo sem ter de citar aberrações como as dezenas de novos embaixadores que se acumulavam por cinco, seis ou mais meses a fim de poder apresentar credenciais a Dilma ou a Bolsonaro, nem de longe podemos nos comparar aos norte-americanos na gentileza calorosa do acolhimento aos enviados estrangeiros. Um pouco de humildade e contrição não nos faria mal.

Nunca recebi nenhuma instrução do Itamaraty ou de outro setor do governo nos dois anos que passei nos Estados Unidos. Nesse ponto, tinha havido imenso retrocesso em relação aos tempos do barão do Rio Branco. De acordo com Oliveira Lima, os representantes brasileiros no Prata encontravam cada dia à mesa do almoço (muito mais cedo então) o programa que o Barão lhes enviava para o dia de trabalho. Joaquim Nabuco, meu primeiro predecessor (e o maior de todos) na embaixada em Washington, se queixava no Diário: "A prática de Rio Branco é reduzir o Agente a porta-voz, mandar-lhe os argumentos, o que há de dizer e responder, tudo feito e sem feitio diplomático, inelástico, intransigente". Esses defeitos, 85 anos mais tarde, haviam desaparecido por completo, não por virtude, mas por mera desídia.

A consequência é que o embaixador tinha de tocar de ouvido, ao sabor das circunstâncias. Na Rodada Uruguai, a reclamação dos diplomatas se referia ao excesso de pautas, não se passava um dia, uma hora, sem alguma reunião ou obrigação. Na capital americana, o representante diplomático precisava adivinhar o que o Brasil queria ou deveria querer dos Estados Unidos. Li interpretações da política exterior de Collor que enxergam nela um retrocesso à era do "alinhamento automático", reminiscente do governo Dutra e do apogeu da Guerra Fria. Suponho que essa avaliação descabida se origine das medidas internas de liberalização comercial e privatização, em coincidência com o Consenso de Washington. Também devem haver pesado aspectos superficiais como o estilo pessoal, a retórica de Collor, o encantamento que despertou pelas proezas esportivas.

Pouco antes de minha chegada, ocorrera, em meados de junho de 1991, a visita de Estado do presidente brasileiro. Ao reler hoje o brinde levantado no banquete pelo presidente Bush, recheado de *jokes* sobre sua semelhança a Indiana Jones, sobre como Collor teria pilotado ele mesmo o avião que o trouxe, sente-se, por baixo dos risos, que no fundo ele já era tratado como peso leve. Talvez porque, no ano anterior, durante a primeira Guerra do Golfo, o Brasil se tivesse abstido, apesar do pedido de Bush para participar da coalizão dos 35 países, dentre os quais a Argentina, que enviara dois navios de guerra. Alegou-se que a situação de perigo de centenas de funcionários de firmas brasileiras tomados como reféns por Saddam Hussein obrigava o país a manter atitude discreta. O fato é que, após a recusa, Bush mudou em sua correspondência o tratamento de Collor de "*Dear* Fernando" para o seco "*Mr. President*".

Assim, estávamos cobertos de razões para não desejarmos tomar parte em nenhuma coalizão de vontades, fosse para combater o

Iraque, o terrorismo na Somália, e muito menos para ajudar financeiramente a Rússia. Nas discussões que mantinha no Departamento de Estado, continuava a discordar dos Estados Unidos na maneira de julgar e lidar com problemas como o reconhecimento do governo do MPLA em Angola, o apoio americano à UNITA na guerra civil angolana, a situação no Haiti.

No setor econômico, ainda que tivéssemos querido, tampouco teríamos condições para emular o Chile, a Argentina e outros na ânsia de imitar o exemplo do México no acordo de livre-comércio. Apesar de os norte-americanos dizerem apreciar o esforço de Collor para celebrar com a Argentina e a Agência Internacional de Energia Atômica o acordo tripartite de salvaguardas, seguíamos enfrentando dificuldades para importar computadores de alta potência e equipamentos na lista de interdição de exportação de uso dual, devido aos temores de proliferação nuclear.

Para ilustrar o que significava representar o problemático Brasil daquela época, vou narrar um dos debates mais difíceis que tive de travar, no caso, com personalidade do governo de enorme peso nos meios econômicos e acadêmicos norte-americanos. A discussão aconteceu num café da manhã de trabalho da Brookings Institution, bem depois de minha chegada, após a derrota de Bush nas eleições de 1992 e a posse do governo Clinton em janeiro de 1993. Larry Summers, brilhante economista de Harvard, subsecretário, em seguida secretário, do Tesouro, apresentava pela primeira vez as linhas gerais da orientação econômica da nova administração em matéria internacional.

Ao descrever a situação da América Latina, Summers fez os elogios habituais ao desempenho do Chile, do México, da Argentina, enveredando a seguir por uma crítica sarcástica do panorama brasileiro. Embora não estivesse previsto o debate naquele momento, levantei-me e pedi a palavra. Acho que era o único diplomata presente num auditório de intelectuais e operadores da economia. Em tom bem-humorado, comecei por me identificar, pedindo vênia para fazer meu comercial. Comentei que muitas das informações correspondiam à verdade, mas não à toda a verdade, existindo aspectos bem mais positivos que não haviam merecido menção e ajudariam a equilibrar o quadro em certa medida. Descrevi o choque de liberalização e abertura comercial do governo Collor, o início das privatizações, a crise política que o país atravessava, a determinação do novo presidente de evitar a hiperinflação. Dei por encerrada a discussão e me sentei.

Revelando baixa tolerância à contestação, Summers, cuja arrogância intelectual é notória, voltou à carga de forma deselegante. Virando-se para o auditório, disse: "Vocês acabam de testemunhar por que o Brasil não consegue dar certo. Os brasileiros insistem em proclamar que as leis da economia não valem para eles". Prosseguindo com seu sarcasmo, repetiu o que dissera antes, contrastou o Brasil com outros países, entre eles a Rússia, naquele instante objeto de atenção prioritária do governo americano. Desde a administração anterior, de George Bush, os americanos se empenhavam em montar uma coalizão internacional para ajudar a economia russa, que Summers tentou pintar em cores róseas.

Novamente me ergui e perguntei:

> Mr. Summers, todos aqui ouviram com atenção seus argumentos em favor de um esforço internacional para ajudar a Rússia, em contraste com o tratamento de ceticismo dispensado ao Brasil. Ora, não se pode negar que há mais de um ponto em comum entre ambos os países. Como a Rússia, o Brasil é uma nação de extensão continental, como a Rússia, temos uma grande população, hoje maior que a deles,

também sofremos de inflação elevada e, de certo modo, igualmente vivemos uma transição para economia mais liberal e aberta. Qual é então a diferença? Será que é porque a Rússia tem 36 mil ogivas nucleares e nós não temos nenhuma?

Não houve tréplica, mas o subsecretário me enviou depois uma carta de cinco páginas para tentar provar que não era por causa das armas nucleares que o governo americano adotara estratégias diferentes para a Rússia e para o Brasil.

Nem sempre os embates foram tão desagradáveis. Nunca, porém, deixei sem resposta objetiva qualquer crítica que se fez ao nosso país em minha presença. Ser embaixador em Washington naquele momento significava constante mobilização emocional para rebater críticas a toda hora. Jamais se podia relaxar ou desarmar, inclusive porque não cessavam de chegar, às vezes com aviso mínimo de véspera, delegações de estados de todas as regiões do Brasil, governadores, prefeitos, ministros, para contatos ou para assinar empréstimos com o BID e o Banco Mundial. Em diversas ocasiões, tive de cancelar a participação em seminários importantes em outros estados americanos devido a alguma comunicação de última hora sobre a chegada de mais uma delegação.

Desse ponto de vista de compromissos sociais, de falta de espaço para a vida pessoal, nada que conheci em outros lugares se compara a Washington. Não era raro ter no fim da tarde dois ou três coquetéis, seguidos de um jantar diplomático. Não havia tempo livre. Chegamos a ter de oferecer jantar na noite de Natal a um então deputado federal e ex-ministro que nascera nos Estados Unidos e desejava celebrar com os pais o aniversário em Washington. Passei a compreender melhor por que, na época em que eu era conselheiro, o embaixador Araujo Castro dedicava o domingo inteiro aos jornais e entrevistas políticas na televisão, jamais saindo de casa quando não tinha obrigações.

Até Paulo Maluf, que ainda não desistira de ser presidente da República, foi à capital americana em busca, como tantos outros, do falso prestígio de parecer próximo do governo dos Estados Unidos. Ofereci a ele e sua enorme comitiva almoço, durante o qual lhe perguntei como havia encontrado a prefeitura de São Paulo, para a qual havia sido recentemente eleito. Respondeu: "Muito bem, sem endividamento, porque essa mulher (tratava-se de Luísa Erundina) não tem competência nem para fazer dívidas. Bom para mim, que voltarei a endividar o município...".

Uma das primeiras entrevistas que marquei foi com a USTR (representante comercial dos Estados Unidos, uma espécie de ministra do Comércio Exterior) Carla Hills. Em 1990, na ocasião em que recebeu a homenagem de "Pessoa do Ano" escolhida pela Câmara de Comércio Brasil-Estados Unidos, Hills aproveitou a presença do presidente Fernando Collor no jantar de gala no Hotel Plaza de Nova York para desfechar contra mim, então ainda embaixador no GATT, um golpe baixo desses a que os americanos costumam recorrer para intimidar ou destruir adversários. No meio do discurso, após louvar o liberalismo do presidente em comércio, dirigiu-se diretamente a ele para dizer: "Presidente Collor, suas instruções não chegam ao seu embaixador no GATT". Um silêncio de constrangimento tomou conta da sala, conforme me contaram pessoas presentes. A USTR repetiu a frase, separando bem as sílabas, como se quisesse ser bem compreendida. Soube depois que o impulsivo Collor quis me demitir na hora, desistindo porque Marcílio, embaixador em Washington, lhe explicou que não era nada do que estava pensando e eu somente cumpria as instruções decorrentes da posição oficial brasileira naquele momento.

Pois bem, ao me dirigir para a visita a Carla Hills depois de apresentar credenciais, supunha que, dessa vez, seria entrevista fácil e agradável, pois o governo Collor havia alterado as posições negociadoras nos itens polêmicos (propriedade intelectual, por exemplo), além de adotar medidas radicais de liberalização do comércio nacional. Dentre elas, talvez o último ato que cumpri em Genebra havia sido comunicar oficialmente que o Brasil decidira não mais invocar o artigo XVIII:B do Acordo Geral (possibilidade de introduzir restrições temporárias às importações por motivo de dificuldades no balanço de pagamentos). Ao anunciar que o governo abria mão do dispositivo que vínhamos adotando havia anos para justificar o Anexo C e outras limitações, eu havia declarado na sessão de 9 de julho de 1991 do Comitê de Restrições de Balanço de Pagamentos:

> Apesar do fato de ainda existirem consideráveis dificuldades de balanço de pagamento, principalmente como resultado do fardo da dívida externa, o Brasil decidiu não mais invocar o Artigo XVIII:B como uma indicação do seu comprometimento com a liberalização comercial.

A decisão havia removido a queixa principal dos Estados Unidos contra nossas práticas comerciais. O embaixador José Alfredo Graça Lima a considera um ponto de inflexão histórico da atuação brasileira no sistema mundial de comércio. Por essas e outras boas razões, esperava até cumprimentos pelo que fizera o presidente. Era não contar com o hábito de certos negociadores orgulhosos de sua "*toughness*" (dureza) de não dar crédito a 95% do que o interlocutor concedera para chegar a acordo e concentrar-se nos 5% restantes. Tive de aguentar uma xaropada de ao menos vinte minutos de duração, na qual Carla Hills mencionou o que tinha ficado por fazer como violação gravíssima aos princípios do livre-comércio e da doutrina das vantagens comparativas. Com farta citação de Adam Smith e David Ricardo, fustigava o tiro no pé que o Brasil estaria cometendo.

Num instante em que se deteve para recuperar fôlego, tomei a palavra e disse:

> Mrs. Hills, vou me limitar somente a uma pergunta e, dependendo de sua resposta, estaremos quites. A senhora me faria o favor de indicar a página ou o capítulo de livro de Adam Smith ou de David Ricardo no qual se excetua explicitamente dessas maravilhosas teorias o *frozen concentrated orange juice*?

Uma gargalhada geral acolheu as palavras e a USTR replicou: "Infelizmente, em matéria de *frozen concentrated orange juice*, a autoridade aqui não é Smith ou Ricardo e sim a bancada da Flórida no Congresso!". O suco de laranja concentrado e congelado constituía notório exemplo de protecionismo americano contra nós. Estávamos até dispostos a negociar a troca de redução de tarifas para o suco por concessões similares à da cerveja americana, só que os políticos da Flórida não deixavam.

Conto a história para mostrar como agem na prática os funcionários do governo norte-americano na defesa dos interesses de seu país, numa linha de realismo implacável que não tem nada a ver com as belas teorias apresentadas sobre os benefícios da liberalização unilateral. Economistas e gente do mercado financeiro adeptos de tais balelas fariam bem em meditar sobre a desfaçatez com que os Estados Unidos, autores principais da OMC e do sistema mundial de comércio, abandonaram tudo isso a partir do momento em que a China ingressou na OMC e inverteu o jogo, tornando-se a maior potência comercial.

Desde então, Washington deu as costas ao sistema de normas que havia criado. Não só deixou de cumprir decisões, de condenar a organização à irrelevância. Em metamorfose que espantaria os negociadores da Rodada Uruguai, os norte-americanos passaram a ser os mais ativos e entusiastas praticantes de medidas protecionistas que antes condenavam. Foram mais longe ainda e hoje se converteram, com apoio bipartidário, em usuários das políticas industriais que haviam conseguido condenar naquela rodada. Nem se deram ao trabalho de criar novas teorias para explicar a reviravolta de posições. Basta-lhes invocar o interesse nacional que negavam aos outros, o *sacro egoísmo* nacionalista sempre alegado pelas grandes potências.

Quem nunca se enganou sobre a situação foi, na época do Império, o ministro de Negócios Estrangeiros, Paulino José Soares de Souza, visconde do Uruguai. Em 1851, pleiteava um lugar de ministro residente em alguma corte europeia, o ex-deputado geral por Alagoas, Francisco Inácio de Carvalho Moreira, futuro barão de Penedo. O ministro de Negócios Estrangeiros preferia destiná-lo como enviado extraordinário a Washington, posto no qual se tornaria um dos meus remotos predecessores. D. Pedro II, burocrata minucioso cujo lápis anotava todas as minúcias, estranhou. A fim de defender a alteração, sentenciava o visconde do Uruguai:

> o lugar de ministro residente na Europa, e em certas cortes, é mais apreciado do que o de enviado extraordinário em Washington, onde o ordenado é comparativamente pequeno, péssimo o clima e escassos os recursos, tendo-se de tratar de negócios melindrosíssimos com um governo ambicioso, astuto e poderoso.

Confirmando o vaticínio, Penedo, por motivo de doença da esposa, teve de sair, depois de poucos anos, da malsã capital americana de antes da Guerra da Secessão. Não se deu mal, foi para Londres, onde permaneceria por mais de trinta anos e se converteria numa das legendas da diplomacia brasileira dos tempos da monarquia.

Presidente George Bush cumprimenta o embaixador Rubens Ricupero, por ocasião da apresentação de suas credenciais na Casa Branca, Washington

Rio-92: um marco no meio ambiente

À medida que se aproximava a data de realização da Rio-92 – Conferência das Nações Unidas sobre Meio Ambiente e Desenvolvimento –, comecei a dedicar parcela cada vez maior das atividades à sua preparação em encontros com autoridades norte-americanas e com o diretor do Global Environmental Fund (Fundo Global para o Meio Ambiente) do Banco Mundial. Por instruções do Itamaraty, me concentrei em esforço especial junto à Environmental Protection Agency (EPA ou Agência de Proteção Ambiental) do governo e a Robert Zoellick, subsecretário de Assuntos Econômicos no Departamento de Estado, a fim de assegurar que os Estados Unidos assinassem as duas grandes convenções das Nações Unidas que deveriam constituir parte importante do sucesso da conferência. Não seria fácil, dada a atitude cética do partido republicano em matéria de aquecimento global causado pela ação humana.

As negociações no foro especializado da ONU entravam em fase conclusiva. Com enorme esforço, logrou-se persuadir o governo Bush a fazer parte da Convenção-Quadro sobre Mudança Climática. Em relação à Convenção sobre Diversidade Biológica, nem as concessões substanciais feitas aos norte-americanos foram capazes de vencer a resistência do setor farmacêutico. Organizado em torno da poderosa e prepotente PMA (Pharmaceutical Manufacture Association, a Associação da Indústria Farmacêutica), o setor dizia temer que a proteção da Convenção ao conhecimento tradicional dos povos indígenas limitasse as patentes privadas, encarecendo o acesso dos laboratórios a novas moléculas extraídas de plantas.

Repetia-se o padrão inaugurado nas negociações da Convenção do Direito do Mar (1991) tornando-se praticamente uma nova rotina. O país que mais havia contribuído para criar a Organização das Nações Unidas e o moderno multilateralismo na era de Franklin D. Roosevelt dissociava-se crescentemente dos consensos universais em favor de novos regimes internacionais e da ampliação dos pactos de direitos humanos. Ora alegando que novos tratados equivaliam a "entregar a soberania da nação a burocratas não eleitos da ONU", ora por pressão de interesses privados interessados em lucros, não se podia mais contar para a expansão e aperfeiçoamento do direito internacional com a adesão da nação mais poderosa do mundo, enfraquecendo-se obviamente esse processo.

Sucederam-se decisões chocantes como a recusa em aprovar a Convenção sobre os Direitos da Criança (1990), à qual aderiram todos os membros das Nações Unidas com a única exceção dos Estados Unidos. No futuro, a recusa a assinar, aprovar e, em certos casos, a decisão de voltar atrás, de *unsign* (retirar a assinatura), ou denunciar tratados ocorreria inúmeras vezes, com o Tratado de Proibição Completa de Testes Nucleares (1997), o Tratado de Ottawa de Proibição das Minas Antipessoais (1997), o Protocolo de Kyoto (firmado em 1997), o Tratado sobre o Tribunal Penal Internacional (1998), a rejeição da Convenção sobre os Direitos de Pessoas com Deficiências (2009), o abandono do Acordo de Paris (2015), a denúncia do Acordo Nuclear com o Irã (2015) e assim por diante.

As dificuldades invariavelmente se originavam dos republicanos, que tiravam partido da norma constitucional exigindo maioria positiva de dois terços do Senado (67 senadores) para aprovar tratados. Refletia a deriva crescente da sociedade norte-americana em direção a posições de extrema direita. O fenômeno se expressa de modo visível em questões da chamada "guerra cultural" e outras: aborto, homossexualismo, transgêneros, ensino em casa, interferência da religião na política, acesso a armas de fogo, pena de morte, abuso de penas de prisão, punição penal a menores, pautas identitárias.

O país candidato a liderar o Ocidente e o mundo na estratégia política-militar se afastava progressivamente do consenso nessas matérias de interesse da imensa maioria das nações ocidentais. A tendência permanece já há três décadas e vem se agravando. Caso continue a crescer, qual seria, a longo prazo, a possibilidade de os Estados Unidos manterem, em termos gramscianos, a hegemonia baseada em fatores morais e culturais? Em tal hipótese, o mais provável é que os próprios norte-americanos se desinteressem, isolando-se na contemplação do próprio umbigo, como se viu no intervalo de quatro anos de Trump.

Mas estou deixando o texto escorregar e fugir do eixo central. Na véspera da Rio-92, fui chamado a serviço para ajudar na Conferência, juntamente com outros chefes de missão convocados pelo novo ministro do Exterior, Celso Lafer. Em contraste com o que havia predominado vinte anos antes na Conferência de Estocolmo, a Rio-92 ocorreu em clima geopolítico excepcionalmente propício, que não voltaria mais a se repetir. Em meados de 1992, quando a Conferência se reúne no Rio de Janeiro, o fim da Guerra Fria tinha inaugurado fase sem precedentes em favor da cooperação. O contexto favorável iria durar pelo menos até os ataques terroristas de 11 de setembro de 2001. Tinha-se a impressão nesses anos de que tudo se tornara possível, de repente se via ao alcance da mão a solução de problemas intratáveis, até mesmo o *apartheid* da África do Sul.

Com a exceção já mencionada dos Estados Unidos em relação à Convenção sobre Biodiversidade, a convergência de ideias impulsionou o consenso em torno das duas grandes convenções, resultando na impactante cerimônia de abertura com sua assinatura por mais de cem chefes de Estado e de Governo, gerando a dinâmica que permitiria aprovar a Agenda 21, os Princípios sobre Manejo de Florestas, a criação da Comissão de Desenvolvimento Sustentável, os 27 Princípios do Rio. Tornou possível o êxito incontestável da conferência do Rio de Janeiro, que entrou para a história como o ponto mais alto atingido, antes e depois, pelas negociações sobre meio ambiente.

Pensei a princípio que, assim como os demais colegas mobilizados, me designariam como elemento de ligação do governo anfitrião com um dos grupos negociadores. Acabei sendo o único funcionário brasileiro a presidir um desses grupos do Comitê Preparatório das Nações Unidas, na condição de coordenador do grupo negociador sobre finanças. Passei a responder não ao Itamaraty e sim ao secretário-geral da Conferência, o canadense Maurice Strong e, de maneira imediata, ao representante de Cingapura na ONU, o extraordinariamente eficaz embaixador Tommy Koh, presidente do Comitê Preparatório incumbido de concluir o texto da Agenda 21 e demais documentos oficiais.

A decisão a meu respeito se deu por falta de alternativa. Acreditava-se, antes da Rio-92, que o Japão, na época despontando como rival econômico dos Estados Unidos, daria as cartas em finanças, área na qual havia mostrado sinais de disposição à generosidade. Todavia, ao se atingir a data, as consequências da crise da bolsa japonesa levaram ao retraimento do país. Dois presidentes do grupo de finanças antes de mim, um do Canadá, o outro, do México, haviam sido sumariamente demitidos por Tommy Koh por não conseguirem produzir resultados.

A Agenda 21 como um todo chegara de Nova York com o esboço de um texto-base de negociação, embora recheado de colchetes ou *brackets*, em inglês, a serem objeto de discussão e compromisso, prática que as delegações seguiam a fim de, nos entendimentos, retirarem as objeções em troca de aceitação de suas propostas. No exemplo do capítulo financeiro, que viria a ter o número 33 da Agenda, não existia absolutamente nada, nem consenso sobre o título!

Somente descobri esses aspectos depois de nomeado. Vinha de Washington, não de Nova York, não havia participado das negociações, não conhecia nada das dificuldades. Contei por sorte com a ajuda do americano Joseph Wheeler, competente ex-diretor por cinco anos da Divisão de Cooperação para o Desenvolvimento da OCDE. A meu pedido, me socorreu também o então ministro Luiz Filipe de Macedo Soares Guimarães, chefe da Divisão do Meio Ambiente do Itamaraty, filho do meu saudoso professor de Geografia Humana no Instituto Rio Branco.[1] Indiscutivelmente foi quem mais contribuiu para desenvolver as posições substantivas brasileiras na Conferência. Dos três, eu era o que menos conhecia o tema, devendo-se a meus dois companheiros o que possa ter havido de útil em nosso trabalho.

Não vou reproduzir a crônica das negociações, que redigi com os detalhes ainda frescos na memória. Para quem se interessar, ela está disponível na versão original, publicada na *Colorado Review of Environmental Law* (1993), ou em português, sob o título "História de uma negociação: o capítulo financeiro da Agenda 21 durante a Conferência de Meio Ambiente e Desenvolvimento" (2012).[2] As peripécias dessa negociação entraram para o folclore da Rio-92. Basta lembrar que, sob

1 Fábio de Macedo Soares Guimarães.

2 Disponível em: <ieei.unesp.br/portal/wp-content/uploads/2012/04/Politica-Externa-20-04-Rubens-Ricupero1.pdf>. Acesso em: 5 mar. 2024.

pressão da proximidade do encerramento da Conferência, a reunião decisiva para aprovar o texto teve lances dramáticos.

Com o ar-condicionado sem funcionar, calor opressivo, sem sair para almoço ou jantar, sem interrupções, trabalhamos das onze horas do dia 10 de junho até perto das três e meia da madrugada do dia seguinte. Ao bater o martelo para aprovação do texto sob ovações gerais, me dei conta que estava com os cotovelos sangrando e as mangas arregaçadas da camisa manchadas de sangue pela fricção durante horas dos braços contra a mesa. Não recordo de ter chorado. Posso dizer, no entanto, que a vitória foi conquistada literalmente com suor e sangue.

A conferência se encerrou *en beauté* no domingo, 14 de junho de 1992, um desses dias cariocas perfeitos de inverno de mentirinha, ar fresco e fino, lua escarlate no fim da tarde. Tirou o fôlego dos visitantes e dos orgulhosos compatriotas, justamente envaidecidos pela organização e segurança impecáveis, o magnífico desempenho de Celso Lafer, do próprio Collor, dos colegas responsáveis. Nada disso poderia salvar o presidente. No fim do mês, instalava-se a Comissão Parlamentar de Inquérito para examinar as acusações de corrupção feitas pelo irmão, Pedro Collor. Punha-se em movimento a engrenagem do processo que conduziria ao *impeachment* antes do ano acabar.

Debaixo dessa atmosfera de incerteza, reassumi o posto decidido a adotar linha proativa, no espírito da *public diplomacy* adequada a uma sociedade aberta como a norte-americana, voltada à informação e à participação comunitária. Da equipe que herdei, reforçada pelos chegados depois, vários eram veteranos de postos nos Estados Unidos. Durante o tempo em que havíamos servido no país durante os anos do regime militar, tínhamos aprendido como era contraproducente fechar-se em atitude de negação da realidade ou de crítica em cartas mal-humoradas às redações dos jornais.

Num trabalho de equipe em que nos revezamos, passamos a abrir as portas da embaixada aos grupos mais críticos de direitos humanos, meio ambiente, povos indígenas. Em vez de chamar a polícia, convidávamos os participantes de manifestações em frente da nossa chancelaria a entrar e dialogar conosco no auditório. Conversamos com antropólogos das grandes universidades, discutimos com ambientalistas. Não nos movia a crença ingênua de converter os militantes à causa do governo brasileiro, mesmo porque alguns estavam até melhor informados do que nós a respeito do que se passava nas zonas remotas de conflito do interior do país. Ninguém, é claro, abandonou a postura crítica, mas passaram a nos respeitar, vários se tornaram interlocutores valiosos até hoje, conforme aconteceu com o biólogo Tom Lovejoy, recentemente falecido.

O que define a diplomacia pública é que ela visa atingir e influenciar a sociedade como um todo, as pessoas de carne e osso, as comunidades, inclusive em cidades menores. Ao contrário dos métodos tradicionais, não se restringe aos contatos oficiais com o governo, a visitas formais a donos de jornais, a dirigentes de associações. Requer trabalho muito mais intenso, demora em produzir resultados, mas, a longo prazo, consiste na forma mais satisfatória de diplomacia, a conquista, como dizem os americanos, dos *hearts and minds*, os corações e mentes da população.

A fim de não ficar prisioneiros de atitudes reativas, assumimos posição construtiva de projetos ambiciosos. Um deles foi a colaboração com a Smithsonian Institution (em termos de EUA, uma espécie de ministério de cultura e museus) para instalar no zoológico de Washington um pavilhão que recriou a atmosfera úmida, o clima equatorial, as plantas, os animais da floresta amazônica. A inauguração do pavilhão contou com delegação vinda de Manaus, festival de culinária amazônica nos principais hotéis, promoção de uma Semana da Amazônia.

Marisa trabalhou tanto ou mais do que eu, organizando no National Museum of Women in the Arts (Museu Nacional das Mulheres na Arte) uma exposição coletiva das maiores artistas brasileiras de arte contemporânea. Viajou ao Brasil com Susan Sterling, curadora da mostra e hoje diretora do museu, a fim de visitar ateliês em várias cidades brasileiras e selecionar as obras. Nessa época, conhecia-se muito pouco do papel decisivo representado pelas mulheres brasileiras nas artes visuais, em especial na arte contemporânea. Realizada em 1993, a exposição constituiu um passo fundamental no processo de internacionalização das artistas brasileiras.[3]

---

3 *Ultramodern: The Art of Contemporary Brazil* (2 abr. 1993-13 jun. 1993), The National Museum of Women in the Arts – Washington, Washington, D.C., Susan Sterling (Curadora). Catálogo de mesmo nome, autoria de Aracy Amaral e Paulo Herkenhoff.

O dia em que jantei com Frank Sinatra

Comecei o dia 2 de outubro de 1992 hospedando Shirley MacLaine e terminei jantando com Frank Sinatra. Entre um e outro, recusei ao menos cinco vezes ser ministro da Fazenda.

Eu estava em Washington havia pouco mais de um ano. Chegara em setembro de 1991 para suceder a Marcílio Marques Moreira, que deixara a embaixada para substituir Zélia Cardoso de Mello no Ministério da Fazenda.

Como comentei há dois capítulos, se tivesse continuado em Genebra, meu trabalho diplomático não teria sofrido tanto as consequências da crise política brasileira. Ser embaixador nos Estados Unidos naquele momento significava um esforço emocionalmente desgastante de reduzir danos, rebater críticas, tentar manter a esperança.

Minha missão coincidiu com o começo do fim do governo de Fernando Collor, após o fracasso do confisco da poupança e logo, em junho, a abertura do processo de *impeachment* desencadeado pelas denúncias do próprio irmão do presidente. Passados três meses da Rio-92, a agonia desse processo ingressava na fase final. No dia 29 de setembro de 1992, a Câmara dos Deputados votava por 440 votos contra 20 e poucos o afastamento do presidente. Nos dias seguintes, principiaria o julgamento no Senado e Itamar Franco daria os primeiros passos para organizar o governo.

Garoava em Washington naquela manhã quando, pouco antes das onze horas, recebo um telefonema de Fernando Henrique Cardoso, que acabara de aceitar ser o ministro das Relações Exteriores do novo governo. Sem maiores rodeios ou explicações, disse-me que Itamar queria que eu fosse o ministro da Fazenda. Respondi que devia tratar-se de erro de pessoa, o presidente não estava bem informado, talvez pensasse que eu fosse como Marcílio, ligado a bancos, a finanças, entrosado com os meios econômicos. Pedi a Fernando Henrique que desfizesse o equívoco. Não sei se chegou a falar com Itamar, mas não adiantou, pouco depois toca de novo o telefone, era o próprio presidente, insistente, incisivo.

Voltei a desfiar meus argumentos: encontrava-me longe do Brasil há mais de cinco anos, desconhecia os detalhes da situação econômica, não possuía qualquer experiência em matéria de política financeira nem dispunha de contatos nos círculos empresariais. Tudo em vão, o presidente não desistia. Solicitei algum tempo para refletir, o que, relutantemente me foi concedido. A partir daí, as chamadas se sucediam, o ex-presidente José Sarney, que me disse haver sugerido meu nome, o governador de São Paulo, Luiz Antônio Fleury, o senador Pedro Simon, outros de que não lembro mais.[1]

---

1 No livro *A real história do Real* [*A real história do Real: uma radiografia da moeda que mudou o Brasil*. 1.ed. Rio de Janeiro: Record, 2005], Maria Clara do Prado atribui a Fernando Henrique Cardoso a indicação de meu nome. Segundo essa versão, não tendo sido possível confirmar o nome de José Serra, FHC teria sugerido meu nome "porque sabia que era muito amigo de José Serra. Se aceitasse seria uma boa oportunidade de ter no ministério da Fazenda alguém ligado ao PSDB, mesmo que indiretamente", p.37-8.

Em certo momento, senti que a pressão se tornava forte demais, fui até a igreja mais próxima, depois rumei à catedral de São Mateus, roguei a Deus que me desse forças para dizer não. Sabia que seria um desastre, tinha medo devido às dúvidas sobre minha capacidade de enfrentar desafio em área inteiramente desconhecida para mim. Como todo diplomata de carreira, imaginava que poderia vir a ser ministro das Relações Exteriores algum dia. Em tal caso, saberia o que fazer, de quem me rodear como colaboradores, conhecia a máquina do ministério, teria condições de tentar dar o melhor de mim mesmo. Já em relação à economia, ao Ministério da Fazenda, não tinha ideia do que fazer, por onde começar, não era, como se diz, a "minha praia". Sentia-me perplexo e desorientado.

Em meio a toda aquela agitação, nesse dia eu deveria ainda oferecer na residência um almoço aos embaixadores latino-americanos. E para complicar a situação, tinha acabado de chegar para se hospedar comigo Ruth Escobar, trazendo a tiracolo Shirley MacLaine.

Poucos dias antes, Ruth me telefonara de São Francisco, onde viveu algum tempo. Ela havia sido minha companheira de adolescência, do grupo dos "adoradores de Minerva", o pequeno bando de aspirantes a intelectuais que não arredavam pé da Biblioteca Municipal Mário de Andrade em São Paulo, reunindo-se para bater papo em torno da estátua da deusa da sabedoria no hall de entrada. Chamava-se então Ruth Santos, nome original com que crescera no Porto e chegara ao Brasil. Mais ou menos por essa época, passou a viver com Carlos Henrique Escobar, um dos filósofos do grupo que contava também com Bento de Almeida Prado, Maurício Tragtenberg e o diretor de teatro Flávio Rangel.

Na Califórnia, Ruth se aproximara muito de Shirley MacLaine, devido ao interesse das duas por fenômenos de parapsicologia, na esteira da *New Wave* em moda na época. Contou-me que Shirley devia passar uma semana em Washington para um show com Frank Sinatra. Não queria ficar em hotel para evitar o assédio da imprensa e dos fãs. Perguntava se eu estaria disposto a hospedá-las. Expliquei que não tínhamos aposentos de hóspedes à altura dos grandes hotéis. Se elas se contentassem com o conforto um tanto rústico do nosso último andar, Marisa e eu teríamos prazer em acolhê-las.

O show marcaria a reabertura do velho Warner Theatre, na rua 13, bem no coração dilapidado da capital. Inaugurado em 1924 como a sala de espetáculos mais luxuosa dos "loucos anos 1920", acompanhara a decadência do velho centro desde os *roaring twenties*. Restaurado em todo seu antigo esplendor de ouros e cristais no estilo neoclássico inglês, deveria ser reaberto com noite de gala de estreia em 1º de outubro.

Consegui me desvencilhar com dificuldade dos telefonemas para chegar à residência, do outro lado do gramado, em tempo de acolher meus convidados. Sempre interrompido pelas chamadas, mal sentamos à mesa quando Marisa com Shirley e Ruth entram para dizer um alô antes de saírem para almoçar fora. Dando uma esnobada nos colegas, fiz um ar *blasé* de quem estava tão acostumado a lidar com estrelas de Hollywood que o episódio não merecia maiores explicações. Deixei a todos boquiabertos com esse triunfo de caráter mundano, o maior, se não o único de minha carreira.

O resto da tarde continuou naquela efervescência de notícias nervosas sobre os últimos acontecimentos do Brasil, jornalistas desejando declarações, amigos tentando confirmar os rumores. Tivemos de nos trocar às pressas, envergar trajes apropriados para a segunda noite de gala da inauguração do Warner Theatre, com a sala nova em folha, repleto com mais de dois mil convidados, todos nas roupas cintilantes dos anos 1920, sedas, capas de brocado verde e ouro, lantejoulas, plumas na cabeça, joias coruscantes ou prosaicos vestidos longos e smokings. O jornal do dia seguinte trouxe uma descrição vívida daquela noite, a começar pelo grupo de amadores exibindo os ritmos da época: *Charleston, Peabody, Turkey Trot, Black Bottom, Fox Trot.*

Maldosamente, o *Washington Post* lembrava que Sinatra, com 76 anos, era quase uma década mais velho que o teatro, mas não se havia beneficiado de uma restauração de sete milhões de dólares... Uma pena, dizia, que o *teleprompter* para ajudá-lo a não esquecer as letras escondesse as pernas de Shirley. E prosseguia: o velhinho soava um tanto forçado ao cantar "You Make Me Feel So Young", não conseguia mais acompanhar o ritmo da banda em "I've Got You Under My Skin" ou em "A Foggy Day". Para os fãs de uma vida inteira, nada disso tinha importância, ficavam com os olhos marejados ao ouvir "My Funny Valentine" e se entusiasmavam com o *grand finale* de "One For My Baby", "*the ultimate saloon song for the ultimate saloon singer*". O artigo concluía com palavras consagradoras: "*Terrific! A lifetime experience!*".

Terminado o espetáculo, Frank Sinatra nos convidou, a Marisa e a mim, juntamente com Shirley e Ruth, para jantarmos com ele no mais luxuoso restaurante chinês da cidade. Ao chegarmos, Marisa me antecedeu, enquanto eu atendia a uma chamada de Elio Gaspari no fone móvel que naquele tempo só funcionava dentro do automóvel. Foi Elio quem me revelou que Itamar finalmente tinha convidado Gustavo Krause para ser o ministro da Fazenda. Aliviado, entrei no restaurante em tempo de presenciar cena digna dos filmes inesquecíveis de Hollywood.

Sentado num sofá, Frank Sinatra estava rodeado da camarilha que o acompanhava por toda parte, tipos durões de Nova York, ítalo-americanos com ar de mafiosos de sucesso. Todos bebiam bourbon, gim, uísque, *hard liquor*, álcool para valer. Perfeito *gentleman*, Sinatra perguntou a Marisa o que ela desejava beber. Um pouco atordoada com a atmosfera esfumaçada de cigarros e *hard liquor*, ela respondeu hesitante: "Não sei, talvez champanhe". Com um sinal de dedos, Frank ordenou alto: "*Waiter, bring the best Champagne you have!*" ("Garçom, traga o melhor champanhe!").

Informado do que acabava de se passar no Brasil, indagou com curiosidade quanto havia sido surripiado dos cofres públicos brasileiros no escândalo que motivara o *impeachment*. Ao ouvir que algumas estimativas chegavam a um bilhão de dólares, assobiou baixinho exclamando: "*Gosh, that is really Big Money!*" ("Puxa, isso é muito dinheiro!"). Sua maior preocupação no começo do jantar era descobrir algum bar que ficasse aberto a noite inteira. Na época, Washington tinha fama de cidade provinciana em que os bares fechavam logo depois da meia-noite.

Finalmente, depois de idas e vindas, um dos asseclas chegou com a notícia de que tinha encontrado um *saloon* adequado em que se podia varar a noite. Mais tarde, Shirley nos contou que a semana do show havia sido complicada. Sinatra passava as noites em bares, acordava tarde, não se preocupava em ensaiar, esquecia as músicas. Era já o crepúsculo do ídolo, que morreria em 1998, menos de seis anos depois.

Naquele dia, sexta-feira, 2 de outubro de 1992, Itamar tomava posse, ainda como presidente interino enquanto se desenrolava o julgamento do *impeachment* de Collor no Senado Federal. Na mesma data ocorria, depois de um levante frustrado, a chocante chacina conhecida como o Massacre do Carandiru, com o assassinato de 111 presidiários da Casa de Detenção de São Paulo, marco inicial do novo ciclo de escalada da barbárie brasileira.[2] Como não podia deixar de ser, os jornais norte-americanos condenaram a tragédia, uma das mais aterradoras da história universal das atrocidades.

---

2 A chacina é o ápice do filme *Carandiru*, 2003, de Hector Babenco. O presídio foi cenário para algumas cenas, antes de ser demolido em 2002. | *O prisioneiro da grade de ferro*, 2003, documentário de Paulo Sacramento, registrou essa tragédia, com cenas filmadas pelos próprios prisioneiros.

Começaram então a aparecer nas colunas de jornais brasileiros notas venenosas insinuando que os embaixadores nas grandes capitais mundiais se haviam acovardado, não tendo respondido as críticas à altura. Chegou-se a publicar que o presidente estaria inclinado a substituir todos os embaixadores, numa espécie de faxina inaugural do mandato. Evidentemente, o posto em Washington seria dos primeiros afetados, pois os Estados Unidos constituiriam o epicentro da suposta campanha para desacreditar a imagem do Brasil.

Esse era um velho problema que vínhamos enfrentando na embaixada havia meses. Praticamente desde que se abrira o processo do *impeachment*, quase tudo o que se divulgava a respeito da atualidade brasileira era negativo: destruição da floresta amazônica, violações maciças de direitos humanos, choques entre latifundiários e agricultores sem-terra, violências contra povos indígenas. Tudo verdade, tudo amplamente documentado, amparado em denúncias de entidades como as diversas Comissões Pastorais da Terra (CPT), de Justiça e Paz (CBJP) da Igreja Católica. Junto com meus colegas, redobramos o esforço da diplomacia pública proativa que vínhamos desenvolvendo desde antes. Dava-me conta, porém, que minha situação na embaixada se tornava precária.

Com o país paralisado pela crise, não podendo fazer grande coisa junto ao governo americano, aproveitei para dedicar boa parte do tempo a participar ativamente de seminários, discussões, eventos patrocinados pelos *think tanks* de Washington, capital mundial dessas entidades. Encorajei os funcionários da embaixada a fazerem o mesmo, dentro e fora da capital norte-americana, em várias cidades e universidades dos Estados Unidos. Tornei-me figura habitual desses seminários, de enorme influência na formação da opinião pública. Alguns, tomei a iniciativa de realizar na própria residência da Embaixada.

Marisa e eu nos empenhamos em fazer bom uso da residência, o belo edifício neoclássico projetado por John Russell Pope, o arquiteto da National Gallery, adquirido por Oswaldo Aranha no seu tempo de embaixador em meados dos anos 1930. Abrimos seus salões não tanto para festas e coquetéis, mas para celebrar encontros de intelectuais, homenagens a amigos do Brasil, discussões e seminários.

Assim se passaram alguns meses até que em meados de 1993 a chacina dos índios ianomâmis na região fronteiriça Brasil-Venezuela subitamente pôs em marcha uma cadeia de acontecimentos que colocaria fim prematuro à minha missão em Washington. Não sabendo bem o que fazer diante do clamor público, o presidente Itamar Franco resolveu criar um ministério, o da Amazônia Legal. Possivelmente em função de meu passado de responsável por alguns anos dos assuntos amazônicos no Itamaraty ou por outra razão misteriosa, fui chamado para dar existência ao novo órgão. Desse modo, um episódio do interminável extermínio dos povos originários pela ganância criminosa transtornaria meu destino, desviando-o para rumos inesperados.

Diante dos males do Brasil: a Amazônia e o meio ambiente

Quando cheguei a Brasília, Itamar já estava em seu quarto ministro da Fazenda. Os três primeiros, Gustavo Krause, Paulo Haddad e Eliseu Resende tinham durado em média dois meses cada. O quarto, Fernando Henrique Cardoso, havia sido nomeado alguns meses antes e ainda ensaiava os primeiros passos. Falava-se que eu havia sido chamado como regra-três, para ficar no banco de reservas como eventual sucessor de FHC se fosse necessário. Não ouvi qualquer insinuação nesse sentido nem do presidente nem de seus auxiliares.

A celeridade com que se sucediam os responsáveis pela economia se tornara tão vertiginosa que, ainda em Washington, enfrentei grandes dificuldades em persuadir o secretário do Tesouro norte-americano, Lloyd Bentsen, a receber um dos ministros, o terceiro a ocupar o posto em intervalo de semanas. Tratava-se de Eliseu Resende, que havia estudado nos Estados Unidos quando jovem e falava inglês. Ao visitarmos Lewis Preston, presidente do Banco Mundial, ocorreu cena reveladora do desgaste constrangedor consequente a tamanha instabilidade.

Cada um desses efêmeros ministros anunciava planos ambiciosos de recuperação econômica que ninguém mais levava a sério. Os dois primeiros nem tiveram tempo de conhecer as autoridades financeiras internacionais de Washington. Eliseu começou a conversa com Preston querendo explicar por que não tinha podido vir mais cedo ao Banco Mundial: "*Mr. Preston, I have been Finance Minister for two months only...*" ("Mr. Preston, sou ministro da Fazenda há apenas dois meses..."). Antes de concluir a frase, o presidente, normalmente *gentleman* impecável formado na austera escola do banco Morgan, não se conteve e exclamou: "*Is that a record in Brazil?*" ("Isso é um recorde no Brasil?"). Hilaridade geral, como diziam os antigos anais de debates parlamentares.

Um possível indício de que existiam de fato segundas intenções a meu respeito consistiu no tratamento um tanto excepcional que me foi concedido, pouco habitual comparado ao de outros ministros. Como na composição de Vinicius, o Ministério da Amazônia era uma casa engraçada que "não tinha teto, não tinha nada". Sem funcionários, sem verbas, sem cadeira para sentar, fiquei à mercê do presidente. Para surpresa geral, ele me destinou o conjunto de salas da antiga vice-presidência que ocupara no Anexo do Palácio do Planalto e recusara destinar a outros solicitantes. Com uns poucos colegas do Itamaraty que já tinham trabalhado comigo no Departamento das Américas – Sérgio Danese, Débora Vainer Barenboim, duas ou três secretárias, mais tarde Sergio Amaral – fingimos que éramos um ministério de verdade.

Por sorte, algum tempo depois, o ministro do Meio Ambiente, o senador paraense Fernando Coutinho Jorge, deixou o governo em solidariedade a seu mentor, Jader Barbalho, que rompera com o governo. Aproveitou-se a oportunidade para juntar os dois ministérios apenas esboçados (tinha sido Itamar que elevara a Secretaria Especial de Meio Ambiente a ministério) para formar o Ministério do Meio Ambiente e da Amazônia Legal. Com a aprovação pelo Congresso da lei de organização do novo ministério, graças ao esforço de Débora Barenboim, herdamos uma estrutura inicial e, sobretudo, os recursos humanos e financeiros do Instituto Brasileiro do Meio Ambiente (Ibama), com funcionários e representações em todos os estados.

O primeiro desafio consistiu em lidar com as notícias desencontradas a respeito do massacre de ianomâmis. As versões mais alarmistas chegadas a Manaus falavam até em 73 trucidados, o que provocara comoção internacional. Aos poucos, o inquérito da Polícia Federal conseguiu apurar que o incidente principal havia ocorrido em 23 de julho de 1993 na aldeia de Haximu, na serra Parima, perto da fronteira com a Venezuela. Doze pessoas, mulheres, velhos e crianças, tinham sido assassinadas (a maioria dos homens se ausentara para participar de festa numa aldeia vizinha). Somadas a quatro índios massacrados dias antes, as vítimas alcançavam dezesseis indivíduos no total.

Por coincidência funesta, na madrugada daquele mesmo dia, oito crianças de rua de um grupo de mais de oitenta que costumavam dormir perto da igreja da Candelária haviam sido chacinadas por policiais do Rio de Janeiro. Algumas tinham apenas onze e treze anos, as alcunhas pelas quais eram conhecidas – "Gambazinho", "Nojento" – sugerindo a sordidez e brutalidade da curta vida que tiveram. O sistema judiciário falhou miseravelmente em relação às vítimas. Poucos culpados foram identificados, raros chegaram a ser condenados e a cumprir pena. Sete anos após os fatos, das 72 crianças sobreviventes, 44 morreram de forma violenta.

Mal se havia cumprido um mês da dupla chacina quando policiais invadiram a favela de Vigário Geral, no Rio de Janeiro, onde trucidaram 21 seres humanos (29 de agosto de 1993). A sucessão de tantas monstruosidades com breve intervalo entre uma e outra provocou um choque na opinião pública brasileira. O fim do regime militar trouxera a ilusão de que o país havia mudado para melhor, que o meio social se tinha tornado mais compassivo, mais solidário. O que sucedera, na realidade, é que mudara a forma pela qual se manifestava a questão dos direitos humanos. Deixara de existir uma política repressiva de Estado dirigida sistematicamente contra opositores políticos.

Voltara-se ao que sempre existiu na história brasileira, a violência institucionalizada contra os mais pobres e vulneráveis da sociedade, a brutalidade da vida cotidiana no Brasil profundo e da periferia, a tortura praticada de modo rotineiro nas delegacias de polícia, os maus-tratos contra pobres, índios, pardos, pretos, os abusos de autoridade. Contra esse comportamento que se poderia chamar de orgânico a uma sociedade de profunda desigualdade e passado escravagista, houve algum esforço sincero, mas sempre insuficiente, para melhorar as legislações e as práticas.

Desde então, um sinal de como nos anestesiamos e perdemos a esperança é que os massacres na periferia e nas prisões se banalizaram, viraram rotina sinistra que perderam a capacidade de chocar, como ainda ocorria no começo dos 1990. Escrevo estas linhas no dia 22 de maio de 2021, duas semanas após a chacina da favela do Jacarezinho no Rio, com 28 mortes. Dois dias atrás, vi no noticiário da televisão, em outra aldeia de Roraima, garimpeiros armados de submetralhadoras disparando contra ianomâmis. Já se passaram 28 anos do Carandiru, do massacre dos ianomâmis, da Candelária, de Vigário Geral.

As atrocidades mudam de cenários, às vezes distantes uns dos outros, mas no fundo sempre a mesma categoria: favelas, periferias esquecidas, o faroeste caboclo da Amazônia, prisões infectas superlotadas controladas por facções do crime organizado. Os perpetradores morrem para serem substituídos por clones iguais, oriundos dos mesmos moldes: policiais civis ou militares, latifundiários, garimpeiros, madeireiros, grileiros. Entre os alvos, o que há em comum é pertencerem igualmente às mesmas camadas vulneráveis: crianças de rua, indígenas, negros moradores de favelas das periferias, detentos confiados à tutela do Estado.

A monótona repetição do que não deveria passar de anomalia rara amorteceu o interesse da própria imprensa. Após o primeiro impacto, até as chacinas mais espantosas somem do noticiário depois de dois ou três dias. Alvos seculares da brutalidade e da injustiça, as pobres vítimas de sempre não conseguem reunir forças para reagir, como sucede, por exemplo, com os negros norte-americanos que desencadearam o movimento Black Lives Matter. Os setores da sociedade capazes de organização e ação conjunta não se dispõem a fazer nada além de lamentar, nos melhores casos, ou mudar rapidamente de canal de televisão, nos piores.

Quando voltei ao Brasil em 1993, vivi uma experiência que me ajudou a compreender por que as coisas não mudam. Talvez por acreditar que os problemas e doenças sociais têm de ser enfrentados e curados, tive um comportamento pouco usual e tentei fazer alguma coisa. Por ocasião da matança de Vigário Geral, sugeri a Itamar que decretasse luto de três dias em homenagem a todas as vítimas de massacres.

Em cadeia nacional de televisão e rádio, o presidente declararia, em nome da Nação, que a sociedade brasileira não estava mais disposta a tolerar a repetição dos atentados. Anunciaria, ao mesmo tempo, um programa de emergência: amparo e indenização às famílias das vítimas, equipe especial para investigar os crimes, cooperação com o Judiciário, fortalecimento dos direitos humanos com participação coletiva.

A ideia básica consistia em mostrar que o problema não era só da polícia, do governo, dos políticos, mas correspondia a uma responsabilidade da sociedade como um todo. Itamar se inclinou, de início, a adotar a ideia; logo, porém, recuou. Explicaram-me que a causa da recusa teria sido o receio de gerar atritos com o governador Brizola, no Rio de Janeiro, em cuja gestão tinham ocorrido os massacres da Candelária e do Vigário Geral. Nada se fez de especial, deixou-se a indiferença prevalecer sobre as dores das vítimas.

Não sei se a razão real da recusa foi mesmo a que me transmitiram ou se julgaram que a sugestão exigiria das pessoas no poder um comprometimento maior do que o habitual, que o melhor seria esperar que o tempo, o esquecimento, tirassem o problema do noticiário. Desde então, as barbaridades, em vez de declinarem, se amiudaram, sem que qualquer governo democrático, de esquerda, direita ou centro, revelasse sensibilidade para reagir. Os políticos e governantes, mesmo de franca identificação com o povo, mostram, infelizmente, nível de consciência incipiente sobre a importância central de tais questões.

Não é que sejam coniventes. Com uma recente e aberrante exceção, os presidentes posteriores ao regime militar empenharam-se todos, uns mais, outros menos, em melhorar os direitos humanos. Nenhum, porém, conferiu prioridade ao objetivo. Refletem nisso a atitude de apatia do Congresso, do Judiciário, das instituições públicas. O problema se estende a todos os eixos ao longo dos quais avança o nível da consciência moral da humanidade: além dos direitos humanos, o meio ambiente, a igualdade entre mulheres e homens, a proteção aos vulneráveis, aos povos originários, às minorias de toda a ordem.

O atraso entre nós do processo de humanização da vida coletiva se manifesta na consciência insuficiente da sociedade brasileira sobre esses temas. As conquistas que assim mesmo ocorrem se devem à pressão de entidades da sociedade civil, à eventual influência da imprensa, de um ou outro setor mais sintonizado com o que se passa nos países mais avançados. Nessa fronteira do processo de humanização, é impossível progredir sem contrariar interesses políticos ou econômicos. A tendência à conciliação excessiva, habitual na vida pública nacional, é incompatível com a defesa dos direitos humanos e do meio ambiente.

O episódio que narrei sobre Itamar ilustra a relutância dos políticos tradicionais, mesmo os melhores, em arriscar o prestígio pessoal em questões controvertidas. Chama a atenção, nesse sentido, que decisões como a criação da reserva dos ianomâmis por Collor ou do Parque Indígena do Xingu por Jânio Quadros foram tomadas por governos chefiados por presidentes menos suscetíveis a pressões de grupos de interesse, como os proprietários rurais, os militares, os *lobbies* do Congresso. Jânio gostava de dizer: "O povo ama os governos ásperos". Na verdade, o que o povo ama são os governos capazes de agir contra pressões de setores empenhados em ganhos particulares acima das causas de benefício coletivo. Infelizmente, o sistema político brasileiro não favorece as grandes causas de promoção social, meio ambiente e direitos humanos.

É tempo, porém, para retomar a história de meu regresso ao Brasil. Superadas as primeiras dificuldades, descobri que trabalhar com meio ambiente combinava alegria com aprendizado. Não tinha nada a ver com o que eu fazia antes. Minha experiência na área se limitava até então aos aspectos diplomáticos do assunto, por exemplo como presidente da comissão de finanças na Rio-92. A não ser na temática da discussão e negociação, a atuação não diferia da atividade multilateral habitual. Quando tive de lidar com o meio ambiente "real", as questões de florestas, oceanos, áreas de proteção, animais ameaçados, descobri um universo inesgotável. Tive de me socorrer com pessoas que conheciam o tema e me orientaram nesse processo de autodescoberta. Quem mais me ajudou foi Henrique Brandão Cavalcanti.

Filho do constitucionalista Themistocles Cavalcanti, à primeira vista parecia não ter nada em comum com o gênero "sonhático" que o preconceito popular associa ao ambientalista padrão. Engenheiro hidrelétrico, de espírito rigoroso e objetivo, resumia o melhor da categoria de profissionais competentes e de espírito público entre os quais o regime militar foi buscar a maioria dos seus quadros técnico-administrativos. Secretário-Geral do Ministério de Minas e Energia e depois do Ministério do Interior, fez parte da delegação brasileira à Conferência da ONU em Estocolmo (1972), a pioneira das grandes conferências ambientais.

Apesar da hostilidade inicial dos militares à questão ambiental, encarada como obstáculo ao desenvolvimento, conseguiu persuadir o governo Médici a criar a Secretaria Especial do Meio Ambiente, vinculada ao Ministério do Interior (1973). A fim de chefiá-la, convidou-se o zoólogo da USP Paulo Nogueira Neto, que exerceria o cargo durante doze anos e estabeleceria as bases da organização institucional e da legislação de política ambiental no Brasil. Tive a sorte de me beneficiar da colaboração de Henrique, que era conselheiro da WWF[1] e conhecia bem tanto a comunidade ambiental quanto as engrenagens do governo federal. Mais tarde, ele me substituiria como ministro.

Trabalhar com meio ambiente não dá a impressão de trabalho enquanto atividade penosa e monótona. A cada dia a gente se deslumbra com um lugar novo que se deve visitar a serviço: o Jardim Botânico do Rio, a Floresta da Tijuca, o Parque da Serra dos Órgãos, o do Iguaçu, as estações do Projeto da Tartaruga Marinha (Projeto Tamar), a velha usina de fundição de ferro da fazenda Ipanema, perto de Sorocaba, em São Paulo, da qual foi diretor o pai de Varnhagen e onde se fabricaram canhões para a Guerra do Paraguai, para citar alguns.

Ainda se ganha de lambuja a revelação de seres humanos apaixonados por bichos, pássaros, peixes, flores, árvores. Gente que nos ensina o nome das plantas, os hábitos do peixe-boi nos rios amazônicos, da ararinha-azul praticamente extinta nas caatingas da Bahia, das melhores técnicas para reintroduzir na natureza a onça-pintada,

---

1 World Wide Fund for Nature Inc., Fundo Mundial para a Natureza, organização não governamental internacional fundada em 1961 que atua na área de preservação da natureza e redução do impacto humano no meio ambiente.

o mico-leão-dourado, os primatas da Mata Atlântica. É o universo da variedade infinita, o museu de todas as coisas.

Seria o ofício ideal de administrador do paraíso terrestre se já não tivesse entrado no jardim o predador de motosserra para aniquilar árvores centenárias de madeira de lei, trator de corrente para arrastar hectares de floresta virgem antes de serem queimadas, jato d'água para demolir barrancas dos rios na busca do ouro, a filtragem de impurezas por meio do mercúrio que envenenará gerações de peixes e ribeirinhos. Várias décadas antes da catástrofe da barragem de Brumadinho, constatei de perto a devastação infligida ao vale do Rio Doce por um século de operações arrasadoras de matas e águas por parte de fundições e usinas siderúrgicas. Já naquele distante 1993, estimava-se que a recuperação exigiria despesas de um a dois bilhões de dólares. A quem cobrar a fatura se a maioria das empresas tinha desaparecido?

O mais aterrador cenário de degradação da natureza que conheci foi a mina de exploração de carvão a céu aberto em Criciúma, sul de Santa Catarina. Durante decênios, a Companhia Siderúrgica Nacional de Volta Redonda havia extraído no local o carvão de superfície por meio de gigantescas escavadeiras. Com garras de aço denteado, essas máquinas descascaram o solo camada por camada, deixando a nu escaras e cicatrizes nas paredes de crateras profundas. Depois que o governo Collor abriu a importação de carvão e suprimiu os subsídios, a companhia abandonou o sítio destroçado.

Quando visitei o local, empilhavam-se montanhas de rejeitos piritosos que ocupavam seis mil hectares, às vezes à margem de rios ou ao lado de vilas operárias. A enorme concentração de compostos de enxofre ocasionava a combustão espontânea em contato com o oxigênio do ar. Chamas, fumaça, o cheiro de ovo podre do enxofre, os riachos cor de abóbora que jamais tinha visto se combinavam para dar a impressão de que se ingressava no coração do inferno. O que restou de anos de exploração irresponsável e selvagem foram rios poluídos, vegetação estorricada pelas chuvas ácidas, contaminação de lençóis freáticos, enfermidades endêmicas de uma população empobrecida. Quem pagará o preço da destruição de vidas humanas, da saúde, da perdida infância de crianças enfermiças, do aniquilamento de uma das mais belas paisagens da Mata Atlântica?[2]

O panorama ambiental não era apenas de desastres e casos perdidos como esses. Uma história que, em termos relativos, acabou bem, foi a do apelidado Vale da Morte, na região de Cubatão, ao pé da Serra do Mar, num recanto outrora paradisíaco da Mata Atlântica, entre o porto de Santos e São Paulo. Sede de um dos maiores polos de indústria pesada do país, nos anos 1980 as usinas petroquímicas de metais e fertilizantes lançavam na atmosfera cerca de mil toneladas de material particulado e gases tóxicos por dia! Órgãos da ONU apontaram o município como o mais poluído do mundo.

O que finalmente despertou a reação pública foi o alarmante índice de crianças nascidas com anencefalia. O governo estadual de Franco Montoro definiu um plano para a eliminação das fontes da poluição do ar, da água e a descontaminação do solo, com metas rigorosas a serem alcançadas entre 1983 e 1994. Nesse último ano, ao visitar a região em companhia de representantes do governo estadual, verifiquei o que a conferência Rio-92 havia celebrado pouco antes: Cubatão se convertera num exemplo de recuperação ambiental, graças a uma política exigente conduzida com firmeza pelos governos locais. É uma das melhores "histórias de sucesso" do processo civilizacional no Brasil.

---

2 Recentemente tomei conhecimento, num seminário sobre meio ambiente, de que, graças à ação da magistratura, está em curso um programa de recuperação ambiental na zona das minas de carvão com participação da empresa siderúrgica responsável pelos danos.

No domínio mais tradicional da atuação ambiental, encontrei no Ibama uma estrutura razoável herdada da experiência acumulada ao longo de vinte anos pelo trabalho de organização de Paulo Nogueira Neto e seus colaboradores. O Ibama abrigava servidores oriundos do Instituto Brasileiro de Desenvolvimento Florestal (IBDF), da Superintendência de Desenvolvimento da Pesca (SUDEPE) e da Superintendência da Borracha (SUDHEVEA). Nascido da fusão desses organismos, o Instituto sofria do processo incompleto de integração e unificação de seus componentes numa cultura institucional comum.

Apesar dessas imperfeições, existia aí pelo menos uma base sobre a qual se poderia obter atuação mais efetiva. Onde, no entanto, faltava tudo a fazer era no tratamento da Amazônia, tema vastíssimo que passara a adquirir visibilidade inédita devido à criação do ministério. No final dos anos 1970 e primeira metade dos 1980, eu havia sido responsável no Itamaraty pelas relações com os países integrantes da Bacia Amazônica, com os quais negociamos o Tratado de Cooperação Amazônica (1979). Já na época, eu tinha ficado impressionado ao verificar que nem o Brasil nem nossos vizinhos possuíam ideias claras sobre o que fazer com a Amazônia.

A partir do regime militar, se haviam multiplicado iniciativas e obras de desenvolvimento de qualidade muito desigual. Umas poucas se revelaram duráveis e produziram resultados positivos, embora sempre aquém do planejado: a Zona Franca de Manaus, a Superintendência de Desenvolvimento da Amazônia, o Banco da Amazônia. Outras tiveram impacto destrutivo permanente como a Transamazônica, projetos como a Perimetral Norte, usinas hidrelétricas como a de Tucuruí. Alguns grandes centros urbanos, Manaus principalmente, tinham recebido a maior parte dos recursos e das oportunidades, concentrando polos de atração que em parte esvaziaram a população do interior. Pior ainda tinha sido a concessão de imensas extensões de florestas a grandes empresas para criação extensiva de gado sob o lema desastroso "a pata do boi é que vai conquistar a Amazônia". A fronteira agrícola avançara sobre a periferia meridional, Rondônia, Mato Grosso, Tocantins, sul do Pará.

Depois de décadas de esforço e bilhões investidos, muitas vezes em projetos ruinosos e sem retorno, o resultado líquido tinha sido instalar na região um processo insustentável, que passou a gerar desequilíbrios de modo contínuo e cada vez mais graves. De um lado, os métodos predatórios ameaçavam a longo prazo a sustentabilidade até do mero ponto de vista econômico. Do outro, o processo aprofundou a concentração de propriedade e renda, fracassou na inclusão social com redução da desigualdade.

As gigantescas somas desperdiçadas de maneira irresponsável enriqueceram uns poucos, instalaram uma indústria de corrupção e falharam em encaminhar soluções racionais para os problemas crônicos da área: o acesso dos trabalhadores à terra, a titulagem das propriedades, a grilagem, a exploração predatória de madeira, o garimpo acompanhado de envenenamento dos rios pelo mercúrio, a invasão de reservas indígenas, o aniquilamento dos povos originários por doenças e aviltamento cultural. As dezenas de ministérios, entidades e empresas públicas presentes na Amazônia continuavam a atuar sem que cada um soubesse o que fazia o outro, sem até que se falassem uns aos outros.

Dessa constatação nasceu a ideia de que o primeiro passo para tornar possível controlar racionalmente as ações federais na região seria criar uma estrutura de coordenação. Sugeri, e o presidente Itamar acatou, a ideia de um Conselho Nacional da Amazônia Legal, cuja finalidade maior seria a de servir para reunir e coordenar a ação dos órgãos federais na área. Parece algo simples; infelizmente, na tradição burocrática brasileira, coordenar é sinônimo de subordinar. Ninguém aceita ser coordenado por iguais. Daí a necessidade de que o

Conselho fosse dirigido pelo próprio Presidente da República. Só ele tem o poder de convocar os ministros, que, do contrário, enviam representantes de segundo ou terceiro escalão sem poderes para decidir e engajar seus órgãos.

Criado e instalado o Conselho, passamos ao segundo objetivo: tentar conferir um sentido racional às atividades econômicas já em pleno andamento por meio da definição do zoneamento ambiental e econômico com base na vocação das sub-regiões. Embora nosso hábito seja falar em uma só Amazônia, como se ela apresentasse perfeita homogeneidade, a verdade é que existem muitas Amazônias distintas em termos de solo, vegetação, microclimas, regimes de precipitação de chuvas, áreas inundáveis de várzeas ou elevações de terra firme, flora, fauna, condições sanitárias, facilidades de transporte, comunicações e incontáveis outros aspectos.

No momento em que se principia a desagregar os grandes conjuntos nas diferentes partes constitutivas é que se percebe como conhecemos pouco a Amazônia do ponto de vista científico. Lá atrás, no capítulo sobre o Instituto Rio Branco, mencionei a obra de Preston James, *A Geography of Man*, descrição magistral dos *habitats* humanos no planeta. Na seção relativa aos trópicos úmidos, o livro destacava o déficit gigantesco em matéria de ciência das zonas de florestas tropicais úmidas, a carência de tecnologias de produção, de saúde, adaptadas a esse tipo de ecologia. O déficit resultava, segundo James, da falta de interesse de parte dos centros de produção de conhecimento científico e tecnológico, concentrados em países avançados de clima temperado, para os quais o problema não existe.

Aqueles que se defrontam com o desafio, os detentores de florestas equatoriais, são todos subdesenvolvidos, como Brasil, Congo, Indonésia, carentes do indispensável nível de desenvolvimento científico e cultural, dos recursos humanos, financeiros e até de capacidade administrativa. No Brasil, dispõe-se de acervo apreciável de resultados graças a instituições pioneiras como o Instituto e Museu Goeldi de Belém do Pará, as pesquisas de Felisberto Camargo no antigo Instituto Agronômico do Norte, e, mais recentemente, do Instituto Nacional de Pesquisas da Amazônia (INPA), do Instituto Nacional de Pesquisas Espaciais (INPE), estudos como o relativo aos "rios voadores" conduzido pelo professor Eneas Salati, da Escola Superior de Agricultura Luiz de Queiroz, de Piracicaba. Contudo, ainda nos encontramos muito longe do mínimo necessário em termos de investimentos, coordenação, apoio a um programa ambicioso de pesquisas sobre a Amazônia com sentido de continuidade.

A falta de continuidade de políticas é justamente o que sempre impossibilitou a formulação e consolidação de uma estratégia coerente de longo prazo para a Amazônia. O próprio Conselho da Amazônia teve duração efêmera na sua conceituação original. No governo Fernando Henrique Cardoso, decidiu-se livrar a Presidência da República dos órgãos e conselhos dependentes. Nesse movimento de ordem geral, transferiu-se o Conselho da Amazônia para o âmbito do Ministério do Meio Ambiente. Lá, começou ele a definhar porque o ministro obviamente jamais terá autoridade para convocar e muito menos coordenar ministérios mais fortes e empresas poderosas como a Petrobras.

Com o tempo, o ministério perdeu a perna da Amazônia Legal, virou capenga, apenas Meio Ambiente, o Conselho apagou-se na irrelevância. No governo Bolsonaro, diante do recrudescimento das queimadas e da destruição e como gesto propagandístico para aplacar o clamor universal, viu-se o Conselho ressuscitado, mas de maneira inepta, desvirtuado na essência e desprovido de autoridade e meios de ação. Como todo órgão colegiado, é evidente que o Conselho da Amazônia não tem vocação executiva. Sua natureza é de coordenação e deliberação, devendo a execução caber a ministérios e órgãos competentes para tal, basicamente o Ministério do Meio Ambiente e seus braços de ação, o Ibama e o ICMBio (Instituto Chico Mendes de Conservação da Biodiversidade).

A recriação do Conselho por Bolsonaro foi justificada com o pretexto de reverter a destruição da floresta. Ora, essa é tarefa essencialmente executiva, que só pode ser executada pelo Ministério do Meio Ambiente, o principal responsável na época pela omissão criminosa e até pelo estímulo às atividades ilegais de devastação! Não surpreende assim que, mês após mês, se registrasse aumento recorde das queimadas e alastramento alarmante da devastação.

Cumpriu-se a profecia de Antonio Callado, em artigo no qual comentava minha saída do ministério como uma espécie de deserção que deixaria órfã a Amazônia.

Callado estava com a razão, não no sentido de me atribuir poderes e qualidades imaginárias (o que não era o caso do artigo), e sim em perceber que a saída punha em risco uma visão ainda recente, não consolidada. Essa visão consistia fundamentalmente na necessidade de contar no seio do governo com um ponto focal para o tratamento conjunto de todos os problemas de região diferente das demais. Não adianta alegar que o Brasil é maior que a Amazônia, não se justificando um ministério separado para as questões amazônicas. Na prática, goste-se ou não, o mundo inteiro vê o Brasil através do prisma da Amazônia.

A especificidade incomparável da região, as características ecológicas que a tornam caso único, mal conhecido cientificamente, a diferenciam de zonas mais familiares, de desafios manejáveis. Tudo ali se complica, pela presença rarefeita do Estado, a precariedade dos sistemas de educação e saúde, a aguda falta de transportes e comunicações, a ignorância sobre vastíssimos aspectos regionais. Por ocasião do massacre dos ianomâmis, por exemplo, nem se sabia se o sítio se encontrava na Venezuela ou no Brasil. Durante a pandemia da Covid-19, viu-se a dificuldade de levar oxigênio a Manaus, de vacinar indígenas em aldeias longínquas. Apenas em 1964 se descobriu que o Pico da Neblina era o ponto culminante do país!

Tudo isso exige um tratamento unificado de problemas afetos a órgãos e ministérios distintos, mas que no fundo são inextricáveis uns dos outros. Como separar a questão dos povos originários, concentrados maciçamente na Amazônia e dependentes da FUNAI, dos problemas de meio ambiente, de preservação da floresta, da ameaça de invasão de grileiros, de madeireiros, de mineradores, temas atribuídos a outras competências? Os governos estaduais e municipais, na melhor das hipóteses, são limitados por suas perspectivas paroquiais, sem visão do conjunto. Representam outras vezes o que de pior existe no Brasil em matéria de atividade política na fronteira da bandidagem.

Basta considerar a corrupção generalizada, que não se deteve nem diante da pandemia, basta recordar como Manaus e o estado do Amazonas se converteram em certo momento no epicentro da catástrofe sanitária com manchetes em todos os jornais do mundo. Em nenhuma outra região do país se encontra concentração similar de atentados ambientais em larga escala, apropriação criminosa de terras públicas, massacres repetidos em prisões, invasões de terras indígenas, assassinatos impunes de índios e líderes rurais, intervenções constantes de forças federais. São sinais evidentes da falência dos mecanismos de governo, de dissolução do Estado: o sonho do El Dorado do regime militar converteu-se na expressão mais cabal do faroeste caboclo.

Um convite que não pude recusar

Não sei o que teria sido minha vida se tivesse continuado a trabalhar com meio ambiente. Tinha pela frente quase um ano, tempo insuficiente para grandes realizações, mas talvez o bastante para tentar firmar orientações apenas esboçadas. Não cheguei a descobrir, pois as coisas logo tomaram rumo diferente, embora não totalmente inesperado devido aos antecedentes.

Embora houvesse rumores, foi somente em fins de março que soube com algum grau de veracidade da intenção do presidente de me convidar para o Ministério da Fazenda. Eu havia terminado minha visita ao Rio de Janeiro para tratar dos problemas da Floresta da Tijuca e do Jardim Botânico, ambos dependentes do Ministério do Meio Ambiente. Nessa ocasião, conheci Tom Jobim, que veio ao meu encontro no Jardim Botânico em companhia da Comissão dedicada à preservação do parque da qual fazia parte. Foi conversa rápida, vários participantes, infelizmente sem sequência. A lembrança que guardo dele é de pessoa de encanto natural, sem nenhuma tendência de se impor aos demais, de interesse genuíno em plantas e bichos. Falou-se do abandono em que os governos tinham deixado aquele patrimônio maravilhoso que vinha dos tempos de d. João VI, de ideias para evitar a invasão gradual da periferia do parque por construções clandestinas.

Eu me preparava para voltar a Brasília quando Miriam Leitão, minha amiga desde os tempos em que cobria o Itamaraty na década de 1970, pediu para me acompanhar no trajeto até o Galeão. Na conversa, confirmou que Fernando Henrique finalmente tomara a decisão de se candidatar à presidência nas eleições de outubro daquele ano. Ela não tinha dúvida de que eu o sucederia. Tive de admitir que ela sabia muito mais do que eu.

Fiquei abalado, apesar de não inteiramente convencido, pois não havia recebido nenhum sinal claro da parte de Itamar. A rigor, indícios se haviam acumulado nos últimos tempos, sobretudo para os colegas diplomatas que trabalhavam comigo, que tinham poucas dúvidas a respeito. No meu aniversário, 1º de março, o ministro-chefe da Secretaria Especial da Presidência e confidente de Itamar, Mauro Durante, tinha feito alguns comentários crípticos sobre o destino que me aguardava. Dias depois, durante o encontro com o presidente Rafael Caldera, da Venezuela, deixara escapar que Itamar me guardava como regra-três, para algum outro eventual cargo. Tinha sido um comentário casual, sem nenhuma elaboração, não bastando para dissipar a incerteza que reina em país como o nosso, onde se dizia no passado que só se devia acreditar em *Diário Oficial* da véspera.

No retorno de Nova York, onde havia participado de reunião ambiental da ONU (19 de março), eu viajara por acaso ao lado de FHC e de dona Ruth no avião da Varig. Ao abrir o *Jornal do Brasil*, deparei, ao lado dos editoriais, com artigo no qual o advogado Dario de Almeida Magalhães dirigia a Fernando Henrique apelo para não abandonar a obra começada no Ministério da Fazenda. Apontei para o artigo e FHC, assim como dona Ruth, garantiram que ainda não havia nada decidido. Na hora do embarque, Marcos Galvão recorda que Fernando

Henrique teria feito um gesto para que eu passasse adiante, dizendo com um sorriso: "Biministro tem precedência". Não me lembro e nem sei se me dei conta disso na ocasião.

No dia seguinte à conversa com Miriam, provavelmente 30 de março de 1994, é que tudo se precipitou. Estava em minha sala no início da tarde quando a secretária do presidente me telefona. Itamar me convidava para assistir, em sua companhia, a um concerto no Palácio do Planalto. Estranho, pensei, é a primeira vez em meses que o presidente me chama e logo para um concerto! Ao chegar ao gabinete presidencial, ele já estava na porta e me segurou pelo braço para descermos juntos a rampa que conduz do terceiro andar ao grande salão do Planalto.

A flor da burocracia da República se apinhava no auditório improvisado. Centenas de olhos treinados no código não escrito dos cortesãos do poder se fixaram em nós. Pareciam proclamar: eis a sagração do escolhido para ocupar o centro do palco! Impaciente, assisti ao recital do Coral da UnB que se despedia para uma excursão ao Canadá. Não consigo recordar o que ouvi. Terminado o concerto, voltamos ao terceiro andar e, ao entrarmos no gabinete, o presidente me conduziu a um pequeno aposento instalado após um ângulo do corredor, onde tirava às vezes uns minutos de descanso, sempre que tinha de permanecer no palácio por períodos longos.

No vasto gabinete oficial do presidente, embora estivéssemos sós, era como se Itamar se sentisse devassado demais pelas imensas vidraças que o expunham aos olhares indiscretos das nuvens, das colinas, do lago, da paisagem de infinito horizonte do Planalto Central. Já no cômodo acanhado, com a mesinha na qual se apoiavam protetoramente as imagens de barro de Nossa Senhora da Aparecida e de Santa Terezinha, a atmosfera se prestava melhor a conversas conspiratórias em voz baixa. Abrindo o jogo sem rodeios, indagou: "Gostaria que o senhor ficasse no lugar de Fernando Henrique, que terá de se afastar para concorrer às eleições. Lembra quando lhe telefonei em Washington, meses atrás, para convidá-lo a assumir o Ministério da Fazenda?".

Respondi: "Sim, lembro bem e também recordo do que lhe disse na ocasião".

Ele: "O senhor me disse que estava há muito tempo fora do Brasil, mas agora está aqui".

"É verdade", retruquei, "porém, as razões que invoquei na época ainda valem. Tenho estado totalmente concentrado no setor do meio ambiente que o senhor me confiou. As únicas coisas que conheço da política econômica é o que leio na imprensa ou vejo na televisão. Acompanhei como todo o mundo o anúncio da URV[1] e é só isso que sei, quase nada. Não sou dessa área. Por que o senhor não escolhe alguém da equipe como o Edmar Bacha ou o Pedro Malan? Eles seriam muito mais qualificados que eu".

Itamar reagiu com uma frase enigmática, digna do oráculo de Delfos: "Já examinamos todas as alternativas e o senhor é a única opção".

Tendo trabalhado a vida inteira com mineiros genuínos ou de intenção – Arinos, San Tiago Dantas, Tancredo, sobretudo –, consigo arranhar um pouco de mineirês. Entendi que, sem deixar nada explícito, o que ele queria dizer era o seguinte: "Não insista, não quero ninguém da equipe, desejo alguém que deva a escolha a mim, não ao Fernando Henrique".

Vi que esgotara os argumentos e não tinha saída. Prossegui: "Presidente, sou funcionário público e cumpro suas ordens. O que o senhor quer que eu faça?".

---

1 Unidade real de valor (URV). Foi a parte escritural da atual moeda corrente do Brasil, cujo curso obrigatório se iniciou em 1º de março de 1994. Índice que procurou refletir a variação do poder aquisitivo da moeda, servindo apenas como unidade de conta e referência de valores.

A resposta liquidou a questão: "Quero que o senhor execute o plano com a equipe que está aí".

"Isso me tranquiliza", respondi. "O que um diplomata mais aprecia são instruções claras como as que acaba de me dar. Se me tivesse dito para preparar outro plano, pediria desculpas, pois não seria capaz. Também não teria condições de reunir equipe diferente. Os atuais são todos meus conhecidos, alguns até amigos, exceto um que não conheço, o Clovis Carvalho. Vou fazer o melhor que posso."

A frase na qual Itamar sintetizou a missão – executar o plano com a equipe em funcionamento – mostra que ele sabia muito bem o que queria, apesar dos caminhos tortuosos que às vezes trilhava para chegar até lá. A frase virou para mim quase um amuleto mágico, que invoquei muitas vezes contra o próprio presidente. Nas incontáveis ocasiões em que pressionou para me desviar do rumo, invariavelmente eu lembrava as instruções e acrescentava: "Se o senhor insistir para que faça tal ou qual coisa, não vamos ter nem plano nem equipe!".

Era xeque-mate! Resmungando, ele era obrigado a desistir.

Ao sair do *tête-à-tête*, encontrei Fernando Henrique e me ofereci para levá-lo de carro até seu apartamento. No caminho, pedi que me falasse um pouco dos membros da equipe, como agiam, se havia tendências, posições discordantes, que conselhos me daria para lidar com eles. Fiquei surpreso de ver como se estendia em elogios a Gustavo Franco, quase exclusivamente. Acho que ele mesmo se deu conta do desequilíbrio, pois, sem que eu dissesse nada, acrescentou que já conhecia bem os demais membros da equipe anteriormente. A verdadeira revelação, a novidade, tinha sido Gustavo.

Tive a impressão de que a razão real estaria no caráter mais afirmativo de Franco, que transmitia a sensação de jamais ter dúvidas. Um pouco como na conhecida história do folclore político sobre o presidente Truman e sua busca por um assessor maneta, que não lhe dissesse a toda hora: "*On the other hand...*". Quem sabe FHC visse em Gustavo aquele assessor autoconfiante, inabalável, que lhe transmitia a confiança de estar no caminho certo, em contraste com as dúvidas que os demais não escondiam, em especial os que tinham passado pela experiência frustrante do Cruzado.

Perguntei também qual era a estratégia que deveria seguir para aprovar no Congresso a Medida Provisória da URV, assinada semanas antes, em 1º de março. Para minha surpresa, Fernando Henrique respondeu que não havia estratégia nenhuma, o melhor seria ganhar tempo, evitar o esforço quase impossível de aprovar matéria tão complexa: "Se tentar aprovar, alguns parlamentares vão querer certamente desfigurar o plano, vai haver toda a sorte de interferência, é capaz até de pendurarem no projeto emendas para aumentar o salário-mínimo, para mudar fórmulas de reajuste do funcionalismo", argumentou.

Insisti: "Mas, a MP caduca em um mês. E depois?".

"Não tem problema, vai renovando a cada mês", respondeu.

"Sim", voltei à carga, "mas vai chegar o momento em que teremos de fazer aprovar a nova moeda. E aí, o que fazer se a URV não estiver ainda confirmada?".

"Não muda nada. Basta juntar o texto antigo com o da nova Medida Provisória", repetiu.

Foi o primeiro choque de realidade que tive, minutos depois de ter saído do Planalto com a falsa segurança de quem acreditava ter à mão um plano pronto com todas as etapas previamente definidas. Na hora de examinar os detalhes, descobria que havia improvisação demais, pontos essenciais ainda estavam em aberto. Não me convenceu a ideia de adiar indefinidamente a confirmação do Congresso. Parecia um contrassenso introduzir uma nova moeda, símbolo de estabilidade e solidez para durar gerações, amparada em mera legalidade precária que teria de ser renovada a cada trinta dias. Não haveria base psicológica para confiar que dessa vez era para valer.

Graças ao trabalho excepcional do membro sênior da equipe, Edmar Bacha, foi possível, não sem perigo, mudar de estratégia e obter o endosso dos parlamentares. Paciente, com senso de humor, ar despretensioso escondendo mineira sagacidade, Bacha ganhou o apelido de "Senador" pelos seus ares de negociador tarimbado. Com a colaboração preciosa de minha colega Débora Barenboim, a dupla conseguiu exorcizar os fantasmas que tinham paralisado até então o esforço de conferir ao Plano Real caráter de lei aprovada pelo órgão da soberania popular.

Quem nos ajudou enormemente, sobretudo na Câmara, foi o deputado Luís Eduardo Magalhães, líder do PFL. Com o senso de autoridade e comando, sem os excessos do pai, Antonio Carlos, Luís Eduardo indicara um parlamentar do partido para ser o relator na Comissão Mista para apreciar a matéria. Dias depois, esse deputado me telefona com uma conversa estranha, dizendo que o governo teria de transigir em muita coisa, que diversos setores econômicos o haviam procurado exigindo mudanças sem as quais o texto não passaria.

Senti o cheiro de encrenca e preveni o líder do partido para me certificar de que ele estava ciente do que tramava seu liderado. No dia e hora da entrevista que marcamos para discutir o assunto, o relator chegou antes. Tínhamos começado a conversar quando Luís Eduardo entra no gabinete e, já da porta, diz em voz alta: "Ministro, eu vim aqui somente para dizer que o deputado Fulano foi escolhido para cumprir o que o senhor determinar. Quero estar presente para garantir que, se o relator tiver dúvidas, não haverá problemas: indicarei outra pessoa".

A partir daí a conversa correu fluida e os temidos obstáculos se evaporaram sem maiores consequências.

Voltando ao ponto inicial, o mesmo dia do convite me reservaria surpresa ainda mais inquietante que a primeira. À noite, realizou-se, em casa, minha primeira reunião com a equipe econômica. Após as introduções de praxe, perguntei qual seria o Dia D, a data do lançamento da nova moeda. Recebi um choque ao descobrir que não havia nenhuma data definida. Pior, a discussão revelou que as opiniões variavam num espectro larguíssimo que ia de um mês a um ano.

Eduardo Jorge, assessor parlamentar de FHC desde o Senado, queria que fosse em um mês, prazo obviamente inexequível. No extremo oposto, Pérsio Arida e outros falavam em um ano, e ainda assim com relutância. Preferiam que a transição para a nova moeda se prolongasse o máximo possível para dar tempo à consolidação da URV e sua aceitação espontânea nos reajustes salariais.

A divergência escondia duas complicações mais profundas. A primeira era o conflito entre as considerações políticas e as puramente econômicas. A segunda tinha a ver com o imenso, incomensurável grau de insegurança que pairava sobre as chances de que o plano desse certo em termos econômicos.

A realização das eleições presidenciais dentro de seis meses conferia à questão política prioridade e senso de urgência. Usou-se e abusou-se na campanha do argumento de que o Plano Real não passou de um artifício eleitoral. Não era verdade, pois a premência nascia da gravidade da situação, não do calendário eleitoral. Iniciadas no regime militar, a aceleração da inflação e a ameaça da hiperinflação se agravaram com o fracasso do Cruzado e dos sucessivos remendos, culminando com o trágico confisco da poupança no início do governo Collor.

Fora de controle, a inflação crescia em bases diárias, derretia os salários da maioria da população. Não se podia esperar até a posse de futuro governo em 1995 para tentar alguma coisa a fim de conter a disparada de preços. O mérito maior de Itamar, que por si só lhe conquistou lugar indiscutível na história, é que acreditou, desde o início, que um plano para afastar a hiperinflação era possível, mesmo naquele momento, não obstante a precariedade da situação política e de dispor só de dois anos para completar o mandato, sem contar com maioria confiável no Congresso, nem gozar de prestígio e admiração na sociedade.

Incansavelmente perseguiu a ideia fixa de um plano, mudando três vezes de ministro da Fazenda, até encontrar em Fernando Henrique o homem certo, capaz de convocar equipe competente para formular um plano eficaz. Como se pode ver pelas opiniões dos jornais da época, ninguém acreditava nessa possibilidade, o clima era de descrença quase unânime. Até no seio do governo, raros partilhavam de sua confiança e não faziam nada para ajudar, ao contrário. Por isso, assegurar no governo seguinte a continuidade da visão de Itamar constituía condição *sine qua non* para o êxito.

Depois de décadas em que se havia perdido a lembrança da estabilidade monetária, até os esperançosos na possibilidade de domar a inflação sabiam que a tarefa demandaria muitos anos. Os poucos meses restantes ao mandato de Itamar, seis apenas até as eleições de outubro, serviriam somente para dar início ao esforço, que teria de prosseguir ao longo do próximo governo. Ora, com exceção de Fernando Henrique, identificado pessoalmente com o plano, os candidatos presidenciais em sua maioria e, em particular, o mais forte, Lula, adotaram posição militantemente contrária.

Em tese, não precisava ser assim. Teria sido possível considerar o combate à inflação como causa de união nacional acima dos partidos e da disputa eleitoral. Como ministro da Fazenda, dirigi várias vezes apelo aos partidos e candidatos para protegerem o plano do desgaste da campanha, a fim de poderem assumir o sucesso do Real como vitória de todos. Na prática, era provavelmente inevitável que sucedesse o contrário: as eleições se converteram num plebiscito a favor ou contra o plano. Impunha-se, portanto, enfrentar com prudência, dentro dos prazos possíveis, o teste definitivo do lançamento da moeda.

Em abril, as pesquisas de opinião davam 40% a Lula contra 12% a Fernando Henrique; sozinho, o candidato do PT reunia mais intenções de votos que todos os demais concorrentes somados. Em fins de maio, o desequilíbrio em favor de Lula persistia: ele apresentava 41% contra 17% de FHC. No mês seguinte, Lula declarava em entrevista que o Plano Real era um "estelionato eleitoral". O tempo não jogava a nosso favor. Esperar mais equivalia a condenar o plano politicamente. Perderíamos as eleições e perderíamos também o plano, já descartado pelo principal candidato da oposição.

Independentemente de existir ou não objetivo eleitoral, ganhar a eleição constituía a condição para o plano ter êxito. Em sentido contrário, é verdade que o êxito do Real, mesmo provisório, garantiria provavelmente a vitória eleitoral e daria tempo para consolidar o plano. Não havia alternativa a escolher entre primazia política ou econômica, as duas se confundiam numa só.

Depois de examinar as etapas a completar antes de introduzir a nova moeda, chegou-se à conclusão de que o mínimo prazo viável seria de três meses a partir do começo de abril. Saímos da reunião convictos de que teríamos de trabalhar com esse horizonte de tempo, embora a decisão formal de bater o martelo na data de 1º de julho só tenha sido tomada mais tarde.

Soube posteriormente por José Serra que, a certa altura do começo da campanha, Fernando Henrique chegou a pensar em desistir da candidatura. As pesquisas tendiam a consolidar a vantagem de Lula, os apoios empresariais demoravam a se confirmar, as doações para financiar os gastos não se materializavam. Foi só quando soube que havíamos finalmente fixado o Dia D para 1º de julho que o candidato cobrou ânimo. No fim do primeiro mês do Real, FHC já assumira a dianteira nas pesquisas. Em agosto, tinha 40% das preferências contra 22% para Lula: a tendência se invertera. Mais significativo, nesse mesmo mês, 70% dos eleitores de Lula se manifestavam favoráveis ao Plano Real!

A História nos deu razão: a nova moeda foi o fator que galvanizou a população e criou condições políticas não só para vencer as eleições, mas para dar prosseguimento ao plano. Não é demais lembrar que planos anteriores haviam desfrutado de condições políticas muito mais favoráveis. O de Collor, por exemplo, se beneficiou do crédito de confiança da vitória eleitoral e da posse de governo novo. O Cruzado foi impulsionado pelas imensas esperanças nascidas da redemocratização e do advento da Nova República. Quando chegou a vez do Real, nos defrontamos com o passivo de seis ou oito planos fracassados (dependendo do critério de plano), dois com mudança de moeda.

A evidência dos argumentos políticos em favor de fixar data para lançar a moeda acabou se impondo a todos. O que explica a hesitação até o fim de alguns membros da equipe eram as dúvidas razoáveis sobre a existência de condições econômicas capazes de assegurar o êxito. A situação fiscal continuava precária. Apesar do milagre de se ter conseguido aprovar no Congresso o Fundo Social de Emergência para desvincular parte das receitas, o espaço fiscal criado no orçamento seguia acanhado.

Com a inflação, cresciam pressões de todos os lados para aumento de gastos, elevação do salário-mínimo, reajuste dos militares, policiais, funcionários civis. No contexto exterior, o plano jamais encontrou compreensão e ajuda de parte do FMI, do governo norte-americano, de autoridades financeiras internacionais em geral. As negociações sobre a dívida externa esbarravam nesse muro de indiferença e descrédito.

As dificuldades técnicas para fazer funcionar um plano heterodoxo como o Real atingiam nível de complexidade quase indescritível. Foge a um depoimento pessoal como este o exame pormenorizado dos obstáculos econômicos e técnicos enfrentados. Felizmente, não preciso fazer isso porque já dispomos de um livro cuja autora executou a tarefa de maneira excepcional e, creio, definitiva. Trata-se de *A real história do Real*, escrito pela jornalista e economista Maria Clara R. M. do Prado, que realizou a proeza de tornar simples os mais intrincados problemas financeiros e cambiais do plano.[2]

O livro de Maria Clara é obra-prima da mais alta qualidade no gênero de jornalismo econômico e ao mesmo tempo obra de história contemporânea. Como disse o ministro Delfim Netto, há capítulos simplesmente antológicos, como o que expõe as discussões sobre a questão cambial. A narrativa dá vida aos personagens da equipe, faz com que se tornem seres humanos envolvidos em aventura cheia de perigos, que se transforma em romance impossível de parar de ler até acabar.

Do romance do Real, participei na condição de um desses personagens secundários que entra na trama sem muita explicação quando a ação já vai avançada. Da mesma forma inexplicável, sairei depois de uns poucos capítulos sem deixar traços. É essa história que vou contar agora.

---

2 Maria Clara R. M. do Prado, op. cit.

Algodão entre cristais

Mudei de ministério e mudei de vida. No do Meio Ambiente, levava existência sossegada. O presidente e seus auxiliares próximos pouco ou nada se interessavam por questões ambientais. Tinha de implorar para ser recebido a fim de despachar problemas urgentes. No Congresso, o único parlamentar focado nos temas ambientais era o deputado Fabio Feldmann, do PSDB. É verdade que valia por uma bancada inteira, exigindo providências, alertando sobre ameaças urgentes, multiplicando pedidos de informação que mal conseguíamos atender. Mas Fabio era um amigo, um aliado, às vezes incômodo pela insistência, que nos ajudava com sua paixão, seu conhecimento e a experiência pessoal do meio ambientalista.

Na Fazenda, passei a ser procurado, ou melhor, pressionado o tempo todo, por Itamar, pela Casa Civil, por pessoas que falavam em nome do presidente, autorizadas ou não, pelos outros ministros, militares, sindicalistas, banqueiros, empresários, jornalistas. A casa da Península dos Ministros onde morava ficava cercada de repórteres de plantão, fotógrafos, gente da televisão, todos apinhados na frente do portão de saída, à espreita de alguma novidade. Deixei de ter vida privada.

Até nos domingos, ao assistir à missa no Mosteiro Beneditino da Santa Cruz, as câmaras fixavam o momento em que eu rezava ou me levantava para receber a comunhão. Na missa de Quinta-feira Santa, dom Basílio Penido, que dirigia a celebração, me incluiu entre os doze escolhidos para a cerimônia do lava-pés, o que forneceu aos jornais televisivos o espetáculo insólito de um ministro da Fazenda cumprindo um rito cristão milenar cujo sentido poucos ainda conhecem!

A rotina diária se estendia da manhã até tarde da noite, num desfile exaustivo de governadores, ministros, prefeitos, empresários, quase todos com pedidos de recursos impossíveis de satisfazer ou propostas inexequíveis. Tive de aprender a dizer não de infinitas maneiras. Por sorte, quase não houve ocasiões em que tentaram me envolver em esquemas ilegais ou suspeitos. Numa dessas vezes, recebi a visita de um deputado influente do Centrão, denominação inexistente ou menos usual na época. Representante de região do interior do estado de São Paulo, queria, ou melhor, exigia com arrogância que eu nomeasse um apaniguado seu para o cargo de diretor da alfândega do aeroporto de Guarulhos, a mina de ouro das aduanas por onde se tentava passar todo tipo de muamba grossa!

"Sou funcionário público de carreira, deputado", disse ao visitante, "estou aqui apenas provisoriamente e na qualidade de funcionário. O critério de nomeação que adotamos é de escolher apenas funcionários de carreira indicados pelo competente chefe do setor. Se quiser, posso chamar aqui o secretário da Receita Federal, responsável pelas alfândegas".

"Assim não vai resolver", respondeu, "o nome indicado é de um quadro do partido, não tem chance de ser apoiado pelo secretário da Receita. Se o senhor não o nomear, será o responsável pelo rompimento do nosso partido com o Presidente!".

Lamentei a impossibilidade e o parlamentar saiu esbravejando e batendo a porta. Telefonei na mesma hora ao presidente, narrei o ocorrido e ele me tranquilizou: "Não se preocupe, ministro. Conheço bem o personagem, ele joga verde para colher maduro! Deixe por minha conta!".

Nunca mais ouvi falar do assunto. Conto essa história primeiro para indicar uma das qualidades de Itamar: não se deixava intimidar ou chantagear. Num episódio muito mais grave, demonstrou sua têmpera quando Antonio Carlos Magalhães o ameaçou de divulgar um suposto dossiê de corrupção nas semanas iniciais do governo. Em lugar de conceder a audiência privada solicitada por Antonio Carlos, Itamar anunciou publicamente o dia e a hora em que o receberia, convocando a imprensa para testemunhar o encontro. O denunciante preferiu deixar a história morrer...

A outra razão que me fez lembrar o sucedido tem a ver com o que aconteceu mais tarde na fase de escândalos de corrupção que culminaria na Lava Jato. Passados uns anos do incidente da alfândega de Guarulhos, li nos jornais que o deputado interessado na mais polpuda das aduanas do país havia sido condenado no Mensalão. Na época, da mesma forma que depois nas investigações da Lava Jato, debateu-se até onde ia a responsabilidade de autoridades que nomearam diretores da Petrobras indicados por partidos e implicados em seguida nas negociatas em prejuízo da empresa. A semelhança da situação com o que se passou comigo dá realce também à diferença de desfecho.

É possível ceder à cobiça partidária por cargos desse tipo sem suspeitar das intenções? O deputado que tentou o golpe da alfândega não me disse, evidentemente, que tencionava utilizar o cargo para violar o Código Penal. Mesmo assim, com sua ficha corrida, alguém acreditaria que ele quisesse patrioticamente aprimorar os serviços alfandegários? No país em que o antigo presidente da Câmara dos Deputados, modelo de venalidade cabocla, sonhava com a diretoria da Petrobras "que fura poço", é admissível não desconfiar do que está por trás de pressões por diretorias bilionárias?

A diferença de comportamento de Itamar em relação ao que veio depois não se explica seguramente pela mudança do regime político para pior por decurso do tempo. Em 1994, já existia presidencialismo de coalizão. Itamar, que chegara ao poder graças ao *impeachment* de Collor, dispunha de mandato mais curto e de base parlamentar inferior a seus sucessores. Por que de repente teriam piorado as condições de governabilidade, tornando supostamente irresistíveis as exigências do presidencialismo de coalizão?

A atitude de Itamar prova que, até em sistema como o nosso, existe outra possibilidade de assegurar a governabilidade. Exigirá métodos de ação diferentes, será preciso aumentar o esforço de negociar e de persuadir, o trabalho será muito maior. No entanto, se a finalidade é governar no interesse da maioria, provavelmente não é tarefa fora do alcance. Se o objetivo real for outro – acumular poder pessoal ou partidário, perpetuar-se no governo – aí sim o preço há de ser alto em termos morais e de destruição econômica, como sucedeu, por exemplo, na aprovação da malfadada reeleição.

É melancólico constatar como pioramos desde então. Gostaria que a história do golpe da alfândega tivesse terminado bem, a justiça sendo feita com a condenação do parlamentar pelo Mensalão e sua exclusão definitiva da vida pública. Infelizmente, passados perto de trinta anos, o personagem está de volta, com mais poder do que jamais teve no passado. Não precisou se candidatar novamente a deputado, pois obteve coisa melhor. Controla partido político com papel-chave nas eleições e acesso a bilhões do Fundo Partidário!

No tempo em que trabalhei com Itamar, nunca recebi dele ordem ou pedido que a consciência me obrigasse a recusar. Sofri de sua parte incontáveis tentativas de interferência na condução do plano econômico, quase sempre inspiradas por ideias populistas, nunca mal-intencionadas. Na fase de transição para o lançamento da moeda, várias vezes o Banco Central teve de decretar intervenção em bancos ou instituições financeiras. Cada vez que se aproximava uma situação desse tipo, eu prevenia o presidente com um ou dois dias de antecedência para que não fosse surpreendido pela medida. Em nenhuma circunstância ele me solicitou que suspendesse ou adiasse a intervenção nem me consta que a notícia tenha vazado.

Não quer dizer que Itamar me tivesse tornado a vida fácil. Várias vezes chegamos à beira do conflito irreparável. Um dos casos se referiu a Murilo Portugal, titular da Secretaria do Tesouro Nacional. Funcionário exemplar na competência e integridade, defendeu com firmeza a chave do cofre, ajudando a preservar as condições fiscais do êxito do Plano Real. Já mencionei como era precária a situação das contas públicas. Com a missão pouco invejável de resistir às inumeráveis pressões para gastar, Portugal acabou por atrair iras e ressentimentos de gente poderosa, decidida a intrigá-lo junto à Presidência.

Em duas ocasiões, Itamar me deu ordem formal para demiti-lo. Na primeira vez, achei melhor não fazer nada e o assunto foi esquecido. A segunda situação teve aspectos mais graves, pois as queixas provinham do ministro-chefe do Estado Maior das Forças Armadas. Exercia o cargo um almirante parecido a Bolsonaro, líder sindical de maus bofes sempre conspirando para estourar o orçamento. Tantas fez junto a Itamar que o persuadiu de que o secretário do Tesouro Nacional se recusava a cumprir suas instruções. Influenciável e de pavio curto, Itamar deu novamente ordem para demitir Murilo.

Deixei passar uns dias, esperando que os ânimos esfriassem e o assunto voltasse a sair da agenda. Dessa vez, as intrigas se intensificaram, até que o presidente me chamou para reclamar da desobediência à sua decisão. Passei longo tempo explicando que não havia nada de arbitrário na execução do orçamento, muito menos interferência individual do diretor do Tesouro. Itamar era impulsivo, com frequência inseguro em relação à própria autoridade. Possuía, contudo, a virtude de escutar e não insistia quando se convencia de haver cometido um equívoco. Para o bem do país, Murilo ficou no cargo, que continuou a exercer com firmeza inalterada.

O episódio revela como estamos atrasados na busca de um mínimo de racionalidade na elaboração e cumprimento do orçamento em comparação com países mais maduros. Quase três décadas depois, não só não progredimos, mas em certo sentido até caminhamos para trás, com as emendas parlamentares "secretas" que permitem a congressistas venais ou irresponsáveis abocanhar boa parcela dos gastos públicos. Na fase inicial do Plano Real, o desafio consistia em moderar a execução do orçamento. Antes da estabilização, os governos contavam com a ajuda perversa da inflação para expandir a receita e diluir a despesa. Para não lançar mão excessivamente desse recurso artificial, era necessário contingenciar o orçamento, só autorizando as despesas a conta-gotas, mês após mês.

Uma das surpresas que tive ao me tornar ministro da Fazenda foi quando Murilo Portugal veio me ver, trazendo a lista de liberações para aprovação. As autorizações obedeciam a critérios objetivos, levando em conta prioridades, pressões inesperadas como as oriundas da seca no Nordeste ou desastres naturais, a média dos meses anteriores e outros elementos. Nem eu nem os membros da equipe econômica tínhamos qualquer interesse político de privilegiar ministérios, obras ou governadores. A única ocasião em que intercedi para aumentar os recursos de uma pasta foi em favor da Cultura, que me parecia abandonada e indefesa. É fácil de imaginar, entretanto, o potencial de abuso contido no sistema para quem quer se utilizar dele como arma política, distribuindo prêmios a aliados e castigos a adversários.

Servidores públicos de carreira, como Murilo Portugal, exerceram papel decisivo na implantação do Real, pois complementavam o conhecimento teórico da equipe econômica com a experiência da máquina administrativa do governo. Essa mesma tarimba prática no controle da máquina prestava-se, todavia, a criar situações perigosas, como ocorreu no regresso ao Brasil da seleção campeã da Copa de 1994. Realizada pela primeira vez nos Estados Unidos, a Copa Mundial de Futebol se desenrolou em paralelo ao lançamento do Real nos primeiros dias de julho. Embora a campanha da Seleção não tivesse sido das mais gloriosas, a conquista do tetracampeonato despertou enorme entusiasmo no país. O avião especial que conduziu os campeões de volta no dia 19 de julho fez escala primeiro no Recife, seguindo depois para Brasília, onde os jogadores foram recepcionados no Palácio do Planalto pelo presidente Itamar Franco, depois do percurso triunfal pela capital.

Já era noite quando o avião prosseguiu para o Rio de Janeiro, onde gigantesca multidão o aguardava no aeroporto do Galeão e ao longo das ruas do trajeto. Eu havia participado da recepção no Planalto e regressara a casa. Estava recolhido quando recebi telefonema do presidente. Agitado, ele me pergunta se eu sabia o que estava acontecendo com a aeronave, imobilizada havia mais de meia hora na pista. Informou-me que nas transmissões ao vivo na TV atribuía-se o atraso a um impasse com a alfândega do Rio. Deu-me ordem para resolver logo o assunto, antes que a multidão invadisse a pista.

Mobilizei os colegas de gabinete e começamos a procurar freneticamente o secretário da Receita Federal e outros funcionários que pudessem nos dar alguma informação sobre o que sucedia. Estranhamente, num dia como aquele, o secretário tinha saído para jantar fora, sem deixar qualquer informação sobre seu paradeiro nem telefone onde pudesse ser encontrado. Mais estranho foi constatar que, num dia excepcional como o do regresso da Seleção, o diretor da repartição aduaneira no

Galeão tivesse recebido licença para se ausentar numa viagem à região dos Lagos, encontrando-se em lugar incerto e não sabido.

Baldados os esforços de localizar as autoridades responsáveis, conseguiu-se o quase impossível naquela época anterior aos celulares: uma comunicação por *walkie-talkie* com o agente aduaneiro na pista do aeroporto. Enquanto aguardava que chamassem o funcionário, Marisa, que vigiava a televisão, me disse que o ônibus com os jogadores começava a se deslocar. O agente Dilson Pureza, era esse o curioso nome do servidor, atendeu esbaforido a chamada do ministro da Fazenda. Pensando que eu ia censurá-lo por ter autorizado a saída da Seleção com a bagagem, justificou-se: "Senhor Ministro, não pude segurar mais, a Polícia Federal avisou que era iminente a invasão do aeroporto pelos torcedores e que eles não se responsabilizariam pelo que acontecesse!".

Perguntei se havia tomado o cuidado de fazer os passageiros assinarem um termo de responsabilidade e, ao ouvir resposta afirmativa, o tranquilizei (constatou-se depois não ser verdade). Ele havia feito o possível e cedera somente diante de força maior. Os jogadores tinham voltado carregados de aparelhos eletrônicos, de *gadgets*, bugigangas de todo o tipo, inclusive, lembro, uma churrasqueira americana. A viagem passou a ser chamada de "voo da muamba!". Na manhã seguinte, sem dar explicações nem prevenir ninguém, o secretário da Receita Federal pedia demissão por meio de uma conferência de imprensa na qual denunciava o governo por favorecimento ilícito à Seleção!

Mal explicado, o episódio desencadeou contra mim não sei quantas ações populares acusando-me de prejuízo ao erário público e exigindo ressarcimento. Antes de serem arquivados, os processos se arrastaram por anos e anos, mais de uma década. Graças à intermediação de meu amigo dr. Alberto Venancio Filho, outro grande advogado como ele, dr. Luiz Fernando Palhares, aceitou me defender *pro bono*, afastando a ameaça de alguma surpresa desagradável por absurdas que fossem as alegações. Terminou assim, com final feliz, incidente que mostra como, em meio a um oceano de preocupações graves que afetam o destino do país, um ministro da Fazenda não está livre de ser vítima de uma armação farsesca, não menos perigosa por ser ridícula.

Em relação à equipe econômica, tive, desde o primeiro instante, a sensação de que não seria capaz de adicionar grande coisa a um grupo que reunia algumas das mais vigorosas inteligências do país. Sentia que precisava deles muito mais do que eles poderiam precisar de mim. Afinal, já estavam lá antes que eu chegasse e continuariam no mesmo lugar depois que eu partisse. Houve no começo alguns solavancos de acomodação, de minha responsabilidade, admito. Ainda pouco imbuído das exigências do plano, fiz declarações sobre o aumento do funcionalismo público que preocuparam o grupo. Em nome dele, Clovis Carvalho, o principal executivo da equipe, me alertou para os riscos da atitude. Depois de breve reação de amor-próprio, reconheci que Clovis estava certo. Desculpei-me e passei a me esforçar em alinhar minhas palavras com as necessidades do plano.

O que agreguei à insuperável equipe econômica, seguramente a melhor que o Brasil jamais teve, consistiu num grupo de diplomatas de igual qualidade, colegas com que havia trabalhado por muitos anos. O melhor que o Itamaraty tinha a oferecer, compunha essa "equipe diplomática", como o membro de maior hierarquia, Sergio Amaral, meu "segundo" e braço direito em Genebra, Washington, no Ministério do Meio Ambiente, chefe de gabinete na Fazenda, a quem confiei os piores abacaxis da gestão, entre eles a eterna impagável dívida dos ruralistas e as tentativas desesperadoras de salvar da falência empresas aéreas como a Transbrasil e a Varig. Sergio assegurava os contatos com os economistas da equipe e com Fernando Henrique Cardoso, de quem se converteria depois em ministro e porta-voz, ministro da

Indústria e Comércio, embaixador em Londres, em Paris, terminando a carreira como embaixador nos Estados Unidos na época do governo Michel Temer.

A fim de ajudar nos contatos com outros setores de governo e com a sociedade civil, veio para o gabinete um colega e amigo de muitos anos, desde os tempos do Instituto Rio Branco, Marcos Galvão, que confirmaria o acerto da escolha pela brilhante carreira que viria a ter, chegando ao posto mais alto da carreira, o de secretário-geral do Itamaraty, além de chefiar a Missão junto à Organização Mundial de Comércio em Genebra, a Missão junto à União Europeia em Bruxelas, e, atualmente embaixador do Brasil em Pequim.

Com perfil e destino profissional extremamente semelhante, Sérgio Danese, que também havia sido meu assistente no curso de História das Relações Diplomáticas no Rio Branco, no Departamento das Américas, na Assessoria Especial do presidente José Sarney, na qual se tornou o principal "*ghost writer*" presidencial. Ele me acompanhara no Ministério do Meio Ambiente e veio para o Ministério da Fazenda, no qual se ocupou, entre outras áreas, da preparação de discursos, artigos de jornais, contatos com a imprensa. Marcos igualmente escrevia e muito. Recordo que de sua pena saiu o artigo que assinei sobre a morte de Ayrton Senna, com grande repercussão então e hoje. Sérgio Danese teve e tem carreira de primeiro plano, como secretário-geral do Itamaraty, embaixador em Buenos Aires, em Lima, indicado agora para dirigir a Missão junto à ONU em Nova York.

Completava o grupo de diplomatas Débora Barenboim, que havia trabalhado com grande eficiência para aprovar no Congresso Nacional a legislação estabelecendo o Ministério do Meio Ambiente e da Amazônia Legal e com igual competência continuaria a pilotar o andamento parlamentar dos assuntos de interesse do Plano Real e do Ministério da Fazenda.

Estanislau do Amaral me prestou igualmente apoio de enorme valor, ocupando-se do despacho de atos, decretos, de grande parte das funções de chefe de gabinete, pois Sergio Amaral, além de desempenhar funções especiais, costumava me representar nas reuniões técnicas da equipe econômica.

Não demorou para que me desse conta de que os principais obstáculos viriam do presidente, não da equipe econômica. É verdade que aqueles intelectuais brilhantes que tinham deixado a academia manifestavam impaciência e às vezes excesso de suscetibilidade contra inevitáveis interferências políticas de fora. Alguns deles, veteranos do Plano Cruzado, recordavam como os cálculos eleitorais da época tinham impedido que os erros iniciais tivessem sido corrigidos em tempo. Um desses veteranos, André Lara Resende, foi dos primeiros a deixar o grupo, muito antes de minha chegada. Outros advertiam que abandonariam o barco aos primeiros sinais de ingerência indevida.

A preocupação com minhas declarações trazida por Clovis, acima relatada, refletia o sentimento de desamparo gerado pela saída de Fernando Henrique. Apesar das tensões criadas por essa atmosfera de nervosismo, as preocupações da equipe coincidiam com o interesse de preservar as condições para que o plano desse certo. Indo em direção oposta, as pressões que partiam do Palácio do Planalto quase sempre representavam ameaças contra essas condições. Vivíamos o paradoxo de um presidente que viabilizara politicamente o Plano Real, cujo governo dependia dele para ter êxito, mas cujos instintos políticos precisavam ser contidos sob pena de fazer fracassar aquele imenso esforço pelo qual ele próprio era o principal responsável.

Meu dever era claro: tinha de tomar o partido da equipe, defender suas posições, interpor-me entre ela e todos os empenhados em desfigurar o programa, ainda que inspirados por intenções de boa-fé, extemporâneas naquele instante. No fundo, via-me obrigado a resistir ao presidente a fim de protegê-lo de si mesmo e de seus íntimos, equivocados nas tentativas de passar por cima da competência dos membros da equipe econômica. Itamar acreditava sinceramente na possibilidade de um plano que desse cabo do risco da hiperinflação. Contudo, da mesma forma que a imensa maioria dos políticos brasileiros, imaginava alguma coisa na linha do que havia sido o Plano Cruzado, uma espécie de milagre indolor que resolvesse de imediato todos os problemas sem nenhum custo político

Alguns elementos faziam parte integral desse sonho deixado pelo Cruzado: o congelamento e controle de preços, os "fiscais populares" em combate contra a cobiça de empresários, a possibilidade de estabilizar a economia e, ao mesmo tempo, aumentar salários, acelerar o salário-mínimo sem olhar as consequências para a previdência e os municípios, melhorar a situação do funcionalismo, dispor de recursos para obras e investimentos! Cada vez que tocava o telefone presidencial chamando-me para alguma reunião urgente no Planalto, eu saía com o coração na mão antecipando os momentos difíceis que me aguardavam. O cenário se repetia de modo invariável: o presidente reunia alguns ministros, todos alinhados contra mim em algum atentado aos fundamentos do programa de ajuste.

Esse fio comum de incompatibilidade com o Plano Real unificava assuntos disparatados: tabelar os juros por lei ou emenda constitucional, fixar mensalidades escolares e aluguéis de forma irrealista, subsidiar setores protegidos, elevar salários e vantagens de policiais federais, militares, do funcionalismo em geral, restabelecer o controle de preços, financiar a transposição de águas do rio São Francisco, socorrer finanças de estados, resgatar bancos estaduais insolventes e assim por diante.

Temia o tempo todo não resistir à pressão e, num momento de fraqueza, ceder em pontos graves que inviabilizassem o lançamento da moeda que se preparava. Eu não passava de um funcionário público à mercê do governo, não possuía a autoridade de Fernando Henrique, antigo colega de Itamar no Senado, que podia falar ao presidente de igual para igual e merecia dele o respeito devido à sua estatura de grande sociólogo. Tentava às vezes trazer membros da equipe que agregassem ao embate pessoas capazes de argumentar com conhecimento técnico superior ao meu. O presidente sempre descartava a sugestão, deixando claro que desejava manter a discussão no terreno político.

Graças a Deus, em todas essas situações, e não foram poucas, consegui manter a duras penas a posição correta, exceto numa primeira vez, logo no início da gestão. Fui colhido de surpresa num encontro em que Itamar, após receber uma delegação da União Nacional dos Estudantes (UNE), juntou os ministros da Justiça e da Educação numa investida para definir fórmula de ajuste das mensalidades escolares que não refletia a realidade do aumento da inflação. Eu conhecia mal o assunto e acabei concordando com algumas, não todas as propostas de alteração da fórmula. Por sorte, não passava de questão de menor importância e os danos não chegaram a alterar o panorama.

Prevenido desde então, procurei preparar-me cada vez que era chamado, informando-me junto aos funcionários competentes, recolhendo argumentos e dados estatísticos que me ajudaram a tornar as discussões menos desequilibradas. A situação mais dramática que vivi se relacionou à pressão dos militares por aumento de salários. O problema se apresentou desde os primeiros dias de minha gestão, agravando-se com o episódio da rebelião em que policiais ocuparam, armados, o Ministério da Justiça e a sede da Polícia Federal, obrigando Itamar a mobilizar tanques do Exército para liberar os edifícios (12.5.1994). As discussões sobre reajuste às Forças Armadas e à Polícia Federal se sucediam sem que se vislumbrasse possibilidade de solução.

Em certo momento, iludi-me ao crer que o esforço de demonstrar a absoluta falta de condições orçamentárias para aumentos tivesse contido a ofensiva, ao menos durante aquela fase preparatória delicada em que ainda não se dispunha de resultado perceptível na luta contra a alta do custo de vida. A calmaria, na verdade enganosa, apenas escondia trégua durante a qual os militares, mancomunados com o Palácio do Planalto, prepararam reunião decisiva, com a presença dos ministros da Marinha, do Exército, da Aeronáutica, liderados pelo funesto almirante, ministro-chefe do Estado Maior das Forças Armadas. Reforçavam o grupo os ministros da Casa Civil e Secretaria-Geral.

Impressionado pela recente rebelião da Polícia Federal, temeroso da possibilidade de motins e perturbação da ordem pública, o presidente se inclinava a ceder a fim de aplacar os militares. Em meio a ambiente tenso, desfiei como pude os números implacáveis, as razões duras que inviabilizavam o pleito. A essas razões objetivas, os demais participantes contrapunham apelos emotivos a levar em conta os apuros pelos quais passavam as patentes mais baixas, os protestos das esposas de suboficiais, o desassossego reinante nas casernas. Tudo isso era verdade, os militares não exageravam, o que tornava excruciante um confronto em que todos os envolvidos tinham algum grau de razão.

A reunião parecia que não ia terminar nunca, durava horas, dava a impressão de tortura chinesa, reiniciando-se sempre a partir do ponto em que parecíamos ter esgotado os argumentos. Voltava-se a repetir incansavelmente o que já se arguira instantes antes, obrigando-me a insistir, três, quatro vezes, nos mesmos raciocínios, sucedendo-se as réplicas e tréplicas. Os ânimos estavam prestes a explodir quando Itamar lembrou o episódio do motim da Polícia Federal como exemplo da insustentabilidade da situação. Aproveitando a deixa, o almirante sindicalista advertiu que, se ocorressem distúrbios e conflitos de rua, os militares não teriam condições de assegurar que a tropa interviria para manter a ordem.

Perdendo o controle pela única vez, interpelei o almirante: "Nunca pensei em minha vida ouvir um servidor do Estado, ainda por cima militar e ministro, anunciar que recusaria cumprir o dever por razões salariais. Pertenço também a uma carreira hierarquizada, acho inaceitável que um funcionário faça uma afirmação desse tipo!".

No mal-estar que se seguiu, o almirante não encontrou justificativa melhor que dizer: "Vocês diplomatas dizem isso porque ganham em dólares!!!".

A reunião terminou por exaustão dos combatentes. Ainda se tentou restringir o aumento aos militares, mas lembrei que, pelo critério da isonomia, o Supremo estenderia o reajuste a todas as categorias, explodindo o orçamento. Esgotados os argumentos, me dirigi a Itamar: "Presidente, o senhor lembra o que disse ao me convidar para ser ministro da Fazenda: 'Quero que o senhor execute o plano com a equipe que está aí'. Se me der uma ordem, cumprirei, mas ficaremos sem plano e sem equipe!".

A contragosto, Itamar pôs fim ao encontro. Pensei que ia me demitir. Felizmente, prevaleceu mais uma vez a necessidade de preservar o Plano Real. A pressão por aumentos obviamente não desapareceu por milagre. Teve, contudo, de aguardar momento mais propício para prosperar, o que só aconteceu no fim do mandato presidencial, quando eu já não me encontrava no ministério.

Hesitei em me estender com tantos detalhes sobre as dificuldades que enfrentei com o presidente e seus próximos porque não quero transmitir a impressão de que ele fazia isso por demagogia populista. O que o movia na maioria dos casos era uma genuína sensibilidade social, a preocupação com a desigualdade, a miséria, o desejo de aliviar o sofrimento dos mais pobres. Não custa repetir o que disse muitas vezes: sem Itamar não teria havido Fernando Henrique no Ministério da Fazenda, nem a equipe que FHC atraiu, nem Plano Real. A ele se deve a criação das condições políticas da existência do Real, porque acreditou na possibilidade de um plano quando praticamente ninguém no Brasil levava tal coisa a sério.

Não obstante, é forçoso reconhecer que Itamar frequentemente baralhava as prioridades, custava a entender que, naquele momento, a luta contra o risco da hiperinflação precisava passar na frente de outras necessidades, que só poderiam ser atendidas mais adiante. Em favor dele, deve-se dizer que esticava a corda ao máximo, sem chegar ao ponto de ruptura. No fim, embora contra a vontade, nunca usou a autoridade para impor seu desejo. Foi essa capacidade de respeitar, em última análise, a autonomia da equipe e a coerência do programa de estabilização que salvou o plano e seu governo.

De minha parte, encontrei nesse papel de defensor da integridade do Plano Real a contribuição pessoal que podia dar à equipe e que nenhum de seus membros, nem Fernando Henrique, teriam condições de assegurar naquele momento. Não se tratou de escolha pessoal, custou-me imensamente em termos de desgaste emotivo e até de saúde. Desconfio que o *stress* permanente desses confrontos tenha algo a ver com os problemas cardíacos que me haveriam de afetar mais tarde.

Na fase histórica de preparação do lançamento da moeda e dos primeiros meses de sua sustentação, fui o "algodão entre cristais", que evitou um choque direto entre Itamar e a equipe, capaz de esfacelar o programa anti-inflacionário. A expressão do diplomata inglês Lord Ponsonby remete, como se sabe, ao papel atribuído ao Uruguai independente no fim da Guerra da Cisplatina em 1828, como barreira de separação, colchão amortizador entre o Brasil e a Argentina. Com a diferença de que o algodão afasta os adversários sem sofrer danos, enquanto eu saí fatalmente machucado dessa contínua atrição.

Corações e mentes

Se o papel de algodão entre cristais só me trouxe angústia e tensão, consolei-me em parte com a outra função principal que exerci no Ministério da Fazenda. Da mesma forma que não havia escolhido a ingrata posição de amortecedor entre o presidente e a equipe, tampouco imaginei que em pouco tempo me tornaria uma espécie de missionário do plano, a ponto de receber de Itamar a alcunha de "sacerdote do Real".

Tudo começou com a ideia de consultar os principais especialistas em análise de opinião pública a respeito da imagem que se vinha formando sobre o programa de estabilização. Não recordo mais de quem partiu a ideia, deve ter sido de um dos colegas diplomatas que generosamente me socorreram naquela hora de apuro. Seria natural que um diplomata mostrasse mais sensibilidade para esse aspecto do que um economista. Afinal, a essência da missão do diplomata é explicar, argumentar, persuadir. Ninguém pode ser bom diplomata se não for bom comunicador.

Existia de maneira difusa na sociedade uma impressão positiva dos primeiros tempos do programa, da seriedade e competência da equipe econômica responsável, do cuidado de evitar criar expectativas exageradas, de prometer mais do que seria possível entregar. O momento parecia também particularmente oportuno. Depois do sofrimento terrível do confisco cambial, ansiava-se por estabilidade. Ninguém aguentava mais a vertigem das remarcações de preços. Desejava-se acreditar que dessa vez o plano teria sucesso.

Esses bons sentimentos situavam-se, contudo, em plano superficial, indicavam mais aspirações do que convicções sólidas. A complexidade dos conceitos por trás da estratégia de tratar a inflação brasileira como modalidade inercial escapava à compreensão da maioria, até de analistas qualificados. A ideia da Unidade Real de Valor (URV) parecia particularmente abstrusa. Pouca gente entendia bem como funcionaria uma moeda puramente contábil, virtual, sem existência física. Que papel desempenharia nas transações triviais do dia a dia? Que destino lhe estaria reservado? Deveria continuar indefinidamente ou ceder lugar à nova moeda, se e quando fosse lançada? Nesse caso, como se faria a conversão?

Pessoas que ouvimos insistiam em que faltava informação clara e abundante, ao alcance de todos, sobre as bases do plano, as etapas de sua aplicação, as metas que se esperava alcançar, o cronograma da execução das diversas fases. O problema não consistia em fazer propaganda, pois não se tratava de criar alguma necessidade artificial ou vender um produto falso. Convencidas da insustentabilidade da espiral de preços, o que as pessoas precisavam era de informações que lhes permitissem crer que uma economia estável fosse possível, que em breve teriam uma moeda na qual pudessem confiar. Faltava explicar como chegar até lá, o sentido e a justificativa de cada uma das medidas para isso.

Gente experiente ouvida pelos colegas nos diziam que não deveríamos subestimar o público ao engajar o esforço de informação. Uma das pessoas consultadas, o responsável pelas loterias na Caixa Econômica Federal, comentou conosco que ficava sempre impressionado, a cada "produto" lotérico que se lançava, pela velocidade com que os usuários passavam a dominar os detalhes do jogo. A curva de aprendizado era promissora, como se confirmou pela facilidade com que o público efetuou o cálculo de conversão do dinheiro antigo na moeda nova.

A outra carência residia na dificuldade de identificar pessoas de carne e osso com credibilidade para serem fiadoras das promessas. Ao transitar de ministro a candidato à presidência, Fernando Henrique perdera a aura desinteressada de agente imparcial e objetivo. Inevitavelmente, convertera-se em rival no jogo das ambições políticas, vulnerável às acusações de que o programa econômico não passava de instrumento para a conquista pessoal do poder. Criara-se um vazio de liderança, impossível de preencher com a invocação de algo diluído, abstrato, como a categoria coletiva da "equipe econômica". O plano tinha de encarnar-se em alguém com nome e sobrenome ou, como se diria hoje, alguém "com CPF".

Perante essas dúvidas, pedi a dois colegas e amigos, Gelson Fonseca e Marcos Galvão, para conversar com analistas de pesquisas de opinião, marqueteiros, pessoas ligadas à formulação de estratégias políticas, diretores de redação. Queria saber como viam o Plano Real depois de tantos esquemas fracassados. Que impacto havia produzido nas expectativas a saída de Fernando Henrique para se lançar candidato à presidência? Como avaliavam as dificuldades que surgiriam da campanha eleitoral para a execução do plano?

Com permissão dele, transcrevo, a seguir, o relato que Marcos Galvão fez da viagem:

> Desde o início, Ricupero sabia que um dos maiores desafios que lhe caberiam seria fazer com que o plano fosse entendido pela população, sem cujo engajamento não teria como dar certo. Esse, de fato, viria a ser o papel mais importante que desempenharia naquele momento e sua contribuição decisiva para o sucesso rápido e transformador do real. Na assessoria de Ricupero, coube à "equipe diplomática"

auxiliá-lo nessa tarefa, mais diretamente a mim e a Sérgio Danese, sob a orientação constante do próprio Ricupero e de Sergio Amaral – mais adiante, juntar-se-ia a nós a jornalista Maria Clara do Prado.

Gelson engajou-se, sobretudo, no início da operação. Ainda em abril, não havia tempo a perder, couberam a ele e a mim alguns contatos em busca de orientação sobre o trabalho de comunicação pública que se teria de realizar, com muito improviso e poucos recursos. Foram vários, ao longo das primeiras semanas na Fazenda, mas eu me limitarei aqui a um, para nós o mais memorável e, creio, o mais decisivo para o bom rumo que as coisas iriam tomar. Era sexta-feira, 29 de abril. Gelson e eu embarcamos juntos, pela manhã, para São Paulo.

Tínhamos dois encontros marcados. Almoçaríamos com Celso Pinto, o mais importante jornalista econômico de então, pessoa generosa e impecável, e visitaríamos, à tarde, o então jovem ascendente publicitário Nizan Guanaes, naquela altura sócio da recente e não tão grande agência DM9. Ele nos recebeu, todo de branco, para uma conversa fascinante. Era meses mais velho do que eu; tínhamos ambos, naquele dia, 35 anos de idade. Sobre o desafio adiante, no entanto, ele exibia muito mais experiência.

Perguntou-nos se tínhamos recursos para investir em comunicação. Resposta.: não. Se se conseguissem tais recursos, haveria tempo para fazer as necessárias licitações? Também não. As perguntas eram retóricas, pois Nizan já intuíra a realidade. Então, atalhou, "peguem esse velhinho de vocês (referia-se a Ricupero e seus 57 anos)", ponham na tela, "enquadramento fechado" (próximo do rosto; ele fazia um quadrado com as mãos como diretor de cinema), botem ele para falar e explicar o plano. Ele fala bem, cara boa, projeta confiabilidade, vão por aí que vai dar certo. E saravá – ele não disse, mas poderia ter dito.

Gelson e eu saímos da DM9 – a conversa tinha começado às 16h – e às 19h45 decolamos de Congonhas para Brasília. Lá chegando, fomos diretamente para a casa que Ricupero ocupava na então chamada "Península dos Ministros". Relatamos a conversa com Nizan, que no avião havíamos resumido em anotações. A resposta de Ricupero foi imediata e peremptória. As palavras talvez não tenham sido essas, mas a ideia era: "Vocês estão malucos!". Se alguém tinha de ser o "rosto do plano" deveria ser o próprio Itamar, não ele.

De qualquer modo, falaria com o Presidente, pois estava claro, isto sim, que o esforço de informação da sociedade tinha de começar logo. Itamar Franco, que nem sempre se portava como "mineiro" e era conhecido pelo temperamento por vezes mercurial, nesse caso correspondeu ao estereótipo e, depois de ouvir a descrição da tarefa para ele imaginada, respondeu algo como, nas minhas palavras: "eu não, faça o senhor mesmo...". Estava dado, à moda dele, o comando presidencial: Ricupero conduziria e encarnaria pessoalmente o grande trabalho de explicação e defesa do Plano Real, no que viria a ser uma das maiores e mais bem-sucedidas operações de comunicação pública da história do Brasil.[1]

Confirmando o relato de Marcos, fui ver Itamar, contei a ele sobre as consultas, as percepções transmitidas, assim como a sugestão de que se retirasse a anonimidade do plano, dando-lhe as feições do presidente. Gostou da sugestão de que era necessário lançar uma campanha de informação. Quanto a ser ele o responsável, nem queria ouvir falar: não tinha jeito para isso, nem achava conveniente assumir a função! Quem teria de dar cara ao plano seria eu, gostasse ou não!

---

1 Marcos B. A. Galvão, "Gelson Fonseca Jr.: diplomata em missão no Brasil". In: *O Brasil e o mundo: estudos sobre o pensamento de Gelson Fonseca Júnior*, org. Benoni Belli e Eduardo Uziel. Brasília: FUNAG (Fundação Alexandre de Gusmão) e CEBRI (Centro Brasileiro de Relações Internacionais), 2023, p.59-60.

As razões da recusa eram muitas e boas. De fato, o temperamento arredio, áspero às vezes, o ar fechado de Itamar, não se prestavam à tarefa. Ninguém, nem os membros da equipe tinham segurança de que, dessa vez, a estratégia iria funcionar. O presidente não deveria arriscar o destino em jogada tão delicada. Se o Real desse certo, boa parte do mérito iria de qualquer modo ao Chefe do Governo e a Fernando Henrique. Caso contrário, se fracassasse depois de adquirir a cara de Itamar, seu governo terminaria ali mesmo. O fiasco de um plano a mais não ditaria necessariamente a sorte do presidente, caso ele guardasse uma prudente distância. Seria preciso mudar mais uma vez de ministro da Fazenda – Já tinham sido cinco! – e recomeçar tudo de novo.

O episódio ilustra como um político experiente percebe quase por intuição o que escapa aos analistas que olham as coisas a partir de fora. Sem esforço, quem sabe até por instinto de sobrevivência, Itamar compreendia a natureza desequilibrada do conceito de responsabilidade nos casos limites em que um país joga o seu destino. Na vitória, todos ganham, a começar por quem dirige e preside. Na derrota, perde especialmente quem está no comando direto. Há uma história da Primeira Guerra Mundial que nos ajuda a entender essa verdade ingrata pelo exemplo concreto.

Bem no começo da Grande Guerra, quando os alemães se encontravam a poucos quilômetros de Paris, a batalha do Marne, carnificina que fez cerca de 190 mil mortos em meia dúzia de dias de setembro de 1914, salvou a França e marcou o início da terrível guerra de trincheiras. Comandava os exércitos franceses, inclusive com o aporte da Força Expedicionária Britânica, o general Joseph Joffre. Operava em posição complementar o general Gallieni, governador militar de Paris, que mobilizou os táxis da capital a fim de transportar para a linha de frente dois regimentos de infantaria (aproximadamente 6 mil homens).

Embora não possuísse envergadura para decidir batalha que engajou mais de 750 mil combatentes dos dois lados, essa iniciativa espetacular alimentou polêmica sobre quem teria vencido a batalha, Joffre ou Gallieni. Comentando a divergência, Joffre declarou: "Não sei quem ganhou a batalha do Marne, mas sei muito bem quem a teria perdido!". A mesma coisa aconteceu com o Plano Cruzado: Sarney, que havia sido elevado à glória nas semanas de êxito do Cruzado, foi o grande perdedor quando veio o fracasso. É provável que Itamar lembrasse do precedente, preferindo prudentemente não assumir demais a paternidade por algo ainda incerto. Se a moeda fosse por água abaixo, a culpa seria minha.

Resolvido assim que eu assumiria a responsabilidade pessoal pelo esforço de divulgação, faltava definir como executar a tarefa. Deveríamos confiar a missão a profissionais de agências especializadas a fim de preparar e conduzir uma campanha de mídia? Quem forneceria o conteúdo, estabeleceria prioridades, calibraria as mensagens a transmitir? Mais ainda: de onde sairia o dinheiro para custear campanha provavelmente dispendiosa? Por incrível que pareça, não existia no Ministério da Fazenda ou no governo como um todo uma rubrica orçamentária que autorizasse essa despesa.

Hoje em dia, os governos de todos os níveis gastam bilhões no mais deslavado tipo de propaganda eleitoral e pessoal. Os numerosos órgãos de controle, a começar pelo Tribunal de Contas da União e a Controladoria Geral da República, bem como seus equivalentes estaduais e municipais, fecham os olhos ao desvio do dinheiro. O que a lei prevê é o uso de recursos para ministrar informações de interesse público, não para autopropaganda. Não é tão difícil distinguir uma da outra. Esta é, contudo, outra área em que, desde então, os costumes políticos brasileiros se degradaram.

Nosso propósito enquadrava-se perfeitamente no conceito de fornecer à população informação objetiva sobre tema vital: o da estabilização da moeda e da economia. No entanto, por mais que tentássemos, confirmou-se uma das distorções perversas das leis e instituições do país. Servem com diabólica efetividade para bloquear ações em favor do bem comum, falham miseravelmente quando se manipula a lei para fins de favorecimento pessoal. Não houve jeito de identificar uma fonte de financiamento, nem o Funcheque, do Banco Central, cujos recursos imaginamos um momento que pudessem servir, nem os da conta da reserva monetária, nem outros expedientes temporários e limitados como a ajuda do Banco do Brasil.

Na breve fase em que nos iludimos sobre a possibilidade de lançar mão do Funcheque, tropeçamos em novo obstáculo, este definitivo. A lei de licitações, que jamais impediu as piores negociatas no Brasil, impunha prazos rígidos que inviabilizavam a concorrência para selecionar agências particulares no intervalo de menos de três meses de que se dispunha antes do lançamento do Real. Novamente, buscou-se compreensão para flexibilizar prazos e exigências à luz da excepcionalidade da situação que se atravessava. Tudo em vão: nesse caso, de indiscutível interesse coletivo, a lei e seus intérpretes mostraram-se inflexíveis.

Não eram só as regras, a lei. Havia o ceticismo da burocracia. Muitos funcionários temiam tratar-se de apenas mais um plano. Um exemplo foram as moedas. José Serra dizia, com razão, ser absurdo pedir que as pessoas valorizassem as moedas e manter a mesma aparência pobre e uniforme das moedinhas de inox em circulação. Meus colegas foram falar com o diretor responsável pela administração do Banco Central. Ele foi franco. Fabricar moedas é caríssimo. Não ia autorizar tal despesa a menos que o plano desse certo. Deu e vieram as novas moedas, de vários tamanhos e cores, inclusive a de um real, bimetálica como defendia Serra.

Obrigado a descartar, uma a uma, todas as opções de confiar a profissionais a elaboração da campanha de divulgação, tive de me resignar a levá-la avante, meus companheiros e eu, como amadores. Custei a me conformar, tinha medo de enfrentar o desafio. Não possuía nenhuma experiência prévia com a televisão. Nas raras vezes em que havia sido entrevistado sobre temas diplomáticos, não soubera dar as respostas curtas e incisivas que o meio televisivo requer. A prática de ensinar me contagiara com o vício do professor, de querer explicar demais, de recuar às origens remotas das coisas. Os resultados sofríveis da primeira tentativa davam a impressão de confirmar minhas apreensões.

O programa foi ao ar no dia 13 de abril de 1994, em cadeia nacional de TV e rádio às 19h50. Teve de ser gravado no gabinete do ministro da Fazenda, em cenário improvisado, com os pobres meios técnicos da Radiobras: uma única câmera, sem movimento nem variedade de ângulos, iluminação vacilante, atmosfera geral burocrática realçada pelo escudo oficial e a bandeira. Tosco e amadorístico, o conjunto necessitava de aperfeiçoamento considerável.

O que salvava a situação residia na novidade: um ministro da Fazenda que se dirigia diretamente à dona de casa, ao aposentado, ao operário. Passei ou tentei passar a mensagem de que o salário ia deixar de derreter no bolso do trabalhador graças à correção pela URV, pois se generalizara na época o receio de que haveria perdas na conversão dos salários do cruzeiro real para a URV. Garanti que não precisariam ter medo de choques e surpresas como em planos anteriores (a memória do confisco da poupança pairava no ar). Tudo seria anunciado com antecipação suficiente, inclusive a data do lançamento da moeda, no mínimo 35 dias antes.

Essa primeira transmissão acabou por ser a única em horário nobre, competindo com novelas e empurrando o começo do *Jornal Nacional*. Preocupados com o que isso poderia significar em termos de perda de receita e perturbação da programação noturna, os diretores da Rede Globo vieram falar comigo. O encontro deu-se em jantar na casa do representante da rede em Brasília, com a presença, se não me engano, dos principais diretores. Não me recordo se falavam em nome das demais, mas foi o que supus. Discorreram sobre a inconveniência de insistir na rede nacional em horário nobre.

Não se invocou na conversa o temor da perda de receita de publicidade. Com elegância, argumentou-se que se eu aceitasse passar a falar perto do noticiário do almoço, por volta das 13h, haveria tempo para fazer repercutir a mensagem do pronunciamento em mensagens ao longo do dia e até por meio de reportagens especiais nos jornais do fim da tarde e da noite. Haveria, inclusive, a possibilidade de atingir as donas de casa, influentes na formação do sentimento popular em questões do custo de vida. Admitia-se que, num primeiro momento, haveria a impressão de perda de audiência, o que seria compensado pelo somatório dos espectadores durante o dia inteiro.

O encontro se desenrolou em tom cortês, construtivo, sem queixas ou advertências. O fundo da mensagem, no entanto, era claro: o grau de colaboração das estações dependeria de uma abordagem cooperativa, não impositiva. Agradeci a contribuição que me faziam como conhecedores do setor e no mesmo instante aceitei a sugestão. Não houve motivo para lamentar a mudança. A colaboração que recebemos de todas as emissoras de televisão, e não só elas, também as de rádio, dos jornais, superou nossas expectativas. Incluiu até coisas em que nunca teríamos pensado por falta de conhecimento.

Por exemplo, a Copa do Mundo de futebol ia começar dentro em pouco. Um dos grandes executivos da televisão observou que, nas transmissões das partidas, havia sempre instantes breves um tanto "mortos", quando a bola saía do campo, enquanto se aguardava um arremesso ou cobrança de escanteio. Nesses momentos, o locutor veiculava algum anúncio ou indicativo da rede. Passamos a preparar esses "foguetes" (aprendemos que assim se chamavam) inclusive para serem lidos por Galvão Bueno: valorize suas moedas, que agora valem etc. Assim se fez durante toda a Copa, com boa repercussão. Sinto somente gratidão e reconhecimento pelo apoio imenso da imprensa, espontâneo, inspirado no interesse nacional e que jamais teríamos tido dinheiro para pagar.

A partir da mudança de horário, passamos a sistematizar a preparação dos pronunciamentos. Mais ou menos em intervalos de doze dias, um pouco mais, um pouco menos, devem ter sido uns seis ou sete programas. Cada um se destinava a transmitir uma mensagem específica. Ora se tratava da conversão dos salários em URV, ora o pedido de não correr para comprar na hora de estabilização dos preços a fim de evitar a falta de produtos que acompanhara o Plano Cruzado. Em outras ocasiões, informou-se quando seria o lançamento da moeda, a que taxa seria feita a conversão, quanto tempo se disporia para isso, quais seriam os desenhos, as cores, os formatos das cédulas, o conselho para não desperdiçar as moedinhas de metal, que iriam ganhar valor.

Em cada caso, o grupo de comunicação identificava com o auxílio dos economistas o principal problema daquele instante, reunia os elementos de informação relevantes, com estatísticas e gráficos. Maria Clara, meus colegas do Itamaraty, redigiam várias minutas submetidas ao crivo e sugestões da equipe. Quando o texto ficava pronto, marcava-se dia e hora da gravação. A qualidade melhorou um pouco, pois passamos a utilizar o estúdio da Radiobras no subsolo do Palácio do Planalto, mas os meios continuavam pobres quando comparados ao padrão da televisão comercial. No dia da gravação, com frequência eu acordava de madrugada e reescrevia trechos que não soavam familiares ou trocava palavras e expressões, carne de vaca em vez de carne bovina, carne de porco em lugar de carne suína.

O resultado dos programas surpreendeu. Certa vez, depois do lançamento da moeda, tínhamos apelado às pessoas para adiarem as compras, não usarem crédito, porque tudo ia baixar mais no futuro.

Pois não é que a própria Confederação Nacional do Comércio me fez apelo para abandonar a campanha, já que os lojistas reclamavam que as lojas estavam ficando às moscas! Meu colega do Itamaraty, Estanislau do Amaral, que também me ajudou no novo trabalho, ao voltar de fim de semana na fazenda do sogro em São Paulo, me contou que até os tratoristas lhe disseram que as esposas ouviam os programas e orientavam os maridos a comprar ou deixar de comprar. Como não dispúnhamos dos recursos técnicos do padrão Globo, a explicação que encontro para a repercussão dos pronunciamentos é a de que as pessoas se sentiam valorizadas pelo fornecimento de informações objetivas, sem viés de propaganda política, a respeito das dificuldades do dia a dia.

Não é impossível apresentar a economia em linguagem simples, clara, direta, de maneira a que todos entendam o que está em jogo. Usei imagens ao acesso de todos. Dizia que poupança era conceito que até a criança de escola compreende, ao decidir se vai gastar seu dinheirinho da mesada para comprar um doce na merenda ou guardar para comprar uma bola de futebol mais tarde. Fugi de tudo que cheirasse a "economês", palavras rebarbativas, atitudes que davam a impressão de saber mais que os demais, de arrogância, desprezo da opinião popular. Anos mais tarde, já nem estava no Brasil, senti pasmo ao saber que um dos eminentes membros da equipe havia comparecido à TV para explicar que o novo sistema de câmbio se inspirava na "banda exterior exógena"! Não admira que, com essa qualidade de comunicação, o governo quase tivesse vindo abaixo.

Montamos até cenas como se faz no cinema. Numa visita ao grande centro distribuidor da Ceagesp, em São Paulo, engajei diálogo com um dos vendedores. Perguntei quanto estava o quilo do tomate. Estranhei o preço alto, ele explicou que a geada ou o granizo tinha devastado as plantações. Como o ciclo era curto, logo voltaria a aumentar a oferta, o aperto passaria. Indaguei quais eram as alternativas de legumes de preços razoáveis. Eu me voltava às câmeras, que filmavam tudo, e me dirigia às donas de casa: "Estão vendo, vale a pena comprar vagem ou abobrinha, deixar o tomate para depois!".

Pode parecer trivial, até sem importância, mas ver no *Jornal Nacional* o ministro da Fazenda se ocupar dessas pequenas miudezas da vida da gente fazia uma diferença enorme. A campanha de informação e o apoio maciço que gerou mostraram que se deve respeitar sempre a inteligência do povo, seu bom senso, sua experiência curtida nas vicissitudes da vida. Pode faltar educação formal às pessoas humildes, mas se lhes fornecerem informações úteis e corretas, elas costumam ter a reação certa.

O principal, que ficou como metamorfose durável na cultura da população, resultou do esforço de superar as ilusões sobre a inflação. Juscelino havia deixado no imaginário do povo a crença numa suposta correlação positiva entre inflação e crescimento econômico. Essa quimera tinha sido agravada pelo preconceito da esquerda de que o combate à inflação era coisa de rico e de banqueiro. Os não contaminados por essas distorções sentiam desânimo porque a inflação no Brasil dava impressão de fenômeno crônico, impermeável a todos os planos. Tinha-se apagado a memória da estabilidade de preços, parecia que os brasileiros carregavam uma espécie de maldição genética que os tornava incompatíveis com a possibilidade de uma moeda estável.

A verdadeira mudança cultural trazida pelo Plano Real, por meio da comunicação, mas sobretudo pela realidade, residiu na demonstração de que a elevação de preços agravava o sofrimento dos que vivem de salários e não têm como se defender, aplicando o dinheiro no *overnight* do mercado financeiro. Não foram as palavras, e sim o efeito fulminante do plano, o que mudou a mentalidade da população. A ponto de que, mesmo os opositores do real, entre eles o PT, tiveram de alterar o discurso, se não suas convicções íntimas, diante da intolerância desenvolvida pela sociedade contra o retorno da inflação. Ninguém mais ganha eleição no Brasil se não investir contra a inflação. Pena que não tenha acontecido algo similar com a responsabilidade no gasto do dinheiro público, na leviandade de destruir as contas do orçamento para fins eleitorais.

Em termos mais imediatos, o trabalho de comunicação revelou-se importante para assegurar o êxito do real por meio da mudança nas expectativas psicológicas da população. Alguns economistas, em especial os mais imbuídos da ilusão de que a economia faz parte das ciências exatas, querem fazer crer que políticas e estratégias macroeconômicas possuem a efetividade da penicilina contra as bactérias de antigamente (as de agora são às vezes resistentes, como se sabe). Não é bem assim, porque hoje vários ganhadores do Nobel confirmam o papel crucial na vida econômica daquilo que a Escola Superior de Guerra chamava de "fatores psicossociais".

No livro sobre a história do real, Maria Clara do Prado lembra que, apesar de Fernando Henrique estar convencido de que o plano só teria êxito se houvesse um substancial empenho de comunicação, isso não havia acontecido por alguma razão. A medida provisória da URV tinha merecido ampla divulgação no dia em que foi enviada ao Congresso, mas em seguida não existira a preocupação do Ministério da Fazenda ou do Banco Central de informar a população sobre como a medida afetaria seu dia a dia.

Comenta:

> Os membros da equipe econômica esquivavam-se de informar à imprensa sobre as medidas tomadas, mesmo as mais corriqueiras. Eles simplesmente desapareciam nos momentos mais tumultuados [...] portanto, boa parte da sociedade brasileira entrou naquela fase de transição sem saber o que era a URV. Muita gente jamais soube.

Nesse ponto, não houve evidentemente continuidade de minha parte com a etapa precedente.

Continuo a dar palavra a Maria Clara no julgamento sobre a comunicação do Plano, devido à sua autoridade para falar desse aspecto como jornalista especializada em economia e por isenção. Logo a seguir, há de se ver que, em episódio distinto, ela não hesita em avançar a meu respeito julgamentos duros, embora justos. Na visão dela, teria sido por motivo desse trabalho que

> a nova moeda foi tão rapidamente aceita pela população, chegando essa rapidez a surpreender a equipe econômica, que previa um processo de adesão mais lento. Tanto assim que se imaginava só para outubro, mês do primeiro turno das eleições, uma queda mais acentuada da inflação [...]. É incontestável, portanto, a contribuição que Ricupero deu, já em julho, à virada da candidatura de FHC.[2]

Alguns julgarão a opinião exagerada ou até equivocada. Não tenho condições de avaliar, dado meu envolvimento pessoal. A contribuição que tentei dar foi parte de um trabalho coletivo. A descrição da operação de comunicação deixou claro que dezenas, centenas de pessoas participaram do esforço. Quem escreveu os cenários dos programas, reuniu argumentos, informações, gráficos, redigiu os textos finais, foram sempre os amigos e colegas engajados na obra comum. A mim coube apenas o papel de intérprete que executa com maior ou menor inspiração a partitura. Seja como for, no juízo de Maria Clara estava contido o princípio do fim de minha passagem pelo Ministério da Fazenda.

---

2 Maria Clara R. M. do Prado, op. cit., p.231-45.

O ministro da Fazenda Rubens Ricupero e
o presidente da República Itamar Franco,
em agência da Caixa Econômica Federal, com
as primeiras cédulas do Real
Brasília, 1.7.1994, fotografia Sérgio Lima,
Folhapress

Os preparativos do Dia D

Não só de comunicação dependia a sorte da moeda. Para comunicar, é preciso ter alguma coisa a transmitir. Esse algo teria de ser a substância concreta do plano, isto é, as mil e uma decisões que deveriam ser convertidas em medidas concretas. Quem não viveu aqueles dias, tem de ler as páginas densas, minuciosas, de Maria Clara do Prado se quiser ter ideia da absurda complexidade do Plano Real, na verdade mais que um plano, um conjunto de políticas intrincadas umas às outras que teriam de ser definidas à medida que se avançava. Haveria âncora monetária para a nova moeda, limite de emissão? Qual seria o limite, um só ou escalonado? Funcionaria na prática? Não funcionou, como se sabe, fazendo do Real um dos raros exemplos bem-sucedidos de estabilização que não contaram com âncora monetária efetiva.

E os preços, como ficariam? Totalmente livres para flutuar ao sabor da oferta e demanda? Haveria algum tipo de freio, de tabelamento? Voltariam os "fiscais do Sarney"? Como reagir, sem congelamento, aos inevitáveis abusos, aos especuladores, aos que agissem para sabotar o esforço? Cruzar os braços, abrir o país às importações?

Quais? Permitir a "farra dos importados"? Foi esse um espinho constante do planejamento, do começo ao fim. Apesar da aprovação da lei de defesa da concorrência, de se instituir mecanismo para investigação de denúncias, ninguém se iludia sobre a efetividade das medidas, temia-se que elevações como a do preço do pãozinho francês se tornassem rotina.

Praticamente na véspera do lançamento do real, Itamar me telefona. Queria ainda, na última hora, decretar algum tipo de congelamento. Tive de repetir todos os argumentos contra o tabelamento, lembrei o que havia sucedido com o Cruzado. Não sei se os que insistiam no congelamento, não o presidente, quem sabe seus conselheiros, queriam repetir o Cruzado, ao menos na parte inicial, no êxito fulminante do ponto de vista eleitoral. Verdade que veio tudo abaixo depois. Mas aí o PMDB já tinha vencido as eleições, elegera bancada esmagadora na Constituinte e todos os governadores, menos um. Minhas razões não bastaram. Ele não se sentia seguro e por fim me disse: "Não estou convencido. A responsabilidade é do senhor". Mais uma carga para carregar.

À medida que se aproximava a data do lançamento, precisava-se definir com urgência questões como o valor final da URV em 30 de junho de 1994: seria de 3.000 ou 2.750,00 Cruzeiros Reais, como prevaleceu? E o da UFIR (Unidade Fiscal de Referência) índice de correção dos impostos? Como ficaria? E a taxa de juros, estava alta demais ou muito baixa? Num almoço na sede do Itaú em São Paulo, todo o estado-maior do banco presente, descobri, perplexo, que até Olavo Setúbal achava uma coisa sobre os juros e seu filho, o executivo maior do banco, pensava exatamente o contrário. A propósito de fixação dos juros, tinha chegado o momento de alterar a composição do Conselho Monetário Nacional (CMN). Criado pelos militares em 1964-1965, havia se transformado num penduricalho de gente, ministros "gastadores" com direito de voto, representantes de sindicatos, discussões tumultuadas. Era a hora de enxugar a composição. Mas como?

Problema ainda mais complicado, se possível, provinha do regime de câmbio, debilidade estrutural da economia brasileira. As ideias em discussão pareciam infinitas, contraditórias, iam da solução radical de imitação do câmbio fixo da "conversibilidade" argentina até, no extremo oposto, a total liberdade de flutuação ao sabor do mercado. A matéria desafia a imaginação em termos de complexidade. Até hoje, confesso não ter certeza se alguma outra abordagem teria permitido, naquele momento, o sucesso da moeda, sem os inconvenientes da valorização excessiva do real que acabaram por ocasionar a crise cambial de 1998-1999, na passagem do primeiro ao segundo mandato de FHC.

A valorização da moeda se mostrou provavelmente indispensável na fase de lançamento e consolidação. Não deveria, entretanto, ser prolongada de modo indefinido, criando dependência do mecanismo. Os inconvenientes graves para as exportações e o equilíbrio da balança de pagamentos aconselhavam evolução gradual para regime mais flexível. Declarei isso no último debate que mantive no Congresso em agosto, ao responder a questão do deputado José Serra. Acrescentei que o expediente duraria no máximo alguns meses, prazo que alguns membros da equipe julgaram imprudente, pedindo-me que corrigisse a transcrição do debate nos anais parlamentares.

Além da comunicação, havia, portanto, muita coisa que somente eu poderia fazer pessoalmente, sem delegações ou recurso a assessores. O plano, aliás, apesar do nome, estava longe de haver tudo previsto e resolvido de antemão, faltando somente executar. Ao contrário, além das viagens pelo Brasil, comparecimentos à Câmara dos Deputados, ao Senado, ao Supremo Tribunal Federal, aos demais tribunais, inclusive trabalhistas, a entidades como a CNBB, esses e outros problemas não antecipados ou equacionados ocupavam todas as horas do meu cotidiano, mal sobrando tempo para repouso. Sem mencionar as infindáveis audiências com governadores, prefeitos, políticos, empresários, quase todos querendo dinheiro ou decisões favoráveis em assuntos pendentes. Raramente, quase nunca, para oferecer alguma ideia útil.

A resistência mais determinada ao plano se localizava no PT, entre outros motivos devido ao temor de que o êxito da moeda levasse à derrota de Lula, como de fato sucedeu. Três dias antes do lançamento, a CUT enviou uma delegação para falar comigo, chefiada por Vicentinho. Anunciaram ou ameaçaram pôr na rua uma operação de desobediência cívica, embora não tivessem utilizado a expressão. Assim que a moeda fosse lançada, desencadeariam campanha em praça pública para a qual já tinham um slogan engraçado: "Parece real, mas é um pesadelo!". Respondi que iam quebrar a cara, ficariam falando sozinhos. O trabalhador é o que mais anseia por estabilidade. Agarraria a moeda com a esperança de que desse certo. Foi o que aconteceu.

O pior momento da fase preparatória ocorreu na antevéspera do lançamento, 29 de junho de 1994, e da aprovação da medida provisória que consolidaria todos os aspectos relevantes ligados à moeda. Prevendo que nessa hora se mobilizariam todas as forças contrárias ou empenhadas em ganhos setoriais, eu havia pedido ajuda a José de Castro Ferreira, presidente da Telerj (Telecomunicações do Rio de Janeiro), ex-tesoureiro das campanhas de Itamar. Dizia-se que era, na verdade, o elemento oficioso de ligação do presidente com Fernando Henrique. Aparentemente, desfrutava de influência superior à de outros integrantes do círculo de Juiz de Fora. Na ocasião em que fui nomeado para a Fazenda, me havia feito solicitação curiosa: "Ministro, tenha paciência com esse rapaz (*sic*). Ele é muito nervoso, é preciso às vezes acalmá-lo".

Sem ser demasiado explícito, deu a entender que Itamar era o que o povo chama de "esquisitão", mercurial, desconfiado, o que, de uma forma ou outra, eu já havia intuído. Louvado naquelas palavras, pedi que Castro viesse a Brasília para ajudar com o presidente, caso necessário, no dia da aprovação da medida provisória. A manhã do dia se passou sem novidades. Passada a hora do almoço, recebo telefonema dele, do aeroporto de Brasília, pronto a tomar o voo de volta ao Rio. Confessei minha inquietação, pois não tinha sido chamado ainda para despachar e contava com a presença dele para me apoiar. Ele respondeu que não me preocupasse, estava tudo bem, havia somente dois ou três pequenos pontos em aberto que o ministro da Justiça me levaria em nome do presidente. Esperei o pior e foi o que se confirmou.

Pouco depois, aparece o ministro, Alexandre Dupeyrat, outro integrante do círculo íntimo. Preferi não chamar todos os membros da equipe, que seguiam trabalhando febrilmente para dar os últimos retoques à complexa medida a ser enviada ao Congresso. Convidei Pérsio Arida e Winston Fritsch para estarem presentes à entrevista, além de alguns colegas diplomatas. Desde o primeiro instante, senti que a conversa ia entortar. Não tanto pelos assuntos suscitados. O que chocou foi a atitude arrogante de cobrança, o tom cominatório de censura, parecia uma espécie de inspetor de quarteirão cobrando providências, dando prazos, puxando orelhas, como se fôssemos crianças malcriadas. Tive sempre escasso contato com esse indivíduo e não sei dizer se agia sempre assim, se era seu temperamento, algum preconceito ideológico contra a equipe, o fato é que a maneira de falar, os gestos, externavam desconfiança e má vontade. Sem explicar como nem por quê, começou por avisar que trazia uma lista de perguntas que o presidente desejava que a equipe respondesse por escrito e em prazos curtíssimos.

A primeira tinha a ver com a conhecida dificuldade de conciliar âncora cambial e âncora monetária, pergunta enviada ao Planalto por um economista chegado ao grupo palaciano. Vinha depois a eterna questão da ausência de controle de preços a fim de segurar o poder dos oligopólios. Seguia-se a contrariedade com a proposta de criação do Fundo de Amortização da Dívida, a ser alimentada com ações governamentais de estatais. Itamar temia que fosse um estratagema para a privatização da Vale do Rio Doce, a Petrobras, a Eletrobras, o Banco do Brasil. Exigia que o texto da MP contivesse dispositivo excetuando explicitamente as quatro empresas. Fechava a lista objeção que me parecia em parte procedente, a estranheza com a nova composição sugerida para o Conselho Monetário Nacional, que ficaria pesadamente dominado por vários diretores do BC, o secretário do Tesouro e o presidente da Comissão de Valores Mobiliários (CVM). Permeando tudo, uma atitude absurda de insinuar que favorecíamos sistematicamente os bancos por algum motivo inconfessável.

Tive reação que talvez pareça a alguns exagerada. O diplomata profissional reage às vezes a aspectos de simbolismo psicológico que não dizem grande coisa aos demais, tais como a distribuição de assentos em mesa de negociação, o formato da mesa, o respeito à ordem hierárquica. É possível que, nessa hora, tenha me voltado à lembrança história que me contou Gibson Barboza. Ele apresentava credenciais ao general Stroessner quando o temido ditador pretendeu reabrir pontos do acordo sobre Itaipu e a disputa das cataratas. O embaixador ameaçou se erguer e disse: "Presidente, a missão que me deram é executar fielmente o acordo assinado. Se o senhor quiser reabrir o combinado, nem vou terminar a apresentação. A missão acaba aqui mesmo e voltarei ao Brasil". É claro que o paraguaio não insistiu. Naquela hora, Gibson definiu sua gestão em Assunção. Se tivesse cedido, não se reergueria mais.

Da mesma forma, à medida que ouvia o visitante desfiar com arrogância suas questões, ia me dando conta de que, se aceitasse a abordagem, perderia a autoridade perante a equipe e passaria a ser joguete das manobras de círculos palacianos. O tema não era apropriado para emissários, tinha de ser resolvido diretamente pelo ministro da Fazenda com Itamar. O episódio nada tinha de inocente. Tratava-se de cenário premeditado para domesticar a equipe, desmoralizar o ministro, deixar o plano ao sabor dos humores presidenciais e intrigas de corte. Sem dizer uma palavra, levantei da poltrona, fui até a mesa de trabalho, pedi para falar com Ruth Hargreaves, irmã do chefe da Casa Civil, incumbida de controlar a agenda de Itamar.

"Dona Ruth", lhe disse, "estou aguardando desde esta manhã que o presidente me chame para despachar a medida provisória. Tem de ser hoje porque depois de amanhã entra em vigor a nova moeda e a MP tem de ser publicada antes. Temos só um par de horas. Diga, por favor, ao presidente que, se eu não for chamado logo, alguma coisa muito grave pode acontecer. Diga assim mesmo". Tudo se passou em público a fim de que o ministro da Justiça e os demais soubessem. Ao ouvir o que eu acabava de dizer, Dupeyrat se formalizou e declarou: "Vejo que não sou bem-vindo aqui".

"O senhor sempre será bem-vindo", retruquei, "quando vier trazer assuntos jurídicos ou constitucionais de sua pasta. Quanto à economia, vou perguntar ao presidente quem é o ministro da Fazenda, o senhor ou eu. Dependendo da resposta, não terei nada mais a fazer no ministério".

Pouco depois, avisaram-me que o presidente me receberia. Saí do Ministério da Fazenda calmo, mas absolutamente decidido a deixar a pasta se não obtivesse satisfação. Seria um escândalo de âmbito mundial. A sexta-feira, dia 1º de julho, tinha sido declarada feriado bancário para dar partida à troca da moeda velha pela nova. O abalo público, político, de imprensa, teria proporções incalculáveis. Eu não havia escolhido aquela situação, contudo, uma vez criada por terceiros, não me restava outra escolha. Felizmente, não foi necessário nem chegar a explicitar a hipótese. Itamar me acolheu com a deferência usual, conversamos tranquilamente, resolvemos todos os pontos, sem a presença nem a interferência de ninguém.

A primeira dificuldade que afastamos teve a ver com a questão da privatização. Expliquei ao presidente que não existia nenhuma possibilidade de privatizar, mediante a venda de ações, qualquer das quatro empresas que o preocupavam, porque esse processo dependia previamente de portaria especial do ministro da Fazenda. Obviamente, eu, como ministro, jamais faria isso sem a autorização presidencial. O Fundo de Amortização da Dívida, que havia despertado a desconfiança do círculo de Itamar, tinha sido ideia de Pérsio Arida. O Fundo acabou nunca saindo do papel e o barulho que se armou em torno dele mostrou-se inútil e desnecessário.

Em relação ao Conselho Monetário, o problema residia não tanto na exclusão dos ministros gastadores, e sim na presença maciça de funcionários da Fazenda ou do Banco Central, dependentes, em última instância, do ministro da pasta. Argumentei que somente as pessoas que tivessem compromisso exclusivo com a estabilidade da moeda deveriam ter assento no Conselho. Por sugestão da equipe, levei a proposta enfim aceita: a de que o novo órgão se comporia de apenas três figuras, o ministro da Fazenda, o do Planejamento, o presidente do Banco Central. Esdrúxula, a configuração não duraria muito, pensei, no que me enganei por completo, pois permanece até agora, há quase trinta anos!

Emocionalmente cansado, regressei ao ministério satisfeito com o saldo líquido do episódio. O Plano Real saía fortalecido da crise, e a equipe, prestigiada. A histórica Medida Provisória levou o número 542, de 30 de junho de 1994. No dia seguinte, sexta-feira, 1º de julho e no sábado e domingo subsequentes se procederia ao início da conversão do Cruzeiro Real em Real. Havia me chegado aos ouvidos que, na manhã da véspera, dia 30 de junho, os abutres habituais ainda tentariam desfigurar dispositivos da MP para favorecer grupos de interesse ou pendurar "jabutis" na medida.

Lembrado de incidentes similares que vivi no tempo da assessoria de Sarney, acordei de madrugada e fui dos primeiros a chegar ao Planalto. Convenci o chefe da Casa Militar a descermos juntos para aguardar na garagem a chegada do presidente. Quando ele chegou, ali mesmo pedi alguns minutos à parte e o pus a par das manobras que se tramavam e dos argumentos que seriam usados. Subimos todos e encontramos, conforme previsto, a sala repleta de lobistas e políticos, que perderam a viagem e o latim.

Tudo isso vai narrado aqui com o objetivo de mostrar como se tomam as grandes decisões na imperfeita prática humana da política. Bismarck dizia que o povo se revoltaria se soubesse como se fazem as salsichas e as decisões de governo. Sobre política macroeconômica não é diferente. Além dos aspectos de natureza econômica e técnica, há muita coisa que os estrategistas militares chamam de "*ruses de guerre*", os "truques de guerra". O papel dos grandes economistas é crucial, mas nem sempre eles revelam sensibilidade política e social à altura da competência técnica. Um dos mais respeitados economistas do plano, por exemplo, após o lançamento da moeda, na fase em que o real valia 93 centavos de dólar, chegou a propor que eu levasse a Itamar a sugestão de cortar o salário-mínimo, pois, devido à valorização na equivalência em dólar, isso poderia acarretar excesso de consumo!

Na manhã de 1º de julho de 1994, sexta-feira, feriado bancário, o presidente Itamar e eu trocamos na agência da Caixa Econômica Federal do Palácio do Planalto cédulas em circulação pelas do Real, novinhas em folha. Todas as emissoras de televisão e rádio transmitiam a mudança em tempo real. Visitei em seguida diversas agências bancárias, uma delas no domingo, em Taguatinga, nas imediações de

Brasília. Não houve correria aos bancos, nem sombra de pânico. No sábado, me avisaram que a situação era tranquila, as agências estavam vazias, ninguém se precipitava para mudar o dinheiro. Autorizou-se os bancos a fechar, se quisessem. A comunicação dissipara dúvidas e temores.

A troca de moeda representou uma das maiores operações do gênero na história de qualquer país. Nos planos anteriores com mudança do padrão monetário, as cédulas antigas haviam continuado a circular por algum tempo com três zeros cortados. Dessa vez não, todas as cédulas e moedas metálicas teriam de ser substituídas pelas novas. Graças ao Banco Central e à colaboração das Forças Armadas, durante semanas a moeda tinha sido transferida com segurança aos mais escondidos rincões nas dobras de igarapés amazônicos, por vezes transportada em barcos.

Anos mais tarde, em visita que fiz a Bruxelas como secretário-geral da UNCTAD, o comissário europeu responsável pela introdução do euro me contou que haviam estudado a experiência brasileira, única semelhante em complexidade ao desafio europeu. A bem da verdade, nosso desafio foi muito mais complicado que o deles, em país continental de território não só maior, também com notórios problemas de transporte e comunicações, dispondo só de três meses para concluir o lançamento. O euro, ao contrário, teve fase de transição que durou anos, numa das regiões mais civilizadas do planeta, dotada de modernos transportes e de comunicações impecáveis.

A introdução do real coincidiu com o momento mais baixo a que tinha chegado a curva descendente da economia brasileira em termos de sucessivos fracassos dos mais diversos planos de contenção adotados por vários governos durante décadas. Ao mesmo tempo, constituiu o início da fase ascendente da curva, uma vez dissipada a ameaça da hiperinflação e reconquistado um mínimo de estabilidade de preços. Diversas vezes se teve a impressão de que alguns dos planos estavam dando certo até que se recaía invariavelmente na descida da colina. Cada um dos planos trouxe alguma contribuição, aprendeu-se com as tentativas e os insucessos. Foi somente com o real, entretanto, que ocorreu a inversão da curva, iniciando-se fase ascendente.

Um fato indiscutível que merece reflexão é que tivemos muito mais sustentação de parte do povo que dos organismos econômicos internacionais, dos setores público e privado do exterior e de inúmeros economistas eminentes dentro ou fora do Brasil. Explica-se em parte tamanho contraste pela situação fiscal, que se julgava base insuficiente para um esforço de estabilização bem-sucedido. O Fundo Monetário Internacional (FMI), por exemplo, considerava que, devido à persistente memória inflacionária, o mínimo indispensável seria um superávit de 2% do PIB ou mais.

Visitou o Brasil na ocasião o subsecretário do Tesouro norte-americano Larry Summers. No encontro que tivemos no Ministério da Fazenda em São Paulo, ele me disse à queima-roupa:

> Compreendo o que vocês estão querendo fazer, mas não vai dar certo porque a situação orçamentária brasileira é muito precária, não permitirá manter a estabilidade por tempo suficiente.

Respondi a ele:

> Sua opinião é correta do ponto de vista teórico ideal. Se tivéssemos podido, gostaríamos de contar com uma situação fiscal bem mais sólida antes de lançar a moeda nova. Mas, em ano eleitoral, com um presidente que tomou posse devido ao *impeachment* do anterior, com as tensões sociais existentes, sem forte apoio parlamentar, não há condições para efetivar o ajuste fiscal que nos demandam. Ideal ou

não, na falta de condições, teremos de criar as condições, isto é, a moeda é que vai gerar apoio político para depois levar avante o ajuste, e não o contrário.

Raras vezes se menciona que o real foi lançado sem que o Brasil tivesse um acordo *stand by* com o FMI, mesmo porque, se houvesse tal acordo, o Fundo teria interferido de todas as maneiras a fim de não permitir introduzir a moeda. É o que observam Marcelo Paiva Abreu e Rogério L. F. Werneck:

> É importante sublinhar que a política de estabilização implementada em 1993/1994 não contou com o apoio do Fundo Monetário Internacional, que jamais acreditou no sucesso do Plano Real. A resistência do FMI em apoiar o plano, ao final de um período de quase doze anos de relações atribuladas com o Brasil, foi um desfecho irônico. Tendo partilhado longa série de fracassos, a instituição acabou não participando do retumbante sucesso do Plano Real.[1]

Esse é o ponto central da mensagem que gostaria de deixar ao concluir este capítulo: a população teve mais esperança na moeda que as instituições e muitos dirigentes. A nação como um todo, a coletividade, se converteu à ideia da estabilidade monetária. Sentiu que a estabilidade significava mais para o pobre que para o rico, era mais importante para quem vivia de salário e não tinha como se defender da subida de preços. Seria paternalismo imaginar que fomos nós a ensinar essa verdade às pessoas. Elas sabiam disso, confusamente, de modo

---

1 Marcelo de Paiva Abreu e Rogério L. F. Werneck, "Estabilização, abertura e privatização 1993-1994". In: *A ordem do progresso: dois séculos de política econômica no Brasil*. Rio de Janeiro: Elsevier, 2014, p.324.

inseguro. O que fizemos foi explicitar o que já sabiam por intuição, fornecendo informação abundante e de boa qualidade.

Norbert Wiener, um dos fundadores da cibernética, dizia: "Ser informado é ser livre". O que ele queria transmitir é que ser livre significa poder escolher. Para isso, porém, é preciso conhecer quais são as opções. Nosso papel consistiu em mostrar quais eram as opções. Conhecendo as opções, o povo escolheu a melhor, libertando-se da hiperinflação. A sociedade brasileira de 1994 mudou, da mesma forma que havia mudado a sociedade da Alemanha, a sociedade da Áustria, na era da hiperinflação depois da Primeira Guerra Mundial. Foi porque a sociedade mudou que os políticos e os partidos tiveram de mudar, se não na convicção, ao menos na aparência. Hoje, já não se pode ganhar eleição no Brasil pregando inflação para ter crescimento rápido.

Cédulas de Real lançadas em 1.7.1994

Equipe do Plano Real no lançamento da Unidade Real de Valor (URV) em abril de 1994
A partir da esquerda: Pérsio Arida, Gustavo Franco, Pedro Malan, José Milton Dallari, Winston Fritsch, Rubens Ricupero, Eduardo Jorge, Fernando Henrique Cardoso, Synesio Sampaio Goes Filho, Clovis Carvalho, Sergio Amaral, Edmar Bacha Gelson Fonseca Jr.
Agência O Globo, fotografia Roberto Stuckert Filho

A hora das trevas

Começava a fase de dois meses na qual todos da equipe nos empenhamos em verdadeiro corpo a corpo para tentar garantir o êxito da moeda: iniciativas de comunicação, artigos, entrevistas, viagens pelo Brasil. Havia razões fortes para preocupação. Ninguém esperava, evidentemente, que no primeiro mês a inflação despencasse a zero. Mas, e se desse 10% ou mais, como explicar? Em julho, primeiro mês com a nova moeda, o IPC-r, índice criado para medir o custo de vida em reais, viria com aumento de 6,10%, bem superior aos 3% a 4% esperados pela equipe. A má notícia me surpreendeu no fim de uma viagem a São Paulo. Interrompi a programação e voltei a Brasília, onde se realizou em minha casa, na tarde de domingo, uma reunião com a equipe a fim de entender o que havia sucedido.

Além do inevitável resíduo inflacionário, transportado da fase anterior, explicaram-me que os vilões consistiam no aumento dos aluguéis, as tarifas de transporte público reajustadas pelas prefeituras e o arredondamento para cima dos centavos. O IBGE teria cometido erro metodológico ao descarregar de uma só vez no índice mensal aumentos de aluguel que se desdobrariam ao longo de vários meses.

Gustavo Franco se encontrava no Rio de Janeiro, confiante de que persuadiria os estatísticos a rever o critério antes do anúncio oficial. A expectativa não se confirmou, ao contrário, foi o IBGE quem manteve o cálculo e tudo ficou por isso mesmo. Tinha havido certa demora na definição das regras de conversão dos aluguéis em URV. Muitos contratos de locação, principalmente no eixo Rio-São Paulo, haviam sido renegociados diretamente entre inquilinos e proprietários com reajustes altos, até de 100%.

Novamente em agosto, só a renegociação de aluguéis ocasionou elevação de aproximadamente um ponto de porcentagem no IPC-r. Nesse segundo mês do real, o índice bateu em 5,4%. A soma dos sessenta dias de vigência da moeda atingiu 11,87%, um desastre jamais previsto! Mais uma vez se confirmava que, por melhor que fosse a base teórica do plano, não se conseguia antecipar todos os elementos inesperados. Em setembro, o impacto seria multiplicado pelo repasse integral desse número aos salários. Algumas circulares de empresas a clientes anunciavam a inevitabilidade de reajuste na tabela de preços. Antes de completar três meses, o real ameaçava ir por água abaixo.

As pessoas do povo não sentiam no bolso que o custo de vida tinha aumentado de verdade, pois os índices refletiam mais a metodologia estatística do que o comportamento real da economia. Com a estabilidade trazida pelo real, os preços no supermercado deixaram de ser remarcados. A melhora do poder de compra se refletia em enorme onda de aquisição de aparelhos eletrodomésticos e bens de consumo. Pontuais, as dificuldades se concentravam em certos setores: empresários querendo recuperar margens de lucro; os já mencionados aluguéis; alguns hortigranjeiros atingidos por variações climáticas; tarifas de transporte público. Apenas o aumento promovido pelo prefeito Maluf em São Paulo respondia por 0,40% da taxa de inflação em agosto!

Nesses setores, alguma coisa se podia fazer para aperfeiçoar a operação: cuidar melhor das regras de aluguel, abrir importações de bens industriais de consumo para refrear aumentos de preços.

O problema, porém, não estava aí, e sim na metodologia do cálculo, principal fator responsável pelos altos números. Os índices em sua maioria coligiam os preços do dia 15 do mês a 15 do mês seguinte. Capturavam, desse modo, todo o intervalo turbulento da transição do final de junho e da primeira metade de julho, a fase de reajustes logo antes do lançamento da moeda. A média desses aumentos continuaria a repercutir e fazer estragos nas etapas seguintes. Não havia, portanto, nada de errado no funcionamento da URV ou no plano em si. O que fazer? Logicamente, o esforço de esclarecimento tinha de ser dirigido aos formadores de opinião que se impressionariam com os índices e poderiam influir para piorar as expectativas do público: empresários, jornalistas, economistas.

O que aconteceu depois teve origem na deterioração de minhas condições pessoais. Àquela altura, o cansaço oriundo da pressão permanente, o desgaste emocional, o endeusamento, os embates constantes, tinham começado a me alterar o comportamento. Marisa foi a primeira pessoa que me alertou para a mudança. Forças e sentimentos diferentes, frequentemente contraditórios, se misturavam nessa química de emoções. Passei a querer me ocupar de tudo, resolver todos os problemas. Aceitava convites que não teria condições de cumprir, até para integrar o conselho da Orquestra Sinfônica de Brasília e coisas semelhantes. Havia nessas atitudes vaidade e falta de equilíbrio. Ao mesmo tempo, a emoção principal que me movia era o medo de que o plano não desse certo.

Os dois choques sucessivos de índices inflacionários imprevistos aumentaram o temor do fracasso, pessoal e do plano. Passei a confundir o destino do Real com o meu próprio. Pensava comigo mesmo que não podia permitir que o Plano Real morresse em minhas mãos. Se necessário, seria preferível que eu morresse de esgotamento, de ataque cardíaco, o que fosse preciso para salvar o que havíamos começado. Tudo isso soa exagerado, um excesso de heroísmo descabido, algo que nada tinha a ver com a administração de um programa econômico. No entanto, era assim que eu me sentia.

Agravada pelo medo, a insegurança me levava a tentar resolver tudo pessoalmente. Mesclava-se à vaidade dos aplausos, da consagração que nunca havia conhecido naquele grau, me fazia perder o discernimento, o senso de medida nas palavras e atitudes. Tropeçava em declarações levianas contra empresários, ruralistas, políticos. Cada vez mais exausto, queria tomar as refeições de pé para não perder tempo. Marisa não deixou, se esforçou em me abrir os olhos, endureceu às vezes, quase me dando um ultimato. Eu não me dava conta da transformação que ocorria comigo. No ponto a que chegara, provavelmente nada mesmo teria sido capaz de fazer com que eu caísse em mim e recobrasse o sentido da realidade. Somente um golpe devastador, definitivo, como acabou por acontecer.

O que me leva a crer na inevitabilidade do desfecho tem a ver com episódio que nunca revelei até agora: o da advertência que em breve momento chegou a quase me convencer a alterar meu comportamento. Na última semana de agosto, fiz com Marisa e alguns assessores uma viagem a Recife. No curso da visita, passamos rapidamente por Porto de Galinhas. Havia ali uma multidão de pessoas entusiasmadas. Alguns populares beijaram as mãos de Marisa e as minhas, exclamando: "O senhor é o nosso pai!". Ficamos assustados com o que estava acontecendo, as coisas começavam a sair do controle. Um amigo nosso, Bené Fonteles, artista de intuições misteriosas, veio ver Marisa, sobressaltado por uma visão: um fogo terrível, um perigo enorme se aproximava de mim.

Ao regressarmos de Recife, um perceptivo político do Nordeste, talvez motivado pelas cenas em Pernambuco, entrou em contato com Marcos Galvão para dizer que estávamos incorrendo em superexposição e nos riscos dela decorrentes. Seria conveniente pensar em diminuir a atividade na mídia. Marcos me transmitiu a opinião, que me impressionou de tal modo que, na mesma hora, o instruí a cancelar o programa especial de atividades previsto para o começo de setembro. Quis o destino – ou que outro nome tenha a fatalidade – que, horas depois, recebesse um telefonema de personalidade da mais alta importância política no país dizendo que a comunicação do plano corria muito bem. Aconselhava-me a continuar na mesma linha até então de êxito indiscutível. Mudei de ideia e mandei restabelecer a programação anterior.

Na quinta-feira, 1º de setembro, o Real completava dois meses de vida. Parecia a ocasião ideal para desfechar uma espécie de *blitzkrieg* de comunicação para combater o impacto negativo dos índices. Acordei bem cedo, de madrugada, dei início à jornada com entrevista às seis horas da manhã no estúdio da Rádio Nacional da Amazônia. De lá, me desloquei à sede da TV Globo em Brasília para falar às sete horas no programa *Bom Dia Brasil*. À medida que o calor tórrido do fim da estiagem de Brasília ia nos secando os lábios, multipliquei as falas a programas de rádio, até sertanejos, estações de televisão, jornais, agências, correspondentes, revistas. Engoli um sanduíche, estava sob efeito de medicação antidepressiva, sem poder descansar. Perdi a conta das entrevistas e declarações que dei, acho que chegaram a 24, 25, um absurdo!

Não vou descrever em miúdos a conversa fatídica que, naquela noite, poria fim à minha passagem pelo Ministério da Fazenda. Não teria sido capaz de recordar dos detalhes se não fosse a obra indispensável de Maria Clara do Prado. Já a havia folheado aqui e ali; confesso que não tinha tido coragem de ler a parte relativa ao mais triste para mim. Só agora o fiz, pagando o preço emocional inevitável pela necessidade de reviver o episódio, que preferiria esquecer.

Já passava das nove da noite, depois de entrevista que dera ao *Jornal Nacional*. Conversávamos, o jornalista Carlos Monforte e eu, no gabinete, à espera de gravar para o *Jornal da Globo* a última interlocução com a âncora da emissora, Lillian Witte Fibe, em São Paulo. Eu me sentia à vontade com Monforte, casado com uma prima de Marisa. Transcrevo a descrição das circunstâncias feita no livro de Maria Clara:

> A imagem seria enviada, via satélite, pela Globo [...]. Para o telespectador, tudo acontece como se fosse ao vivo. Já o som da entrevista usaria o cabo telefônico. [...]. Mas nem tudo corria bem. Havia um problema no áudio. O som não estava chegando direito em São Paulo.

A descrição do livro capta fielmente a atmosfera: holofotes desligados, luzes semiapagadas, câmeras ligadas, microfone na lapela,

> jamais (o ministro) poderia imaginar que tudo o que disse naqueles dezenove minutos [...] estava sendo transmitido via satélite e captado, ao vivo, por algumas antenas parabólicas [...] no interior do estado de São Paulo.

Exausto, sentia como se tivesse chegado ao fim de uma semana de trabalho extenuante, desejoso de relaxar tomando cerveja com amigos ao redor da mesa de um bar. Nessas horas, a gente diz coisas que não são para valer, que não devem ser levadas a sério. É como no Sítio do Picapau Amarelo, dos livros de Monteiro Lobato. De vez em quando, a bonequinha Emília abre a "torneirinha das asneiras". Foi o que fiz naquela noite, derramando uma enxurrada de tolices. Boa parte do que falei, mais de 90%, não passou de bobagens, bravatas sobre minha situação de supostamente indispensável ao governo ou à candidatura FHC. Hoje, não consigo entender o que me levou a dizer tanta coisa absurda e sem sentido.

Pondo de lado o vazio, a fatuidade da maioria das afirmações, a parte que causou mais escândalo se refere à questão dos índices inflacionários. Em algum trecho da conversa, Monforte mencionara a impressão geral de que o plano já tinha fracassado devido aos aumentos iniciais. Era justamente o ponto sensível do qual tudo dependia, a crença que devia ser combatida antes que se consolidasse. Pouco antes, alguns assessores me haviam informado de que se detectavam os primeiros sinais de reviravolta animadora: a projeção de setembro, de acordo com dados da primeira quadrissemana, incluindo o fim de agosto, indicava queda brusca. Alguns esperavam até que a elevação não superaria 1% no mês inteiro. Aludi a esses dados provisórios de maneira geral, sem entrar em detalhes.

Monforte ficou interessado, pois se tratava de notícia fresca. Insistiu na importância de divulgar esses sinais de queda da inflação na entrevista que começaria a seguir. Aleguei que não podia fazer isso de forma unilateral, sem consultar os colegas. Havíamos combinado com toda a equipe que só devíamos publicar os índices mensalmente, para evitar ter de anunciar as estatísticas em base semanal ou diária. Prometi que na segunda-feira seguinte, depois de obter a anuência dos demais, daria a meu entrevistador a novidade em primeira mão. Do contrário, acrescentei: "Vão dizer: você proibiu da vez anterior que era ruim, agora que é bom... No fundo é isso mesmo. Eu não tenho escrúpulos. O que é bom a gente fatura, o que é ruim a gente esconde".

As pessoas não perceberam a contradição existente entre o que eu dizia e o que estava fazendo realmente. Se fosse verdade que eu não tinha escrúpulos, então por que não divulgava já a queda dos preços, faturando o que era bom para nós e para o plano? Os preços estavam caindo, não era falso, nada havia para esconder. Entre as palavras e minha atitude, havia contraste flagrante. O poder das palavras é tão grande, porém, que todo mundo se fixou somente no que falei, não prestando atenção no que eu estava fazendo, que era recusar a divulgação da boa notícia. Sumiu por completo da versão da conversa o fato: eu agi com escrúpulo ao não permitir que se divulgasse o que era bom (e verdadeiro) para mim. Ficou apenas a afirmação de não ter escrúpulos, duplamente absurda em si mesma e por eu estar fazendo o oposto do que dizia!

No texto das desculpas públicas que apresentei dias depois, se esclarece melhor o trecho:

> Sei que provoquei um choque quando disse que não teria escrúpulos em mostrar o que é bom e esconder o que é ruim. [...] Estava simplesmente me referindo à conveniência de divulgar, a cada semana, o IPC-r. Contrariamente a uma visão técnica, não hesitaria em divulgar os índices semanais se isso servisse ao propósito de manter a tendência de baixa dos preços. Tinha plena convicção de que, caso não mostrasse a tendência fortemente declinante da inflação, conforme estavam indicando todos os demais índices, estaríamos dando munição para aumentos preventivos de preços, com base em uma inflação que na verdade não existiu.

Seja como for, o mal estava feito. Era irreparável, como descobri, já em casa, horas mais tarde. Os dezenove minutos tinham vazado, começavam a repercutir nas ondas sonoras e visuais. Arrasado até a alma pela fadiga e a enormidade do que tinha feito, deitei-me na cama, sentindo como se eu fosse uma folha de papel finíssimo e transparente, prestes a se dissolver no ar. Desejava adormecer e não despertar. Não devo ter conseguido dormir. Na manhã seguinte, sexta-feira, liguei cedo ao presidente Itamar, contei o que se passara e pus o cargo à sua disposição. Não tendo sabido de nada até então, ele achou, a princípio, que o incidente não possuía tamanha gravidade. À medida que passavam as horas, tornava-se claro que eu não poderia permanecer no ministério. Ciro Gomes, que me havia expressado solidariedade ao telefone, acabou escolhido para me substituir.

Maria Clara descreve no livro a atmosfera de tristeza e desânimo de minha casa no sábado, com a presença dela, dos colaboradores diplomatas, como reunidos em velório. No fim da tarde, no noticiário da TV SBT, o apresentador Boris Casoy, que em geral me tratava com respeito e simpatia, foi imensamente agressivo, segundo me disseram Marcos Galvão e Sérgio Danese. Indignados, acharam que aquilo não podia ficar assim, era preciso responder. Eu mesmo não me sentia em condições de dizer alguma coisa, tal era a prostração em que havia caído. Marcos e Sérgio puseram no papel algumas ideias. Na manhã seguinte, retoquei o texto, no qual apresentava à população brasileira as explicações a que tinha direito, assim como minhas desculpas pelo ocorrido.

Naquele mesmo domingo, fui ao Ministério da Fazenda, acompanhado por Marisa, minhas filhas Cristina, Isabel, Mariana, meu filho Bernardo, os assessores mais próximos. Pouco depois de uma hora da tarde, diante das câmeras de televisão, dos flashes das fotografias, de dezenas de microfones, pedi desculpas ao povo brasileiro:

> Assumo inteira responsabilidade por aquele momento de fraqueza que me levou a dizer palavras que não refletem o que penso ou o que sinto. Em alguns daqueles comentários, nem eu mesmo me reconheço. Posso ter dito coisas irrefletidas, mas estou seguro de que na minha gestão não fiz nada de errado.

A evocação desse momento me custa um esforço penoso mesmo depois de quase trinta anos. Embora importante, a participação na saga do Real não define ou esgota minha trajetória, representa cinco meses de uma vida de 87 anos. Depois do episódio da parabólica, vivi e realizei outras coisas. Não sei se algum dia serei capaz de olhar as imagens da conversa malfadada, embora consiga ler a transcrição do que se falou.

A vergonha e o arrependimento que me afligem não procedem de sentimento de culpa por ter enganado o povo que confiou em mim ou por algum ato ilegal ou vil contra seu interesse. Nada desse tipo se encontra na transcrição dos dezenove minutos vazados. Houve tentativas nesse sentido, como a de uma revista que chegou a publicar na capa foto minha retocada, isto é, falsificada, para me emprestar ares diabólicos, prática dos piores tempos do totalitarismo estalinista. Nunca me fizeram nenhuma acusação de malfeito ou de irregularidade.

O que me faz sofrer é que *I made a fool of myself*, isto é, fiz papel de tolo, ao me deixar levar pela presunção e a vaidade. Fui, sim, culpado do pecado de *hubris*, a desmesura, o esquecimento das limitações pessoais, a pretensão de querer ser mais do que era. Como no "Poema em linha reta", de Fernando Pessoa/Álvaro de Campos, todos querem ser príncipes na vida, ninguém quer ser ridículo e foi isso que fui ao longo da conversa. Gostaria de apagar de minha vida aqueles dezenove minutos, mas nunca atribuí a ninguém a responsabilidade pelo que sucedeu a não ser a mim mesmo.

Uma das primeiras pessoas a me telefonar, o presidente Sarney, afirmou ao telefone: "Foi uma cilada eletrônica". Outros, até o diretor de um dos canais de televisão, repetiram mais ou menos a mesma coisa: que não teria sido possível a profissionais ignorar que a conversa estava sendo transmitida involuntariamente, dando assim a oportunidade de me prevenir e evitar o pior. Não sei se o que declararam procede, do ponto de vista técnico, ou se quiseram simplesmente me consolar. Ainda que a afirmação seja correta de uma perspectiva televisiva, ninguém iria imaginar previamente que eu diria o que disse, nem teria me obrigado a falar o que nunca deveria ter sido dito.

Antes e depois, sobretudo em anos recentes, acumularam-se episódios de "*hot mic*" ou "*open mic*" ("microfone quente" ou "microfone aberto") com gente de todo tipo, líderes mundiais pequenos ou grandes. Até se encontra no Google uma relação desses incidentes. No Brasil da Lava Jato, tornou-se quase rotina coisa bem pior, políticos, funcionários, surpreendidos no celular ou em gravações tramando crimes inconfessáveis. Comparado a essas revelações, o que eu disse naquela noite soa a alguns como se fosse uma brincadeira de criança. Só que, independentemente da fatuidade do conteúdo, a conversa atingiu em cheio minha credibilidade. Depois disso, perdi a capacidade de continuar a transmitir confiança. Essa é uma questão crucial, que está ligada à imagem que se faz de cada pessoa e o que se espera dela.

Quando Bolsonaro renovava quase a cada dia barbaridades inacreditáveis, ninguém se escandalizava muito, tratando-se de quem era. Já em meu caso, criara-se, falsamente, a imagem do "sacerdote do real", alguém de que se esperava um comportamento quase de santidade, perfeito, exemplar, incompatível com a vaidade gratuita que surgiu da transmissão involuntária.

Nessa hora de agonia, recebi o consolo de centenas de cartas, telegramas, orações, mensagens das pessoas mais variadas, de crianças de escola primária e anciões, a imensa maioria proveniente de gente humilde, outras de religiosos, de professores universitários, de intelectuais. Quase invariavelmente, foram manifestações de solidariedade, de gente que não havia perdido a confiança em mim e lamentava minha saída. Guardo caixas e caixas repletas dessas mensagens, algumas pungentes, com a esperança de um dia publicar alguma coisa a respeito.

Essas manifestações, assim como as de Marisa, de minha família, dos amigos, a começar pelos colegas e companheiros de trabalho, me fizeram um bem imenso, me ajudaram a reagir, a querer continuar a viver e lutar. Nunca perdi de vista, no entanto, que o incidente demonstrou que meu temor tinha fundamento e me faltavam as condições para suportar tamanha tensão. Como havia intuído ao tentar várias vezes me esquivar do convite para o Ministério da Fazenda, eu não era a pessoa indicada para a função. Esforcei-me, enquanto pude, em dar o melhor de mim, mesmo em circunstâncias para as quais não estava preparado, que tinham pouco ou nada a ver com a experiência e o conhecimento acumulados como diplomata.

Apesar de tudo, a missão que me fora confiada se encontrava de certa forma terminada ou encaminhada no essencial: tinha conseguido levar adiante o plano com a equipe original, resistido às pressões, ajudado a resolver os desafios, estabelecido as condições para o lançamento do real. A moeda estava em circulação havia dois meses, o pior da quase hiperinflação havia ficado para trás, as pessoas acreditavam no real, até nas moedinhas metálicas. A partir daquele momento, abria-se fase diferente, dominada pela eleição presidencial próxima, seguida pela vitória merecida de Fernando Henrique, principal responsável pela reviravolta das perspectivas da economia. A ele caberia, secundado pela mesma equipe, dar sequência ao que faltava ao Plano Real, sem depender de Itamar.

Teria sido melhor que minha saída do ministério tivesse sido menos traumática, que houvesse poupado tanto sofrimento a quem não tinha nenhuma culpa: Marisa, minhas filhas, meu filho. Mas, já que havia sido incapaz de evitar esse desenlace, eu precisava retirar do acontecido a lição dos Evangelhos: "Quem se exalta será humilhado". Para quem acredita que a graça de Deus nos ajuda a interpretar os sinais da vida, o episódio encerra lições sobre o perigo da vaidade de presumir demais de si próprio. De alguma maneira, acabou me levando a reencontrar o caminho certo. Embora não desejado e evitável, tratou-se de uma oportunidade dolorosa para me reconstruir e continuar a trabalhar, como tentarei mostrar nos capítulos que faltam.

Não vou prolongar esta narração. Uma vez mais, sugiro a quem deseja conhecer os pormenores desse incidente e de minha passagem pelo Ministério da Fazenda ler o capítulo 7 ("Ricupero e o Real", p.226-45) no livro de Maria Clara Prado e o capítulo 11 ("Conversas indesejadas", p. 343-60).[1] No início do capítulo 7, assim se resume o papel que me coube:

> Foi um caso único na vida pública brasileira. Sua devoção ao Real era tão grande que ninguém pode tirar-lhe o mérito de ter sido uma das principais âncoras do plano no momento em que o trabalho de comunicação com o povo era fundamental para o sucesso da estabilização. Itamar chamava-o de "Apóstolo do Real", por passar um bom tempo a peregrinar pelo país, buscando adesões à causa da estabilidade.

No final do capítulo 11, Maria Clara oferece, de minha contribuição, síntese que gostaria de merecer:

> [...] a âncora Ricupero foi fundamental. Sem ele, muito dificilmente o Real teria obtido o apreço popular com tanta rapidez, a ponto de surpreender os próprios economistas, que esperavam um processo mais gradual na conquista de credibilidade da nova moeda. Ricupero foi, para muitos brasileiros, a cara do plano, a personificação da ideia da estabilização, a promessa de inflação baixa e de uma vida melhor.

Se há alguma verdade nessas palavras, poderei crer que tudo pelo que passei não foi inútil e que nosso esforço, o meu e dos que me ajudaram, teve algum sentido duradouro para o país.

---

1 Maria Clara R. M. do Prado, op. cit.

Roma, a volta às raízes italianas

Roma, pensei, poderia ser um bom lugar para recomeçar a vida. Teria algum tempo livre para descansar, me recompor depois do trauma. Ao mesmo tempo, a beleza da cidade, a cultura, a história da Itália, ofereceriam matéria de estudo inesgotável. Assim foi nos primeiros tempos. Entre a saída do Ministério da Fazenda e a chegada a Roma, passaram-se mais de seis meses, interminável processo de transição. Finalmente, chegamos ao novo posto em data escolhida de propósito: dia 19 de março de 1995, festa de São José. Esqueci de contar que, batizado *in extremis* porque se temia minha morte iminente, não houve tempo de me escolher um padrinho. *Nonna* Mariangela serviu de madrinha e o batismo, na igreja do Bom Jesus do Brás, se fez sob a proteção de São José, que passei a considerar meu padrinho.

Essa proteção jamais me fez falta ao longo da vida, por isso julguei ser a data propícia para um recomeço. Servo fiel e prudente a quem o Senhor confiou sua casa, São José passa pelo Evangelho como sombra silenciosa. Na sua festa, sempre me esforcei em assistir à missa para buscar na eucaristia o segredo da força do patriarca que liga o Antigo ao Novo testamento. Uma vez, em Monterrey, norte do México, devido aos horários da conferência da ONU de que participava, só podia assistir à primeira missa, às seis da manhã. Imaginei que a igreja estivesse semi-vazia e a encontrei repleta de mulheres e homens indígenas, membros da confraria do Santíssimo Sacramento, todos paramentados de fitas e trajes vermelhos, que haviam passado a noite em vigília de oração. O celebrante, ao se referir ao sonho que revelou a São José o mistério da Encarnação, comentou: "*José tuvo un sueño. Y el sueño le bastó!*".

Um choque de beleza, foi o que sentimos ao visitar pela primeira vez a sede da embaixada, no Palácio Pamphili. A Sala Palestrina onde Arcangelo Corelli dirigiu seus concertos, a Galeria Cortona que liga o palácio à igreja de Santa Agnese, a perspectiva formada pelos portais e corredores na qual o olhar afunda, os bustos romanos, a majestade do conjunto desafia os adjetivos. Lá fora, o burburinho da Piazza Navona formigando de gente, os músicos tocando ao ar livre, a murmurante Fonte dos Quatro Rios, de Bernini, encimada por obelisco egípcio, os cafés e restaurantes em torno. Nesse cenário, as turbas de turistas convivem com a gente comum, imperturbável em suas ocupações, lojistas jogando cartas no meio da rua enquanto o cliente não aparece, crianças brincando, chutando bolas, velhinhos conversando num banco, não faltando mesmo um doido habitual, Marco, *il matto* (o louco), ora risonho, ora urrando impropérios.

Ninguém se preocupa com a bagunça, convivem beleza e sujeira, a vulgaridade do comércio de suvenirs com a arquitetura sublime das igrejas, de incontáveis fontes por todos os lados, circundadas por estátuas de elefantes, rãs, tartarugas, os edifícios encardidos pela poeira de séculos, as paredes incorporando colunas romanas, restos de ruínas integradas em construções novas. Única, inimitável, Roma nada tem da simetria monumental dos *boulevards* parisienses esbanjando espaço. Suas vielas estreitas, escuras, serpenteiam em meio ao casario adensado que mal deixa uns metros para que trafegue um veículo. Por elas mergulhava em velocidade meu motorista, Giuseppe, desculpando-se quando andava em contramão: "*Una piccola contravvenzione, Ambasciatore!*" (Uma pequena contravenção, Embaixador!).

Há séculos, milênios, os romanos assistem ao desfilar de conquistadores, peregrinos, bárbaros, saqueadores, turistas, artistas maravilhados, que vêm e passam. Para eles, o que a outros assombra faz parte da naturalidade do cotidiano. Mas é impossível viver imerso em beleza sem desenvolver a sensibilidade. Certa vez, Marisa, convidada pela filha do presidente Luigi Scalfaro, havia participado de um chá no palácio dos palácios, o Quirinale, residência do presidente da República. Na hora de sair, não se encontrava o motorista de serviço, um outro, chamado Giovanni, aparentemente mais rústico. Ao aparecer, esbaforido, se desculpou: "*Scusi, Signora, stavo ammirando un armadio del settecento bellissimo!*" (Desculpe, Senhora, eu estava admirando um armário belíssimo do século XVIII!). Como desculpa, só um italiano para se lembrar da beleza que tudo justifica!

Na embaixada, trabalhavam permanentemente dois artesãos, gêmeos, que se ocupavam de todos os consertos, da pintura sem fim daquela gigantesca superfície, como um navio de guerra que se tem de pintar o tempo todo, recomeçando do fim ao princípio. Marisa, que é profundamente italiana no sentimento das formas e cores, gastou semanas discutindo com os gêmeos sobre os tons exatos da pintura para restaurar a capela do palácio: "*Un pò più di giallo, Signora*", – "*No, meglio mescolare ancora un pò di rosso*" (Um pouco mais de amarelo, Senhora, – Não, melhor misturar um pouco ainda de vermelho). Quem desde criança banha os olhos diariamente nas fachadas de palácios, nas fontes, nos jardins, nos afrescos, não pode deixar de adquirir uma espécie de sentido inato de harmonia visual.

Nunca tínhamos vivido na Itália antes. Em certos aspectos, no entanto, era como se estivéssemos voltando para uma segunda casa.

Nossas raízes estavam longe de Roma, em extremos opostos da península. Exceto uma avó piemontesa de Novara, a mãe, os avós, os antepassados de Marisa tinham sido súditos do imperador em Viena, provinham todos do Trentino-Alto Ádige, região de lagos e montanhas magníficas, uma das partes mais belas dos Alpes, fronteira com a Áustria. Foi das poucas regiões que pude visitar em caráter oficial. Nosso motorista romano, Giuseppe, espantou-se na Piazza del Duomo, em Trento, ao testemunhar o rigor dos policiais de trânsito até com os ciclistas. Ao voltarmos ao carro, nos declarou que não estávamos mais na Itália, os costumes, a disciplina, lhe pareciam demasiado germânicos.

Na realidade, Trento é uma pequena joia desconhecida da maioria dos viajantes. Com menos de 120 mil habitantes, o que dá à cidade ar predominantemente italiano é a arquitetura renascentista e barroca, pontilhada de sinais de fronteira cultural com o mundo alemão: cúpulas de igrejas de *zwiebel* (cebola), redondas ou ovais, tetos esverdeados de cobre, o amarelo teresiano de algumas edificações do Império Áustro-Húngaro. Soberbamente administrada pelo governo da região autônoma, a cidade resplende nas fachadas pintadas com figuras coloridas, as ruas centrais fechadas ao tráfego de veículos, pavimentadas com uma pedra cor-de-rosa das dolomitas próximas, lisa, suave como mármore, que a gente quase sente pena de pisar com sapato. Sede de universidade famosa, oferece museus, igrejas, monumentos dignos de contemplação.

Marisa mantinha contato estreito com parentes no Trentino, uma prima muito chegada a nós, Nelly, outros primos, um tio, irmão de sua mãe, Carlo, salesiano não ordenado, por longos anos missionário na Amazônia, que regressara para morrer na pátria. Nostálgico do velho Tirol, votava no pequeno Partito Autonomista Trentino Tirolese (Partido Autonomista Trentino Tirolês). Morou primeiro em Bolzano (Bozen), capital do Alto Ádige ou *Südtirol* (Tirol do Sul), para os de língua alemã. Havia acumulado conhecimento enciclopédico de óperas, das quais sabia de cor partituras inteiras, erudição que só perdia para o que conhecia de plantas, animais, geologia, a história natural, como se chamava antigamente. Arrastou-nos, literalmente, para visitar vales alpinos de acesso escabroso, aninhados em dobras das montanhas, com estradas estreitas beirando o precipício, onde só um veículo passava de cada vez e as paisagens e a língua, ora italiano, ora alemão ou romanche, mudavam de um vale para outro.

Numa dessas viagens, antes de encontrar Carlo, tínhamos começado por minúsculo "*paese*" do Piemonte, Pontestura, onde fomos ao aniversário de dom Aldo Mongiano, ex-arcebispo de Boa Vista, Roraima, também de volta ao país natal. Lá, na noite do dia 1º de novembro, em companhia dos velhos irmãos, de gente simples da vizinhança, recitava-se o rosário pela festa de Finados. Havia meio século eu não escutava as preces em italiano que ouvia de minha *nonna*. Apesar da presença do bispo, era a velha irmã que conduzia as orações e, ao final, foi o outro irmão, Giuseppe, "*contadino*" (camponês) inteligente e informado que, aos oitenta anos, passava os dias a arar a terra com seu trator, que recitou de cor, em latim, o *De Profundis*. Era a velha Europa de uma piedade cristã popular e profunda que víamos quase como sobrevivência do passado da cristandade.

De lá, fomos a Trento, visitamos o cemitério ancestral na aldeia de Madrano, cercado do anfiteatro das montanhas, para o qual tínhamos levado as cinzas da mãe de Marisa, Laura Prada, que sempre desejara rever suas queridas montanhas natais. Juntos com *zio* Carlo, atravessamos pomares de macieira, prados verdejantes, aldeias tirolesas saídas de um calendário colorido de paisagens alpinas enferrujadas pelo laranja do outono. Ali, a Terra, quase sem gente, continua fresca e sem rugas. Um dia, essa mesma Terra passará e não será mais que uma estrela luminosa. Antes, porém, passaremos nós, nossas civilizações brilhantes e pretensiosas, nossas querelas vãs, nossos políticos corruptos e mesquinhos. O que dará então luz a esse gigantesco rochedo inanimado no espaço não virá dos grandes deste mundo, mas das vidas simples e humildes dos que adormeceram em paz recitando o *De Profundis*.

Nada mais contrastante com essas montanhas e lagos alpinos na paisagem física e no espírito do que as regiões do Mezzogiorno, o sul da Itália, de onde se originam os ramos materno e paterno de minha família. Depois de Trento, voltamos a Roma, de lá seguindo, sempre de automóvel, para o Sul. Por ocasião de uma visita de dom Basílio Penido, tínhamos estado em Subiaco, berço da Ordem Beneditina. A caminho de Nápoles, visitamos os túmulos de São Bento e de sua irmã, Santa Escolástica, no Mosteiro de Monte Cassino, reconstruído depois de estúpida destruição na Segunda Guerra. Continuamos o trajeto até Barletta, no mar Adriático. O embaixador da Itália em Brasília avisara, sem eu saber, um amigo seu, senador por Barletta.

Pouco após nossa chegada ao hotel, o senador e o síndico, isto é, prefeito da cidade, nos visitavam com as esposas, com enormes braçadas de rosas para Marisa. Uma visita que eu esperava passasse despercebida, converteu-se quase em oficial, com recepção pelo Conselho Municipal, outorga do título de *citadino onorario* (cidadão honorário), manchete na primeira página do jornal da Apúlia, *Gazzetta del Mezzogiorno* (Gazeta do Sul), que anunciava com certo exagero: "*Ritorna da Ambasciatore*" (Retorna como Embaixador), como se fosse eu e não meu avô que tivesse deixado Barletta cem anos antes... Ao agradecer o título de cidadão no Conselho Municipal, contei que *nonna* Mariangela me descrevera tantas vezes a cidade, dominada pelo Castel Svevo à entrada do porto, a estátua do Colosso, do imperador Héracles, de Constantinopla, a Basílica do Santo Sepolcro, que era como se eu não precisasse de guia de turismo para me orientar.

Foi essa a primeira de várias viagens que fizemos à Apúlia nos anos seguintes, na época em que não vivíamos mais em Roma. Ponto meridional extremo da península, a Apúlia saiu da pré-história quando os espartanos fundaram Taranto no 8º século antes de Cristo. Foi um dos principais esteios da Magna Grécia, quando Roma não passava de covil de salteadores. Ainda se fala grego em Gallipoli e diversas comunas do Salento de nomes sonoros: Castrignano dei Greci, Calimera, Melpignano. Partindo de Taranto, uma das seis províncias da Apúlia, a região se estende por todo o calcanhar da bota itálica para o norte, passando por Lecce, pérola barroca, Brindisi, porta do Oriente, Bari, Barletta e Foggia.

Campo de guerra milenar, foi nos arredores de Barletta, em Canne della Battaglia, que Aníbal esmagou as legiões romanas. Dos portos da Apúlia, orientados para a Grécia e o Oriente, partiram muitas das cruzadas. Gregos, cartagineses e romanos, árabes e turcos otomanos, longobardos e bizantinos, normandos e suábios se sucederam nas incursões pelas costas ou nas terras férteis do Tavoliere della Puglia.

Banham a região, marítima por excelência, os mares Adriático e o Jônico, que em Otranto, bem na ponta Sul, oferece ao olhar o mar mais cristalino que jamais vi. A luz mediterrânea ilumina na Apúlia as águas de azul translúcido. Principalmente, desenha os contornos da pedra calcárea onipresente, com alvura que cega. Branca é a cidade velha de Bari, casbá oriental de vielas, becos, casas que se superpõem como torrões de açúcar num enredado sem lógica aparente, cheia de caminhos sem saída.

Deslumbrante é Polignano a Mare, toda branca, a antiga fundação grega com suas altas casas tombando a pique sobre o mar de altura de trinta metros, confundindo-se com a cor das rochas, onde as ondas escavaram grutas de esmeralda. Mas a que vence todas em brancura absoluta e sem mescla é Ostuni, que até mesmo os degraus das escadarias caiou de branco imaculado.

É esse brilho ofuscante que nos acompanha sempre, na parte Sul, grega e bizantina, transição para a Sicília ou em direção ao Norte *pugliese*, perto de minhas raízes, onde os normandos e suábios transformaram os estilos românico e gótico, dando-lhes ares orientais trazidos das Cruzadas. Inesquecível é a catedral de Trani, pegada a Barletta, santuário-fortaleza de mármore puro que brota como espuma do anil do Mediterrâneo.

Para o interior das terras, rumo a Andria, dominando bosques agrestes, ergue-se Castel del Monte, o misterioso castelo de caça ao falcão do imperador Frederico II, octogonal, de oito torres também octogonais, tudo se reportando ao 8, o "número perfeito", símbolo do infinito, a forma do Santo Graal. O poeta Raffaele Nigro descreveu o castelo como "um sol de pedra", cujas oito alas formam, em torno do pátio central, como que um imenso "poço que derrama luz". São de outro poeta, o grande Torquato Tasso, os versos pintados nos degraus de uma escadaria de Polignano:

Perduto è tutto il tempo
Ch'in amor non se spende

Perdido é todo o tempo
Que em amor não se consome

Entre os imigrantes italianos, os pugliesi figuram nas estatísticas como um dos contingentes menos numerosos dos chegados ao Brasil, pouco mais de 2%, longe dos vênetos, o grupo dominante. Deixaram, não obstante, marca inconfundível, guardaram um resto de identidade no meio do anonimato da metrópole. Os bareses de Polignano a Mare formaram um dos mais organizados e duradouros desses grupos comunitários.

É curioso, paradoxal até, que os italianos do Sul, censurados por falta de espírito associativo ou comunitário, tenham sido os únicos imigrantes peninsulares a conservar um mínimo de identidade, da personalidade cultural originária, não se dissolvendo de todo na geleia geral de São Paulo. Sem exceção, as comunidades de igreja que conheci no Brás de minha infância subsistem até hoje e são de meridionais, defendidos pela vizinhança do bairro. As quermesses, as festas, as vendas de pratos típicos, os jogos com brindes foram organizados, a princípio, a fim de levantar fundos para edificar e sustentar as igrejas e acabaram ficando.

Deixei São Paulo e o Brás há mais de sessenta anos e tudo praticamente desapareceu do meu tempo de menino, até o bairro do Brás se tornou irreconhecível com a chegada avassaladora do comércio de roupas. Salvo as comunidades e festas de igreja, aparentemente ainda vivas. Nos dias dessas festas – San Vito Martire; Madonna da Achiropita, no Bexiga; Madonna de Casaluce; San Gennaro – os velhos que restam continuam a "re-cordar", isto é, a reviver no coração a imagem dos ancestrais que nos deixaram, lutando contra a morte com a recusa do esquecimento.

"Por toda a América", diz um poema de Lawrence Ferlinghetti, "os velhos italianos vêm morrendo, ano após ano". Com seus chapéus de feltro desbotados, as antiquadas botinas pretas, piemonteses, genoveses, sicilianos esperam sua vez, sentados nos bancos dos jardins, tomando um pouco de sol, e vão morrendo, um a um...

Os meus velhos, os chegados da Itália no fim do século XIX, os da primeira geração nascida no Brasil, desapareceram há muito tempo. Meu tio Natale Pelosi, por exemplo, dono de açougue na rua E do Mercado Municipal. Apesar do ofício de retalhar carnes, que empapava de sangue seu avental, tio Natale era a mais doce das criaturas. Como nos Salmos, a alegria do Senhor era a sua força. Em paz com a vida e com o "*sette e mezzo*", que jogava à noite, sorvendo goles de sambuca e café, só perdia a calma quando o Palestra Itália, já desvirtuado em banal Palmeiras, dava vexames. Na época, isso apenas sucedia de raro em raro e de forma moderada. Não admitia defeitos absolutos nos jogadores de seu time predileto, e quando se apontava num deles a agitação sem efetividade, exclamava: "Sim, mas é um jogador fogoso!".

Vão morrendo os nossos velhos nas zonas brasileiras de outrora forte implantação italiana, na Serra gaúcha, de Garibaldi, Caxias, nas comunidades trentinas e vênetas em lugares de nomes misteriosos como Faxinal do Soturno, no interior do Rio Grande do Sul, de Santa Catarina, do Paraná, do Espírito Santo. O futuro papa João Paulo I visitou algumas dessas "colônias" quando era ainda o cardeal Luciani, patriarca de Veneza. Nos artigos que escreveu para o jornal da diocese, maravilhou-se de haver descoberto nessas relíquias arqueológicas, isoladas de contato com o mundo, cânticos de igreja, celebrações litúrgicas, dialetos, dos quais só restou o apagado registro histórico nas comunas italianas de onde tinham partido.

Em São Francisco e outras cidades da América do Norte, Ferlinghetti evocava como estavam morrendo os italianos de mãos nodosas e sobrancelhas cabeludas, esfarinhando o pão duro com os dedos para dar de comer aos pombos, os que gostavam de Mussolini, os anarquistas leitores de *L'Umanità Nuova*, fiéis a Sacco e Vanzetti, cheirando a alho, pimentão, a grapa, quase todos já haviam partido.

Das levas que chegaram ao Brasil nas grandes ondas migratórias dos fins do século XIX, não existem mais sobreviventes. Nascido em 1937, conheci alguns deles que me contaram o que tinham vivido e sofrido. Nunca ouvi de nenhum que tivesse vindo para ficar rico, para "fazer a América". O que diziam invariavelmente é que haviam sido obrigados a partir em busca de *lavoro*, trabalho, o emprego que faltava no país natal. Comum a todos, a paixão do trabalho bem-feito, a imemorial herança artesanal italiana de que até meu pai partilhava em relação às obras de ferro forjado bem torneadas, vestígio de seu ofício originário de serralheiro.

Alfredo Volpi me contou uma vez, com seu português entremeado de palavras italianas, que fazia questão de preparar pessoalmente todo o suporte técnico de suas telas, de esticar durante horas a tela na moldura, de misturar os pigmentos extraídos da natureza, sempre que possível. Ao falar das cores, mesmo do *nero, veramente cosi bello!* (o negro, tão bonito de verdade!) se comovia, quase tanto como ao evocar uma de suas iguarias prediletas, as cebolas de bom tamanho assadas ao forno com azeite de oliva de sua Toscana!

Escrevi sobre os imigrantes italianos porque essa é a única experiência que conheço, não por algum absurdo sentimento de particularismo étnico, excludente de interesse pelos demais grupos que formam nosso povo diverso. Ao contrário, desconfio que esse traço que me caracteriza provavelmente se explica pelas conversas ouvidas em menino, no tempo em que os descendentes de italiano tinham medo de ser discriminados pela língua diferente, os nomes difíceis de pronunciar, os preconceitos contra os *carcamanos*. Hoje soa difícil de crer, mas recordo bem do tempo da guerra, da proibição de falar italiano em público, da mudança imposta de nomes de cidades, de clubes esportivos, de hospitais.

É natural que os filhos de imigrantes não desejem ser singularizados pela diferença, que queiram ser como todo mundo. Alguns, nessa ânsia, se envergonham do nome, do acento, tentam apagar os resquícios da herança. Outros, acho que foi meu caso, optam por reforçar a identidade de origem, de valorizar a cultura na qual nasceram. Imagino que experiências iguais ou semelhantes sentem os que, como eu, conheceram de perto, tocaram com as mãos os velhos que vieram de além-mar para lhes dar a vida, de Portugal, Espanha, Alemanha, Líbano, Síria, Japão, Polônia, Ucrânia, da Diáspora judaica, mais os milhões migrados do Norte e Nordeste do Brasil, os que desde crianças cresceram ouvindo em casa uma língua diferente da que usavam na rua.

Conto isso também para explicar por que representar o Brasil no país de onde tinham partido nossos antepassados significou tanto para Marisa e para mim no plano humano e afetivo. Servir na Itália era profundamente diferente de qualquer experiência profissional que havíamos tido. Em outros países, nos sentíamos estrangeiros, por mais simpatia que nos unisse ao povo. Na Itália, os sentimentos se complicavam. Não no plano da lealdade política, da identificação com a política e os interesses locais, que nunca tivemos. Culturalmente, porém, no terreno dos costumes, da língua, cozinha, de atitudes, afetos familiares, muito da vida diária, não tudo, despertava em nós ecos da infância, de nossos pais, tios, avós, não podia nos deixar insensíveis ou indiferentes.

Ao mesmo tempo, havia barreiras sutis, nascidas do transcurso de gerações. A nossa era a Itália de nossos pais e avós, de um passado antes das duas guerras mundiais, do fascismo, de tanta coisa que veio depois e não vivemos, experiências que transformaram as pessoas para sempre.

Esses sentimentos se acentuaram com a coincidência de que, poucos meses depois de nossa chegada, se realizou a visita oficial ao Brasil do presidente Oscar Luigi Scalfaro, em fins de junho de 1995. Ao acompanhar a viagem e participar de todos os atos, oficiais ou não, ao ajudar a resolver os pequenos problemas de membros da comitiva, Marisa e eu nos aproximamos, mais do que ocorreria normalmente, do presidente, de sua filha (Scalfaro era viúvo e sua filha Marianna servia como substituta da inexistente primeira-dama), dos membros mais influentes de seu gabinete. Facilitados pela língua, pela cultura, os contatos acabaram nos fazendo amigos do presidente, que sempre nos distinguia com convites quando íamos a Roma, mesmo anos após haver deixado a embaixada.

Durante a visita, os momentos mais carregados de emoção foram os encontros com a comunidade italiana, os calabreses do Rio de Janeiro, por exemplo, que homenagearam o presidente numa cerimônia no salão da paróquia do santo protetor da comunidade, São Francisco de Paula. Embora nascido no Piemonte, Scalfaro era filho de pai calabrês e se sensibilizou com o afeto da homenagem.

Mas o instante mais festivo do programa sucedeu em São Paulo, no imenso ginásio coberto do Palmeiras-Palestra Itália. Ônibus e ônibus trouxeram caravanas de ítalo-brasileiros de todos os estados do Sul, do Espírito Santo, de Minas, do interior de São Paulo. Defronte ao palco no qual ficaram o presidente e alguns acompanhantes, estendia-se um mar de gente organizada por comunas de origem, cada um erguendo o *stemma* (escudo) de sua comuna, principiando pelo Norte, Trentino-Alto Ádige, Aosta, Piemonte, Lombardia, Ligúria, quase todas as comunas da Venezia, descendo até a Sicília e a Sardenha.

Com fervor, a multidão cantou o hino oficial, o *Canto degli Italiani*, e, em seguida, a apoteose da emotividade, o hino oficioso, o *Va Pensiero*, o coro dos hebreus exilados em Babilônia, da ópera *Nabucco*, de Verdi. Esse instante de beleza e sentimento ficou comigo para sempre. Lembrei dele quando vi e ouvi o vídeo da extraordinária noite de 11 de março de 2011, durante a representação da obra em Roma, sob regência de Riccardo Muti.[1] Já então, a desagregação das instituições italianas se aprofundara a partir da operação *Mani Pulite* (Mãos Limpas), desfechada em 1993.

---

1 Concerto em celebração ao 150º aniversário da *Unità d'Italia*. Em 17 de março de 1861, o rei Vittorio Emanuele II proclamou o Reino d'Itália, depois de três guerras, vários conflitos e diversas insurreições, originando a Itália de hoje, dividida não mais em cinco Estados maiores e dois pequenos ducados, mas sim em vinte regiões.

Da mesma forma que aconteceria no Brasil com a Lava Jato e Bolsonaro, a desmoralização da política e dos partidos acabou promovendo a extrema direita e a chegada ao poder de Berlusconi, símbolo da corrupção político-empresarial. Ele estava no teatro naquela noite, que se iniciara sob tensão, com um discurso denunciando os cortes no orçamento da cultura e das artes.

Ao atingir a hora do coro no terceiro ato, a assistência mergulhou num silêncio nervoso de expectativa. O coro cantou esplendidamente e o público veio abaixo, com vivas à Itália. A ovação parecia interminável. Muti em geral recusa dar *bis* no meio da representação, mas dessa vez o apelo foi mais forte. A certa altura, ele tomou a palavra e disse:

> Eu também quero que a Itália viva. Tenho mais de trinta anos e sinto muita dor pelo que acontece em meu país. Quando o coro cantava *Oh mia patria! Si bella e perduta*, pensei que, se matarmos a cultura sobre a qual foi edificada a Itália, poderemos de fato repetir "Oh minha pátria! Tão bela e perdida". Vamos cantar.

E, antes de reiniciar, advertiu: "*A tempo, peró!*" (Em tempo, porém!).

Junto ao coral do teatro, sob a batuta do maestro, as pessoas do público cantaram em meio às lágrimas, que não pouparam os cantores do coro. Minha descrição é pobre para captar e transmitir tanta emoção concentrada. Gostaria que este livro fosse como certos textos, acompanhados por links de vídeos. Não sei se os recursos tipográficos permitem inserir o link do episódio. Caso não seja possível, peço a quem lê que, por alguns minutos, interrompa a leitura, ingresse no YouTube e busque: "Va Pensiero, ópera Nabucco com Riccardo Muti, Roma 11.3.2011". O que assisti é um vídeo breve, de 14:22 minutos, reprodução do Canal Arte, da França. Prometo que não se arrependerá, é de arrepiar pela força da beleza, com lições muito além da Itália, a nós, em particular, pelo mal que o governo Bolsonaro fez à nossa cultura e às artes, incomparavelmente mais grave que os atentados de Berlusconi.[2]

Pois bem, o que vivemos naquela tarde no Palmeiras não atingiu o mesmo nível de emoção, mas também valeu a pena. O presidente e sua comitiva se comoveram com a fidelidade à pátria e cultura dos avós daquelas mulheres e homens simples, muitos agricultores, alguns talvez bisnetos dos imigrantes de origem, que, depois de gerações, continuavam a cantar os hinos, se agarravam teimosamente às tradições e aos escudos medievais de comunas distantes no espaço e no tempo!

O *Va Pensiero* comove até às lágrimas porque é o canto por excelência dos exilados, dos que perderam para sempre a bela pátria distante. Se ainda pudessem cantar, seria o hino dos velhos italianos emigrados que vão morrendo um a um. O tempo todo em que escrevo este capítulo, penso nos que conheci em menino. Antes que se apagassem, tentei recolher as lembranças que me contavam. Hoje, esquecidos de todos, eles talvez vivam somente em minha recordação. A memória é nossa única arma para inverter o sentido do processo natural, para dar vida a nossos pais e avós, os que ainda lembravam do perfume e do gosto dos frutos da terra natal, falavam os dialetos que desaprendemos. É o último e comovido tributo que podemos render aos nossos velhos italianos, agarrando-nos a essas queridas sombras pela lembrança, impedindo pela memória que o esquecimento os condene a morrer de novo.

---

2 Disponível em: <www.youtube.com/watch?v=oebv9IR7IjI>. Acesso em: 5 mar. 2024.

Boutros-Ghali e Rubens Ricupero, Genebra, julho de 1997
Lançamento do programa de treinamento de países em desenvolvimento para as negociações comerciais: Rubens Ricupero, secretário-geral da UNCTAD, e o ganês Kofi Annan, secretário-geral da ONU
Fotógrafo não identificado, acervo do autor

Queimando os navios

Até hoje não sei bem o que dizer quando me perguntam por que, com menos de um ano no magnífico Palácio Pamphili, aceitei trocar a embaixada em Roma pela Secretaria Geral da UNCTAD em Genebra. Luiz Felipe Lampreia, que era então o ministro das Relações Exteriores de Fernando Henrique, achou que eu havia perdido o juízo. Cético sobre o multilateralismo onusiano em geral, Luiz Felipe tinha escasso apreço pela UNCTAD, em particular. Não entendia, junto com muitos outros, que eu me dispusesse a deixar o esplendoroso cenário da Piazza Navona para me aborrecer com uma organização infestada de problemas e dúvidas.

Assim como acontecera em outras mudanças decisivas de minha vida, nada havia sido planejado ou previsto, a evolução se devendo ao acaso e às circunstâncias. Terminada a visita do presidente Scalfaro ao Brasil, começava o escaldante verão romano. Com três a quatro meses de posto, não teria sentido dizer que me sentia insatisfeito com a escolha. A quantidade de trabalho bastava para preencher honestamente o dia, embora não se comparasse com a embaixada em Washington ou a Missão em Genebra, para não falar do Ministério da Fazenda.

Em Roma e nas demais embaixadas semelhantes ao "circuito Elizabeth Arden" – Londres, Paris, Madri – não havia normalmente grandes desafios, as relações bilaterais fluíam por si próprias como um rio tranquilo. O comércio, os investimentos, os fluxos financeiros não dependiam da embaixada, corriam por conta de empresas como a FIAT e dos mercados. No plano político, como em qualquer outro país da Europa, ocupávamos posição periférica na ordem de prioridades, atrás dos assuntos da União Europeia, dos Estados Unidos, da Rússia, da China, das nações causadoras de problemas na África do Norte, Oriente Médio, das antigas colônias.

Confesso que custava um pouco a me readaptar às obrigações habituais impostas pela praxe diplomática: visitar os demais embaixadores, receber a visita deles em retribuição, oferecer ou participar de almoços e jantares com os "caros colegas", quase sempre gente com que sentia pouca afinidade de gostos e interesses. Era forte demais o contraste do cotidiano diplomático com as atividades absorventes a que me havia habituado nos ministérios do Meio Ambiente e da Fazenda. Mesmo os assuntos de trabalho que não pertenciam ao domínio das formalidades me davam a sensação de irrelevantes se comparados ao que eu fazia antes. Desconfiava, no fundo, que não era muito diferente de Araujo Castro: continuava a acompanhar com paixão as grandes questões das relações internacionais, escrevia cada vez mais ensaios e pequenos livros sobre esses temas, mas a rotina de uma embaixada me inspirava tédio.

Demorei meses, dois ou três anos, por outro lado, para me recuperar psicologicamente do trauma anterior, dos ataques injustos, as críticas malévolas, o sentimento amargo de fracasso pessoal, o sofrimento de Marisa e de meus filhos. A depressão, minha velha conhecida desde a adolescência, voltou a tomar conta de mim. A permanente beleza que nos rodeava em Roma, a exploração de suas inesgotáveis revelações, as viagens pela Itália que descrevi no capítulo precedente, ajudavam a combater o pálido fantasma interior da depressão, sem atingir de verdade a raiz do problema: o desassossego profundo que sentia.

Compreendi naqueles dias como alguém pode se sentir infeliz no paraíso. O Palácio Pamphili merece com juros os elogios e a admiração que desperta. Lembro até hoje o que sentia ao despertar de manhã em nosso quarto, vasto como um salão. Olhava, deslumbrado, como se fosse a primeira vez, cada um dos afrescos que ornavam o teto, cenas da história de José no Egito, de seu cativeiro, da ascensão a ministro todo-poderoso do faraó, do reencontro comovido com seu pai, Jacó, seus irmãos que o tinham vendido como escravo. A beleza se renovava nas demais dependências.

Morar num palácio, no entanto, é como morar dentro de um museu. A gente se sente como um intruso, um visitante, alguém que não pertence àquele cenário teatral. Construídos por pontífices e potentados, palácios como o Pamphili destinam-se a impressionar, mais que a fornecer aconchego e conforto aos moradores. A escala dos aposentos tende a apequenar as pessoas, a fazê-las sentir a incongruência de ocupar tais espaços sobre-humanos. Homens poderosos e imensamente ricos como o papa Inocêncio X, o dono original, tinham o hábito de entreter, quase em base diária, sessenta, setenta ou mais convidados nos salões de jantar e de recepção. Como se dizia em Portugal antigamente, viviam "à lei da nobreza". Nada disso é concebível em nossos dias.

Esses sentimentos difusos constituem o pano de fundo da explicação do que veio a acontecer comigo. Não obstante o desassossego, a inércia e o hábito teriam pesado em favor da permanência em Roma se não fosse o telefonema que recebi do secretário-geral da ONU, Boutros Boutros-Ghali.

Passava um fim de semana em Capri quando o secretário-geral, que eu não conhecia, me telefonou no hotel para me convidar para a UNCTAD.

Não perguntei e, mesmo agora não sei, como ele chegou a meu nome. Pedi uns dias para pensar e comecei por consultar Marisa e meu filho Bernardo, que passava uns tempos conosco. Bernardo foi o mais categórico em dizer que eu devia aceitar. Marisa, nem tanto, pois se encantara com Roma. Diria no futuro que aqueles meses passados na embaixada tinham sido para ela verdadeiras *vacanze romane* (férias romanas).

Quase tudo na oferta representava piora nas condições pessoais. Eu ganharia menos do que como embaixador, não disporia de casa, teria de buscar moradia por mim mesmo e arcar com os custos, não haveria nenhuma das mordomias associadas às embaixadas, nem o carro oficial estava garantido. Um fator poderoso, em compensação, era que moravam em Genebra nossas filhas Isabel e Mariana e poderíamos assim voltar a ficar perto não de todos os quatro, mas de dois de nossos filhos. Gostávamos da cidade e eu sentia saudades do trabalho em comércio em que me havia iniciado no GATT. Não sabia quase nada da situação da UNCTAD, nem tive o cuidado de me informar, como teria feito pessoa mais prudente.

Após alguma hesitação, lembrei dos títulos que Gustavo Corção deu a dois capítulos sucessivos de seu livro sobre a conversão ao catolicismo, *A descoberta do outro*.[1] Não me lembro se nessa ordem ou ao contrário: "Quem pensa não casa" e, em seguida, "Quem casa não pensa". O que ele queria dizer, creio, é que, nas grandes decisões, é preciso pensar bastante, mas não demais, sob pena de paralisar a decisão.

Acabei por me decidir a aceitar. No início, pedi licença do Itamaraty. Logo em seguida, refleti que dificilmente voltaria à carreira. A experiência de Roma me havia convencido de que, para mim, a fase da vida diplomática se havia esgotado. Melhor virar a página de vez, pedir a aposentadoria, o que fiz em dezembro de 1995, aos 58 anos,

---

1 Gustavo Corção, *A descoberta do outro*. Campinas: Vide Editorial, 2017.

decisão rara no Itamaraty daquela e de outras épocas. Queimei os navios, não tinha mais volta.

Aos poucos, fui tomando conhecimento do que se passava na UNCTAD. O último secretário-geral, um diplomata ganense, renunciara antes de terminar o segundo mandato. Haviam passado meses sem que se designasse novo dirigente. A organização permanecia a cargo de um interino, o subsecretário Carlos Fortín, economista chileno. Circulavam rumores de que os Estados Unidos tramavam a supressão da UNCTAD, sob o pretexto de que a entrada em funções, naquele ano de 1995, da Organização Mundial de Comércio (OMC), criada pela Rodada Uruguai, tornava redundante a existência de uma segunda organização multinacional de comércio. De acordo com esses mesmos rumores, devia-se à decidida pressão do G77 – Grupo dos 77 e China em Nova York – a decisão de Boutros-Ghali de finalmente escolher novo secretário-geral.

Aprendi na ocasião que a UNCTAD pertencia à categoria das entidades que faziam parte do que se chamava de UN proper, isto é, das "Nações Unidas propriamente ditas", da mesma forma que os diversos departamentos da ONU em Nova York, a UNICEF (Fundo das Nações Unidas para Infância), o PNUD ou em inglês UNDP (Programa de Desenvolvimento das Nações Unidas), o ACNUR (Alto Comissariado das Nações Unidas para Refugiados), o ACNUDH (Alto Comissariado das Nações Unidas para os Direitos Humanos), esses dois últimos sediados em Genebra.

A UN proper se diferenciava das agências especializadas, tais como a OIT (Organização Internacional do Trabalho), OMS (Organização Mundial da Saúde), OMPI (Organização Mundial da Propriedade Intelectual), UNESCO (Organização das Nações Unidas para a Educação, a Ciência e a Cultura) etc. Enquanto as agências gozam de autonomia para escolher seus diretores e possuem orçamentos próprios, as entidades das "Nações Unidas propriamente ditas" dependem do secretário-geral da ONU para a escolha de seus diretores e recebem seus recursos do orçamento geral da organização-mãe. Em alguns casos, como o da UNCTAD, o dirigente principal deve ter a indicação aprovada igualmente pela Assembleia Geral das Nações Unidas.

Tão logo a Assembleia deu seu aval, se não me engano em setembro, fui a Nova York, começando a me inteirar do tamanho da encrenca em que me havia metido. O primeiro choque veio da audiência com a representante dos Estados Unidos junto à ONU, Madeleine Albright, que se tornaria mais tarde secretária de Estado do presidente Clinton. Em 1995, vivia-se o apogeu da fase denominada "monopolar", o momento em que os norte-americanos davam as cartas nas relações internacionais e nas organizações multilaterais, sem se importar com a possibilidade (remota) de qualquer limitação ao poder que exerciam. Solicitei, assim, uma audiência para me apresentar e conhecer a representante do poder hegemônico.

Na manhã do encontro, ela me deixou esperar uns poucos minutos e, ao entrar, foi logo dizendo: "Embaixador, quero que o senhor saiba que não fui consultada sobre sua indicação!". Desferido esse golpe à queima-roupa, ela adotou um tom normal e conversamos por algum tempo. A declaração abrupta, sem rodeios, pouco diplomática para dizer o mínimo, me deixou preocupado sobre o que ela queria dizer. Não se tratava talvez de objeção pessoal a meu nome, pois não tinha havido razão para tanto, inclusive levando em conta que, poucos anos antes, eu tinha sido embaixador do Brasil em Washington e mantinha boas relações com o governo Clinton. A impressão que me ficou confirmava os rumores de que os Estados Unidos teriam preferido não preencher o cargo vago de secretário-geral da UNCTAD como passo prévio à sua eventual supressão.

Essa impressão se reforçou nos contatos que tive com Boutros-Ghali e seus principais assessores, sobretudo um norte-americano vindo da iniciativa privada, nomeado subsecretário-geral de Administração da ONU com a intenção declarada de podar os gastos e os alegados abusos da burocracia onusiana. A metade da década de 1990 coincidiu com uma das mais graves crises das Nações Unidas, da qual um dos aspectos mais danosos foi o sistemático atraso das contribuições financeiras do principal contribuinte, os Estados Unidos, com poderes de estrangular a organização, deixando-a a pão e água. Desde o princípio, me declararam sem ambiguidade que a UNCTAD só teria chance de sobreviver se se submetesse "espontaneamente" a um drástico processo de reforma e *downsizing*, isto é, encolhimento.

Passada uma rápida fase de transição, assumi plenamente o novo posto. Em sintonia com o segundo da organização, Carlos Fortín e um pequeno núcleo de especialistas nos meandros da administração da ONU, decidimos não esperar, como teria sido natural (e arriscado), a Conferência Geral da UNCTAD, que deveria ocorrer na África do Sul, em Midrand, perto de Joanesburgo, em meados de 1996. Propusemos uma nova estrutura, talvez mais radical do que tinham em vista os "reformadores". Estávamos dispostos a reagrupar as nove grandes divisões existentes em menos da metade.

Seriam quatro as novas divisões, de acordo com a área temática de especialização, a saber: Globalização e Estratégias de Desenvolvimento (GDS em inglês); Investimento, Tecnologia e Desenvolvimento da Empresa (DITE); Comércio Internacional em Bens, Serviços e Matérias Primas (DITC) e Infraestrutura de Serviços para o Desenvolvimento e Eficiência Comercial (SITE). Além das divisões, haveria um posto transversal que concerniria a todas as divisões: uma Coordenação Especial em favor dos países menos desenvolvidos (LDC em inglês), categoria que abrange os pobres dentre os pobres, quase todos na África. Devolvíamos, em consequência, vários postos administrativos cobiçados à organização-mãe em Nova York.

A reforma recebeu acolhimento mais favorável do que esperávamos. Chegou até a merecer explícita menção de elogios no relatório aprovado na Reunião de Cúpula do Grupo dos Sete (G7) em Lyon, França (junho de 1996). Superadas as objeções administrativas e os riscos mais imediatos, voltamos nossa atenção à alegação ideológica sobre a suposta prescindibilidade da UNCTAD devido à instituição da Organização Mundial de Comércio.

Argumentava-se que a primeira se havia convertido ao longo dos anos no principal fórum partilhado pelo Norte e pelo Sul, isto é, por países ricos e pobres no contexto da hostilidade típica do mundo bipolar da Guerra Fria. Da mesma forma que o confronto Leste-Oeste desaparecera com a queda do Muro de Berlim e a desintegração da União Soviética, a confrontação Norte-Sul deveria dar lugar à unificação da economia em dimensão planetária por meio da globalização do comércio, dos investimentos e dos fluxos financeiros.

Tornava-se necessário, portanto, repensar as bases do trabalho da UNCTAD, a partir da evolução do cenário histórico. A organização havia sido uma criação característica dos turbulentos anos de 1960, a década da construção do Muro de Berlim e a crise dos mísseis de Cuba, terminando com a escalada da Guerra do Vietnã. Acontecimentos tectônicos de tamanha radicalidade não podiam deixar de encontrar manifestações nas artes, na música e na cultura pop, até o avassalador impacto do rock, não somente como forma de expressão artística, também como manifestação pública de um novo estilo de viver nos festivais gigantes de que Woodstock se converteu em símbolo.

Alguns se insurgiram contra a obrigação de competir sem cessar, preferindo o lema surrealista relançado por Maio de 68: "Não basta mudar de vida, é preciso mudar a vida". Ou outro slogan de então: "Seja realista, exija o impossível". Brotaram do solo as comunas hippies e de diferentes tendências. Mergulhou-se no caminho sem saída da cultura das drogas, em que muitos deixaram e continuam a deixar as vidas.

De alguma maneira, a própria concepção que conduzira à UNCTAD em 1964, no meio da década, refletia esse clima propício às utopias, em que tudo parecia ao alcance da mão.

As vicissitudes pelas quais passaria a tentativa de realizar a ideia na prática lembram um pouco uma reflexão do então presidente da França, general de Gaulle, sobre o Concílio Vaticano II, inaugurado alguns anos antes. Comentando a ambição do Concílio no sentido do "*aggiornamento*" da Igreja, isto é, de sua atualização em relação ao mundo moderno, De Gaulle a comparava à ruptura, pouco antes, de uma grande barragem na França. A investigação do desastre não havia encontrado nenhuma fissura nem defeito de edificação da barreira. Simplesmente o que havia ocorrido tinha sido um violento movimento de placas que sacudira com força o solo abaixo da represa. Observou De Gaulle: "O problema do Concílio foi que, no momento em que a Igreja tentava se adaptar ao mundo, o mundo tinha entrado em convulsão, balançando o solo debaixo dos bispos".

A imagem se aplica a tudo que estamos descrevendo. Com o agravante de que a convulsão, longe de ceder à estabilização, prossegue até hoje, cada vez mais imprevisível.

Acreditou-se por um momento ser possível aos diferentes países se sentar em torno de uma mesa para negociar as regras que reformulariam as relações financeiras e comerciais de maneira mais justa e equilibrada. Parte do projeto seria propor códigos de conduta para atores privados como as corporações multinacionais. O conceito embutia forte componente utópico, reflexo do espírito da época, talvez eco distante do Iluminismo. Tratava-se, nada mais nada menos, de sugerir uma redistribuição profunda do poder e da riqueza no mundo por meio de processo racional, formalizado em acordos diplomáticos.

O voluntarismo altamente idealista do conceito tendia a ignorar que o poder, definido pelos realistas em termos de interesses, continuava a ser o núcleo duro das relações internacionais nos campos político e econômico. Esquecia-se que o poder se expressa não somente em bombas atômicas, mas também na capacidade de determinar, quando não de ditar, as regras financeiras e comerciais.

A ação de fortes personalidades como Nehru, da Índia; Nasser, do Egito; Sukarno, da Indonésia; Tito, da Iugoslávia, havia criado a ilusão de um Terceiro Mundo capaz de servir de mediador político entre o Primeiro Mundo das nações capitalistas ocidentais e o Segundo Mundo dos socialistas da União Soviética e seus satélites. Por breves momentos, chegou-se a crer que a configuração de forças se inclinava em favor dos subdesenvolvidos em consequência dos dois sucessivos choques de petróleo, a derrota americana no Vietnã, seguida da renúncia de Nixon e do relativo desengajamento dos Estados Unidos de muitas zonas de conflito devido à pressão do Congresso.

Estava montado o cenário para alimentar o devaneio da negociação de Nova Ordem Econômica Internacional, que absorveria os esforços inúteis de inúmeras diplomacias e conduziria a UNCTAD a um impasse que durava quase duas décadas quando cheguei à organização em 1995.

Como a proposta original dos anos 1960 tinha evoluído de maneira a se cercar de tamanho descrédito? Na origem da UNCTAD, encontrava-se o pensamento criador de Raúl Prebisch, o economista argentino que dominou o cenário do debate econômico na América Latina das primeiras décadas depois da Segunda Guerra Mundial. Prebisch narrou como, formado na adesão às receitas da economia neoclássica aprendidas na faculdade, constatou que elas de nada lhe serviam ao ser nomeado diretor do Banco Central argentino no auge da Grande Depressão dos anos 1930.

A evidência de que as teorias convencionais eram impotentes contra a depressão obrigou Prebisch a rever as ideias, conforme acontecia com Keynes na mesma época. Sua intuição básica foi que existia relação assimétrica entre o centro industrializado e a periferia fornecedora de matérias-primas e que o progresso técnico se propagava muito lentamente do primeiro em direção à segunda.

A fim de romper o nexo de desigualdade, era preciso industrializar os países periféricos, substituindo a importação de produtos simples, capazes de ser produzidos localmente. Reproduzia-se, assim, o caminho percorrido no passado por todas as nações ricas e já então seguido pelo Brasil e outros desde a crise dos anos 1930 e a Segunda Guerra Mundial.

Após ter encontrado no tipo de inserção de cada país na economia mundial a chave da explicação para o drama, era natural que o ex-diretor do Banco Central buscasse campo de aplicação mais amplo para sua teoria. A internacionalização de Prebisch começou com seu trânsito da Argentina para a América Latina. Como diretor-executivo da CEPAL (Comissão Econômica para a América Latina e o Caribe), ele iria revolucionar a estratégia latino-americana de desenvolvimento. O desdobramento lógico seguinte era ampliar a esfera de ação ao sistema internacional, pois só neste poderia alcançar a solução dos problemas da periferia.

Ele fundou a UNCTAD, da qual foi seu primeiro secretário-geral, de 1964 a 1969. Tentou ali estabelecer um novo arranjo econômico internacional mediante negociações entre ricos e pobres. Os primeiros deveriam estabilizar o preço das matérias-primas exportadas pelos periféricos e abrir os mercados a esses, por meio de preferências para suas manufaturas simples. Desse modo, os subdesenvolvidos adquiririam pelo comércio, não pela ajuda, os recursos para pagar pela importação de bens de capital e tecnologia de economias avançadas. Era um esquema viável, baseado não no assistencialismo, mas no interesse mútuo e na interdependência.

Não funcionou porque o mercantilismo protecionista dos ricos não lhes permitiu aceitar transferir aos pobres nem mesmo as indústrias decadentes intensivas em mão de obra, o que só fariam obrigados pelo "milagre asiático", anos mais tarde. Não era do interesse dos poderosos de ontem, como continua a não ser dos de hoje, introduzir as profundas mudanças requeridas para que a nova ordem fosse a globalização de Prebisch, e não a variante perversa que vem causando tantas convulsões, inclusive no seio das economias avançadas.

Convocada em 1962 e realizada em março e abril de 1964, a primeira Conferência das Nações Unidas sobre Comércio e Desenvolvimento (UNCTAD, na sigla em inglês) poderia ter sido a única desse nome, caso as propostas de Prebisch tivessem sido aceitas. Mais de quatro mil delegados de 119 países compareceram ao que se considerou o "evento internacional do ano". No meio da reunião, o golpe militar no Brasil obrigou à mudança na chefia da delegação brasileira e acarretou a cassação e a expulsão do Itamaraty de seu chefe, embaixador Jaime Azevedo Rodrigues. Os ventos estavam mudando para direção contrária aos desígnios dos proponentes da reunião.

O balde de água gelada veio no discurso do delegado norte-americano, o subsecretário de Estado George Ball, que, em linguagem dura, alertou que o relatório com as propostas de Prebisch era idealista, moralmente elevado e razoável, porém infelizmente irrealista. Os Estados Unidos rejeitaram praticamente todas as propostas para um novo sistema de cooperação internacional. Diante desse muro de recusa, o que restou, depois de semanas de desacordos, residiu numa saída institucional: já que naquele instante era inviável reformar o comércio e a economia, ao menos podia-se manter viva a aspiração, tornando a Conferência um processo contínuo de busca de consenso.

Ao convertê-la em instituição permanente da ONU, conservava-se acesa a esperança de que surgisse no futuro melhor oportunidade para um acordo sobre a reforma. Para isso, entretanto, seria preciso reconhecer realisticamente que não estavam dadas as condições necessárias, que teriam de ser construídas com perseverança e paciência. Foi isso justamente o que faltou. As divergências da primeira grande reunião se agravaram na segunda UNCTAD, realizada em Nova Delhi, em 1968. Já então se manifestava claramente o choque entre o pragmatismo de Prebisch e o mergulho na radicalização do setor mais militante do Grupo dos 77.

O presidente do Grupo em Nova Delhi foi o embaixador Azeredo da Silveira, chefe da Missão do Brasil em Genebra e futuro chanceler. Causa impressão penosa a leitura da descrição da discussão aos gritos na qual Silveira acusou Prebisch de "traidor do Terceiro Mundo", recebendo em troca um insulto pessoal de baixo calão.[2] Persuadido de que somente a busca paciente de consenso com os países ricos permitiria avançar, Prebisch se distanciava cada vez mais da tática de forçar o confronto, favorecida pelos membros radicais.

Intuindo que a tendência levaria a caminho sem saída, resolveu renunciar no ano seguinte, pouco depois de ver seu mandato renovado para novo termo. "Don Raúl" voltou ao lar de onde havia partido e lá morreu em 1986, sem ver sua América Latina emergir da crise da dívida externa dos anos 1980. Depois de sua saída, aprofundou-se a ilusão nutrida pelo clima internacional dos anos 1970.

---

2 Edgar J. Dosman, *The Life and Times of Raúl Prebisch 1901-1986*. Montreal: McGill-Queen's University Press, 2008, p.433.

Renato Ruggiero, 1º diretor-geral da OMC – Organização Mundial do Comércio, e Rubens Ricupero, secretário-geral da UNCTAD, na 37ª reunião do Conselho Ministerial da OCDE, Paris, 27-28.4.1998
© OECD Photo OCDE, Christof Aubrian, acervo do autor

Reinventar a UNCTAD: o aprendizado da África

Um abismo se havia cavado entre a era de ilusões dos anos 1970 e o apogeu da globalização capitalista dos anos 1990, instante de minha indicação para chefiar a UNCTAD. O ceticismo mesclado de zombaria se comprazia em fazer pouco das veleidades da ONU. Ao noticiar que eu havia sido nomeado, o *Financial Times* comentou na coluna "Observer" que a sigla da entidade passara a ser decifrada como "*Under No Conditions Take Any Decision*", quer dizer: "Não tomar decisões sob nenhuma circunstância"... Ao relembrar isso, me dou conta que, por ironia, é o mesmo que se poderia dizer hoje da Organização Mundial de Comércio, tão idolatrada na época.

O que deveríamos fazer na UNCTAD? Teria sido um erro fatal insistir por nostalgia em recuperar o que tínhamos perdido: a condição de fórum de negociações conduzidas pelo desacreditado sistema de blocos. Ainda pior teria sido ignorar as mudanças ocorridas nas atitudes dos países-membros, inclusive, e sobretudo, em desenvolvimento, no sentido da crescente diversificação de interesses concretos e de posições, bem como a emergência de novas organizações como a OMC.

Em vez de se fechar no passado, a UNCTAD teria de se reinventar a si mesma de maneira a se converter numa entidade baseada na produção de conhecimento a serviço dos países em desenvolvimento: um laboratório de ideias inovadoras, comprometido eticamente com a luta para criar condições mais equitativas para as nações excluídas e/ou marginalizadas.

Existia, é verdade, discrepância entre objetivos tão ambiciosos e os meios limitados disponíveis para alcançá-los. A UNCTAD não tinha e continua a não ter poder para promover mudanças ou aumentar a justiça internacional por meio da adoção de regras comerciais em todo o mundo (como a OMC), ou o poder de financiar o desenvolvimento (como o Banco Mundial) ou para aliviar o ônus da dívida, prevenir ou administrar crises financeiras (como o FMI).

O poder certamente é o elemento central nas relações internacionais, mas nem tudo se resume a ele. Existe permanente tensão dialética entre situações de conflito, nas quais o poder predomina, e de cooperação, que se caracterizam pelo interesse comum e a interdependência. Cabia-nos demonstrar essa possibilidade por meio das ideias. Tínhamos de retornar à conhecida passagem de Keynes:

> As ideias dos economistas e dos filósofos políticos, tanto quando certas como quando erradas, são mais poderosas do que comumente se entende. Na verdade, o mundo é governado por pouco mais do que isso. Os homens práticos que se consideram isentos de quaisquer influências intelectuais são geralmente escravos de algum economista defunto.

Começamos a obra de "reinventar" a UNCTAD por meio do conhecimento e das ideias na grande Conferência Geral que se realizou em Midrand, perto de Joanesburgo, África do Sul, em abril-maio de 1996.

A reunião coincidiu com o nascimento de uma nova nação e o ressurgimento do seu povo majoritário, até então sob o jugo do *apartheid*. Passei vários meses no país, na preparação e execução da conferência. Coincidindo com a inauguração, o presidente Nelson Mandela quis também que participássemos todos, o secretário-geral da ONU, Boutros Boutros-Ghali, o rei da Jordânia, vários presidentes convidados, das celebrações do chamado Dia da Liberdade da África do Sul.

Nessa data, dois anos antes, eleições democráticas e pacíficas haviam completado processo nunca antes registrado na história da opressão: a passagem sem sangue, sem violência, de um regime minoritário, cruel, tirânico, de meio século de duração, para um governo de maioria africana espoliada e marginalizada em sua própria terra.

Ao lado do presidente Mandela, vivi em Pretória, horas que se inscreveram entre as experiências mais marcantes e inesquecíveis de minha vida. Nada de desfile militar, de exibição orgulhosa de blindados e canhões. Só o povo ocupava as ruas e as praças. Mas que povo maravilhoso e espontâneo! A festa se compunha de 10% de organização e o resto era genuína explosão de criatividade popular, alegria, cantos, danças, grupos tribais com tecidos e adornos de cores resplandecentes. E, acima de tudo, permeando a festa, um sentimento de fraternidade, união, paz e reconciliação.

Nenhuma sombra de ressentimento, nenhuma amargura, nessa encarnação da dignidade e da grandeza. Vinte e sete anos de prisão e isolamento não quebraram o espírito do presidente Mandela. Tampouco lhe deixaram algum desejo de vingança. Essa generosidade de alma, a capacidade ilimitada de perdoar, contagiaram a população inteira. A fim de dar base sólida ao perdão, os sul-africanos tiveram mais coragem e sabedoria do que nós. Criaram, sob a presidência do arcebispo Desmond Tutu, a Comissão da Verdade e da Reconciliação, "a fim de fazer a paz com o passado, investigando, registrando e divulgando a verdade sobre as violações de direitos humanos". O lema da comissão era: "Compreensão, não vingança; reparação, não retaliação".

Logo após a festa, almocei e conversei longamente com o ex-presidente Frederik De Klerk, a pessoa-chave que tornara possível toda essa mudança. Homem inteligente e bem informado, nele também não percebi vislumbre algum de arrependimento ou frustração. Um dos líderes africanos presentes disse, com razão, que De Klerk passaria à história como o primeiro chefe de governo de dominação racista capaz de pôr em marcha, sem nenhuma ilusão, um processo político que o alijaria do poder de maneira inevitável.

Duas reflexões me vieram constantemente ao espírito nessas horas. A primeira foi sobre o prazer, a excitação de viver um momento privilegiado da história em que Deus suscita homens que nos consolam dos Hitler e Stálin com seres humanos que nos provam existir também em nós uma capacidade infinita de renovar o milagre do amor.

Meu segundo pensamento era sobre a semelhança com o Brasil: os mesmos contrastes brutais entre bairros residenciais cinematográficos e favelas precárias, a criminalidade originada de um desemprego gigantesco, o idêntico desafio de integrar duas nações, uma próspera, outra miserável. Não temos, é certo, como lá, a complexidade, o antagonismo de raças, onze línguas diferentes! Mas será que alguma vez tivemos a qualidade moral de uma liderança como a de Mandela? Talvez, aos males maiores, Deus reserve seus melhores dons em seres humanos.

Terminada a conferência, pude finalmente penetrar no coração da África. Após duas semanas entre Pretória e Joanesburgo – a dourada máscara de Primeiro Mundo da África do Sul –, viajamos, Marisa e eu, para o Nordeste do país, no sentido real e figurado, perto da fronteira com Moçambique. Lá, tivemos um encontro com os líderes de uma comunidade de duas mil pessoas do povo Shangane, que vive em ambos os lados da fronteira.

Havia serviço religioso na igreja de Jesus Nazareno e o coro cantou para nós um dos hinos, misto de "*spirituals*" do sul dos Estados Unidos e hino anglicano. Ficamos arrepiados ao ouvir vozes tão poderosas e comoventes. Cantavam o refrão: "Somos todos filhos do mesmo Deus". A solista, uma mocinha magra de seus dezessete anos, cantava como um anjo, não desses melífluos que se imaginam cantando ao som da harpa. Era um anjo do Apocalipse, de voz de trovão e tempestade.

Sabendo que alguns eram refugiados de Moçambique, perguntei se ainda lembravam da língua portuguesa. Adiantou-se um velhinho de barba branca, perto dos noventa anos, querendo beijar-nos as mãos, comovido por falar a língua da sua infância. Vendo aquela pobre gente, com seus modestos, mas coloridos trajes de domingo, de alegria radiante, lembrei-me do Brasil, tão distante e tão perto. Lembrei-me do que devemos à África, de Castro Alves de "Vozes d'África", do nosso povo, tão parecido com esse, na sua pobreza e alegria.

Durante os meses que passei na África do Sul, li o que pude sobre o país e sua experiência histórica. Uma das leituras que mais me impressionou foi o discurso de um dos primeiros intelectuais africanos da geração da independência, o falecido Seretse Khama, nessa época reitor da Universidade de Botsuana. Dizia ele em 1970 acerca da sistemática obra de deseducação e destruição da identidade cultural africana levada a efeito pelos colonizadores europeus:

> Ensinaram-nos, às vezes de forma muito positiva, a nos desprezarmos a nós mesmos e ao nosso modo de vida. Levaram-nos a crer que não tínhamos passado do qual pudéssemos falar, nem história da qual nos orgulharmos. O passado, no que nos dizia respeito, era apenas uma página em branco e nada mais. Somente o presente interessava e sobre ele tínhamos muito pouco controle...

Sentimento parecido é expresso por Mandela em trecho pungente de sua autobiografia. Aos dezesseis anos, participou com outros vinte e tantos rapazes da mesma idade do rito de passagem de acesso à idade adulta do povo Xhosa, a que pertencia. No final das provas, realizava-se cerimônia festiva em que todos ganhavam presentes. Um prestigioso chefe veio especialmente de longe para presidir a solenidade. Em vez de congratulá-los, o orador fez um discurso sombrio no qual lamentava que a promessa representada pela:

> flor da nação Xhosa [...] se destinasse a permanecer irrealizada, pois nós Xhosas e todos os sul-africanos negros somos um povo conquistado, escravos em nosso próprio país [...]. Não temos força, poder, nem controle sobre nosso próprio destino [...]. Entre estes jovens há chefes que jamais governarão porque não temos poder algum para governar a nós mesmos; guerreiros que nunca lutarão porque não temos armas [...]. Os presentes da cerimônia de hoje não significam nada, pois não lhes podemos dar o maior dos presentes que é a liberdade e a independência. Bem sei que Qamata (o Deus dos Xhosas) tudo vê e jamais dorme, mas suspeito que Qamata está cochilando. Se é assim, quanto mais cedo eu morrer, melhor será porque poderei encontrá-lo, sacudi-lo do sono e dizer-lhe que os filhos de Ngubengcuka, a flor da nação Xhosa, estão morrendo!

Em tom de reação afirmativa, Seretse Khama assim terminava seu discurso:

> Nossa intenção agora deveria ser a de tentar recuperar o que pudermos do nosso passado. Deveríamos escrever os nossos próprios livros de história, a fim de provar que tivemos de fato um passado; e que esse passado merece ser conhecido e estudado como qualquer

outro. Precisamos fazer isso pela simples razão de que uma nação sem passado é uma nação que se perdeu e um povo sem passado é um povo sem alma.

Pouco conhecido fora da região, o próprio Khama praticou no governo o que pregava no discurso. Sua vida teve lances cinematográficos e acabou mesmo por inspirar um filme.[1] Aos quatro anos, começou como rei do Protetorado de Bechuanalândia,[2] mas perdeu o trono e foi exilado pelos britânicos por causa da decisão de casar por amor com mulher branca, simples amanuense de escritório por quem se apaixonara em Londres.

Autorizado, anos depois, a regressar como cidadão comum, liderou o movimento de independência, tornando-se o primeiro presidente de Botsuana. Transformou o país que era um dos três mais pobres da África em modelo de crescimento econômico. Seu governo se destacou no combate à corrupção e nos investimentos em educação, saúde e bem-estar. Foi o principal responsável em converter uma nação em grande parte desértica numa das histórias de sucesso da independência africana.

Não cheguei a encontrar Khama, que morreu relativamente jovem. Tive a sorte, contudo, de conhecer relativamente bem Mandela, bem como o terceiro da grande geração de líderes anglófonos da independência, Julius Nyerere, primeiro presidente de Tanganica desde sua independência e autor da bem-sucedida unificação do país com

---

1 *Um reino unido* [*A United Kingdom*, 2016], dirigido por Amma Asante, com David Oyelowo e Rosamund Pike, narra seu casamento e as perseguições sofridas de parte dos governos inglês e sul-africano.

2 Bechuanalândia, protetorado estabelecido na África meridional, em 1885, pelo Reino Unido, tornou-se independente em 1966, quando adotou o nome de República de Botsuana.

Zanzibar para formar a Tanzânia. Contrastava com a maioria dos outros líderes pela austeridade, modéstia de vida e desprendimento. Foi dos raríssimos chefes africanos a deixar o poder voluntariamente, assemelhando-se nisso a Mandela.

Edificou sobre a base linguística do comum idioma swahili uma nação unida, que, apesar de mais de cem tribos, conseguiu superar melhor que as demais a maldição do tribalismo. Quando quiseram lhe dar o título altissonante de pai da pátria ou coisa do estilo, recusou e pediu que o chamassem de "Mwalimu", quer dizer, o mestre-escola modesto de escolinha do interior que ele foi, convertendo-se no mestre de vida e sabedoria de seu povo.

Conheci outros líderes africanos, não da mesma qualidade humana e política, nas inúmeras viagens que fiz pelo interior do continente. Não me limitei, é claro, somente aos contatos com políticos e funcionários. Junto com Marisa, que me acompanhou na maioria das jornadas, procurei conversar com as pessoas do povo, descobrir como viviam, o que pensavam da situação de seus países.

Tivemos, assim, experiências inesquecíveis como as visitas que fizemos às aldeias e reservas dos Massais do Quênia e da Tanzânia, povo altivo de guerreiros longilíneos e esbeltos, os homens vestidos com todos os padrões de vermelho vivo, do xadrez às listas e à cor sólida, vaidosos na maquiagem do rosto e nas joias, as mulheres trajadas de profundo azul-anil, brincos e colares de mil cores. São pastores, sempre com bastão, e creem, na sua mitologia, que todas as vacas do mundo lhes pertencem.

Ao saberem que, devido à aftosa, doença para eles sem importância, os europeus massacravam e queimavam milhares de vacas, choravam de indignação, exclamando: "Por que não nos dão essas vacas, para que cuidemos delas?". O território tradicional dos Massais é contíguo aos parques mais conhecidos de animais selvagens, os chamados "Big Five" ("Os Cinco Grandes"), isto é, o leão, o leopardo, o rinoceronte, o elefante e o búfalo, além de incontáveis outros.

O que teria sido dessa natureza incomparável, desses majestosos animais selvagens, se os Massais, antigos donos da área, não os tivessem preservado? Tendo carne e leite, jamais caçaram por esporte. Não concebem que alguém possa matar um animal por prazer. É a área de maior concentração de animais selvagens por quilômetro; os rebanhos de milhares de búfalos, zebras, antílopes, avestruzes que se veem nos documentários da TV, que na maioria das vezes foram filmados lá.

Tivemos o privilégio de percorrer com guias oficiais e a convite do governo a zona do Kilimanjaro, o Parque Nacional de Ngorongoro, cuja paisagem é de tirar o fôlego. Após quatro horas de estrada sacolejante, chega-se a 2.500 metros de altura, à borda de imenso círculo, de onde se contempla, lá embaixo, a gigantesca cratera de vulcão extinto, de 300 km^2 de área. De repente, nos damos conta de que já vimos em algum lugar o anfiteatro de montanhas envoltas na névoa fina da manhã, as encostas cobertas de camadas superpostas de árvores como fatias de bolo, as majestosas acácias de topo achatado dominando as demais e formando uma espécie de teto, a cobrir a floresta. Já vimos aquilo, é verdade: da mesma forma que os cânions do Colorado dos "westerns", o cenário faz parte do nosso inconsciente cinematográfico coletivo no tempo em que a África estava na moda em Hollywood, de *As neves do Kilimanjaro*[3] ao *The African Queen*, com Katharine Hepburn e Humphrey Bogart.[4]

Se jamais existiu um paraíso terrestre, certamente foi esse o lugar; nem mesmo falta o muro alto da cratera a fechar por todos os lados

---

3 Filme de Henry King e Roy Ward Baker, 1952, com Gregory Peck, Susan Hayward e Ava Gardner.

4 *Uma Aventura na África*, filme de John Huston, 1951.

o Jardim do Éden. E, de fato, como a confirmar que o dedo de Deus passeia por essas paragens, ao lado se encontra a garganta de Olduvai, onde Mary Leakey descobriu, imobilizadas para sempre na lava fóssil, as mais remotas pegadas de hominídeos, de 3,6 milhões de anos. Em diversos pontos da franja que se estende da Etiópia ao Quênia e à Tanzânia, ao longo do vale do Rift, sobrevivem os pedaços de ossos de nossos vagos e nebulosos avós. Não muito longe foi descoberta a sepultura de Lucy, até segunda ordem a mãe africana de todos nós.

As terras que não tiveram a bênção de contar com homens de paz como Mandela, Khama e Nyerere conheceram um destino de falsos começos e repetidas recaídas na guerra civil. Assim tem sido num dos mais antigos e fascinantes lugares da face da Terra, a Etiópia.

O visitante que desembarca na capital, Adis Abeba ("Nova Flor"), não tem a sensação de se encharcar de luz, como na África tropical de nossa fantasia. As terras altas do norte e centro da Etiópia lembram mais a paisagem andina de Cuzco. A diferença é a cor, de um bege avermelhado, não o cinza sujo de elefante de circo. A mais de 2.500 metros de altitude, o ar, cálido durante o dia, refresca à noite, obrigando todos a se cobrir, as mulheres enrolando-se desde a cabeça em xales brancos, o que acentua os ecos do Oriente arábico, aqui bem próximo.

Muito perto, de fato, do outro lado do mar Vermelho, branquejam as areias da Arábia, do Iêmen, não longe de Israel, das ruínas de Nínive e de Babilônia. Tudo, a principiar pelas montanhas enrugadas, tem o ar de uma velhice bíblica, de um planeta cansado de receber o impacto de meteoritos que lhe cicatrizam a superfície de crateras. A profunda falha geológica do vale do Rift se estende até o Quênia e a Tanzânia, ao sul.

Ilha de um cristianismo antiquíssimo num mar islâmico e colonialista, a Etiópia possui existência histórica continuada por bem mais de

2 mil anos. O império de Axum é considerado pelos arqueólogos como a última das grandes civilizações da antiguidade ainda por revelar, faltando escavar 98% do sítio localizado. Como terá chegado ao atraso e à miséria atuais país de tão antiga cultura, "museu dos povos" com mais de cem línguas, um milhão e cem mil quilômetros quadrados, 115 milhões de habitantes?

Juntamente com seus vizinhos na mesma região da África, a Etiópia se converteu no símbolo da fome e da insegurança alimentar. Há diferenças essenciais entre a fome africana e a variedade crônica que afeta países como o Brasil, para nossa humilhação e vergonha. Em inglês, duas palavras distintas indicam a diferença. Uma delas é a "*hunger*", a insuficiência de alimentos, a fome crônica, a desnutrição, a modalidade a que estamos mais habituados. A outra é a "*famine*", a variedade aguda, a absoluta falta de alimentos, a catástrofe que aniquila milhares em semanas ou meses, o flagelo do Apocalipse, a fome da Etiópia, do Sudão, da Somália.

Quem não se comoveu com as fotos e imagens de televisão das pessoas atingidas na grande fome de 1984-1985? Especialmente a foto inesquecível da jovem Madona africana com o filho morto ao peito, superposição de duas imagens, a da Natividade de Jesus e da Pietà, duas imagens que se fundem uma na outra?

Não obstante todos esses sofrimentos, várias vezes a Etiópia parecia que se encontrava em vias de resolver o problema, apenas para recair de novo, no pior dos flagelos, a guerra. Visitei o país com certa frequência por ser Adis Abeba a sede da União Africana e da Comissão Econômica da ONU para a África. Numa das primeiras visitas, o ministro do Planejamento me disse que a prioridade absoluta do governo era acabar com a insegurança alimentar que ameaçava mais da metade da população. Logo depois, a guerra contra a Eritreia fez esquecer todas as prioridades.

Queixam-se com razão os etíopes, os africanos em geral, de que parte não pequena da culpa corresponde aos imperialistas de ontem e de hoje. A eles, a franceses, britânicos, belgas, portugueses, alemães, deve-se o retalhamento impiedoso do continente, a divisão de nações da mesma língua e cultura em vários pedaços, como é o caso dos Somalis, divididos em cinco soberanias distintas! Hoje, a exploração prossegue sob a forma do neocolonialismo, da intervenção de forças estrangeiras, ultimamente de tropas mercenárias que fizeram do continente seu terreno de caça.

Dói ver tudo isso, ao mesmo tempo que se contempla a face escondida da África, da Etiópia, que só se descobre indo até o país e se internando por seu interior profundo, como Marisa e eu fizemos durante uma das curtas tréguas das guerras infindáveis. Sobreviveu nessa terra antiquíssima uma das mais vetustas formas do cristianismo, anterior ao Concílio de Calcedônia (451). Nasceu nos tempos dos apóstolos, guarda resquícios da liturgia hebraica, refere-se o tempo todo ao rei Salomão, à rainha de Sabá, considera-se guardiã da perdida Arca da Aliança.

Valeu a pena para nós viajar guiados por um amigo etíope, alto funcionário da UNCTAD, engolindo a poeira dos camelos e burrinhos, para apreciar essas mulheres e homens esbeltos como gazelas. Do despojamento de uma absoluta pobreza, tiveram o dom de fazer nascer beleza inesperada e infinita.

Guardamos desse cristianismo dos primeiros tempos três imagens que nos acompanharão sempre. A primeira, da procissão de São Miguel em Lalibela, os sacerdotes e diáconos transportando a Arca da Aliança e o ícone do Arcângelo. Precedidos de tambores, trombetas do tempo do rei Davi, címbalos, em meio ao alarido que as mulheres fazem com a boca, dançavam em roda com a multidão. Bem pobrinhos nos seus comoventes paramentos de chita, avançavam cobertos de soberbos para-sóis dignos do rei Salomão, bordados a ouro em fundo escarlate, violeta, malva, laranja, explosão das cores suntuosas do arco-íris.

A segunda, no Mosteiro da Fonte da Fé, em Axum, o mais antigo de todos, os sacerdotes cantando na velha língua semítica ge'ez, dando a comunhão a um menino e sal a dois batizados, em atmosfera de profundo fervor e espiritualidade.

A última das imagens novamente nos veio de Lalibela, numa das onze igrejas monolíticas, isto é, totalmente escavadas em blocos de pedra vermelha, que ficam abaixo da superfície e que se contemplam do alto. Na pequena joia da igreja de São Jorge, anjos de olhos arregalados nos miram a partir dos afrescos das paredes. Em outras das igrejas, os muros, cobertos de gigantescas histórias em quadrinhos, narram a vida dos santos, dos eremitas que se avistam às vezes de longe nos seus trajes amarelo-gema. Na penumbra da igrejinha, um sacerdote asceta lia, absorto, os textos sagrados.

A mãe de nosso amigo o incumbira de levar ao sacerdote um rico para-sol de presente. A fim de expressar seu agradecimento, o sacerdote foi buscar no tesouro a cruz de ouro maciço, roubada por europeus, que havia sido restituída recentemente. Abençoou-nos com a cruz de Lalibela, que beijamos três vezes.

Nesse símbolo venerado de uma fé de mais de mil anos, envolvemos nosso pedido para que Deus finalmente socorra, na Etiópia e em toda a África, essa pobre gente cuja alegria e força de viver são maiores, muito maiores, que o incomensurável peso da miséria humana.

O secretário-geral da UNCTAD, Rubens Ricupero, discursa no plenário da XIX Assembleia Geral da ONU sobre a implementação da Agenda 21 da Rio-92 Nova York, 25.6.1977 © UN/DPI, fotografia Eskinder Debebe, acervo do autor

Diálogo das civilizações

Minha vida mudou novamente, sem a preocupação constante com as obrigações sociais que preenchem parte significativa do cotidiano do embaixador. Até desconfio que uma das razões que me levou a trocar a embaixada em Roma pela UNCTAD tenha sido a de me libertar da vida social.

Em compensação, aspecto mais cansativo resultou da necessidade de viajar muito mais do que estava acostumado, a fim de atender às obrigações do cargo, participar de incontáveis conferências internacionais, inclusive as do FMI, Banco Mundial, OMC, OCDE, comissões regionais da ONU, União Africana, convites de governos. Ao responder a uma dessas pesquisas de companhias aéreas e fazer o cálculo de minhas viagens, verifiquei que, de cada três dias, passava um deles no avião, indo ou voltando de e para os lugares mais disparatados.

Nessa época, muitas vezes me vi na mesma situação daqueles viajantes frequentes que acordam à noite e de repente não sabem se estão em Hanói, Ha Long, Bruxelas, Nova York, Washington, Paris, Genebra ou Beirute, para não citar senão as cidades que visitei certa vez num curto período de doze dias. Haverá quem inveje esse tipo de vida.

Numa ocasião, passando o fim do ano no Brasil, vi num noticiário de TV que algumas pessoas planejavam esperar a meia-noite do Ano-Novo com uma valise vazia na mão a fim de atrair a possibilidade de viagens.

A essas pessoas eu poderia garantir que não há nada de divertido em começar a ver o mundo como peças desconexas de um quebra-cabeça, que se embaralham e formam uma figura nova a cada vez que nos movemos. Pode ser violento o choque de realidades humanas e sociais nessas viagens.

O melhor dessa vida de viagens era sentir a diferença com que pessoas e os governos dos países pobres nos recebiam. O diplomata comum, representante de um país, ainda que simpático, tende a ser visto como alguém que vem não para dar alguma coisa e sim para receber: abertura de mercado a suas exportações, pagamentos de dívidas passadas, promessas de votos e apoios nas organizações internacionais. Como um agente de seguros ou de vendas diante do qual as pessoas se perguntam: "Parece boa gente, tem boa conversa, mas afinal o que ele quer me vender?".

No caso da UNCTAD e da ONU, não, as pessoas nos recebem como amigos que vêm trazer algum presente de surpresa, uma espécie de médico de família que as visita numa hora de necessidade. Não há nenhum fundo de desconfiança ou pé-atrás como, por exemplo, com os funcionários do Fundo Monetário ou do Banco Mundial, encarados como agentes de cobrança dos bancos ou alguém que vem impor receitas de austeridade.

A UNCTAD é ainda mais benquista devido ao seu papel especial nas questões de pobreza. Em 1965, no discurso que pronunciou na ONU, em Nova York, o papa Paulo VI se apresentou e à Igreja como "especialista em humanidade". Pois a UNCTAD poderia se descrever como "especialista em pobreza". Ela é por isso, dentre as organizações internacionais, o ponto focal do tratamento da pobreza extrema, dos países de menor desenvolvimento relativo, "*Least Developed Countries*" (LDCs, na sigla em inglês, e PMA – Países Menos Avançados, em português), a meia centena de nações atoladas na mais desesperançada miséria, o coração da pobreza mundial.

No momento, são 46 nações, das quais 33 na África. A maior delas, Bangladesh, está em vias de ser "graduada" ou promovida fora da categoria. Também se situam na Ásia algumas outras: Myanmar (a antiga Birmânia), Camboja, Laos, Nepal, Butão e certas ilhas do Pacífico. A fim de habilitar-se a essa qualificação, é preciso ser muito pobre mesmo. Tanto assim que, em todo o continente americano, onde o que não falta é privação e esqualidez, dentre 34 nações só uma é PMA: o Haiti.

Uma vez que se tomba na armadilha da pobreza extrema, a miséria tende a autoperpetuar-se. A renda dessa pobre gente é tão próxima da subsistência que não lhes deixa quase excedente para investir. São, por isso, forçados a endividar-se além da conta, situação que afugenta investidores, e o ciclo vicioso recomeça.

Com frequência, a combinação desses fatores enfraquece tanto o Estado que ele já não é mais capaz de garantir à população os serviços mínimos indispensáveis à vida em sociedade: segurança pessoal, sistema judiciário, educação, saúde, água potável. É a falência do Estado, que pode chegar ao colapso quando o governo deixa de existir, perde o monopólio da coação legal, da polícia, da força armada, e proliferam os bandos predadores e os "senhores de guerra". É essa a situação vivida, há décadas, pela Somália, país sem Estado, ou pelo Haiti, mais perto de nós. Diante disso, não se pode olhar para o outro lado ou dar de ombros. Quando se fez isso em Ruanda ou no Camboja, os resultados foram genocídios monstruosos de milhões de vítimas.

Certa vez, eu me encontrava em Bancoc quando li um título estranho na manchete da primeira página de um dos principais jornais: "Três toneladas de fome causam destruição na cidade". A história era curiosa. Na Tailândia, muitos elefantes amestrados que, até algum tempo atrás, faziam o trabalho de transportar troncos de árvores ou carregar pesos, se viram abandonados pelos donos, no momento em que passaram a ser substituídos por tratores e guindastes. Da mesma forma que vem sucedendo no Nordeste do Brasil, onde muitos jegues foram substituídos pelas motos. Durante essa minha visita, justamente um elefante macho, "trabalhador", como se dizia lá, deixado sem comer pelo dono, saiu desembestado destruindo tudo à sua frente até ser adormentado por um soporífero.

Além do pitoresco de uma cidade moderna com elefantes perambulando pelas ruas, o evento contém uma parábola para os nossos tempos. A fome ou o medo dela faz com que o lado animal, biológico que há em nós nos leve a descer à rua para quebrar e destruir. É esse tipo de sentimento que está na raiz do risco de generalização da violência sempre que se fecha os olhos a tragédias como as do colapso do Estado em países miseráveis.

Um exemplo recente de retrocesso que me entristece profundamente é a guerra civil com intervenções estrangeiras que está demolindo o Iêmen, país maravilhoso das mil e uma noites, que conheci junto com Marisa numa de minhas andanças por este mundo de Deus. Que tal, em termos de Antiguidade, visitar país fundado por Ismael, pai dos árabes, filho de Abraão com a escrava Agar e cuja capital reclama Noé como ancestral? Terra dos Reis Magos, a "Arábia Félix" dos romanos, porque um pouco mais chuvosa, berço das plantas cuja resina produz o incenso e a mirra, ao qual devemos a primeira marca mundial do nosso café ("Moca" é o nome de um porto iemenita).

No Norte, as ferozes tribos montanhesas jamais deram quartel aos turcos e outros aspirantes a conquistadores. Aden, no tórrido Sul, após derrotar muitos invasores, dentre os quais Afonso de Albuquerque (em *Os Lusíadas*, o "Albuquerque terrível"), acabou dominada pelos ingleses, atraídos pelo valor estratégico como boca do mar Vermelho e elo entre o canal de Suez e a Índia. Lá se pode ver ainda a casa de onde Arthur Rimbaud, que chamava o lugar de "forno do inferno", partia para conduzir seu misterioso tráfico de armas na Etiópia.

A insurreição contra o último imã abriu longa guerra civil, com as monarquias do Golfo, de um lado, e o Egito de Nasser, do outro. Só nos últimos anos as duas metades se reunificaram e o Sul abandonou o regime ditatorial de inspiração marxista. O Iêmen continuava, no momento de nossa visita, um dos mais indigentes países do mundo, com altas taxas de natalidade, mortalidade infantil e mortes de mulheres devido ao parto, mas ao menos estava em paz.

Ali, como em inúmeras outras nações marginais, o problema era e é o mesmo: como tirar partido, se possível, ou, na pior das hipóteses, não ser destruído pela onda globalizadora que submerge o mundo? Em muitos desses países derrubou-se a monarquia, mas persistem, no caminho da modernização, tenazes resistências provenientes de forças religiosas e tradicionais. Fora um pouco de petróleo, o Iêmen não desfrutava de quase nenhum recurso natural, a não ser o potencial de pesca e turismo. Viveu durante muito tempo das remessas de sua mais abundante riqueza: a mão de obra que exportava à Arábia Saudita e outros primos da região, abastados em petróleo, mas escassos em trabalhadores.

Minha visita fazia parte de projeto para ajudar os iemenitas a lidar com o comércio e os investimentos; mais especificamente, a fim de treinar recursos humanos capazes de conduzir as complexas negociações para a adesão à Organização Mundial do Comércio (OMC). O problema do comércio ilustra um dos aspectos de um dilema maior. Escolher o *status quo* do relativo isolamento significa arriscar-se a agravar a marginalização de que já sofrem esses países. A alternativa de liberalizar a economia tampouco oferece muita promessa de êxito. Que podem, de fato, esperar de um sistema de concorrência mais desenfreada economias extremamente frágeis, de base produtiva reduzida a poucos produtos, sem grandes recursos naturais ou tecnologia?

Lembro a entrevista que tive com o presidente do Parlamento. Xeique e líder de uma das duas grandes coligações de tribos iemenitas, recebeu-me num palácio cheio de pátios, como numa corte oriental, cercado de uma roda impressionante de uns quarenta conselheiros, todos como ele, com turbantes, túnicas e a "jamba", a adaga de prata ricamente trabalhada à cinta (a maioria andava na rua desse jeito). Embora falasse inglês, toda a conversa foi conduzida em árabe, com intérpretes.

Percebia-se que estava perfeitamente consciente de que a modernização seria a morte para tudo aquilo que ele representava. Quando me acompanhou até a porta, chegava outro chefe beduíno, que lhe beijou a mão e a face, os dois majestosos no ar natural de autoridade, queimados do sol do deserto, de barbas brancas e bastão de mando à mão. Tive a sensação de assistir ao encontro de dois patriarcas do Antigo Testamento.

Tem-se a mesma impressão ao contemplar uma das antiquíssimas cidades bíblicas, Jericó talvez, ao visitar a capital, Sanaa, com parte de suas muralhas intactas, uma arquitetura de sonho, as casas altas com torres de até cinco ou sete andares, em pedra ou tijolo, todas enfeitadas com arabescos, grades de gesso branco esculpidas como renda contra o pano de fundo do vermelho, azul, verde e marrom das janelas e muros. O bazar em que se compram o incenso, os perfumes dos oásis. Os homens mascando o "*khat*", folha como a da coca, de efeito narcotizante.

Em meio à pobreza, recebe-se às vezes a súbita revelação das coisas simples. Uma noite, fomos, Marisa, eu e uma assessora, a um remoto restaurante popular que nos havia sido recomendado pela autenticidade. Chegados lá, receamos no início não sermos compreendidos porque só se falava árabe. Tudo, porém, se arranjou e nos serviram talvez o mais saboroso peixe que jamais experimentamos, uma variedade só existente no mar Vermelho da qual não guardei o nome.

O cenário todo impressionava: o peixe era assado sobre o fogo de brasas no fundo de jarrões de barro de mais de um metro de altura. Na face interior das jarras se estendia a massa para assar o pão árabe em tamanho tal que, depois de assado, cobria inteiramente a mesa como se fosse a toalha.Sobre ela, se depositava diretamente o peixe e um tempero vermelho perfumado e delicioso que acompanhava a iguaria. Comia-se com as mãos. Parecia que estávamos na Terra Santa nos tempos de Jesus, quando o pão e o peixe deviam ser assados do mesmo modo!

Na rua, de vez em quando, cena inesperada: um iemenita barbudo, vestido com o garbo tradicional, berra no telefone portátil, sob os olhares de suas quatro mulheres cobertas de véu negro da cabeça aos pés... Pensei tratar-se de tradicionalista rico, pois já se torna raro praticar a poligamia (é dispendioso obedecer ao Corão, que exige, com efeito, dar a todas as mulheres o mesmo cuidado). O que mostra que se pode consumir tecnologia de ponta sem mudar de alma.

Mas será que se pode também, sem transformação do sistema de valores, da estrutura de relação de poder, ir além, inventar, inovar, criar tecnologia? O Islã, que inventou tanta coisa, inclusive a álgebra, defronta-se agora quase com a quadratura do círculo: como se modernizar sem ocidentalizar-se. Será possível?

Nos nove anos que passei na ONU, em viagens frequentes, talvez a mais fascinante das descobertas tenha sido a da cultura árabe e a da islâmica: o Iêmen, na sua pureza medieval, o Marrocos, o Egito, a Tunísia, o Irã, o Líbano, Zanzibar. Lamento haver chegado tão tarde a esse universo para mim desconhecido e hoje demonizado no Ocidente pelo medo, o preconceito, o oportunismo político de direita. Não nos é fácil decifrar esse código, nós que vivemos num mundo desencantado de onde foram banidos Deus e o sobrenatural.

Esta é, ao contrário, a vida que não se pode separar de Deus e do sagrado, no qual se banham todas as coisas, como na cristandade medieval. Tudo se inicia em nome de Deus, clemente e misericordioso, a quem também rendo graças por me haver revelado, no crepúsculo da existência, uma ponta da infinita diversidade e surpresa da experiência humana, tal como manifestada na variedade inesgotável das culturas.

É o que me permite repetir o verso de Gibran que os calígrafos árabes reproduzem em todos os estilos: "A Terra é minha pátria, a humanidade é minha família". Aliás, uma das minhas afinidades com essa cultura é ter ela elevado ao status de arte maior a caligrafia, a princípio destinada a fixar a palavra divina, revelada ao Profeta: "O que é a palavra? É um vento que passa. Quem pode encadeá-la? A escritura" (Al-Qalqashandi, século XV).

Outro mestre da caligrafia árabe ensinava, no século X, que, na origem de todas as letras, só havia dois traços, o reto, correspondente ao diâmetro do círculo, e o curvo, sua circunferência. A primeira letra é o traço reto, o "alif". Aliado ao sinal "hamza", o "alif" exprime o som "a", vogal longa. O que levou Ibn Arabi a escrever, no século XIII:

> Deus, a ele a glória, fez do "alif" a primeira letra da escritura, do "hamza" a primeira na pronúncia. O "alif" representa a existência da Essência em sua perfeição, pois ele não tem necessidade de ser movido por nenhuma vogal.

Antes dele, Mansur Al Hallaj (858-922) havia fornecido aos místicos sufis um dos conteúdos ideais para a composição em "espelho", onde a caligrafia é representada em dobro e ao inverso, como se vista no espelho. O princípio sufi é ir do exterior, as trevas, até o interior, a luz. Nascido opaco, o homem tem de trabalhar sobre si mesmo para começar a brilhar até tornar-se puro como a superfície do espelho. Só então ele há de refletir a divindade. Os versos de Al Hallaj escritos em espelho são estes:

> Eu sou aquele(a) que eu amo e aquele(a) que eu amo sou eu
> Nós somos duas almas em um corpo
> Ver a mim é ver a ele(a) e vê-lo(a) é nos ver a ambos.

Depois disso, quem é o bárbaro, quem escreveu essas palavras há 800, mil anos, ou os que pretendem fazer o insosso computador e a inteligência artificial substituir a nós todos, que escrevemos à mão para sentir a textura das letras?

Foram transformadoras as experiências que vivemos nas andanças pelo mundo islâmico.

Depois do Iêmen, foi a vez de aprender um pouco sobre a África do Norte, numa longa visita ao Marrocos, onde, a convite do governo, estivemos um bom período em Marrakech, no fabuloso hotel La Mamounia. Não era à toa que Churchill passava o inverno pintando, a partir dos terraços do hotel, aquarelas dos picos do Atlas, majestosamente vestidos de gelo. A seus pés, as laranjeiras carregadas cintilavam como árvores de Natal mediterrâneas. No centro, o pomar de oliveiras seculares, as fontes e os espelhos d'água de um jardim escondido por altos muros, parente próximo do Alhambra de Granada.

Acordamos no primeiro dia com as vozes dos muezins[1] convocando à prece da madrugada, do alto de minaretes dominados pelo da

---

1 Almuadém, almoadém, almuédão ou muezim é, no Islã, o encarregado de anunciar em voz alta, do alto dos minaretes, o momento das cinco preces diárias.

mesquita de Cutubia ou Kutubiya, mais antigo e quase gêmeo da Giralda de Sevilha. De Marrakech, viajamos de automóvel a Casablanca. Há mais de oitenta anos, o clássico de Michael Curtiz[2] se tornou o filme que melhor encarnou o mito do amor truncado pela fatalidade, Orfeu e Eurídice, Tristão e Isolda, Ingrid e Bogart. Desde então, o nome Casablanca mexe com as emoções dos que crescemos enxugando uma furtiva lágrima no fim do filme. Para os que nunca estiveram aqui, talvez desaponte saber que Casablanca, grande cidade comercial e marítima, corresponde pouco a essa imagem mágica. Mais do que Casablanca, Marrakech é a verdadeira Casablanca que dá mais brilho e intensidade ao sonho.

Em Marrakech, como em Fez, mergulha-se no abismo do tempo. Vielas e becos da medina, pátios interiores plantados de limoeiros, artesãos de habilidade imemorial nos mercados (*souks*) de ofícios como na Idade Média: o *souk* El Maazi, dos curtidores de peles de cabra, o Larzal, da lã, o El Zrabia, dos tapetes, do ferro batido, o dos estandartes coloridos dos tintureiros. Só num lugar como este, em que os artesãos continuam exatamente como no ano de 1300 a lavrar a madeira, a cinzelar o cobre, a rendilhar o gesso, seria possível construir em 1923 o hotel La Mamounia, prodígio do casamento da arquitetura marroquina com a Secessão de Viena e o *art déco*.

Não há uma luminária, um espelho cinzelado, uma cabine telefônica que não pareça desenhada por Otto Wagner. Impecavelmente restaurado, mais que hotel, é o monumento ao espírito de uma era em que os europeus começavam a aventurar-se por desertos e oásis em caravanas de automóveis. Findas as excursões, gente como Maurice Ravel e Paul Valéry, Arletty e Rita Hayworth, vestiam-se a rigor como nos

---

2 *Casablanca*, 1942, filme dirigido por Michael Curtiz, com Ingrid Bergman, Humphrey Bogart, Paul Henreid e Claude Rains.

transatlânticos, bebericavam no piano-bar de paredes forradas de couro verde almofadado, esticando no *nightclub* cuja pista de dança rivaliza com a do cassino da Pampulha, as mesas faiscando com a luz rubi que se irradia do interior dos globos de cristal lapidado.

Há pobreza, desemprego, a economia é pouco produtiva, mas pode-se dizer que se trata de povo subdesenvolvido? Certamente não do ponto de vista cultural. Muito do que as histórias de Sherazade evocam de elegância e requinte, de agudeza e sofisticação nas *Mil e uma noites*[3] sobreviveu apenas em Marrocos, depois que os massacres, as invasões coloniais, a ferocidade de tiranos e libertadores fizeram de Bagdá, Damasco e Beirute terras convulsionadas. Sefarad, a Espanha dos Almorávidas, de Averroes, continua viva em Marrocos, para onde vieram as grandes famílias mouras e judias expulsas pela Reconquista, trazendo, há seis séculos escondidas nos baús, as chaves das casas deixadas na Andaluzia.

Em outra viagem, pude conhecer o restante do Magrebe, o norte árabe e berbere da África. Comecei por Túnis, e durante uma semana explorei o profundo poço da memória, onde as camadas levam nomes prestigiosos: Cartago, Hipona,[4] Argel. Chegando ao Magrebe, é quase um choque encontrar-se no miolo alvo da casbá, entrar nos cafés de muros de azulejos onde homens barbudos, muitos de fez ou turbante, aspiram o narguilé, ouvir os versículos do Corão cantados do alto dos minaretes. Pode ser que a globalização ameace afogar o mundo, mas o bicho-homem continua a apegar-se à sua diversidade em todas as dimensões, cores, línguas e comidas.

---

3 Anônimo, *Livro das mil e uma noites*, 1.ed. princeps em português, trad. Mamede Mustafa Jarouche. Rio de Janeiro: Biblioteca Azul, 2017.

4 Hoje, Annaba, a 4ª maior cidade da Argélia, onde morreu santo Agostinho (354-430). [N. E.]

Da Tunísia prossegui para a Argélia. Lá, recordo a luz extraordinária da manhã, contemplando, a partir do terraço que domina a baía, descendo até o azul puro do Mediterrâneo, o casario banhado a cal que deu a essa cidade o nome de Argel, "a branca". Não longe do terraço, estava o liceu de onde Camus olhava as águas turquesas e respirava o jasmim do começo de primavera friorenta.

Talvez em nenhum outro lugar se possa sentir o caráter sempre ameaçado e precário da civilização como na África do Norte de Cartago, berço de uma primeira globalização, celeiro de Roma. Andei por essas terras sob a sombra de santo Agostinho, cuja mãe era berbere e nasceu no que é agora a Argélia, perto da Tunísia. Um dos raros homens do mundo greco-romano que nos emociona como se fosse um contemporâneo. Morreu quando morria o seu mundo, com sua diocese de Hipona assediada pelos vândalos, os quais, embora fazendo jus ao nome, aguardaram que ele expirasse antes de dar assalto à cidade, poupando-lhe a biblioteca.

Da colina que dá para o golfo de Cartago, na luz incomparável do crepúsculo do Mediterrâneo, contemplei o porto circular de onde partiam as trirremes de guerra. Lembrei-me dos versos de Leopardi em "La sera del dì di festa" ("A noite do dia de festa"), em que o poeta vê como a noite sepulta a agitação festiva e pergunta:

> Onde está agora o ruído daqueles povos antigos? Onde o grito dos nossos avós famosos, e o grande império daquela Roma, e as armas e o alarido que devastaram a terra e o oceano? Tudo é paz e silêncio, tudo no mundo repousa e já sobre eles ninguém mais fala.[5]

---

5 Giacomo Leopardi, "Canto XIII". In: *Cantos*. São Paulo: Editora 34, 2021.

Marisa Ricupero, o secretário-geral da UNCTAD Rubens Ricupero, representando o secretário-geral da ONU, o presidente Fidel Castro, o representante da OMC, Jesus Saadi, celebrando, em Cuba, os 50 anos da Conferência de Havana, que criou a OIC–Organização Internacional do Comércio, nunca ratificada pelo Congresso dos Estados Unidos
Havana, outubro de 1977, fotógrafo não identificado, acervo do autor

Integrantes da missão mista UNCTAD-União Europeia de cooperação técnica com o Vietnã
Na 1ª fila, Rubens Ricupero e general Giáp (2º e 3º a partir da esquerda). O 1º à esquerda da 2ª fila (gravata borboleta) é o ex-embaixador da Comissão Europeia junto ao GATT, Paul Tran, vietnamita naturalizado francês
Hanói, 20.7.2004, fotógrafo não identificado, acervo do autor

Superando a pobreza

Reli os dois últimos capítulos. É tanta viagem que vão pensar que passei nove anos fazendo turismo. Não é bem assim, e tenho de me justificar perante quem se propuser a ler essas lembranças. De fato, as viagens não foram poucas; estiveram, no entanto, espaçadas ao longo do tempo. O restante de meus dias, gastei no trabalho em Genebra e nas conferências. Só que as jornadas de trabalho tinham cor cinzenta, como quase toda minha vida de diplomata não afeito a grandes aventuras. O que trouxe um pouco de colorido à existência de um funcionário internacional procedeu das visitas de descoberta à África, Ásia, Oriente Médio. Pensei em deixar aqui registradas algumas delas para tentar tornar mais interessantes esses relatos de trabalho.

Aos poucos, tive de me adaptar em Genebra a uma experiência de ambiente profissional inteiramente novo para mim. Aprendi imensamente, sobretudo com os macroeconomistas da Divisão de Globalização, quase todos de formação universitária keynesiana inglesa, alguns intelectuais brilhantes, e também com os especialistas em comércio internacional e matérias-primas. Voltei a trabalhar com o que me interessava efetivamente: discussão de ideias, conceitos, análises, projeções de tendências, debates sobre rumos futuros da economia e das relações internacionais.

O que mais estranhei foi a ausência completa de Brasil. Na linguagem da carreira diplomática, quando alguém está trabalhando numa embaixada ou em consulado, se costuma dizer que essa pessoa está "no exterior". Na realidade, não é bem assim, porque o funcionário está sempre em contato com outros brasileiros na mesma repartição ou em cidades por perto, com gente da comunidade brasileira, hoje em dia cada vez mais encorpada em toda a parte, fala e escreve em português quase o tempo todo, recebe e lê jornais e revistas do Brasil, às vezes tem até acesso aos canais de televisão. A pátria jamais está ausente, pois é dela e de seus interesses que trata diariamente. Já no caso da UNCTAD, pela primeira vez senti que me encontrava de fato no "exterior do exterior", sem contato com o Brasil.

Numa organização de mais de quatrocentos funcionários, havia de tudo, até dois profissionais da Papua-Nova Guiné, território até poucas décadas atrás somente visitado por exploradores e antropólogos. O Afeganistão estava bem representado por um senhor de grande distinção, que me disseram haver sido próximo do último rei do país. De impecável cortesia, suave nos gestos e palavras, não lembrava em nada a reputação agressiva dos guerreiros patrícios. Ocupava-se com fervor e competência dos projetos em favor dos palestinos.

Meu braço direito na organização de conferências, verdadeira legenda na ONU pela experiência organizadora, tinha sido capitão da marinha de guerra do Iraque, pertencia à minoria cristã que continua a utilizar na liturgia a língua aramaica de Jesus Cristo. Havia vários funcionários de alto escalão representando Malta, um deles acabou nomeado presidente do Banco Central do país. Árabes de todas as procedências, asiáticos do Sul, do Leste, do Norte, iranianos, argelinos, africanos, canadenses, norte-americanos, nada faltava ao caleidoscópio humano da entidade.

Curiosamente, os brasileiros que hoje são numerosos nos lugares mais longínquos e inesperados, estavam quase ausentes. Havia somente um ou dois, ambos longe do gabinete. Uma delas era Edna dos Santos--Duisenberg, do Rio de Janeiro, especialista no comércio de minério de ferro e de aço, revelando competência como articuladora de uma importante rede entre produtores e consumidores no setor. Convidei-a a participar do gabinete e pude me beneficiar desse modo do trabalho pioneiro que ela iniciou para literalmente colocar no mapa da economia e na agenda das organizações internacionais o potencial da economia criativa, na época praticamente ignorado por todos.

A qualidade dos serviços de secretariado foi um dos traços que me conquistaram desde o início. Somente na embaixada do Brasil em Washington, eu tinha conhecido pessoas de tamanha eficiência e competência. Na ONU, os funcionários do serviço administrativo constituem uma carreira bem mais valorizada e melhor remunerada que no Brasil, não se diferenciando tanto nos salários dos profissionais, economistas ou de outra formação universitária.

Quase todas em meu gabinete se originavam do serviço público britânico, inglesas ou neozelandesas. No meu primeiro dia de trabalho, a chefe da secretaria, Susan, experiente senhora inglesa, me trouxe uma pasta que continha a correspondência dirigida direta e pessoalmente ao secretário-geral. De um lado, figurava a comunicação recebida, no lado oposto, a minuta de resposta redigida por ela de forma absolutamente "imelhorável", como se dizia em Buenos Aires, para que eu introduzisse correções, se quisesse, o que não tardei a perceber ser desnecessário.

O problema, mais uma vez, era que nenhuma das funcionárias do gabinete falava ou entendia aquela língua secreta que chamamos de português do Brasil. Na época, ainda próxima de minha passagem pelo Ministério da Fazenda, eu recebia número razoável de chamadas telefônicas que ninguém conseguia compreender. Até que consegui desencavar num outro andar do prédio uma excelente funcionária, Ana Maria Simões, portuguesa nascida e criada na antiga Rodésia, transformada em Zimbábue, que passou a me ajudar daí para a frente.

Esses pormenores da vida diária de trabalho se resumiam na enorme diferença em relação ao serviço público brasileiro que representava trabalhar auxiliado pelos serviços profissionais e administrativos de Primeiro Mundo, ao mesmo tempo que perdia todas as conexões com o Brasil.

Nas visitas oficiais de trabalho, nos esforçávamos, meus colegas da ONU e eu, para ajudar os países a encontrar um caminho melhor para seu desenvolvimento. Algumas experiências deram mais certo do que outras e nosso mérito, sempre relativo, não passou do exercício de uma espécie de clínica médica ambulante para identificar problemas e sugerir soluções. Em geral, os asiáticos demonstraram maior capacidade de aprender, absorver as melhores práticas, corrigir erros, seguir adiante. Alguns dos países pareciam no início não ter grandes chances de êxito, tais as destruições que haviam sofrido.

O caso mais exemplar de país que parecia não ter futuro é o do pequeno Camboja, arrastado pela catástrofe da Guerra do Vietnã. A criminosa decisão de Nixon-Kissinger de bombardear maciçamente o país para deter a passagem de armas para o Vietcong, jogou os camponeses nos braços de um dos mais sanguinários e alucinados grupos maoístas, o Khmer Vermelho. Seu líder, Pol Pot, quis implantar um comunismo agrário radical, longe das cidades, e desencadeou, de 1975 a 1979, o genocídio responsável pela morte de aproximadamente 2 milhões de pessoas, 25% da população de então. Quem pôs fim ao genocídio foi a invasão vietnamita. Por breve período, o país foi governado por missão das Nações Unidas (1992-1993).

Na época, o secretário-geral da ONU apelou a todas as organizações do sistema para ajudar na reconstrução do país. A UNCTAD foi das que responderam com maior generosidade, enviando muitos de seus melhores quadros para a tarefa. Quando visitamos o Camboja, encontramos em cada canto funcionários nossos organizando ministérios e reerguendo instituições vitais da economia. Nosso anfitrião, o ministro da Indústria e Comércio, havia perdido dezenas de membros da família, da qual foi o único sobrevivente. Contou-nos que o Khmer Vermelho assassinava indiscriminadamente todos os profissionais – médicos, advogados, engenheiros –, além de comerciantes, gente da classe média, quem não fosse camponês ou trabalhador.

Ele tinha então catorze anos e estudava no liceu. Ao ser preso, quis a sorte que, no caminhão que o transportava ao campo de concentração, um dos prisioneiros o alertou que os maoístas executavam quem usasse óculos, tidos como indicação de intelectual. Jogou os óculos fora, apesar de míope. Sobreviveu anos enterrando corpos dos executados. Ao visitarmos um dos campos de extermínio, os *killing fields*, sentíamos ranger debaixo da sola dos sapatos os ossos que emergiam à superfície. Num deles nos dominava macabra pirâmide de caveiras empilhadas, cada uma com perfurações de bala.

Levaram-nos visitar Angkor Wat, o extraordinário templo budista que é uma das maravilhas da arte asiática e mundial. Éramos precedidos por caminhão de escolta militar com soldados armados de metralhadoras pesadas, pois ainda subsistiam ninhos de guerrilha aqui e ali. A cultura, as artes, a dança tradicional, haviam sido quase completamente extirpadas pela sistemática campanha de massacres. Ainda assim nos emocionou conhecer a única bailarina portadora da tradição que sobreviveu. Desde a libertação, ela ensinava a cada ano gerações de meninas a retomar a cultura ancestral. Era comovente contemplar aquelas meninas de graça infinita, todas pobrezinhas e ao mesmo tempo magníficas nas vestes e enfeites dourados reproduzindo os gestos delicados de mãos e pés quase apagados pela insânia da ideologia.

A reconstrução do Camboja a partir do marco zero é um dos milagres do desenvolvimento de nossos dias. Hoje, o pequeno e frágil país que conheci reduzido à indigência extrema exporta por ano mais de 27 bilhões de dólares, dos quais 80% vêm de roupas e confecções.

Aprendemos a admirar aquele povo delicado, de atitudes gentis, rodeado de flores de lótus, os pratos da culinária com arranjos de pétalas florais coloridas, do andar e movimentos de elegância felina, queimando a todo momento incenso a Buda. A atmosfera da cultura de influência budista-indiana respira graça, doçura, suavidade. Simboliza esse espírito a forma de se cumprimentar com as mãos juntas ao peito abrindo-se em saudação. Como entender que gente formada durante séculos pelos princípios de paz do Gautama fosse capaz de tanta ferocidade com outros seres humanos?

Não sei se terá cansado ler tanta minúcia sobre as dificuldades que afligem países como Iêmen, Etiópia, Camboja. Mas, minha intenção é mostrar dois aspectos. O primeiro tem a ver com as dificuldades que enfrentam muitos países a fim de melhorar a vida de seus povos. O segundo se refere à quase infinita variedade de situações, mesmo dentro da comum miséria. Confirma, em nível das nações, a célebre primeira linha sobre as famílias com que Tolstói abre *Anna Kariênina*: "Todas as famílias felizes se parecem, cada família infeliz é infeliz à sua maneira".[1]

Poderia haver feito isso descrevendo as ideias e propostas desenvolvidas pela UNCTAD, as discussões que provocaram por divergirem em pontos cruciais do receituário repetido por organizações como o Fundo Monetário, o Banco Mundial, a Organização Mundial de Comércio. Correria o risco de soar abstrato, teórico demais. Enquanto os exemplos vivos ilustram com mais força a realidade das situações no terreno. O sentimento de humildade toma conta de nós ao constatar a diversidade de manifestações do ser humano na sua capacidade inesperada de se adaptar às condições mais desafiadoras.

---

1 Liev Tolstói, *Anna Kariênina*. São Paulo: Companhia das Letras, 2017.

Se me perguntarem o que a ONU e a UNCTAD me deram, direi, em primeiro lugar, que foi a experiência pessoal, sempre renovada, da inesgotável riqueza e diversidade das culturas humanas. Estive na organização nove anos, o trabalho mais longo que exerci em minha vida. Mal senti passar esse tempo, tamanha foi a variedade das situações que vivi e das pessoas maravilhosas que conheci. As visitas que deixei aqui recordadas são somente uma amostra da imensidade de coisas vividas.

Tive dois mandatos, de 1995 a 1999, daí a 2003, mais uma prorrogação de um ano, até setembro de 2004, para concluir minha missão com a realização, em junho daquele ano, da grande conferência da UNCTAD em São Paulo, com Kofi Annan e o presidente Lula. Depois de muita luta, a organização estava consolidada. Não se reinventou a roda, nem se realizou a quimera dos anos 1960. Converteu-se, no entanto, a UNCTAD numa organização baseada no conhecimento, uma instituição destinada a transformar informações em prol da coletividade.

Desde então, a UNCTAD continuou a proporcionar serviços úteis, sendo o mais recente deles o acordo para permitir a exportação de trigo e milho da Ucrânia, obtido junto com o secretário-geral da ONU.

Graças à diversidade de experiências boas ou más, aprendi a distinguir o verdadeiro desenvolvimento do falso, expresso no passado em termos puramente econômicos, indiferente à destruição ambiental e ao bem-estar social. A melhor definição que conheço do desenvolvimento ideal é a proposta pelo filósofo francês Jacques Maritain: "A promoção de todos os homens e do homem como um todo" (em francês "*la promotion de tous les hommes et de tout l'homme*").

Um complemento realista deriva do que dizia, após as revoluções de 1848, o filósofo radical russo Alexander Herzen, exilado no Ocidente. Primeiro a identificar como as utopias absolutistas não hesitariam em sacrificar milhões de pessoas ao ideal inatingível de uma sociedade perfeita, seja a sem classes, seja a de raça superior pura, comentava:

Toda meta infinitamente remota não é meta, mas sim um engodo; a meta deve ser próxima, estar ao alcance da mão, quando mais não seja, ao menos o salário do trabalhador ou a satisfação do trabalho bem-feito.

O desenvolvimento consiste num processo permanente de aprendizagem. Aprender o quê? A aumentar o produto bruto da economia, a conquistar produtividade, a melhorar o nível de vida das pessoas? Sem dúvida, mas não apenas aprender a produzir e competir. Desenvolver-se é, acima de tudo, aprender a gerir sistemas sociais complexos. A economia certamente, mas de igual maneira o meio ambiente, os direitos humanos, a justiça, as universidades, as orquestras, as escolas fundamentais, os presídios, os hospitais, as florestas, os museus, em outras palavras, a totalidade: saber fazer bem tudo o que tem a ver com a vida social. Para uma sociedade desenvolver-se, deve aprender a lidar com a complexidade crescente da vida moderna.

Aprendi muito nesses nove anos, recebi de graça experiências humanas enriquecedoras. Tive a satisfação de ser o quinto sucessor de Prebisch como secretário-geral da UNCTAD, ao mesmo tempo subsecretário-geral das Nações Unidas. Digo isso não por vaidade pessoal, e sim por haver podido participar modestamente do esforço da ONU para fazer avançar a consciência moral da humanidade por meio das grandes ideias-forças do nosso tempo: os Direitos Humanos, o Meio Ambiente, a igualdade de gêneros, a luta contra o colonialismo e o racismo, a promoção de todos os seres humanos.

Cheguei perto, assim, de realizar a essência da vocação diplomática, que consiste na paixão pela diversidade das culturas e na compaixão pelo sofrimento dos pobres e fracos. Encontrei na ONU e na UNCTAD maneira de viver o lema que tomei emprestado do poeta árabe Gibran: "A Terra é minha pátria, a humanidade é minha família".

O secretário-geral da UNCTAD, Rubens Ricupero, entrega ao secretário-geral da ONU, Kofi Annan, o estandarte oferecido pela Mangueira com o símbolo das Nações Unidas de um lado e o da escola de samba do outro
São Paulo, 14.6.2004, fotógrafo Lalo de Almeida, Folhapress

A impossível volta para casa

A princípio, havia pensado em dar a este capítulo um título banal: "Volta ao lar paterno". Aí lembrei que não existia mais lar paterno, porque meu pai e minha mãe morreram há muito tempo. Quando morava no estrangeiro, no meio da tarde de um domingo vazio de inverno, com a neve lá fora, pensava em telefonar para casa, só para cair em mim ao recordar que não tinha mais a quem telefonar, que os números que conhecia de cor haviam se tornado inúteis. Também desaparecera a casa, que para mim foi sempre a do Brás, a única que conhecera em São Paulo: a da rua Claudino Pinto.

Passei toda a minha infância e adolescência sonhando que um dia meu pai conseguiria comprar ou alugar um lugar de verdade para morar, com jardim, quintal, banheiro decente dentro de casa, espaço para estudar, sala para receber os colegas. Jamais aconteceu e essa foi uma das pequenas frustrações que se somaram a outras, como a de nunca haver tido bicicleta ou passar férias numa fazenda. Se não havia mais casa, porém, talvez fosse ainda possível reencontrar a rua, o bairro do Brás, a atmosfera da infância.

Ocasionalmente, ao visitar São Paulo, pedia a um de meus irmãos que me levasse de automóvel para rever o bairro. Outro desapontamento, todas as antigas fábricas estavam abandonadas havia muito, vidraças quebradas, paredes pichadas de grafites, uma ou outra se convertera em templo evangélico, nenhum sinal do passado. Não sentia vontade de descer do carro ao ver o largo da Concórdia e boa parte da vizinhança ocupados por galerias de lojas de roupa barata, de bugigangas importadas da China, frequentadas desde a madrugada por multidões de compradores. Antes de ir, me diziam: "Feche bem os vidros, tranque a porta, o bairro ficou perigoso!".

Aposentado da ONU em setembro de 2004, do Itamaraty há muito mais tempo, pela primeira vez me descobri sem ter para onde voltar. Por alguns meses nos demoramos em Genebra a fim de desmontar a casa, empacotar objetos e móveis, duvidar do futuro. Fazia praticamente dez anos que morávamos na mesma casa. Nossas três filhas viviam perto. Isabel, jurista, especializada em Direitos Humanos, trabalhava no Alto Comissariado da ONU para os Direitos Humanos. Casada com Yves, advogado, de família luxemburguesa, com uma filha, nossa neta Zoé, morava também lá.

Cristina, curadora de exposições de arte contemporânea, vivia há tempos em Paris, com Thierry, antigo redator-chefe da *Cahiers du Cinéma*, produtor e apresentador de programa semanal na rádio France Musique, junto com Lia, nossa neta. Mariana, a caçula, depois de anos em Genebra, escolheu se fixar no sul da França, a sessenta quilômetros de Montpellier, num meio rural de bosques e rebanhos de ovelha, um *hameau*, povoado minúsculo, menos que aldeia, onde no inverno só viviam umas dez pessoas. Ao lado de Philippe, músico, fabricante de instrumentos musicais, trabalhava na organização de concertos e festivais de música.

Somente nosso filho Bernardo havia permanecido em São Paulo, onde até hoje ensina na Universidade de São Paulo, Departamento de Ciência Política, especialista na história do pensamento político no Brasil e na América Latina. Casado com Anna, italiana que conheceu no Brasil, moram no bairro Pompeia com nossa netinha Júlia.

A inércia, a lógica da proximidade das filhas, aconselhavam a ficar por ali mesmo, em Genebra ou na França. Haveria problemas, sem dúvida, até como se sustentar em países de vida cara só com os magros proventos de aposentadoria, mas quem sabe teria sido possível dar um jeito. Era o que costumavam fazer embaixadores dos velhos tempos, instalavam-se em Lisboa, ou melhor em Cascais, refúgio de diplomatas retirados, na época em que o longo reinado de Salazar tornara Portugal uma ilha de atraso e vida barata na Europa e no mundo.

Antes da modernização da carreira, certos diplomatas permaneciam tanto tempo no mesmo posto – 33 anos, no caso de Magalhães de Azeredo em Roma, ou 23, de Souza Dantas em Paris – que corriam o risco de não se adaptar ao país que haviam deixado no começo da juventude. Alguns mal conheciam o Brasil, haviam nascido na França ou alhures, como o legendário Sousa Correia, oficial da Marinha francesa na Guerra da Crimeia, amigo íntimo do príncipe de Gales, que morreria em Londres e seria sepultado em Paris no cemitério de Montmartre. Manuel de Oliveira Lima nos legou uma evocação de sabor proustiano de um desses diplomatas do Império, o barão de Alhandra e sua esposa, aconchegados à beira da lareira na Rússia:

> Esta era inglesa; o barão fora por longo tempo representante do Brasil em várias cortes italianas antes da unidade, e afeiçoara-se em

extremo àquela existência suave, sentimental, e então meio misteriosa, de que Stendhal deixou descrições magistrais [...]. Enrugadinhos ambos como dois pergaminhos, estranhos a toda preocupação restritamente nacional, deslembrados ela da sua Inglaterra, ele do seu Pernambuco, sonhavam no meio dos gelos de São Petersburgo com a terra italiana que lhes fora tão hospitaleira...

Eu mesmo, no começo da carreira, na Divisão Política, conheci um dos últimos sobreviventes desses tempos remotos, o embaixador José Cochrane de Alencar, numa de suas raras vindas ao Brasil. Nascido em Berlim, filho de diplomata, neto de José de Alencar, usava a gravata distintiva de um dos colégios exclusivos ingleses. Bela figura, parecia a fotografia de um daqueles coronéis do Exército britânico na Índia, de tez avermelhada, bastos bigodes e cabelos brancos que ilustravam os anúncios de uísque da capa posterior da revista *Life*. Terminou a carreira gloriosamente como embaixador em Londres, aposentou-se e morreu em Lisboa como tantos outros.

Não se pense que esses diplomatas estivessem alienados do interesse nacional ou sentissem indiferença pela pátria distante. Cochrane, por exemplo, tinha sentimentos nacionalistas, só que não parecia, falava português como língua estrangeira, intercalando expressões em inglês ou francês que o levavam, sem perceber, a escorregar e continuar a falar na outra língua. Não se poderia esperar deles que voltassem ao país de cuja vida mal haviam participado.

Não se tratava, evidentemente, da minha situação. Mesmo em quase uma década na UNCTAD, "no exterior do exterior", jamais me desliguei dos assuntos brasileiros. Antes de partir para Roma, em 1995, ao visitar o fundador e diretor da *Folha de S.Paulo*, Octavio Frias de Oliveira, ele me convidou a escrever regularmente para o jornal. Assumi imediatamente uma coluna na seção econômica e passei a colaborar por quase vinte anos, o que me manteve em contato com o público, inclusive pessoas que vim a conhecer por causa desses artigos.

Não tinha ilusões sobre a possibilidade de me adaptar à vida longe do Brasil, ainda que o tivesse desejado. Sempre que me perguntam qual a cidade em que gostaria de viver entre as que conheci, respondo que, mais do que a cidade, o que de fato conta é a proximidade das pessoas de quem a gente gosta e que gostam da gente. Até o paraíso terrestre pode ser insuportável se não estivermos perto de nossas relações afetivas, família, amigos, conhecidos. A solidão, o isolamento, a falta de comunicação, a nostalgia do relacionamento emotivo a que estamos desde crianças habituados, nos torna infelizes, deprimidos, até em meio aos mais deslumbrantes cenários.

Há outra coisa difícil de definir, o prazer de conversar na própria língua sobre política ou futebol com o motorista de táxi, o porteiro do prédio, o conforto de receber no hospital o tratamento da enfermeira que chama você de "querido", "meu bem", conta histórias da família, elogia a cor dos seus olhos. Enfim, o nosso jeito de ser.

Recém-casada com meu ex-chefe Maury Gurgel Valente, Clarice Lispector teve de viver mais de três anos na sisuda, silenciosa e ordeira Berna dos anos 1940, sobre a qual escreveu: "Berna é um túmulo, mesmo para os suíços. [...] Acho que a culpa é da excessiva solidão, e dessa longa tarde de domingo que dura anos".[1] Clarice resumiu em frase insuperável o que é viver no estrangeiro: "Tudo é terra dos outros, onde os outros estão contentes".[2]

---

1 Clarice Lispector, *Todas as cartas*. Rio de Janeiro: Rocco, 2022, p.404-5. [Carta de Berna, 26 jan. 1949, de Clarice às suas irmãs Elisa e Tania.]

2 Ibid. [Carta de 5 maio 1946.]

Graças ao amigo Norman Gall, fundador do Instituto Fernand Braudel, a FAAP[3] me convidara a ser o diretor da Faculdade de Economia e Relações Internacionais, cargo que me deu o primeiro arrimo para voltar. Vendemos a casa em Brasília, juntamos mais algum dinheiro de economias para comprar com dificuldade um apartamento em Higienópolis, à distância de oito minutos a pé do novo trabalho. Começamos a enfrentar a estranha experiência de regressar a um passado que não existia mais. Sensação inusitada, é e não é parecida à de chegar a uma cidade estrangeira para morar, como ocorre várias vezes na vida do diplomata.

Não é a mesma coisa porque, afinal, se está retornando à cidade em que se nasceu e cresceu, onde nunca deixamos de frequentar parentes e amigos, ainda que a intervalos mais ou menos longos. No princípio, antes de encontrar apartamento, moramos meses em casa de Leila, única irmã viva de Marisa, o que bastou para marcar a diferença em relação à situação de ter de aturar meses impacientes em anônimo quarto de hotel ou de residencial provisório. Reencontramos irmãos, sobrinhas e sobrinhos, primas e primos, alguns amigos restantes.

Por outro lado, o lar, como escreveu T. S. Eliot, "é o lugar de onde se parte".[4] A cidade de onde havíamos partido quase cinquenta anos antes, a "nossa cidade", não existia mais, a não ser na memória. Eu havia deixado de viver em São Paulo no início de 1959, Marisa em 1961. Dos dois a três milhões de habitantes, a população saltara para

---

3 Fundação Armando Álvares Penteado – instituição de ensino superior privada, uma das mais prestigiadas universidades do país. Possui *campi* em duas cidades: São Paulo e Ribeirão Preto. [N. E.]

4 T. S. Eliot, *Four Quartets*, Part V: East Coker. In: *Quatro quartetos* (1943). Ed. bilíngue. São Paulo: Companhia das Letras, 2018, p.252-3.

quase onze. Tudo de que lembrávamos com saudades, a Confeitaria Vienense, na rua Barão de Itapetininga, lugar de nosso primeiro e tímido encontro, os cinemas elegantes do velho centro, restaurantes preferidos, livrarias, casas de discos, nada sobrevivera. Fisicamente, as ruas, alguns prédios, os lugares, permaneciam lá, degradados, irreconhecíveis, sombra do que tinham sido. O espírito, no entanto, se esvaíra. Não havia para onde voltar.

Como numa cidade estranha, tínhamos de pedir que nos recomendassem médico, dentista, precisávamos recorrer a indicações de parentes e amigos a fim de descobrir onde cortar o cabelo, mandar fazer um terno novo. Muitos dos conhecidos e amigos já não existiam mais. Felizmente, alguns dos melhores ainda estavam lá e nos esperavam. Marisa reencontrou o grupo de suas quatro amigas de faculdade no Sedes[5] com as quais nunca perdera contato, Teresa, Maria, Stella, Beth. Na instabilidade da vida, permaneciam fiéis e unidas, amadurecidas pelas experiências de trabalho, enriquecidas pelas famílias que fundaram.

Fonte inesgotável de consolo para mim nesse difícil regresso foi retomar o convívio com o maior, o melhor dos amigos, Fábio

---

5 O Sedes Sapientiae, como é conhecido o Instituto Superior de Filosofia, Ciências e Letras, foi fundado em 22 de dezembro de 1932 pelas Cônegas Regulares de Santo Agostinho, tendo sido a primeira faculdade de filosofia do país aprovada pelo Governo Federal. Desde sua fundação até 1942, funcionou no Colégio Des Oiseaux, tendo marcado a história da educação em São Paulo. Seu projeto arquitetônico, de autoria de Rino Levi (1940), caracteriza-se por seu inovador sistema de pátios internos e grandes aberturas e fachadas em cobogós. Na década de 1970, o prédio foi cedido à PUC-SP (Pontifícia Universidade Católica de São Paulo), que instalou no local o (CCMFT) Centro de Ciências Matemáticas, Físicas e Tecnológicas, em funcionamento até hoje.

Konder Comparato. Não é que tivéssemos nos afastado em espírito, deixado de nos escrever ou de nos rever de tempos em tempos. Era diferente, contudo, voltar a viver na mesma cidade, tentar recuperar os anos de conversas perdidas. Da mesma forma que companheiros de geração reconheceram Albert Camus como o melhor deles, nós também, quando tínhamos vinte anos na Faculdade de Direito soubemos desde o primeiro momento que Fábio era o melhor de todos nós.

Mesmo à distância, nunca nos perdemos de vista. Estive com ele na Cité Internationale Universitaire de Paris quando completava seu doutorado. Fui a seu casamento com Monique, em Beauvais. Naquele tempo, era difícil viajar, cruzar o Atlântico. Sua família não pôde ir. Junto com uma amiga, acho que eu era o único brasileiro que conseguiu se deslocar até lá. Narrei em longa carta a seus pais e irmãos como tinha se passado aquela festa ao sabor da França profunda, o almoço no campo durando horas, quase me fazendo perder o avião de volta a Viena. De regresso a São Paulo, Fábio em pouco tempo se destacou como a grande inteligência jurídica de sua geração. Não tardou a ser consagrado como professor de imenso prestígio junto aos estudantes, ensinando Direito da Empresa nas velhas Arcadas onde nos havíamos conhecido.

Ele poderia ter tido o dinheiro que quisesse, foi advogado pessoal de Olavo Setúbal e Sebastião Camargo, autor de pareceres e fórmulas para resolver os mais intrincados desafios de estrutura jurídica de grandes empresas. Voltando as costas a tudo isso, preferiu liquidar a banca de advocacia. Abandonou o ramo mais rentável de seu ofício para se tornar mestre da área mais ingrata, a dos Direitos Humanos. Nas horas mais perigosas da ditadura militar, enfrentou com desassombro a brutalidade dos torturadores e assassinos para defender presos políticos e denunciar seus crimes. Nele o cardeal

Paulo Evaristo Arns encontrou a torre de fortaleza, o conhecimento jurídico de que necessitava para transformar a Comissão Justiça e Paz da arquidiocese no mais destemido órgão de defesa da dignidade humana contra o terror.

Ao se restabelecer o regime civil, Fábio prosseguiu na luta para tentar fazer com que o Brasil não recaísse nos vícios de injustiça e desigualdade do passado. Empenhou-se para que a reconstrução das instituições democráticas desse prioridade à integração dos excluídos e marginalizados. Nomeado pelo presidente José Sarney para integrar a comissão que deveria redigir anteprojeto de Constituição, recusou o honroso posto por questão de consciência. Não podia, como escreveu na renúncia, compactuar com processo de elaboração constitucional que perpetuaria as estruturas de dominação pois o método escolhido entregaria a tarefa aos profissionais da política de sempre.

Incansável na inflexível exigência da justiça, esteve na origem de incontáveis iniciativas para que os juízes e o Supremo Tribunal Federal reconhecessem que não pode existir prescrição ou esquecimento para crimes contra a humanidade como os cometidos pela ditadura militar. Teve raros apoiadores e jamais encontrou nos tribunais a disposição de enfrentar os militares e processar os culpados de assassinatos e torturas. Demonstrou de modo irrefutável que a anistia imposta pela ditadura não deve prevalecer sobre os princípios do direito internacional e as convenções de direitos humanos. Tornou-se incômodo e inoportuno. Sua mera presença, por simples efeito de contraste, denunciava a omissão de seus colegas juristas, seu exemplo evidenciava a impostura dos que trocam a consciência por cargos e honrarias.

Nunca buscou nem aceitou postos de governo. Não haveria limites para o que Fábio poderia ter alcançado, teria sido um extraordinário ministro da Justiça, um ministro do Supremo Tribunal

Federal capaz de abrir caminhos novos. Os donos do poder sentiam instintivamente que seria perigoso nomear para essas funções alguém como ele, cuja fidelidade à justiça e aos pobres não admitia transigência. Por isso, sua integridade moral e superioridade intelectual estavam destinadas a serem mais admiradas do que imitadas. O prestígio que o cercava como professor se manifestou espontaneamente na ocasião em que deu sua última aula no curso de pós-graduação em direitos humanos na Faculdade de Direito do largo São Francisco.

Como era típico nele, não prevenira ninguém. Assim mesmo, naquele dia, 29 de junho de 2006, espalhou-se de boca a ouvido a notícia de que não haveria outra oportunidade de ouvir uma de suas dissertações magistrais. Em pouco tempo, encheu-se o anfiteatro de público muito mais numeroso que o de seus alunos regulares. Professores, ex-alunos, advogados consagrados, admiradores, de pé, sentados nos corredores, ouviram por duas horas sua fascinante aula de despedida. Falou sobre os quatro grandes valores republicanos, os que fundam regime cujo princípio definidor deveria ser a virtude: a Igualdade real, não a formal, a Liberdade, a Segurança, a Solidariedade, expressão da fraternidade.

Evocou os mais de quarenta anos de magistério: como a severidade inicial foi sendo abrandada pela doçura do afeto aos alunos, ao aprender que não precisava julgá-los, pois a vida, o "bicho-papão" da cantiga de ninar, não se esqueceria de fazê-lo. Terminou sob flores e aplausos, com longa e comovida ovação dos presentes em pé, conscientes de que aquele facho de luz os ajudava a almejar a melhor viver, a buscar nos valores e na ética a plenitude de uma vida bem vivida.

Mas todas essas coisas viriam bem depois, quando já estávamos instalados em São Paulo. Até lá, custamos a nos habituar com o barulho constante, buzinas, amplificadores de som altíssimo, ruídos de caminhões, bate-estacas, escavadeiras, britadeiras, prédios em construção, reformas de calçadas irregulares por todos os lados. Com os sentidos acostumados a dez anos de silêncio profundo das noites suíças, mesmo alta madrugada continuávamos a confusamente ouvir o ronco surdo do barulho que brota do horizonte longínquo da metrópole, uma espécie de ruído de fundo, zumbido permanente, dia e noite, hora após hora, não se interrompendo nunca.

Em compensação, reencontrávamos os prazeres esquecidos de andar sem propósito nem pressa por ruas sombreadas de árvores floridas, ipês-amarelos, roxas quaresmeiras, jacarandás celestes, atraindo, cada vez mais numerosos, os pássaros que repovoam a cidade, vindos da Mata Atlântica. Após anos trancado em escritórios, salas de conferência, aeroportos e hotéis, me deleitava em explorar as ruas desconhecidas de Higienópolis, bairro de arvoredo secular, as mansões senhoriais que sobreviveram aos seus donos, os barões do café, apertadas em meio aos edifícios. Sobretudo, o prazer de sentir as coisas simples, o equilíbrio de um bairro harmonioso, onde se podia observar a vida cotidiana, passear tranquilamente a pé, parando, de vez em quando, numa padaria portuguesa para bebericar um café acompanhado do pão de queijo quentinho ou de um pastel de Belém saído do forno.

Podia-se até cultivar a ilusão de viver numa cidade afortunada de um país contente consigo próprio, não fosse a presença constante da degradação da extrema miséria, que começava a extravasar da Cracolândia vizinha para invadir o aconchego egoísta dos alienados. Até no país do "*apartheid* perfeito", que, sem necessidade de leis especiais, desterrou o povo pobre a periferias ignoradas, já não se podia fingir bem-estar e contentamento quando tanta gente insistia em nos obrigar a olhar a injustiça de frente, a pedir esmola para um prato de comida, alguns para comprar uma pedra de crack que os ajudasse por instantes a esquecer a dor da vida.

Uma noite de sábado, voltando para casa de carro, estranhamos o engarrafamento de tráfego na avenida Higienópolis. Chegando perto, descobrimos que o motivo era um rapaz de pouco mais de vinte anos estendido no chão no meio do asfalto, que urrava de puro desespero. Não se sabia se era dor física ou mental, bebida, droga; certamente, era sofrimento humano que se manifestava nessa forma perturbadora do sossego público e do trânsito, obrigando carros a passar, vagarosa e cuidadosamente, de um lado e do outro. Ninguém se deteve, ninguém desceu para ver do que sofria aquele homem. Nem nós; todos passamos adiante.

Outra noite, do Sábado Santo, saímos, no começo da madrugada, da longa cerimônia das Vésperas e da missa da Ressurreição do mosteiro de São Bento, envolvidos ainda na fumaça do incenso, embalados pelos cantos gregorianos, para nos deparar com a calçada em frente à porta da igreja literalmente coberta de corpos de gente que havia transformado o largo São Bento num dormitório público. Na rua Direita, nos disseram, no Pátio do Colégio, na praça da República, havia muito mais gente dormindo ao relento. A praça da Sé do cinema Santa Helena de minha infância, da catedral gótica – tão insólita com suas palmeiras tropicais como o mosteiro beneditino edificado no severo estilo vertical da Baviera – a praça do cinema no qual menino ia assistir à matinê de domingo após a missa no Colégio do Carmo se havia convertido num acampamento de tendas de plástico para os sem-teto.

Soubemos que era a própria prefeitura que fornecia as tendas. Não podendo ou querendo dar casa, emprego, dignidade, o governo se adaptava de modo barato e precário às condições de miserabilidade, perpetuando-as na vaga expectativa de que o problema se resolvesse por si mesmo.

Não me lembro, nem Marisa, de ter visto nos anos 1940 ou 1950 gente dormindo ou morando nas ruas. Pensava-se então que cenas como essas aconteciam somente em Calcutá ou outras cidades da Índia. Hoje, elas se repetem por toda a parte, em Nova York, São Francisco, em cidades europeias, possivelmente não na escala descomunal de São Paulo. Será que não existia pobreza extrema, indigência, falta de teto? Quem sabe se, na época, a pobreza se refugiasse longe dos olhos, sobretudo no campo, subproduto de economia rural de subsistência, característica, durante séculos, do interior profundo do Brasil, anterior ao êxito da grande agricultura de exportação?

A partir dos anos 1960 é que se aceleraram, de um lado, a explosão demográfica, e de outro, a migração para os centros urbanos de massas de trabalhadores rurais expulsos da lavoura. No início, deram origem às favelas, no tempo em que ainda se encontrava emprego na indústria, nos serviços, em outros setores, ganhava-se algum dinheiro para construir ou alugar um barracão precário. Depois, as coisas pioraram, o desemprego disparou, a indústria encolheu. Para os que foram alijados de tudo, sem emprego, sem renda, a própria favela se tornou fora do alcance. Transbordaram e passaram a acampar em jardins, praças, ruas, debaixo de pontes e viadutos. A miséria, a abjeção, o aviltamento, tornaram-se presentes, gritantes, agressivos a ponto de não ser mais possível calar.

Ao ler livros ou cartas de brasileiros do século XIX, quase nunca se encontra referência aos horrores visíveis de uma sociedade escravocrata, aos mercados de compra e venda de seres humanos, ao menos ao desconforto que cenas da escravatura deveriam causar à sensibilidade. A mesma ausência se nota nos romances urbanos do período, em oposição aos diários e correspondência de ingleses e outros estrangeiros que moravam no Brasil ou passavam por aqui. Veja-se, por exemplo, esta descrição casual de uma cena banal com a qual se deveria tropeçar todos os dias, a que o argentino Domingo Faustino Sarmiento assiste de sua janela no Rio de Janeiro, em 1846:

> Saio à janela que domina a praça e a escravidão se apresenta a mim em toda a sua deformidade. Uma comprida fila de negros encurvados debaixo do peso da carga seguia ao trote o guia que na frente agitava chocalhos de guizos e campainhas. Negros tropeiros fechavam a procissão estalando seus chicotes sonoros para avivar o passo das mulas humanas e aquelas bestas de dois pés, longe de gemer sob o peso, cantam para se animar com o compasso da voz. Ao ouvi-las em coro com a dos que precedem e a dos que seguem, sentem-se ainda homens e preveem que existe um término próximo para a fadiga, o cais onde se carregam os navios, e um fim distante, a morte que cura todas as dores.[6]

A que se deveria a omissão de tais cenas nos escritos dos brasileiros contemporâneos de então? Não se notava nada porque fazia parte da paisagem? Estariam as pessoas tão acostumadas à barbárie desumana da vida cotidiana que a consciência se havia embotado? Ou se fingia não ver o que se passava para não ter de comentar o assunto, a fim de evitar encarar a responsabilidade moral perante a abominação da escravatura? O silêncio nos escritos do passado fala mais alto que as palavras.

---

6 Domingo Faustino Sarmiento, *Viajes por Europa, África y América 1845-1847*. Buenos Aires: Fondo de Cultura Económica, 1996. (Tradução livre do autor)

Qualquer que seja a explicação, a atitude se prolongou até bem além do fim da escravidão formal. Nos anos de minha juventude, segunda metade dos 1950, éramos apaixonados pelo desenvolvimento material, recortávamos artigos de jornal sobre a execução das metas de Juscelino, número de quilômetros de rodovias abertas, toneladas desse ou daquele mineral extraídos. Sobrava pouca atenção para as mazelas sociais, até os estragos da grande seca de 1958, os escândalos da "indústria da seca" que levaram à criação da SUDENE,[7] se percebiam mais como entraves inoportunos ao deslanche mais rápido da economia, obrigada a desviar recursos para aliviar os flagelados.

Supunha-se que tudo não passava de estágio inevitável do subdesenvolvimento. Com paciência, o crescimento econômico daria conta do problema em alguns anos, no momento em que o excedente da produção começasse a gotejar e transbordar até derramar recursos abundantes para fazer as pessoas saírem da pobreza. A gente se envergonhava do atraso, da falta de progresso do país, não tanto da miséria. A ilusão acabou com o "milagre brasileiro" do princípio dos anos 1970. Taxas de crescimento de 11%, 12%, até 13%, conviviam com o empobrecimento dos trabalhadores, vítimas das leis do "arrocho salarial". O próprio presidente, general Médici, teve de admitir: a economia ia bem, mas o povo estava muito mal.

O abandono da passividade teve início na Assembleia Constituinte e na Constituição de 1988, na consagração de um "novo pacto social", com maior ênfase nas questões de bem-estar humano do que na preocupação com a eficiência ideal da economia. Não se

7 Superintendência do Desenvolvimento do Nordeste, criada em 1959 no governo de Juscelino Kubitschek como parte do programa desenvolvimentista, tendo à frente o economista Celso Furtado. [N. E.]

podia mais adiar o resgaste da dívida social em nome de exigências econômicas. Enquanto o país viveu sufocado pela dupla herança maldita deixada pelos militares – a hiperinflação e a dívida externa –, pouco se podia fazer pois a situação econômica anulava os poucos e difíceis avanços sociais. O que finalmente criou condições para uma ação decisiva foi o êxito do Plano Real contra a inflação e a superação do problema da dívida, conquistas alcançadas no governo Itamar.

No final do ciclo virtuoso, em 2010, último ano do segundo governo Lula, a economia crescia, assim como o emprego e os salários. O país dava a impressão de que finalmente começava a enfrentar os flagelos sociais: tanto a pobreza quanto a indigência haviam diminuído drasticamente, junto com a fome. Programas sociais como o Bolsa Família, iniciado como Bolsa Escola, recebiam elogios internacionais. Esse ano de 2010 representou o último elo de uma corrente de ouro de dezoito anos dos governos de Itamar, Fernando Henrique Cardoso e Lula, a melhor fase do período de redemocratização iniciado em 1985.

Em 2005, ao voltarmos em definitivo ao Brasil, já se havia percorrido pouco mais da metade desse percurso ascendente. Avanços na vida política reforçavam as conquistas na economia e nas condições sociais. Estas, por sua vez, impulsionavam a participação democrática, num constante movimento de influência de uns fatores sobre os outros. A eleição a presidente de um operário, com apoio de um partido popular de esquerda moderada, havia sido aceita como algo normal, sem as ameaças de golpe, como se poderia temer devido ao passado recente. O poder civil parecia haver subordinado o militar com a criação por FHC do Ministério da Defesa, confiado a civis.

A alternância democrática possibilitava a transição entre governos diferentes sem romper a compatibilidade de valores. Todas as agências de classificação de crédito concediam grau de investimento ao Brasil, que se via escolhido para organizar a Copa do Mundo de Futebol e os Jogos Olímpicos. Achava-se que o Brasil tinha dado certo. É desse instante a célebre capa da revista *The Economist* com o Cristo do Corcovado decolando. O editorial previa que em breve o país ultrapassaria a França e a Grã-Bretanha para se converter na quinta maior economia do mundo.

Infelizmente, não era para ser. Em poucos anos, tudo isso se dissolveria no ar. Os sinais de que alguma coisa podre ameaçava corroer o sistema político começavam a se acumular justamente no ano em que voltei. A primeira vez em que percebi o impacto do escândalo do Mensalão ocorreu numa tarde quando eu visitava Fernando Henrique no instituto que ele fundou. Estávamos conversando em torno de um café, vários amigos presentes, no momento em que entra, agitado, recém-chegado de Brasília, o então deputado do PSDB, Eduardo Paes. Trazia notícia da repercussão no Congresso da entrevista-bomba dada pelo deputado Roberto Jefferson a Renata Lo Prete, publicada na *Folha de S.Paulo*. Naquele instante e durante algum tempo, temia-se que o governo não se sustentasse.

Os ventos, no entanto, ainda sopravam em direção favorável. Lula não só sobreviveu, com o sacrifício de importantes auxiliares, como se reelegeu facilmente. Contrariando a tendência, o segundo mandato teria, em aparência ao menos, mais êxito que o primeiro. Terminaria melhor que JK: com índices de mais de 80% de aprovação e ainda por cima elegendo a sucessora. A partir de então, a curva da história, até lá ascendente, dá início ao declínio. Em agosto de 2012, sete anos depois da denúncia do escândalo, começa o julgamento do Mensalão.

Como todo mundo, fiquei colado à televisão para assistir ao mais longo julgamento da Corte: 53 sessões em 138 dias. Uma estrela surgia nos programas de televisão: o relator, ministro Joaquim Barbosa, único negro do Supremo Tribunal Federal. As condenações dos réus principais deixaram Lula incólume, mas destruíram a reputação do PT como partido diferente dos demais e romperam o ímpeto de seu crescimento. A economia ingressava em fase de deterioração que se prolongaria por muitos anos, o ciclo da história se transformava de virtuoso em vicioso, em 2013 irrompiam as manifestações de massa que abalariam o país durante meses.

Assisti por acaso aos instantes finais da primeira delas, a que deixou mais de cem feridos e desencadearia a crescente série de protestos em todo o país. Foi no dia de Santo Antônio, 13 de junho de 2013. Nessa data se comemoravam os 250 anos do nascimento, na vila de Santos, de José Bonifácio. Semanas antes, enviei recado ao governador Geraldo Alckmin sobre a proximidade da efeméride e a conveniência de não deixar passar a data em silêncio. Ao organizar-se a comemoração no velho centro de Santos, ele me convidou a participar da cerimônia. Voltávamos juntos quando o automóvel do governador teve de se desviar do itinerário previsto devido à convulsão nas ruas de São Paulo. Pudemos ver os sinais da batalha campal: latas de lixo incendiadas, barricadas improvisadas, o fogo consumindo ainda os destroços, vidraças e portas de agências bancárias destruídas.

Em todos os níveis, dos municípios de onde brotou o problema imediato do aumento do transporte público, passando pelos estados até chegar ao governo federal, não se soube ou não se quis interpretar os sinais emitidos pelos protestos. Eram desorganizados, incoerentes, juntavam alhos com bugalhos, expunham reivindicações contraditórias. No fundo, entretanto, seu sentido era inequívoco: representavam uma insatisfação profunda com o sistema político, corrupto e ineficaz. Corrupto como se acabara de ver no Mensalão e no Petrolão. Ineficaz em melhorar a vida cotidiana dos cidadãos: transporte para ir e voltar do trabalho em ônibus e trens apinhados, falta de acesso a hospitais e postos de saúde, escolas de má qualidade, sentimento de insegurança diante do crime, ausência de acesso a água e esgotos. Os governos não percebiam que um país com urbanização quase de 90% reclamava prioridade absoluta para os problemas urbanos.

Na raiz de tudo, se encontrava um sistema político – Executivo, Legislativo, Judiciário – cada vez mais disfuncional. A resposta adequada às manifestações teria sido empreender a sempre adiada reforma do sistema político para torná-lo mais responsável. Não se tendo lidado com essa causa do problema, as eleições de 2014 não foram capazes de evitar que a deterioração se transformasse em catástrofe econômica e política. Logo após a eleição, o Brasil viveu em 2015-2016 a pior recessão de sua história econômica, ao lado de súbito aumento do desemprego, sem o que dificilmente teria ocorrido o *impeachment* de Dilma Rousseff em 2016.

Se a revolta das pessoas contra um sistema incapaz de fornecer serviços básicos à população tivesse sido canalizada para um conjunto eficaz de reformas, duvido muito que houvesse existido clima favorável à Operação Lava Jato, que principia em março de 2014 e, depois de oitenta operações espetaculares, será liquidada em fevereiro de 2021, com a dissolução oficial da força-tarefa especial no Paraná.

Com duração de intermináveis sete anos, três vezes a mais que seu modelo italiano, a Operação *Mani Pulite* ("Mãos Limpas"), a Lava Jato acabou se convertendo num processo implacável de desmoralização e descrédito da política e dos políticos, das instituições privadas e públicas. Destruiu, sobretudo, o fator do qual depende a democracia: a confiança dos cidadãos.

Em oito anos, de 2011 a 2018, perdeu-se tudo o que se havia conquistado: grau de investimento, crescimento econômico, estabilidade da moeda, prestígio internacional, redução substancial da pobreza e da indigência, quase pleno emprego, confiança no processo democrático. Não se poderia imaginar contraste mais radical com a fase em que o Brasil era saudado dentro e fora do país como estrela do desenvolvimento com democracia e justiça social.

O que aconteceu? Fomos todos, no Brasil e no exterior, vítimas de um delírio coletivo? Não creio. O que tínhamos em 2010 eram fatos, não fantasias nem ilusões. Apenas essa tendência se mostrou insustentável devido a uma combinação de decisões humanas equivocadas, muito mais das pessoas no poder no Brasil do que do ambiente externo, que, de maneira geral, continuou positivo.

Este breve e incompleto resumo histórico serve talvez para demonstrar que os fatos não estavam fatalmente predeterminados para produzir os resultados que conhecemos. Poderiam haver seguido caminho melhor se as pessoas no poder tivessem agido de modo mais responsável. Foi a combinação e o efeito cumulativo da falta de resposta do sistema político, do impacto dissolvente da Lava Jato, da recessão, do desemprego e do *impeachment* de Dilma que geraram o contexto favorável para o que se seguiu.

O pior e o melhor dos mundos

> Aquele foi o melhor dos tempos, foi o pior dos tempos, foi a idade da razão, a idade da insensatez, a época da crença, a época da incredulidade, a estação da Luz, a estação das Trevas, a primavera da esperança, o inverno do desespero, tínhamos tudo diante de nós, não tínhamos nada diante de nós, todos iríamos direto ao Paraíso, todos iríamos direto no sentido oposto.

Acho que nada capta tão bem o período que vivemos no Brasil de 2005 a 2022 do que essas célebres linhas com que Charles Dickens iniciou *Um conto de duas cidades*.[1] Nesses quase vinte anos, ora esperançosos, ora angustiados, tivemos a experiência dos mandatos de Lula, o Mensalão, o Petrolão, a decepção do governo Dilma, as manifestações de 2013, os Jogos Olímpicos, a Copa do Mundo, a Lava Jato, o *impeachment* de Dilma, o governo Temer, a eleição e o desgoverno de Bolsonaro.

---

1 Charles Dickens, *Um conto de duas cidades*, trad. Débora Landsberg. 5.ed. São Paulo: Estação Liberdade, 2020.

Como muitos, passei por esses extremos de entusiasmo e de desespero, contradições e contrastes. Sem nenhum cargo oficial, procurei interpretar o que nos sucedia para meus estudantes na FAAP ou para os eventuais leitores dos artigos que escrevia. Não direi que fui observador passivo e testemunha da História pois, na medida de meu alcance, tentei pela palavra influir, ainda que minimamente, no sentido que me pareceu justo.

Em novembro de 2014, tive de me submeter a uma operação cardíaca de certa gravidade e passei longos meses em lenta convalescença. Deixei então de colaborar regularmente com a *Folha de S.Paulo*. Continuei, contudo, a escrever artigos de vez em quando em vários jornais e revistas, convidado ou motivado por alguma circunstância. Pude igualmente opinar por meio de entrevistas, seminários, palestras, que não foram poucos e me mantiveram sempre ocupado.

Uma das atividades originais em que me envolvi a partir de 2011 foi o grupo informal de antigos ministros do Meio Ambiente, que se constituiu de maneira espontânea, por ocasião da discussão e aprovação no Congresso da legislação que se denominou, um tanto impropriamente, Código Florestal. Tenho a impressão de que, pela primeira vez no Brasil, todos os ex-ministros de determinada área se uniram para atuar no debate público em defesa das conquistas de um setor, no caso, o patrimônio natural e as instituições que, além das legislações, se conseguira edificar no Ministério do Meio Ambiente com lutas e dificuldades, desde o regime militar.

Não faltou ao chamado um sequer, apesar das diferenças de partidos, de orientação ideológica e dos governos a que tinham servido. Com mais de noventa anos, o veterano Paulo Nogueira Neto, precursor de todos nós, acompanhou-nos de cadeira de rodas a Brasília para falar com a presidente Dilma, líderes do Congresso, bancadas partidárias. José Goldemberg, Guilherme Krause, José Sarney Filho,

José Carlos Carvalho, Marina Silva, Izabella Teixeira, Carlos Minc, Edson Duarte, todos unânimes, junto com este autor, redigimos manifestos, argumentamos com os presidentes da Câmara e do Senado contra projetos desfiguradores, realizamos seminários públicos para a imprensa, publicamos artigos nos jornais do Brasil e do exterior. Logo o grupo se tornaria ainda mais ativo ante o terrível retrocesso que o país atravessaria no governo Bolsonaro.

Nas eleições de 2018, me engajei como pude na campanha de Marina Silva. Já então, o que, em última análise, me definia em termos de escolha política e eleitoral, consistia no compromisso com a luta pela preservação dos biomas e pela defesa do meio ambiente. No segundo turno, eliminada Marina, apoiei a candidatura de Fernando Haddad. Escrevi na *Folha de S.Paulo*, antes do segundo turno, artigo que intitulei "O dever dos neutros", referência à conferência de Rui Barbosa na Faculdade de Direito de Buenos Aires em 1916 sobre a escolha entre neutralidade ou participação na Primeira Guerra Mundial.

Começava o artigo com citação de Rui: "Entre os que destroem a lei e os que a observam não há neutralidade admissível". Neutralidade, explicava o conferencista, "não quer dizer impassibilidade: quer dizer imparcialidade; e não há imparcialidade entre o direito e a injustiça". De minha parte, aplicava a distinção às duas opções eleitorais que se defrontavam. Não era aceitável a imparcialidade entre quem desejava retirar o Brasil do Acordo de Paris sobre o clima e quem queria honrar o compromisso. Tampouco se poderia ser imparcial entre quem defendia a proteção dos ecossistemas e os que atacavam a suposta indústria de multas do Ibama contra desmatadores ilegais.

Condenava os que tencionavam suprimir o Ministério do Meio Ambiente e subordiná-lo ao da Agricultura em ótica meramente produtivista, sem olhar as consequências de devastação ambiental e concentração de renda. Entre os defensores da Constituição, da democracia liberal, da tolerância, da diversidade, da civilidade na vida política e seus detratores, escolhia sem hesitar os primeiros. Da mesma forma, me coloquei ao lado dos promotores dos direitos humanos, da prioridade em combater a desigualdade e a miséria e contra os críticos de tais posições.

Entre valores e contravalores, não tínhamos o direito de ser neutros. Além do voto, o dever dos neutros teria sido lutar por uma frente democrática que unisse o mais amplo espectro de opinião possível. Por definição, uma aliança não devia refletir hegemonia de nenhum partido. Teria de acolher a exigência popular de combate à corrupção, ajuste fiscal, responsabilidade no uso de recursos escassos, o que faltava ao programa do PT, além de autocrítica. Terminava dizendo que não se ganharia só com o PT e a esquerda. Reconhecer esse fato obrigava a ter um programa de mínimo denominador comum que conquistasse os moderados. E, no caso de difícil vitória, oferecesse a todos a garantia de que se faria um governo não sectário, pacificador e unificador da sociedade brasileira.

Transcrevi boa parte do artigo de 2018 porque, ao reler o que escrevi, constatei que essas ideias permanecem válidas até hoje, depois da vitória de Lula em 2022 e o início do seu governo. Retomei a linha, aliás, durante a última campanha presidencial, como vou mencionar mais adiante. Foi uma pena, na época, que poucos tenham sido os moderados e não petistas que adotaram a posição de trabalhar ativamente por uma ampla frente democrática capaz de barrar o caminho ao candidato da extrema direita.

Datam de antes da posse, as primeiras entrevistas que dei aos jornais e outros meios para criticar as intenções de Bolsonaro sobre meio ambiente e política exterior. Aproveitei convite da Casa das Garças,[2]

---

2 Instituto de Estudos de Política Econômica/Casa das Garças (IEPE/CdG). Criado em 2003 como associação civil de direito privado sem fins econômicos. Seu

no Rio de Janeiro, para apresentar minha crítica inicial à política externa no momento em que o governo completava somente 56 dias. Na palestra, sob o título "Política externa: desafios e contradições", confessava a dificuldade de encontrar documentos escritos que expusessem o pensamento do presidente recém-empossado e de seus colaboradores sobre o mundo e seus desafios.

As poucas afirmações desse gênero espantavam pela desconexão com a realidade, como na "Apresentação" da mensagem ao Congresso, a seguinte descrição do estado da nação: "O Brasil resistiu a décadas de uma operação cultural e política destinada a destruir a essência mais singela e solidária de nosso povo, representada nos valores da civilização judaico-cristã". A que personagens sinistros se referia a mensagem, empenhados ao longo de décadas na tenebrosa conspiração para destruir nossa herança judaico-cristã? Seria Fernando Henrique ou os predecessores? Em relação ao presidente que assumira, eram praticamente todos.

O discurso de posse do ministro das Relações Exteriores, naquilo que não era desvario e alucinação, constituía amontoado de veleidades e propósitos incompreensíveis, ridículos ou ambos. Sua obsessão era com a ordem global. Na mesma passagem, significativamente evocava d. Sebastião, um desequilibrado responsável pela maior catástrofe da história portuguesa, o desaparecimento da independência por mais de meio século. Lançava depois uma definição *soi-disant* profunda: "O mito é o mito".

Obviamente não se podia levar a sério formulações vazias como essas, disparates pronunciados com pompa e falta de senso do

---

objetivo é promover estudos, pesquisas, seminários, debates, cursos e publicações visando a discutir a realidade socioeconômica do país e vedada a participação em quaisquer atividades de caráter político-partidário ou religioso. [N. E.]

ridículo. Mesmo assim, era o que de melhor se salvava do texto, frases desconexas em meio ao exibicionismo intelectual de descabidas digressões pretensamente filosóficas, recheadas de citações em grego. Não faltava nem um trecho em tupi-guarani que reconfortaria o coração do major Policarpo Quaresma, incompreendido na proposta de adoção da língua brasílica como idioma nacional "por estar adaptada perfeitamente aos órgãos vocais e cerebrais dos brasileiros".

Para quem admirava na tradição do Itamaraty o senso de medida e proporção, o equilíbrio, o realismo, a moderação construtiva, era penoso constatar que o discurso do sucessor de Rio Branco e Oswaldo Aranha, de Afonso Arinos e San Tiago Dantas, despertava chacotas, zombarias, hilaridade. Manifestamente, nem o presidente, nem seu ministro, possuíam competência para definir a linha a ser seguida pelo país num mundo crescentemente desafiador e complexo.

Em menos de dois meses, o governo Bolsonaro podia jactar-se de haver efetivamente promovido a demolição radical da política externa que, em linhas gerais, vinha sendo seguida desde o governo Geisel. Essa orientação havia merecido, em 1984, de Tancredo Neves, líder da oposição, o seguinte julgamento: "Se há um ponto na política brasileira que encontrou consenso em todas as correntes de pensamento, esse ponto é a política externa levada a efeito pelo Itamaraty".

Depois da redemocratização, não houve solução de continuidade na política externa. Sua essência consistia na recusa da lógica da Guerra Fria e do alinhamento automático à visão e à agenda dos EUA ou, obviamente, do outro lado. Ao fazer do alinhamento com os Estados Unidos a marca definidora de sua política externa, o governo Bolsonaro causava uma ruptura na linha diplomática brasileira dos últimos quarenta e quatro anos. Retrocedia ao momento imediatamente posterior ao golpe militar no governo Castelo Branco e ao chamado alinhamento automático dos tempos áureos da Guerra Fria, no governo Dutra da segunda metade dos anos 1940.

O resultado quase instantâneo da posse de Bolsonaro e sua política externa foi a liquidação do patrimônio de prestígio, influência e "*soft power*" acumulado pela diplomacia em dois séculos. O chanceler indicado, Ernesto Araújo, jamais chefiara missão no exterior nem se distinguira na carreira. Obscuro, sem qualquer valor de grandeza própria, deveu o cargo à conversão de última hora às doutrinas de Olavo de Carvalho, guru da extrema direita, inspiradas em teses ultradireitistas, algumas de cunho pós-fascista.

A diplomacia bolsonarista enxerga o mundo ocidental como terreno de luta no qual a "civilização judaico-cristã" se encontraria ameaçada pelo "marxismo cultural" e sua hegemonia nas universidades e círculos intelectuais, o "marxismo real" da China e países similares, o "globalismo" da ONU, organizações multilaterais e ONGs. Contra a erosão da cultura judaico-cristã já avançada nos países ocidentais – como pregavam – se contraporiam então algumas forças: Trump em primeiro lugar e, com intensidade decrescente, Israel de Benjamin Netanyahu, a Hungria de Viktor Orbán, a Polônia, partidos como o de Salvini na Itália.

Lembrava em minha palestra que o Brasil não era e não é potência nuclear, militar convencional ou econômica. É, no entanto, potência ambiental, graças à maior floresta equatorial do mundo, à maior reserva de água doce, ao imenso patrimônio de biodiversidade, à riqueza de alternativas de energia limpa e sustentável – solar, eólica, biomassa, hídrica –, além de ser o único país que há quatro décadas utiliza combustível de biomassa, o etanol de cana-de-açúcar, em escala de milhões de veículos. Como classificar uma diplomacia que jogava fora esse ativo na questão que constitui a mãe de todas as ameaças, o risco mais grave à sobrevivência da civilização humana no planeta?

Um público numeroso e ilustre acompanhou a palestra, com reações heterogêneas. Alguns vieram me dizer que achavam meus juízos duros demais, talvez prematuros. Outros não podiam recusar a força dos argumentos, mas preferiam ainda se iludir com as falsas promessas de revolução liberal na economia do ministro Paulo Guedes. Muita gente não estava ainda pronta a reconhecer que o Brasil passara a viver um pesadelo pior que o do regime militar: um governo chefiado por uma figura saída do lúmpen da extrema direita, na fronteira da criminalidade, uma experiência de agressiva barbárie que jamais havíamos experimentado antes.

O governo Bolsonaro foi intrinsecamente diferente dos precedentes, em razão dos setores sociais em que se apoia (agro, evangélicos de extrema direita, "bancada da bala") e por não participar do consenso consagrado na Constituição de 1988. Havia na posição do governo uma contradição insanável. Eleito no quadro da Constituição, sem poder político suficiente para substituir a carta constitucional por outra mais afinada com suas convicções, o governo gerou tensão permanente ao empenhar-se o tempo todo em propor alterações substanciais mediante emendas (na área econômica e social, por exemplo) ou tentativas de testar os limites do que poderia fazer por meio de decretos ou medidas provisórias (em relação à liberação de armas, restrição de temas ambientais e outros).

É por isso que se amiudaram desde o primeiro ano do mandato decisões judiciais ou do Congresso para anular, suspender ou modificar decretos ou propostas de medidas provisórias (MPs) governamentais. O governo não escondeu a intenção de desmantelar boa parte do que se edificara em matéria de direitos humanos, meio ambiente, igualdade de gênero, povos originários. Gostaria, se estivesse em seu poder, de apagar esses assuntos da Constituição. Como não dispunha de poder para tanto, suprimiu o caráter ministerial do tratamento de alguns dos temas (direitos humanos, política de gênero, promoção de igualdade racial), ou entregou outros como o meio ambiente a um "antiministro" incumbido de liquidá-lo na prática.

Em muitos aspectos, o governo Bolsonaro representou a morte da Nova República, não por um golpe que tivesse destruído a Constituição, mas pela chegada ao poder mediante eleições de um grupo empenhado em liquidar o espírito, os valores e os ideais da Carta de 1988. Para todos os efeitos práticos, passamos a viver em fase histórica e política pós-Nova República, em razão da vitória eleitoral de um governo de ruptura e descontinuidade com a redemocratização.

A primeira lição a retirar dessa realidade é que não se podia lidar com um governo declaradamente comprometido com a destruição do que havia sido edificado como se lidava com os anteriores. Desde Sarney, podia-se dialogar, colaborar com vistas a aumentar a pressão em favor dos temas que fazem avançar o processo civilizatório. Existia um terreno comum, o do consenso de 1988, uma linguagem partilhada, método adequado, o dos conselhos deliberativos ou consultivos com representantes da sociedade civil. Nada disso era viável com um governo que se empenhava em suprimir ou enfraquecer todos os conselhos, cultivava obsessão paranoica contra as Organizações Não Governamentais e negava a existência da sociedade civil ou se esforçava em manipular as pessoas por meio de *fake news*.

O problema mudou de índole. O que passamos a ter foi um Executivo hostil à essência mesma dos grandes temas civilizatórios. A única atitude eficaz para minimizar o dano era a da resistência, da denúncia, do apelo a instituições de defesa das conquistas da Constituição, tais como o Judiciário, o Ministério Público, o Congresso, a imprensa, as entidades representativas da sociedade organizada.

A diferença na natureza do desafio não resultava apenas de fatos e eventos políticos e econômicos, mas de uma radical transformação no domínio das ideias, da maneira de encarar o mundo, a vida, o país. Na origem do grupo que conquistou o poder existia um movimento filosófico, doutrinário, de extrema direita, uma reorientação no campo das ideias, da filosofia, da cultura, em sentido distinto, às vezes oposto, ao que impulsionou a redemocratização e a elaboração da Constituição de 1988. Não é por acaso que essa ideologia retrocedeu à fase histórica anterior à redemocratização, partindo da apologia da ditadura militar.

A ascensão da extrema direita brotou no Brasil de uma filosofia, de um debate de ideias, da negação dos valores predominantes até então. É um erro subestimar Olavo de Carvalho porque se trata de alguém sem credenciais acadêmicas, sem formação universitária completa, um *outsider*, um marginal em relação ao mundo intelectual oficial. Ele soube ocupar um vazio, fornecer uma explicação sistemática do mundo a milhares de discípulos. Ministrava cursos populares, fáceis de seguir na internet, com uso habilidoso das redes sociais.

Como foi possível que esse movimento filosófico, essa agitação de ideias, tivesse passado largamente despercebido? Não teria havido algum tipo de omissão, de falha no papel que a universidade pública deveria ter desempenhado em relação a seu entorno social, à sua cidade, à população não matriculada em cursos regulares, mas necessitada de orientação? A verdade é que o movimento se gestou fora e contra a universidade pública, fora e contra as correntes principais do ensino e pesquisa acadêmicos em filosofia, ciências sociais, as humanidades, por isso mesmo vistas como inimigas a destruir, como parte principal do chamado "marxismo cultural".

Desenvolvendo-se à margem da universidade, da vida cultural e intelectual predominantes, esse movimento apresentou características de reação virulenta contra a herança das Luzes, do Iluminismo. Sua índole é antiliberal, antirracional, anticientífica, negadora da Terra redonda, da teoria da evolução, da mudança climática, movida pelo ressentimento contra as elites artísticas, intelectuais, culturais, universitárias, que se propôs a humilhar com cortes de verbas, redução de bolsas, nomeações estapafúrdias de desqualificados para as mais altas funções na administração da cultura, da ciência, das artes, da educação.

Se no momento de minha palestra na Casa das Garças, muita gente hesitava ainda em reconhecer a realidade do governo Bolsonaro, à medida que se multiplicavam em todos os domínios ações monstruosas do governo, aos poucos se abririam os olhos dos iludidos. Cresceu gradualmente a resistência, que se propagaria por muitos setores da sociedade brasileira. Participei, ao lado de milhares de mulheres e homens, desse extraordinário movimento coletivo de resistência, sem subordinação a partidos, ideologias, diretrizes de líderes políticos.

Seria cansativo resumir aqui tudo o que se tentou nesses quatro anos. Ajudamos a formular e executar inúmeras ações dos ex-ministros do Meio Ambiente junto ao Congresso, na divulgação, mesmo em grandes jornais do exterior, de documentos de denúncia. Tomei parte ativa na organização, a partir de um seminário no âmbito da Universidade Harvard, de grupo permanente de ex-ministros de Relações Exteriores e diplomatas aposentados para defender os princípios constitucionais em política externa, que acabou impropriamente por ser identificado com meu nome.

Mesmo numa área que raramente se mobiliza para a ação política, auxiliei a criação de uma rede reunindo ex-ministros da Fazenda e antigos presidentes do Banco Central na promoção de propostas de desenvolvimento sustentável e na resistência à interferência do governo Trump no Banco Interamericano de Desenvolvimento. Levamos nossa indignação a palestras em livrarias populares repletas de estudantes e jovens, às universidades, a qualquer lugar em que se estivesse disposto a ouvir nosso protesto. É difícil avaliar qual foi a eficácia desse esforço.

Acredito, porém, que o trabalho de esclarecimento ajudou muitas pessoas a compreender o que nos estava acontecendo, encorajando-as a reagir. De todo modo, não aceitamos ficar de braços cruzados, esperando que as eleições de 2022 nos despertassem do pesadelo.

Ao rememorar como se reagiu ao retrocesso do governo Bolsonaro, chama a atenção uma diferença notável com a oposição ao regime militar. Talvez devido ao descrédito que a Lava Jato e o processo anterior do Mensalão haviam imposto ao PT e seus líderes, à prisão de Lula, à fraqueza ou ausência de posição do PSDB, não surgiu um novo grande líder nem um partido político ao qual se possa creditar o papel principal na luta desses anos recentes. Houve no esforço a participação de políticos e de partidos. É curioso, contudo, que não venha à mente o nome de ninguém que predomine claramente na oposição ao bolsonarismo de modo parecido à ação desempenhada por Ulysses Guimarães no combate à ditadura militar.

Mais perto do momento atual, de uns dois anos para cá, destacou-se o ministro Alexandre de Moraes, com a ressalva de que sua atuação se deu, como natural, no âmbito judiciário. A coragem, perto da temeridade, que revelou, inclusive e sobretudo para garantir a realização das eleições e o acatamento a seus resultados, merece ser estudada como exemplo do bom uso do ativismo judicial na defesa eficaz da democracia.

Sem desmerecer a contribuição de personalidades como a de Moraes e outros, o mérito principal, no dia a dia, na resistência de todas as horas, coube à sociedade civil e suas organizações, inclusive destacadamente a imprensa. A valorização da sociedade civil brasileira tem sido, neste caso, ressaltada mais fora do que dentro do Brasil. Um estudo que me chamou a atenção foi publicado na revista *Foreign Affairs* em 12 de janeiro de 2023, uma semana depois do motim de 8 de janeiro em Brasília. O título sugere o conteúdo: "How Brazil Can Prevent an

Authoritarian Resurgence: A Robust Civil Society Can Stop the Far Right" (Como o Brasil pode prevenir um ressurgimento autoritário: Uma robusta sociedade civil pode deter a extrema direita).

Nele, dois sociólogos norte-americanos, Benjamin H. Bradlow, da Universidade de Princeton, e Mohammad Ali Kadivar, do Boston College, sustentam que "as instituições brasileiras não representaram a causa principal da preservação da democracia". Bolsonaro nunca havia enfrentado muita dificuldade para dobrar as instituições a seus desejos, a principiar pelo Congresso, corrompido pelo acesso privilegiado aos recursos orçamentários. A verdadeira resistência aos objetivos autoritários viera não das complacentes instituições oficiais: "a democracia sobreviveu no Brasil graças a algo diferente: a vibrante sociedade civil do país". No combate à Covid-19, por exemplo, tinham sido personalidades e organizações da sociedade civil que, em certa medida, substituíram o vácuo ou a desastrosa desorientação do presidente e do governo federal.

Quem não recorda da rápida e incisiva mobilização de órgãos da imprensa, com destaque para a televisão, na montagem de um sistema paralelo, a fim de acompanhar a evolução da pandemia, frustrando a tentativa oficial de falsificar as estatísticas? A batalha das vacinas, a contribuição de empresários, as intervenções cotidianas de sanitaristas e especialistas na TV e no rádio, ajudaram a evitar que a catástrofe de saúde pública fosse ainda maior do que foi. Assistimos a iniciativas semelhantes em defesa dos povos indígenas, de suas terras invadidas, do abandono das aldeias durante a Covid.

Não foi menor o trabalho das organizações ambientais em favor da Amazônia, do Cerrado, da Mata Atlântica, de causas como a proteção dos manguezais, uma das raras áreas em que se logrou neutralizar a ação nefasta do governo graças à decisão do Judiciário. Igualmente pode-se citar a iniciativa bem-sucedida para obter do Supremo

Tribunal Federal a suspensão dos despejos de locatários inadimplentes por ocasião da doença, sem esquecer a resistência à proliferação de armas de fogo e ao incentivo para rearmar as pessoas.

Gostaríamos de acreditar que as instituições públicas tiveram desempenho comparável. Salvo as honrosas exceções de praxe, infelizmente não foi o que aconteceu. Basta rememorar o papelão recente do procurador-geral da Justiça ao fechar sistematicamente os olhos para não denunciar os abusos, ou a vergonhosa cumplicidade dos ministros e comandantes militares nas manobras para intimidar a população. Ou ainda a aprovação e execução de gastos nitidamente eleitoreiros em flagrante violação à Constituição, sem que ninguém, nem o Judiciário, tivesse tido coragem de pôr fim aos desvios. A verdade é que o presidente soube utilizar o poder para corromper com facilidade a maioria das instituições.

O que o poder não teve condições de fazer foi corromper ou intimidar a sociedade civil organizada. Devido a esse bastião da resistência, foi possível atenuar em alguns casos, a extensão dos danos infligidos ao país por Bolsonaro.

Morar no país de Balzac e outras aventuras literárias

Não quero deixar a impressão de que, após a aposentadoria da UNCTAD, os anos que vivi no Brasil tivessem sido exclusivamente dedicados às atividades que relatei nesses últimos capítulos. Passei a dispor de mais tempo para ler e escrever por prazer, sem necessidade de preparar um discurso ou relatório.

Meu amigo Gelson Fonseca contou-me que, uma vez, numa solenidade no velho palácio Itamaraty do Rio de Janeiro, ele havia surpreendido uma conversa entre dois diplomatas aposentados. Não se tendo visto há muito tempo, um deles, indagado sobre o que estava fazendo, respondeu: "Estou há um ano morando no país de Balzac".

A confissão deixava entrever a delícia que era poder, sem cuidados nem preocupações, habitar, ler ou reler, um após outro, os volumes de *La comédie humaine*, viver o dia a dia de personagens que reaparecem aqui e ali, perceber o que dizia Baudelaire sobre a dimensão épica desses romances nos quais cada um, mesmo as porteiras de edifício, possuíam gênio.

A historinha narrada por Gelson se aplica a todos que, ao descobrirem um romancista ou poeta novo, um ensaísta ou historiador que nunca haviam lido, se entregam ao prazer natural de querer esgotar aquela veia de minério precioso. Foi assim comigo com Monteiro Lobato e Eça de Queiroz, começo agradável de habitação em território amistoso pela língua, as paisagens, os costumes conhecidos. A primeira vez que me aventurei a morar em país estrangeiro e língua diversa coincidiu, curiosamente, com a experiência do diplomata aposentado relatada acima.

Mais que coincidência, talvez seja uma indicação de que Balzac, da mesma forma que Proust e alguns poucos outros, se presta especialmente a essas prolongadas hospedagens. Como explicou o autor da *Comédie* em seu prefácio, a ambição que entretinha ao recriar todo um universo de personagens que ressurgem nas histórias foi "fazer concorrência ao registro civil". Proust, por sua vez, quis recuperar um tempo perdido no qual eram jovens as figuras que no fim envelhecem junto com o Narrador.

Ambos criaram mundos de pessoas e paisagens que vieram se agregar à realidade anterior como universos paralelos, às vezes mais vivos e "reais" do que a própria realidade.

Contei, anteriormente, como, depois da renúncia de Jânio Quadros, durante o esvaziamento de Brasília que durou muito tempo, esbocei um projeto similar para preencher as tardes vazias: ler pacientemente, seguindo um esquema que não admitia desvios, todos os romances de Balzac, na ordem de publicação, mesmo os menos interessantes. Obviamente, não consegui chegar ao fim, embora não me lembre em que ponto me mudei para outro território de ficção.

Após mais de cinquenta anos de vida errante, mudando constantemente de destino diplomático e de pátria literária, já morei em Thomas Mann, em Proust, em Faulkner, em Joseph Conrad, demoradamente, em Primo Levi, sem esquecer os romances de Simenon e outros autores policiais. Herdei de meu pai o gosto pelos livros de mistérios e detetives. Já nunca consegui me interessar pelas novelas de ficção científica, quem sabe por não ter sabido com quem começar. Na juventude, tive paixão pelos grandes russos, Tolstói, Dostoiévski, Tchékhov. Depois da aposentadoria, mais ou menos na época em que voltei ao Brasil, tinha acabado de me instalar no país de Sebald. Depois de longo intervalo em que pensei ter-me despedido para sempre da ficção, ao menos da desconhecida, W. G. Sebald foi minha última descoberta, infelizmente simultânea à sua morte.

Essa alegoria de viagem para morar algum tempo em território desconhecido de ficção tem muito a ver com o peregrino infatigável que foi Sebald, dado a excursões a pé que se prolongavam por semanas. Só que para ele, como li numa crítica de sua obra, viajar não era a melhor maneira de evitar o desespero, conforme aconselhava Kierkegaard, era apenas o meio de passar de um estado de desespero a outro. A crítica havia sido publicada em dezembro de 2001, o mesmo mês em que morreria, aos 57 anos, num acidente de automóvel, esse escritor alemão que ensinara durante mais de trinta anos numa universidade de província da Inglaterra.

Descobrir e explorar um novo ficcionista é como visitar pela primeira vez um país estrangeiro. Comecei a exploração do país Sebald por onde ele havia terminado, seu último romance, *Austerlitz*,[1] já enigmático e ambivalente no título. Seria a batalha napoleônica, a estação parisiense, o sobrenome original de Fred Astaire? Todas essas referências estão presentes no volume, cuja capa na primeira edição inglesa traz a foto insinuante de um menino de cabelos louros cacheados fantasiado de cetim branco, capa de borla de pele, chapéu de plumas de mosqueteiro.

1 W. G. Sebald, *Austerlitz*. São Paulo: Companhia das Letras, 2008.

Começa por aí, pela imagem, o choque da revelação do novo. Sebald era fotógrafo e seus livros são ilustrados, quase invariavelmente com imagens de edifícios, objetos, coisas, mas não de gente. Sem legendas, essas fotos são parte integrante da narrativa, tanto quanto as frases.

Austerlitz abre-se assim: “Na segunda metade dos anos 60, viajei com frequência da Inglaterra à Bélgica...”. Numa dessas jornadas belgas, o narrador anônimo encontra Jacques Austerlitz – fotógrafo como o autor – na “Sala dos passos perdidos” da Estação Central de Antuérpia.

No curso de encontros intermitentes, às vezes fortuitos, separados por anos, décadas, duas vozes se alternam para contar-nos uma história que continua a se desdobrar com capítulos recém-revelados ou anúncios de futuras explorações. É essa uma das originalidades de Sebald, a de um tempo sem fronteiras, em que se confundem passado e presente, ou melhor, no qual o presente vai sendo modificado pelo que se descobre do passado.

O personagem principal é fascinado pelo estilo arquitetônico da era capitalista vitoriana, o “compulsivo senso de ordem e a tendência ao monumentalismo evidentes em palácios de Justiça e penitenciárias, estações ferroviárias e bolsas de negócios, teatros de ópera e asilos de loucos, e as moradias populares construídas para os operários em padrões retangulares”. É também obcecado pela interminável viagem ao abismo da tragédia europeia do século XX, evocando, como escreveu um crítico, “ao mesmo tempo, as minúcias e a vastidão da existência individual, a inconsolável mágoa da história e a cintilante beleza do momento”.

Arthur Koestler, um dos sobreviventes da tragédia, escreveu que, dentre as pessoas que conhecera antes de completar trinta anos, três em cada quatro tinham sido mortas na Guerra Civil Espanhola, ou torturadas até a morte em Dachau, ou assassinadas na câmara de gás em Belsen, deportadas, destruídas pela miséria do exílio permanente, ou se haviam jogado pela janela em Viena ou Budapeste. O próprio Koestler se suicidaria mais tarde, arrastando a mulher no pacto de morte. Outros sobreviventes que se suicidaram foram Primo Levi e Paul Celan, seguindo os passos de Joseph Roth em Paris, Walter Benjamin na fronteira espanhola, Stefan Zweig no Brasil.

Nascido em 1944, de família não judia, Sebald reagiu contra o esquecimento, dedicando toda a obra ao resgate da memória e do passado. Haverá hoje os que digam que esse horror passou para não mais voltar, os campos de extermínio, as câmaras de gás, o genocídio, a insondável vileza da monstruosidade nazista. Provavelmente, isso é verdade.

No entanto, é difícil discordar de Sebald quando ele assinala a limitadíssima capacidade humana de aprender com a experiência, exemplificada pelo fato de que "os nossos projetos mais poderosos são os que mais obviamente traem o grau de nossa insegurança". Como não ter medo ao pensar em tudo de estranho, de inacreditável, de inconcebível, que nos vem acontecendo nos últimos anos? Estaremos de fato livres da recaída do país mais poderoso do mundo no vírus maligno de Trump? Podemos dormir embalados na crença de que Bolsonaro ou algo semelhante pertence a um passado que não volta mais? Será que despertamos realmente do pesadelo da história?

Boa parte dos anos em que voltei a morar no Brasil foi ocupada por leituras menos sombrias que as de Sebald, algumas das quais não conseguiria hoje suportar. É o caso de minha novela favorita, *Ambros Adelwarth*, da coletânea *The Emigrants*, cuja pungência está toda contida na paráfrase da elegia do poeta elizabetano Tichborne inserida no início do relato: "*My field of corn is just a crop of tears*" ("Meu campo de trigo é apenas uma seara de lágrimas"). Algumas obras esperavam há anos pelo tempo livre da aposentadoria para serem lidas, como os grandes livros de Fernand Braudel, os de história medieval de Jacques Le Goff e de Georges Duby.

De George F. Kennan, além de sua própria produção, li as duas biografias sobre ele, de John Lewis Gaddis e de John Lukács. Retomei o gosto pela história dos Estados Unidos: a vida de Benjamin Franklin por Walter Isaacson, a de John Adams, por David McCullough, o maravilhoso livro de Doris Kearns Goodwin sobre Abraham Lincoln e seu *Team of Rivals*.[2] Deixei-me fascinar pelo fascinante *Postwar*, de Tony Judt[3] e outras de suas obras menores.

Novamente mergulhei na história internacional e diplomática, na qual, ao lado de clássicos como Pierre Renouvin, tive uma das melhores revelações recentes nos estudos históricos, os livros de Dominic Lieven, historiador nascido na Inglaterra de família de emigrados da Revolução Bolchevista, aristocratas letões que por gerações tinham servido o Império Russo. Seu *Towards the Flame Empire, War and the End of Tsarist Russia*[4] me impressionou como o melhor da safra de obras editadas por volta de 2014, no centenário do início da Primeira Guerra Mundial. É leitura obrigatória para quem quiser compreender a motivação da diplomacia russa no passado e no presente. Gostei muito também de seu *Russia Against Napoleon*.[5] Dos demais escritos dedicados aos antecedentes da Grande Guerra, apreciei igualmente *The Sleepwalkers*, de Christopher

---

2 Doris Kearns Goodwin, *Team of Rivals: The Political Genius of Abraham Lincoln*. Nova York: Simon & Schuster, 2006.

3 Tony Judt, *Postwar: A History of Europe since 1945*. Londres: William Heinemann Ltd, 2005.

4 Dominic Lieven, *Towards the Flame Empire, War and the End of Tsarist Russia*. Londres: Allen Lane, 2015.

5 Id., *Russia Against Napoleon: The True Story of the Campaigns of War and Peace*. Londres: Penguin Books, 2011.

Clark,[6] o mais aclamado dos publicados no centenário, mas, a meu ver, um tanto enviesado pela indulgência do autor em relação à Alemanha Imperial. Uma obra memorável, dessa vez sobre o fim da guerra e as negociações de paz, é o *Paris 1919*, de Margaret MacMillan.[7]

Durante o recolhimento forçado da pandemia, tomei coragem e enfrentei finalmente, com inesperada recompensa, a conquista da até então inexpugnada *La Divina Commedia*, cujo italiano medieval me deu enorme trabalho de decifração. Mais fácil havia sido a leitura de outro dos clássicos italianos do cânone, *I promessi sposi*, de Alessandro Manzoni,[8] romance fundador da nacionalidade, encantador na justaposição de aventuras rocambolescas, de histórias de ingenuidade e inocência de sabor pré-moderno, entrecortadas pelo realismo chocante da descrição dos pavores da peste em Milão de 1630.

Esta relação de livros e autores não tem intenção de ser exaustiva. Nem é, como pode dar a impressão, uma espécie de *name-dropping*, citação de nomes para impressionar. Muito mais, incomparavelmente mais do que li, são os grandes livros que nunca cheguei a ler. Eles faziam parte de listas que eu compilava desde menino, desde a leitura de Benjamin Franklin e de seu programa de aperfeiçoamento intelectual e moral. Na adolescência, outra obra que me havia causado forte impressão, *How to Read a Book*, de Mortimer J. Adler,[9] filósofo

---

6 Christopher Clark, *The Sleepwalkers: How Europe Went to War in 1914*. Nova York: Harper, 2013.

7 Margaret MacMillan, *Paris 1919: Six Months that Changed the World*. Nova York: Random House, 2003.

8 Alessandro Manzoni, *I promessi sposi*. Milão: Mondadori Education, 1985. [Ed. bras.: *Os noivos (incluindo A história da coluna infame)*. 1.ed. São Paulo: Editora Nova Alexandria, 2012.]

9 Mortimer J. Adler e Charles Van Doren, *How to Read a Book: The Classic Guide to Intelligent Reading*. Nova York: Touchstone, 1972.

da Universidade de Chicago, recomendava não perder tempo com introduções e explicações de segunda ou terceira mão. Devia-se ir diretamente aos grandes clássicos na filosofia, na literatura, na história, na matemática, nas ciências. Podia ser mais difícil, mas aprendia-se muito mais.

Adler se encontra na origem da célebre coleção *Great Books of the Western World*, originalmente publicada em 54 volumes, expandida a 60. Dessas obras julgadas indispensáveis, só consegui ler parcela insignificante. Os demais, apesar de ainda não haver desistido da empreitada, provavelmente ficarão além do meu alcance nesta encarnação. Os grandes livros que nunca li vão se somar aos grandes quadros que jamais contemplei, às grandes obras musicais que não terei oportunidade de ouvir. Gosto de devanear às vezes, que o paraíso deve em parte ser isso, a oportunidade de ler, de entender, de apreciar, tudo o que não conseguimos fazer na Terra. Alguns dos livros que pude ler foram esses mencionados, ao lado de outros mais leves que preencheram parte dos meus dias à sombra da estante.

Livros que escrevi, batalhas políticas de que participei

Para não ficar apenas no passivo da leitura, de assistir a filmes, de ouvir música, passei a escrever também alguns livros e ensaios sobre história diplomática, Rio Branco, Joaquim Nabuco, padre Antônio Vieira, o fenômeno da globalização, as negociações da ALCA, a viagem e o momento presidencial de Tancredo Neves, as questões do comércio internacional, prefácios pedidos por amigos e conhecidos, análises das recentes encíclicas do papa Francisco, assuntos religiosos. Como se dispusesse de uma eternidade de tempo, me dispersei em enorme amplitude de temas. Até que, como já comentei, o susto da operação cardíaca de 2014 me fez sentir agudamente a limitação do tempo da vida, a necessidade de concentração para realizar enfim o projeto que namorava há décadas: escrever a história da contribuição da diplomacia à construção do Brasil e ao desenvolvimento de alguns dos valores do povo brasileiro.

À medida que o agravamento da crise levava multidões às ruas e o *impeachment* de Dilma se aproximava, devotei os anos de 2015, 2016 e parte de 2017 à execução do projeto. Sem método nem sistema, abandonei com frequência o esforço, solicitado pelas distrações da vida diária, pelo que sucedia na política, por compromissos de circunstâncias, dúvidas sobre minha capacidade, o valor do que estava fazendo ou por causa do desânimo que sentia ante a enormidade da tarefa de cobrir, de 1750 a 2016, mais de 250 anos de história. Não tinha a pretensão de fazer obra de historiador ou livro de rigor universitário, pois me faltavam a formação especializada e o treinamento. Esforcei-me, todavia, em estudar, conscienciosamente, o que pude da vasta bibliografia indispensável.

Peço licença para contar pequena história sobre as variadas origens desse livro. O que me move não é o sentimento de descabida importância do que escrevi. Simplesmente espero que a narrativa explique algo que nos vai na alma a todos que amamos este país e nos angustiamos com suas dores e descaminhos.

Há muito tempo que eu vinha pensando em escrever um livro que servisse de compêndio aos estudantes e preenchesse um vazio: o de contar a história das relações internacionais do Brasil como parte integral da evolução do povo brasileiro, não como apêndice ou nota de pé de página. Seria, no fundo, uma história do Brasil a partir de perspectiva diferente, a das relações de influência recíproca entre o país e o mundo.

O desafio era gigantesco, eu estava envelhecendo, não tinha tempo ou me dispersava em muita coisa, quem sabe inconscientemente, para não ter tempo de enfrentar a tarefa. É possível que o projeto nunca saísse do papel, como não haviam saído os desígnios do barão do Rio Branco de escrever a História Militar, a História Naval, a História Diplomática do Brasil, a História do nosso envolvimento na Bacia do Prata. O que pôs fim à indecisão e me motivou a escrever foi episódio ocorrido em 2010.

No início daquele ano, Otavio Frias Filho me convidou, como seu pai fazia de tempos em tempos, a almoçar com os principais membros da Redação da *Folha de S.Paulo*. Passamos quase o tempo todo a discutir a política externa brasileira. Estava-se no último ano de Lula no governo, ponto alto de seu prestígio internacional. Defendi a ideia de que o Brasil se destinava a ser uma potência paradoxalmente sem poder, ao menos o poder duro das bombas atômicas, das armas de destruição de massa, dos assassinatos por drones, das sanções econômicas.

Nossa vocação consistia em projetar influência externa por meio do poder brando ou suave da negociação, da conciliação, da transação, do exemplo. Deveríamos desempenhar, como vínhamos fazendo, um papel construtivo de moderação e equilíbrio no sistema internacional, sem veleidades de hegemonias ou dominação. Comparado a quase todos os países continentais membros dos BRICS, somente o Brasil não era potência nuclear, nem potência militar convencional. Por escolha, não por incapacidade tecnológica.

Além da proibição expressa da Constituição, não precisávamos de armas nucleares. Em paz com nossos dez vizinhos há quase 150 anos, não existia ameaça externa que justificasse desviar recursos da óbvia prioridade nacional de superar o subdesenvolvimento, eliminar a miséria, reduzir a desigualdade, dar vida digna a todos os brasileiros.

Otavio possuía mente inquisitiva e exigente, explorava os assuntos com tenacidade, esmiuçava cada um de meus argumentos. Saí com a impressão de que não tinha convencido ninguém, que me julgavam um sonhador, idealista ingênuo. Tempos depois, recebi um cartão de advogado que não conhecia. Dizia: "Extraio de artigo de Otavio Frias Filho: 'Continuaremos a ser o único a prescindir de armas nucleares como recurso dissuasivo? O ex-ministro Rubens Ricupero tem uma bela argumentação em defesa dessa originalidade, talvez até como contribuição da cultura brasileira ao futuro dos povos'. E o cartão concluía: "Rogo de Vossa Senhoria indicar-me como posso conhecer esta sua importantíssima opinião".

Meu primeiro impulso foi responder com uma explicação detalhada ao missivista e a Otavio, a quem prometera continuar por escrito nossa conversa. Logo percebi que a complexidade da questão exigia antecedentes históricos, análises, comparações que excediam os limites de uma carta ou ensaio. Só um livro permitiria talvez dar conta da provocação. Fiz alguns esboços da introdução, de alguns capítulos, molemente, sem pressa, com longos intervalos. Passaram quatro anos quando, como contei, o susto da operação de coração aberto me alertou que o tempo estava chegando ao fim. Parei os artigos, deixei de ir a seminários, finalmente escrevi e publiquei o livro.

Pensei em levar a Otavio um exemplar para mostrar o que resultara de nosso encontro e até lhe mandei recado a respeito. Mas vieram os lançamentos, as noites de autógrafos, as entrevistas, as viagens, a inércia e adiei o cumprimento da promessa. Uma tarde trabalhava em casa com o rádio ligado e ouço que Otavio tinha morrido naquela manhã. Levei um choque, pois nem sabia que ele estava gravemente doente. O projeto ficava inacabado, o leitor secreto para quem eu havia escrito jamais leria meus argumentos. Não aprendi a lição e, relapso, até agora não procurei o advogado que me consultou.

Tudo isso para dizer que Otavio, o advogado e eu mesmo pressentíamos que estava em jogo naquela discussão a ideia que fazíamos do Brasil como um país com ambição de ser potência de maneira diferente da tradicional. Longe de ser original, a ideia vinha de Rio Branco e Nabuco, modificada por Oswaldo Aranha, Afonso Arinos, San Tiago Dantas. Meu colega mais jovem, José Humberto de Brito Cruz, deu-lhe expressão feliz: outro estilo, outra forma de ser grande potência é possível. Ajudar a construir esse novo conceito poderia ser uma das melhores contribuições do Brasil ao sistema internacional.

A busca dessa forma diferente de ser potência constitui a ideia não do país que somos e sim do que gostaríamos de vir a ser. Contudo, o país ideal, de fidelidade aos valores de paz, justiça, direitos humanos, proteção ambiental, eliminação da miséria, paixão pelo máximo possível de igualdade, se choca com o país real, muito afastado disso tudo.

A construção do Brasil do título do livro consiste justamente no esforço de aproximar as duas versões de país, de transformar o país real no país que queremos ser. A destruição do Museu Nacional, a divisão do povo em grupos violentamente antagônicos, o sofrimento em câmara lenta dos quatro anos do governo Bolsonaro, os ataques raivosos do 8 de janeiro às principais instituições republicanas, são golpes que tornam a meta ideal mais longínqua. Pode ser que o futuro próximo nos reserve maiores sofrimentos, quem sabe até retrocessos na construção da sociedade que sonhamos.

Nestas horas sombrias, volta com força a tentação de pôr a culpa em nossa herança cultural e histórica, nas mazelas e fantasmas que herdamos do passado. William Faulkner nos lembra de que o passado não morre, nem mesmo é passado, pois não acabou de passar. Ou rimos amargamente com a frase de Millôr Fernandes, "o Brasil tem um enorme passado pela frente".

Ambas as afirmações são verdadeiras. É certo que a superação do que o passado legou ao presente em injustiça e desigualdade condiciona o avanço rumo ao país ideal. No entanto, as duas frases podem ser igualmente lidas em sentido oposto. O passado não é apenas danação e fatalidade. Machado de Assis é o passado que não passou, que nos guia e inspira até hoje no anseio de querer ter uma literatura, uma cultura original.

Da mesma forma nunca haverão de passar Guimarães Rosa, Clarice Lispector, Castro Alves, Drummond, Bandeira, Mário de Andrade, Villa-Lobos e Tom Jobim, Vinicius e Rui Barbosa, Gilberto Freyre e Sérgio Buarque, nossos poetas, músicos, artistas populares e anônimos, tantos nomes, tanta coisa a mais. Em outras palavras, o passado se confunde com a cultura na qual existimos, que nos dá a identidade de brasileiros, dentro da qual nos movemos. Oxalá tivesse o Brasil mais e mais desse tipo de passado pela frente!

Assim inspirado, tentei simplesmente pôr no papel as aulas que dava no Instituto Rio Branco e na Universidade de Brasília. Desejava preencher a falta que fazia um livro atualizado, no espírito de nossa época. Precisava indicar às pessoas que a diplomacia e a política externa eram parte integrante da política, da economia, da cultura, representavam um organismo vivo originado do caráter e das aspirações do povo, voltado à construção do país. Justamente devido à condição de *outsider* do mundo universitário, tomei a liberdade de dar à obra certa marca pessoal, divagando páginas e páginas sobre minhas experiências pessoais de vida e carreira, o que já revelava o desejo de um dia tentar o que hoje faço: minhas memórias.

A obra partia de uma assertiva, a de que poucos países deviam à diplomacia tanto como o Brasil: território dois terços maior, ausência de tradição de conflitos e guerras, prestígio devido ao *soft power*, sem ameaça militar ou econômica a ninguém. Tudo isso havia sido alcançado graças a uma "diplomacia do conhecimento", baseada na pesquisa e no estudo, juntamente com métodos de "poder suave" como a negociação. O objetivo ia além: fazer ver como a diplomacia contribuiu para a formação da identidade e do caráter do país, como ajudou a dar forma a seus valores e instituições.

Em grande parte, por influência de diplomatas e estadistas como Rio Branco, Joaquim Nabuco e outros, foi-se criando aos poucos um conjunto de valores e aspirações que encarnaram uma "certa ideia de Brasil". Essa ideia é a de um país pacífico, satisfeito com seu status territorial, confiante no direito e nas soluções negociadas de interesse mútuo. Nesse projeto de país avesso a preconceitos raciais, religiosos, consciente de sua mestiçagem, a prioridade consiste em superar o subdesenvolvimento, atingir nível de economia capaz de superar os problemas de injustiça herdados do passado.

O caráter brasileiro idealizado, aquilo que somos ou gostaríamos de ser, coincide com os valores da diplomacia. A violência, a guerra nos repugnam, rejeitamos a soberba, a arrogância em relação aos países menores, admiramos a conciliação, o equilíbrio, recusamos o extremismo, as ideologias que distorcem a realidade, aspiramos à moderação, ao senso de proporção, de medida. Em razão do êxito do passado, o sistema de valores éticos e políticos da diplomacia teve a maior consagração que se pode desejar a um desígnio intelectual: de inovação, converter-se em lugar-comum.

Gradualmente, o que era novidade passou a ser assumido pelos brasileiros como a visão que temos de nós mesmos. Esses valores foram internalizados de forma tão completa que passou a ser impensável imaginar um Brasil de personalidade internacional diferente. Foi por isso, creio, que a sociedade reagiu com tanto vigor à recente tentativa bolsonarista de nos impingir uma política externa divorciada daquilo que somos. O balanço dessa fase calamitosa deixa ao menos um consolo: mostrou que o povo brasileiro está disposto a lutar para que não o privem do patrimônio de valores diplomáticos que construiu.

Vejo hoje que o trabalho de escrever o livro, de divulgar seu lançamento nas principais cidades, mais tarde o curso organizado pelo CEBRI (Centro Brasileiro de Relações Internacionais), atingindo via internet centenas de jovens de todo o Brasil, me forneceram o ânimo e a coragem para resistir também nos anos de chumbo de Bolsonaro. A obra chegou na hora certa, em que se tornava mais necessária para demonstrar, por meio do exemplo de nossa prática diplomática, que o horror daquele retrocesso não passava de uma anomalia, de um desvio em nossa história. Agraciado com o prêmio Senador José Ermírio de Moraes, da Academia Brasileira de Letras (2018), o livro foi adotado por muitos dos cursos de Relações Internacionais do país. Contribuiu, espero, para a formação dos valores de moças e rapazes que necessitavam de um antídoto contra o veneno bolsonarista.

Não bastava, evocar os valores da personalidade externa do Brasil se o país continuasse em mãos da quadrilha sinistra da extrema direita, que, cedo ou tarde, aniquilaria a própria alma da nação. Mesmo a plena realização de nossos ideais de política externa – por exemplo, o resgate da dívida histórica com os africanos, a realização coerente, aqui dentro, das metas generosas de meio ambiente ou direitos humanos que proclamávamos lá fora – dependia, em última instância, da reconquista do poder político nas eleições de 2022. Confesso até que o temor de uma catastrófica reeleição de Bolsonaro me inibiu de preparar nova edição da obra, pois somente queria fazer isso se pudesse escrever o obituário do pesadelo bolsonarista.

Quando se iniciou finalmente a campanha das eleições presidenciais de 2022, repeti a posição que havia adotado quatro anos antes, em 2018. A diferença é que, dessa vez, não esperei pelo segundo turno. Já em setembro, publiquei na *Folha de S.Paulo* versão atualizada do artigo – "O dever dos neutros 2". A realidade do governo Bolsonaro tinha se revelado mil vezes pior do que tudo o que havíamos temido. À luz da experiência dos horrores dos últimos quatro anos, nem eu, nem ninguém, tinha o direito de não escolher imediatamente, sem delongas, entre a esperança de um governo capaz de salvar o pouco que sobrou dos ideais da Constituição de 1988 e o agravamento da barbárie que estávamos sofrendo. Tornara-se mais evidente, caso isso fosse possível, que não se podia ser neutro entre valores e contravalores, democracia e autoritarismo, meio ambiente e devastação.

A razão da espera pelo segundo turno na eleição anterior havia sido a esperança de viabilizar uma terceira via que superasse a polarização e a radicalização da política brasileira e a ajudasse a se renovar, a abrir caminho aos jovens. Esse princípio não estava mais em jogo porque a possibilidade da terceira via tinha desaparecido. Existiu antes e se chamou Marina Silva, mas foi triturada pelo moinho dos marqueteiros. Agora, depois da repetição infinita da ameaça de Bolsonaro não reconhecer nem o resultado do primeiro turno, quanto mais cedo e mais decisiva fosse a vitória da democracia, menos espaço haveria para seus inimigos.

Votar, porém, não seria suficiente. Ao escolher a chapa Lula-Alckmin, era preciso deixar claro que votávamos por uma aliança suprapartidária em favor da democracia, não para consagrar o regresso de um partido ou de políticas envelhecidas. Ao se aliar ao ex-governador paulista, Lula tinha reconhecido que, sozinho, nem ele nem seu partido tinham força para ganhar, ou no caso de vitória, para governar.

No Brasil atual, dizia em meu artigo, nenhum partido, nenhuma posição pura de esquerda e direita, gozava de hegemonia. O que existia era maioria em favor de alguns temas cruciais. Esses temas deveriam constituir a base de um programa comum. No plano político: democracia, Estado de Direito, Constituição de 1988. Na economia: crescimento sustentável com redistribuição e responsabilidade fiscal. No campo social e de valores: combate à fome, à pobreza, à desigualdade, ao desemprego, ao racismo, ao machismo, proteção aos indígenas, promoção da igualdade de gênero, acesso de todos à educação e saúde, à cultura e ciência.

O consenso sobre os fins é sempre mais fácil que sobre os meios como provou o debate sobre a escravidão no século XIX. O futuro governo teria de empreender a árdua tarefa de reconstruir sobre terra arrasada. Teria de governar num mundo e num país que não eram mais os mesmos de 2003. Contaria com a oposição de algo que antes não era visível: uma extrema direita aguerrida, armada e com apoio em influentes setores sociais. Teria, por exemplo, de enfrentar na Amazônia a resistência do *lobby* ruralista, de grileiros, garimpeiros, madeireiros ilegais.

Precisaria negociar com o Congresso um novo pacto orçamentário que eliminasse as emendas sem racionalidade. Não poderia adiar novamente uma reforma tributária que abrisse caminho à redistribuição da excessiva concentração de renda no topo. Tampouco atingiria tal objetivo se não houvesse reforma profunda do sistema político, partidário e eleitoral.

Nada disso seria possível sem ampla aliança que superasse o sectarismo partidário ou ideológico. O governo não poderia se dar ao luxo de desperdiçar nenhuma colaboração no esforço paciente de construir consenso sobre meios, prioridades e prazos. Depois de quatro anos de demolição, precisávamos de abertura de espírito para acolher todos os que se dispunham a trabalhar na reconstrução do Brasil.

O artigo foi publicado no dia 24 de setembro de 2022. Escrevo hoje mais de um ano depois. Não creio que as previsões estivessem longe da realidade. Ao contrário, é evidente que alguns dos riscos previstos se confirmaram: dificuldades no Congresso em temas de emendas fisiológicas, retrocessos legislativos em meio ambiente. Outros pairam sobre o terceiro governo Lula, como ameaça latente derivada da falta de uma verdadeira frente ampla com base em programa comum e definição prévia de estratégias.

Poucos dias depois da publicação do artigo, convidado por Geraldo Alckmin, participei de uma reunião pública com Lula. Estavam presentes pessoas em posição semelhante à minha, gente que não pertencia ao PT, alguns filiados ao PSDB de São Paulo, com passagens pelo governo estadual, outros independentes. André Lara Resende compareceu, assim como Luiz Gonzaga Belluzzo, Cláudia Costin, Gabriel Galípolo, muitos que não conhecia. A reunião encarnava a aspiração a uma ampla frente das forças democráticas.

Na confusão da chegada, sentaram-me ao lado de Lula, à sua esquerda, e pude trocar algumas palavras com ele, que não via há muito tempo. Deveriam estar sentados à mesa retangular mais de trinta pessoas. Foram todas instadas a dizer algumas palavras. Fui dos primeiros a falar. Disse que a diversidade representada na sala me fazia pensar na união dos democratas que se aliaram na campanha pelas Diretas Já e, em seguida, se engajaram na eleição de Tancredo Neves. Novamente nos encontrávamos em situação de assegurar a sobrevivência da democracia contra a certeza de um retrocesso pior que o do governo que agonizava. A vitória de Lula representaria a refundação da Nova República de 1985 e da Constituição de 1988, ameaçadas de morte pelo bolsonarismo.

Se o dr. Tancredo estivesse vivo, não teria dúvidas de que ele nos apoiaria. Reafirmei o que havia escrito no artigo: nosso apoio não se destinava somente a um candidato, muito menos a um partido. Nossa união só era possível em torno de uma plataforma de frente democrática com vistas não apenas a vencer as eleições, mas a ter condições de governar. Belluzzo, que falou depois de mim, invocou o exemplo de Ulysses Guimarães, os oradores seguintes recordaram Franco Montoro, Mário Covas, todos na mesma linha da aliança acima de exclusivismos partidários e de ideologias que poderiam dividir e originar divergências extremadas.

Em 29 de setembro, as pesquisas davam a Lula 49% dos votos contra 44% ou 45% a Bolsonaro. A possibilidade da vitória no primeiro turno estaria aparentemente ao alcance. O resultado real, tanto no dia 2 de outubro quanto no segundo turno, revelou que se havia subestimado a deriva à direita ou a resistência a Lula e ao PT. Sem o engajamento decidido de Marina e Alckmin, desde o início, e de

Simone Tebet, após sua eliminação no primeiro turno, a vitória teria sido impossível. Os números confirmavam a análise de meu artigo e do que muitos vinham dizendo: ninguém no país era capaz de comandar maioria indiscutível. A lição clara, que sinceramente não sei se foi aprendida e está sendo posta em prática, é que o êxito do novo governo depende da amplidão da aliança democrática que queira ou possa estabelecer.

Enquanto se desenrolavam a campanha e as eleições, chegava ao término o programa da cátedra José Bonifácio, da qual eu havia sido o titular no Bicentenário (2022). Em paralelo à cátedra, a Reitoria da USP organizou para celebrá-lo um programa de eventos chamado "USP pensa o Brasil". Na sessão de 30 de agosto, que contou também com a participação do atual ministro dos Direitos Humanos, Silvio Almeida, pediram-me para fazer uma apresentação sobre o tema "Relações entre Estado e desigualdade no Brasil".

Recorri ao trabalho de reflexão que se realizara na cátedra ao dar balanço em dois séculos de vida independente da nação, concentrando a atenção na desigualdade. Por que começar pela desigualdade? Porque de todos os passivos e dívidas acumulados em duzentos anos de história, a desigualdade é apontada nas pesquisas como o maior de todos nossos fracassos. Existe sobre esse ponto um dos raros consensos nacionais. Evoquei, nesse sentido, a expressiva passagem com que José Murilo de Carvalho fecha seu livro sobre o longo caminho da cidadania no Brasil:

> José Bonifácio afirmou, em representação enviada à Assembleia Constituinte de 1823, que a escravidão era um câncer que corroía nossa vida cívica e impedia a construção da nação. A desigualdade é a escravidão de hoje, o novo câncer que impede a constituição de uma sociedade democrática. A escravidão foi abolida 65 anos

após a advertência de José Bonifácio. A precária democracia de hoje não sobreviveria a espera tão longa para extirpar o câncer da desigualdade.[10]

Ao estabelecer como que um vínculo sucessório entre desigualdade e escravidão, José Murilo punha o dedo na ferida que torna singular a experiência brasileira. Desigualdade existe por toda a parte. Mesmo a desigualdade extrema, a excessiva concentração de riqueza em mãos de poucos, se encontra em ascensão no mundo inteiro. O que distingue a experiência brasileira é a combinação, possivelmente única, de desigualdade extrema e persistente com antecedentes de sociedade escravagista em sua mais profunda essência.

A desigualdade não se resume à dimensão econômica e social, inclusive porque, na maior parte dos casos, as desigualdades costumam se sobrepor umas às outras. Quem sofre de desigualdade racial, por exemplo, também é vítima de pobreza, de falta de acesso à educação, à saúde, e outros tipos de discriminação. É um equívoco pensar que a desigualdade econômico-social é a causa de todas as outras e, superado o problema econômico, as demais desigualdades desaparecerão. Basta recordar da opressão às mulheres ou do racismo estrutural para se dar conta do simplismo dessa concepção.

Da mesma forma que José Murilo, penso que democracia real com cidadania participativa é incompatível com desigualdade extrema, não só no Brasil, mas no Ocidente e no mundo. Ainda que se possa buscar encorajamento na constatação de que não ficamos parados nos anos de volta à democracia, não há nenhuma razão para complacência ante a gigantesca escala do problema no Brasil. Podemos não ser o país mais

---

10 José Murilo de Carvalho, *Cidadania no Brasil. O longo caminho*. 3.ed. Rio de Janeiro: Civilização Brasileira, 2002.

desigual do mundo, mas certamente estamos entre os mais desiguais por qualquer critério ou medida.

Fala-se muito na superação da dicotomia esquerda *versus* direita. Pode ser verdade e desejável do ponto de vista da libertação das ideologias absolutistas que tantas ruínas deixaram no século XX. Mas é preciso ter em mente o que dizia Norberto Bobbio: a divisão crucial em política continua a opor dois campos. De um lado, os que julgam impossível reduzir a desigualdade, do outro, os que acreditam na capacidade dos seres humanos de aperfeiçoar a sociedade, a fim de diminuir a desigualdade tanto quanto possível. Enquanto nosso país estiver na lista dos mais desiguais, seremos obrigados a repetir com Giacomo Leopardi: "Se queremos algum dia despertar e retomar o espírito da nação, nossa primeira atitude deve ser não a soberba nem a estima das coisas presentes, mas a vergonha".

Apesar das angústias do presente e da herança do passado, devemos trabalhar para que os próximos cem anos permitam construir um país onde prevaleça a paixão da igualdade. Precisamos voltar a sonhar em zerar o déficit de desigualdade e pobreza ao longo do caminho para o terceiro centenário da nação. O Brasil só realizará o ideal de ser uma potência diferente, comprometida com valores humanos, se vier a merecer respeito não pelo poder e pela riqueza, mas pela maneira pela qual trata os mais fracos e vulneráveis de sua sociedade.

Antes do fim

A não ser as póstumas, como as de Brás Cubas, todas as memórias terminam em suspenso, antes que acabe a vida de quem as escreve. Só o artifício de Machado de Assis lhe permitiu concluir assim o mais famoso livro de memórias de nossa literatura:

> [...] Não alcancei a celebridade do emplasto, não fui ministro, não fui califa, não conheci o casamento. [...] ao chegar a este outro lado do mistério, achei-me com um pequeno saldo, que é a derradeira negativa deste capítulo de negativas: — Não tive filhos, não transmiti a nenhuma criatura o legado da nossa miséria.[1]

Com humor similar, mas sem a sombra da amargura de Machado, Antonio Candido rabiscou num caderno, em 1997, texto em que se via morto, fechado no caixão à espera de ser cremado:

---

1 Machado de Assis, *Memórias póstumas de Brás Cubas*. In: *Obras completas*, v.1. Rio de Janeiro: Editora Nova Aguilar, 2006, p.639.

> O mundo não existe mais para mim, mas continua sem mim. [...] outros seres... pensavam em mim com uma tristeza de amigos mudos: os livros. De vários cantos, de vários modos, a minha carcaça [...] suscita o pesar dos milhares de livros que foram meus e de meus pais, que conheciam o tato da minha mão, [...] eles hão de chorar lágrimas invisíveis de papel e de tinta [...]. Será o pranto mudo dos livros pelo amigo pulverizado que os amou desde menino...[2]

Não sei se haverá outras maneiras de pingar o ponto-final num livro de lembranças com a mesma graça e leveza. Mas, antes de concluir, achei que devia dedicar algumas linhas ao sentimento que me desperta este livro que fui escrevendo sem plano, sem saber aonde ia chegar. Ao passar os olhos pelo índice das matérias, relendo aqui e ali alguns trechos, o que me chama a atenção é a variedade de situações em que me encontrei, as mudanças constantes de lugares, seja para morar, seja para ficar só algum tempo, a diversidade das experiências e das condições humanas com que me deparei.

Não é tão comum mudar tanto não apenas de cidades e países, mas sobretudo de objeto de trabalho, passando dos artísticos-culturais aos assuntos africanos e afro-brasileiros, desses aos temas políticos, aos amazônicos, aos ambientais, depois me arriscando durante anos em negociações comerciais, retornando à política externa, deixando tudo para combater a hiperinflação, concluindo a vida profissional com nove anos de Nações Unidas. Diversidade das encarnações

---

2 Em "O pranto dos livros", texto de 17 jan. 1997, extraído dos quase cem cadernos deixados por Antonio Candido. Publicado pela revista *Piauí*, n.145, p.50-1, out. 2018. Texto reeditado e atualizado em julho de 2019 para a *Piauí Flip* 2019, edição impressa e distribuída durante a Festa Literária Internacional de Paraty.

sucessivas pelas quais transitei a fim de entrar em contato com a extraordinária variedade de culturas, problemas, modos de viver, da ínfima parte que provei das milhares de civilizações e línguas existentes.

Outros terão tido tantas ou mais experiências da diversidade das condições humanas. Comparada, no entanto, à sina da maioria, é essa variedade que tornou minha vida diferente da que experimentaram meus colegas de faculdade e juventude. Fico imaginando como eu olharia para o mundo e as pessoas se não tivesse feito o exame de ingresso no Itamaraty e escolhesse ficar em São Paulo esses anos todos. Impossível saber, basta a certeza de que foram as viagens, as longas permanências no exterior, o trabalho ao lado de tanta gente dos quatro cantos do mundo que me fez o que hoje sou.

Em 1º de março de 1937, quando nasci, o mundo tinha 2,2 bilhões de habitantes, o Brasil se aproximava dos 40 milhões. A última batalha da guerra de agressão da Itália contra a Abissínia havia terminado uma semana antes, a Guerra Civil Espanhola entrava em seu segundo ano, os japoneses massacravam em Nanquim mais de 200 mil civis e soldados chineses. Nove meses após meu nascimento, Getúlio Vargas dava um golpe branco, instalava a ditadura do Estado Novo, que duraria até 1945.

Dos meus primeiros dez anos de vida, quase sete, de 1939 a 1945, foram dominados pela Segunda Guerra Mundial, na qual perderam a vida entre 65 e 70 milhões de seres humanos, ninguém sabe exatamente ao certo. O que se sabe sem nenhuma dúvida é que eram todas pessoas como você e eu, com nome e sobrenome, com rostos jovens ou marcados por rugas, com olhos cheios de esperança ou desilusão. O Holocausto foi responsável pelo aniquilamento em condições atrozes de mais de 6 milhões de judeus e os nazistas, em operações paralelas, massacraram milhões de outros indivíduos.

Muitas eram crianças da mesma idade ou inferior à minha naqueles dias, crianças que sofriam e morriam na mesma hora em que eu crescia num meio tranquilo, amoroso, a milhares de quilômetros de uma segura distância. Por que a diferença de sorte?

Porém, nem só de guerras e tragédias se compunha a história daqueles tempos e dos nossos. No ano de 1937, em que o dirigível alemão Hindenburg, o zepelim como se chamava no Brasil, explodia e pegava fogo, também ocorria a estreia de *Branca de Neve e os sete anões*, de Walt Disney, Tolkien publicava *O Hobbit*, Jean Renoir lançava na França *La Grande Illusion*, talvez a mais pungente denúncia da inutilidade da guerra.

Essa alternância de sombra e luz, de nascer e morrer, de destruir e construir, continuaria ao longo destes meus mais de 87 anos de vida, cobrindo dois terços do século XX e mais de um quinto do século XXI. Nesse período, a bomba atômica contra Hiroshima e Nagasaki fez crer que nos acercávamos do fim da civilização. Logo em seguida, a esperança renasceu com a fundação da Organização das Nações Unidas e a adoção da Declaração Universal dos Direitos Humanos.

Todos esses acontecimentos pequenos ou grandes, trágicos ou animadores, se processaram em paralelo à vida dos humildes, a vida de camponeses e artesãos que segue igual todos os dias. De um lado, nada ocorre, salvo o tempo que passa; do outro, a sucessão dos acontecimentos mundiais, a História com maiúscula de reis e presidentes, ao lado da história minúscula do cotidiano.

No passado, os que escreviam e ensinavam a história só se ocupavam dos grandes. Não por serem melhores seres humanos, frequentemente foram os piores como Hitler e Stálin. Pela simples razão de que, tendo poder sobre homens e coisas, suas decisões contavam mais, possuíam consequências mais amplas, atingiam milhares, milhões de indivíduos.

Não faz muito tempo que se começou a escrever sobre os pequenos e anônimos, cujas vidas e trabalhos formam a corrente profunda de continuidade a que chamamos história. Esses dois movimentos, o dos poderosos, responsáveis às vezes pela "marcha da insensatez", e o dos humildes, garantidores da vida, correm paralelos, em geral não se cruzam. Quando o fazem, em guerras e revoluções, quase sempre são os pequenos que sofrem sem saber por quê.

Com a história reservada a reis e conquistadores, o que sobrou aos demais, à maioria, foi a literatura. Os personagens dos grandes romances são pessoas comuns, gente que só emerge do anonimato graças aos escritores. Entre grandes e pequenos, há desigualdade em tudo, menos na matéria de que se tecem os romances e os poemas, os sentimentos, as emoções, as paixões.

Isaac Bashevis Singer disse numa entrevista que Deus havia sido muito frugal nos dons que fez aos humanos, não nos dando bastante inteligência ou força física. Em compensação, ao chegar às emoções, às paixões, foi até pródigo. Deu-nos tantas emoções que "todo ser humano, mesmo um idiota, é um milionário em emoções".[3] É por isso que, na literatura, personagens sem riqueza e poder chegam a ganhar estatura épica pela intensidade do amor, do ciúme, da bondade ou do sofrimento. São milionários em sentimentos.

Como esses personagens de romance, a maioria das pessoas retratadas neste livro pode não ter feito nada de espetacular. Foram, no entanto, algumas na sua anonimidade, seres humanos de exceção que nos transformaram ao longo da existência. Certamente o melhor de nós mesmos devemos ao privilégio de ter descoberto gente com que aprendemos lições de vida, que tiveram a paciência de aturar nossa

---

3 Isaac Bashevis Singer, "Isaac Bashevis Singer's Universe", entrevista ao *New York Times*, 3 dez. 1978, Sec. SM, p.20.

imaturidade, inexperiência, ignorância, que nos inspiraram a querer viver como eles. Para contar um pouco do que foram essas vidas, em vez de juntar, um ao lado do outro, retratos desconexos de pessoas diferentes entre si, achei melhor costurar esse álbum de fotografias com o fio da vida de Marisa e da minha, a fim de mostrar as circunstâncias em que ocorreram esses encontros transformadores.

De nós mesmos, de nossas filhas, de nosso filho, das netas, da história de um amor que só cresceu em mais de sessenta anos, há muito pouco, quase nada. Há certas realidades indizíveis. Deus, por exemplo. Nenhuma palavra pode falar de Deus, pois todas procedem dele, diz um poema de São Gregório de Nazianzo. O único a fazer é se juntar ao cântico de silêncio que todos os seres dirigem "Àquele que está além de tudo".

O amor também é assim, o que não deve surpreender. Amor, afinal, é a essência de Deus, seu verdadeiro nome. Mas a intuição nos faz sentir às vezes o que não se consegue exprimir de forma direta. Espero que ao percorrer estas histórias, o resto se adivinhe, venha por si mesmo, que se perceba a história da nossa vida, a de Marisa e a minha, como a vida inseparável de dois seres na busca da unidade.

Ao dar balanço em mais de 87 anos de vida, o que sinto é gratidão pela vida que Deus me deu, os sofrimentos de que me poupou, a oportunidade de permitir que me levantasse depois de quedas e fracassos, o reconhecimento recebido, muito além do que merecia. Neste instante, se alguém me perguntar: "Como foi o seu dia?", responderia: "O meu dia foi bom". Cinco palavrinhas que evocam o verso de Manuel Bandeira, mas que, no contexto, expressam meramente o sentimento de um dia normal.

A coincidência com o poema "Consoada", de Bandeira, se limita ao primeiro verso. Não acompanho a emoção que dá seguimento ao poema: "Pode a noite descer/ A noite com os seus sortilégios". Essa tranquila resignação ao fim inevitável combina mal com a sensação de que ainda me falta bastante por fazer. Continuo a inventar planos de livros e leituras, o que talvez não passe de ilusão, dado o pouco tempo que resta. Nem por isso é menos real o sentimento em nível subjetivo. Não seria sincero se repetisse a frase de Joaquim Nabuco: "Sinto muito cansaço, como quem quisera adormecer". Meu estado de espírito está mais perto do poema de Robert Frost:

But I have promises to keep,
And miles to go before I sleep,
And miles to go before I sleep.[4]

[Tenho promessas a cumprir,
E milhas a andar antes de dormir,
E milhas a andar antes de dormir.]

Não vou nem tentar adivinhar o que nos reservam em mudanças os anos futuros pois é inútil. Com todos os avanços da inteligência artificial e da computação, Deus, se quiser, ainda pode desfazer os planos das nações e reduzir a pó os projetos dos povos.[5] Só posso esperar que o futuro seja melhor que o presente, que o amanhã nos traga tempos melhores que os de ontem. Defronte a ameaças antigas e novas, da volta do flagelo da guerra e da peste, do risco de divisão do mundo e de nova guerra fria, espero que a paz, a razão e o entendimento acabem por prevalecer.

No Ocidente ou no Oriente, não fomos ainda capazes de construir um sistema social e econômico, capitalismo ou socialismo, capaz de

---

4 Robert Frost, "Stopping by woods on a Snowy Evening". In: *Collected Poems, Prose, & Plays*. Nova York: The Library of America, 1995.

5 Salmo 32, vs.10.

superar os desafios principais da humanidade: o aquecimento global, a desigualdade crescente, o desemprego estrutural, a falta de participação e democracia. Resta assim um imenso, talvez utópico, programa de trabalho para preencher as próximas décadas com obras de construção e paz, não de destruição e guerra.

O Brasil nos dói, nos faz sofrer quando saímos à rua e nos defrontamos com gente dormindo nas calçadas, acampada sob pontes, pedindo comida em cartazes improvisados. Não é preciso buscar muito para saber o que se deve fazer. Após vinte e um séculos de cristianismo, a fraternidade evangélica é ainda uma aspiração que nem se começou a pôr em prática.

É assim, como um eterno, sempre incompleto recomeço, que interpreto a última entrevista gravada com o romancista católico francês François Mauriac pouco antes de sua morte, que ouvi, muito tempo atrás, na rádio de Genebra.[6] Já com a voz enrouquecida devido ao câncer avançado, ele dizia: "Às vezes, me pergunto se somos os últimos cristãos. Mas, depois volto a pensar e indago: Será que somos os últimos cristãos ou seremos os primeiros?".

A resposta é que somos os últimos e somos também os primeiros. Os últimos de um cristianismo hegemônico no passado, hoje em vias de desaparecer. Os primeiros de alguma coisa nova que não sabemos como será, como na afirmação do apóstolo Paulo sobre a criação, que geme e sofre as dores do nascimento, aspirando pela libertação da corrupção e pela sua redenção.

Antigamente, quando líamos essa passagem, ela nos parecia misteriosa: seria possível atribuir sentimentos tão humanos à natureza?

---

6 François Mauriac (1885-1970), romancista francês, jornalista, membro da Academia Francesa, agraciado pelo Prêmio Nobel de 1952.

Hoje, vemos que a profecia de Paulo o inspirou a antever a ameaça suprema de nossos dias: a da destruição da natureza, do planeta Terra, das plantas e animais, da própria vida, pela alteração do clima e pelas armas atômicas. E, como diz claramente o profeta, por culpa da corrupção, da cobiça que não nos deixa viver de forma a permitir que também vivam os outros seres vivos.

No discurso de recepção do Prêmio Nobel (1957), Albert Camus evocava as destruições e atrocidades da história desde os anos da Guerra Civil Espanhola e concluía com realismo:

> Cada geração crê, sem dúvida, que está destinada a refazer o mundo. A minha sabe, no entanto, que não o refará. Mas sua tarefa é talvez maior. Ela consiste em impedir que o mundo se desfaça.

É difícil exprimir melhor por que não podemos baixar os braços, pensar que já fizemos nossa parte, perder o interesse no futuro. Ainda nos espera o trabalho de refazer o Brasil e o mundo, assim como de impedir que outros o desfaçam, os Bolsonaros e Trumps que nos ameaçam. Pode parecer grande demais para a pequenez de nossas forças. Não importa, cada um no seu limite, sabe que lhe falta alguma coisa por fazer.

Neste fim de livro, sinto que devo estar pronto, como mandou o apóstolo Pedro, a dar a razão da nossa esperança, sempre com mansidão e respeito.[7] Não vou fazer profissão de fé. Simplesmente direi que a nossa vida pode ter sentido, se quisermos. Cabe a cada um de nós dar sentido ao que vivemos e fazemos, imprimindo-lhe amor pelos outros, pela natureza, pelos fracos e vulneráveis. É simples assim, não é preciso adicionar mais nada.

---

7 Pedro 3, 15,16.

Fim... como nos filmes

Como escrevi na dedicatória, a inspiração deste livro veio de minha mãe. Foram suas histórias da imigração e da velha Nápoles de nossas raízes que me inspiraram a escrever, em 1980, o prefácio à edição italiana de *Brás, Bexiga e Barra Funda,* de Antônio de Alcântara Machado, origem remota da ideia de escrever um dia minhas memórias.

Marisa participou ativamente de todas as etapas de criação do livro, desde a discussão da ideia inicial até sua transformação em verdadeira obra a quatro mãos, como tem sido nossa vida há mais de sessenta anos. À medida que os capítulos eram escritos, ouvia a leitura em voz alta ou lia e relia diretamente, palavra a palavra. Sem seus conselhos, suas lembranças de episódios de nossa vida, mais precisas que as minhas, seu infalível gosto em tudo, eu teria me perdido na escrita, da mesma forma que muitas vezes quase me perdi na existência. Nos trechos apropriados relatei que foi sempre ela quem me salvou, quando deixei. O mesmo aconteceu na redação, quando me impediu de cometer incontáveis erros e repetições. Os que restaram, correm por minha própria conta.

Tive a sorte, finalmente, de encontrar a editora dos sonhos, ideal que todo autor pede a Deus: Cecília Scharlach. Ela já havia sido responsável, na Imprensa Oficial do Estado de São Paulo, pela edição e publicação do *Diário de Bordo: a viagem presidencial de Tancredo Neves*. Desta vez, ainda mais que naquela ocasião, suas sugestões foram tais e tantas que me ajudaram a modificar não só a forma, mas até a substância, a estrutura e o conteúdo dos capítulos. Certamente este livro não existiria sem ela, ao menos na forma que assumiu.

Nessa tarefa, pudemos contar com o incansável trabalho de Andressa Veronesi no índice onomástico, na obtenção de imagens e na eficiente preparação dos originais.

Quando termina um filme, ficamos às vezes minutos a ler a relação infindável de centenas de nomes de gente que concorreu para sua realização, desde diretores, produtores, cenaristas, compositores até carpinteiros, maquinistas, iluminadores, motoristas, operários. Curiosamente, isso só acontece no cinema. Nos livros, contudo, não deveria ser diferente. São inúmeras igualmente as pessoas cujo trabalho anônimo explica o milagre que culmina num chão de fábrica – os gráficos que gravam as matrizes, os que cuidam da impressão e do acabamento, tudo resultando num livro publicado com dedicação e competência.

Nessa lista que deveria desfiar sob nossos olhos, gostaria de abrir um lugar especial a Jézio Gutierre, diretor-presidente da Editora da UNESP que, sem hesitar, acolheu generosamente a ideia de publicar a obra, dando as condições necessárias para converter os originais em um dos itens de seu prestigiado catálogo. Para isso, foi indispensável contar com o talento de Mayumi Okuyama no design gráfico, de Pablo Hoffmann nas fotografias da capa, de Leandro Rodrigues na editoria-adjunta coordenando as ações dentro da Editora, de Jorge Bastos na digitalização e tratamento cuidadoso das imagens, de Miracyr Marcato, Tomoe Moroizumi e Tulio Kawata, responsáveis pela revisão.

Agradeço a amigos e colegas que leram um ou outro capítulo em elaboração, especialmente, ao embaixador Marcos Galvão, que não apenas corrigiu com olho atento informações imprecisas, mas ampliou e enriqueceu o texto com trechos inteiros que incorporei ao corpo da narrativa, sem esquecer um dos seus artigos transcrito no capítulo "Corações e mentes".

Sem *A real história do Real*, de Maria Clara R. M. do Prado, eu não teria conseguido escrever os capítulos referentes ao que me correspondeu na preparação e lançamento da nova moeda enquanto ministro da Fazenda. Por algum mecanismo psicanalítico de autodefesa, alguns dos episódios desse período custam a ganhar forma precisa nas lembranças que me ficaram. Encontrei-me na situação insólita de alguém que necessita se socorrer de um livro de outro autor para se recordar da própria vida. Sou infinitamente grato a Maria Clara pelo precioso amparo de sua insuperável descrição da história do Real. Não menos grato me sinto por me haver autorizado a utilizar alguns trechos que me concernem.

Muitos outros tornaram possível este trabalho. De início, um deles foi o editor José Mário Pereira, amigo que me ajudou na busca dos traços de duas queridas sombras de minha mocidade no Rio: Antonio Carlos Villaça e Rui Octavio Domingues. Devo ter esquecido de alguns nomes aos quais peço que me relevem essas falhas de memória.

Aproveitei às vezes escritos antigos, crônicas de colunas em jornais e, num caso, o capítulo "Afinal, o que fazem os diplomatas?", publicado antes na coletânea *Os diplomatas e suas histórias*. Também o capítulo "Guimarães Rosa, examinador de cultura", já havia sido editado, sob forma diferente, em 2006, numa coletânea de artigos do Instituto Moreira Salles dedicada a comemorar os sessenta anos de *Sagarana* e os cinquenta de *Grande Sertão: veredas*.

Não quero terminar sem dizer que tenho a esperança de ser lido pelas minhas netas Zoé, de Genebra; Lia, de Paris e Júlia, de São Paulo. Ao escrever a dedicatória à minha mãe, de repente me dei conta de que, na nossa história, tudo começou e acaba com a imigração. Como no verso de T. S. Eliot, "Em meu princípio está meu fim. [...] Em meu fim está o meu princípio". Minhas filhas, Cristina, Isabel e Mariana, refizeram em sentido inverso e por outros motivos, o percurso da Europa ao Brasil que meus avós tinham feito em 1895.

Claro que espero também ser lido pelas filhas e por Bernardo. Eles conhecem de perto, porém, boa parte da história e também o Brasil onde não nasceram, mas viveram a infância e a adolescência. Quando menino, eu sentia fascínio em imaginar como tinham sido as vidas das mulheres e homens que me precederam na incessante corrente das gerações, de que maneira viviam, trabalhavam, sofriam, nas ensolaradas regiões do Mediterrâneo onde estão minhas raízes.

Quem sabe, um dia, minhas netas sintam pela vida que Marisa e eu levamos aqui – neste país que a distância pode tornar desconhecido para elas –, a mesma curiosidade que tive por aquelas vagas silhuetas de antepassados remotos. Minha mãe, acho, gostaria de ler este livro, pois foi dela que herdei o gosto da busca pelo passado. Espero que outros partilhem o interesse pela vida das pessoas que no fundo me levou a escrever estas memórias.

Instantâneos de alegria

Diante de momentos excepcionais em que fotógrafos flagraram Rubens Ricupero posando, flanando, rindo e até dançando – sempre acompanhado de Marisa – nas viagens à África e ao Oriente Médio, a felicidade os alcançou tão fortemente que os editores não resistiram a "roubar" do acervo do autor o conjunto acima, um jeito de não apenas mostrá-lo descontraído, mas também de dar a conhecer a seus leitores esses instantâneos de alegria
Fotógrafos diversos, datas e locais não identificados, acervo do autor

Índice onomástico

Os nomes aqui indexados aparecem tal qual figuram no texto, em ordem alfabética segundo a primeira letra do último sobrenome, assim como os sobrenomes compostos, salvo quando ligados por hífen, ou casos como Júnior, Filho, Sobrinho, Neto. O mesmo ocorre com as personalidades conhecidas por seus nomes públicos, inserindo-se entre parênteses seus nomes completos. As chamadas por títulos eclesiásticos seguem a denominação adotada pela Igreja. Nomes constando em notas e legendas não foram indexados.

B

C

D

E

F

G

H

I

J

K

L

M

N

O

P

Q

R

S

T

U

V

W

Z

Não foi possível identificar todos os fotografados ou mesmo datação, local e autoria de algumas imagens. Se o leitor atento puder contribuir nesse sentido, a informação completa integrará uma próxima edição.

SOBRE O LIVRO

Formato: 15,5 x 22 cm
Mancha: 10,5 x 17 cm
Tipologia: Xaloc e Azo Sans
Papel: Off-white 80 g/m² (miolo)
Cartão Triplex 250 g/m² (capa)

1ª edição Editora Unesp: 2024

EQUIPE DE REALIZAÇÃO

Coordenação editorial, edição
Cecília Scharlach

Preparação, Índice onomástico
Andressa Veronesi

Revisão
Miracyr Marcato
Tomoe Moroizumi
Tulio Kawata

Projeto gráfico, capa
Mayumi Okuyama

Editoração eletrônica
Jussara Fino

Digitalização, tratamento de imagens
Jorge Bastos, Motivo

Fotografias capa, 4ª capa
Pablo Hoffmann

Assistente de produção
Erick Abreu

Assistência Editorial
Alberto Bononi
Gabriel Joppert